Carl Friedrich von Weizsäcker
Der Garten des Menschlichen

Beiträge zur geschichtlichen Anthropologie

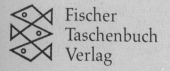
Fischer
Taschenbuch
Verlag

Fischer Taschenbuch Verlag
September 1980
Ungekürzte Ausgabe

Umschlagentwurf: Jan Buchholz/Reni Hinsch

Fischer Taschenbuch Verlag GmbH, Frankfurt am Main
Lizenzausgabe mit freundlicher Genehmigung des
Carl Hanser Verlages, München
© Carl Hanser Verlag, München 1977
Gesamtherstellung: Clausen & Bosse, Leck
1080-ISBN-3-596-26543-6

Inhalt

Vorwort 9

Einleitung 11
    1. Was ist geschichtliche Anthropologie? 11
    2. Überblick über das Buch 15

ERSTES KAPITEL. EBENEN UND KRISEN 24

I, 1. Das Friedensproblem 24
    Analyse 24
    Militär 24
    Außenpolitik 25
    Gesellschaftsstruktur 26
    Individuelles und Gruppen-Verhalten 27
    Friede und Wahrheit 28
    Friedenspolitik 29
    Menschliches Verhalten 29
    Gesellschaftliches Handeln 30
    Zwischenbemerkung zur Friedenspolitik im engeren Sinne . . . 31
    Außenpolitik 31
    Militär 32

I, 2. Der Mensch im naturwissenschaftlich-technischen Zeitalter . . . 33
    Hoffnungen 33
    Besorgnisse 34
    Dritter Durchgang 39

I, 3. Die Ambivalenz des Fortschritts 45
    1. Der Begriff der Ambivalenz 45
    2. Die Ambivalenz der politischen Ideale der europäischen Neuzeit 47
        A. Absolutismus 47
        B. Liberalismus 49
        C. Sozialismus 53

3. Auf der Suche nach dem Grund der Ambivalenz 58
4. Ebenen und Krisen 62

I, 4. Der Naturwissenschaftler, Mittler zwischen Kultur und
Natur 66
1. Die kulturelle Rolle der Naturwissenschaft 66
2. Die Wahrheit der Naturwissenschaft 69
3. Die politische Rolle der Naturwissenschaft in unserer Kultur . 73

I, 5. Der Behinderte in unserer Gesellschaft 78

I, 6. Das moralische Problem der Linken und das moralische Problem
der Moral 85
Vorbemerkung: Die Moralisierung der Politik 85
Niederschrift 86

I, 7. Angst 90
1. Leben wir wirklich in Ängsten? 90
2. Sind unsere Ängste begründet? 92
3. Was hat die Angst mit dem Wesen des Menschen zu tun? . . . 94
4. Was geht die Angst die Kirche an? 96

I, 8. Das Schöne 99

I, 9. Der Tod 108
Woher kommt der Tod? 109
Was bedeutet der Tod in unserem menschlichen Leben? 115
Wohin führt uns der Tod? 121

ZWEITES KAPITEL. ZUR BIOLOGIE DES SUBJEKTS 125

II, 1. Wer ist das Subjekt in der Physik? 125

II, 2. Die Rückseite des Spiegels, gespiegelt 139
1. Die Ontologie der Naturwissenschaft 139
2. Die Erkenntnisförmigkeit der Evolution 146
3. Information, Anpassung, Wahrheit 149

II, 3. Die Einheit von Wahrnehmen und Bewegen 153
1. Das Problem 153
2. Das Reafferenzprinzip 155
3. Zielsuchende Computersteuerung 159
4. Identität und Verschiedenheit von Bewegung und
Wahrnehmung 160
5. Symbolische Bewegung 161
6. Begriff und Einzelfall 163
7. Wahrnehmen und Bewegen 164
8. Die pathische Welt 165

II, 4. Die Vernunft der Affekte 167
   1. Der Begriff des Interesses 167
   2. Ort und Handlung (Besitz, Herrschaft, Macht) 169
   3. Liebe 172
   4. Einsicht 174
   5. Werte 179
   6. Aufklärung 182
   7. Weltfriede und Selbstverwirklichung 185

II, 5. Über Macht 188
   I. Die Schule des politischen Realismus 188
   II. Biologische Anthropologie 192
      1. Evolutionistisches Denken 192
      2. Menschliche und tierische Triebstruktur 193
      3. Die Stabilisierung von Ungleichheit durch Selektion . . 196
      4. Was ist Macht? 197
   III. Gespräch mit Sigmund Freud 200
      1. Das Thema des Gesprächs 201
      2. Die Trieblehre 204
      3. Ich, Gesellschaft, Geschichte 207
      4. Über-Ich und Wahrheit 209
   IV. Ein christliches Bild der Macht 210
   Anhang: Ein Brief von Hans Kilian 212

II, 6. Biologische Präliminarien zur Logik 220
   1. Fragestellung 220
   2. Der Ort der Logik 222
   3. Pragmatische Deutung der Zweiwertigkeit der Logik . . . 223
   4. Der Grund der Subjekt-Prädikat-Struktur des Satzes . . . 229

II, 7. Mitwahrnehmung der Zeit 236

DRITTES KAPITEL. PHILOSOPHISCHE ÜBERLIEFERUNG 237

III, 1. Platonische Naturwissenschaft im Laufe der Geschichte . . 237

III, 2. Ein Liebesgedicht 257

III, 3. Zu Hegels Dialektik 266
   1. Hegels Entwurf 266
   2. Kritiken an Hegel 272
   3. Gegenkritik 278
   4. Dialektik als Bewegung durch den Widerspruch 280
   5. Die sinnliche Gewißheit 285
   6. Entfremdung 293
   7. Das Absolute und die Zeit 296

III, 4. Erinnerungen an Martin Heidegger 301

III, 5. Heidegger und die Naturwissenschaft 308
    1. Das Ge-stell 309
    2. Ontologie, Logik und Wahrheit 312
    3. Antwort eines Physikers 317

III, 6. Die Zeit und das Eine 323
    1. Theorie und Praxis 323
    2. Das Eine und die Zeit 324

VIERTES KAPITEL. THEOLOGIE UND MEDITATION 328

IV, 1. Notizen zum Gespräch über Physik und Religion 328

IV, 2. Bergpredigt, Altes Testament und modernes Bewußtsein . . . 330

IV, 3. Gedanken eines Nichttheologen zur theologischen Entwicklung
    Dietrich Bonhoeffers 337
    I. Einflüsse 338
    II. Reflexion auf die Einflüsse 341
    III. Bonhoeffers theologische Entwicklung 344
    IV. Was ist Religion? 350

IV, 4. Ebenen der christlichen Theologie. Eine Anmerkung zu Luther . . 356

IV, 5. Die Seligpreisungen 363
    1. Vorbemerkung 363
    2. Übersetzung 364
    3. Kommentar 365
    4. Deutungen 373

IV, 6. Zwei Predigten 379

IV, 7. Zwei Vorworte 391

IV, 8. Gespräch über Meditation 398

STATT EINER ZUSAMMENFASSUNG 412

Selbstdarstellung 412

Sachregister 446
Personenregister 455

Vorwort

Die meisten Beiträge dieses Bandes sind von vorneherein unter dem Gesichtspunkt geschrieben, einmal als Teile einer lockeren – gartenähnlichen – Darstellung der Fragen geschichtlicher Anthropologie veröffentlicht zu werden. Fast alle sind seit 1970, d. h. seit der Gründung des Max Planck-Instituts zur Erforschung der Lebensbedingungen der wissenschaftlich-technischen Welt, entstanden. Etwa die Hälfte ist, in zerstreuter Weise, schon anderweitig gedruckt. Ungefähr ein Fünftel des Textes ist anläßlich der Schlußredaktion neu verfaßt.

Herrn Hans Kilian danke ich für die Erlaubnis, seinen Brief zu II, 6. abzudrucken.

Frau Ruth Grosse danke ich für ihre unermüdete Hilfe.

Ebenso danke ich Frau Elisabeth Schedone für die Herstellung der Register.

Starnberg, März 1977

C. F. v. Weizsäcker

Die im Text zitierten Arbeiten des Verfassers

Bücher:
Zum Weltbild der Physik: Stuttgart, Hirzel 1943, [12]1976
Die Geschichte der Natur: Stuttgart, Hirzel 1948, [7]1970
Die Tragweite der Wissenschaft: Stuttgart, Hirzel 1964, [5]1976
Der ungesicherte Friede: Göttingen, Vandenhoeck & Ruprecht 1969
Die Einheit der Natur: München, Hanser 1971
Fragen zur Weltpolitik: München, Hanser 1975
Wege in der Gefahr: München, Hanser 1976
Werner Heisenberg: gemeinsam mit B. L. van der Waerden, München, Hanser 1977

Beiträge und Aufsätze:
Biologische Basis religiöser Erfahrung: Einleitung zu dem Buch dieses Titels von Gopi
   Krishna, Weilheim, O. W. Barth 1971
Die Aktualität der Tradition. Platons Logik: Philosophisches Jahrbuch, 80, 2. Halbband
   S. 221–241, 1973
Classical and Quantum Descriptions: in J. Mehra (ed.), The Physicist's Conception of
   Nature, Dordrecht, Reidel 1973
Offene Systeme I: Hrsg. E. v. Weizsäcker, Stuttgart, Klett 1974; darin: Evolution und
   Entropiewachstum

Einleitung

1. Was ist geschichtliche Anthropologie?

Der Garten des Menschlichen. Wovon soll die Rede sein? Vom Menschlichen, also vom Menschen, also von uns selbst. Aber wir Menschen reden unablässig über uns selbst. So wollen wir jetzt nicht über uns reden. Wir wollen nicht in der selbstsicheren Weise des Alltags und der Politik unsere Wünsche äußern, unsere Urteile abgeben über uns und die Mitmenschen. Wir sind mißtrauisch gegen diese Selbstsicherheit. Wir suchen Distanz zu uns selbst. Wir suchen die Distanz um der Wahrheit willen. Zu dieser wahrheitsuchenden Distanz soll uns die Wissenschaft eine Hilfe sein. Deshalb fragen wir nach einer Wissenschaft vom Menschen, einer Anthropologie.

Gibt es eine solche Wissenschaft vom Menschen? Kann es sie geben? Gibt es sie heute? Eine neue Sammeldarstellung[1] unterscheidet vielerlei Sorten von Anthropologie, philosophische, biologische, medizinische, soziologische. Das hier vorgelegte Buch kündigt Beiträge zur geschichtlichen Anthropologie an. Ist Anthropologie, in einem umfassenden Sinne gemeint, eine Wissenschaft oder nur ein philosophischer Entwurf?

Geschichtliche Anthropologie soll in diesem Buch der Name einer Weise sein, Anthropologie zu betreiben, also nicht eines Zweiges der Anthropologie, sondern einer Anthropologie im ganzen. Anthropologie wird man üblicherweise übersetzen als Wissenschaft vom Menschen. »Der Mensch« im Singular tritt hier als Gegenstand dieser Wissenschaft auf. Man kann auch sagen »das Menschliche«, das was den Menschen ausmacht. Geschichtliche Anthropologie versucht, den Menschen als geschichtliches Wesen zu verstehen. Man hat gelegentlich gesagt, der Mensch sei das Tier, das Geschichte hat. Für einen evolutionistischen Biologen haben freilich, in ihnen selbst unbewußter Weise, auch die Tiere Geschichte. Nun schafft aber Geschichte kein System. Sie erzeugt eine Vielzahl von Gestalten, die miteinander leben. Geschichtliche Anthropologie kann sich konkret nicht in einem System des Menschlichen, sondern nur in einem »Garten des Menschlichen« darstellen.

In einem Garten gibt es Wege, und ein verständig angelegter Garten zeigt von jedem Blickpunkt aus ein jeweils anderes, sinnvolles Bild. Nach welcher

[1] Neue Anthropologie (Hrsg. H.-G. Gadamer u. P. Vogler), Thieme Verlag, Stuttgart 1975.

Gartenkunst wollen wir unseren Garten anlegen? Soll z. B. die geschichtliche Anthropologie Philosophie sein oder eine positive, empirische Wissenschaft?

Lassen wir uns für einen Augenblick auf das trügerische Unternehmen einer solchen Frage ein. Akzeptieren wir z. B. die naheliegende Vermutung, die geforderte Anthropologie sei Philosophie. Philosophieren heißt Weiterfragen. Philosophieren heißt insbesondere Rückfragen, was man mit seinen eigenen Fragen eigentlich hat wissen wollen. Was heißt denn Wissenschaft, was heißt Philosophie? Wir wissen, wie schwer es ist, diese Fragen durch präzise Definationen zu beantworten. Gewiß ist, daß wir Wissenschaft und Philosophie als gesellschaftlich organisierte Vorgänge kennen, die sich selbst als Formen der Erkenntnissuche interpretieren. Die Entstehung dieser speziellen Formen der Erkenntnissuche in der europäischen Kultur ist uns wenigstens im Umriß bekannt. In welches Wissensgebiet sind wir schon mit dieser Überlegung geraten? Wir sprechen von geschichtlich entstandenen Formen der Erkenntnissuche, von der gesellschaftlichen Verfaßtheit der heutigen menschlichen Kultur – wir sprechen im Felde der geschichtlichen Anthropologie. Wer fragt, was geschichtliche Anthropologie ist, betreibt bereits geschichtliche Anthropologie. Wer fragt, was Philosophie ist, philosophiert bereits.

Wie sieht nun der heutige geschichtliche Blick das Verhältnis von Wissenschaft und Philosophie? Bleiben wir in einer so strittigen Frage möglichst nahe auf der einen Seite, der Seite der Wissenschaft. Es ist seit anderthalb Jahrzehnten sehr üblich geworden, Wissenschaft als geschichtliches Phänomen anzuschauen. Th. S. Kuhn[2] hat in der Wissenschaftsgeschichte die Struktur entdeckt, die im gegenwärtigen Buch unter dem Titel »Ebenen und Krisen« ganz allgemein als Struktur der Evolution betrachtet werden wird. Er unterscheidet normale Wissenschaft, die unter einem festen Paradigma Einzelprobleme löst, von wissenschaftlichen Revolutionen, die das Paradigma ändern. Normale Wissenschaft ist essentiell unphilosophisch, denn sie stellt ihr eigenes Paradigma nicht in Frage. Eine wissenschaftliche Revolution aber, ebenso wie schon die Suche nach dem Anfang einer Wissenschaft, nach ihrem ersten Paradigma, philosophiert implizit und oft auch bewußt.

Die Nutzanwendung auf unsere Frage: Ein herrschendes Paradigma einer umfassenden wissenschaftlichen Anthropologie hat es bisher nicht gegeben. Es hat zersplitterte Einzelwissenschaften mit anthropologischen Fragestellungen gegeben. Fragen wir überhaupt nach einer umfassenden Anthropologie, so philosophieren wir bereits. Aber die Absicht ist dabei, wissenschaftliche Paradigmata miteinander in Kontakt, ins Gespräch zu bringen. Wir werden aber auch Auslegungsweisen des Menschlichen nicht scheuen dürfen, die heutzutage nicht oder nicht allgemein als wissenschaftlich gelten. Wie können wir

2 Th. S. Kuhn, The Structure of Scientific Revolutions, Zitat I, 3., 4. Vgl. dazu den Aufsatz Wissenschaftsgeschichte als Wissenschaftstheorie in »Fragen zur Weltpolitik«.

Einleitung

diese Auslegungsweisen gliedern? Gehen wir dazu noch einmal, und jetzt tiefer, in die Geschichte zurück.

Die erste Selbstauslegung des Menschen, von der wir wissen, geschieht im Rahmen der *Religion*. Im Lichte der Götter lernte der Mensch sich sehen. Schon dies ist ein Beispiel der Wahrheit durch Distanz. Bis zum heutigen Tage gibt es einen reichen Schatz religiöser Kenntnis des Menschen: in der Form der Doktrin als Theologie, in der Form der Praxis als kirchliches, religiöses, ethisches Leben, in der Form der Selbsterfahrung als Meditation.

Die innere Geschichte der Religion ist selbst eine Geschichte der Ebenen und Krisen. Die Hochreligionen sind geschichtlich entstanden. Sie sind nicht nur, aber auch ein Fortschritt der Rationalität. Sie entstanden meist im Kampf gegen ältere Herrschaften. Sie führten zur Gründung neuer Herrschaftsformen. Mit dem Programm, rational, vernünftig zu werden, stellt sich den Religionen im Lauf der Geschichte eine Tendenz gegenüber, die auch ein neues Bild vom Menschen entwirft. Wir nennen sie mit einem der europäischen Neuzeit entstammenden Namen die *Aufklärung*.

Die Aufklärung gliedert sich im Laufe ihrer eigenen Krisen und Ebenen selbst wieder auf. Die Aufklärung der griechischen Antike führt zu einer großen gedanklichen Arbeit, welche die Wahrheit der neuentdeckten Rationalität (geleitet von dem Paradigma der Mathematik und der Praxis säkular betriebener Politik) mit der neu aufgefaßten Grundwahrheit der Religion zusammendenkt, zur *Philosophie*. Die europäische Neuzeit findet die Philosophie schon als überliefertes Paradigma des umfassenden Denkens vor. Sie nimmt mit dem Pathos der Emanzipation von religiöser oder auch philosophischer Bevormundung die beiden Themen der griechischen Rationalität wieder auf. Im Geiste der Mathematik entwickelt sich die *Naturwissenschaft*. Diese macht, zumal mit der Entwicklung der Medizin und Biologie, den Menschen zum *Objekt* kausaler Erkenntnis. Naturwissenschaftliche Anthropologie ist ein Folgeprodukt der Aufklärung. Sie wird geschichtliche Anthropologie, soweit sie evolutionistisch denkt. Andererseits sieht sich der Mensch, der Wissenschaft treibt, selbst als machtvolles *Subjekt*. Die ebenfalls aus der Aufklärung stammende Linie politischer Emanzipation empfindet die vorgefundene Herrschaft als ein dem Menschen angetanes Unrecht; sie ist von starkem moralischen Pathos, einem Pathos politischer und sittlicher Freiheit getragen. Sie entwickelt eine *kritische Gesellschaftstheorie*, einen Blick auf die menschliche Geschichte als von Menschen gemacht und von Menschen zu verbessern. Sie setzt eine geschichtliche Anthropologie implizit voraus, welche die Geschichte als Werk des Menschen beurteilt. Die *Humanpsychologie* schließlich, wohl die im direktesten Sinne anthropologische Wissenschaft, erweist sich in der Zerstrittenheit ihrer Schulen zwischen allen diesen Denkweisen hin- und hergerissen.

Natürlich kann eine so knappe Aufzählung einiger Motive nicht vollständig und nicht systematisch sein. In der Geschichte gibt es eben nicht nur einen Garten des Menschlichen, sondern zugleich einen Garten der anthropologischen Sichtweisen, in dem auch die Definition des Unkrauts nicht immer deutlich ist. Für dieses Buch hat aber die Gliederung der anthropologischen Motive in die Trias der religiösen, der naturwissenschaftlichen und der gesellschaftskritischen Sichtweise eine Rolle gespielt, wobei der Philosophie u. a. die Aufgabe zufällt, den Zusammenhang der drei zu denken. Wenn der Autor hier persönlich sprechen darf: Ich habe alle drei Denkweisen, wohl schon von Kindheit an, spontan völlig einleuchtend gefunden. Aus Erfahrung habe ich gelernt, daß die meisten Menschen, die einer dieser drei Denkweisen anhängen, die beiden anderen mit Mißtrauen, wo nicht gar mit Abscheu betrachten. Der traditionell religiöse Beurteiler hält die naturwissenschaftliche Anthropologie für die Reduktion des Höheren auf das Niedere; irrelevant, wenn sie in ihren Grenzen bleibt, verbrecherisch, wenn sie diese überschreitet. Er hält die gesellschaftskritische Anthropologie für die Revolte menschlichen Eigenwillens gegen göttliche Ordnung. Der durchschnittliche naturwissenschaftliche Beurteiler hält die religiöse Anthropologie für die auf den Kopf gestellte Welt, und er hält die Vormeinungen der gesellschaftskritischen Anthropologie für die leichtfertige Nichtachtung der Fakten biologischer Erblichkeit. Der engagierte gesellschaftskritische Beurteiler hält die religiöse Anthropologie für die Priesterintrige, um die Menschen unmündig zu halten, und die naturwissenschaftliche Anthropologie für die Ideologie der Rassisten und Technokraten; schon der Begriff »Anthropologie« steht ihm unter dem Verdacht, ein Ablenkungsmanöver vom Blick auf gesellschaftliche Strukturen zu sein. Als ich im Lauf meines Lebens diese sechs kritischen Beurteilungen kennenlernte, konnte ich mich des Eindrucks nicht erwehren, daß sie alle sechs die bekannte ideologische Funktion der Ideologiekritik haben.[3] Jede von ihnen schützt die Vorurteile ihres Trägers, indem sie auf die Vorurteile eines seiner Gegner den Finger legt; so bestätigen sie sich gegenseitig in ihrer Feindschaft.

Das vorliegende Buch macht statt dessen den Versuch, den Zusammenhang der drei Denkweisen ausdrücklich zu denken. Systematisch könnte man das so anfangen: Jede der drei Denkweisen hat einen direkten Blick für gewisse Phänomene im menschlichen Leben und hat eine Sprache entwickelt, die eben diese Phänomene für Gesinnungsgenossen unmittelbar verständlich ausspricht. Eine erste Schulung des integralen Blicks kann darin bestehen, jeweils in den Sprachen der anderen beiden Denkweisen zu sagen, was diese Phänomene, von dort gesehen, bedeuten. Schon für diesen ersten systematischen Schritt, und noch viel mehr für eine vielleicht denkbare mehr systematische philosophische Anthropologie, ist dieses Buch freilich nur eine Vorstudie.

Seine Gliederung läßt sich etwa so erläutern: Das *erste Kapitel* nimmt zu-

3 Vgl. Notizen über Ideologiekritik in »Fragen zur Weltpolitik«.

Einleitung

15

nächst eine gleichsam naiv gesellschaftskritische Haltung ein. Es geht von
Phänomenen der heutigen Kultur aus, die in direkter politischer und kultureller Reflexion als bedrohlich empfunden wurden; es stellt die Frage nach
deren anthropologischem Hintergrund. Das *zweite Kapitel* sieht dann mit
den Augen und spricht in der Sprache der naturwissenschaftlichen Anthropologie. Analog sieht das *vierte Kapitel* mit den Augen und spricht in der Sprache heutiger christlicher Theologie, in welche freilich die Offenheit für die
asiatische meditative Erfahrung einbezogen ist. Ein Kapitel, das ebenso Blick
und Sprache kritischer Gesellschaftstheorie voraussetzte, fehlt; in diesem
Punkte hatte ich in den Jahren der Abfassung dieses Buchs zu viel zu lernen,
als daß ich hätte wagen dürfen, das Gelernte schon anzuwenden. Die philosophische Reflexion wird im *dritten Kapitel* nur in der Form einer Rückspiege-
lung der Probleme in die große Tradition der europäischen Philosophie gegeben. Philosophisch gesehen bleibt das Buch eine Propädeutik.

Entstanden ist das Buch vorwiegend aus Vorträgen und Aufsätzen für konkrete Anlässe und spezielle Adressaten. Ich habe freilich schon seit längerer
Zeit die Themen dieser Äußerungen so gewählt, daß sie zur Zusammenfassung in einen Band über anthropologische Fragen geeignet sein sollten; ferner habe ich für die Endredaktion mehrere neue Beiträge verfaßt. Bei den
Vorträgen und Aufsätzen habe ich aber mit einer bestimmten Absicht darauf
verzichtet, die Bezugnahmen auf die jeweiligen Adressaten von vorneherein
zurückzudrängen oder nachträglich zu tilgen. Anthropologie ist nicht einfach
Reden über den Menschen. Sie ist sinnvollerweise stets Reden *mit* Menschen
über den Menschen. Ich spreche völlig spontan zu Naturwissenschaftlern anders als zu Politikern, zu Christen anders als zu Hindus, in der Öffentlichkeit
anders als im Seminar. Das ist die natürliche Kontaktsuche durch den dem
jeweils Angeredeten und mir gemeinsamen Sprachschatz. Es sei erlaubt,
menschliche Beziehungen mit Gewächsen des Gartens zu vergleichen: die
Rose pflegt man anders als den Apfelbaum, das Gemüsebeet anders als den
Rasen. Und wir können uns ja auch in die Mentalität anderer Gespräche als
unserer eigenen versetzen. Wenn in einem Buch alle diese Gespräche nebeneinander erscheinen, so wollen sie damit auch dem jeweils nicht direkt ange-
sprochenen Gesprächspartner vorführen, wie der Verfasser versucht, die allen
gemeinsamen Anliegen mit einem anderen als ihm zu besprechen. Diese
Möglichkeit, im Menschlichen hin und her zu wandern, wollte ich wohl mit
dem Titel »Der Garten des Menschlichen« andeuten.

2. *Überblick über das Buch*

Was hier versucht wird, ist, nochmals im Gleichnis gesprochen, ein Grundriß
der Gartenwege mit den lateinischen Namen der an den Wegrändern stehenden Pflanzen.

Die neun Beiträge des *ersten Kapitels* – Ebenen und Krisen – können locker in drei Gruppen von je dreien gegliedert werden. Die ersten drei Beiträge gehen von den politischen Problemen der heutigen Menschheit aus, die ich inzwischen in »Wege in der Gefahr« zum Thema eines eigenen Buchs gemacht habe; das jetzige Buch hat es unter anderem mit dem anthropologischen Hintergrund der dort analysierten Politik zu tun. Die nächsten drei Beiträge greifen, nur scheinbar zufällig, drei Phänomene der heutigen Gesellschaft heraus: die Rollen, welche in ihr die Naturwissenschaftler, die Behinderten, die neuen Linken spielen. Die drei letzten Beiträge wenden sich menschlichen Grunderlebnissen zu, der Angst, dem Schönen, dem Tod. Die beiden letzten von ihnen sind die philosophisch leitenden Stücke dieses Kapitels und exponieren in gewisser Weise das gesamte Thema der geschichtlichen Anthropologie.

Zu den einzelnen Beiträgen des ersten Kapitels:

1. *Das Friedensproblem*. Adressaten sind Interessenten für Friedensforschung. Der sehr stenographische, vielleicht in manchen Formulierungen nur dem Autor verständliche Text war ein Vorentwurf des ein Jahr später geschriebenen Buches »Wege in der Gefahr« unter dem speziellen Aspekt des Friedens. Er kann insofern als Überleitung von jenem Buch zum gegenwärtigen dienen.

2. *Der Mensch im naturwissenschaftlich-technischen Zeitalter*. Adressaten waren akademisch gebildete moderne Japaner. Dieser Hörerkreis verlockte mich zu dem Versuch, die inneren Probleme der in Europa wurzelnden Weltkultur in möglichst umfassendem Überblick darzustellen. Der Text wurde Absatz für Absatz zuerst auf deutsch, dann auf japanisch vorgetragen[4]. Dies nötigte mich zu möglichst knappen und möglichst eindeutigen, übersetzbaren Formulierungen. Der Vortrag kann als ein noch umfassenderes vorweg verfaßtes Resumé der Thematik von »Wege in der Gefahr« gelten.

3. *Die Ambivalenz des Fortschritts*. Adressaten waren junge deutsche Intellektuelle, vorwiegend Sozialwissenschaftler. Der Text sucht in den Hintergrund der in den ersten beiden Beiträgen aufgezählten Probleme einzudringen. Sein Hauptteil betrifft die Ambivalenz aller politischen Ideale der europäischen Neuzeit. Der Text skizziert dann, unter dem Titel der Ambivalenz, eine Leitfrage der drei späteren Kapitel und das evolutive Schema, das in diesem Buch »Ebenen und Krisen« genannt wird.

4. *Der Naturwissenschaftler, Mittler zwischen Kultur und Natur*. Die Adressaten waren Naturwissenschaftler. Die Naturwissenschaft ist kein zufälliges

---

4 Ich danke den Übersetzern, den Herren Kollegen Ken Yamabe und Yoshiaki Sato, herzlich für ihre hingebende und erfolgreiche Arbeit.

Einleitung

Thema der heutigen Gesellschaft; man kann sie vielmehr den harten Kern der Neuzeit nennen. Ihre Begrifflichkeit ist machtförmig; so weist der Vortrag auf das Machtthema (II, 5., II, 6.) voraus und hängt eng zusammen mit Heideggers Gedanken zur Naturwissenschaft (III, 5.)

5. Der Behinderte in unserer Gesellschaft. Es fügt sich natürlich, daß dieser Vortrag in der Mitte des ersten Kapitels steht. Er ist eine Aufforderung zu einem praktischen Verhalten. Wir werden zu keiner Gesellschaft Ja sagen dürfen, die nicht versteht, was ihr selbst die Schwachen in ihrer Mitte bedeuten. Direkte Adressaten waren die Festgäste einer Blindenschule, eigentlicher Adressat die gesellschaftliche Öffentlichkeit.

6. Das moralische Problem der Linken und das moralische Problem der Moral. Adressat der spontanen Aufzeichnung war zunächst ich selbst, die enttäuschte Liebe. Die Notiz zielt aber systematisch auf das praktische Problem, wie moralisches Handeln überhaupt möglich ist und führt damit zum Einstiegsthema des vierten Kapitels, Moral und Religion.

7. Angst. Adressaten waren Besucher eines Evangelischen Kirchentags. Die vier Beiträge über das Friedensproblem, die Angst, das Schöne und den Tod hatte ich von vornherein im Blick auf eine gemeinsame Publikation formuliert; sie sind die Keimzelle dieses Buchs. Das Referat über Angst knüpft an konkrete politische Beispiele an. Der Versuch, Angst als Furcht vor der eigenen Friedensunfähigkeit zu definieren,[5] führt in den Fragenkreis von Frieden und Wahrheit, also der Leiblichkeit der Vernunft und der Vernunft der Affekte. Der Schlußteil enthält eine neutestamentliche Interpretation, an welche die Auslegung der Seligpreisungen (IV, 5.) anknüpft.

8. Das Schöne. Adressat war das Salzburger Festspielpublikum. Ein amerikanischer philosophischer Kollege kam nach dem Vortrag auf mich zu: »Wie gut, daß Sie diesen Menschen Philosophie zugemutet haben – ich bin in jedem Punkt anderer Ansicht als Sie!« Diese freundliche Distanzierung konnte ich ihm nicht verübeln; was ich vorgetragen habe, ist eine moderne Abwandlung des Platonismus. Die Vernunft der Affekte wird hier zum erstenmal als Thema eingeführt. Die Wahrheit des Schönen freilich wird nur in diesem Beitrag thematisch, wenn man nicht die Gedichtinterpretationen anderer Beiträge als praktische Beispiele dieser Wahrheit werten will.

9. Der Tod. Adressat, im Salzburg der Festspielzeit, der Besucherkreis von Hochschulwochen. Die Zusammengehörigkeit beider Themen – das Schöne und der Tod – habe ich stark empfunden, fast erst als Rechtfertigung des Wagnisses, über beide zu reden. Dieser Vortrag stellt die Evolutionstheorie, indem er sie, wie ich hoffe, biologisch sorgfältig analysiert, in den Rahmen

---

5 Vgl. dazu Friedlosigkeit als seelische Krankheit (1967) in »Der ungesicherte Friede«.

einer Philosophie der Zeit, ohne welche von geschichtlicher Anthropologie nicht geredet werden könnte. Der Vortrag ist zugleich durch sein Thema gezwungen, auf die Fragen der Religion einzugehen; zum wenigsten angesichts des Todes begegnen sich Biologie und Religion. In gewisser Weise setzt so dieser Vortrag das philosophische Thema des ganzen Buchs.

Das *zweite Kapitel* enthält den Kern der philosophischen Anstrengung des Buchs. Der erste Aufsatz kann als Überschrift zu den drei folgenden Kapiteln gelten. Es folgen zwei Beiträge über die Art, wie sich Zusammenhang oder Identität der Phänomene, die wir in der herrschenden dualistischen Sprache Materie und Bewußtsein nennen, in der Biologie tierischer und menschlicher Subjekte denken lassen. Ihnen folgen zwei breite Aufsätze, die vor dem Hintergrund der Biologie anthropologische Grundthemen erörtern, von der Liebe bis zur Macht, wenn man so sagen darf. Den Schluß bildet ein in die Grundlagen der Logik vorausweisender Aufsatz über die biologischen Korrelate logischer Grundbegriffe wie Urteil, Begriff, Prädikat, Eigenname; dazu eine Notiz über den Zeitbegriff.

1. Wer ist das Subjekt in der Physik? Adressaten sind Inder, die in der lebendigen religiös-philosophischen Tradition der Advaita-Lehre des Vedanta stehen, und ihre westlichen Freunde und Jünger. Den tiefen Eindruck, den mir die Audienz bei dem Empfänger dieser Festschrift hinterließ, habe ich in der Selbstdarstellung (S. 443) in einigen Sätzen angedeutet. Noch stärker als die Begegnung mit modernen Japanern hat mich die Begegnung mit traditionellen Indern herausgefordert, eine Zusammenschau der Tradition zu versuchen, aus der ich selbst stamme. Hier ist es die über zweitausendjährige Geschichte der europäischen Philosophie und Naturwissenschaft. Als Leitfaden wählte ich das gemäß dem Vedanta zentrale Thema der Einheit des Subjekts. Nur vier Philosophen konnte ich jeweils knapp besprechen, Platon, Aristoteles, Descartes, Kant, ein Weg, wenn ich so abkürzen darf, von einer Philosophie der Einheit über zwei Philosophien der Vielheit zu einer neuen Philosophie der Einheit des Subjekts. Die Physik kann in das Gespräch der Philosophen über das Subjekt erst eintreten, seit Bohr uns die Quantentheorie verstehen gelehrt hat. Dieser Aufsatz und das ganze Buch folgt freilich Bohrs Philosophie darin nicht, daß ich glaube, im Kreisgang (vgl. II, 2., S. 144) das endliche Subjekt der Physik unterwerfen zu sollen. Die aus der Interpretation der Quantentheorie abstrahierte philosophische These läßt sich verkürzt so ausdrücken: Endliches gibt es nur für Endliches; nur für endliche Subjekte gibt es isolierte Objekte, und nur für endliche Subjekte dürfte es endliche Subjekte geben. Anthropologie freilich ist das Reden endlicher Subjekte mit endlichen Subjekten über das Wesen endlicher Subjekte.

2. Die Rückseite des Spiegels, gespiegelt. Eine für dieses Buch geschriebene, im wesentlichen zustimmende Analyse der Gedanken von Konrad Lorenz und Karl Popper über die Erkenntnisförmigkeit der Evolution, also über die philosophische Relevanz einer Biologie des Subjekts. Nur *ein* Gedanke muß zu den Ansätzen dieser »Realisten« hinzugefügt werden: daß wir auch die Rückseite des Spiegels nur im Spiegel kennen. Das undefinierte Prädikat »real«, das die Realisten den Objekten ihrer Wissenschaft geben, heißt sinnvollerweise »real für uns«, »real für endliche Subjekte«, vielleicht sogar »real für Naturwissenschaftler des 20. Jahrhunderts«. Die philosophische Aufgabe formuliert sich im naturwissenschaftlichen Ansatz als ein Kreisgang zwischen dem Objektsein der Subjekte und der Subjektbezogenheit der Objekte. Information und Wahrheit sind nicht ohne diesen Kreisgang zu definieren.

3. Die Einheit von Wahrnehmen und Bewegen. Adressaten waren Mediziner, Naturwissenschaftler, Theologen, die sich für Viktor v. Weizsäckers anthropologische Medizin interessierten. Der Versuch wird gemacht, Wahrnehmen, Vorstellen und Denken als symbolische Bewegung zu verstehen, als eine Bewegung, die eine andere Bewegung bedeutet.

4. Die Vernunft der Affekte. Adressaten waren dieselben jüngeren Sozial- und Naturwissenschaftler wie in I, 3. Die Vernunft der Affekte und die vernünftige Einsicht werden in einer gewissen Breite erörtert, zwar vor dem Hintergrund der Biologie des Subjekts, aber nicht in naturwissenschaftlicher, sondern in moralischer Absicht, als Beitrag zur Fähigkeit, unsere Motive zu werten. Ein Grundphänomen ist die Unmöglichkeit, die verschiedenen Ebenen unserer affektiven Wahrnehmung auseinander herzuleiten, also die gerade auch naturwissenschaftlich einsehbare Falschheit jedes unitarischen oder dualistischen Triebreduktionismus. Der Schlußabschnitt wendet sich zum politischen Ausgangsproblem des Buchs zurück. Eine glücksorientierte Gesellschaft kann nicht überleben ohne eine in Wahrheit elitäre Struktur, deren Elite nicht primär glücksorientiert ist.

5. Über Macht. Dieselben Adressaten wie zuvor. Eine breit angelegte Vorstudie zum Machtkapitel in »Wege in der Gefahr«. Die Machtförmigkeit der Verstandeserkenntnis führt zur Frage der Verwandtschaft der Begriffe von Information und Macht. Der Schwerpunkt liegt aber im »Gespräch mit Sigmund Freud« über die Grundlagen seiner Anthropologie und in der Kritik des Triebbegriffs. Ich danke meinem Kasseler Kollegen Hans Kilian für seine Belehrungen über die Weiterentwicklung der Psychoanalyse; ich habe ihn gebeten, seinen Brief hierüber mit abdrucken zu dürfen.

6. Biologische Präliminarien zur Logik. Einige Notizen, die ursprünglich für eine Darstellung der Logik zeitlicher Aussagen bestimmt waren, habe ich für dieses Buch zusammengestellt und erweitert. Die biologisch-pragmatische Betrachtung des Erkenntnisprozesses zeichnet einen Hintergrund für phänomenologisch bekannte Grundstrukturen wie einerseits die Zweiwertigkeit der Logik, andererseits die Prävalenz der Wahrheit vor der Falschheit, der Wahrnehmungswahrheit vor der Satzwahrheit. Die platonische Einsicht, daß nur das Eidos erkennbar ist, wird biologisch illustriert und bekräftigt. Im Einklang mit der Entwicklung der sprachanalytischen Philosophie (vgl. das im Text zitierte Buch von E. Tugendhat) führt dies zu einer Analyse des assertorischen Satzes vom Begriff, d. h. vom Prädikat her.

7. *Mitwahrnehmung der Zeit.* Eine private, stenographische Arbeitsnotiz, die das Ende dieses Kapitels mit dem Ende des folgenden Kapitels verklammert.

Das zweite Kapitel hat uns vor Fragen der systematischen Philosophie gestellt, für welche das ganze Buch, wie eingangs gesagt, nur eine propädeutische Funktion haben kann. Ein Kurs dieser Propädeutik muß es sein, uns an den Rahmen zu erinnern, in dem diese Fragen in der philosophischen Tradition Europas stehen. Dies hat schon der erste Beitrag des zweiten Kapitels getan, und wir nehmen im *dritten Kapitel* eben diese Fragestellung wieder auf. Die philosophische Linie, um die es dabei nur gehen kann, ist die platonische. So beginnt das Kapitel mit Platon, und in seinem Lichte sieht es Galilei und Kepler, Goethe und Hegel, Heidegger und Heisenberg. Das Interpretationsverfahren besteht – soweit das in lockeren Essays möglich ist – darin, den Autor immanent, gemäß der Logik seiner eigenen Fragen auszulegen, bis sich eben in diesen unsere eigenen Fragen von neuem stellen. Den Glauben, den Autoren damit nicht ungebührlich Gewalt anzutun, kann man nur haben, wenn man überzeugt ist, daß es eine durchgehende Frage der Philosophie gibt. Dies haben wir, wenn wir es gelernt haben, von Heidegger gelernt.

1. *Platonische Naturwissenschaft im Laufe der Geschichte.* Ein öffentlicher akademischer Vortrag. Der Kern ist eine, der Vortragsform gemäß lockere, Interpretation des platonischen Timaios. Sie schließt im Rahmen meiner Arbeit an zwei Interpretationen des Parmenides-Dialogs[6] an und führt weiter zu einer Interpretation von Theätet und Sophistes, die ich wegen ihrer spezialistischen Fassung nicht in das gegenwärtige Buch aufgenommen habe[7]. Ferner wird versucht, zu zeigen, daß sich Galilei, Kepler und Heisenberg[8] zu Recht auf Platon berufen. Mit diesem Aspekt der Naturwissenschaft wird zugleich eine Lücke ausgefüllt, die ich in dem Aufsatz über das Subjekt in der Physik gelassen habe.

2. *Ein Liebesgedicht.* Mögen die Lesenden selbst entscheiden, ob sie zu den Adressaten zählen. Warum folgt dieser Text an dieser Stelle? Vielleicht wollte ich zeigen, daß Naturwissenschaft und Liebeslyrik, wenn man sie nur versteht, genau dieselbe Sache sind. Als ich Pfingsten 1930 mit Heisenberg in Helgoland war, erzählte er mir, er habe genau fünf Jahre zuvor, also 1925,

6 »Die Einheit der Natur«, die letzten beiden Aufsätze.
7 »Die Aktualität der Tradition: Platons Logik«.
8 Vgl. »Werner Heisenberg«.

Einleitung   21

eben hier nur wenig geschlafen und seine Zeit etwa zu gleichen Teilen damit
verbracht, die Quantenmechanik auszuarbeiten,[9] in den Klippen herum zu
klettern, und Gedichte aus dem West-östlichen Divan auswendig zu lernen.

3. Zu Hegels Dialektik. Adressat war ein Hegel-Symposium, dessen Teilnehmer etwa zur Hälfte Philosophen, sonst Sozial- und Naturwissenschaftler waren. Thema dieses Symposiums war das Verhältnis von Ambivalenz und Dialektik, so wie Georg Picht zehn Jahre früher zwei Hegel-Symposien über das
Verhältnis von Komplementarität und Dialektik veranstaltet hatte. Von solchen zeitbedingten Fragestellungen her versucht der Aufsatz (wie ich es damals von Picht gelernt habe), zu zeigen, daß ein Begriff wie Dialektik seinen
Sinn nur innerhalb einer vollen Philosophie hat. Diese, die Hegelsche, Philosophie ist der vielleicht größte nachplatonische Versuch in Europa, die Einheit zu denken, die im gegenwärtigen Buch durch den Aufsatz über das Subjekt in der Physik eingeführt ist: »die Vernunft ist die Gewißheit des Bewußtseins, alle Realität zu sein.« (S. 268) Daher die notwendige Zusammengehörigkeit gerade von Naturphilosophie und Religionsphilosophie bei Hegel. Wir aber können Hegels System in keinem Stück übernehmen. Dialektik
müssen wir als einen Prozeß in der Zeit verstehen, und dies führt in das Thema Sein und Zeit.

4. Erinnerungen an Martin Heidegger. In Heideggers Todesjahr trat die Bitte,
über ihn etwas zu sagen, mehrfach an mich heran. Hier der persönliche Hintergrund.

5. Heidegger und die Naturwissenschaft. Beitrag zu einer akademischen Ge-
dächtnisfeier. Mein Auftrag war nicht, Heidegger im ganzen zu interpretieren, sondern als Naturforscher in den Dialog mit ihm einzutreten. Eben dieser Dialog aber führt in zentrale Fragen. Die Machtförmigkeit der Naturwissenschaft ist kein spezieller Irrtum, sondern sie liegt darin, daß die Naturwissenschaft auf dem Begriff, heideggersch gesagt auf der Vorstellung beruht.
So führt eben die Berührung mit Heideggers Kraft, Phänomene zu sehen, in
den Fragenkreis unseres zweiten Kapitels zurück.

6. Die Zeit und das Eine. Ein stenographisches Selbstgespräch. Es geht aus
von der heute leider schon wieder eher vergessenen als bewältigten Theorie-
Praxis-Debatte und skizziert einen Weg, den das eigene Philosophieren gehen
müßte. Das Eine – das ist die platonische Tradition; die Zeit – das heißt: wir
philosophieren *jetzt.* Es zeigt sich die auch philosophische Unerläßlichkeit
von Theologie und Meditation.

Dieses Thema nimmt das *vierte Kapitel* auf. Die ersten fünf Beiträge gehen
schrittweise von den Anliegen des Tages zu den biblischen Grundlagen der

9 W. Heisenberg, »Der Teil und das Ganze«, S. 88-90.

Theologie zurück. Die drei letzten Beiträge führen von dort wieder in die Forderung des Tages, und zwar im gleichen Geiste zu den Anliegen christlicher Kirchgemeinden und zu den Erfahrungen derjenigen, die sich auf asiatische Meditation einlassen.

1. *Notizen zum Gespräch zwischen Physik und Religion.* Geschrieben für einen Gesprächskreis von Studenten und Professoren. Ein Auftakt: nicht voreilige Versöhnung, sondern brüderliche Kritik sollen Naturwissenschaftler und Christen einander leisten.

2. *Bergpredigt, Altes Testament und modernes Bewußtsein.* Eine spontan geratene Radiorede. Ich kann nicht von der Bergpredigt reden, ohne mich zu ihrer Wahrheit zu bekennen. Ich lebe aber nicht wie die Jünger, an die die Predigt gerichtet war. Diese Grundspannung der christlichen Kirche kann für den fruchtbar werden, der weiß, daß sie seine eigene Spannung ist.

3. *Gedanken eines Nichttheologen zur theologischen Entwicklung Dietrich Bonhoeffers.* Adressaten dieser Gedenkrede sind protestantische Theologen im ökumenischen Rahmen. Ich hatte den Auftrag früh übernommen und habe viel Arbeit in die Vorbereitung investiert. So ist die Rede, zumal in ihrem vierten Teil, gleichsam das Programm dessen, was ich zur heutigen christlichen Theologie sagen möchte. Der anthropologische Zugang ist das »moralische Problem der Moral«, die Ambivalenz unseres Bemühens, das objektiv Gute zu tun. Niemand hat diesen Nerv tiefer getroffen als die auf Paulus zurückgehende Traditionslinie der christlichen, zumal protestantischen Theologie. Paulus konnte den Abgrund bezeichnen, weil er eine Erfahrung jenseits des Abgrunds hatte, die bei ihm Glauben hieß. Aber nun sind wir in der Kirchengeschichte, und so leicht läßt uns die Ambivalenz nicht los. Was ist der Glaube? Der kämpfenden und siegreichen Kirche gerann er immer wieder ins Aussprechen für wahr gehaltener Sätze, auch wenn diese nicht Sätze der Philosophie, sondern der Offenbarung, ja der geschichtlichen Offenbarung hießen. Damit aber war der Glaube begrifflich gefaßt und hatte Anteil an der Unwahrheit des Begriffs. Er mußte nun gegen konsistentere, wenngleich flachere Begriffe, d. h. gegen die Aufklärung unterliegen. In dieser Auseinandersetzung bewegen sich Bonhoeffers Lehrer Harnack und Barth, und Bonhoeffer selbst.

4. *Ebenen der christlichen Theorie. Eine Anmerkung zu Luther.* Eine Notiz zur Selbstverständigung, die das soeben Gesagte an Luthers theologischem Grundproblem abliest.

5. *Die Seligpreisungen.* Ebenfalls zur Selbstverständigung geschrieben. Adressaten sind dann zunächst wissenschaftliche Exegeten des Neuen Testaments, aber schließlich Christen überhaupt. Präzisere Beschäftigung mit dem Text der Evangelien lehrt, ihn auf eine Lebenssituation zu beziehen, die der-

Einleitung

23

jenigen der herrschenden Kirche fern ist, dem Protestantismus übrigens noch ferner als der katholischen Kirche, nahe aber den Minoritäten, den Sekten, kommunistischen Gemeinschaften und den wandernden Mönchen Asiens. Dieser Erfahrungsbereich ist von hoher menschlicher, also auch anthropologischer Bedeutung. Die christlichen Mönchsgelübde, von der katholischen Kirche nicht als Gebote, aber als evangelische Ratschläge bezeichnet, sind nicht Weltverachtung, sondern Disziplin der Affekte als Weg zu einer höheren Weise der Wahrnehmung.

6. *Zwei Predigten.* Adressaten waren die evangelisch-lutherischen Kirchgänger meines jeweiligen Wohnorts. Ich habe die beiden Texte hier nur aufgenommen, um zu dokumentieren, daß alles hier Gesagte nicht aus der Kirche hinaus, sondern in sie hereinführen will.

7. *Zwei Vorworte.* Geleitworte zu Büchern eines anderen Autors haben empfehlenden Charakter. Adressaten sind hier die virtuellen Leser zweier Bücher, die nicht gelehrt über den Buddhismus, sondern aus buddhistischer Erfahrung über Lebensprobleme sprechen. Ihr Verfasser, Martin Steinke-Tao Chün, hat mir als erster den Zen-Buddhismus – aus einer chinesischen Traditionslinie – leibhaft nahegebracht. Anthropologisch verdanke ich ihm Hilfe, das Ich nicht als Substanz, sondern als Organ zu denken, und das höhere Bewußtwerden nicht als Begriff, sondern als Wahrnehmung.

8. *Gespräch über Meditation.* Ein Rundfunkgespräch. Der mit einem Schlage überwältigend hervortretende Durst westlicher Intellektueller nach Meditation entstammt einer zunächst noch dumpfen Erkenntnis der Grenzen der Willens- und Verstandeswelt. Hier ist nun ein nicht gefahrloser, aber nach oben offener Wahrnehmungsbereich. Hier ist auch die empirische Basis für die Begegnung mit der anthropologischen Selbsterfahrung der asiatischen Kulturen, welche der unseren zum wenigsten gleichwertig ist. Geschichtliche Anthropologie sollte sich bemühen, ihren eigenen Ort in der irreversiblen Geschichte zu sehen. Er ist wohl im Beginn der Begegnung der Grunderfahrungen der großen Kulturen, einerlei wie nivellierend die äußeren Ereignisse der kommenden Jahrzehnte sein werden.

Gelegentlich werden Angehörige eines akademischen Fachs – hier der Philosophie – veranlaßt, für einen Sammelband Darstellungen ihrer persönlichen Entwicklung und Sichtweise des Fachs zu geben. Die *Selbstdarstellung,* die ich auf eine solche Anforderung hin geschrieben habe, ist vielleicht auch die übersichtlichste Zusammenfassung der Themen dieses Buchs.

ERSTES KAPITEL

EBENEN UND KRISEN

I, 1. Das Friedensproblem[1]

Analyse

Der Friede ist der Menschheit in unserem Jahrhundert zur bewußten Aufgabe geworden. Das liegt einerseits an der Entwicklung der Technik, zumal der übergroßen Waffen, andererseits an einem veränderten Bewußtsein der Menschheit von sich selbst. Beides folgt aus der Entwicklung der neuzeitlichen Kultur. Als unbegrenzt wachsende Willens- und Verstandeskultur stellt sie Mittel bereit und eröffnet damit Aufgaben, die vorher im Bereich des unbeeinflußbaren Schicksals lagen. Zugleich zerstört sie Sicherungen, die vorher in der äußeren Natur und im menschlichen Verhalten von selbst funktionierten. Dies geschieht nicht nur objektiv, es rückt auch schrittweise ins Bewußtsein der Menschen ein. Man sieht sich vor bisher beispiellosen Aufgaben und auch vor bisher beispiellosen Gefahren, man empfindet die Aufforderung zu bisher beispiellosen Lösungswegen. Die uralte Institution und Geißel des Kriegs gerät in den Sog dieser veränderten Denkweise. Das Friedensproblem im engeren Sinne ist das Problem der Eindämmung oder Überwindung des Kriegs. Das Friedensproblem im weiteren Sinne ergibt sich hieraus; es ist die Frage nach den Kräften und Einrichtungen, die zuverlässigen Frieden möglich machen.

Das Nachdenken über das Friedensproblem führt uns durch vier Regionen menschlichen Verhaltens: Militär, Außenpolitik, Gesellschaftsstruktur, seelische Vorgänge im Individuum. Die Analyse, mit der dieser Aufsatz beginnt, faßt die Ergebnisse breiter Überlegungen über diese Regionen thesenhaft zusammen. Die Aufgabe der Friedenssicherung erweist sich als in keiner der Regionen zuverlässig lösbar. Hieran schließt sich unter dem Titel »Friede und Wahrheit« eine grundsätzliche Betrachtung des Friedensproblems im weiteren Sinne. Nach Durchlaufung dieser Stufen läßt sich illusionsloser sagen, was in einer konkreten Friedenspolitik angestrebt werden soll und erreicht werden kann, und was nicht.

Militär. Im Territorium der Großmächte und des politisch stabilen Teils ihrer militärischen Verbündeten ist seit 1945 kein Krieg geführt worden. Gleich-

---

1 Erschienen in der Festschrift zum fünfjährigen Bestehen der Deutschen Gesellschaft für Friedens- und Konfliktforschung »Forschung für den Frieden«, Harald Boldt Verlag, Boppard/Rhein 1975.

wohl ist das Problem der Kriegsverhütung in zweifacher Hinsicht ungelöst: Im Rest der Welt, meist »Dritte Welt« genannt, sind ständige Kriege geführt worden, und die Fortdauer der Kriege ist zu erwarten. Und im seit dreißig Jahren kriegsfreien direkten militärischen Machtbereich der Großmächte sind künftige Kriege, einschließlich eines nuklear geführten dritten Weltkriegs, keineswegs ausgeschlossen.

Nur die letztere Behauptung bedarf einer Begründung. Die Kriegsverhütung durch die Übergröße der Waffen ist unzuverlässig. Neben der Gefahr technischen oder psychischen Versagens steht vor allem das immanente Wachstumsgesetz, das schon zu den heutigen Waffen geführt hat. Nicht die Waffe selbst, sondern ein ihrer Größe angemessenes Bewußtsein könnte Frieden bewahren. Der erste Versuch hierzu, in der militärischen Ebene selbst, ist die Abschreckungsstrategie durch Zweitschlagskapazitäten. Wir verdanken ihr die gegenwärtige Friedens- und Entspannungsphase. Aber sie hat, militärisch gesehen, drei Schwächen. Sie verhütet begrenzte Konflikte nicht zuverlässig; der Druck auf deren Verhütung, der von der Eskalationsdrohung ausgeht, enthält die Gefahr der wirklichen Eskalation; Waffensysteme, auch Zweitschlagskapazitäten, veralten, und der dritte Weltkrieg könnte eines Tages in nüchterner Kalkulation von demjenigen begonnen werden, der eine hinreichende Chance erkennt, ihn zu überleben und zu gewinnen.

Daß Militär den Frieden nicht permanent bewahrt, ist eine alte Wahrheit. »Si vis pacem, para bellum« ist eine Klugheitsregel in einer Welt, in der der Krieg eine selbstverständliche Institution ist. Der Gerüstete kann mehrere Kriege vermeiden, aber nicht alle, vor allem nicht den für ihn als Großmacht letzten, den er verliert. Aber die Größe der Waffen macht gleichwohl die Fortdauer der Institution des großen Kriegs unannehmbar. Das Militär ist durch seine Entwicklung vor eine Aufgabe gestellt, die es mit seinen Mitteln nicht lösen kann.

Außenpolitik. Die klassische Außenpolitik beruht auf dem Interessenausgleich souveräner Mächte. Diplomatie und Völkerrecht haben Mittel zur friedlichen Lösung außenpolitischer Konflikte entwickelt. Sie haben aber bisher nie die Institution des Kriegs überwunden. Die historische Erfahrung kennt zwei Wege zur Stabilität in einem Mächtesystem: einerseits das Konzert der Mächte, andererseits die Hegemonie, die jedoch entweder ins Konzert zurück oder zu einem Großreich, also dem Ende des Mächtesystems führt. Das Konzert (meist als Pentarchie) hat in der Geschichte stets periodischer Kriege als Regulatoren bedurft.

Es ist wichtig, einzusehen, daß ein System souveräner Mächte nicht einfach durch einen Akt guten Willens in einen Friedenszustand der souverän fortbestehenden Partner übergehen kann. Was dazu überwunden werden müßte, wäre die Struktur von Macht. In einer Mächtestruktur ist der zuverlässigste Schutz eigene Macht (nur für den Kleinen der Verzicht auf die Teilnahme an der Konkurrenz, wenn Bündnisse, Neutralität, geographische Lage dazu eine Chance bieten). Macht ist aber praktisch unbegrenzt akkumulierbar. Deshalb führt die für jeden Partner richtige These vom Schutz durch eigene Macht mit objektiver Notwendigkeit zum Wettrüsten. Es ist nicht der böse Wille der Politiker und Militärs, der das Friedensproblem außenpolitisch nicht permanent lösbar macht, sondern die Struktur von Macht.

Es gibt keinen Grund, anzunehmen, daß das heutige, militärisch bipolar, wirtschaftlich-politisch etwa pentarchisch strukturierte Konzert diesen Strukturgesetzen nicht unterworfen wäre. Eine stabile Hegemonie wäre, soweit wir sehen, nur durch einen Weltkrieg erreichbar und würde – unter fürchterlichen Opfern – vermutlich zu einem Weltstaat führen. Dieser könnte künftige Kriege so lange verhindern, als er stabil wäre. Seine inneren Probleme seien hier nicht ausgemalt.

Gesellschaftsstruktur. Die Glieder traditioneller Mächtesysteme sind Staaten, deren innere gesellschaftliche Struktur durch Herrschaft stabilisiert ist. Der Zusammenhang ihrer auswärtigen Machtpolitik mit den Interessen der Herrschenden läßt sich leicht erkennen, nicht nur soweit diese Politik aggressiv, sondern auch soweit sie defensiv ist. Wenigstens seit der europäischen Aufklärung gibt es nun eine gesellschaftliche Bewegung, die auf Eindämmung oder Überwindung von Herrschaft zielt. Daher ist die Hoffnung begreiflich, durch Veränderung des Gesellschaftssystems auch die Ursachen der Kriege auszuschalten. Unscharf gegeneinander abgegrenzt kann man in der heutigen Welt vielleicht vier gesellschaftspolitische Tendenzen oder Systeme unterscheiden: die vorliberale Ordnung, heute meist Feudalismus genannt, den Liberalismus, den Sozialismus, die Technokratie. In den Mitteln und Motiven der Herrschaft kann man drei Elemente auseinanderhalten: Rangordnung, Funktion, Macht. Der Feudalismus bejaht die Herrschaft und sieht sie durch eine Rangordnung gerechtfertigt. Der Liberalismus vertraut, zumal im wirtschaftlichen Bereich, auf den verständigen Eigennutz der Einzelnen und sucht die notwendigen staatlichen Hoheitsakte auf Ämter, also Funktionen zu reduzieren, geleitet durch freie Diskussion, somit durch den Zusammenhang zwischen Wahrheitsfindung und Freiheit. Der Sozialismus erkennt die Fortdauer ökonomisch fundierter Herrschaftsverhältnisse im liberalen System und erhofft ihre Überwindung durch Vergesellschaftung der Verfügung über die Produktionsmittel. Die Technokratie, weniger eine Doktrin als eine Praxis, bejaht Herrschaft, insoweit sie legitime Macht der durch Einsicht zur Entscheidung Befähigten ist.

Der Kampf der Gesellschaftssysteme ist nicht beendet, und er rangiert heute im öffentlichen Bewußtsein hoch als Ursache gegenwärtiger und künftiger Kriege. Könnte der weltweite Sieg eines der konkurrierenden Systeme den Weltfrieden sichern? Die historische Erfahrung spricht nicht dafür, daß dies anders als durch die gleichzeitige Errichtung eines Weltstaats, also durch die Ausschaltung der Außenpolitik als Struktur gelingen kann. Souveräne Mächte

I, 1. Das Friedensproblem 27

gleichartigen Gesellschaftssystems haben sich bisher den Imperativen der Machtkonkurrenz ebenso gebeugt wie solche entgegengesetzter Systeme. Natürlich sind die Hoffnungen auf eine Bändigung der staatlichen Gegensätze durch die liberale Weltwirtschaft, durch demokratische Vernunft, durch sozialistische Moral und Überwindung der Herrschaftsform »Staat« nicht durch historische Parallelen zu entkräften. Die Skepsis gegenüber diesen Hoffnungen läßt sich vielleicht am plausibelsten darstellen durch Zitat der scharfsichtigen Kritiken, die jedes der Systeme an den anderen zu üben pflegt. Der Konservative sieht in den drei »fortschrittlichen« Systemen moderne Maßlosigkeit am Werk. Der Liberale vermißt in den drei anderen Systemen die Einschränkung von Herrschaft an der entscheidenden Stelle: der freien, diskutierbaren Wahrheitssuche der Individuen. Der Sozialist erkennt in den idealen Ansprüchen der drei Anderen den ideologischen Überbau ökonomischer Herrschaftsinteressen. Der Technokrat sieht im konservativen, liberalen und sozialistischen Denken die konflikterzeugende Trübung der Vernunft durch Ideologien.

Individuelles und Gruppen-Verhalten. Die soeben zitierten Kritiken sind Beispiele eines fast immer anwendbaren Modells: der zutreffenden Kritik am Egoismus und Egozentrismus der Anderen. Konflikte, so scheint es, sind Konflikte von Partikularinteressen, in welcher psychologischen Verkleidung auch immer sich diese ihren Trägern darstellen mögen. Was man mit dem Appell an die Vernunft meint, ist die Hoffnung, die Konfliktgegner würden ihr wahres, gemeinsames Interesse erkennen. Diese, wohl vor allem unter Liberalen verbreitete Hoffnung sucht dann den Grund der Friedlosigkeit in irrationalen Seelenvorgängen, die vielleicht durch falsche Erziehung erzeugt oder verfestigt sind.

Aggression ist heute der Name des konfliktsuchenden Affekts. Die friedenspädagogisch wichtige Frage nach ihrer Auslösung durch Erziehungsformen und gesellschaftliche Zustände ist umstritten. In der Gesellschaft, in der wir faktisch leben, ist sie allgegenwärtig, und das praktische Problem ist nicht ihre Vermeidung, sondern ihre Eindämmung in einer Fähigkeit der Menschen, miteinander umzugehen. Diese Ordnung des Umgangs wird in kriegerzeugender Weise wohl vor allem durch die Angst gesprengt. Angst ist das wichtigste friedenspsychologische Thema. Man kann im Komplex der Angst eine präzise Komponente – Furcht vor erkennbaren Gefahren – und eine tieferliegende, fürs Bewußtsein meist unfaßbar bleibende Komponente unterscheiden. Furcht ist eine affektive Form realistischer Wahrnehmung. Die Gefahren, die sie wahrnimmt, sind, soweit sie von anderen Menschen oder Menschengruppen herrühren, durch deren eigene Verhaltensweise, also in der Tiefe durch deren eigene Angst verursacht. Die Welt der Konflikte und Ängste erweist sich als ein selbststabilisierendes System. Das ist die psychologische Version der Analyse von Machtsystemen.

Friede und Wahrheit

Die vier Regionen menschlichen Verhaltens verweisen aufeinander, stabilisieren einander. In einer Welt der Konflikte ist das Verhalten, das ihre fortwirkend konflikterzeugende Struktur aufrechterhält, für den Einzelnen oder die einzelne Gruppe jeweils rational. Gleichwohl ist begrenzter Friede in der Geschichte stets möglich gewesen. Ohne ihn hätte kein Einzelner und keine Gruppe auch nur die Ressourcen, um die Konflikte auszutragen. Wie ist Friede möglich? Wenn er möglich ist, warum ist er so schwer?

In etwas symbolischer Sprechweise könnte man sagen: Ein Friede ist der Leib einer Wahrheit. Friede ist hier gemeint als eine Möglichkeit, zu leben. Genauer: ohne existenzgefährdende Konflikte zu leben. Der Friede kann der Friede eines Individuums mit sich selbst oder mit seiner Gesellschaft , der Friede einer Gesellschaft mit sich selbst oder mit ihrer Umwelt sein. Wahrheit ist in diesem Satz verstanden als Wahrnehmung einer Wirklichkeit; eben derjenigen Wirklichkeit, von der die Möglichkeit des Existierens abhängt, also der Wirklichkeit seiner selbst und der Umwelt. Wahrnehmung kann dabei begrifflos oder begrifflich sein oder beides verschmelzen. Leib heiße die Realität des Verhaltens, das von dieser Wahrnehmung gesteuert ist und sie damit stets von neuem ermöglicht. Der unbestimmte Artikel »ein« Friede, »eine« Wahrheit deutet an, daß niemals die volle Wirklichkeit wahrgenommen wird. Friede mag möglich sein, soweit die ihn tragende Wahrheit reicht. Geschichte, wie wir sie kennen, ist Kampf der Wahrheiten. Deshalb ist jeder geschichtliche Friede, den wir kennen, aus Kämpfen hervorgegangen, seine Aufrechterhaltung ist Kämpfen abgerungen, seine Aussicht ist, in neuen Kämpfen unterzugehen und günstigenfalls einem neuen, auf umfassenderer Wahrheit ruhenden Frieden Platz zu machen. Die oben geschilderten Gesellschaftskonzepte können als derartige Teilwahrheiten, als Spiegelungen oder Entwürfe möglicher Formen des Friedens gelten. Das Problem der heutigen Menschheit ist der Weltfriede. Er ist nicht mehr nur der außenpolitische, durch periodische Kriege stabilisierte Friede zwischen souveränen Mächten, sondern der »weltinnenpolitische« Friede der Menschheit mit sich selbst. Er wird kein konfliktloser Friede sein. Seine Realität (»Leibhaftigkeit«) wird soweit reichen, als die Wahrnehmung der ihn tragenden Menschen von der Menschheit und ihren Lebensbedingungen reicht.

Warum aber ist Friede so schwer? Warum, wenn Wahrheit die Seele eines Friedens ist, ist Geschichte der Kampf der Wahrheiten? Der systematische Grund der Selbststabilisierung der Konflikte ist uns in der Analyse unter dem Titel der Macht erschienen. Hier sei eine Skizze einer Anthropologie der Macht versucht.

Kampf ist allem organischen Leben eigen; Macht ist ein Humanum. Jedes Lebewesen ist bedroht. Im organischen Leben sind gewisse Güter stets knapp; die Evolution macht sie knapp. Furcht setzt die Fähigkeit zur Vorstellung von

Gefahren voraus. Nun gibt es Mittel, Gefahren zu begegnen. Macht beginnt mit der Fähigkeit zur realen Vorstellung solcher Mittel. Nun ist Vorstellung, anders als Wirklichkeit, grundsätzlich unbegrenzt. Kraft der Vorstellung können Mittel gegen gewisse Gefahren über alle im tierischen Leben gesetzten Grenzen hinaus akkumuliert werden: Lebensmittel, Werkzeuge, Jagdwaffen. Diese Akkumulation findet ihre vernünftige Grenze dort, wo ihre Fortführung die Gefahr nicht mehr vermindert. Nur wenn die Gefahr selbst von Menschen herrührt, kann sie durch deren akkumulierte Mittel immer weiter wachsen; in der Konkurrenz zwischen Menschen wird unbegrenzte Akkumulation von Mitteln zweckrational. Auf der unbegrenzten Mittelakkumulation beruht Macht. Die sichtbarste wirtschaftliche Erscheinungsform dieser akkumulierten Macht ist das Geld. Macht ist wesentlich tragisch, denn ihre im Einzelschritt rationale Steigerung steigert im Endeffekt die Gefahr.

Die reale Leistung eines Friedens unter Menschen ist daher die vernünftige Begrenzung von Macht. Der Kampf der Wahrheiten – so der Kampf der vier zitierten Gesellschaftskonzepte – ist der Kampf um die richtige Weise dieser Begrenzung. Dieser Kampf selbst wird mit den Mitteln der Macht ausgetragen. Damit unterwirft er sich dem Gesetz, das er überwinden will. Darum hat die stets wiederholte Hoffnung, der jetzige Kampf sei der gute und darum der letzte, einen tragischen Klang.

Die Fähigkeit zum Frieden beginnt, wo auch dieser tragische Schein durchschaut wird, wo der Feind, auch der Gegner im Kampf der Wahrheiten, geliebt werden kann.

Friedenspolitik
Friedenspolitik kann, wie das Friedensproblem, im engeren oder weiteren Sinne verstanden werden. Im engeren Sinne ist sie politisches Handeln unter der Priorität des Friedens. Im weiteren Sinne ist sie alles Handeln, das die Bedingungen der Möglichkeit von Frieden schaffen oder schützen soll. Wir gehen die vier Regionen in umgekehrter Reihenfolge noch einmal durch und schreiten damit vom weiteren zum engeren Sinne von Friedenspolitik vor.

Menschliches Verhalten. Frieden machen kann nur, wer friedlich ist. Er muß die Wahrheit, deren Leib der ihm mögliche Friede ist, nicht nur in der Phantasie vorstellen, sondern leben. Friedenserziehung besteht darin, jedem Menschen dazu zu helfen, daß er die ihm zugängliche Wahrheit wirklich lebt. Dies führt naturgemäß zum Kampf der Wahrheiten. Es führt aber auch zu der Kraft, diesen Kampf selbst friedlich, also schon im Licht einer erst geahnten höheren Wahrheit auszutragen. Angst ist die begründete Furcht vor der eigenen Unfähigkeit zum Frieden, und der friedlose Konfliktaustrag nährt seine Friedlosigkeit meist aus der Angst.

Friedenspolitik wird im Interesse aller gemacht. Sie muß entworfen werden für die aktive Mitarbeit derjenigen, welche die grundlegende Reifungserfahrung, die durch eine Erfahrung des Todes hindurchgeht, nicht oder unvollständig gemacht haben. In dieser Begrenztheit der Mittel, auf die sie angewiesen ist, ist ihr immer wiederkehrendes Scheitern angelegt. In der immer wiederholten Anstrengung ist sie aber ein notwendiger Bestandteil der Geschichte der Wahrheit. Sie nützt dem Frieden, auch wo sie scheitert.

Gesellschaftliches Handeln. Im Kampf der Gesellschaftssysteme stellt sich für die Friedenspolitik alsbald nicht nur die Frage der Ziele, sondern der zulässigen Mittel. Ist physische Gewalt erlaubt? Ist »strukturelle Gewalt« eine sinnvolle Begriffsbildung? Welche dieser Begriffsbildungen beschönigt welche Handlungsweisen?

Die Frage von Gewalt und Gewaltlosigkeit ist nicht eine Frage der formalen Erfüllung inhaltsneutraler Handlungsnormen. Sie ist selbst eine Frage der Substanz, also, im hier verwendeten Sinn des Wortes, der Wahrheit. Die Tragik der Macht wird durch die Einübung der Gewaltanwendung verschärft. Wer der Gewalt bedurfte, um seiner Wahrheit zum Siege zu verhelfen, wird sie schwerlich entbehren können, um neue Wahrheit zu unterdrücken. Aber im Verzicht auf Gewalt kann sich der Verzicht auf den Schutz der Wahrheit, eigentlich deren Nichternstnehmen, verbergen. »Gewaltlosigkeit ist besser als Gewalt, Gewalt ist besser als Feigheit« (Gandhi). Praktisch handelt es sich um die gesellschaftliche Realität der Moral. Die Moral des kategorischen Imperativs, der allgemeinen Gesetzesfähigkeit meiner eigenen Handlungsmaximen, gilt ihrem Wesen nach für alle. Ich kann nicht Gewalt über wollen, wenn ich nicht will, daß gegen mich Gewalt geübt wird. Die strikte Anwendung dieser Forderung auf das eigene Handeln gehört zum Weg der persönlichen Reifung. Aber der Sinn gesellschaftlicher Ordnungen ist, allen Menschen die Erfüllung einer Moral, die sie theoretisch anzuerkennen genötigt sind, in der Realität ihrer eigenen Schwäche und Abhängigkeit so gut wie möglich zu erleichtern. Deshalb führt die Frage der zulässigen Mittel weiter zur substanziellen Frage des angemessenen Gesellschaftssystems.

Friedenspolitik im weiteren Sinne kann daher nicht umhin, zugleich Gesellschaftspolitik zu sein. Schon der nächste Schritt des Gedankens würde zeigen, daß sie damit genötigt wird, alle vier oben genannten gesellschaftlichen Konzepte radikal in Frage zu stellen. In Frage stellen heißt dabei, ihre Wahrheit, ohne die sie nie hätten Realität gewinnen können, zu unterscheiden von ihrer Unwahrheit, durch die sie Frieden zerstören statt ihn zu schaffen. Dies wurde oben in der Form eines Zitats ihrer gegenseitigen Kritik angedeutet. Mit ihnen würde natürlich auch die klassische Außenpoltik und das Militär derselben Frage unterworfen.

Mit der Nennung dieser Aufgabe wird der gegenwärtige Gedankengang abgebrochen.

I, 1. Das Friedensproblem

Zwischenbemerkung zur Friedenspolitik im engeren Sinne. Konkrete Politik ist genötigt, von den gegebenen Machtverhältnissen auszugehen, auch wenn sie den Willen hat, diese zu verändern. Vom Standpunkt einer radikalen Friedenspolitik im weiteren Sinne kann man daher sehr wohl der Meinung sein, mit der Beteiligung an der konkreten heutigen Politik habe man Unzugestehbares zugestanden. Die heutige Weltgesellschaft bietet viele Orte aktiver oder quietistischer Distanzierung. Einen von ihnen zu wählen, kann eine substanzielle Entscheidung im Kampf der Wahrheiten sein. Dem Verfasser dieses Aufsatzes liegt es fern, eine solche Entscheidung moralisch zu verurteilen, selbst wenn seine eigene Entscheidung ihn zum konkret politischen Kampf gegen den, der sie getroffen hat, nötigen sollte.

Konkrete Friedenspolitik für ein westliches Land, etwa die Bundesrepublik Deutschland, muß von einer demokratisch gewählten Regierung getragen werden können.

Außenpolitik. Aktive Friedenspolitik ist nötig und möglich.

Ihre Notwendigkeit kann auf die Formel gebracht werden: bei jeder außenpolitischen Entscheidung muß die Erwägung, ob sie der Schaffung des Weltfriedens dient, die erste Priorität haben. Diese Notwendigkeit hat sich dem allgemeinen Bewußtsein bisher nicht hinreichend eingeprägt und entspricht eben darum nicht der Praxis der meisten Regierungen. Sie läßt sich jedoch aus dem Überlebensinteresse der Nation herleiten, wenn man bedenkt, daß katastrophale Entwicklungen in der Welt, bis hin zum atomar geführten dritten Weltkrieg möglich, ja wahrscheinlich sind.

Schwerer zu erkennen ist ihre Möglichkeit. Der Verdrängungsmechanismus, der unser alltägliches politisches Handeln von der Erkenntnis ihrer Notwendigkeit abschirmt, ist durch den Zweifel an ihrer Möglichkeit abgesichert. Beweist nicht auch die hier versuchte Analyse ihre Unmöglichkeit? Hierauf ist im allgemeinen und im besonderen zu antworten.

Im allgemeinen tendiert die Automatik des Mächtesystems wie eh und je zum kriegerischen Austrag. Aber die Erkenntnis seiner Gefährlichkeit ist heute größer als je zuvor. Friedenspolitik kann Zeit gewinnen. Sie kann weltweit Strukturen wachsen lassen, die in einer noch nicht absehbaren Zukunft die Ablösung des heutigen Systems souveräner Mächte durch eine stabile weltweite Ordnung ermöglichen können. Die Einheit der Menschheit ist, funktional betrachtet, eine neue Wahrheit, die danach drängt, sich einen Leib, einen Weltfrieden zu schaffen. Absolut unerläßlich für eine bewußte Förderung dieser Entwicklung ist freilich die Erkenntnis, daß der heutige Zustand dieser Weltfriede noch nicht ist.

Im einzelnen ist die Entspannungspolitik der frühen Siebzigerjahre soeben einer Skepsis ausgesetzt, die vermuten läßt, daß viele ihrer Anhänger und ihrer Gegner sich über ihren Sinn getäuscht haben. Entspannung ist einerseits ein untergründiges Bedürfnis der Völker, die die neue Wahrheit der einen Menschheit und die Abhängigkeit ihres eigenen Schicksals von der Verwirklichung dieser Wahrheit spüren. Sie ist andererseits ein Name für funktional zweckmäßige Verabredungen souveräner Regierungen. Beides zur Deckung zu bringen, glückt nicht in wenigen Jahren, sondern ist eine sehr langfristige, durch viele Schwankungen gehende Aufgabe. Für das Wachstum des Bewußtseins in den Völkern waren wahrscheinlich symbolische Akte wie Kissingers erster Besuch in Peking und Brandts Warschauer Kniefall wichtiger als alle Verträge. Für die Regierungspolitik der Weltmächte ist Entspannung ein diplomatisches Instrument in einem Machtkampf, den zu beenden nicht in beider Macht liegt, den auf friedlichen Austrag einzudämmen aber ein sinnvolles Ziel ist.

Überlegungen dieser Art bleiben banal und daher unwirksam, wenn sie nicht ins konkrete Einzelne gehen. Für Friedensforschung als Beitrag zur Wissenschaft zur Friedenspolitik sind insofern die Schwerpunkte der strukturellen Probleme des Friedens in Europa und den Entwicklungsländern eine notwendige Aufgabe.

Militär. In dem Maße, in dem das öffentliche Bewußtsein den Frieden, wie unklar auch immer, als Aufgabe erfaßt, verschiebt sich die Rolle des Militärs. In den Entwicklungsländern nimmt das Militär heute freilich seine klassische Rolle, außen- und innenpolitischer Machtträger zu sein, unvermindert wahr. Die Militärdiktatur ist dort eine Variante der Technokratie, mit feudalen, kapitalistischen oder sozialistischen Beimengungen. Aber diese Militärdiktaturen sind fast durchweg genötigt, sich als vorübergehend zu bezeichnen. Sie sind eines der Symptome ungelöster Probleme.

Der Beitrag des Militärs zur Weltkriegsverhütung gleicht der Wanderung auf einem Grat. Es muß möglich sein, einen Krieg zu führen, um mit ihm drohen zu können, und man muß mit ihm chancenreich drohen können, um nicht genötigt zu werden, ihn zu führen oder die Kapitulation zu erleiden. Diese Aufgabe braucht nicht unlösbar zu sein, wenn nur klar bleibt, daß sie nur der Sicherung eines vorübergehenden Halbgleichgewichtes dienen kann. Dies ist, wie die konkrete Außenpolitik, nur im Detail zu erörtern, und ist Gegenstand einer anderen Arbeit.

I, 2. Der Mensch im
naturwissenschaftlich-technischen Zeitalter[1]

Wir leben im naturwissenschaftlich-technischen Zeitalter. Dieses Zeitalter ist mit großen, berechtigten Hoffnungen begrüßt worden. Es hat einen wichtigen Teil dieser Hoffnungen erfüllt. Es hat aber auch neue Probleme, neue Gefahren erzeugt. Ich will zuerst seine Hoffnungen, dann seine Gefahren durchsprechen, um jenseits der Gefahren neue, besser verstandene Hoffnungen erkennbar werden zu lassen.

Die *Hoffnungen* bezogen sich auf wenigstens fünf Bereiche des menschlichen Lebens: die Wirtschaft, die Gesellschaft, die Politik, die Kultur, das Bewußtsein. Ich will die Hoffnungen, die Probleme und die besseren Hoffnungen jeweils an Hand dieser fünf Begriffe durchsprechen. Ich wiederhole: Wirtschaft, Gesellschaft, Politik, Kultur, Bewußtsein. Diese Bereiche umfassen in gewisser Weise das ganze menschliche Leben. Das Bild, das der Mensch dabei von sich hat, das Menschenbild, wird unter dem Titel Bewußtsein auftreten.

Die Hoffnungen kann ich schnell aufzählen.

Ich beginne mit der *Wirtschaft*. Die Menschheit war arm. Die Technik macht sie reich. Viele Menschen haben gehungert oder doch knapp und sparsam gelebt; die technisierte Landwirtschaft und der Gütertransport kann sie satt machen. Sie können sich besser kleiden, weitläufiger wohnen. Sie haben im Schweiß ihres Angesichts von früh bis spät gearbeitet; ihre Arbeit wird leichter, ihre Freizeit länger.

Dies hat Folgen für die Struktur der *Gesellschaft*. Alle bisherigen Hochkulturen sind Klassengesellschaften gewesen. Die Verfügung über Produktion und Verbrauch der knappen Güter lag in der Hand einer Minderheit. Diese Minderheit hatte auch das kulturell wichtigste Gut: freie Zeit. So konnte sie der Träger einer Kultur sein. Wenn die Güter nicht mehr knapp sind, sind solche Privilegien nicht mehr funktional notwendig. Eine egalitäre Gesellschaft sollte nun möglich werden.

Diese Veränderung wird auch die *Politik* verändern. Politik beruht in den

---

[1] Vortrag, gehalten im November 1974 in Kyoto (Japan), auf Einladung der Kyoto-Sangyo-Universität. Auf japanisch gedruckt von der Universität.

bisherigen Hochkulturen auf Herrschaft und dem Kampf um Herrschaft. Die klassische Einteilung der Staatsformen in Monarchie, Aristokratie, Demokratie gibt an, wer herrscht. Wenn die Menscheit sich heute zur Demokratie entwickelt, so ist dies ein Ausdruck der gesellschaftlichen Konsequenzen einer mehr egalitären Güterverteilung. Herrschaft ist in einer solchen Gesellschaft vielleicht nicht mehr funktional notwendig. Am Horizont taucht die Hoffnung auf, auch die Herrschaftskämpfe zwischen den Völkern, auch die Kriege zu überwinden.

Auch die innere Veränderung der nationalen *Kulturen* besteht zunächst darin, daß alle Menschen an der höheren Bildung Anteil gewinnen. Erste Schritte, so die allgemeine Schulpflicht und die Verbreiterung der Hochschulstudien, sind in den fortgeschritteneren Nationen geschehen. Darüber hinaus aber bildet sich in der Begegnung der großen Kulturkreise eine Weltkultur. Ohne diese Begegnung stünde ich heute nicht hier vor Ihnen. Der erste Inhalt dieser Weltkultur ist das, was sie faktisch möglich gemacht hat, das naturwissenschaftliche Denken und die Praxis der Technik.

Eine veränderte Kultur bedeutet auch ein verändertes *Bewußtsein*. Das Bewußtsein wird durch die Wissenschaft verändert. Es wird rationaler. Damit wird es unabhängiger von Autoritäten und fixierten Denkformen. Es wird freier auch von Ängsten in der eigenen Seele. Es wagt, selbst zu denken, es wird autonom.

Dies sind die Hoffnungen der modernen Kultur. Wie sieht die *Wirklichkeit* aus?

Die moderne Kultur entwickelt sich, äußerlich gesehen, in Wellenbewegungen. Aus Fortschritten gehen Krisen hervor, aus Krisen neue Fortschritte, aus ihnen neue Krisen. Wo stehen wir heute? Ich gebe zunächst einen etwas äußerlichen Überblick.

Europa ist der Ursprung der naturwissenschaftlich-technischen Zivilisation, Nordamerika der Boden ihrer stärksten Entwicklung. In Europa empfindet man stärker als in Amerika, daß die moderne Kultur eine ältere, eigenständige Kultur überlagert. Das europäische Bewußtsein ist mit der Modernität weniger vollständig identifiziert als das amerikanische. Die Katastrophen von 1914 bis 1945 bedeuteten für Mittel- und Westeuropa zugleich eine Krise des Glaubens an den Fortschritt. Die radikale Modernisierung der Welt seit 1945 bedeutet für Europa zugleich amerikanische wirtschaftliche, politische, kulturelle Dominanz, die, zumal unter militärischen Gesichtspunkten, als materielle Bedingung der Freiheit akzeptiert wird.

Über die Welt außerhalb des europäisch-nordamerikanischen Kulturkreises wurde die Modernität zunächst in der Form des kapitalistischen Welthandels und des Kolonialismus verbreitet. Japan hat sich gegen den ersten Vorstoß der Europäer im 17. Jahrhundert in der ihm eigenen Kraft des Willens und der Integration abgeschlossen. Wenn ich richtig sehe, war es dieselbe Kraft des Willens und der Integration, in der es sich in der zweiten Hälfte des 19.

I, 2. Der Mensch im naturwissenschaftlich-technischen Zeitalter

Jahrhunderts der modernen Zivilisation öffnete. Japan war entschlossen, nicht nur seine politische Unabhängigkeit, sondern auch seine kulturelle Identität zu bewahren. Ich bin zu kurz in Ihrem Lande, um die Probleme dieses nationalen kulturellen Prozesses zu beurteilen. Jedenfalls hat Japan als einziges Land außerhalb des atlantischen Kulturkreises die volle technische und wirtschaftliche Modernität erreicht. Damit hat es aber auch als einzige nicht-nordatlantische Nation vollen Anteil an den immanenten Problemen des technischen Fortschritts.

Die Organisationsform der nordatlantischen und japanischen Wirtschaft ist marktwirtschaftlich-kapitalistisch. Die marxistische Erwartung, der Kapitalismus werde in wachsenden Krisen Verelendung erzeugen und damit den Boden für den Sozialismus bereiten, hat sich in diesen Ländern bisher nicht erfüllt. Der radikale Sozialismus hat sich gerade in wirtschaftlich rückständigen Ländern durchgesetzt, denen er als Weg zur Modernität dient. Die beiden alten Kaiserreiche Rußland und China verbinden den Sozialismus mit ihren überlieferten Formen zentralistischer Herrschaft. Die tiefen Unterschiede zwischen den Gesellschaftssystemen dieser beiden Länder sind nicht Gegenstand meines heutigen Vortrags. Rußland ist heute militärisch neben Amerika die einzige Weltmacht. Wirtschaftlich haben die sozialistischen Länder das Produktionsniveau der führenden kapitalistischen Nationen bisher nicht erreicht.

Die sogenannte dritte Welt ist heute überwiegend in abhängiger Weise in das kapitalistische System integriert. Ihre wirtschaftliche Entwicklung ist in manchen Regionen intensiv. Gleichwohl hat sie die Hoffnungen, die sich mit dem Abbau des politischen Kolonialsystems verbanden, nicht erfüllt. Die Entwicklung geschieht in Abhängigkeit von den großen kapitalistischen Zentren, und sie hat die sozialen Unterschiede nicht überwunden, eher akzentuiert. Über eine Milliarde Menschen ist objektiv unterernährt. Zählen wir unter die Hungertode auch die Todesfälle durch Krankheit, die bei besserer Ernährung nicht eingetreten wären, so sterben heute jährlich mehr Menschen an Hunger als jemals durch Kriege.

Einige Länder der dritten Welt, die Erdölproduzenten, sind seit einem Jahr[2] aus der Abhängigkeit von den kapitalistischen Zentren partiell herausgetreten. Damit sind sie aber nicht aus der Abhängigkeit vom kapitalistischen Wirtschaftssystem befreit. Die Eigentümer der Ölquellen werden in den Klub der Reichen aufgenommen und beginnen damit, dessen Schicksale zu teilen. Die eigentlichen Opfer der erhöhten Ölpreise sind die übrigen Völker der dritten Welt.

Die Ölkrise hat in allen hochindustrialisierten kapitalistischen Ländern einen Schock erzeugt, vielleicht in Europa noch etwas mehr als in Amerika, und in Japan etwas mehr als in Europa, gemäß der höheren Abhängigkeit von den

2 1974 geschrieben.

Rohstoffproduzenten, die uns plötzlich vor Augen trat. Ich sehe in diesem psychologischen Schock einen Segen für uns alle. Wir dürfen nur nicht bei der Reaktion von Zorn oder Angst stehen bleiben. Wir müssen uns an die grundsätzlichen Schwächen unseres Systems erinnern lassen.

Ich möchte hier zunächst acht *Besorgnisse* für die Zukunft der Menschheit nennen, die heute manche Gemüter beschäftigen. Zu keiner von ihnen weiß ich die Lösung, obwohl ich überzeugt bin, daß alle an und für sich eine vernünftige Lösung zulassen würden. Diese Unvernunft in der Rationalität der modernen Kultur, diese Ambivalenz des Fortschritts ist der eigentliche Gegenstand meiner Fragestellung.

Von den acht Besorgnissen betreffen vier konkret oder materiell aufweisbare Gefahren. Die andern vier betreffen strukturelle Unerträglichkeiten.

Ich sehe nicht, wie in den kommenden fünf Jahren die *Inflation* bewältigt werden soll.

Ich sehe nicht, wie in den kommenden zehn bis zwanzig Jahren die *Hungerkatastrophe* zumal in Südasien abgewendet werden soll.

Ich sehe nicht, wie in den kommenden Jahrzehnten das *Wettrüsten* der Großmächte und die Gefahr eines dritten *Weltkrieges* vermieden werden soll.

Ich sehe nicht, wie in den nächsten fünfzig Jahren die *Zerstörung unserer natürlichen Umwelt* aufgehalten werden wird.

Das sind die ersten vier Sorgen. Die zweiten, mehr strukturellen, sind die folgenden.

Es scheint, daß in der kapitalistischen Gesellschaft die *Klassenunterschiede* nicht zum Verschwinden kommen.

Es scheint, daß in den kommunistischen Staaten die *bürgerlichen Freiheiten* nicht verwirklicht werden.

Es scheint, daß die Welt in der modernen Kultur immer *unregierbarer* wird. Dies führt zu der Versuchung, mit Polizei oder Militär zu regieren.

Es scheint, daß im modernen Bewußtsein ein Empfinden der *Sinnlosigkeit* immer stärker wird.

Ich will versuchen, die Gründe der Vorgänge zu verstehen, die zu diesen Sorgen führen. Dazu gehe ich die fünf Bereiche des modernen Lebens ein zweitesmal durch und fasse zu jedem von ihnen eine oder zwei der Sorgen ins Auge.

Zunächst spreche ich von der *Wirtschaft* und von der speziellen Sorge der *Inflation*. Die klassische liberale Wirtschaftstheorie gibt gute Gründe für die Annahme an, daß sich auf einem sogenannten polypolistischen Markt stabile Preise einstellen. Ein Markt heißt polypolistisch, wenn auf ihm so viele Käufer und Verkäufer auftreten, daß keiner von ihnen durch den Preis, den er individuell zu zahlen oder zu fordern bereit ist, den durchschnittlichen Marktpreis der Ware wesentlich verändern kann. Der moderne Arbeitsmarkt aber ist nicht polypolistisch. Die Löhne werden durch Verhandlungen von Kartellen der Arbeitnehmer einerseits, der Arbeitgeber andererseits be-

I, 2. Der Mensch im naturwissenschaftlich-technischen Zeitalter   37

stimmt. Nun ist die kapitalistische Wirtschaft in ständigem Wachstum begriffen. Dieses Wachstum ist ja die Hoffnung der modernen Welt; es ist ihr Weg, arme Menschen reich zu machen. Es scheint jedoch, daß in der heutigen kapitalistischen Wirtschaft das Niveau der Ansprüche, die das Kartell der Arbeitnehmer, also die Gewerkschaften, für durchsetzbar hält, schneller wächst als das Niveau der Produktion. Damit würde ein größerer Bruchteil der Produktion als bisher dem Konsum, ein kleinerer den Investitionen zugeführt. Wehren sich die Unternehmer hiergegen nicht, so kommt das Wachstum zum Stehen und damit auch die Möglichkeit, wachsende Ansprüche zu befriedigen. Wehren sich die Unternehmer durch Erhöhung der Preise der Konsumgüter, so kommt es zur Lohn-Preisspirale, zur Inflation. Regierungen, welche periodisch Wahlen gewinnen müssen, sind politisch nicht in der Lage, durch Lohn- und Preisbeschränkungen oder durch Einschränkungen des Geldumlaufs die Inflation aufzuhalten. Umgekehrt erzwingt das neueste internationale Kartell, das der Ölproduzenten, eine Aufschwemmung des weltweiten Geldumlaufs, besiegelt also das Welt-Schicksal der Inflation.

Ich wende mich zum Thema der *Gesellschaft*, zu den fortbestehenden *Klassenunterschieden* und zur schrecklichen Wirklichkeit des *Hungers*. Das Argument zur Erklärung der Inflation ging von steigenden Anspruchsniveaus der Arbeitnehmer aus. Wenn diese Ansprüche nicht befriedigt werden können, warum steigen sie weiter? Psychologisch liegt das daran, daß die Arbeitnehmer eine andere Klasse über sich sehen, die eben diese Ansprüche für sich selbst befriedigen kann. Die moderne Wirtschaft hat eine egalitäre Grunderwartung erzeugt, die es zuvor nicht gab.

Auch die sozialistischen Staaten haben das Klassenproblem nicht gelöst. In der Sowjetunion sitzt eine neue herrschende Klasse fest im Sattel. Ob China das Problem durch permanente Revolution lösen kann, wage ich nicht zu beurteilen. Nach marxistischer Theorie müßte die Erreichung eines hinreichenden Produktionsniveaus zeitlich der klassenlosen Gesellschaft vorangehen, müßten also die heutigen sozialistischen Gesellschaften einen großen Teil der gegenwärtigen Probleme der hochindustrialisierten kapitalistischen Gesellschaften noch vor sich haben.

Der Hunger ist der direkteste Beweis dafür, daß die Weltgesellschaft eine Klassengesellschaft ist. Verglichen mit dem indischen Bauer oder Arbeiter gehört der amerikanische oder europäische einer Oberklasse an. Der Hunger ist die Folge eines circulus vitiosus. Er wird, trotz besser werdender Produktionsbedingungen, erzeugt durch das Wachstum der Bevölkerungszahl. Dieses ist ermöglicht durch die moderne Medizin und vorangetrieben durch den ökonomischen Grund, daß für eine sehr arme Familie eine große Anzahl von Kindern mehr Arbeitskräfte und Versorgung der alternden Eltern verspricht. Unter modernen Bedingungen erzeugt die Armut das Bevölkerungswachstum und das Bevölkerungswachstum die Armut.

Unter dem Titel der *Politik* fasse ich zwei scheinbar heterogene Probleme zusammen: das *Fehlen der bürgerlichen Freiheiten* in den kommunistischen Staaten und die Gefahr des *Wettrüstens* und des *Weltkriegs*. Beide haben aber mit dem ungelösten Problem der Macht zu tun. Konkurrierende Mächte führen zum Kampf, der oft blutig ausgeht. Eine einzige Macht führt zur Unterdrückung der Freiheit.

Innenpolitisch hat der liberale Staat den Kampf der Interessengruppen durch Gewaltenteilung, durch Wahlen, durch Gerichte auf Austragungsformen eingeschränkt, die die Waffengewalt ausschließen. Dies ist einer der größten politischen Fortschritte, die die Menschheit gemacht hat. Die Kritik, die der Sozialismus übt, sieht zutreffend, daß damit der Machtkampf und die Herrschaft in der Form der Kapitalakkumulation nicht überwunden ist. Die kommunistischen Staaten motivieren mit der Vermeidung dieser Gefahr die Herrschaft einer Partei, die den Menschen die bürgerlichen Freiheiten vorenthält. Sie entziehen sich damit selbst der freien Diskussion. Ist die spezifische Gefahr der kapitalistischen Gesellschaft der Zynismus, so ist die spezifische Gefahr des sozialistischen Staats die Lüge.

In der Außenpolitik gibt es das Regulativ des Weltstaats bis heute nicht. Seit es Hochkulturen gibt, haben außenpolitische Machtkämpfe zu Kriegen geführt. Es wäre ein entsetzlicher Irrtum, zu glauben, die Atomwaffen hätten uns von dieser Gefahr befreit. Was vor drei Jahrzehnten in Hiroshima und Nagasaki geschehen ist, kann in den kommenden Jahrzehnten in der ganzen Welt wieder geschehen. Ich kann in diesem Vortrag auf die Fragen der Abschreckung und der Rüstungsbeschränkung nicht eingehen, mit denen ich mich ausführlich beschäftigt habe. Ich bitte die Hörer, mir zu glauben, daß der Friede nicht gesichert ist. Die Intensität von Kissingers Reisepolitik wäre unverständlich, wenn Kissinger nicht von derselben Sorge getrieben wäre. Ich möchte nur bemerken, daß sich unter diesen Auspizien ein einzelnes Land, das nicht Supermacht ist, gegen die Zerstörung wahrscheinlich besser durch den Nichtbesitz als durch den Besitz von Atomwaffen schützt. Das ist eine These, die ich in meinem eigenen Lande seit langem vertrete.

Unter dem Titel *Kultur* spreche ich von der Gefahr der *Umweltzerstörung* und der drohenden *Unregierbarkeit* der Welt. Beide sind Formen des Widerspruchs in der modernen Kultur.

Die Gefahr des Ressourcenverbrauchs und der Umweltzerstörung ist durch den Klub von Rom ins öffentliche Bewußtsein gerückt worden. In sehr dicht besiedelten Gebieten spürt man schon heute die Schädigung der Umwelt, so in Los Angeles und New York, am Lauf des Rheins und in Tokyo. Es handelt sich hier um eine Gefahr, die sich langsam akkumuliert, um bei einer gewissen Größe kaum mehr beherrschbar zu sein. Internationale Zusammenarbeit ist zu ihrer Bekämpfung nötig. Vorbedingung dafür ist, daß die Schäden, die im nationalen Rahmen bekämpft werden können, erfolgreich bekämpft werden. Ich bin überzeugt, daß gerade Japan, mit seiner Kraft zum Entschluß, dieses Problem anfassen wird, wenn es genug ins allgemeine Bewußtsein ge-

I, 2. Der Mensch im naturwissenschaftlich-technischen Zeitalter

drungen ist. Die internationale Zusammenarbeit aber bedarf einer Organisation, die heute noch nicht besteht, und die eines Tages zum Ende des quantitativen Wachstums der Wirtschaft wird führen müssen.

Die Unzufriedenheit der Jugend mit einer Welt, die das soeben geschilderte Bild bietet, hat in den vergangenen Jahren zu einer weltweiten Studentenrebellion geführt. Diese war vordergründig erfolglos und ist abgeklungen. Aber Minderheitengruppen haben gelernt, Gewalt zu üben und erzeugen damit einen Drang der »schweigenden Mehrheit« zur Billigung eines Polizeistaats. Die Welt wird unregierbarer.

Wir kommen damit zum Kern des Problems, dem *Bewußtsein* der Menschen. Das moderne Bewußtsein ist der Intention nach emanzipiert und rational. Aber es fühlt sich in der Welt, die es selbst geschaffen hat, nicht wohl. Die naivere Form dieses Unwohlseins ist die Aggression, also die Projektion nach außen. Man sucht den Grund nicht in sich selbst, sondern in anderen Menschen und Gruppen. Die alten Zustände sind schuld oder die Revolutionäre, die Kapitalisten oder die Kommunisten, die andere Rasse, die andere Generation, die Gesellschaft – irgend jemand, nur nicht wir selbst, nur nicht ich.

Es ist ein großer Schritt vorwärts, wenn ich den Fehler in mir selbst finde. Aber das ist noch nicht die Lösung. Was sind die Werte, die ich versäume, die mir fehlen? Es ist leicht, sich über Werte dort zu verständigen, wo sie in der Überwindung offensichtlichen Unglücks bestehen, in der Sättigung der Hungernden, der Befreiung der Unterdrückten. Was aber sind die höheren Werte, die das gerettete Leben mit Sinn erfüllen? Die moderne Welt erlebt hier die *Sinnlosigkeit*. Es gibt in ihr ein nihilistisches Grundgefühl, ohne das ihr irrationales Verhalten unverständlich wäre. Damit sind wir an der dritten, der eigentlichen Frage angekommen, der Frage nach den *besser verstandenen Hoffnungen*.

Dieser Frage will ich mich in einem dritten Durchgang durch die Bereiche des modernen Lebens zuwenden. Dabei will ich versuchen, jedesmal den Grund aufzuspüren, auf dem sowohl die naive Hoffnung wie die Gefahr beruht, also zugleich den Grund des Selbstwiderspruchs und seiner möglichen Lösung.

Die moderne *Wirtschaft* beruht nicht nur auf der Technik, sondern zugleich auf dem Antrieb, die Technik zu entwickeln und zu benutzen. Historisch hat dieser Antrieb im kapitalistischen Wirtschaftssystem gelegen. Die Selbstbedeutung des Kapitalismus liegt in der Theorie der Marktwirtschaft von Adam Smith und der ihm folgenden klassischen Nationalökonomie. Sie ist essentiell eine Theorie der Freiheit des Individuums. Der vorangegangene Merkantilismus wollte die Wirtschaft durch staatliche Regulierung zum Blühen bringen. Smith erklärte demgegenüber: nein, gerade wenn wir die Menschen frei ihren persönlichen wirtschaftlichen Interessen nachgehen lassen, werden sie das wirtschaftliche Gemeinwohl am besten fördern. Der freie, transparente, polypolistische Markt stellt ein Optimum der Gemeinwirtschaft her. Die bisherige ambivalente Wirklichkeit des Kapitalismus haben wir schon betrachtet. Ich vermute, daß das kapitalistische System schließlich auch das Problem der Inflation lösen wird, soweit es dessen politische Rückwirkungen übersteht, und daß es, vor allem durch seine stärksten Glieder, die multinationalen Firmen, das Wirtschaftswachstum in der dritten Welt, freilich unter Beibehaltung der Abhängigkeiten, wesentlich fördern wird. Die Vermeidung des Hungers wird ihm nicht gelingen. Die Vermeidung der Umweltzerstörung und die notwendige Wachstumsbegrenzung liegt wahrscheinlich grundsätzlich jenseits der Reichweite privaten Unternehmertums.

Was bedeutet aber diese Theorie ökonomischer Freiheit in der *Gesellschaft?* Sie hatte einen revolutionären Charakter gegenüber allen älteren europäschen Auffassungen von der menschlichen Gesellschaft, und, wenn ich mich nicht täusche, auch gegenüber allen älteren asiatischen Auffassungen. Die Ethik der Herrschaft hat stets vom Herrscher verlangt, daß er das Wohl seiner Untertanen wahrnehme. Umgekehrt wurde Herrschaft, wenn sie der Rechtfertigung zu bedürfen schien, damit begründet, daß die Herrschenden die höhere Einsicht in die Bedingungen des Gemeinwohls hätten. Dem tritt die Theorie des Markts entgegen: wenigstens im ökonomischen Bereich verstehen die Menschen ihr eigenes Wohl am besten, und was sie tun, wenn sie es verfolgen, fördert auch das Gemeinwohl optimal. Die egalitäre Wendung der Neuzeit stützt sich auf das Zutrauen zum menschlichen Verstand, zum intelligenten Egoismus.

Seine eigentliche Erfüllung findet dieses Zutrauen aber erst in seiner Wendung zum *politischen* Liberalismus. Smith weist die Aktivitäten, die keinen individuellen Profit bringen, dem Staat zu. Es sind der Schutz der Nation nach außen, die Aufrechterhaltung der Rechtsordnung und das, was man heute die Infrastruktur nennt. Wir müssen den Schutz der Umwelt hinzufügen. Der politische Liberalismus ist überzeugt, daß auch diese staatlichen Aktivitäten durch die freie Entscheidung der Bürger gelenkt werden sollen, nun aber nicht durch den ökonomischen Ausgleich ihrer Interessen, sondern vermittelt durch vernünftigen Dialog.

Hier treffen wir auf den *Kern der Modernität:* das Vertrauen auf die *Vernunft.* Die Rechtfertigung auf die politische Freiheit wurzelt in der Zusammengehörigkeit von Freiheit und Vernunft. Vernunft versteht Wahrheit. Wahrheit kann aber nur in Freiheit gefunden werden. Wenn ich einen Menschen darüber belehren will, daß zweimal zwei vier ist, so nützt es nichts, ihm zu befehlen, er solle den Satz aussprechen oder gar glauben. Er selbst muß die Einsicht gewinnen. Er muß den Satz aussprechen, wenn er sich selbst von seiner Wahrheit überzeugt hat. Die politische Verfassung eines Staats soll so sein, daß seine Bürger die beste Möglichkeit erhalten, die ihr Wohl betreffenden Wahrheiten selbst einzusehen. Deshalb habe ich vorhin den liberalen Staat als einen der größten politischen Fortschritte der Menschheit bezeichnet.

I, 2. Der Mensch im naturwissenschaftlich-technischen Zeitalter

Die Selbstwidersprüche der Modernität bedrohen gerade diesen Fortschritt. Wenn die Menschen im Rahmen des liberalen Staats ihre Probleme nicht lösen können, so werden sie diesen Staat wieder zerstören. Auch dann werden sie ihre Probleme nicht lösen, aber die Freiheit wird zerstört sein, und wer weiß, wann sie wieder erstehen wird.

Als Kern des Problems der Politik erscheint nach liberaler wie nach sozialistischer Auffassung das Phänomen der *Herrschaft* von Menschen über Menschen. Die moderne Kultur ist auch hier ambivalent. Einerseits strebt sie danach, das Phänomen der Herrschaft geschichtlich zu überwinden. Andererseits gibt sie der Herrschaft technische und intellektuelle Mittel in die Hand, wie sie keine vergangene Zeit besessen hat. Um die Ambivalenz zu verstehen, müssen wir zunächst den komplexen und daher unklaren Begriff der Herrschaft in Bestandteile auflösen. Er fügt sich zusammen aus wenigstens drei Komponenten, die ich nennen möchte: Rangordnung, Funktion, Macht.

Rangordnung gibt es schon unter den Tieren in fast allen sozialen Gruppen. Dem Menschen als Abkömmling sozialer Affen ist es höchstwahrscheinlich angeboren, sich instinktiv in eine Rangordnung einzufügen. Er strebt zwar nach einem hohen Platz in der Rangordnung, aber ihr Bestehen stellt er spontan nicht in Frage. Über diesen Hintergrund der menschlichen Gesellschaft kann uns gerade die moderne Naturwissenschaft belehren. Aber der Mensch ist nicht gezwungen, instinktiven Anlagen blind zu gehorchen. Alle höhere Kultur ist ein Kunstwerk, das die Instinkte nur wie Material benutzt und sie vielfach geradezu – und mit Recht – unterdrückt. Gleichheit zwischen den Menschen ist nie der Naturzustand; der Rousseauismus hat hier völlig unrecht. Aber Gleichheit zwischen den Menschen kann das Ergebnis einer der höchsten sozialen Leistungen sein. Sie ist es dann, wenn die Menschen einander bewußt als gleich anerkennen. Das ist der Kern der Goldenen Regel, die in allen höheren Religionen gelehrt wird. Die klarste neuzeitliche Fassung ist Kants kategorischer Imperativ: Handle so, daß die Maxime deines Handelns jederzeit Prinzip einer allgemeinen Gesetzgebung werden könne. Das oberste Prinzip einer universalistischen Ethik gebietet nicht bestimmte inhaltliche Normen; es gebietet die Allgemeinheit, also die Vernünftigkeit dieser Normen.

Im realen menschlichen Leben kann die Gleichheit nie voll hergestellt werden. Diejenige Rangordnung, die auch die Vernunft nicht aufhebt, ist die Rangordnung der Vernünftigkeit selbst. Das Verhältnis von Eltern und unmündigen Kindern, von Lehrern und Schülern, von Arzt und Patienten, kurz von Wissenden und Unwissenden kann nicht symmetrisch sein. Hier tritt das ein, was die Religionen die Liebe nennen. Der Wissende behandelt den Unwissenden als im Kern seinesgleichen. Er liebt auch den Partner, der sich real nicht als gleichgewichtiger Partner bewähren kann oder will. Er liebt auch den Feind. Der modernen Kultur freilich, gerade weil sie an die Autonomie der Vernunft glaubt, fallen wenige Dinge so schwer wie die Liebe. Aber ohne Liebe kann menschliche Gemeinschaft nicht bestehen.

Das zweite Element der Herrschaft ist *Funktion.* Hochkulturen beruhen auf planvoll gelenkter gemeinsamer Tätigkeit, seit den frühgeschichtlichen Flußregulierungen und Bewässerungssystemen am Nil und am Euphrat, am Indus und am Gelben Fluß. Herrschaft bewährt sich in der vernünftigen Funktion. Republikanische Ordnungen suchten, auch schon seit der Antike, die Funktionen von der persönlichen Macht und Rangordnung zu trennen durch den periodischen Wechsel der Ämter. Der Begriff des Amts selbst ist eine Funktionalisierung von Herrschaft. Dies ist auch der vernünftige Kern des vielgeschmähten modernen Begriffs der Technokratie. Der Amtsträger muß wechseln, und er muß zur Rechenschaft gezogen werden können.

Was im Versuch, Herrschaft zu überwinden, eigentlich überwunden werden soll, ist das Prinzip der *Macht.* Macht im engeren Sinn des Worts hat kein tierisches Analogon. Macht ist ein Humanum. Wie das sprachlich vermittelte Wissen unterscheidet sie sich von allen tierischen Verhaltensstrukturen durch ihre virtuelle Unbegrenztheit. In einer Rangordnung kann man nicht mehr als der Oberste sein. Macht kann man unbegrenzt anhäufen. Waffen, Gefolgsleute, Geld, Information sind unbegrenzt vermehrbare Mittel der Macht. Und da der Gegner ebenfalls unbegrenzte Mittel anhäufen kann, besteht in der Sphäre der Macht ein objektiver Zwang zum Wettlauf, zur Konkurrenz, die letztlich nur mit Sieg oder Niederlage enden kann. Der Kapitalismus, wie ihn Marx mit dem Zwang der Akkumulation beschreibt, ist ein typisches Beispiel; dieser seiner Machtnatur entstammen seine Leistungen und seine Schrecken, sein Wachstum und seine Krisen. Von außen muß dieser Wettlauf irrational erscheinen. Wer eine Million Dollar verdient hat, welchen Anlaß könnte er haben, noch eine Million verdienen zu wollen? Die psychologische Antwort lautet: nur wer so beschaffen ist, daß er noch die zweite Million wird verdienen wollen, schafft es, die erste zu verdienen. Aber innerhalb der Machtsphäre ist eben dieses Verhalten rational. Nur wer der Mächtigere ist, bleibt im Machtkampf überlegen. Einmal freilich unterliegt jeder. Macht ist wesentlich tragisch. Die uralte, unüberwundene Institution des Kriegs ist das größte Symbol dieser Tragik.

Die moderne Kultur mit ihrem Glauben an die Vernunft muß sich vorsetzen, das Phänomen der Macht zu bändigen. Aber eben das ist ihr schwerster Vorsatz, der Ursprung ihrer Selbstwidersprüche. Woher der Widerspruch? Ich suche seinen Quellen nachzugehen, indem ich, mit der deutschen philosophischen Tradition, *Vernunft* und *Verstand* unterscheide. Verstand ist das Vermögen diskursiver Erkenntnis durch Begriffe. Vernunft ist die Wahrnehmung eines Ganzen. Die moderne Kultur ist eine Willens- und Verstandeskultur. Der so verstandene Wille kann wollen, was der Verstand denken kann; der Verstand kann denken, was ein Wille wollen kann. Verstand und Wille sind auf endliche, angebbare Ziele eingeschränkt. Eben darum aber sind sie grenzenlos: Ziel kann an Ziel gereiht werden, Begriff an Begriff. Vernunft, als Wahrnehmung eines Ganzen, könnte diesem grenzenlosen Fort-

I, 2. Der Mensch im naturwissenschaftlich-technischen Zeitalter

schreiten Grenzen setzen, Verstand und Wille allein können es nicht. Eben darum werden sie unweigerlich Sklaven der Macht, nicht ihre Herren. Eben darum können sie nicht lieben.

Ein Charakteristikum dieser Kultur ist, daß sie das *Schöne* und in der Folge auch den Sinn für das Schöne zerstört, bis dahin, daß die modernste Kunst und Ästhetik um der Wahrhaftigkeit willen die Schönheit als Ziel der Kunst verwerfen muß. Der Sinn für das Schöne ist eine Fähigkeit, ein Ganzes wahrzunehmen. Ich bin überzeugt, daß er in der menschlichen Natur einen lebenerhaltenden Sinn hat. Den Europäer, der nach Japan kommt, berühren von dem Augenblick an, in dem er, sagen wir in Moskau, in ein japanisches Flugzeug einsteigt, die Spuren der unsäglichen ästhetischen Verfeinerung des Alltags, die der japanischen Kulturtradition eigen ist. Mit Bangen fragt er sich, ob diese lebenermöglichende Schönheit die willensbedingte Assimilation der modernen Kultur überleben kann.

Dieser ganze dritte Durchgang war schon eine Beschreibung und Kritik des modernen *Bewußtseins*. Wird die außerordentliche Ausbildung der Willens- und Verstandessphäre einen neuen Menschen harmonisch bereichern oder wird sie die Menschheit zerreißen? Das hängt davon ab, ob dieser Verstand als Glied einer ganz neuen Bewußtheit wieder zur Vernunft kommen kann. Warum sollte das unmöglich sein? In diesen Schlußbemerkungen will ich nicht mehr vom Schock von Katastrophen sprechen, die dazu vielleicht notwendig sind, sondern von Reflexion und Meditation. Wie versteht sich das moderne Bewußtsein selbst, und wie sollte es sich verstehen?

Wirtschaft gibt es nicht ohne Technik, Technik nicht ohne Wissenschaft. Wissenschaft, und zwar Naturwissenschaft ist der harte Kern der modernen Kultur, ihre fundamental neue Entdeckung. Ich fahre nun fort: Wahre Wissenschaft kann es nicht ohne Philosophie geben, Philosophie nicht ohne die Essenz der Religion. Mit beiden Sätzen überschreite ich das durchschnittliche Selbstverständnis der modernen Wissenschaft, ja ich drehe es um.

Das Verhältnis der Wissenschaft zur Philosophie ist mein persönliches Arbeitsgebiet.

Hierzu jetzt nur ein paar Sätze. Der amerikanische Wissenschaftstheoretiker Th. S. Kuhn hat darauf hingewiesen, daß sich die Wissenschaft historisch in einer Abwechslung zweier Phasen entwickelt, die er normale Wissenschaft und wissenschaftliche Revolution nennt. Normale Wissenschaft löst Einzelprobleme nach erprobten Paradigmen. Eine wissenschaftliche Revolution findet neue Paradigmen. Ich behaupte nun: in der normalen Wissenschaft ist Philosophie unnötig; eine größere wissenschaftliche Revolution ist ohne philosophisches Denken unmöglich. Wir stehen noch vor einer fundamentalen Revolution in der Physik, in der sich diese, wie ich vermute, als die Theorie des überhaupt begrifflich Erkennbaren erweisen wird, also als allgemeine Wissenschaft des Verstandes. Die Philosophie, die dieses denkt, und ohne die diese Revolution nicht zustande kommen kann, ist Vernunft.

Was aber ist das Ganze, das diese Vernunft wahrnimmt? Ich vermute, es ist das Bewußtsein selbst. Dieses Bewußtsein aber kann nicht das begrenzte Ich sein, eben das Subjekt von Willen und Verstand. Dieses Ich ist nur eine Erscheinungsweise dessen, was eine große Tradition das Selbst nennt. Dies aber ist ein Erfahrungsbereich, der traditionell im Rahmen der Religion steht. In diesem Sinne habe ich es gemeint, wenn ich sagte, es gebe Philosophie nicht ohne die Essenz der Religion. Die moderne Kultur hat auch unser Verhältnis zur Religion völlig verändert. Sie emanzipiert uns unweigerlich aus der Bewußtseinslage und den ihr entsprechenden Sozialordnungen der traditionellen Religionsgemeinschaften. Sie bringt die Vielheit der Religionen in den Blick der Intellektuellen der ganzen Welt. Wir entdecken dabei, daß es bei allen Unterschieden der Ausprägung zweierlei gibt, was allen großen Religionen gemeinsam ist: *universalistische Ethik* und *meditative Erfahrung.* Es ist kein Zufall, daß universalistische Ethik, als soziale Gerechtigkeit verstanden, und meditative Erfahrung heute zum Sehnsuchtsziel immer größerer Kreise gerade junger Intellektueller in der ganzen Welt werden. Drogen sind ein Mißverständnis der meditativen Sehnsucht. Yoga und Zen sind heute in Europa und Amerika nicht nur eine Mode, obwohl sie begreiflicherweise auch das sind.

Was sich hier eröffnet, ist eine Bewußtseinskonsequenz des naturwissenschaftlich-technischen Zeitalters, die wohl schon in ein anderes Zeitalter hinüberweist. Mein Vortrag endet an dieser Pforte.

I, 3. Die Ambivalenz des Fortschritts [1]

1. Der Begriff der Ambivalenz

Ein Leitmotiv des vorangegangenen Vortrags war der Begriff der Ambivalenz, gelegentlich näher bestimmt als Ambivalenz des Fortschritts. Dieser Begriff wurde dort als Mittel der Analyse vieler konkreter Phänomene benutzt. Jetzt soll er selbst zum Thema werden. Was ist Ambivalenz des Fortschritts? Gibt es so etwas überhaupt? Wenn ja, wie läßt sie sich verständlich machen? Gehen wir von der Selbstwahrnehmung der heutigen Gesellschaft aus!

Die Industriegesellschaften gehen in ihre Zukunft mit erschüttertem Selbstvertrauen und gewachsener Kritik aus der eigenen Mitte. Während der äußere Fortschritt, etwa in der Form des Wirtschaftswachstums, weiterhin erstrebt wird, und während eine vordergründige Futurologie noch nicht ganz erloschen ist, welche Chancen und Wege dieses Fortschritts extrapoliert, wächst die Empfindung, ja die Überzeugung, daß die entscheidenden Fragen damit überhaupt nicht berührt sind. Wo liegen dann aber die entscheidenden Fragen?

Wählen wir als Beispiel zunächst ein Problem, das sich im Bereich der Technik formulieren läßt, das Problem von Zerstörung oder Schutz der Umwelt. Bei seiner Analyse finden wir eine Art Schichtung der Kausalitäten.

Die erste Schicht kann man die naturwissenschaftlich-technische nennen. Man findet gewisse Phänomene vor, z. B. Smog oder Gewässerverschmutzung. Man zweifelt nicht, daß solche Phänomene gemäß den Naturgesetzen kausal erzeugt werden, und zwar als unbeabsichtigte »Nebeneffekte« beabsichtigter technischer Vorgänge.

Die zweite Schicht kann die der unmittelbaren Maßnahmen heißen. Soweit die Kausalitäten der ersten Schicht durchsichtig sind, können gesetzgeberische, politische, pädagogische Maßnahmen zur Abhilfe geplant und im politi-

---

1 Dieser Aufsatz ist vorwiegend aus Teilen von zwei institutsinternen Arbeitspapieren zusammengesetzt. Die Abschnitte 1. und 2. stammen aus einer für meine Absichten in der Institutsarbeit programmatischen Aufzeichnung von 1970 unter dem Titel »Lebensbedingungen«. Der Abschnitt 3. war ursprünglich der Anfang des in diesem Buch als III, 3. abgedruckten Aufsatzes über Hegels Dialektik, der 1971 geschrieben ist. Den Abschnitt 4. habe ich 1977 hinzugefügt. Ich habe die Texte soweit redigiert, daß sie sich, womöglich ohne allzuviele Wiederholungen des anderswo Gesagten, in das jetzige Buch einfügen, habe sie aber mit Absicht nicht soweit umgearbeitet, daß der Adressatenkreis – junge Intellektuelle im Anfang der Siebzigerjahre – unkenntlich würde.

schen Raum durchsetzbar präzisiert und durchgesetzt werden. Hier handelt es sich um aktivierbare gesellschaftliche Kausalitäten innerhalb einer gegebenen Gesellschaftsordnung.

Die dritte Schicht betrifft die gesellschaftlich-politischen Strukturen. In vielen Fällen sind mögliche Abhilfemaßnahmen bekannt, werden aber nicht ergriffen oder scheitern. Hier stellt sich die Frage nach den sozialen und politischen Strukturen, die das Versagen verursachen, und nach deren möglicher Änderung. Jetzt handelt es sich um die Dynamik und Statik der Gesellschaft selbst.

Obwohl die Schwierigkeiten der ersten Schicht, also die einer hinreichend zuverlässigen naturwissenschaftlichen Analyse und Prognose, z. T. sehr groß sind, muß man doch wohl die größte Quelle der Schwierigkeiten in der dritten Schicht sehen. Die Folgen der zivilen Technik stellen ebenso wie die der Kriegstechnik gewisse fundamentale Mängel unserer bisherigen politischen und gesellschaftlichen Ordnung ins Licht. Die Naturwissenschaft und Technik hat in diesen Bereichen, wenn ich richtig sehe, weniger einen primär kausalen als einen radikalisierenden Charakter. Weder verbessert sie noch verschlechtert sie eindeutig die Situation, sondern kraft ihrer erhöhten instrumentalen Fähigkeit und kraft der Tendenz, alles, was technisch möglich ist, auch zu tun, radikalisiert sie Chancen und Gefahren.

Der wissenschaftlich-technische Fortschritt zeigt, jedenfalls in der Welt unserer näheren geschichtlichen Erfahrung, eine eigentümlich unwiderstehliche Kraft. Er radikalisiert durch seine Konsequenzen die Probleme der Gesellschaft, in der wir leben. Er schafft Wohlstand und kann soziale Ungleichheiten stützen. Er sichert den Menschen vor den Naturgewalten und bedroht den Menschen durch Zerstörung der Natur. Er schafft Vorbedingungen der Freiheit und stabilisiert Herrschaften. Er steigert die Zerstörungskraft des Kriegs, nötigt uns dadurch zu einer radikalen Forderung der Überwindung des Kriegs, und bietet als Mittel dazu zunächst eine Ordnung, die die Gefahr größter Tyrannis enthält.

Man kann die negative Seite dieser Ambivalenz ein gutes Stück weit erklären durch den illusionären Charakter der angeblichen Wertneutralität von Wissenschaft und Technik. Was sich selbst als neutral gegen bestehende Werte versteht, kann in jeden Dienst gestellt werden und wird in dem Dienste wirken, der sein Wachstum faktisch ermöglicht hat; die Ideologie der Wertneutralität schafft eine künstlich behütete Blindheit gegen die eigenen Konsequenzen.

Auch diese Kritik, die ich mir zu eigen mache und die mir nicht neu ist, muß sich aber hüten, daß sie nicht selbst dem »politischen Syllogismus« verfällt[2]. In Wahrheit zeigen die positiven politischen Wertvorstellungen, die

---

2 Eine Fassung des politischen Syllogismus: »Das Verhalten meines politischen Gegners führt zum Unglück, also führt mein Verhalten zum Glück.«

I, 3. Die Ambivalenz des Fortschritts   47

heute miteinander kämpfen, in der Praxis eine analoge Ambivalenz. Das Kernstück unserer Betrachtung soll daher die Ambivalenz der politischen Ideale der europäischen Neuzeit sein.

Zunächst aber noch eine generelle Bemerkung zum Begriff der Ambivalenz. Ich gebrauche ihn deskriptiv, so wie er sich mir im praktischen Umgang mit der Mitwelt und in der Betrachtung der Geschichte aufgedrängt hat. Er bezeichnet natürlich nicht die Binsenwahrheit, daß alles seine gute und seine schlechte Seite hat. Er bezeichnet eher das erschreckende Phänomen, das ich nun schon so oft mit angesehen und am eigenen Leib erfahren habe, daß eine Position, indem sie sich radikal setzt, sich selbst zerstört und ihre eigene Negation hervorbringt. Damit ist dann fast immer die zuerst unbewußte, aber bei zur Selbstbelügung weniger bereiten Menschen auch bewußte Lüge verbunden, die erreichte Negation *sei* die geforderte Position. Diese Lüge ist meist das eigentliche Hindernis der Heilung, und zwar die unbewußte Lüge, die also sich selbst belügt, am allermeisten.

Kenner von Hegel und Marx werden sagen, daß ich hier die Dialektik beschreibe. Ich vermeide aber den Begriff der Dialektik, um mich nicht auf einen eingespielten Begriffsapparat einzulassen, ehe ich die Phänomene selbst hinreichend angesehen habe. In der Neigung des vulgär-dialektischen Denkens, sich rechtzeitig entweder in die Synthese oder in die Kraft des Negativen zu flüchten, empfinde ich einen falschen Optimismus, an dem, auf dem hohen ihnen eigenen Niveau, die Väter der Dialektik doch nicht unschuldig sind.

Ich versuche nun die politische Geschichte der Neuzeit in den ambivalenten Aspekten der drei Begriffe des Absolutismus, Liberalismus und Sozialismus zu diskutieren. Es ist klar, daß dies ein Thema für viele Bücher wäre. Da aber auch in solchen Büchern gewisse Leitbegriffe meist unkritisch verwendet werden, versuche ich einmal, am historischen Material anzudeuten, wie sich mir eine Kritik dieser drei Begriffe im Umgang mit ihren Gläubigen und mit ihren Konsequenzen nahegelegt hat.

2. Die Ambivalenz der politischen Ideale der europäischen Neuzeit

A. Absolutismus. Der Rückgang auf den Absolutismus, der mir für den Hintergrund der heutigen Auseinandersetzungen notwendig scheint, nötigt mich alsbald zu einem noch weiteren Rückgang, denn der Absolutismus ist wie jede geschichtliche Bewegung in eine vorbereitete Situation eingetreten und ohne diese nicht zu verstehen. Dabei beschränke ich mich auf die größeren Mächte des kontinentalen Europa; z. B. England, Holland, die Schweiz, Polen folgen dem durch das Wort »Absolutismus« bezeichneten Schema bereits nicht oder ungenau. Alle historischen und politologischen Begriffe sind ja armselige Verkürzungen einer sehr viel komplexeren Wirklichkeit.

Der Absolutismus trifft historisch auf diejenige spätmittelalterlich-frühneuzeitliche, sehr differenzierte Gesellschaftsordnung, die, um nur ein Merkmal zu nennen, den Begriff des Territorialstaats nicht eigentlich kennt, da in ihr vielerlei Herrschaftsrechte und Privilegien auf demselben Territorium durcheinandergreifen, so daß jede Darstellung durch gefärbte Landkarten den damaligen politschen Zustand entstellend beschreibt. Als dominantes Merkmal dieser Ordnung darf man vielleicht die aus dem Mittelalter noch, freilich eingeschränkt, übernommene Herrschaft des Adels bezeichnen, die ihr in manchen Schulen den ursprünglich nur das Lehnswesen bezeichnenden Namen des Feudalismus eingetragen hat. In den Städten ist aber die Herrschaft des alten Adels fast überall den Zünften erlegen, denen dann ein neues, frühkapitalistisches Patriziat entspringt. Die Landesfürsten haben beschränkte Rechte und meist große finanzielle Probleme. Die Bauern sind in einer, im ganzen ständig wachsenden, tiefen Abhängigkeit. In komplizierter Weise teilt sich mit diesen weltlichen Ständen die Kirche in die politische Herrschaft. Der pluralistisch aufgegliederten Realität steht eine integralistische politische Doktrin gegenüber, die christliche Schöpfungsvorstellungen mit antiken teleologischen Begriffen von der Gesellschaft verknüpft. Der Appell an diese Ideale ist weder ganz vergeblich noch sehr wirkungsvoll. Die Spannung zwischen radikalem, weltveränderndem Christentum und konservativer Weltverwaltung flammt in jedem Jahrhundert wieder auf, um stets durch neue Kompromisse aufgefangen zu werden. Der Wohlstand der herrschenden Schichten und ihre Bildung wachsen in jenen Jahrhunderten, die Kunst ist in höchster Blüte, die Philosophie ist hochdifferenzierte Scholastik, der Humanismus bringt antike Vorbilder wieder zum Tragen, die Wissenschaft bereitet sich auf ihren Siegeslauf vor, bei einigen führenden Geistern (Bacon, Galilei, Descartes) in Bewußtheit ihrer zukünftigen Rolle.

Gegenüber dieser reich pluralistischen Welt mit ihrer Mischung von Not, Glanz und halber Effizienz ist der Absolutismus einer der entscheidenden Schritte in die Moderne, und zwar ebenso der Absolutismus der Fürsten wie der der Kirche in der Gegenreformation mit ihren protestantischen Gegenbildern. Der leitende Wert des Absolutismus ist, so würde ich sagen, die *Einheit*. Ich beschränke mich hier auf den profanen Bereich. Politische Einheit ist zu Anfang jener Zeit ein deutlicher Wert, denn ihr Mangel wird als manifestes Übel täglich erfahren. Machtpolitisch handelt es sich um den siegreichen Kampf des Fürsten gegen den hohen Adel. Im allgemeinen hat der Fürst hier das Bürgertum zum Bundesgenossen oder mindestens zum Nutznießer seines Siegs. In der Tat ist die Schaffung einheitlich verwalteter Territorien eine wichtige Förderung des wirtschaftlichen Aufschwungs. Dies ist jedenfalls dort der Fall, wo die großen Handelsstädte nicht selbst praktisch souverän waren und nun dem Fürstenstaat unterliegen. Der Fürstenstaat schafft ein effektives Beamtentum, Reduktion der Privilegien, Egalisierung der Justiz, Sicherheit des Verkehrs. All dies erscheint von den nachfolgenden Fortschritten aus

I, 3. Die Ambivalenz des Fortschritts

nicht mit derselben Deutlichkeit, wie wenn man es mit den voraufgehenden Zuständen vergleicht. In den besser geglückten Fällen darf man geordnete Verwaltung und Gleichheit vor dem Gesetz als Geschenk des Absolutismus an die nachfolgende bürgerliche Gesellschaft bezeichnen.

Ausgenommen von dieser Egalisierung ist natürlich der Monarch selbst. Dies aber ist in der Selbstinterpretation des Absolutismus eine notwendige Selbstverständlichkeit. Die Schaffung der dem Gemeinwohl dienenden Einheit des »Staats« ist ein Machtproblem, und nur der Fürst hat die Macht, um die Macht des Adels, der Kirche, der zahllosen Priviligierten zu brechen und in den Dienst des Ganzen zu stellen. Eine so ungeniert funktionale Rechtfertigung des Absolutismus wie die von Hobbes ist freilich die Ausnahme. Diese Machtpraxis bedarf im allgemeinen wie jede einer rechtfertigenden mythischen Weihe. Die Formel »König von Gottes Gnaden« ist an sich eine Demutsformel: der König ist weder Gott noch göttlichen Geblüts, er ist, was er ist, nur durch die unableitbare Gnade Gottes, der ihn auf diesen Stuhl gesetzt hat und von ihm stoßen kann. In der Praxis aber ist eben Gottes Wohlgefallen die Rechtfertigung der königlichen Position, auf die man sich oft genug auch zur Begründung von Akten beruft, die nach allgemeinem Verständnis Gott nicht gefallen können. Die fundamentale Lüge alles Machtkampfs: »meine Macht ist gerechtfertigt, denn sie dient dem Guten; also ist alles gerechtfertigt, was sie stärkt und stützt«; diese Lüge findet im Gottesgnadentum eine hochwillkommene Formel. Dies aber wird von den Untertanen empfunden. Die Einheit des politischen Körpers zerbricht schließlich genau dort, wo sie die Bedingung ihrer Ermöglichung hatte, im Verhältnis des Monarchen zum Untertan.

Ich übergehe die vielgestaltigen Zwischenphasen von aufgeklärtem Absolutismus und konstituioneller Monarchie und wende mich zur voll entfalteten liberalen bürgerlichen Gesellschaft des 19. und 20. Jahrhunderts.

B. Liberalismus.[3] Als leitenden Wert des Liberalismus muß man die *Freiheit*, näher bestimmt als Freiheit des Individuums, bezeichnen. Der Absolutismus hat die Einheit durch eine Unterdrückung vieler alter Freiheiten erkauft. So ist in seiner späteren Phase der Mangel an Freiheit ein manifest empfundenes Übel. Dieses Übel wird um so mehr empfunden, je mehr das Geschenk des Absolutismus, die schutzbietende Einheit des staatlichen Verwaltungskörpers, als selbstverständlich und gar nicht mehr als Leistung empfunden wird. Die Freiheit des Liberalismus ist aber nicht die Wiederherstellung der vorabsolutistischen Freiheiten, wenn sie auch manchmal zunächst so intendiert war. Die alte Freiheit war zum Teil ständisch oder lokal bedingtes Privileg, zum Teil war sie die schlichte Ohnmacht der Obrigkeit. Die neue Freiheit ist der

3 Vgl. »Fragen zur Weltpolitik«, S. 39 f., »Wege in der Gefahr«, S. 134 f., im vorliegenden Buch V, S. 425 f.

radikaleren Intention und ein gutes Stück auch der Wirklichkeit nach egali-
sierende Freiheit aller Individuen, und andererseits ist sie nur möglich, weil
das Erbe des Absolutismus, der funktionierende Staatsapparat, übernommen
wird. So ist sie im Gegensatz zugleich Fortführung dessen, was als Fortschritt
des Absolutismus empfunden werden durfte.

Ich empfinde die poltische Theorie des Liberalismus als eine hohe, vorher
nie erreichte Stufe politischer Bewußtheit. Allen politischen Systemen, die
hier besprochen werden, ist die Überzeugung gemeinsam, daß eine politische
Ordnung letzten Endes auf einer Wahrheit ruhen muß.

Was »Wahrheit« eigentlich bedeutet, ist eine philosophische Frage, die dieses ganze Buch durchzieht. Hier sei der Wortgebrauch nur an Beispielen erläutert. Die antik-christliche Gesellschaftstheorie, in der sich die vorabsoluti-
stische Gesellschaft interpretierte, ist durchaus auf dem Wahrheitsbegriff
aufgebaut. Es gibt die wahre Rolle jedes Gliedes der Gesellschaft. Es selbst ist
glücklich, soweit das irdisch möglich ist, und die Gesellschaft gedeiht, wenn
jedes Glied die ihm zukommende Rolle spielt. Die religiöse Rechtfertigung
des Fürstentums ist eine Rechtfertigung im höchsten bekannten Begriff von
Wahrheit, denn Gott ist die Wahrheit. Das funktionale Verständnis des Absolutismus basiert auf einem anderen, einem ganz neuzeitlichen Verständnis
von Wahrheit: wer die Kausalketten der Machtkämpfe und der zweckmäßigen Güterverteilung durchschaut, der weiß, daß Macht an Einen delegiert
werden und von ihm für eine rationale Verwaltung verwendet werden muß.
Auch der Liberalismus hat eine ihm eigene Beziehung zur Wahrheit, nämlich
daß Wahrheit freie Zustimmung und nicht Zwang erfordert, also freie Diskussion und Toleranz. Diese Auffassung aber enthält eine fundamentale Kritik aller vorhergehenden Systeme. Diese nämlich gehen davon aus, daß der
Herrschende die Wahrheit hat. Er muß sie haben, um von ihr aus regieren zu
können; dies ist das stets wiederholte Argument für den Religionszwang und
macht die politische Notwendigkeit der Religionskriege (vor allem der Reli-
gions-Bürgerkriege) begreiflich. Der Zusammenbruch dieses Absolutismus
der religiösen Wahrheit, der sich schrittweise vollzieht im Prinzip cuius regio
eius religio, das die Ordnungsfunktion der Religion von ihrem Wahrheitsanspruch trennt, im konfessionsneutralen Naturrecht, in der Toleranzidee, ermöglicht die geistige Welt des kommenden Liberalismus. Dieser weiß: kein
Herrscher, überhaupt keine politische Gruppe darf den *Besitz* der Wahrheit
als Rechtsbasis in Anspruch nehmen. In freier Kommunikation der Bürger
werden die politischen Wahrheitsprobleme erörtert und Repräsentanten und
schließlich Magistrate gewählt.

Wenn ich den Liberalismus aus Überzeugung verteidige, so verteidige ich
vor allem dieses Prinzip, das ich gern auf die etwas paradoxe Formel bringe:
gute Politik ist nur von der Wahrheit her möglich, und niemand darf sich
anmaßen, er sei im Besitz der Wahrheit. Jeder der beiden Teilsätze bleibt nur
in der Spannung zum anderen Teilsatz seriös. An sich ist Wahrheit intole-

I, 3. Die Ambivalenz des Fortschritts   51

rant; wer weiß, daß $2 \times 2 = 4$ ist, kann zwar schweigen, aber er kann nicht ehrlich zugeben, es könnte auch 5 sein; und wenn das Wohl der Gemeinschaft daran hängt, daß $2 \times 2 = 4$ erkannt oder anerkannt wird, so muß er für diese Anerkennung kämpfen. Toleranz als Wahrheitsneutralität ist selbstzerstörerisch. Aber da Wahrheit nicht unter Zwang, sondern nur in Freiheit anerkannt werden kann, ist Toleranz als Schaffung des Raums, in dem Wahrheit gefunden und anerkannt werden kann, unerläßlich. Es gibt also strenggenommen keine Rechtfertigung einer Gewalthandlung durch Berufung des Handelnden darauf, daß er die Wahrheit habe – auch dann nicht, wenn er die Wahrheit hat. In der Praxis freilich sind diese Prinzipien oft nicht mit äußerem Erfolg durchführbar; dieses Dilemma spielt in dem Zwischenraum zwischen fruchtbarer Spannung und Scheitern. Jedenfalls dürfte es kein Zufall sein, daß der Liberalismus sich des vom absoluten Staat geschaffenen festen Rahmens einschließlich der Polizei bediente.

Es ist interessant, die konservative Kritik am aufkommenden Liberalismus zu betrachten. Nicht ohne Recht wird in der Toleranz die Gleichgültigkeit gegen das Wahre, in der Freisetzung der Privatinitiative die Freisetzung der Privatinteressen kritisiert, und verurteilen im Dienstethos erzogene Beamte die Herrschaft der »Krämer«. Der unterliegende Vorgänger sieht oft schon mit scharfem Auge die Ambivalenz im Verhalten seines Gegners, der nun für eine wiederum begrenzte Geschichtsepoche an die führende Stelle rücken wird. Die Durchsetzung des Liberalismus hängt wohl wesentlich an der Freisetzung der außerordentlichen Dynamik, die in der Verbindung privater ungehemmter Interessen mit dem Durchbruch des Fortschrittsglaubens liegt.

Dies ist nirgends so deutlich wie in der Wirtschaft. Hier macht die klassische Nationalökonomie (Adam Smith, ein Professor, der mit Kaufleuten umging) ihre große Entdeckung: daß das, was sowohl dem antik-christlichen Ordnungsdenken wie dem paternalistisch-kausalen Denken des Absolutismus als Chaos erscheinen mußte, die freie Konkurrenz, der Motor des allgemeinen Wohlstands sein kann. Diese Entdeckung verteidige ich nicht mit der Ernsthaftigkeit, mit der ich den Zusammenhang von Wahrheit und Freiheit verteidige. Ich verteidige sie nur so, wie man, manchmal mit ein wenig Ungeduld, von intelligenten Menschen die Einsicht in die Tragweite einer sehr wichtigen und einfachen Teilwahrheit erwartet, auch dort, wo die betreffenden intelligenten Menschen sich jeden Tag über den Mißbrauch und die unintelligente Anwendung dieser Teilwahrheit ärgern. Nach meinen eigenen Erfahrungen habe ich das Verhältnis zwischen Marktwirtschaft und geplanter Wirtschaft auf die kalauerhafte Formel gebracht: in der Marktwirtschaft geht es um Einnahmen und Ausgaben, in der geplanten Wirtschaft um Eingaben und Ausnahmen. »Geht hin und findet mir andre Gestalt ...«

Natürlich zeigt sich einer ernsthaften Analyse der höchst partielle Charakter dieser Wahrheit. Der Markt ist durch Monopole gefährdet, die nach demselben darwinistischen Prinzip in ihm entstehen, dem er selbst seine Kraft verdankt. Der Markt kann automatisch effektiv nur dort sein, wo statistisch beschreibbare Reaktionen ausreichen, aber nicht, wo kausale Zusammenhänge detailliert durchschaut werden müssen. Der Markt schafft günstigenfalls eine ähnlich zu sich selbst wachsende Verteilungsfunktion der Einkommen, aber keine Gleichheit; ich glaube, daß sich die Koexistenz großer und kleiner Einheiten in einer selektionstheoretischen Analyse bei biologischen Populationen ebenso wie in der Ökonomie als die wahrscheinlichkeitstheoretisch bei weitem begünstigte Verteilung erweisen wird. De facto schafft der Markt z. T. krasse Ungleichheiten, die manchmal als Stationen auf einem Wachstumsweg auch wieder gemildert werden, stets aber die erbarmungslose Härte der Zerstörung gewachsener Lebensformen mit sich bringen (dies einer der konservativen Einwände gegen die Liberalen). Den Opfern dieses Systems erscheint seine Freiheit oft genug als die Freiheit der Haifische. Der Markt ist schließlich Situationen exponentiellen Wachstums gut angepaßt; Sättigungsprobleme zeigt er sich oft entweder nicht oder wieder nur unter außerordentlich grausamen Begleiterscheinungen gewachsen.

Die zentrale Frage an die liberale Wirtschaftsauffassung ist schließlich die ethische, welche die Konservativen und die Sozialisten fast unisono stellen: mit welchem Recht setzt ihr das Privatinteresse vor das Gesamtinteresse? Gerade hier hat die liberale Theorie eine zwar partielle, aber höchst wichtige Verteidigung, die der größeren Aufrichtigkeit. Zeigt uns, so können ihre Vertreter sagen, das System, das seine Behauptung, es diene bewußt dem Gesamtinteresse, wahrgemacht hat. Wir hingegen sind vielleicht zynisch, aber wir lügen in diesem Punkt wenigstens nicht. Unser Erfolg ist verdient, denn schließlich erweist sich die Wahrhaftigkeit auch meist als Leitfaden zum friktionslosesten Ablauf der Dinge; »Lügen ist so kompliziert«. Es ist eben wahr, daß das Eigeninteresse gerade im ökonomischen Bereich bei jedem Menschen der zuverlässigste Motor zweckmäßigen Handelns ist, und daß der Zwang, selbst für sich zu sorgen, leistungsfähige Menschen schafft.

Andererseits ist gerade diese Verteidigung voller Ambivalenz, eben in ihrer Berufung auf Wahrheit. Kann man die Menschen nicht doch im Blick auf überhöhte Zielvorstellungen erziehen? Darf man ihnen das Verständnis des Gesamtinteresses nicht zumuten? Gewiß wird eben dies in der vollen politischen Doktrin des Liberalismus gefordert. Aber dressiert uns der erfolgreiche Wirtschaftsliberalismus nicht de facto doch die Rücksicht auf das Gesamtinteresse ab? Auf die vernünftige Frage: »Warum sollte einer, der eine Million verdient hat, noch eine zweite verdienen wollen?« ist die Antwort: »Nur wer so beschaffen ist, auch noch eine zweite verdienen zu wollen, verdient sich die erste.« Das sogenannte Eigeninteresse ist in der kapitalistischen Entwicklung am Ende gar kein direktes vitales Interesse mehr. Es gehört zu jenen geheimnisvollen Selbstzwecken, die sich das geistige Wesen Mensch setzen kann, wie Macht, künstlerische Produktion, Erkenntnis, Mode, Sexualriten. Wir

I, 3. Die Ambivalenz des Fortschritts

werden das, was eigentlich im Kapitalismus geschieht, nicht verstehen, wenn wir keine anthropologische Einsicht in diese Vorgänge haben.

C. *Sozialismus.* Den leitenden Wert des Sozialismus möchte ich die *Solidarität* nennen. Vielfach wird an dieser Stelle ein anderer Wert zuerst genannt, der der Gerechtigkeit, spezifiziert als soziale Gerechtigkeit. Dieser Wert ist aber in der Realität undeutlich. Im wirtschaftlichen Kampf wird er zur Verteilungsgerechtigkeit reduziert. Diese, isoliert genommen, ist nichts mehr als der Ausgleich der ökonomischen Egoismen und setzt sich allen soeben genannten Kritiken aus. Ihre Rechtfertigung findet diese Forderung nur in dem Blick auf das gesellschaftliche Ganze, der, in moralische Motivierung umgesetzt, eben Solidarität bedeutet

Es ist vielleicht nicht nur spielerisch, wenn man sie mit den beiden vorangehenden Werten durch die Formel verbindet, sie sei *Einheit in Freiheit.* Man sieht hier wieder die Kontinuität im Gegensatz. Die Freiheit der bürgerlichen Schicht ist nur Freiheit eines Teils der Gesellschaft, und in der wachsenden Funktionalisierung der kapitalistisch-technischen Welt wird auch diese Freiheit immer fiktiver, sie wird auf die Freiheit zum Privatleben eingeschränkt. Nur eine solidarische Freiheit, eine Freiheit in Einheit, in wahre Freiheit. Erst so geschieht, wenn er möglich ist, der Fortschritt zur vollen Gleichheit.

Der Sozialismus hat sich in den knapp anderthalb Jahrhunderten seiner Geschichte gespalten in seinem Verhältnis zur liberalen Welt. Die Sozialdemokratie hat sich der liberalen Welt reformerisch eingefügt. Sie hat die zentralen politischen Wertsetzungen des Liberalismus voll, seine wirtschaftlichen Wertsetzungen schrittweise und partiell akzeptiert.

Es ist die innere Spannung, also die Ambivalenz der Sozialdemokratie, daß sie nicht wissen kann, ob sie eine sozialreformistische Variante des Liberalismus oder der Weg zu einem radikaleren Ziel ist. Als Kern dieser Spannung erscheint nun zunächst die Fragwürdigkeit, die Ambivalenz, in der dieses radikale Ziel selbst bisher in der geschichtlichen Realisierung aufgetreten ist. Die Sozialdemokratie fühlt sich – mit Recht, wie mir scheint – abgeschreckt von den Ergebnissen, die der konkurrierende Zweig der sozialistischen Bewegung, der revolutionäre Sozialismus, bisher produziert hat.[4]

Kommunistische Parteien und nationale revolutionäre Sozialismen haben sich bisher von innen her praktisch nur in Ländern durchgesetzt, die wirtschaftlich unterentwickelt waren und keine nennenswerte liberale Phase hinter sich haben. (In den manifesten Gegenbeispielen DDR und CSSR ist die kommunistische Herrschaft von außen, durch internationale Machtverhältnisse, durchgesetzt worden.) In diesen Ländern liegt es nahe, den Erfolg zunächst durch das Kriterium des Wirtschaftswachstums zu messen, das auch von den Sozialisten selbst dort voll anerkannt wird. Dieser Erfolg ist nicht so

4 Vgl. dazu »Fragen zur Weltpolitik«, S. 38–46 und »Wege in die Gefahr«, 4. Kapitel.

groß, wie er in der Eigenpropaganda dargestellt wird, aber doch beachtlich. Fragt man nach seinen Ursachen, so habe ich deren zwei einleuchtend gefunden: die Möglichkeit, ein Land gegen Kapitalexport abzuschließen, und die Möglichkeit, eine Bevölkerung über Jahrzehnte zu einem für Investitionen erforderten Konsumverzicht zu zwingen. In der Frühphase der großen kapitalistischen Entwicklung war der Abschluß nach außen für die wirtschaftlich führenden Länder nicht nötig und wurde in anderen z. T. durch merkantilistische Maßnahmen erreicht. Der Konsumverzicht wurde im Frühkapitalismus durch die Wirtschaftsmacht der Unternehmer und die Festigkeit des sie stützenden Staatsapparats erzwungen. Beides leistet in den heutigen Entwicklungsländern der »weiche Staat« nichtsozialistischer Verfassungen im allgemeinen nicht. Ein anderer Ausweg aus dem weichen Staat sind freilich Militärdiktaturen, die sich selbst dann aber oft auch eine sozialistische Interpretation geben.

Soweit gesehen ist die Leistung des Sozialismus, etwas pointiert gesagt, daß er einer noch »feudalen« Gesellschaft die Vorteile des Absolutismus bringt. Diese Formel unterschlägt freilich die wichtige Rolle der sozialen Bewußtseinsbildung, also der Orientierung des Denkens einer Nation auf den Wert der Solidarität. Hier ist kein König von Gottes Gnaden, der die bestehenden ökonomischen Machtverhältnisse allenfalls reformerisch ändert, sondern meist ein charismatischer Führer, der seiner egalitären Lehre treu bleibend die alte Oberschicht total entmachten muß. Das Verhältnis zwischen den vier Komponenten, die ich Charisma, Terror, Bürokratie und Selbstbestimmung nennen würde, ist das Problem, um das alle ernstzunehmenden sozialistischen Systeme ringen. Die sozialistische Doktrin dient, positiv gewendet, der Verankerung des Solidaritätswillens, ohne den diese Auseinandersetzung selbstzerstörerisch würde; negativ gesagt dient sie zur Verschleierung des radikalen Widerspruchs zwischen Anspruch und Wirklichkeit.

Von der marxistischen Geschichtserwartung aus erscheint diese Entwicklung, mindestens zunächst, paradox; und bürgerliche Kritiker des Marxismus haben auf diesen Widerspruch von Erwartung und faktischer Geschichte oft hingewiesen. Die Länder, von denen hier die Rede ist, sollten nach dem klassischen marxistischen Ansatz erst auf dem Wege zur bürgerlichen Gesellschaft sein. Ich möchte mich in meinen eigenen Begriffen dieser Erwartung anschließen. Ich halte für wahrscheinlich, daß diese Länder ihrer gesellschaftlichen Entwicklung nach etwas wie ein Bedürfnis nach Absolutismus haben. Andererseits leben sie in einer modernen Welt, deren Bewußtsein nicht mehr absolutistisch, sondern eben liberal oder sozialistisch ist. Deshalb müssen sie mit dem Bekenntnis zu solchen modernen Wertsetzungen ein Stück absolutistischer Praxis verbinden. Der Liberalismus ist für sie noch nicht reif, und wo er formal durchgeführt wird (z. B. in Indien), erschwert er die notwendige Entwicklung. Das Bekenntnis zum Sozialismus erleichtert die notwendigen absolutistischen Maßnahmen, wird aber durch eben diese korrumpiert. Ruß-

I, 3. Die Ambivalenz des Fortschritts

land ist heute in gewisser Weise noch oder wieder ein zaristisches Land, dessen Intellektuelle nach den Freiheiten verlangen, die der Liberalismus bei uns durchgesetzt hat. China ringt, in m. E. sehr viel interessanterer Weise, mit demselben Problem.[5]

Was haben wir für unsere fortgeschrittenere Gesellschaft hieraus zu lernen? Junge Linke haben in den letzten zehn Jahren oft behauptet, die liberale Kritik an den manifesten Übeln z. B. der heutigen osteuropäischen Zustände verkenne, daß im kapitalistischen System die Übel durch die Struktur des Systems erzwungen, im sozialistischen hingegen grundsätzlich überwindbar seien. Die Übel des sowjetischen Systems werden dann entweder auf menschliches Versagen geschoben oder auf Notwendigkeiten in der Defensivposition gegenüber kapitalistischem Imperialismus. Ich halte dieses Argument für essentiell kurzschlüssig, aber einer sorgfältigen Diskussion wert.

Um die Gesichtspunkte der Reihe nach durchzugehen, halte ich zunächst das Argument menschlichen Versagens (Personenkult, Bürokratie) für richtig, aber eben für einen Ausdruck dessen, was ich als Ambivalenz bezeichne. Ich komme im anthropologischen Kapitel (II, 4, 5) auf die gewaltigen Kräfte zurück, die solches Versagen immer wieder erzeugen. Eine politische Doktrin ist naiv, die sich einbildet, sie habe nun zum erstenmal den Weg aus den Folgen dieses Versagens, die wir die Weltgeschichte nennen, gefunden. Ein politisches System wird nicht zu Unrecht an seinem realen Erfolg im Kampf gegen dieses Versagen gemessen. Im besonderen bezeichnen gerade Personenkult und Bürokratie zwei Formen des Absolutismus, also des, wenn ich richtig sehe, historisch nahezu notwendigen Wegs dieser Länder. Dies dient einerseits, solches Versagen begreiflich zu machen (es ist eben nicht nur Versagen, sondern z. T. Notwendigkeit), zeigt andererseits, wie wenig das, was dort als Sozialismus versucht wird, für uns vorbildlich sein kann.

Daß sich ferner die Sowjetunion unter dem Druck des westlichen Imperialismus, das maoistische China unter dem Druck des amerikanischen und des sowjetischen Imperialismus hat entwickeln müssen und weiter unter diesem Druck steht, ist zweifellos. Ich gebe nur zu bedenken, daß der Konflikt der Imperien um die Welthegemonie durch die ideologischen Differenzen eher mystifiziert als erklärt wird.[6] Nun ist freilich die Überwindung der Weltmachtpolitik das Thema, mit dem die hier vorgelegten Aufzeichnungen beginnen, und ich würde mir selbst widersprechen, wenn ich diese Überwindung a priori als unmöglich unterstellte. Ich diskutiere aber, z. Z. unter dem Titel der Ambivalenz des Fortschritts, warum sie so schwer ist. Hier treffen wir auf das Paradox, daß gerade die beiden heutigen Hauptkonkurrenten um die Welthegemonie, die Vereinigten Staaten und die Sowjetunion, ihre heutige politische Gestalt einer Revolution verdanken, zu deren ideellen Zielen die

---

5 Vgl. »Wege in der Gefahr«, 5. Kapitel.
6 Vgl. dazu »Wege in der Gefahr«, 6. Kapitel.

Überwindung der Weltmachtpolitik gehörte. Keine Weltmacht hat sich je so widerwillig in die Rolle des Weltimperialisten drängen lassen wie die Vereinigten Staaten (wenn auch Wirtschaftsimperialismus gegenüber Lateinamerika stets praktiziert wurde). Die Väter der amerikanischen Verfassung wollten vorbildlich den Verzicht auf die Machtpolitik europäischer Fürsten praktizieren; dies hing mit ihrem innenpolitischen Bekenntnis zur Bürgerfreiheit und zum minimalen Staat aufs engste zusammen. Die russischen Revolutionäre erhofften von der Weltrevolution das Ende der kriegserzeugenden ökonomischen Mächte und schließlich das Dahinschwinden des Staats; mit beiden Gedanken radikalisieren sie Ansätze der amerikanischen Revolution. Woodrow Wilsons war to end wars und Stalins Sozialismus in einem Land waren jedoch Kompromisse mit der Realität, und die Kraft dieser Realität ist hier unser Thema.

Ich kehre nun zu der These zurück, die Behebung der Übel sei im liberalen System grundsätzlich unmöglich, im sozialistischen aber grundsätzlich möglich und nur, etwa aus den genannten Gründen, bisher nicht hinreichend geglückt. Versteht man dabei unter liberalem und sozialistischem System die heute faktisch etablierten Systeme, so halte ich die These für schlicht und einsehbar falsch. Versteht man unter ihnen aber ihre theoretischen Entwürfe, so erheben beide den Anspruch, die Übel überwinden zu können, und es fragt sich, welcher Anspruch realistischer ist. Nur wenn man die Realität des einen Systems, z. B. dessen, in dem wir leben, mit der Hoffnung auf ein noch nicht errichtetes anderes vergleicht, so entsteht die natürliche und legitime Asymmetrie zwischen schlechter Wirklichkeit und erhoffter besserer Zukunft. Die von mir angefochtene These besagt in ihrer theoretischen Grundlage, das liberal-kapitalistische System fordere grundsätzlich die ungehemmte Verfolgung der Privatinteressen, das sozialistische aber grundsätzlich die Priorität des Gesamtinteresses; daher sei ersteres unfähig, letzteres grundsätzlich fähig, die Probleme des Gesamtinteresses zu lösen. In der theoretischen Ebene ist dies nun eine unzweifelhafte Einstellung der liberalen Doktrin. Diese fordert den politischen Mechanismus der repräsentativen, rechtsstaatlich gebundenen Demokratie zur Lösung der Probleme des Gesamtinteresses, und sie hat sich stets im Prinzip reformfreudig genug gefunden, ihren Glauben an den Nutzen des Marktmechanismus durch staatliche Eingriffe auf das rechte Maß zu beschränken. Freilich führt dieser Weg auch in der Theorie mit Notwendigkeit durch Phasen fast unerträglicher Spannung, da ohne solche Spannung die für Beschlüsse erforderlichen Mehrheiten oft nicht zustande kommen. In der Praxis ist heute der zutreffende Hauptvorwurf gegen das System eher seine vordergründige Spannungslosigkeit, der durch Meinungsmanipulation und Selbsttäuschung aufrechterhaltene Eindruck, die Zustände seien »im Kern gesund«. Wenn einst Konservative den Liberalen das Meinungschaos, die schwankenden Entschlüsse und die manifesten Skandale des entfesselten Privategoismus des liberalen Systems vorwarfen, so konnten diese

I, 3. Die Ambivalenz des Fortschritts

mit Recht antworten, in ihrer offenen Gesellschaft komme der Schmutz zum Vorschein und könne angegriffen werden, den ein autoritäres System unter die Schränke fegt, wo er Miasmen ausbrütet. Der Vorwurf gegen die heutige liberale Gesellschaft, sie fege ihren Schmutz auch unter die Schränke, besteht jedoch weitgehend zu Recht. Dies gehört zur Ambivalenz des Fortschritts im Liberalismus, fordert aber zur Prüfung der analogen Frage im Sozialismus heraus.

Anders als die reformistische Sozialdemokratie, deren Schwäche oft der Kompromiß ist, hat der revolutionäre Sozialismus, wo er nicht dem Feudalismus, sondern dem Liberalismus gegenübertritt, ein Prinzip, das m. E. die gefährlichen, ambivalenten Folgen geradezu erzwingt. Es ist die Rückkehr zum Dogmatismus, d. h. zur Überzeugung, eine bestimmte Gruppe – und zwar natürlich die eigene – sei im Besitz der Wahrheit. Wie in den klassischen Kirchen und Sekten wird die Menschheit im dogmatischen Sozialismus wieder in Eingeweihte und Außenstehende eingeteilt. Das Glückserlebnis, zu den Eingeweihten zu gehören, hat eine unendliche Verführungskraft. Die manifest richtige Kritik, daß das liberale System nicht jedem seine Chance gibt, sondern auch eine Herrschaft von Interessen und Doktrinen stabilisiert, dient zur Verwerfung seines Grundgedankens, in der illusionären Hoffnung, nur gerade diese eine Machtposition müsse noch gestürmt werden, damit die freie Gesellschaft sich selbst herstellen kann. Nun wirkt das Prinzip, der Zweck rechtfertige die Mittel, in der Gestalt, daß dem Gegner seine unmoralischen Handlungen als Beweis seiner egoistischen Moral vorgeworfen werden, während die eigene Seite, unter dem Titel der revolutionären Taktik, genau solche Handlungen begehen darf, da sie ja dem wahren Fortschritt dienten. Der Selbstwiderspruch nimmt oft groteske Formen an, so in der extrem-elitären antielitären Doktrin, die der gegnerischen Majorität falsches Bewußtsein vorwirft.

Bedenken wir die im Liberalismus-Abschnitt besprochene Spannung zwischen der politischen Notwendigkeit der Wahrheit und ihrem Nichtbesitz, so ist auch dieser Dammbruch verständlich. Erkannte Wahrheit ist intolerant. Wo Absolutismus die Wahrheit der Stunde ist, kann dieses Verfahren das historisch gebotene sein. Für uns aber ist eine Solidarität, die die Freiheit nicht opfert, die Forderung der Stunde; und zwar geht es nicht um die Freiheit, die wir für uns beanspruchen, sondern um die Freiheit, die wir unseren Mitmenschen gewähren. Dies wird bei uns heute unter den Titeln Demokratie, Demokratisierung, Mitbestimmung thematisiert.

Ich füge hier einen weiteren Ladenhüter unter meinen Überzeugungen an, daß nämlich mehrheitliche Demokratie, für sich genommen, nicht Freiheit, sondern Herrschaft einer größeren Gruppe ist. Der Sinn des Liberalismus ist nur in frühen Kampfphasen die Freiheit der Vielen von der Herrschaft der Wenigen. Ein solcher Kampf muß wohl in immer neuen Gestalten immer wieder ausgefochten werden, und er bringt als Geschenk, solange er dauert, ein Solidaritätserlebnis unter den Vielen. Aber eine siegreiche Gruppe ist darum, weil sie die Majorität darstellt, nicht weniger töricht als andere Sieger. Minderheiten sind unter einer ihrer selbst sicheren, aufgeklärten konservativen Herrschaft oft besser geschützt als unter einer militanten Demokratie. In der siegreichen Demokratie wird daher zur wichtigsten Aufgabe des liberalen Prinzips der Schutz der Minderheiten, zumal derjenigen, die keine Aussicht haben, die Mehrheit für sich zu gewinnen.

3. Auf der Suche nach dem Grund der Ambivalenz

Das Wort »Ambivalenz« hat, wie alle Wörter unserer Sprache, einen sich im Unbestimmten verlierenden Hof möglicher Bedeutungen. In den Mittelpunkt dieses Hofs möchte ich aber etwa die Definition stellen: »Ambivalenz nennen wir die Erfahrung, daß wir, gerade wenn wir etwas Angestrebtes erreicht oder verwirklicht haben, entdecken müssen, daß es eigentlich nicht das Angestrebte, sondern vielleicht sogar dessen Verhinderung war.« Das Phänomen der Ambivalenz hat sich uns in den vorangegangenen Abschnitten in der vollen Breite unseres Daseins gezeigt. Wir sehen es im technischen Fortschritt, der Sicherheit und Wohlstand schaffen soll und Massenvernichtungswaffen und Umweltzerstörung erzeugt. Wir sehen es aber auch in den politischen Bewegungen, deren Ziel es war, die Gründe des menschlichen Elends, der im Gesellschaftszustand manifesten Ambivalenzen zu überwinden. Dem Absolutismus gerät die effiziente Einheit des Volkskörpers, die er anstrebt, zur Entzweiung zwischen dem Monarchen und den Untertanen. Dem Liberalismus gerät die Freiheit aller Bürger, die er anstrebt, zur ökonomischen Herrschaft. Dem Sozialismus gerät die Solidarität, d. h. Freiheit in Einheit, die er anstrebt, zur absolutistischen Bürokratie. Die Hoffnung, nun endlich sei der Weg der gesunden, ungebrochenen Evolution frei, oder umgekehrt, die nächste Revolution werde nun aber die Gründe der bisherigen Ambivalenzen eliminieren – diese zweigestaltige Hoffnung erscheint naiv, wenn wir sehen gelernt haben, daß eben diese Hoffnung der Motor aller bisherigen ambivalenten Fortschritte gewesen ist. Wir müssen tiefer fragen: Was ist der Grund all dieser Ambivalenzen? Was ist die Ambivalenz eigentlich ihrer Struktur, ihrem Wesen nach?

Auch diese Frage selbst steht unter dem Schatten der Ambivalenz. Sie setzt sich der Kritik aus, dieses Rückfragen sei ein Rückzug aus der Forderung des Handelns. Ich leugne diese Gefahr nicht und versuche nicht, meine persönlichen Schwächen zu verteidigen. Ich kann nur unter dem *erkannten* Schatten der Ambivalenz antworten. Ein großer Teil des menschlichen Handelns, gerade auch des Handelns aus direkten moralischen Impulsen, geschieht ohne Wissen von der Ambivalenz und soll so geschehen. Den Impuls durch Bedenklichkeiten zu lähmen, ist oft ein ganz falsches Verhalten, und ist übri-

I, 3. Die Ambivalenz des Fortschritts

gens dann meist selbst ambivalent motiviert, nämlich Ausdruck uneingestandener Feigheit. Wer aber ohne Wissen der Ambivalenz handelt, wird die Erfahrung der Ambivalenz machen, und ein großer Teil des Unglücks unter den Menschen entspringt daraus, daß sie diese Erfahrung nicht auf sich zu beziehen lernen, sondern die Gründe der Ambivalenz nach außen projizieren; an meinem Mißerfolg sind dann stets die Andern schuld. Einen moralisch gefestigten Charakter nennt man wohl einen Menschen, der gelernt hat, die Gründe der Ambivalenz auch in sich zu finden, und der seine Bereitschaft zum Handeln dadurch nicht verloren, sondern geklärt hat. In einem Buch wie diesem aber geht es nicht um unmittelbares politisches Handeln, sondern um praxisbezogene Theorie. Eine Theorie nun, die das Bewußtsein der Ambivalenz nicht einbezogen hat, scheint mir positiv gefährlich, barbarisch. Sie gibt dem Menschen, der an sie glaubt, die Rechtfertigung, ja die scheinbare Pflicht, die Ambivalenz in sich und seinen Gesinnungsgenossen, die ihm – wenn er moralisch sensibel ist – auf Schritt und Tritt auffallen muß, ideologisch zu verdrängen. Von einer politischen Theorie ist deshalb die Frage nach der Ambivalenz zu *fordern*.

Ich möchte mir erlauben, im angeschlagenen moralischen Ton noch einige Sätze weiterzureden. Man kann leicht erkennen, daß in allen angeführten Beispielen von Ambivalenz jedenfalls *auch* das Gebot verletzt wird: »Liebe deinen Nächsten wie dich selbst.« In der technischen Planung kommt das Opfer der Waffen und der Konsument der Pollution nicht als Mitmensch, als »Nächster«, vor, sondern nur als Teil eines Funktionszusammenhanges. In allen obigen politischen Beispielen gibt es eine Lehre von den mit der Privilegierung verbundenen Pflichten, in den mehr egalitär denkenden Systemen verbunden mit einer Leugnung, daß es sich überhaupt um eigentliche Privilegien handle; unter dem Druck des natürlichen Egoismus werden diese Lehren unmerklich zur Lüge. Diese Lüge aber ist vielleicht der Kern der Ambivalenz. Diese Lüge ist freilich schwer zu überwinden, und die Forderung der Nächstenliebe gerät nun selbst in den Schatten der Ambivalenz. Ist sie nicht eine schwache Forderung, ein wirkungsloser Appell angesichts der Macht der objektiven Strukturen? Wird sie damit nicht zur frommen Ausrede derer, die diese Strukturen nicht ändern können oder nicht ändern wollen?

Die politische Theorie muß sich demnach fragen, was der Grund der Härte dieser Strukturen ist. Das ist der Anlaß der anthropologischen und philosophischen Wendung der Überlegungen. Sehr locker geredet, kann man den Grund in drei Regionen suchen, in der Natur, der Gesellschaft, dem Ich.

Wer den Grund in der *Natur* sucht, sieht den Ursprung von Egoismus, Angst und Aggression in den Lebensbedingungen unserer tierischen Vorfahren. Sie gehören zu unserem instinktiven Erbe. Eine Gesellschaftsordnung, die uns zwingt, sie zu unterdrücken, ja zu leugnen, zwingt uns zur Lüge, und das Ergebnis ist die Ambivalenz.

Wer den Grund in der *Gesellschaft* sucht, kann davon ausgehen, daß der

Mensch seine Instinktfragmente durch Sitte und Einsicht zu dem Kunstwerk der Kultur zusammenzufügen vermag. Den Grund, der den Egoismus, die Angst und die Aggression hochtreibt, statt sie zu dämpfen, zu kultivieren und zu sublimieren, sieht er in einer falschen Gesellschaftsordnung. In ihr findet sich der Mensch von dem, was er eigentlich ist – was er sein könnte –, *entfremdet*. Diese Entfremdung ist der Grund der Ambivalenz, und ihre Leugnung die zur Ambivalenz gehörige Lüge.

Wer den Grund im *Ich* sucht, braucht nichts zu leugnen, was über die Gesellschaft gesagt worden ist. Er wird aber fragen, warum sich eine falsche Gesellschaftsordung aufrichtet und hält. Es ist leicht zu sehen, daß sie eben durch Egoismus, Angst und Aggression aufrechterhalten wird. Nun sich der Weg der Meinungen dreifach. Man kann zur Natur als der Ursache zurückkehren, d. h. den wahren Grund des gesellschaftlichen Elends schließlich eben doch in der unwandelbaren Natur des Menschen zu finden. Das aber ist wohl ein Zurückfallen hinter die schon erreichte Stufe der Fragestellung. Man kann in der Gesellschaft bleiben und in der Selbststabilisierung des Systems von Egoismus, Angst und Aggression eine Fehlentwicklung sehen, die sich nicht wieder herzustellen braucht, wenn es einmal geglückt ist, sie zu zerstören. Dieser Optimismus ist freilich durch die bisherige Geschichte nicht oder doch nicht voll gerechtfertigt, aber als Zukunftshoffnung nicht widerlegbar. Ich möchte glauben, daß er sich in der langfristigen Zukunft erfüllen wird. Aber er ist völlig naiv, solange er das Spiel der Mechanismen nicht sieht, welche im Ich, zumal im sogenannten Unbewußten, Ambivalenzen erzeugen und aufrechterhalten. Die Psychoanalyse hat entdeckt, daß es eine sinnvolle Rede ist, wenn ich das Gegenteil des Angestrebten hervorgebracht habe, zu sagen, etwas in mir habe eben dieses Gegenteil gewollt. Es ist nicht falsch, zu sagen, ich selbst habe eigentlich dieses Gegenteil gewollt; die Heilung geschieht gerade, indem ich das unbewußt Gewollte als von mir gewollt anerkenne. Diese Ambivalenz im Ich ist freilich unserer moralischen Selbsterkenntnis unter dem Titel des Bösen seit langem bekannt. Es reicht nicht aus, nun wieder die gesellschaftlichen Anlässe dieses Mechanismus aufzuspüren, so wichtig und nötig dies ist. Es handelt sich jetzt um die Tatsache, daß im Ich die Möglichkeit dieser Reaktionsweise bereit liegt.

Alles hier Gesagte ist in der Substanz keine neue Entdeckung unseres Jahrhunderts. In der ältesten uns überlieferten Denkweise, der der Religion, zumal der Hochreligionen, ist genau dies das Thema. Um der einfachen Sprechweise willen bleibe ich hier in unserer eigenen, der jüdisch-christlichen Überlieferung. Unsere natürliche Triebhaftigkeit, der Machtmißbrauch und das Unrecht in der Gesellschaft, und das Böse in mir selbst sind die klassischen Themen der religiösen Ethik. Im Begriff Gottes ist die Antwort auf die Frage, die Kraft der Heilung ausgesprochen. Gott ist zugleich das Dreifache: der Schöpfer der Natur, auch meiner eigenen, der Gesetzgeber der Gesellschaft, und der Partner des Ich im Gebet, in der Reue und Versöhnung, in der Liebe.

I, 3. Die Ambivalenz des Fortschritts 61

Deshalb steht das Gebot der Nächstenliebe erst als zweites: »Liebe Gott von
ganzem Herzen und deinen Nächsten wie dich selbst.« Wie man in der Sprache der Religion sagt: nur in Gott kann ich den Nächsten lieben.

Freilich steht die Religion selbst im Schatten der Ambivalenz, und eben
dies treibt ihre bewegte innere Geschichte hervor. Zwar ist es unsinnig, mit
gewissen Extremen der Aufklärung die ganze Lehre der Religion als Erfindung einer Priesterkaste zur Aufrechterhaltung ihrer Herrschaft zu erklären.
Auf leere Erfindungen kann man keine dauerhafte Herrschaft gründen. Die
Religion drückt vielmehr eine unmittelbare, wiederholbare und eben darum
standfähige menschliche Erfahrung aus. Sie ist nicht falsch, aber sie ist selbst
ambivalent. Nur eine große Wahrheit kann zur Stabilisierung einer großen
Falschheit verwendet werden. In der Bibel steht der Kampf um die Wahrheit
in der Religion vom Propheten Amos bis zur Kreuzigung Christi im hellen
Licht der Geschichte, und die christliche Kirchengeschichte bietet kein anderes Bild.

Neben diesem nicht endenden moralischen Kampf geht ein Fortschritt des
profanen Wissens in der Geschichte einher. Natur, Gesellschaft und Ich sind
schon für das lebhafte griechische Denken eigenständige Themen und ebenso
für die ständig stärker werdende isolierende Rationalität der Neuzeit. Die
Neuzeit übernimmt (»säkularisiert«) die uralten Themen der Religion und
verwirklicht damit in gewissem Sinne deren Anliegen erst eigentlich; so kann
man die Thematik von Freiheit, Gleichheit und Solidarität verstehen. Aber
diese Verwirklichung ist zugleich eine Zersplitterung der Religion. Die Einheit von Natur, Gesellschaft und Ich wird, mit dem Abstrakterwerden des
neuzeitlichen Gottesbegriffs, eine bloße Redensart und schließlich ein un-
glaubwürdiger Traum der Vergangenheit.

Daß die Zersplitterung der Wahrheit, die sich hier mitvollzieht, die Ambivalenz geradezu hervortreibt, soll uns nicht wundern. In unserer obigen
Überlegung über die Gründe der Ambivalenz mußten wir zwischen Natur,
Gesellschaft und Ich ständig hin und hergehen. Wir haben heute ein anerkanntes Wissen in der Gestalt von Wissenschaften. Wir haben einigermaßen
kohärente Wissenschaften von der Natur (Physik, Biologie, Medizin), ziemlich inkohärente Wissenschaften von der Gesellschaft (mit einer tiefen faktischen Kluft zwischen Geschichts- und Sozialwissenschaften) und höchst um-
strittene Auffassungen vom Ich (alle Schulen der Psychologie und die gängige Individualmoral). Wenn der Zusammenhang zwischen diesen Bereichen
wichtig ist, um die Rolle jedes einzelnen von ihnen für unser Leben zu verstehen, so ist manifest, daß wir im heutigen Zustand die Rolle keines von ihnen
verstehen.

Auch diese Situation ist nicht neu. Beispielsweise in Griechenland zur Zeit
der Sophistik hatte der Fortschritt des Fragens und Denkens eine ähnliche
Zersplitterung der Gesichtspunkte hervorgebracht. Ebenso wie heute wußten
auch damals die intellektuell Fortgeschrittenen, daß eine Rückkehr in die nun

naiv gewordene Einheit des religiösen Bewußtseins nicht möglich war. Die Antwort war das heroische Unternehmen der Philosophie, also der Versuch, die Einheit auf dem Niveau der Aufklärung und diese hinterfragend, in ausdrücklichem Denken herzustellen. Dieser Versuch war historisch erfolgreich. Nicht nur die Spätantike, sondern vor allem die ganze christliche Ära bediente sich der Gedanken der griechischen Philosophie, um die Einheit der Wirklichkeit wenigstens notdürftig zu denken. Gegenüber der neuen Zersplitterung der Wahrheit durch die Wissenschaft und Aufklärung bis zum Ende des 18. Jahrhunderts war die deutsche Philosophie von Kant bis Hegel die letzte große Wiederbelebung des philosophischen Denkens in seiner einheitstiftenden Funktion. Wenn uns die Vergangenheit überhaupt noch etwas zu sagen hat, finden wir uns durch die bisher entwickelte Frage im Gespräch mit dieser Philosophie.

Hiermit sind die Themen der Kapitel II, III und IV dieses Buchs bezeichnet: biologische Anthropologie, philosophische Überlieferung und die Realität der Religion. Die inhaltliche Erfüllung der Frage nach dem Grund der Ambivalenz können wir erst in ihnen suchen. Gesättigt von diesem Inhalt können wir aber zu der Frage zurückkehren: warum gibt es überall in diesen reichen Inhalten Ambivalenz, Selbstwiderspruch, Widerspruch zwischen Ziel und Erfolg? Das evolutionistische Denken bietet dafür eine zunächst formal erscheinende Orientierungshilfe an. Diese wollen wir uns vorweg vergegenwärtigen und in allen weiteren Überlegungen mit uns führen. Sie läßt sich durch die abstrakte Gegenüberstellung bezeichnen, die ich als Überschrift des ersten Kapitels gewählt habe: Ebenen und Krisen.

4. Ebenen und Krisen

Evolution geht meist nicht kontinuierlich vonstatten, sondern in einem Wechsel langdauernd stabiler Ebenen und kürzerdauernder, manchmal katastrophaler Krisen. Für die biologische Evolution ist dieses Phänomen heute wohlbekannt. Es scheint aber nicht an dem speziellen organischen Evolutionsmechanismus zu hängen, sondern sehr viel allgemeiner zu sein. Die von Erikson[7] beschriebenen Phasen der Persönlichkeitsentwicklung und die von Kuhn[8] beschriebenen Phasen der Wissenschaftsentwicklung sind bekannte Beispiele.[9] Aber sogar in der anorganischen Natur, etwa in der Sternentwicklung, gibt es ähnliche Verläufe. Uns sollen an dieser Stelle nur zwei Fragen beschäftigen: Läßt sich die Allgemeinheit des Phänomens der Ebenen und

7 E. Erikson, »Insight and Responsibility«, New York, Norton & Co. 1964.
8 Th. S. Kuhn, »The Structure of Scientific Revolution«, Chicago, Univ. of Chicago Press 1962, dt. : »Die Struktur wissenschaftlicher Revolutionen«, Frankfurt, Suhrkamp 1967.
9 Vgl. dazu »Fragen zur Weltpolitik«, S. 104–118. »Wege in der Gefahr«, S. 238.

I, 3. Die Ambivalenz des Fortschritts

Krisen verstehen? Und: Hat das Phänomen der Ebenen und Krisen einen Erklärungswert für die Allgemeinheit des Phänomens der Ambivalenz des Fortschritts?

Läßt sich die Allgemeinheit des Phänomens der Ebenen und Krisen verstehen? Für ein Phänomen von hoher Allgemeinheit sollte man nicht nach speziellen Modellen suchen. Die Ebenen und Krisen sind vermutlich ein allgemeiner Zug im Verhalten etwas komplexerer Systeme, die sich mit der Zeit ändern. Nehmen wir als einfaches Beispiel, insofern zunächst doch als Modell, einen Strömungsvorgang, etwa in einem Fluß. In felsigem Grund wird der Querschnitt des Flußbetts bald weiter, bald enger sein. Gerade wenn der Fluß gleichmäßig fließt, wenn also durch jeden Querschnitt jederzeit gleichviel Wasser strömt, muß das Wasser durch den engeren Querschnitt schnell strömen, durch den weiteren langsam. Wo das Wasser langsam strömt, verweilt es lange, wo es schnell strömt, verweilt es kurz. Laub und Hölzer, die auf dem Wasser treiben, machen das sichtbar: die Strecken langsamer Strömung sind Verweilplätze für das Treibgut; es liegt dort ruhig dahinschwimmend und dicht gepackt an der Oberfläche; die Stromschnellen durcheilt es locker und rasch. Räumliche Ungleichmäßigkeiten der Strömung, etwa Wirbel, akzentuieren häufig dieses Phänomen. In den ruhigen, stabilen Wirbeln des langsam strömenden Flusses, in denen das Wasser oft in Ufernähe stromauf fließt, kann das Treibgut stunden-, tage-, wochenlang gefangen bleiben, ehe es dem Wirbel entweicht und rasch stromab treibt, bis ein anderer Wirbel es wieder einfängt und lange festhält.

Der Fluß ist nur ein veranschaulichendes Beispiel. Abstrakt kann man sagen: Schon in einer eindimensionalen Strömung bedeuten kleine Geschwindigkeiten lange Verweilzeiten. Wo ein Körper lange verweilt, wird man ihn im statistischen Mittel häufig antreffen. Dies ist die allerprimitivste Vorform des Darwinschen Selektionsprinzips. In den letzten Jahrzehnten hat man die Theorie mehrdimensionaler Bewegungen (wobei die Dimensionen beliebige Zustandsvariable, nicht nur räumliche, beschreiben können) ausführlich studiert. Wird die Bewegung von einer nichtlinearen Differentialgleichung beherrscht (und das ist in der Regel der Fall), so durchziehen den »Raum« der möglichen Zustände »Singularitätsflächen«, die der Zustand nicht erreichen kann (ähnlich der äußeren Grenze eines Wirbels, in dem das Treibgut schwimmt). Zwischen ihnen zerfällt der Raum in »Bassins«; der Zustand muß normalerweise in dem Bassin bleiben, in dem er einmal ist. Der Übergang aus einem Bassin ins andere ist nur in Ausnahmefällen, »Katastrophen«, möglich.

Thom[10] hat eine mathematische »Katastrophentheorie« zur Beschreibung dieser Verhältnisse entwickelt. Was im gegenwärtigen Buch als »Ebene« oder »Plateau« bezeichnet wird, das wird in diesem mathematischen Modell als

10 René Thom, »Stabilité structurelle et morphogenese«, Reading, Mass. Benjamin 1972.

»Bassin« stilisiert; dieser Vergleich drückt die Selbststabilisierung unter dem Bild erhöhter Ränder des zugänglichen Raums aus.

Die nichtlineare Differentialgleichung ist schon ein Gesetzesschema von einem sehr hohen Allgemeinheitsgrad. Die Biologie der Evolution lehrt uns demgegenüber wieder ein spezielleres Modell der Erzeugung selbststabilisierender Formen kennen: der Spezies und der Individuen. Dieser Vorgang ist im ersten Teil des Vortrags über den Tod (I, 9., S. 112) näher beschrieben. Es ist kein Zufall, daß diese Schilderung in einer Erörterung über den Tod steht. Sie erklärt zugleich, wie der Tod eine Leistung der Evolution ist. So wie das Individuum die deutlichste Manifestation des Phänomens der Ebenen ist, so ist der Tod des Individuums die deutlichste Manifestation des Phänomens der Krise, ohne welche Ebenen nicht Stufen, sondern Sackgassen der Geschichte blieben.

Die Sinnenfälligkeit der Ebenen und Krisen im organischen Leben, zumal im Leben des Individuums, hat Beobachter politischer und kultureller Vorgänge in der menschlichen Geschichte immer wieder verführt, diese Geschichte in biologischen Gleichnissen zu beschreiben. Man spricht von der Geburt, der Blüte, dem Tod einer Kultur, einer Nation, einer Bewegung. Namen wie Spengler und Toynbee kommen hier in Erinnerung. Nun ist es einerseits einsehbar, daß der Vergleich mit dem Leben eines Individuums aus biologischen Gründen so ungefähr der schlechteste Vergleich ist, den man für gesellschaftliche Entwicklungen wählen kann. Individuen sind biologisch darauf programmiert, geboren zu werden, zu wachsen, zu blühen und zu sterben, gerade *damit* die Spezies konstant bleiben und sogar sich weiterentwikkeln kann. Solche Programmierung ist bei gesellschaftlichen Prozessen nicht vorauszusetzen. Andererseits aber zeigt die menschliche Geschichte immer wieder das Phänomen, das durch die Begriffe der Ebenen und Krisen, bis hin zum Untergang einst herrschender stabiler Systemgestalten beschrieben wird. Eben deshalb sollte hier hervorgehoben werden, daß dieses Phänomen unter sehr viel allgemeineren Voraussetzungen zu erwarten ist als den speziellen, denen das biologische Phänomen des Individuums seine Existenz verdankt. In der heutigen Gesellschaftswissenschaft artikuliert man diese Phänomene gerne mit den Begriffen der Systemtheorie. In der Tat ist damit ein Abstraktionsniveau erreicht, das dem Allgemeinheitsgrad der Phänomene ungefähr entspricht. Ich habe mir versagen müssen, in dieses Buch auch noch eine Auseinandersetzung mit der Systemtheorie, etwa in der von Luhmann präsentierten Gestalt, mit aufzunehmen. Es fällt aber nicht schwer, das Phänomen der Ebenen und Krisen in ihrer Sprache zu beschreiben.

Nun die zweite Frage: trägt das Phänomen der Ebenen und Krisen zum Verständnis der Allgegenwart der Ambivalenz des Fortschritts bei? Die Antwort sollte ein selbst ambivalentes Ja sein. Fortschritt ist ein Begriff der Reflexion. Der Mensch, der in so allgemeinen Begriffen zu denken gelernt hat, kann nicht anders als in jeder Ebene schon die auf sie wartende Krise mit-

I, 3. Die Ambivalenz des Fortschritts

wahrzunehmen. In Zeiten tiefen Krisenempfindens kann man diese Überlegung geradezu als Ermutigung, als belebenden Trost vorbringen. Die Krisenwahrnehmung ist nicht einfach eine Wahrnehmung drohenden Untergangs. Auch das Negative ist ambivalent; in seiner Wahrnehmung nehmen wir die bloß der gegenwärtigen Ebene verschlossene, aber auf eine künftige Ebene vordeutende Chance mit wahr. Die Wahrnehmung für das Negative wird vielfach erst durch die ahnende Wahrnehmung der jenseits der Negation wartenden neuen Möglichkeit geschärft. Diese Denkweise habe ich versucht, in dem Buch »Wege in der Gefahr« anzuwenden; die Gefahr ist manifest, aber es gibt Wege in der Gefahr. Insofern also gehört Ambivalenz zum Fortschritt, sofern dieser sich überhaupt in Ebenen und Krisen vollzieht.

Aber der Erklärungswert dieses Gedankens bleibt wegen seiner hohen Allgemeinheit begrenzt; deshalb die Ambivalenz des vorhin ausgesprochenen Ja. Wir leisten für unsere realen Probleme nichts, wenn wir die jeweiligen Ambivalenzen nicht inhaltlich, also speziell durchdenken. Deshalb war »Wege in der Gefahr« ein Buch über konkrete Politik; deshalb ist das gegenwärtige Buch voll von anthropologischen Einzelheiten, nicht ein Schlüssel zum Garten, sondern ein Garten. Es zeigt sich dann auch eine konkrete Gestalt der fundamentalen, übergreifenden Ambivalenz des Fortschritts. Wir Menschen leben nicht einfach passiv getrieben in unserer eigenen Geschichte. Wir übernehmen Verantwortung für unser Schicksal, wir beurteilen es danach, was sein *soll*, wir denken moralisch. Die fundamentale Ambivalenz ist darum die *Ambivalenz der Moral*. Sie wird ein Leitthema dieses Buchs sein.

I, 4. Der Naturwissenschaftler, Mittler zwischen Kultur und Natur[1]

1. Die kulturelle Rolle der Naturwissenschaft

Die Natur ist älter als der Mensch. Der Mensch ist älter als die Naturwissenschaft. In der Welt, die vor ihm da war, und die er selbst später die Natur genannt hat, hat sich der Mensch einen künstlichen Lebensraum geschaffen, den wir die Kultur nennen. Das praktische Nachdenken über die Natur gehört zu den Lebensbedingungen der Kultur. Eine bestimmte, spät in der Geschichte der Kultur entfaltete Weise dieses Nachdenkens nennen wir die wissenschaftliche Erforschung der Natur, die Naturwissenschaft. Die Naturwissenschaft ist eine kulturelle Verhaltensweise mit einem Thema; dieses Thema heißt Natur.

Die Wirklichkeit, die wir kennen, die Natur ebensowohl wie die Kultur, ist geschichtlich. Sie ist vielgestaltig, sie wandelt sich, sie entwickelt sich. Sie stabilisiert sich in speziellen Ebenen des Verhaltens, und sie geht durch Krisen von Ebene zu Ebene. Das Tempo des geschichtlichen Wandels ist aber ungleich. Die Kultur wandelt sich rascher als die Natur, der einzelne Mensch durchlebt sein kurzes Leben rascher als sich sein kultureller Hintergrund wandelt. Diese relative Stabilität des Hintergrunds ist lebensnotwendig. Anders könnten sich präzise Gestalten kulturellen Lebens und menschlicher Individualität nicht herausbilden. Es muß ebene Wegstrecken geben, sonst verzehrt sich das Leben in der permanenten Krise; denn die Krise, der immer wieder notwendige Schritt von Ebene zu Ebene, ist immer einmal wieder lebensgefährlich. So sucht auch das Denken immer von neuem die Stabilität. Feste Begriffe sind Ebenen des Denkens. Die Entdeckung der Geschichtlichkeit des Wirklichen ist dann selbst erst ein Produkt der Geschichte der Kultur, des fortschreitenden, seine eigenen Begriffe kritisierenden wissenschaftlichen Denkens. Freilich drücken schon die großen Mythen der Weltentstehung und der Kulturschaffung ein Bewußtsein der Geschichtlichkeit aus. Aber hier denkt man meist den Rahmen von Himmel und Erde und die Institutionen menschlicher Kultur als einmal geschaffen und nun unwandelbar. Das begriffliche Denken früher Philosophie und Wissenschaft verfestigt eher diese

---

[1] Vortrag, gehalten auf dem 60. Deutschen Geodätentag, München, August 1976. Gedruckt in Zeitschrift für Vermessungswesen, Heft 12, 101. Jahrgang.

I, 4. Der Naturwissenschaftler

Umwandelbarkeit des Rahmens. Nur langsam setzt sich die Erkenntnis des geschichtlichen Wandels durch, die Entdeckung, daß scheinbar wandellose Strukturen nur der Rahmen einer geschichtlichen Ebene waren.

Eine Phase der abendländischen Wissenschaft sieht die Kultur als geschichtlich an, die Natur aber als wesentlich ungeschichtlich. Freilich hat schon das 19. Jahrhundert die Geschichte der Natur entdeckt; es hat die Evolution des organischen Lebens erkannt, die Evolution der Gestirne vermutet. Aber die Vorstellung von der geschichtslosen Natur behielt ihr unerschüttertes Fundament im Begriff des mathematischen Naturgesetzes. Die Gesetze wandeln sich nicht; das Geschehen vielmehr wandelt sich gemäß den Gesetzen. Die Formel »Der Geodät, Mittler zwischen Mensch und Raum« drückt genau diese Denkweise aus. Der geschichtliche Mensch lebt im geschichtslosen Raum. Eben darum bedarf er eines Mittlers. Es ist eine geschichtliche Leistung, die zeitlose Struktur des Raumes mathematisch zu erkennen, und es ist eine geschichtliche Mittlerleistung, den verfügbaren irdischen Raum unter Anwendung der erkannten Gesetze fürs menschliche Leben einzuteilen: Erd-Zuteilung, Geo-däsie.

Das Thema des ersten, kulturgeschichtlichen Teils meines Vortrags ist, daß dieses Weltbild der klassischen Naturwissenschaft selbst eine kulturelle Rolle hat, daß es eine Ebene kultureller Geschichte bezeichnet.

Wir haben uns zunächst klarzumachen, daß mathematische Naturwissenschaft kein unerläßlicher Bestandteil einer Hochkultur ist. Die klassischen Kulturen Vorderasiens, Indiens, Ostasiens, älter als die Kultur des Abendlandes und ihr bis tief in die Neuzeit hinein politisch, wirtschaftlich, technisch, künstlerisch, sittlich, metaphysisch gewachsen, wo nicht überlegen – sie alle haben mathematische Naturwissenschaft überhaupt nicht als großes Denksystem, sondern allenfalls als handwerkliche Weisheit oder als Spiegelung der Metaphysik, kurz als eines der vielen Blütenbeete im Garten der Kultur entwickelt. Man kann die chinesische Mauer, die Tempel Indiens, die Basare von Bagdad bauen, man kann Welthandel auf Karawanenstraßen und mit Segelschiffen betreiben und die Jahre nach dem Lauf der Gestirne einteilen, ohne ein mathematisiertes Weltbild zu entwickeln. Der mathematicus, was immer seine Träume sein mögen, bleibt einer der vielen dienenden Künstler, und nicht einer auf der höchsten Rangstufe.

Demgegenüber möchte ich behaupten, daß sich die mathematische Naturwissenschaft von Jahrhundert zu Jahrhundert immer mehr als der harte Kern der Kultur des neuzeitlichen Europa erweist. Der harte Kern – das heißt nicht das bewußt gepflegte höchste Ideal; Europa hat seinen Glauben an die Vernunft wenigstens ebenso sehr im gesellschaftlich-politischen Bereich betätigt, und bei der herrlichen individualistischen Fülle seiner Werke wie bei der blinden Dynamik seines zivilisatorischen Fortschritts haben noch andere Kräfte als die Vernunft Pate gestanden. Der harte Kern – das heißt aber das widerstandsfähigste Produkt dieser Kultur, ihr ständig wachsendes Stahlskelett.

Der Widerstand in der eigenen Kultur, getragen von Gläubigen, von Künstlern, von Konservativen und neuerdings von ethisch motivierten Radikalen, erweist sich diesem Wachstum gegenüber als machtlos. Die außereuropäischen Kulturen sind in der Phase des Kolonialismus der technischen Schlagkraft unserer Zivilisation unterlegen, und heute bereiten sie die unausweichliche Gegenbewegung vor, indem sie unsere intellektuellen Mittel übernehmen; auch dabei wird sich, wo es noch unklar sein sollte, erweisen, daß man nicht Techniken übernehmen kann ohne das Denken, dessen Wahrheit die Technik erst möglich gemacht hat.

Die Ambivalenz dieses Fortschritts liegt freilich auf der Hand. Ist der Naturwissenschaftler eigentlich Mittler zwischen Kultur und Natur? Ist er nicht eher der Erbe und Vollstrecker ihrer uralten Feindschaft? Die Verherrlichung des Natürlichen ist ein spätes Kulturprodukt mit einer für uns lehrreichen Entstehungsgeschichte. Der primitive Mensch lebt inmitten der übermächtigen Natur, in der es gute und böse Mächte gibt – ein Dasein voller begründeter Ängste. Kultur bedeutet zunächst Bodenbau. Die neolithische Revolution verwandelt Wald oder Steppe in Ackerboden, entreißt also den Boden den Mächten, denen er zuvor angehörte; der Bauer hat andere Götter als der Jäger. Die Stadt grenzt einen Kulturbezirk aus der Natur aus. Das Großreich lehrt die Menschen, einen geographischen Raum als Kulturraum zu gestalten. Neben materiellen werden soziale Techniken entwickelt. Kultur wächst in der sozialen Form der Herrschaft. Die Feinde, die man am meisten fürchtet, sind jetzt nicht mehr Naturmächte, sondern Mitmenschen. Gegen den Mitmenschen wird das Instrument der unbegrenzten Akkumulation von Macht entwickelt. Wenn nun eine kulturelle Ebene in eine neue übergehen muß, so wird in der Erschütterung der Übergangskrise die bezähmte Natur als ein Bereich ewiger Ordnungen wahrgenommen, auf die ein sehnsüchtiger Blick des in die Tragik seiner Geschichte verstrickten Menschen fällt. So haben Naturforscher immer wieder die Natur gesehen. Kepler, in die Absurdität des Abendmahlsstreits verwickelt, ruft aus: »Könnte ich doch Gottes Wirken im menschlichen Gemüt mit der Klarheit sehen, mit der ich es in der Natur erkenne!« Aber die erkannten Naturgesetze geben Macht über die Natur. Ja, sie haben in unserer Naturwissenschaft die logische Form der Macht: »Schafft diesen Anfangszustand, und jene Folge wird eintreten!« Anders als der Mitmensch kann die unpersönliche Natur jedoch auf Ausbeutung nicht mit aktiver Gegenwehr reagieren. Sie reagiert dann und wann mit einem Zusammenbruch ihres Gefüges. Seit dem Beginn des Ackerbaus und kulminierend in unserer technischen Zivilisation kommt es vor, daß der Mensch zu spät entdeckt, wie seine stille Feindschaft gegen die Natur die natürlichen Fundamente unterhöhlt hat, auf denen auch seine Kultur aufruht.

Dieser Vorgang ist nichts Ungewöhnliches. Er hat viele Vorläufer in der organischen Evolution; jede erfolgreiche Spezies, die sich zu schnell vermehrt, schafft sich selbst die Lebensraumprobleme. Aber jetzt ist die Dimen-

I, 4. Der Naturwissenschaftler

sion größer. Und die Schlüsselfigur innerhalb der Kultur ist der Naturwissenschaftler. Umweltschäden, Hungerkatastrophen, Freiheitsverlust, Krieg mit mörderischen Waffen – ist die Wissenschaft schuld, ohne die diese Form des Unheils, diese Lebensgefahr nicht möglich wäre?

Hat die Wissenschaft die Natur zu gut erkannt oder nicht gut genug? Ist der Wissenschaftler Mittler zur Natur oder Feind der Natur? Und wer erkennt richtiger, wer sieht schärfer: der Mittler oder der Feind?

2. Die Wahrheit der Naturwissenschaft

Auf die Frage nach dem Grund des historischen Erfolgs der Naturwissenschaft weiß ich keine andere Antwort als ihre Wahrheit. Diese Macht wird dem Wissen verdankt. Wer selbst in der naturwissenschaftlichen Forschung gearbeitet hat, kann jemandem, der das nicht getan hat, meist die Unausweichlichkeit gar nicht begreiflich machen, mit der in dieser Forschung der Erfolg uns den Unterschied zwischen Wissen und Nichtwissen vor Augen führt. Ich wünschte, Sozialwissenschaftler ahnten etwas von der Tiefe dieses Unterschieds. Ad hominem sei gesagt: Wenn man über fast 400 Millionen Kilometer (die tausendfache Entfernung des Mondes) ein Instrument auf dem Mars weich landen lassen, seine Bewegungen über diese Entfernung steuern und die von ihm aufgenommenen Photographien empfangen kann – ist das anders erklärlich, als weil man die Bewegungsgesetze der Körper und der Lichtwellen wirklich kennt? Die Grunddisziplin der heutigen Physik, die Quantentheorie, läßt sich einem mathematisch Gebildeten in ihren Prinzipien auf einer Druckseite mitteilen; es gibt heute wohl eine Milliarde einzelner Erfahrungen, die ihr gehorchen, und nicht eine, die ihr in nachprüfbarer Weise widersprochen hätte.

Die Macht der Naturwissenschaft beruht auf ihrer Wahrheit. Aber was ist Wahrheit? Wahrheit ist einer der umstrittensten philosophischen Begriffe. Ich werde die Frage, was Wahrheit der Naturwissenschaft bedeutet, in diesem Vortrag nicht in direktem philosophischem Zugriff behandeln, sondern ich will im kulturhistorischen Zusammenhang bleiben. Zur Rechtfertigung dieses Verfahrens nur einen philosophischen Hinweis, einen Wink. Eine klassische Wahrheitsdefinition lautet: veritas est adaequatio intellectus et rei, Wahrheit ist Angemessenheit zwischen Verstand und Sache. Dies ist im Grunde dieselbe Formel wie die vom Naturwissenschaftler als Mittler zwischen Kultur und Natur. Natur steht hier für die Wirklichkeit, für die Sachen. Verstand ist eine kulturell geprägte Selbstinterpretation des Menschen. Adäquation und Mittlertum sind zwei vage Ausdrücke, in denen sich das Problem der Zugehörigkeit zwischen Mensch und Wirklichkeit eher verbirgt als enthüllt.

Ich beginne mit einem historischen Rückblick. Woher kommt die weltverwandelnde Sonderstellung der neuzeitlichen europäisch-nordamerikanischen Kultur? Ich sagte, ihr harter Kern sei die Naturwissenschaft. Woher kommt ihr die Naturwissenschaft? Das weiß man; sie kommt von den Griechen. Der hierfür entscheidende gedankliche Schritt der Griechen war die Schaffung der deduktiven Mathematik. Mit dieser Behauptung widerspreche ich einer in englischsprechenden Ländern verbreiteten These, die in der Verzauberung der Griechen durch die deduktive Wissenschaft gerade ein Hindernis des Wegs zur empirischen Forschung sieht. Diese These ist eine falsch angewandte Viertelswahrheit. Die entscheidende griechische Entdeckung ist, daß es große gedankliche Zusammenhänge von unausweichlicher Stringenz – Theorien – überhaupt geben kann. Ich habe in keiner der großen außereuropäischen Kulturen vor unserem Jahrhundert – mit Ausnahme der arabischen Philosophie des Mittelalters, die ein Traditionsstrang der griechischen ist – die verwandelnde Wirkung dieser Entdeckung wahrgenommen. Wer sie aber verstanden hat, für den steht alle Erfahrung und alle Spekulation unter einer vorher undenkbaren Forderung der Überprüfbarkeit.

Die Naturwissenschaft hat vermutlich in den Kulturen des Alten Orients als praktische Geodäsie begonnen, der die praktische, d. h. astrologisch genutzte Astronomie folgte. Aber auch in den hochentwickelten mathematischen Texten der Babylonier findet sich keine explizite Reflexion auf den Unterschied zwischen einer empirischen Regel und einer notwendigen Wahrheit. Bei den Griechen wird die Theorie zum Thema der Reflexion. Damit entsteht der Unterschied zwischen Mathematik und Naturwissenschaft. Mathematische Wahrheiten sind notwendig; was immer die philosophische Deutung dieser Notwendigkeit sein mag, wir unterwerfen uns ihr. Damit aber wird die Möglichkeit der Naturwissenschaft zum Problem. Wie kann es mathematisierte naturwissenschaftliche Theorien wie die der Planetenbewegung geben? Sind auch sie notwendig wahr? Wenn sie nicht notwendig sind, warum gelten sie? Wenn sie aber notwendig sind, so sollte ihre Notwendigkeit zur Evidenz gebracht werden.

Diese Fragen zur Philosophie der Naturwissenschaft sind so schwer, daß nach einigen Jahrhunderten griechischer und einigen Jahrhunderten neuzeitlicher Naturwissenschaft und Philosophie heute wieder einmal eine gewisse Resignation ihnen gegenüber Platz gegriffen hat. Eine stets lehrreiche Form zeitweiliger Resignation gegenüber systematischen Fragen ist ihre Verwandlung in historische Fragen. In unseren Tagen hat Thomas Kuhn in historisch sehr fundierter Weise den Fortschritt der Naturwissenschaft als eine Folge von Ebenen und Krisen beschrieben; ich verdanke ihm den Hinweis auf die weite Verbreitung dieser Form historischer Prozesse. Er selbst spricht von normaler Wissenschaft, die nach einem festen, erfolgreichen Paradigma Einzelprobleme löst, und wissenschaftliche Revolutionen, die von einem Paradigma zu einem anderen führen. Die Evolution der Wissenschaft folgt also einem ähnlichen Strukturgesetz wie die Evolution der Kultur überhaupt und

I, 4. Der Naturwissenschaftler 71

wie die Evolution des organischen Lebens. Die Wahrheit eines Paradigmas, so könnte man sagen, ist seine ökologische Nische, d. h. diejenige Struktur der Wirklichkeit, die den zeitweiligen Erfolg dieses Paradigmas ermöglicht. Strukturen der Wirklichkeit werden uns sichtbar, insofern sie unser erfolgreiches Handeln ermöglichen; die Begriffe, mit denen wir sie beschreiben, sind eben die Anweisungen, in ihnen erfolgreich zu handeln. Begriffe sind Handlungsanweisungen; sie sind Funktionen, wie Kant sagt.

Das eigentliche Problem, wie erfolgreiche Wissenschaft überhaupt möglich ist, ist mit dieser historischen Auffächerung ihres Erfolgs aber nicht gelöst, ja nicht einmal gestellt; Kuhn weiß das und spricht es auf der letzten Seite seines Buches aus. Kohlköpfe haben eine ökologische Nische, Hasen haben eine andere ökologische Nische und Füchse eine dritte; alle drei aber sind Teile der einen übergreifenden evolutiven Ebene, die wir das organische Leben nennen, innerhalb dessen es erst ökologische Nischen für Spezies gibt. Wissenschaftliche Paradigmen haben ihre Nischen in der großen evolutiven Ebene, die wir die Wissenschaft nennen. Wissenschaft hat nicht nur Erfolg, sie kann von den Gründen ihres Erfolgs Rechenschaft geben. Sie ist dem Anspruch und der Verwirklichung nach umfassend. Ihr adäquater Rahmen ist die große Theorie, und dieser Rahmen ist selbst Wissenschaft. Heisenberg hat schon vor Kuhn die Entwicklung der physikalischen Fundamentaltheorie als eine Folge sogenannter abgeschlossener Theorien beschrieben. Eine abgeschlossene Theorie ist nicht eine endgültige Theorie; Heisenberg hat bezweifelt, daß es endgültige Theorien gibt. Eine abgeschlossene Theorie schließt sich gegenüber weiterer Veränderung dadurch ab, daß sie durch kleine Änderungen nicht mehr verbessert werden kann. Eben deshalb kann der Schritt zur nächsten Theorie nur ein großer Schritt, nur eine Krise, eine Revolution sein. Erst die nachfolgende Theorie gibt eigentlich Rechenschaft von den Gründen des Erfolgs ihrer Vorgängerin. Sie umfaßt oder impliziert die vorangegangene Theorie als einen Grenzfall, der in angebbarer Näherung gilt. Edelmütiger als die meisten politischen Revolutionäre sagen die siegreichen Revolutionäre der Wissenschaft, warum und inwieweit die überwundene Herrschaft recht hatte. Den Grund einer Wahrheit kann man ja stets erst dann angeben, wenn man auch den Grad ihrer Unwahrheit durchschauen gelernt hat.

Wie aber kann eine Theorie so beschaffen sein, daß sie durch kleine Änderungen nicht verbessert werden kann? Das ist möglich, wenn ihre Grundannahmen sehr einfach sind. Sind diese einfachen Axiome, etwa die der physikalischen Geometrie, der klassischen Mechanik, der Relativitätstheorie, der Quantentheorie nun bloß zufällig wahr? Könnten andere, ihnen widersprechende Axiome statt dessen wahr sein? Das kann man sich fast nicht ernstlich vorstellen. Sollten sie aber notwendige Wahrheiten aussprechen, so möchten wir deren Notwendigkeit begreifen. Damit sind wir, beladen mit den Erfahrungen der Jahrhunderte, wieder bei der Ausgangsfrage der Griechen. In der Tat werden die Grundfragen meist am historischen Anfang und dann wieder am historischen Ende einer geschichtlichen Ebene gestellt. Worauf beruht die Wahrheit der Naturwissenschaft?

Ich trete aus der Sicherung des Konsensus heutiger Wissenschaftler heraus, indem ich meine Vermutung über die Antwort auf diese Frage nenne. Eine absolute Notwendigkeit der Grundgesetze der Physik kann nicht gezeigt werden, vielleicht aber eine relative. Unsere Wissenschaft ist empirisch. Nur soweit Erfahrung möglich ist, ist Naturwissenschaft möglich. Erfahrung heißt, daß man aus der Vergangenheit für die Zukunft, aus dem Faktischen für das Mögliche lernt. Dies ist nur möglich, wenn Gesetze das Mögliche mit dem Faktischen verknüpfen. Ich folge Kant mit der Vermutung, daß die notwendigen Gesetze der Naturwissenschaft diejenigen sind, welche die Bedingungen der Möglichkeit von Erfahrung formulieren. Dies kann ich im heutigen Vortrag offensichtlich nicht im technischen Detail darstellen. Ich bemerke nur, daß es zunächst um eine Axiomatik der heutigen Fundamentaltheorie, der Quantentheorie, geht. Sie sucht diese als das allgemeinste System von Wahrscheinlichkeitsgesetzen für Prognosen über empirisch entscheidbare Alternativen darzustellen. Die mathematische Struktur des Raum-Zeit-Kontinuums, also auch die physikalische Geometrie, deren sich der Geodät bedient, soll dann aus der fundamentalen Symmetriegruppe der Quantentheorie der binären Alternative begründet werden.

Für das, was ich hier vortrage, brauche ich nicht den Glauben an die Richtigkeit meiner speziellen physikalischen Hypothesen in Anspruch zu nehmen. Offensichtlich ist, daß die Naturwissenschaft bei aller Diversifikation der Anwendungen eine Einheit der Fundamentaltheorien schon erreicht hat, die historisch beispiellos ist. Ist nun der Naturwissenschaftler, der diesen Theorien folgt, Mittler zwischen Kultur und Natur, oder ist er ein Feind der Natur? Oder ist diese Frage falsch gestellt?

Vorhin habe ich gesagt, man könne den Grund einer Wahrheit erst dann angeben, wenn man auch den Grad ihrer Unwahrheit durchschauen gelernt habe. Ich habe nach dem Grund der Wahrheit der Naturwissenschaft gefragt und damit implizit nach dem Grad ihrer Unwahrheit. Was wäre der Fall, wenn der Grund ihrer Wahrheit wäre, daß ihre Axiome die Bedingungen der Möglichkeit von Erfahrung formulieren? Was in der Naturwissenschaft Erfahrung heißt, ist machtförmige Erfahrung. Es ist die auf isolierbare Fakten gestützte Prognose für die Wahrscheinlichkeit des Ausfalls isolierbarer Alternativfragen an das Geschehen, technisch gesagt von Experimenten. Unsere naturwissenschaftliche Urteilsform ist machtförmig. Sie kann sich denken, daß die Dinge in anderem Zustand wären als sie sind, und sie fragt, was dann eintreten würde; der Realismus dieses Gedankens ist, daß man die Dinge willentlich in jene gedachten Zustände bringen kann. Der begriffliche Verstand ist dem wählenden Willen konform.

Unsere naturwissenschaftlich-technische Kultur ist ein Werk der brüderlichen Zusammenarbeit von Willen und Verstand. Der Naturwissenschaftler

I, 4. Der Naturwissenschaftler 73

vermittelt zwischen der Willens- und Verstandeskultur und der Natur. Unsere Naturwissenschaft sagt, wie man in der Natur handeln kann; sie sieht die Natur so, wie sie der Willens- und Verstandeskultur erscheinen muß. Diese Erscheinung ist kein Schein, aber sie ist nicht die volle Wahrheit. Die volle Wahrheit wird keiner uns bekannten Kultur bekannt; jede Kultur hat ihr immanente Wahrnehmungsbedingungen. Über die Grenzen unserer eigenen Kultur hinaus denken können wir, wenn überhaupt, nur darum, weil diese Kultur selbst in ihrer inneren Bewegtheit über sich hinausdenkt, weil vielleicht Denken stets seine bezeichenbaren Voraussetzungen überschreitet, indem es sie bezeichnet.

Der Spontaneität der Bruderkräfte Wille und Verstand liegt ein Vermögen voraus, das ich Wahrnehmung nennen möchte. Wir Kinder der Natur können nicht wollen, handeln und denken ohne eine Wahrnehmung unseres Zustandes, des eigenen und dessen der Umwelt; auch wenn die Wahrnehmung sich oft erst im Handeln ihrer selbst bewußt wird. Voll artikulierte Wahrnehmung des Ganzen, die sich des Verstandes bedient, möchte ich Vernunft nennen. Die produktive Verstandesleistung der Naturwissenschaft wäre ohne eine leitende Vernunft nicht möglich. Das Ganze, das diese Vernunft wahrnimmt, wird freilich in den Aussagen der Naturwissenschaft nicht explizit; es wird in ihnen nur gleichsam implizit mitwahrgenommen. Die normale Wissenschaft im Sinne Kuhns, die mit etablierten Paradigmen arbeitet, bedarf der Ausdrücklichkeit der leitenden Vernunft nicht. Von dieser Wissenschaft sagt Heidegger, in seinem Wortgebrauch zu Recht: »Die Wissenschaft denkt nicht.« Sie ist Mittler zwischen Kultur und Natur in einem erschlossenen, umgrenzten Bereich; außerhalb ihres Gesichtsfeldes ist sie blind. In den Krisen wird die Wissenschaft zur Selbstkritik und damit zum Denken über sich hinaus genötigt.

Wie die theoretische Wahrheit jenseits des Paradigmas heutiger Naturwissenschaft wird aussehen können, darüber spekuliere ich in diesem Vortrrag nicht mehr. Der praktischen Rolle der Naturwissenschaft in der heutigen und morgigen Gesellschaft sollten wir aber noch einen Gedanken widmen.

3. Die politische Rolle der Naturwissenschaft in unserer Kultur

Politik ist ein Aspekt der Selbstgestaltung der Kultur. Sie ist das ständige Ringen um Macht und um die Vernunft der Macht. Sie ist das ständige notwendige Ringen um den organisatorischen Rahmen der Gesellschaft, um die notwendige Stabilisierung und die notwendige Veränderung, um die Gestalt der Ebenen und um die Chance und das Überleben der Krisen. Naturwissenschaft ist heute ein Lieferant von wirtschaftlicher und militärischer und auf beiden Wegen von politischer Macht geworden. Deshalb konzentriere ich die Frage nach der praktischen Rolle, die sie bei uns spielen sollte, auf ihre politi-

74 Ebenen und Krisen

sche Rolle. Damit lasse ich das Mittlerverhältnis zur Natur nicht aus dem Auge,
denn die wirtschaftlichen und die militärischen Auseinandersetzungen innerhalb der Kultur tangieren ihre natürlichen Existenzbedingungen. Politik ist in
unserer Zukunft, ob sie es weiß oder nicht, stets zugleich Umweltpolitik.

Ich erlaube mir, an meine persönlichen Erinnerungen anzuknüpfen. Als
ich im Physikstudium, etwa 1932, weit geug fortgeschritten war, mir ein Spe-
zialgebiet zu wählen, war gerade, vor allem durch die Entdeckung des Neutrons, eine Theorie der Atomkerne möglich geworden. So wählte ich die
Kernphysik zu meinem Fach. Das war damals Grundlagenforschung von
reinstem Wasser. Ich sagte mir: »Wenn die Gesellschaft im Ernst bereit ist,
mich ein Leben lang dafür zu bezahlen, daß ich mein nutzloses Steckenpferd
reite, so will ich von dieser Generosität gerne Gebrauch machen.« Sechs Jahre
später, kurz vor Neujahr 1939, entdeckte Hahn, in ebensolcher reiner Erkenntnissuche, die Uranspaltung. Es ist inreressant, sich zu erinnern, wie
sein Institut, das Kaiser-Wilhelm-Institut für Chemie in Berlin-Dahlem, damals finanziert wurde. 90 Prozent seines Etats trug der damalige deutsche
Chemiekonzern I. G. Farben, der sich von Hahns Arbeitsgebiet, der Chemie
der radioaktiven Stoffe, keinen direkten Nutzen versprechen konnte und auf
die Arbeiten des Instituts keinerlei Einfluß nahm. Diese Gelder wurden aber
auch nicht gezahlt wie eine kulturelle Ehrenpflicht, etwa wie die Subventio-
nierung einer Oper, sondern als eine Investition in die wissenschaftliche und
technische Leistungsfähigkeit unseres Landes, der auch unsere chemische Industrie ihre Konkurrenzfähigkeit in der Welt verdankte.

Die politischen Auswirkungen der Entdeckung der Uranspaltung waren
doppelt: unmittelbar, wieder sechs Jahre später, militärisch durch die Atombombe, langfristig auch wirtschaftlich, durch den Kernreaktor. Beide Entwicklungen hatten diejenige Zwangsläufigkeit, die der Aufnahme eines neuen
Machtmittels in eine bestehende Machtkonkurrenz innewohnt. Dabei moch-
ten die Individuen, so die Physiker und Techniker, die zunächst an der Bombe
oder am Reaktor arbeiteten, dies aus freiem Willensentschluß tun. Daß aber
eben diese Arbeiten, und damit diejenigen, die zu diesen Arbeiten willig waren, gefördert wurden, entsprang den Bedürfnissen der politischen und wirtschaftlichen Mächte. Für den, der die Rolle der Macht in allen bisherigen Kulturen und zumal in der unseren kennt, ist das selbstverständlich. Die Wissenschaftler, im Individualismus der bürgerlichen Welt aufgewachsen, hatten es
zum Teil erst sehen zu lernen. Viele von ihnen haben dann aber alsbald, sehr
mit Recht, ihre staatsbürgerliche Mitverantwortung für die Steuerung der ihrer Arbeit verdankten Macht empfunden. Tatsächlich hat die Machtsteige-
rung durch die Naturwissenschaft die Menschheit in eine der tiefsten Krisen
ihrer Geschichte geführt – Krise hier wie stets in diesem Vortrag verstanden
als nicht mehr vermeidlicher Übergang von einer Stabilitätsebene der Kultur
in eine neue, die den Menschen mitten in der Krise erst undeutlich und darum leidenschaftlich umstritten vor Augen stehen kann.

I, 4. Der Naturwissenschaftler 75

Die Atombombe ist das Symbol des außenpolitisch-militärischen Aspekts dieser Krise. Ohne die Argumente hier auszubreiten, will ich meine Überzeugung aussprechen, daß die durch die moderne Waffentechnik eingeleitete weltpolitische Krise nicht zu einem Ende kommen wird, ehe das seit 6000 Jahren der Hochkultur stabilisierte System souveräner, d. h. zur Kriegsführung befähigter und berechtigter Mächte, durch eine andere politische Organisationsform der Menschheit ersetzt sein wird. Die gegenwärtige Phase friedlicher Koexistenz ist nicht die Lösung dieses Problems, sondern ein Atemholen, ermöglicht durch die berechtigte Furcht der Weltmacht-Hegemoniekandidaten vor einem bewaffneten Austrag ihres Konflikts, aber ohne eine radikale Änderung derjenigen weltpolitischen Organisationsform, die bisher in der Geschichte stets zur kriegerischen Entscheidung der Machtkonflikte geführt hat.

Die Sorge vor den Atombomben unterliegt heute stärker der psychologischen Verdrängung als vor zwei Jahrzehnten; irrational hofft man auf die Stabilität des gegenwärtigen weltpolitischen Plateaus. Die aktuelle Sorge vor den Kernreaktoren hingegen ist vielleicht einer jener Angstträume, in denen sich so oft das Bestehen einer Verdrängung verrät. Ich habe den Gefahren der friedlichen Kerntechnik im letzten Jahr eine Studie gewidmet und bin zu der Ansicht gekommen, daß gegen die Gefahren technischen Versagens technische Abhilfen technisch möglich, wirtschaftlich vertretbar und hoffentlich auch politisch durchsetzbar sind. Nicht überwunden wären damit aber Gefahren, die dem menschlichen Willen entstammen, deren ich drei als Beispiele nenne: Terrorismus, Proliferation von Kernwaffen durch die weltweite Verbreitung der Reaktortechnik, Zerstörung von Reaktoren in einem nicht notwendigerweise nuklearen Krieg. Sollte diese Analyse richtig sein, so läge auch bei den möglichen Gefahren der Kernreaktoren der Kern des Problems im politischen, und zwar im weltpolitischen Feld. Wir werden die Machtmittel der modernen Technik nicht ertragen ohne die Schaffung einer politischen Struktur, welche diese Macht vernünftig einzubinden gestattet. Diese Struktur aber besteht heute noch nicht. Sie liegt jenseits von für unseren Blick undurchdringlichen weltgeschichtlichen Krisen.

Welche Rolle fällt angesichts solcher Diagnosen dem Naturwissenschaftler zu? Ich gehe in meinen Schlußbemerkungen zu dieser Frage vom Äußeren zum Inneren, von der Technik über die angewandte Forschung zur Grundlagenforschung.

Technik: Die zwanzig Jahre nach 1945 waren vielleicht in der Menschheitsgeschichte der Höhepunkt des Glaubens an die Erlösung von materieller Not durch technischen Fortschritt. Gegen diesen simplistischen technokratischen Glauben hat es in den letzten zehn Jahren Gegenbewegungen gegeben, so eine selbst technokratische in den Prognosen des Klubs von Rom, eine radikaldemokratische in der Neuen Linken, eine romantische in der grundsätzlichen Technikkritik. In all diesen Protesten drückt sich m. E. eine noch undeutliche

Wahrnehmung herannahender Krisen aus, die nicht durch die Rückkehr in vergangene Kulturformen zu vermeiden, sondern als Aufforderung zur bewußten Gestaltung einer neuen Form der Kultur ins Auge zu fassen sind. Ich würde sagen: Die bisherige Technik ist in vielfacher Hinsicht noch untechnisch; sie hat noch nicht gut genug verstanden, was Technik ist. Technik ist Mittel zu Zwecken. In ihrer Wachstumsphase war die Technik aber tatsächlich weitgehend Selbstzweck, oder sie war Mittel zur Durchsetzung von Partikularinteressen, von wirtschaftlicher und militärischer Macht. Eine Kultur kann nicht stabil sein, deren Mittel um eine Größenordnung besser durchgebildet sind als das Bewußtsein ihrer Zwecke. Es ist notwendig, aber nicht hinreichend, dieses Bewußtsein der Zwecke in individueller Ethik zu verankern. Es ist notwendig, politische Institutionen entstehen zu lassen, welche dieser Ethik vernünftiger Ausbildung und Verwendung technischer Mittel das Forum freier Diskussion und das Instrument zuverlässiger Durchsetzung sichert. Abstrakt gesprochen wäre dies ohne Krisen möglich, realiter geschieht es, wenn überhaupt, unter dem Schock eingetretener Krisen.

Angewandte Forschung: Die Wurzeln der Technik in Handwerk, Handel und politischer Großraum-Organisation sind älter als die Naturwissenschaft. Der moderne Fortschritt der Technik aber beruht in immer wachsendem Maße auf ihrer Verwissenschaftlichung. Wer technischen Wohlstand will, muß angewandte Forschung wollen. Wer sich genötigt sieht, technisch ausgelösten Krisen nicht durch Technikverzicht, sondern durch vernünftige Technik zu begegnen, ist von neuem auf angewandte Forschung verwiesen, nunmehr nicht nur auf rein technisch orientierte, sondern auf sozial reflektierende Forschung. Es wäre eine selbstbetrügende Ideologie, zu meinen, angewandte Forschung solle den wirtschaftlichen und politischen Entscheidungsträgern nur wertfreie Sachaussagen zur Verfügung stellen. Diese Ideologie dient der Beschwichtigung der zum Überleben der technischen Kultur unerläßlichen Selbstkritik. Sie sichert jenes glatte Funktionieren des Apparats, das ihn blind in die selbstverschuldeten Krisen rennen läßt. Die Auseinandersetzung dieser Auffassung mit den Standesinteressen sowohl der Entscheidungsträger wie der Forscher überschreitet freilich den Rahmen eines Festvortrags.

Grundlagenforschung: Die Grundlagenforschung ist älter als die angewandte Forschung. Einerlei, ob man sie als Wahrheitssuche empor- oder als Verewigung kindlicher Neugier herunterstilisiert, in ihr schlägt das Herz der Forschung überhaupt. Wer angewandte Forschung haben will, muß Grundlagenforschung wollen, sonst kennt nach einiger Zeit auch die angewandte Forschung den Unterschied zwischen Forschung und schematischem Operieren nicht mehr. Die Grundlagenforschung ist genau deshalb der Ursprung unabsehbar vieler Anwendungen, weil ihr Ziel nicht die Anwendung ist. Angewandte Forschung gleicht dem Pumpwerk, dessen Förderung aufhört, wenn der Sog der äußeren Nachfrage nach den Ergebnissen erlischt. Grundlagenforschung gleicht einer Quelle aus tiefen Schichten, deren, wie immer be-

I, 4. Der Naturwissenschaftler

scheidene, Förderung innerem Druck entstammt. Diese Grundtatsache wird freilich in unseren Tagen dadurch etwas verdunkelt oder auch ideologisiert, daß die wachsende kulturelle Rolle der Naturwissenschaft zu einem ungeheuren Wachstum der Anzahl der Wissenschaftler geführt hat. Früher waren wir etwas wie eine bescheiden-hochmütige Familie, jetzt sind wir ein bedeutender Stand, fast eine Klasse. In der inneren Hackordnung des Hühnerhofs der Naturwissenschaft steht man nach wie vor relativ hoch, wenn man behaupten kann, man erforsche Grundlagen; und so wird manches als Grundlagenforschung deklariert, was keine ist. Hier begegnet uns nicht nur das soziologisch leicht durchschaubare Problem der Interessenvertretung eines gesellschaftlich unentbehrlich gewordenen Standes, sondern auch das philosophisch sehr tiefe Problem, wieweit Naturwissenschaft in ihren Grundlagen vollendbar, und wieweit sie grenzenlos erscheinendem Fortschritt offen ist. Für diese Frage müßten wir an dem zweiten, philosophischen Teil dieses Vortrags weiterstricken. Sie ist jedenfalls selbst eine Frage der Grundlagenforschung, eine Wahrheitsfrage. Die Vitalität der Naturwissenschaft, auch in ihrer Selbstkritik, besteht in ihrer spontanen und nicht erlahmenden Frage nach der Wahrheit. Wollen wir die Fortführung der Kultur, der wir entstammen, so müssen wir Wahrheit wollen.

I, 5. Der Behinderte in unserer Gesellschaft [1]

Der Behinderte in unserer Gesellschaft – so lautet das Thema, das Sie, unsere Gastgeber, mir gestellt haben. Ich bin kein Fachmann der Behindertenfürsorge. Ich kann keine praktischen Ratschläge in diesem Feld geben. Einen Appell an die Gesellschaft zur Aufmerksamkeit will ich gerne unterstützen. Aber worauf soll die Gesellschaft aufmerksam sein? Darüber möchte ich mit Ihnen eine kleine halbe Stunde grundsätzlich nachdenken.

Zuerst eine doppelte These: Der Behinderte braucht die Gesellschaft. Die Gesellschaft braucht den Behinderten.

Beide Thesen sind unserer Gesellschaft nicht selbstverständlich, und in ihrer Breite handelt sie noch nicht nach ihnen. Der Behinderte braucht die Gesellschaft: das spüren wir wohl, aber wir schieben es im täglichen Leben beiseite. Die Gesellschaft braucht den Behinderten: was das heißen soll, ist vielleicht nicht klar. Ich will versuchen, beide Thesen zu erläutern. Es mag an einem Jubiläumstag erlaubt sein, dies anhand eines historischen Rückblicks zu tun.

Die Bayerische Landesschule für Blinde feiert heute ihr 150jähriges Bestehen. 1826 wurde sie vom bayrischen König gegründet. Das 19. Jahrhundert war eine Zeit staatlicher Gründungen von Anstalten für Behinderte. Dahinter stand eine zugleich humanitäre und wissenschaftliche Bewegung. Man begann die mannigfachen Formen der Behinderung als ein medizinisches Problem und als eine Aufgabe der Gesellschaft ins Auge zu fassen. Eines der Unternehmen zur Lösung dieser Aufgabe war die Zusammenfassung derer, die eine bestimmte Form der Behinderung haben, in eigens für sie errichteten Anstalten. Unterricht für Blinde, die intellektuell lernen können, was auch die Sehenden lernen, wenn nur die geigneten Mittel der Darbietung gefunden werden. Ich werde alsbald von einem anderen Beispiel, von den Bodelschwinghschen Anstalten in Bethel sprechen. Dort entwickelte man die sogenannte Arbeitstherapie für Epileptische, die Therapie ist, gerade weil sie reelle, nützliche Arbeit ist, nur unter Bedingungen getan, welche den möglichen Arbeitsrhythmus und die Formen der Konzentration des Kranken einplanen.

---

1 Vortrag, gehalten in der Bayerischen Landesschule für Blinde anläßlich ihres 150jährigen Bestehens, Oktober 1976. Als Privatdruck der Schule vervielfältigt.

I, 5. Der Behinderte in unserer Gesellschaft   79

Die räumliche und organisatorische Zusammenfassung aber schafft ein neues soziales Faktum. Und wie jedes neue Faktum schafft sie auch neue Probleme. In diesem Fall ist ein soziales Problem die Isolierung der Behinderten von der Gesellschaft. Diese Isolierung ist nebenher eine Antwort, aber eine unzureichende, auf ein anderes Problem, auf den Widerstand der Gesellschaft gegen die Behinderten in ihrer Mitte. Mit dieser Isolierung und diesem Widerstand erreichen wir die Frage, von der ich heute sprechen will. Die Gesellschaft hat gegen diejenigen ihrer Glieder, die mit einem Leiden behaftet sind, oft ein ambivalentes, in einigen Fällen ein feindseliges Verhalten gezeigt. Die organisatorisch durchaus zweckmäßige räumliche Zusammenfassung von Menschen, welche dieselbe Art von Unterricht, von Fürsorge, von Pflege brauchen, kommt zugleich einem tiefen psychischen Bedürfnis der sogenannten Gesunden entgegen, die froh sind, die Leidenden nicht zu sehen. Die sogenannten Gesunden mögen subjektiv aufrichtig die christliche oder soziale Forderung anerkennen, den Behinderten zu helfen. Aber das kann sogar die Tendenz zur Isolierung der Behinderten steigern. Sind sie isoliert, so werde ich an diese Forderung, die ich nicht abweisen kann, nicht ständig erinnert, und ich kann sogar hoffen, daß sie ohne meine Anstrengung die beste heutzutage mögliche Fürsorge erfahren. Isolierung ist ein gesellschaftliches Werkzeug der psychischen Verdrängung.

Angenommen, dies sei richtig, wie sollen wir uns verhalten? Da ich nicht mit praktischen Vorschlägen komme, möchte ich zunächst noch einmal historisch zurückblicken und Ihnen eine Geschichte erzählen, die mir durch den Zufall einer persönlichen Bekanntschaft mit ihren Erben in einigem Detail bekannt ist. Detail ist wichtig. Nicht nur der Teufel steckt ja im Detail. Wie immer, imitiert der Teufel hier Gott. Gott ist im Detail.

Um 1865 hatte die Innere Mission im Rheinland die Notwendigkeit erkannt, ein Heim zur Pflege für Epileptiker einzurichten. Der Plan scheiterte an der Gesellschaft. Die Krampfanfälle des »morbus sacer«, der »heiligen Krankheit«, wie die antike Medizin sagte, haben die Menschen zu allen Zeiten tief erschreckt. Man glaubte an einen Dämon, von dem der Kranke besessen sei. Solche Besessenen in ihren Mauern versammeln, das wollte keine Gemeinde. Noch in unserem Jahrhundert hat es solche Widerstände gegeben; die Bauern eines Walddorfes wehrten sich gegen eine Anstalt mit der Begründung, die Besessenen würden ihren Wald zerstören.

Die rheinische innere Mission wandte sich um Rat an den Franzosen John Bost, der mit der Unterstützung schottischer Calvinisten in Südfrankreich ein solches Heim gegründet hatte. In einem langen Antwortbrief verwies Bost ihnen streng ihren Kleinmut und forderte von ihnen, den Plan zu verwirklichen. Dazu formulierte er drei Bedingungen, welche die zu gründende Anstalt erfüllen müsse:

1. Lage in einer schönen Landschaft
2. Einbettung in eine lebendige christliche Gemeinde

3. Nähe eines Eisenbahnknotenpunkts.

Man fand in Westfalen einen Ort, der alle drei Bedingungen erfüllte, Gadderbaum bei Bielefeld. Man fand einen Leiter für die Anstalt, den Landpastor Friedrich v. Bodelschwingh. Die Anstalt Bethel wurde gegründet, mit Unterstützung des Oberbürgermeisters von Bielefeld und der führenden Bielefelder Industriellen. Ein Widerstand meldete sich, als die Anstalt nach einigen Jahren so zu wachsen begann, daß sie den für ein Bielefelder Villenviertel geeigneten Raum in Anspruch nahm; aber Bodelschwingh überwand den Widerstand.

Ein Wort sollte noch gesagt werden über die Persönlichkeit des Leiters. Friedrich v. Bodelschwingh entstammte einer landbesitzenden westfälischen Familie; Vater und Onkel standen in hohen politischen Ämtern. Er wählte, von der Ravensberger Erweckungsbewegung bestimmt, den Beruf des Pfarrers. Er sammelte Erfahrungen als deutscher evangelischer Gemeindepfarrer in Paris, dann ging er auf ein westfälisches Dorf. Dem jungen Ehepaar starben ihre vier Kinder an einer Infektionskrankheit im Laufe einer Woche. Die Hiob-Erfahrung brach seinen Glauben nicht; sie lehrte ihn Leiden verstehen. Die Pfarrersleute hatten noch einmal vier Kinder. In den Jahren seiner vollen Kraft wurde Bodelschwingh Leiter von Bethel. Die Arbeitstherapie, die ich vorhin genannt habe, ist eines der Ergebnisse seines Sinns für menschliche Wirklichkeit.

Wozu habe ich diese Geschichte erzählt? Erzähltes Detail ist eine Herausforderung, hinter dem Erzählten nicht zurückzubleiben, aber es ist keine Gebrauchsanweisung. Was ist das in dieser Geschichte, wohinter wir nicht zurückbleiben sollten?

Die Geschichte beginnt mit einer medizinischen Erkenntnis, in diesem besonderen Fall über die Epilepsie. Die Epilepsie ist eine spezielle Krankheit, die spezielle Behandlung, spezielle Pflege, pflegerischen Sachverstand erfordert. Es gibt nicht Behinderung überhaupt. Jede Form der Behinderung fordert ein besonderes Verständnis.

Motiviert, dieses Verständnis praktisch werden zu lassen, war in diesem Fall die innere Mission. Es waren Christen, die hier das Motiv zur Praxis im Detail, zum genauen Hinsehen und Handeln hatten. War das Zufall? Ich komme darauf noch zurück.

Sie scheiterten am Widerstand der Gesellschaft. Erlauben Sie mir hier einen Exkurs, eine Reflexion, eine grundsätzliche Überlegung. »Gesellschaft« ist heute ein Modewort. Es bezeichnet eine große Wirklichkeit, die Wirklichkeit unseres menschlichen Zusammenlebens. Das Wort ist aber ein modischer Blitzableiter geworden. Es dient der Projektion unserer Schuld- und Ohnmachtsgefühle. Wenn etwas nicht stimmt, jedenfalls bin ich nicht schuld, sondern die Anderen. Die Gesellschaft, das sind die Anderen. Dies aber ist ein völlig unsoziologischer Gebrauch des Worts Gesellschaft, ein Beispiel falsch verwendeten abgesunkenen Bildungsguts. Die Gesellschaft, das

I, 5. Der Behinderte in unserer Gesellschaft

sind wir selber, das bin jeweils gerade auch ich. Die wissenschaftliche Analyse gesellschaftlicher Strukturen ist unter anderem ein Mittel zur Selbsterkenntnis: so machen es alle, also auch ich; oder: unter diesen Umständen verhalten wir Menschen uns so, unter jenen anders; also sollten wir eher jene als diese Umstände schaffen, soweit das in unserer Macht liegt.

Den Widerstand der Gesellschaft habe ich vorhin als Ausdruck einer Verdrängung bezeichnet. Was ist Verdrängung? Ich möchte zuerst von der relativen Legitimität der Verdrängung, vom Recht zur Verdrängung, sprechen. Warum? Man kann ja den Menschen nicht helfen, wenn man sie nicht liebt. Man kann die Gesellschaft nicht bessern, wenn man ihr nicht gerecht wird; sonst ändert man sie, ohne sie zu bessern und wiederholt genau die Fehler, die man bekämpfen wollte. Legitimität der Verdrängung, das heißt: die Menschen brauchen Verdrängung. Wieso? Verdrängung ist ein seelischer Vorgang, der das Bewußtsein gegen unerwünschte Inhalte abschirmt. Ein geheimnisvoller Prozeß: Ich will etwas nicht wissen, was ich weiß. Ich will nicht wissen, daß ich es nicht wissen will. Ich will also nicht wissen, was ich will. Ich belüge mich, und ich glaube meiner eigenen Lüge. Wie kann dieses Lügengewebe legitim sein? Die Frage ist aber vorerst noch nicht, ob es legitim ist, sondern warum es möglich ist. Welchem elementaren Zweck im Leben dient die Verdrängung?

Verdrängung, so sagte ich, ist ein seelischer Vorgang, der das Bewußtsein gegen unerwünschte Inhalte abschirmt. Das Schlüsselwort dieses Satzes ist das Wort Bewußtsein. Das Bewußtsein, schärfer gesagt das Bewußtsein eines Ich, ist eine seelische Leistung, genetisch bei höheren Tieren vorbereitet, beim Menschen zum erstenmal voll hervorgetreten. Ein Mutterboden dieser Leistung ist die Sprache, die uns gestattet, etwas ausdrücklich zu wissen, d. h. es dadurch zu wissen, daß wir es sagen können. Die Menge dessen, was so gewußt werden kann, ist beschränkt. Deshalb muß es psychische Mechanismen geben, die entscheiden, welcher seelische Inhalt ins Bewußtsein gelangen soll und welcher nicht, welcher ins leicht abrufbare Gedächtnis und welcher nicht. Es gibt nervöse Mechanismen der Informationseinschränkung. Zum Aufbau einer Identität, sei es der Identität einer Person, sei es der Identität einer Gesellschaft, gehört, daß eingespielt ist, welche Inhalte ihr zugehören sollen, welche nicht. In diesem notwendigen Prozeß wurzelt das Vermögen der Verdrängung.

Die Verdrängung freilich, so wie Freud sie als Ursache von Neurosen beschrieben hat, ist gleichsam eine verfehlte Lösung dieser identitätsschützenden Aufgabe. Verdrängung wird dort zur Selbstbelügung in einem zunächst noch nicht moralischen Sinne, wo ich einen Inhalt aus dem Bewußtsein aussperre, den ich gerade wissen müßte, um ich selbst sein zu können. Und in Reifungskrisen müssen wir nun eben lernen, gerade solche Inhalte ins Bewußtsein aufzunehmen, die vorher mit Recht ausgesperrt waren, weil wir noch nicht imstande waren, sie zu verarbeiten. Insofern kann die Verdrängung desselben

Inhalts zuerst legitim sein und etwas später, gerade weil wir reifen, zur gefährlichsten Form der Lüge werden, der Lüge gegen das eigene Gewissen.

Was hat dies alles mit dem Verdrängungsdruck der Gesellschaft gegen den Behinderten zu tun? In der alten, vorwissenschaftlichen und vortechnischen Gesellschaft ging es vielen Behinderten materiell sehr schlecht, aber seelisch war wohl für die meisten von ihnen ein Raum vorhanden. In der christlichen Gesellschaft, aber ebenso in den Gesellschaften anderer Religionen wußte jede Mutter, wußte jeder gereifte Mann, daß Leben zugleich Leiden heißt. In der Familie war Raum für das eigene Kind, auch wenn es behindert war, auch für behinderte erwachsene Angehörige, die nicht auf eigene Kraft eine Familie gründen konnten. Wer sonst als die Familie hätte sich ihrer annehmen können? Und da jeder in der Familie arbeiten mußte, fiel auch dem Behinderten die nötige Arbeit zu, die eben er leisten konnte. Der Seelsorger konnte jedem Glied seiner Gemeinde Kraft zusprechen mit dem Wort Christi: »Was ihr einem unter diesen Geringsten getan habt, das habt ihr mir getan.« Er konnte ihnen sagen, daß der Sinn eines Lebens unter physischer oder psychischer Behinderung vor Gott nicht geringer ist als der Sinn eines physisch unbehinderten Lebens. Seelisch sind wir alle Behinderte vor Gott, denn wir lieben nicht genug und erfahren deshalb die Seligkeit mitten im Leben nicht, die doch hier und jetzt für uns bereit ist.

Die rationale und technische Denkweise der Neuzeit ist eine notwendige Reifungsstufe der menschlichen Gesellschaft. Sie akzeptiert nicht einfach die Welt des Leidens. Sie versteht sie als Auftrag und verändert die Welt. Hierzu gehören die Schritte der Behindertenfürsorge des 19. Jahrhunderts, von denen ich gesprochen habe. Aber jeder Fortschritt ist ambivalent; er enthält die Gefahr, vorher schon erreichte Stufen des vernünftigen Verhaltens zu verlieren. Die Leistungsgesellschaft, die den breiten Wohlstand und die wissenschaftliche Medizin schafft, entwickelt in ihrer durchschnittlichen Haltung eine Ungeduld gegen das Leiden. Das soll es gar nicht geben, also wollen wir es nicht sehen. Die Arbeitsteilung hilft dazu. Möge es Anstalten geben, in denen jemand für die Leidenden Sorge trägt. Identitätsschutz der Gesellschaft, die sich für gesund hält.

Dagegen ist die doppelte These gesagt: Der Behinderte braucht die Gesellschaft, die Gesellschaft braucht den Behinderten.

Kehren wir noch einmal zum Detail der Geschichte zurück, die ich erzählt habe.

Die rheinische innere Mission wandte sich um Rat an einen Südfranzosen, dem die Schotten halfen. So wußten vor hundert Jahren, in jener Welt des politischen Nationalismus, die wirklich Hilfsbereiten voneinander. Er stellte drei Bedingungen: schöne Landschaft, christliche Gemeinde, Eisenbahnknotenpunkt.

Schöne Landschaft. Die Heilkraft des Schönen wird heute ein Opfer der Gleichgültigkeit in einer nur zweckrationalen Denkweise. Eine Randbemer-

I, 5. Der Behinderte in unserer Gesellschaft   83

kung hier: Im Umweltschutz muß man heute mit meßbaren Schäden argumentieren, weil das verzerrte Wertsystem der industriellen Welt das so viel
sensiblere Organ des Schönheitssinns nicht zu nutzen versteht. Eine schöne
Landschaft, das ist eine Kulturlandschaft, mit der der Mensch im Einklang
lebt. Wenn nur noch die sogenannte unberührte Natur das hat, was wir Erho-
lungswert nennen, wenn also der Mensch sich von dem erholen muß, was er
anrichtet, so ist seine Kultur eine Kultur des Selbstwiderspruchs.

Eisenbahnknotenpunkt. Keine Ablehnung der Technik, nur ihr sinnvoller
Gebrauch. Die Angehörigen der Kranken sollen es leicht haben, zu der Anstalt zu kommen. Der Behinderte braucht die Gesellschaft. Am besten ist es,
wenn er mitten in ihr leben, an ihrem Arbeitsprozeß teilnehmen kann. Die
Anstalt mit aller zweckmäßigen Fürsorge ist ein Zweitbestes.

Lebendige christliche Gemeinde. Man durfte hoffen, daß diese den Behinderten in ihre Mitte nimmt, daß er in ihr die Gesellschaft bekommt, die er
braucht. Aber das können auch Liberale, auch Sozialisten, gerade Sozialisten
können es. Den Behinderten eingliedern, ernstnehmen, das sollte jede Gesellschaft können, die selbst verdient, daß wir sie ernstnehmen. Vielleicht haben
wirkliche Christen es aber leichter, zu verstehen, inwiefern die Gesellschaft
den Behinderten braucht. Selbstverständlich ist jeder medizinische und soziale Fortschritt sehnlich zu wünschen, der Leiden überwindet, Krankheiten
zum Verschwinden bringt. Aber Christen sollten noch etwas besser als ihre
säkularisierten Brüder verstehen können, welcher Segen darauf ruht, die Gegenwart des Leidens nicht zu verdrängen. Sie sollten etwas sensibler dafür
sein, welche beim Unbehinderten unterentwickelten seelischen Organe der
Behinderte entwickelt, welchen besonderen menschlichen Reichtum er haben
kann. Bodelschwingh und seine Erben haben sich immer unbefangen dazu
bekannt, welches menschliche Geschenk ihnen selbst jeder Tag mit ihren
Pflegekindern brachte. Christen werden dies in dem Grade vermögen, in dem
sie Christen, also furchtlos gegenüber der Wirklichkeit und nicht selbstvertei-
digend sind.

Zum Abschluß doch eine Bemerkung über ein praktisches Problem unserer
Gegenwart. Die Eingliederung des Behinderten in unsere Gesellschaft hat ihre größte Schwierigkeit in unseren abstrakten Leistungsbegriffen. Die Kon-
kurrenzgesellschaft erzwingt von ihren Gliedern maximale meßbare Leistung. Diese Leistung soll mit Apparaten und unter Bedingungen erbracht
werden, die der Norm der durchschnittlichen Unbehinderten angepaßt sind.
In diese ihrem Wesen nach rücksichtslosen Bedingungen ist die Leistung des
Behinderten nur schwer einzuordnen. Aber der Behinderte ist nicht ihr einziges Opfer, jeder Mensch, dessen Lebensbedingungen oder Anlagen dieser
Norm nicht entsprechen, leidet in ihr. Man denke an die Lebensprobleme be-
rufstätiger verheirateter Frauen, an den Darwinschen Selektionsprozeß unseres Erziehungswesens. Hier gilt zweierlei: Das eine machen sich zum Glück
viele Menschen nachgerade klar: diese ständige Verletzung des Menschen

durch die von ihm geschaffenen Techniken ist *unmenschlich*. Das System der Gesellschaft *soll* so geändert werden, daß in ihm für den Schwächeren, den Sensibleren der Raum für die gerade ihm mögliche Leistung ist. Das andere sehen wir vielleicht noch nicht deutlich genug: diese Verletzung des Menschen durch seine Techniken ist *untechnisch*. Technik soll dem Menschen dienen. Sie zum Herrn, zum Zielkriterium zu machen, ist schlicht unreife Technik. In Notsituationen mag man sich den Techniken unterwerfen, die maximale quantitative Leistung versprechen. In unserer heutigen Lage ist es objektiv möglich, ja es wird nötig, dieses Kriterium durch ein subtileres zu ersetzen. Das System der Gesellschaft *kann*, ja *muß* so geändert werden. Die strukturelle Arbeitslosigkeit, die heute unser Schicksal wird, lehrt uns, daß es nicht nur ein Verteilungsproblem der Güter, sondern auch ein Verteilungsproblem der Arbeit gibt. Es ist absurd, die Arbeit so zu verteilen, daß einige zu viel und andere nichts zu tun haben. Eine bessere Verteilung freilich greift tief in entstandene ökonomische und soziale Strukturen ein, und es ist hier und heute nicht mein Auftrag, darüber zu sprechen, wie sie zu schaffen wäre. Ich will nur sagen: die Veränderung unserer Arbeitswelt, welche gestatten würde, dem Behinderten leichter einen gerade ihm angepaßten Arbeitsplatz anzubieten, liegt zugleich im Interesse derer, die wir gewöhnlich Gesunde nennen. Und wenn wir diese Veränderung wirklich wollen, dann wird sie möglich sein. Sie bleibt unmöglich, solange die Gesellschaft sie in Wahrheit nicht will.

Aus diesen Gründen glaube ich, daß jede Anstrengung, den Behinderten normale Ausbildung, Arbeitsplätze im normalen Produktionsprozeß, Lebensraum innerhalb der normalen Gesellschaft zu geben, zugleich im Sinne einer ohnehin notwendigen Entwicklung unserer Gesellschaft liegt.

I, 6. Das moralische Problem der Linken und das moralische Problem der Moral[1]

Vorbemerkung: Die Moralisierung der Politik

In unserer Zeit findet eine Politisierung der Menschheit statt. Nie zuvor hat sich ein so großer Prozentsatz der Menschen um Politik gekümmert. Dies ist ein Aspekt der Demokratisierung der Politik.

Dieser Vorgang führt zugleich zu einer Moralisierung der Politik. Politik wird weniger als das Spiel der Großen, als Geschäft der Fachleute, als Schicksal betrachtet, sondern als Thema moralisch beurteilter Entscheidungen, zu denen jeder aufgefordert ist. Ob die Politik dadurch moralischer wird, kann man bezweifeln. Sicher wird sie moralisierender. Der Appell an moralische Urteile gehört zu den immer unentbehrlicheren Mitteln der Politik. Die in der Politik uralten Verhaltensweisen der Lüge, und der Selbstbestätigung durch Selbstbetrug, nehmen heute immer mehr die Gestalt der Ideologie[2], d. h. der Berufung auf allgemeingültige moralische Prinzipien an. Die Moralisierung der Politik ist ein Beispiel für die Ambivalenz des Fortschritts.

Die nachfolgende Niederschrift erörtert dies an einem aktuellen Beispiel. Ein konkreter Anlaß hat in mir die Emotionen noch einmal wachgerufen, die ich in ihrem Anfang schildere. Die Niederschrift entstand als Versuch, dieser Emotionen durch Objektivierung, also durch Analyse ihrer Gründe, Herr zu werden. Sie spiegelt wegen dieser Entstehungsweise unverhohlener als andere, kontrolliertere Äußerungen meine Empfindungen gegenüber dem Phänomen der »Linken«. Sie schneidet aber zugleich Probleme an, die mir weit über die Geschichte der linken Bewegung der vergangenen Jahre hinaus von zentraler Bedeutung zu sein scheinen. Um dieser Probleme willen wollte ich sie in die Hand von Freunden geben, zumal von solchen, die der Linken in ihrem elementaren Empfinden näherstehen als ich. Nicht die Emotion, sondern ihre Überwindung durch Klärung der Gründe der Ambivalenz des den Fortschritt wollenden Verhaltens ist das, worum es ihr geht.

---

1 Private Notiz, 1975.
2 Vgl. »Fragen zur Weltpolitik«, S. 122–125.

Niederschrift

Diese Betrachtung strebt vom Besonderen zum Grundsätzlichen. Sie beginnt mit einem Beispiel aus dem Erfahrungsbereich der Berufs- und Generationsgenossen des Verfassers.

Das Wort »die Linke« bzw. »die Linken« sei zunächst zur Bezeichnung derjenigen politischen Tendenz gebraucht, die in der Studentenbewegung der letzten zehn Jahre in Ländern wie dem unseren bestimmend war. Mit diesen Linken haben liberale Professoren (ähnlich auch liberale Politiker, Richter usw.) oft folgende Erfahrung gemacht. Der betreffende Professor war ein entschiedener Kritiker vieler Strukturen der Gesellschaft, in der er lebte. Er begrüßte die Anfänge der linken Studentenbewegung mit Sympathie und mit großer Lernbereitschaft. Er sah die gedankliche Kraft der meist irgendwie von Marx bestimmten globalen Betrachtungen der Gesellschaft, die Wichtigkeit einer politisch-ökonomischen Betrachtungsweise. Er bewunderte den entschlossenen Einsatz, nicht ohne Selbstkritik, die er seinem eigenen faktischen bürgerlichen Konformismus zudachte. Letztlich beruhte diese seine Sympathie mit den Linken nicht auf einer theoretischen Übereinstimmung – dazu fand er die linken Theorien denn doch zu konfus –, aber auf dem tiefen Eindruck, den ihm die *moralische* Motivation dieser jungen Menschen machte. Die bürgerlichen Schockiertheiten über rüde Umgangsformen, sexuelle Libertinage und ähnliche Brüche mit der traditionellen Moral überwand er leicht, denn auch in diesen Brüchen, selbst wenn er sie persönlich nirgends mitmachte, spürte er den moralischen Sinn eines Bedürfnisses nach Wahrhaftigkeit, er spürte den moralisch motivierten Protest gegen die moralische Verlogenheit herrschender äußerer Formen. Er bot den Linken offenes Gespräch, freie Kooperation, Schutz gegen die Repressionen des herrschenden Systems an. Nicht in jedem Fall, aber in signifikant vielen Fällen erlebte er nach kurzer oder längerer Zeit, daß gerade sein moralisches Zutrauen gröblich und unheilbar mißbraucht und verletzt wurde. Er sah sich einer planvollen Machtergreifung gegenüber, der er gerade so lange interessant war, als sie seiner bedurfte. Er erkannte, daß er ein »nützlicher Idiot« gewesen war. Von hierher erklärt sich das heute unheilbar gewordene Trauma gerade vieler aufrichtiger fortschrittlich gewesener Liberaler gegen die Linken, das seine Träger oft zu einer reaktionären Haltung bringt, die sie selbst noch vor zehn Jahren aufs schärfste mißbilligt hätten. Ich vermute, daß dies auch der tiefste Grund des, wenigstens vorläufig, radikalen und kläglichen Scheiterns der linken Bewegung in allen hochindustrialisierten Gesellschaften mit repräsentativer Demokratie ist. So berechtigt die Vorwürfe gegen das in dieser Gesellschaft hinter der formellen Rechtsstaatlichkeit bestehende Herrschaftssystem sind, so konnte doch die Linke sich gerade bei dem einfachen, aber nicht ganz leicht zu täuschenden *moralischen* Urteil der Nicht-Intellektuellen, zumal der Arbeiter, auf die sie sich so oft beruft, nicht durchsetzen. Die Linke ist bisher

I, 6. Das moralische Problem der Linken · 87

gegen ein moralisch durchaus anfechtbares und von ihr mit Recht kritisiertes System deshalb unterlegen, weil ihre eigene faktische Moral einen moralischen Schrecken verbreitet, der, auch wenn er sich oft ungewandt ausspricht, im Kern voll begründet ist. Gerade die moralisch hochmotivierte Linke scheitert an ihren systematischen Verstößen gegen die Moral.

Es ist klar, daß eine Analyse, wie ich sie hier versuche, im Faktischen hochkontrovers bleiben wird. Ich wäre bereit, mich einer Diskussion über ihre Richtigkeit zu stellen und auch, sie zum Zweck der Kontrolle, in weiten Details in unserer Gesellschaft und in anderen Gesellschaften auszubreiten. In der vorliegenden Notiz gehe ich von der Vermutung aus, diese Analyse habe wenigstens einen Zug des Geschehens richtig bezeichnet. Dann entsteht die Frage, wie so etwas zu erklären sein mag. Das moralische Problem der Linken leitet über zum moralischen Problem der Moral.

Es handelt sich zunächst um das Verhältnis von Moral und Gesellschaft. Unter Moral sei hier abkürzend die wohl höchste bisher entwickelte Form von moralischen Prinzipien verstanden, die universalistische Moral. Sie hat ihre alte Formulierung in der goldenen Regel: »Was du nicht willst, daß man dir tu, das füg auch keinem andern zu«, ihre philosophisch durchdachte Fassung von Kants kategorischem Imperativ: »Handle so, daß die Maxime deines Handelns jederzeit Prinzip einer allgemeinen Gesetzgebung sein könne.« Nun gibt es in der menschlichen Geschichte seit Jahrtausenden das Phänomen der Herrschaft, also einer manifesten Ungleichheit der gesellschaftlich gesicherten Rechte der Menschen. Die meist religiös verankerte traditionelle Moral hat zwischen der Anerkennung dieses Faktums und der universalistischen Moral Kompromisse gefunden. Dazu gehört das Ethos der höheren Verpflichtung des Herrschenden, dessen große reale Bedeutung die heutige linke Kritik meist in einem zum Realitätsschwund führenden Grade mißachtet. Ein anderer Ausweg ist der Verzicht von Individuen auf die eigene Teilhabe am Herrschafts- und Reichtumssystem bei Eremiten, Bettelmönchen, Sekten. Sowohl im Kern des Ethos der Vornehmen wie offenkundig im Ethos der Verzichtenden steckt die Überzeugung, daß die Forderung der Gleichheit der Behandlung der Mitmenschen nur erfüllt werden kann, wenn ich von mir selbst mehr verlange, als ich meinem Partner zumute. Dies ist in diesen Formen der Ethik möglich gewesen durch ihren religiösen Kern: nicht die selbstgeleistete – und nie glückende – eigene Gerechtigkeit ist die Basis moralischen Verhaltens, sondern die göttliche Gnade, welche die Lücken ausfüllt, die jedes Handeln, auch bei bestem Willen, lassen muß. Diese religiöse Erfahrung ist in nicht geringerem Grade eine Realität als die Erfahrung der unwidersprechlichen Gültigkeit der universalistischen Moral.

Die radikale europäische Aufklärung, in deren Tradition die heutige Linke steht, attackiert das Faktum der Herrschaft selbst. Sie tendiert dazu, Herrschaft abzuschaffen. Ich spreche jetzt nicht davon, ob das im radikalen Sinne eines Tages möglich sein wird; ich muß es nach meinem anthropologischen

Urteil grundsätzlich für möglich halten, aber in einer auf lange Zeit uner-
reichbaren Zukunft. Ich spreche von den Problemen, die entstehen, wenn
man hofft und versucht, dergleichen direkt, also in einem Anlauf zu erreichen. Die Linken, die dies entweder in einem revolutionären Anlauf oder in
dem noch immer phantastisch kurzen Schritt eines einmaligen »langen
Marschs durch die Institutionen« zu erreichen hoffen, kritisieren direkt die
Einrichtung der Herrschaft selbst vom Standpunkt der Moral aus. Sie nennen
dies die Forderung nach Gerechtigkeit. Sie durchschauen und kritisieren das
Verhalten der Herrschenden, die sich auf das Ethos der Vornehmheit im wesentlichen dort berufen, wo es ihrer eigenen Herrschaft keinen Abbruch tut.
Diese linke Kritik stößt nun auf das uralte moralische Problem von Zweck
und Mitteln. Sie erkennt die gesellschaftliche Bedingtheit und den seinen
Trägern verborgenen (»ideologischen«) Zweck moralischer Urteile. Sie ist
überzeugt, daß eine Änderung der Gesellschaft, welche die Herrschaft als die
faktische Vorbedingung der moralischen Lüge abschaffen würde, allein eine
echt universalistische Moral gesellschaftlich möglich machen würde. Ihre
Träger fühlen sich daher legitimiert, gegen die Träger des bestehenden Systems eine ungleiche Moral anzuwenden, d. h. sie so zu behandeln, wie sie
von diesen nicht behandelt werden möchten. Sie verdrängen die Wahrheit,
daß sie die Moral, die sie selbst etablieren wollen, auf dem Wege zu ihrer
Etablierung durch die Tat verraten, und daß jeder halbwegs Sensible diesen
Verrat merkt. So schaffen sie ihre eigene moralische Diskreditierung, von der
eingangs die Rede war. Sie geraten aber, wenn ihnen diese Erkenntnis däm-
mert, in eine verzweifelte Lage. Denn sie wissen andererseits, daß das herrschende System mit anderen als den von ihnen versuchten Mitteln nicht gestürzt werden kann. Versagen diese Mittel, so wird das System eben auf ab-
sehbare Zeit nicht gestürzt.

Ich spreche nun nicht davon, was langfristig mit dem System geschehen
mag, sondern von dem moralischen Problem der Linken. Es ist in folgendem
Sinne das moralische Problem der Moral selbst. Moral in einem einigermaßen radikalen Sinne ist möglich, wenn man auf gesellschaftliche Sicherung
verzichtet, wie die vorhin genannten religiösen Gruppen. Es dürfte jedoch eine echte Verpflichtung für politisch verantwortlich denkende Menschen sein,
zum Entstehen solcher gesellschaftlicher Zustände beizutragen, in denen
auch den normalen Menschen, die keine radikalen Nonkonformisten sind, ein
möglichst moralisches Handeln möglich wird. Wie, wenn dies gegen bestehende Macht nur unter Verletzung moralischer Prinzipien durchsetzbar ist?

Ich behaupte, daß dieses Problem zwar viele pragmatische Lösungen von
Fall zu Fall zuläßt, aber auf der Basis einer *bloßen Moral* keine grundsätzliche
Lösung besitzen *kann*. Unter bloßer Moral verstehe ich hier eine Moral, die
zwar die goldene Regel oder den kategorischen Imperativ zugrundelegt, aber
nicht noch tiefer in dem begründet ist, was ich vorhin die religiöse Erfahrung
genannt habe. Dies ist die Erfahrung der Gnade, der erlösenden Kraft der

I, 6. Das moralische Problem der Linken

Nächstenliebe, und zwar in der Liebe, Verehrung und Furcht jenes tiefsten Selbst, das in der religiösen Tradition Gott heißt. Ohne diese Erfahrung gibt es zwischen unerfüllbarer Kompromißlosigkeit und faulen Kompromissen keinen gangbaren Weg. Beide Verhaltensweisen führen bei einem moralisch sensiblen Menschen zum Selbsthaß, und durch den psychologischen Mechanismus der Projektion zum Haß gegen Andere. Dieser Haß liegt auf dem Grund des moralischen Versagens der Linken. Ich glaube, man sieht in diesem Gedankengang die »Dialektik« der linken Moralität: Gerade *weil* die Linke primär moralisch motiviert ist, verfällt sie tieferen moralischen Fehlern als ihre moralisch weniger aktivierten Gegner. Darum liegt mir fern, diese moralischen Fehler moralisch zu verdammen; sie sind im Grunde ein Phänomen der Verzweiflung. Aber sie haben die den Produkten der Verzweiflung innewohnenden selbstmörderischen Konsequenzen. Nicht wer diese Versuchungen nie gehabt hat, hat Anlaß zur moralischen Selbstzufriedenheit. Der eigentliche, fruchtbare Weg endet nicht in dieser Verzweiflung, sondern beginnt, wo wir ihr ins Auge zu schauen wagen. Man kann das moralische Problem der Moral auf eine Formel bringen, wegen deren Simplizität man sich als Intellektueller normalerweise schämen würde: letzter Grund der Möglichkeit menschlichen Zusammenlebens ist die Liebe und nicht die Moral. Die Moral ist ein vorletzter Grund.

I, 7. Angst[1]

Über vier Fragen möchte ich heute sprechen:
1. Leben wir wirklich in Ängsten?
2. Sind unsere Ängste begründet?
3. Was hat die Angst mit dem Wesen des Menschen zu tun?
4. Was geht die Angst die Kirche an?

Erste Frage: Leben wir wirklich in Ängsten? Antwort: Ja, aber ist das nicht höchst sonderbar? Sollten wir uns dieser Ängste nicht schämen?

Versetzen wir uns für einen Augenblick hinaus aus uns selbst, aus diesem Saal, aus diesem Land! Betrachten wir unser Land und diesen Kirchentag von außen! Was für ein sonderbares Unternehmen ist es für einen solchen Blick aus der Distanz, Tausende von Menschen gerade hier, gerade heute unter dem Thema zusammenzubringen: »In Ängsten – und siehe, wir leben.« Als ob dieses unser Leben der Angst abgerungen wäre! Was ist denn die Wirklichkeit dieses Landes? Der Wohlstand ist größer als je in der Geschichte. Was man heute bei uns materielle Not nennt, hätte man früher nicht so genannt. Die medizinische Lebenserwartung des Einzelnen ist länger als in allen früheren Generationen. Unsere Verfassung ist rechtsstaatlich, die Rede ist frei, man reist ohne Waffen, man überschreitet die meisten Grenzen ohne Visum. Seit dreißig Jahren herrscht hier Friede, und alle unsere Pläne werden so gemacht, als werde der Friede immer dauern. Das ist unsere materielle Wirklichkeit – und siehe, wir leben in Ängsten. Sind diese Ängste nicht eine Undankbarkeit gegen die Menschen, die das erarbeitet haben, was wir genießen, eine Undankbarkeit gegen das Schicksal? Sollten wir uns nicht gegenseitig ermahnen, die unnötige Angst abzubauen?

Ja, wir sollten es. Das ist die erste Teilantwort.

Aber da wir beim Ermahnen sind: Wir dürfen nicht verdrängen, daß zugleich mit uns Milliarden von Menschen leben, die unmittelbaren Anlaß zu konkreter Furcht haben. Zur Angst vor einem bevorstehenden neuen Krieg, in Israel und seinen arabischen Nachbarländern; zur Angst, den Hunger die-

---

[1] Referat auf dem Deutschen Evangelischen Kirchentag in Frankfurt, Juni 1975. Das Thema des Kirchentags lautete: »In Ängsten – und siehe, wir leben.« In: »Deutscher Evangelischer Kirchentag 1975. Dokumente.« Kreuz Verlag, Stuttgart 1975.

ses oder des nächsten Jahres nicht mehr zu überleben, wie in Indien und Bangla Desh, in Teilen Afrikas; zur Angst vor der siegreichen Partei, der man nicht angehört hat, wie seit 1968 in der Tschechoslowakei, seit 1973 in Chile, seit 1975 in Südvietnam und Kambodscha. Welche Gefühle erwecken in uns die Fernsehbilder, die man uns von diesen Schrecken zeigt? »Da müßte man helfen«? oder eher: »Und wenn das zu uns käme«? oder: »Und jetzt zur Fußball-Bundesliga«? Jedenfalls spielen diese Bilder auf der Klaviatur unserer bewußten oder unbewußten Ängste.

Aber wir selbst, leben wir denn wirklich in Ängsten? Zweite Teilantwort: Ja, mehr als wir gemeinhin wissen. Wer über die Ängste in seiner Seele Bescheid wissen möchte, erhält vielleicht gelegentlich durch seine Träume einen Hinweis. Ich selbst habe, neben anderen, tiefer im Unbewußten wurzelnden Träumen drei charakteristische Angstträume, die selten, aber obstinat durch die Jahre hindurch ab und zu im unruhiger werdenden Morgenschlaf wiederkehren. Entweder: Hitler ist wieder an der Macht, demokratisch gewählt, und hat seinen Krieg wieder begonnen, den er wieder verlieren wird. Oder: die kommunistische Geheimpolizei bringt mich nach Sibirien, und ich werde nie zurückkehren. Oder drittens: am hellen westlichen Horizont taucht ein winziges Wölkchen auf, der erste Atompilz des beginnenden dritten Weltkriegs. Das sind nun die typischen Traumata meiner Generation; man kann die Politik, die diese Generation macht, nicht verstehen, wenn man ihre Ängste nicht kennt. Aktuellere Ängste kann jeder von uns aus den politischen Schimpfwörtern unserer Tage entnehmen, die man mit der Überzeugung gerechter Mißbilligung ausspricht, wie etwa »Ölscheich« oder »Systemveränderer«. Sie erinnern daran, daß unser Wohlstand und unsere Rechtsordnung, die zugleich eine Rang- und Eigentumsordnung ist, nicht selbstverständlich gesichert sind. In der Aggression des Schimpfworts äußert sich Angst. Jene Fernsehbilder einer heute noch räumlich entfernten Wirklichkeit appellieren an ein dumpfes Empfinden, vielleicht sei eigentlich unser eigener Zustand unwirklich. Die Aggression macht diese Beunruhigung etwas leichter handhabbar, indem sie zu der Bedrohung einen Schuldigen findet, der nicht wir selbst sind, der also unser Gewissen entlastet. Und nun melden sich die Bestätigungen der Besorgnis, die Entführungen durch politische und durch kriminelle Gruppen, Einbrüche, Gewalttaten. Wie treffen sie uns, wenn sie in unserer Nähe geschehen!

Verzeihen Sie, wenn ich einen Punkt, der nicht das heutige Thema ist, gleichwohl nicht völlig verschweige. Vielleicht ist die Angst und die durch ihre verborgene Gegenwart verzerrte Verhaltensweise in unserem Lande noch stärker als in anderen Ländern ähnlicher materieller Lage; wenn das so wäre, hätte es mit dem Gewissen zu tun, denn immerhin verdrängen wir seit dreißig Jahren eine Schuld, und verdrängte Schuld erzeugt Angst und deren Ersatzsymptome. Mögen andere Völker ihre Probleme haben, dies ist ein Problem von uns.

Ich gehe nun nicht ein in die Beschreibung der Ängste des Alltags, der Gesellschaft, der Angst, zu versagen in der Leistung, in der Liebe, der Angst vor der Leere und vor der Sinnlosigkeit. Diese Ängste sind da. Haben sie recht? Woher kommen sie?

Zweite Frage: Sind unsere Ängste begründet? Und wenn sie begründet sind, warum? Woran liegt dieser Zustand der Angst? Versuch einer Antwort: Ja, sie sind begründet. Der Grund aber, der sie rechtfertigt, liegt gerade darin, daß alle Menschen aus Angst handeln. Die Angst selbst erzeugt die Zustände und Geschehnisse, vor denen wir mit Recht Angst haben. Das System der Angst stabilisiert sich selbst.

Um diese Antwort zu prüfen, möchte ich die Frage unterteilen. Eine – übrigens nicht sehr alte – deutsche Sprachtradition unterscheidet Furcht und Angst. Furcht ist ihr die affektive Besorgnis vor einer bestimmten Gefahr. Angst ist dann eine der Furcht verwandte allgemeine Gestimmtheit, die einen zu ihrer Begründung hinreichenden konkreten Gegenstand der Besorgnis nicht nennen kann, und die gleichwohl verständigem Zureden nicht weicht.

Die Antwort soll zunächst für die Furcht ausgesprochen werden. Das System der Befürchtungen stabilisiert sich selbst. Jeder Partner fürchtet mit Grund die Verhaltensweisen, die aus der Furcht der Anderen hervorgehen. Es ist wohl erlaubt, zur ersten Begründung einer so allgemeinen These an die eigenen Erfahrungen anzuknüpfen. Ich möchte die These an zwei Beispielen erläutern, mit denen ich mich selbst beruflich habe beschäftigen müssen und noch beschäftige. Das erste Beispiel ist der Streit um die Kernenergie, das zweite das Problem der Kriegsverhütung.

Im Streit um die Kernenergie steht auf der Seite der Umweltschützer, der Bürgerinitiativen eine offensichtlich große Befürchtung. Es ist die Furcht vor einer Zerstörung unserer Lebenswelt, am Ende vielleicht vieler oder aller Leben, beginnend mit den klimatischen Wirkungen, die alle Großkraftwerke haben, fortschreitend durch die Möglichkeit eines Entweichens der Radioaktivität in die Luft und ins Wasser. Wer selbst Furcht hat, sieht meist die Motive seines Gegners verzerrt. Es ist wichtig, zu sehen, daß auch auf der Seite der Kraftwerksförderer eine tiefe Befürchtung steht und nicht nur die billig angeprangerten Motive des Profitgeists, des Wachstumsfetischs oder wie man sonst sagt. Die Furcht dieser Seite ist, daß unsere Wirtschaft in der internationalen Konkurrenz ins Hintertreffen kommen werde, wenn ihr die Energiequellen nicht weiterhin wachsend zur Verfügung stehen; bei einigen Weitdenkenden verbindet sich damit die Frage, wie Armut und Hunger in der Welt ohne Energiewachstum bewältigt werden sollen. Eine empirische Studie über Bürgerinitiativen ist zu dem Schluß gekommen, daß die Bereitschaft, den Konflikt zu riskieren, in ihnen größer ist, wenn davon keine ökonomischen Nachteile zu befürchten sind. Die Befürworter der Kraftwerke werden zuletzt vermutlich, ohne direkte Repression nötig zu haben, ihre Gegner mit dem Argument zum Schweigen bringen, daß es ihre eigenen Arbeitsplätze sind, die vom Energiemangel bedroht werden. Aber auch diese Seite sieht die Motive ihrer Gegner verzerrt. In technokratischen Kreisen nennt man die gegnerischen Motive gern »emotional«. Diese Abwertung macht sich um so bequemer, wenn unzureichende Spezialkenntnisse den Gegner veranlassen, seine deutlich gefühlten Sorgen mit unzutreffenden Einzelargumenten zu verteidigen.

In Wirklichkeit sind in erster Näherung, die die heutige Realität beschreibt, die Befürchtungen beider Seiten berechtigt. Unsere Wirtschaft ist heute so strukturiert, daß sie das Wachstum, auch das Energiewachstum braucht, um nicht in tiefe Krisen zu geraten. Andererseits ist unbegrenztes Wachstum des Energiekonsums schon klimatisch unerträglich; und die Sicherheit der Weiterentwicklung der Kernenergie im großen Stil ist fachlich nicht ausdiskutiert, zumal im Blick auf politisch unruhige Zeiten. In der zweiten Näherung, d. h. im gedanklichen Entwurf künftiger Möglichkeiten, wären freilich die beiderseitigen Bedrohungen sehr wohl überwindbar. Es gibt keinen metaphysischen Grund der Unmöglichkeit einer rationalen Energiewirtschaft. Gegen erkannte technisch bedingte Gefahren gibt es meist mögliche technische Abhilfen. Über die technisch-ökonomische Seite dieses Problems werde ich anderswo öffentlich berichten. Hier betrifft uns die menschliche Seite. Gegen menschlich bedingte Gefahren gibt es letztlich keine technische Abhilfe, nur eine menschliche. Warum ist unser ökonomisch-technisches System so beschaffen, daß es die beiderseitigen Gefahren – Krise und Umweltzerstörung – erzeugt?

Wirtschaftsgeschichtlich gesehen liegt der Grund des Wachstums – auch des gefahrvollen Wachstums – vor allem in dem Konkurrenzsystem, das seine Anhänger meist Martkwirtschaft, seine Kritiker meist Kapitalismus nennen. Auch der Hinweis auf den technischen Fortschritt als Motor des Wachstums verweist uns auf das Konkurrenzsystem zurück; denn dieses System hat nach allem, was wir wissen, den in ihm gewinnbringenden technischen Fortschritt weit mehr gefördert als einerseis privater Erfindergeist, andererseits merkantilistische oder sozialistische staatliche Planung. Das Konkurrenzsystem wächst als Ganzes, weil in ihm, für jeden Teilnehmer an der Konkurrenz, auf eigenem, privatem Wachstum die Prämie des Überlebens steht. Wenn man schon individuelle Psychologie des Privatunternehmers oder Firmenmanagers betreibt, so ist es unzureichend, die Merkmale des Konkurrenzsystems aus dem Profitstreben dieser Menschenklasse herzuleiten. Ein viel tieferes, nämlich viel rationaleres Motiv des erfolgreichen Managers ist die umsichtig angewandte Befürchtung der Folgen eines Zurückbleibens in der Konkurrenz. Diese Furcht ist für jeden einzelnen Konkurrenzteilnehmer rational, denn er weiß, daß die Erfolgreichen unter seinen Konkurrenten eben deshalb erfolgreich sind, weil sie aus derselben Sorge heraus handeln. In diesem Sinne ist das System, psychologisch beschrieben, durch Furcht vor den

Folgen fremder Furcht stabilisiert. Darauf beruht seine Wachstums- und Durchhaltekraft, denn rational gesteuerte, in aggressive Tat umgesetzte Furcht ist ein gewaltiger Motor. Darauf beruhen auch seine Gefahren, denn wer vertritt nun dasjenige Allgemeininteresse, das in den Privatinteressen nicht repräsentiert ist, also etwa den Schutz der gemeinsamen Umwelt? Hier beginnt die politische Theorie; hier breche ich für heute ab.

Das zweite Beispiel, die Kriegsverhütung, brauche ich bloß noch zu nennen. Wir erkennen in ihm sofort dieselbe Struktur, nur daß in ihm die Konkurrenten nicht Wirtschaftssubjekte, sondern Staaten mit ihrem Militärpotential sind. Es ist in der klassischen Außenpolitik für jede Großmacht rational, stärker sein zu wollen als die anderen Großmächte, aus begründeter Furcht vor dem, wozu ebenso begründete Furcht den Konkurenten treiben mag. Hieraus gehen periodische Machtproben, d. h. Kriege hervor. Die in der Tiefe unseres Bewußtseins lauernde Angst vor dem dritten Weltkrieg ist darum wohlbegründet.

Wenn Furcht aber Furcht legitimiert, wenn Furcht ein System der Furcht stabilisiert, gibt es dann ein Entrinnen aus dem Teufelskreis? Hier taucht ein neues Thema auf, das ich heute nur nenne, aber nicht behandle, das der Gesellschaftsstruktur. Die Meinung hat sich in der Welt verbreitet, eine sozialistische Änderung des Gesellschaftssystems werde den Teufelskreis konkurrierender Interessen und ihrer interessenrationalen Befürchtungen auflösen können. Ist diese Hoffnung berechtigt? Bisher hat wenigstens der revolutionäre Sozialismus zu Machtgebilden geführt, deren Geheimpolizei die Verkörperung der Angst ihrer Führungsschichten ist. Die Kontroverse, ob dies ein notwendiges Merkmal des entschiedenen Sozialismus sei oder nicht, benützt, wenn sie überhaupt seriös geführt wird, anthropoligische Argumente; Argumente über die Natur des Menschen als gesellschaftliche Wesen. Ich wende mich darum jetzt sofort der anthropologischen Frage zu.

Die dritte Frage: Was hat Angst mit dem Wesen des Menschen zu tun? Die Antwort gliedere ich alsbald nach Furcht und Angst auf. Ich versuche die Antwort in zwei Definitionen zu geben, die dann zu erläutern sind. Furcht ist die affektive Wahrnehmung einer Gefahr. Angst ist die Furcht vor unserer eigenen Unfähigkeit zum Frieden. Hier sind zwei Worte neu eingeführt, die selbst der Erläuterung bedürfen: Wahrnehmung und Friede.

Eine heutige Lehre vom Menschen muß die Evolution des organischen Lebens und des tierischen Verhaltens als Hintergrund kennen. Was ist Wahrnehmung einer Gefahr? Jedes Lebewesen ist bedroht. Das ist noch etwas anderes als die Vergänglichkeit anorganischer Dinge. Ein Stein liegt Jahrtausende an seinem Ort und verwittert; andere Steine treten an seine Stelle. Das organische Leben beruht, wenn ich mich so ausdrücken darf, auf einer Erfindung der Natur: der Erfindung von Gestalten, die ein Verhalten aktiver Selbstvermehrung und Selbsterhaltung zeigen. Die Selbsterhaltung kann scheitern; darum ist jedes Lebewesen bedroht. Die Selbsterhaltung muß sogar scheitern, denn die Evolution überholt alle ihre erreichten Phasen. Im organischen Leben sind gewisse Güter immer knapp. Die erfolgreiche Evolution macht sie knapp, und ihre Knappheit treibt die Evolution voran.

Ich überspringe Zwischenphasen und spreche von der Wahrnehmung der Gefahr so wie der Mensch ihrer fähig ist. Sie hängt mit dem Vermögen der Vorstellung zusammen. Der Mensch nimmt »etwas als etwas« wahr, er nimmt Gefahr als Gefahr wahr. Er kann sich die abwesende Gefahr vorstellen, und diese Wahrnehmung des Abwesenden ist die Basis des Vermögens menschlicher Furcht. Die Furcht ist nicht selbst ein rationaler Akt, sie ist affektiv. Aber sie ist sinnvoll. Sie hat, wenn ich wieder einen bildlichen Ausdruck einführen darf, die Rationalität des Irrationalen. Mit der begrenzten Rationalität der Furcht hängt die Struktur der Machtsysteme zusammen. Die Vorstellung befähigt uns, Mittel zur Abwehr von Gefahren zu akkumulieren. Gegen Gefahren der Natur bleibt die Akkumulation vernünftigerweise begrenzt. Aber der menschliche Konkurrent kann Machtmittel so unbegrenzt akkumulieren wie ich selbst. Das nötigt mich zur weiteren Akkumulation. Diese Struktur von Machtsystemen habe ich vorhin an Beispielen beschrieben. Solche Macht ist wesentlich tragisch, denn ihre in jedem Einzelschritt rationale Steigerung steigert im Endeffekt die Gefahr für alle.

Furcht und die ihr entsprechenden Machtsysteme sind aber gewiß nicht das letzte Wort menschlichen Zusammenlebens. Sie sind nur eine mit der Menschwerdung verbundene spezifische Gefahr. Mit der Wahrnehmung dieser, allem Menschlichen innewohnenden Gefahr möchte ich nun das geheimnisvolle Phänomen der Angst zusammenbringen, der unausredbaren Furcht, die nicht weiß, wovor sie sich fürchtet. Ich habe sie soeben die Furcht vor unserer eigenen Unfähigkeit zum Frieden genannt. Einen Frieden möchte ich, wenn mir ein drittesmal bildliche Redeweise erlaubt ist, den Leib einer Wahrheit nennen. Als eine Wahrheit bezeichne ich dabei eine Wahrnehmung, die gleichsam das positive Gegenstück einer Furcht: die Wahrnehmung einer Wirklichkeit, die menschliches Leben, zumal Zusammenleben, möglich macht. Kurz: Wahrnehmung einer Möglichkeit, zu leben. Leib einer Wahrheit soll heißen: Verwirklichung dieser Möglichkeit. Jede Wahrnehmung ist unvollständig, jede menschliche Wahrheit ist eine Teilwahrheit. Deshalb spreche ich von »einem« Frieden als Leib »einer« Wahrheit. Die menschliche Geschichte, wie wir sie bisher kennen, ist Geschichte des Kampfs der Wahrheiten, des Kampfs der einander ablösenden Weisen des intermediären Friedens. Das heutige Friedensproblem ist, politisch gesagt, das des Weltfriedens. Im Kampf der Wahrheiten zerbrechen immer wieder ältere Möglichkeiten des Friedens. Unweigerlich entsteht dabei immer von neuem Angst.

Ich habe die Angst soeben, wie es einer heute verbreiteten Erkenntnisstufe entspricht, von der gesellschaftlichen Realität des Menschen her erläutert. Sie hat aber insbesondere mit der Fähigkeit des Individuums zu tun, mit sich selbst zusammenzuleben; mit dem Frieden der Person, den man in einer bestimmten psychologischen Spiegelung ihre Identität nennt. Der Mensch lernt zwar sich selbst kennen, indem er mit anderen Menschen zusammenlebt, in ihrer Liebe geborgen, in ihrer Sprache seine Sprache lernend, in ihrer Sitte seine Ordnung findend. Insofern ist er ein ursprünglich soziales Wesen. Aber die Reifung geschieht im Individuum. Nichts, was andere für dich und mich tun, nichts, was du für andere tust, was ich für andere tue, kann dir und mir die Aufgabe abnehmen, du und ich zu werden. Alle großen sozialen Schritte sind von Individuen begonnen, von Individuen durchgetragen worden. Von Individuen in Gemeinschaft, gewiß; das heißt von Menschen, die zum Frieden der Gemeinschaft fähig waren, weil ihnen ein dafür hinreichendes Stück Friede mit sich selbst, Wahrnehmung ihrer selbst, gelungen war. Man kann nichts opfern, was man nicht hat, auch das Ich nicht. Insofern ist Angst allerdings die Wahrnehmung der Gefahr, nicht mit sich selbst Frieden haben zu können. Der Gefahr also, in dem, wovon die eigene Existenz abhängt, sich selbst nicht wahrnehmen zu können. Oder, fast gleichbedeutend, der Gefahr, der Selbstwahrnehmung keinen Leib geben zu können, und darum sich selbst fürchten oder hassen zu müssen.

Wer tiefenpsychologisch geschult ist, könnte hieran viele Überlegungen anknüpfen, die vielleicht eines der wichtigsten Themen für diesen Kirchentag böten. Auch dieses Fragenfeld kann ich jetzt nicht betreten. Ich wende mich der Frage zu, der ein Kirchentag sich nicht entziehen kann.

Vierte Frage: Was geht Angst die Kirche an? Antwort: Eben der Friede, um den die Angst sich fürchtet, ist das Thema des Evangeliums.

Alles, was ich bisher gesagt habe, ist im Grunde nichts gesagt. Ich habe gesagt, wovor wir uns fürchten, und daß wir uns mit Grund fürchten. Wir fürchten uns voreinander, und vor der eigenen Unfähigkeit zum Frieden. Der Friede ist die Forderung. Aber wie werden wir zu ihm fähig? Die Moral fordert ihn. Aber führt die Moral, wenn wir es ernst mit ihr meinen, anderswohin als zur Verzweiflung? Die Sozialrevolutionäre sind moralisch motiviert. Ist es Zufall, daß sie nach viel Blutvergießen neue Machtsysteme hervorbringen? Es gibt Fälle, in denen wir ihnen im geschichtlichen Kampf der Wahrheiten gleichwohl Recht geben müssen; in denen ihr neues Machtsystem um die eine Nuance anders ist als die alte, auf die es diesmal ankam. Aber es ist ihre Tragik, das, wogegen sie sich ursprünglich empört haben, ungeändert zurückzulassen: ein System, das durch Furcht aufrechterhalten wird.

Daß das Neue Testament von diesen Fragen spricht, möchte ich durch wenige Zitate in Erinnerung rufen. Joh. 16, 33: »Solches habe ich mit euch geredet, daß ihr in mir Frieden habt. In der Welt habt ihr Angst; aber seid getrost, ich habe die Welt überwunden.« Hier treten Frieden und Angst im selben Vers auf. Um genau zu übersetzen: Das von Luther mit Angst wiedergegebe-

I, 7. Angst

ne Wort Thlipsis heißt Enge, Bedrängnis, ähnlich wie das von Paulus gebrauchte Stenochoria, das diesem Kirchentag zum Thema bestimmt ist. In Luthers Sprache bezeichnet Angst eben die Enge. Es ist die Enge, die zum Wesen der Welt gehört, des Kosmos im Sinne des Johannes-Evangeliums, der das Licht nicht angenommen hat, durch das er gemacht ist. Eine zweite Stelle zur Überwindung der Welt, 1. Joh. 5, 4: »Denn alles, was von Gott geboren ist, überwindet die Welt; und unser Glaube ist der Sieg, der die Welt überwunden hat.« Genauer übersetzt: »der Sieg, der die Welt überwunden hat, der ist es, dem wir trauen.« Eine dritte Stelle, zum Glauben, Hebr. 11, 1, zuerst in Luthers Übersetzung: »Es ist aber der Glaube eine gewisse Zuversicht des, das man hofft, und nicht zweifeln an dem, das man nicht sieht.« Lese ich hier den griechischen Text in Kenntnis der den damaligen Intellektuellen geläufigen Begriffssprache griechischer Philosophie und Rechtspraxis, so muß ich übersetzen: »Es ist aber der Glaube die Substanz des Gehofften, die kritische Prüfung der Dinge, die man nicht sieht.« Hier steht Hypostasis, die Substanz, das Wesen, die Sache selbst; und Elenchos, die gerichtliche oder diskutierende Prüfung, die Erprobung der Widerstandsfähigkeit.

Ich versuche eine kurze Auslegung dieser Stellen. Die Welt nötigt uns zur Angst. Angst ist nicht eine Schwäche des Urteils, sondern sie ist eine zutreffende Erkenntnis. »Ich habe die Welt überwunden«, sagt im Johannes-Evangelium der inkarnierte Logos, das Wort Gottes, das, wie dort die Redeweise heißt, Fleisch geworden ist. Der Logos – durch den alles gemacht ist, was gemacht ist, das Wesen der Welt als Schöpfung. Inkarniert – das heißt nicht eine abstrakte metaphysische Vorstellung der Theologie, sondern ein Mensch unter uns, wirkliches Leben in der Welt. Er ist der Erstgeborene unter vielen Brüdern: dieses Leben ist die Möglichkeit des Lebens auch für uns. Das Ergreifen dieser Möglichkeit ist der Glaube. Der Glaube ist zunächst nicht ein Verhalten, schon gar nicht ein unvernünftiges, sondern er ist ein Inhalt, er ist das, was wir glauben. Er ist die Substanz des Erhofften, die Wirklichkeit der Möglichkeit. Die Wirklichkeit kann man nur erproben, indem man sich auf sie einläßt. Es gibt keine kritische Probe einer Möglichkeit des Lebens, als indem man sie »probiert«, mit der Möglichkeit, dabei zu scheitern. Der Glaube ist der Test der Dinge, die man nicht sieht. Er bringt die Wahrheit zu Gesicht, indem er sich praktisch auf den Frieden einläßt. Das heißt die Seele leibhaft machen.

Vielleicht klingen vielen von uns diese Texte und die Auslegung, zu der sie uns verführen, wie in einer Symbolsprache abgefaßt, zu der uns der Schlüssel fehlt. Man kann dieselbe Erfahrung, die sich in ihnen ausspricht, auch in drei Stufen an der Bergpredigt deutlich machen. Die erste Stufe ist die universale Moral der Goldenen Regel: »Was ihr wollt, daß euch die Leute tun, das tuet ihr ihnen auch!« Das ist die Bedingung, unter der allein eine gerechte Gesellschaft möglich ist. Es ist die Bedingung eines äußeren Friedens, in dem wir frei von Furcht voreinander leben könnten. Aber wer will das denn wirklich?

Jeder denkt: »Ich will wohl, aber der Andere will nicht.« Das ist der seelische Mechanismus der Projektion: ich brauche ein fremdes Subjekt meiner bösen Wünsche. Deshalb die zweite Stufe, daß das Gebot der Moral auf die ganze Person, nicht nur auf die sichtbaren Handlungen geht. Nicht erst wer den Bruder ermordet, ist des Gerichts schuldig, sondern wer so über ihn empfindet, daß sein Affekt, losgelassen, den Tod des Bruders nicht bedauern würde. Dies ist die Bedingung des inneren Friedens, der Reifung der Persönlichkeiten, die allein den äußeren Frieden tragen könnten. Aber wer kann das denn wirklich? Die Erkenntnis dessen, was sein müßte, führt uns erst recht in die Enge, in die Angst der Verzweiflung an uns selbst, denn was einzig nottut, das können wir uns auch durch guten Willen nicht geben. Die Reifung geht durch eine Erfahrung des Todes. »Es sei denn daß das Weizenkorn in die Erde falle und sterbe, so bleibt es allein. Wenn es aber stirbt, so lebt es und bringt viel Frucht.« (Joh. 12, 24). Die dritte Stufe sind die Seligpreisungen, an den Anfang der Rede gestellt. Selig sind die Friedensmacher. Selig die Bettler um den Geist. Sie sind selig hier und jetzt. Die Enge hat sich geöffnet. Es gibt eine Erfahrung der Wirklichkeit des Friedens, über die Forderung der Moral hinaus. Sie verwirft die Moral nicht, sondern erfüllt sie, anders als irgendein Moralist gedacht hat.

Was nützt uns dies? Es ist wenig wert, hiervon zu reden, wenn unser verwandeltes Wesen den Frieden nicht selbst ausstrahlt. Es gibt hier keinen Reservatanspruch der christlichen Kirche. Zeigt man die Bergpredigt oder die Johannestexte einem wissenden Hindu oder Buddhisten, so wird er sagen: »Das ist wahr. Das hat ein Erleuchteter gesagt.« Aber wer sieht, daß diese Reifung im Menschen der Sinn der Angst, ihre Wahrheit ist, der darf sich nicht wundern, daß ohne diese Reifung die Angst nicht überwunden worden ist, so viel Anderes der Fortschritt gebessert haben mag.

Nun müßte der konkretere Teil kommen: Wie gehen wir mit unserer Angst und der unserer Mitmenschen in der Praxis um? Aber es ist gut, hier abzubrechen. Der Sprung in die Praxis kommt bei uns Abendländern früh genug. Manchmal ist Besinnung notwendiger.

I, 8. Das Schöne[1]

Viens-tu du ciel profond ou sors-tu de l'abime, O Beauté?

Kommst du aus der Tiefe des Himmels zu uns oder steigst du auf aus dem Abgrund, Schönheit?

Wir Menschen, endliche Wesen, zwischen die zwei Unermeßlichkeiten des Himmels und der Hölle gespannt, welcher von beiden sollen wir für die alles erschütternde Macht der Schönheit den Dank abstatten?

Ein stillerer Dichter als Baudelaire, sein Zeitgenosse Mörike hat anders vom Schönen gesprochen. Ich zitiere das ganze Gedicht:

Auf eine Lampe

Noch unverrückt, o schöne Lampe, schmückest du,
An leichten Ketten zierlich aufgehangen hier,
Die Decke des nun fast vergessnen Lustgemachs.
Auf deiner weißen Marmorschale, deren Rand
Der Efeukranz von goldengrünem Erz umflicht,
Schlingt fröhlich eine Kinderschar den Ringelreihn.
Wie reizend alles! lachend, und ein sanfter Geist
Des Ernstes doch ergossen um die ganze Form —
Ein Kunstgebild der echten Art. Wer achtet sein?
Was aber schön ist, selig scheint es in ihm selbst.

Viens-tu du ciel profond ou sors-tu de l'abime — was aber schön ist, selig scheint es in ihm selbst — um solche Stimmen über das Schöne zu hören, muß man wohl ins versunkene bürgerliche Jahrhundert zurückgehen, in die Zeit vor der Ernüchterung durch den Beginn der Weltkriege. Unsere Zeit mißtraut dem Schönen. Nicht von ihm will sie sich erschüttern lassen, seine Seligkeit glaubt sie ihm nicht. Von diesem unserem Mißtrauen will ich im heutigen Vortrag ausgehen.

Die Kritik an der Tradition ist eine der großen Traditionen Europas. So hat

---

1 Vortrag, gehalten zur Eröffnung der Salzburger Festspiele, Juli 1975. Gedruckt in »Universitas«, 31. Jahrgang, Heft 1.

auch das Mißtrauen gegen das Schöne Vorläufer im abendländischen Denken seit den jüdischen Propheten, den griechischen Philosophen, der Nüchternheit der Römer. Wenigstens vier Kritiken am Schönen kennen wir aus der Tradition: Das Schöne ist nicht nützlich. Das Schöne ist nicht gerecht. Das Schöne ist nicht wahr. Das Schöne ist nicht fromm.

Das Schöne ist nicht nützlich. Die Faulen genießen den Zauber des Schönen, die Fleißigen produzieren Güter zum eigenen und fremden Nutzen. Der Wert des Schönen ist nur subjektiv, er beruht auf einem irrationalen Gefühl.

Das Schöne ist nicht gerecht. Zwischen Ästhetik und Ethik ist eine tiefe Kluft befestigt. Die Reichen veranstalten Festspiele, die Armen hungern. An ästhetischen Kriterien erkennen einander die Angehörigen herrschender Klassen. Kunst, die heute wahrhaftig sein will, muß häßlich sein.

Das Schöne ist nicht wahr. Kunst ist schöner Schein. Das Schöne ist nicht selig, es ist Kalkstein und Kupfer, es ist ein Dokument einer handwerklichen Kultur. Nicht das Werk ist selig; der Beschauer vielmehr, der sich aus der Haltung der Wahrheitssuche in die des ästhetischen Genusses verliert, genießt seinen Realitätsverlust als vorübergehende Seligkeit. Die Dichter zeigen den Menschen nicht die Wirklichkeit, sagt Plato, sondern sie zeigen ihnen das Abbild eines Abbilds.

Das Schöne ist nicht fromm. Luzifer war schön; deshalb fiel er von Gott ab. Schönheit ist die abgöttische Vollendung von etwas Weltlichem. Sie entflammt aus einem von der Gottheit abgelösten Funken ein verführerisches Feuer, dessen Nährstoff der Trieb ist, und das, wenn es ausgebrannt ist, einen Leichnam aus Asche zurückläßt. Sie ist einer der letzten Kreuzwege für Hochbegabte, der sie vom Pfad zum Himmel auf den Pfad zur Hölle ablenkt.

Diese vier Kritiken sind, so scheint mir, wichtige Halbwahrheiten. Sie lassen sich auf eine einzige zusammenziehen, nämlich auf die Behauptung, das Schöne sei nicht wahr. Wäre der Sinn für Schönheit ein Vermögen, Wirklichkeiten zu erkennen, so könnte er nützlich werden, bis ins Ökonomische hinein. Wäre Sinn für Schönheit wahrhaftig, so würde er seine ungerechten Folgen als eine Häßlichkeit wahrnehmen und überwinden. Stünde der Sinn für Schönheit in der Wahrheit, so ließe er sich von Gott nicht trennen.

Nun behaupte ich aber: Schönheit ist eine Form der Wahrheit. Schönheitssinn ist ein Sinn, d. h. ein besondes Wahrnehmungsvermögen für Wirkliches. Wer jedoch Schönheit als eine Form der Wahrheit bezeichnet, behauptet der nicht eine Objektivität des Subjektiven, eine Rationalität des Irrationalen, die Vernunft eines Affekts? Meine Antwort ist: ja, genau das will ich behaupten. Es gibt eine Rationalität des Irrationalen, genauer gesagt eine Vernunft der Affekte, in der sich Subjektives gerade in seiner Subjektivität, als objektiv, als Erkenntnis erweist.

Was ist denn Wahrnehmung? Ehe ich von der hochdifferenzierten Wahrnehmung des Schönen spreche, erläutere ich das Wahrnehmen am einfachsten Fall, der direkten Sinneswahrnehmung. Was ist Sinneswahrnehmung?

I, 8. Das Schöne   101

Es gibt mancherlei Sinne. Wir wollen vier Beispiele betrachten.

Ich fahre im Halbdunkel schnell mit dem Wagen auf der Autobahn. Auf einmal sehe ich auf der falschen Seite, auf meiner Fahrbahn, mir einen Wagen entgegenkommen. Ich sehe – Gesichtswahrnehmung.

Nach steilem Aufstieg liege ich in der sonnigen Bergwiese und höre die Bienen summen. Ich höre – Gehörswahrnehmung.

Ich koste die Marmelade – ah, Erdbeeren! Geschmackswahrnehmung.

Und als viertes nochmals das Sehen: In den Stanzen des Vatikan stehe ich vor Raffaels Schule von Athen. Ich sehe zwei Lehrer im Gespräch aus der Pforte treten, den Mann Aristoteles, ein schweres Buch mit der Linken gegen die Hüfte stemmend, mit der Rechten auf die Fülle des Wirklichen vor und unter uns weisend und den Greis Platon, dessen sanft erhobener Zeigefinger zum Himmel deutet.

Was also ist Sinneswahrnehmung? Die übliche Analyse unterscheidet dreierlei an ihr: die reine Empfindung des Sinnesorgans; das Urteil, das diese Empfindung deutet; den Affekt, den das Urteil auslöst. Ich sehe die mir entgegenwachsende rote Kontur; ich denke: ein Wagen auf der falschen Fahrbahn; ich erschrecke über die Gefahr. Ich höre ein Summen; ich denke: Bienen; ich genieße den Frieden der Natur. Ich schmecke den süßen Geschmack; ich denke: Erdbeeren; ich begehre nach mehr. Ich sehe Farbflecken an der Wand; ich denke: Platon und Aristoteles; ich lebe in der künstlerischen Vergegenwärtigung klassischer Philosophie. Aber diese Trennung in Empfindung, Urteil und Affekt liegt nicht im Phänomen selbst, sie ist ein Werk der nachträglichen Analyse. Das Phänomen wird viel direkter beschrieben, wenn ich sage: Ich sehe die Gefahr; ich höre den Frieden der Bergwiese; ich schmecke die verlockende Erdbeere; ich sehe die Schule von Athen. Und der Affekt ist nicht das Ende der Einheit des Akts der Wahrnehmung. Wahrnehmen und Handeln sind nicht zu trennen. Die Gefahr – schon habe ich am Lenkrad gerissen. Das Summen auf der Wiese – ich habe mich schon entspannt. Der Erdbeergeschmack – ich beiße weiter zu. Die Schule von Athen – schauend sinne ich über die Schönheit des Wahren.

Die Verhaltensforschung an den Tieren lehrt uns, daß die Einheit von Wahrnehmen und Handeln das Ursprüngliche, einfache, leicht Verständliche ist. Hingegen bedeutet die Fähigkeit, Wahrnehmen und Handeln zu trennen, eine hohe Entwicklungsstufe. Sie erst gestattet uns Menschen, reaktives Handeln durch aktives zu ersetzen. Sie erlaubt uns, nicht zu müssen, sondern zu wollen. Der Schatz vergangener Wahrnehmungen im Gedächtnis steht dem frei entscheidenden Menschen zur Verfügung, belegt mit den gehemmten Reaktionen, die Affekte heißen, mit den Vorstellungsbildern ungetaner Handlungen, die Begriffe und Urteile heißen. In dieser hochdifferenzierten Erlebnisweise nun wurzelt ein Phänomen, das ich die Mitwahrnehmung der höheren Stufe nennen möchte, und eine solche Mitwahrnehmung ist, wenn ich nicht irre, der Sinn für das Schöne. Wir Menschen nehmen mit jedem einzelnen Sinneseindruck, jedem einzelnen Urteil, jedem einzelnen Affekt zugleich das Höhere, Allgemeingültige wahr, das diesen Eindruck, dieses Urteil, diesen Affekt erst möglich macht. Aber wir können das Höhere vom Einzelnen oft kaum unterscheiden und werden ratlos, wenn wir sagen sollen, was denn das mitwahrgenommene Höhere ist. In jedem wahren Satz nehmen wir das Phänomen der Wahrheit mit wahr, in jeder geforderten guten Handlung die moralische Ordnung, und eben in jedem schönen Eindruck, in jedem schönen Kunstwerk die geheimnisvolle Wirklichkeit des Schönen. Was sind diese mitwahrgenommenen Wirklichkeiten?

Man soll nicht erwarten, auf solche Fragen einfache Antworten zu erhalten. Sie sind Fragen nach dem Grund der menschlichen Kultur. Aber die menschliche Kultur ist nichts Einfaches, und auch ihre letzten Voraussetzungen drücken sich in ihr nicht unabhängig von der Geschichte aus. Lernen wir fremde Kulturen kennen, so erkennen wir in ihnen oft eine ganz andere Anordnung und Benennung der Prinzipien. Wählen wir, da vom Schönen die Rede ist, die altjapanische Kultur als Beispiel! Bis heute ist die japanische Kultur von allen Kulturen der Welt am meisten ästhetisch geprägt. Kein spürsamer Europäer, der Japan besucht, kann sich diesem Eindruck entziehen. Aber vielleicht bezeichnen wir Europäer das, was wir dort wahrnehmen, falsch, wenn wir es mit unseren Begriffen des Ästhetischen benennen, denen so leicht etwas Unverbindliches, fast Unernstes, Unwahres anhaftet. Wie hängt in Japan das Schöne mit dem Sittlichen und mit dem Rationalen zusammen? Ist das Ritual der japanischen Höflichkeit, das europäischen Rigoristen der Wahrhaftigkeit oft ärgerlich wird, nicht eine strenge ästhetische Stilisierung sozialer Beziehungen, eine Weise, sie erträglich zu machen? Ist der ästhetische Sinn für Harmonie nicht in allem ostasiatischen Denken und Fühlen ein Vermittler der Integration, ein Sensorium für Ganzheit, ein Wahrnehmungsvermögen, das wir Europäer mit der mühsamen Reflexion, die wir Vernunft nennen, nicht ersetzen können, und daß wir ständig, für asiatische Feinfühligkeit schmerzhaft, verletzen?

Aber so verschieden die Kulturen sind, doch ist der Dialog zwischen ihnen nicht ausgeschlossen; vielleicht ist er das größte Versprechen unserer Zeit. Die Prinzipien wie das Nützliche, das Sittliche, das Schöne sind gleichsam Plateaus, auf denen sich menschliches Wahrnehmungs- und Handlungsvermögen immer wieder einspielt. In jeder Kultur stehen diese Plateaus anders zueinander, aber doch kann man sie in jeder Kultur wiedererkennen. Kulturelle Strukturen weltumfassend zu beschreiben vermag aber heute vielleicht noch niemand. So kehre ich bewußt in den engen Horizont der abendländischen Tradition zurück und fragte noch einmal, was denn in ihm das Schöne bedeute.

Ich wage nun eine weitere Vermutung: Das Schöne ist eine Erscheinungsweise des Guten, und zwar eine Erscheinungsweise des Guten in indirekter Mitwahrnehmung. Was soll das heißen? Ich habe ein neues Wort eingeführt:

I, 8. Das Schöne

das Gute. Damit meine ich nicht nur das moralisch Gute. Ich spreche vom Guten, wie wenn man sagt: ein guter Schuh, der nicht drückt; ein guter Sportsmann, der siegt; ein guter Forscher, der etwas entdeckt. In der europäischen Philosophie hat Platon das höchste Prinzip als das Gute bezeichnet. Auf das Gute weist sein Zeigefinger in Raffaels Bild. Heute spricht man, nicht verständlicher, aber meist weniger durchdacht, von Werten. Das Grundphänomen des Guten mag darin bestehen, daß wir stets nicht bloß wahrnehmen, wie etwas ist, sondern mitwahrnehmen, wie es wohl sein sollte. Und indem wir zu jedem Ding, zum Schuh, zum Sportsmann, zu einer sittlichen Handlung, mitwahrnehmen, wie es sein sollte, nehmen wir das noch umfassendere Phänomen des Guten selbst mit wahr, eben das Phänomen, daß es anscheinend zu allem seine beste Möglichkeit, sein Gutes gibt, an dem wir seine Erscheinung messen.

Es gibt direkt mitwahrgenommene Formen des Guten. Zu ihnen möchte ich das Nützliche und das sittlich Gerechte zählen.

Beginnen wir beim Nützlichen. Nützlich nennt jeder, was gut ist für ihn selbst. Broterwerb ist nützlich, denn man will leben. Im Stück Brot nehme ich, wenn ich Hunger habe, das, wofür es gut ist, unmittelbar mit wahr. Mit dem Begriff Brot ist seine Nützlichkeit in direkter Mitwahrnehmung gegeben. Ausbildung ist nützlich, sie erleichtert den Broterwerb, gestattet leichteres Leben, Luxusgüter, selbst den Luxus des Schönen. Aber ist das leichte Leben, ist der Luxus, ist das Schöne denn nützlich? Absurde Frage, wird man sagen. Das Nützliche ist stets ein Mittel zu einem Zweck. Erst der Zweck ist das Gute. Überleben ist gut, das scheint selbstverständlich. Ist Bequemlichkeit gut? Luxus? Schönes? Ist das, was diesen vielleicht fragwürdigen Gütern dient, wahrer Nutzen? Kenne ich denn mein wahres Interesse?

Es gibt einen Weg, die Frage nach dem wahren Nutzen, dem wahren Interesse zu beantworten; es ist der Weg der Moral, der Ethik. Sein Leitstern ist die Aufhebung des egoistischen Nutzenbegriffs. In Wahrheit nützt mir nicht, was mir allein nützt, sondern was den Mitmenschen, der Gemeinschaft, der Gesellschaft nützt. Dieser Weg führt zu dem zweiten Plateau, zu dem Prinzip, das uns unter dem Titel des Gerechten oder des Sittlichen zu Gesicht gekommen ist. Der Lebensnerv des Sittlichen liegt in einem qualitativ anderen Erlebnis als dem der Nützlichkeit, sei es auch die Nützlichkeit für die Gemeinschaft. Wenn ich im Mitmenschen den Menschen erkenne, so löst diese Erfahrung die Schranken des Ich. Sie läßt mich überhaupt erst erkennen, daß das Ich eine Schranke, ja die Quelle unendlicher Leiden ist. Der Kern der Sittlichkeit ist eine Erlösungserfahrung: der Erlösung von der Blindheit, die den Namen Ich trägt. Eben darum soll ich weder gegen meine Mitmenschen meinen Egoismus durchsetzen noch mich ihrem Egoismus beugen, sondern ich soll suchen, mit ihnen gemeinsam diese erlösende Erfahrung zu gewinnen, indem wir gemeinsam ihr gemäß handeln. Ich soll Gerechtigkeit suchen.

Warum aber ist das bloße Ich blind? Ein Rückblick auf die Geschichte des organischen Lebens gibt uns einen Wink. Das Ich ist tierisches Erbe, wenn auch erst der Mensch, zumal der europäisch-neuzeitliche Mensch, es, vor allem durch das vielgesichtige Werkzeug der Macht, aufs höchste ausgebildet hat. Im organischen Leben sind drei Prinzipien wirksam: die Erhaltung des Individuums, die Erhaltung der Art, die Weiterentwicklung. Die Erhaltung des Individuums hat die scheinbar früheste, aber nicht die höchste Priorität. Sie ist Vorbedingung, aber nicht Ziel der Erhaltung der Art, geschweige denn der Weiterentwicklung. Die Erhaltung des Individuums ist durch Triebe gesichert: Hunger, Furcht. Das Ich als seelisches Phänomen ist der Inbegriff und die Steuerung der psychischen Prozesse, die der Erhaltung des Individuums dienen. Nichts ist aber dem Individuum so gewiß wie der Tod. Der Mensch ist das Tier, das weiß, daß es sterben muß. Darum ist die Erlebniswelt des menschlichen Ich gezeichnet von der leise oder ausdrücklich mitwahrgenommenen Vergeblichkeit. Die Blindheit des animalischen Ich ist, daß es nicht in der Reflexion weiß, daß es sterben muß. Die Blindheit des menschlichen Ich ist Verblendung, sie ist die Nötigung, von der Vergeblichkeit wegzublicken. Deshalb ist Erlösung von den Interessen des Ich ein Sehendwerden.

Das Sittliche ist aber nicht das letzte Prinzip. Es ist eine befreiende Erziehung zu einer Weise der Wahrnehmung, aber es ist kein Inhalt. Der kategorische Imperativ bleibt ein formales Prinzip. Das Sinnproblem, das Problem des wahren Interesses stellt sich der Gemeinschaft, wie es sich dem Einzelnen gestellt hat. Ich vermute nun: der uns angeborene und kulturell weitergebildete Schönheitssinn ist eine Wahrnehmung von gewissen Zügen des Sinns, des größeren Zusammenhangs, und zwar gerade von solchen Zügen, die einerseits lebenswichtig sind, andererseits sich dem direkten Urteil über Nützlichkeit entziehen.

Schönheit ist eine Mitwahrnehmung des Lebensnotwendigen, aber indirekt, ohne das Pathos der Notwendigkeit. Beginnen wir mit elementaren Lebensinteressen, an die sich unser technisches Zeitalter soeben, hoffentlich nicht zu spät, zu erinnern anfängt. Wenn ich in meiner Wiese liege, was nehme ich wahr? Ich sagte: ein Summen – nein, die Bienen – nein, den Frieden der Natur. Ist dieser Affekt des Friedens bloß subjektiv oder ist er die Wahrnehmung von etwas Wirklichem? Er ist eine Wahrnehmung. Was er wahrnimmt, nennt die heutige Wissenschaft das ökologische Gleichgewicht. Die Evolution hat vor mehr als hundert Millionen Jahren zur gleichzeitigen Herausbildung zweier organischer Formen geführt, die aufeinander angewiesen sind: der Blütenpflanzen, die durch Farbe, Form und Duft Insekten zur Bestäubung anlocken, und derjenigen Insekten, die von Blütenstaub und Nektar leben. Viel später hat sich der Mensch in dieses Gleichgewicht hineinentwickelt, und als Sammler, Ackerbauer und Viehzüchter ist er auf dessen Produkte, auf diese Pflanzen oder die diese Pflanzen essenden Tiere angewiesen. Wenn er dieses Gleichgewicht als schön wahrnimmt, so nimmt er die Harmonie

I, 8. Das Schöne

wahr, im Beispiel der Wiese sinnlich dargestellt, die Harmonie, ohne die er nicht leben könnte.

Eine Menschheit, die die Schönheit des Landschaftsgleichgewichts als ökonomisch belanglos mißachtet und zerstört, eine solche Menschheit ist verrückt. Sie begeht damit fast stets auch einen ökonomischen Fehler, der sich als Fehler erweist, wenn es zu spät ist. Natürlich sage ich nicht, der Mensch dürfe die Natur nicht verändern. Das wäre absurd. Aber der Schönheitssinn ist ihm mitgegeben, um auch seine eigenen Werke mit einem anderen Maßstab zu messen als dem Maßstab dessen, was er in der Verblendung des im Augenblick lebenden Ich für nützlich hält. Wie herrlich sind alte Kulturlandschaften! Als ich zum erstenmal aus Nordamerika, das ich bewundere und liebe, zurückkehrte, war ich bis zu Tränen gerührt von der Schönheit einer Landschaft am Bodensee oder in Umbrien, wo seit Jahrhunderten jeder Baum und jedes Haus dort stand, wo Menschen mit Schönheitssinn es haben wollten. Die heutigen Krisen Amerikas sind auch die Krisen puritanischer Verächter der Schönheit.

Viens-tu du ciel profond ou sors-tu de l'abime? Wenn Baudelaire so fragt, meint er nicht die Landschaftsharmonie und nur mitschwingend meint er die Kunst. Er meint die erschütternde Macht der leiblichen Schönheit, er meint die Schönheit, die zur Leidenschaft der Liebe zwingt. Nun ist auch die Liebe tierisches Erbe, und Tiere sind um der Liebe willen mit bunten Gewändern und barockem Zeremoniell geschmückt, Gewändern und Zeremoniell, die für die Selbsterhaltung des Individuums nutzlos, ja schädlich wären. Als Biologen meinen wir das Gute dieses Schönen mit Händen zu greifen. Die geschlechtliche Liebe *soll* hinreißend und herrlich sein, denn sie verlangt vom Individuum den einen unerläßlichen Schritt aus dem Verhaltensmuster der Selbsterhaltung heraus, der zur Arterhaltung nötig ist. Einmal im Leben muß das Tier, von der Icherhaltung her gesehen, wahnsinnig werden. Für den Menschen aber ist die erotische Liebe neben der Sittlichkeit eine zweite, völlig andere Art der Erlösung vom Ich geworden, die rückwirkend auf das Ich dieses zu einer ihm nun erst zugänglichen Reife treibt. Gemeinsam ist beiden, bei aller Verschiedenheit der Erlebensweise, eine Qualität des Empfindens, die man vielleicht Seligkeit nennen darf: die hinreißende Seligkeit des erotischen Rauschs, die stille Seligkeit der guten Tat, bescheidener, des guten Willens. Vielleicht rührt diese Gemeinsamkeit davon, daß beide Schritte die Blindheit des Ich sprengen und uns etwas ganz Anderes sehen lehren. Denn der Kern der Wirklichkeit ist, wie die Inder lehren, die Dreiheit von Sein, Bewußtsein und Seligkeit.

Was aber schön ist, selig scheint es in ihm selbst. Die Kunst ist die bewußte Darstellung der Erscheinungsweise des Guten, die wir das Schöne nennen. Über die Kunst und die Künste zu sprechen, wäre Gegenstand eines neuen Vortrags. Hier nur noch ein paar Überlegungen zu dem Satz von Mörike.

Es gibt einen Briefwechsel zu diesem Satz zwischen Emil Staiger und Martin Heidegger. Staiger meint, Mörike erweise sich als Epigone, indem er nicht mehr zu sagen wage: was schön ist, selig *ist* es in ihm selbst, sondern nur: selig *scheint* es. Heidegger erwidert, Scheinen heiße hier nicht den Anschein erwecken, sondern gleichsam Leuchten. Scheinen ist ein Sein, das in Erscheinung tritt. Wer von den beiden Interpreten hat Recht? Ich vermute, daß der verletzliche Mörike so empfunden hat wie Heidegger, aber so gesprochen hat, daß Biedermeier und heraufkommendes Industriezeitalter in ihren Vorurteilen nicht gestört wurden; vielleicht nennt man so sensible Menschen Epigonen.

Mörike wendet hier, ich weiß nicht ob bewußt, einen Satz Kants ins Objektive. Kant, der gewiß kein künstlerischer Mensch war, hat mit dem ihm eigenen präzisen Tiefblick das Schöne als den Gegenstand eines ohne Begriff als notwendig erkannten interesselosen Wohlgefallen bezeichnet. Ohne Begriff als notwendig erkannt – das ist, was ich die Rationalität des Irrationalen, die affektive Wahrnehmung genannt habe. Interesse nennt Kant das Wohlgefallen, das wir mit der Existenz eines Gegenstandes verbinden. Interesseloses Wohlgefallen also verlangt nicht nach der Existenz, gröber gesagt, es verlangt nicht nach dem Besitz des Gegenstands. Mörike sagt: was schön ist, selig scheint es *in ihm selbst*. Nicht meine Seligkeit ist wichtig. Das Sein des Schönen scheint in ihm selbst. Dieses Scheinen ist seine Seligkeit. Gewiß, die schöne Lampe war ein Werk von Menschen, für Menschen gemacht. Aber unsere Seligkeit beim Machen oder Anschauen ist eben Teilhabe an ihrer Seligkeit. So sind auch in der Natur die Maserung eines Holzes, das Innere einer Muschelschale, die Ätzfläche eines Kristallbruchs, alle nicht zum Sehen bestimmt, doch nicht weniger schön als ein Schmetterlingsflügel oder das Balzkleid eines Vogels. Vielleicht ist die allgegenwärtige verborgene Mathematik der Natur der Seinsgrund aller Schönheit – auch das ein Gebiet, das ich im heutigen Vortrag nicht mehr betreten kann. An dieser Stelle erweist sich dann die Streitfrage, ob Kunst schön sein muß oder ob sie, um wahrhaftig zu sein, häßlich werden muß, als eine Scheinfrage, entstanden indem das Wort »schön« um ein Gedankenstockwerk zu oberflächlich verstanden worden ist. Ob ein Werk nun akademisch schön oder expressiv häßlich ist, in beiden Fällen gibt es den Unterschied zwischen einer nur für den oberflächlichen Blick geleisteten Erfüllung der Forderungen der Schulmeinung, der es sich fügt, und jenem inneren Scheinen, das ihm keine gute Absicht geben kann, und das Wahrnehmung von Wirklichkeit vermittelt.

Um aber noch einmal zu der uns so viel bequemeren subjektiven Sprache zurückzukehren: Die innere Seligkeit des Kunstwerks stellt dar, daß es nicht auf uns ankommt. Sie deutet die Erlösung von den Interessen des Ich an. Aber wie steht es dann mit den Kritiken am Schönen, mit denen wir begannen? Wo die Existenz, wo der Besitz des Schönen selbst ein Interesse wird, dort ist Gefahr. Luzifer, der Schöne, wollte nicht Abglanz des einzig Guten, sondern selbst die Mitte sein. Deshalb scheint das Schöne bald aus dem Himmel, bald aus dem Abgrund zu kommen. Das Schöne ist wahr und nicht wahr. Es erlöst aus der Blindheit des Begriffs, aber es darf nicht gegen die Vernunft, die von ihm sehen lernt, ausgespielt werden. Die Kluft zwischen Ethik und Ästhetik soll nicht überbrückt werden. Immer sollen wir daran erinnert werden, daß das Schöne an sich noch nicht sittlich, das Gerechte an sich noch nicht human ist. Und vom Schönen als Gegenwart müssen wir auf den Boden des Nützlichen zurückkehren. Noch im Festspiel soll uns das Bewußtsein begleiten, daß das Thema heißt: Brot für die Welt. Noch in der Arbeit am Brot soll die schmerzhafte Seligkeit einer Melodie von Mozart bei uns sein.

I, 9. Der Tod [1]

De morte nil nisi bene

Kann man wagen, über den Tod zu sprechen? Wird, was ich sage, angesichts meines Todes standhalten? Hält es stand angesichts des Todes meiner Nächsten? Hält es stand angesichts des uns allumgebenden Todes, den wir öfter, als wir zugeben, selbst zu verantworten haben? Aber eben darum: kann man wagen, nicht vom Tod zu sprechen? Können wir ein ernstzunehmendes Wort über das Leben sagen, wenn wir dem Tod nicht ins Auge sehen?

Der Buddha war der Sohn eines Königs. Es wird erzählt, daß ihn sein Vater im Palast und den Gärten des Palasts erziehen ließ, fern vom Anblick der Leiden. Der Prinz hatte schon eine Frau und zwei kleine Kinder, als ihm der Wunsch erfüllt wurde, die Stadt zu besuchen. Wir wissen, wie sich in altorientalischen Straßen das Elend unbeschönigt zeigt. Er sah einen Kranken. »Was ist das?« fragte er seinen Begleiter im Wagen. »Ein Kranker.« »Muß ich auch so werden?« »Ja.« Er sah einen Greis. »Was ist das?« »Ein Alter.« »Muß ich auch so werden?« »Ja.« Er sah einen Leichenzug. »Was ist das?« »Ein Toter.« »Muß ich auch so werden?« »Ja.« Er sah einen Wandermönch, dessen Gesicht die Ruhe des Wissens ausstrahlte. »Was ist das?« »Ein Mönch.« »Kann ich auch so werden?« »Ja.« Der Prinz kehrte in den Palast zurück. In derselben Nacht verließ er alle seine Güter, den Vater, die junge Frau und seine Kinder und zog in die Hauslosigkeit hinaus. Nach jahrelangem schwerem Ringen fand er zum vollständigen Erwachen. Nun lehrte er noch fünfzig Jahre zum Heil aller Menschen die Lehre vom Leiden, vom Durst und vom Erwachen.

Wir brauchen nicht in den Osten zu gehen, um so vom Tod denken zu lernen. Aus den Abschiedsgesprächen des Sokrates erfahren wir, daß Philosophieren nichts anderes ist als Sterbenlernen. In den Gleichnissen Jesu hören wir von dem reichen Bauern, der neue Scheuern für seine Ernte bauen wollte, um zu seiner Seele zu sagen: »Liebe Seele, du hast einen großen Vorrat auf viele Jahre; habe nun Ruhe, iß, trink und habe guten Mut!« Aber Gott sprach zu ihm: »Du Narr! diese Nacht wird man deine Seele von dir fordern, und

---

1 Vortrag, gehalten in den Salzburger Hochschulwochen, August 1975. Gedruckt in »Grenzerfahrung Tod«, Hrsg. Asgar Paus, Styria Verlag, Graz 1976.

wessen wird's sein, das du bereitet hast?« (Luk. 12, 16–21). Jedermann ist dieser Bauer.

Wahrscheinlich ist keine Menschheit je dem Tode gegenüber so ratlos gewesen wie die heutige. Freilich war die Antwort der großen Religionen auf die Todesfrage dem täglichen Bewußtsein der Menschen zu allen Zeiten fremd. Sie wurde mythologisch gefärbt, um erträglich zu sein. Unserer Zeit ist aber auch die Sprache des Mythos fremd geworden. Das moderne Bewußtsein versteht weder die gefärbte noch die ungefärbte Antwort. Wir müssen aber mit unseren Fragen beim heutigen Bewußtsein ansetzen, wenn wir über den Tod nicht bonum, d. h. Freundliches, vielleicht sogar Wahres, sondern bene, d. h. in guter Weise, also zum mindesten wahrhaftig reden wollen. Der harte Kern des heutigen Bewußtseins ist die Naturwissenschaft. Ich will versuchen, in dreifacher Hinsicht als heutiger Wissenschaftler zu sprechen. Einmal als ausgebildeter Naturwissenschaftler; diese Wissenschaft hat auch zum Tod etwas Wichtiges zu sagen. Zweitens in Kenntnis der Geistesgeschichte, also offen für den Erfahrungsschatz aller Religionen, nicht nur meiner christlichen Heimat. Drittens in philosophischer Weise, also so, daß die Erfahrungen nicht bloß nebeneinander aufgereiht werden oder eine der anderen zuliebe preisgegeben wird, sondern im Bemühen, ihren Zusammenhang zu denken.

Ich möchte den Vortrag unter drei Leitfragen aufgliedern: Woher kommt der Tod? Was bedeutet der Tod in unserem menschlichen Leben? Wohin führt uns der Tod?

Woher kommt der Tod? Zu dieser Frage weiß die heutige Naturwissenschaft ein Stück der Antwort, das frühere Zeiten nicht gekannt haben. Thesenhaft zugespitzt: Das Ich und der Tod sind zwei zusammengehörige, sinnvolle Produkte der Entwicklung des organischen Lebens. Erlauben Sie mir, diesen Satz langsam, ja pedantisch zu erläutern. In diese Erläuterung flechte ich eine Auseinandersetzung mit älteren, philosophisch-theologischen Gedanken ein.

Der Rahmen geschichtlicher Fakten, den die Naturwissenschaft entworfen hat, ist heute allgemein bekannt. Wir Menschen stammen von Tieren ab, die Tiere von Protozoen. Wir alle, Menschen, Tiere, Pflanzen, Einzeller, bestehen physisch aus Molekülen. Aus Molekülen dürften sich die ersten Lebensformen gebildet haben, nachdem vor schätzungsweise viereinhalb Milliarden Jahren die Erde, gemeinsam mit ihrem Zentralstern, der Sonne, aus einem Gasnebel entstanden war. Die Sonne ist einer der rund hundert Milliarden Sterne im Milchstraßensystem, einem der etwa hundert Millionen solcher Systeme, die den unseren Instrumenten noch erreichbaren Raum durchschweifen. Dem uns bekannten Kosmos können wir kein höheres Alter als knapp zehn Milliarden Jahre zuschreiben. Die Anfänge verlieren sich im Hypothetischen.

Philosophisch noch wichtiger als der Rahmen ist die Struktur der Geschichte der Natur. Alle Gestalten im Weltall sind in der Zeit. Ihre gemeinsamen Merkmale sind Möglichkeit, Gewordensein, Vergänglichkeit. Wir Menschen sprechen in der begrifflichen Analyse gewisse Gestalten als möglich an: ein Stern, ein Quarzkristall sind mögliche Agglomerationen von Materie. Zu dieser formalen, naturgesetzlichen Möglichkeit muß die reale, geschichtliche Möglichkeit kommen: jetzt ist hier ein Gasnebel, aus dem sich ein Stern bilden kann, ein Schmelzfluß, in dem ein Quarzkristall wachsen kann. Die geschichtliche Möglichkeit setzt schon Gewordenes voraus: der Gasnebel, der Schmelzfluß muß schon da sein. Alles Gewordene ist vergänglich, denn sonst gäbe es die Möglichkeit des Neuen nicht: der Gasnebel löst sich zum größten Teil in Sterne auf, der Schmelzfluß erstarrt oder verläuft sich in größeren Schmelzen. Möglichkeit beruht auf dem Zusammenspiel von Gewordensein und Vergänglichkeit. Wagt man es, schon die geschichtliche Möglichkeit überhaupt als Leben, schon die Vergänglichkeit des Gewordenen überhaupt als Tod zu bezeichnen, so ist der Tod Vorbedingung des Lebens. Der Satz in Tobler-Goethes Hymnus über die Natur: »der Tod ist ihr Kunstgriff, mehr Leben zu haben«, ist schon in diesem sehr formalen Sinne anwendbar. Sein enthusiastischer Klang ist naturwissenschaftlich nicht mehr und nicht weniger gerechtfertigt als der düstere Klang des Satzes: »alles, was lebt, lebt, um zu sterben.« In einem eigentlicheren Sinne aber gibt es in der Vergänglichkeit des Anorganischen den Tod noch nicht.

Die Vergänglichkeit alles Gewordenen ist allen alten Religionen und Philosophien geläufig. Neu in der Naturwissenschaft ist die empirische Feststellung der Evolution, der einsinnig fortschreitenden Bildung immer neuer, immer differenzierterer Gestalten. Evolution gibt es schon in der anorganischen Natur. Noch Newton meinte die Gestalt des Planetensystems nur als Werk einer direkt planenden Intelligenz begreifen zu können. Wir sind heute überzeugt, daß alle Gestalten der anorganischen Natur gemäß den Naturgesetzen auseinander hervorgehen und sich dabei im statistischen Mittel immer höher differenzieren. Die Meinung, das sogenannte blinde Walten der Wahrscheinlichkeit könne nur wachsende Unordnung erzeugen, ist falsch. Ich kann hier nicht die Argumente, sondern nur die Ergebnisse der begrifflichen Prüfung dieser Frage in drei Thesen zusammenfassen: 1. In einem physikalischen System, das weit genug vom statistischen Gleichgewicht entfernt ist, ist eine Zunahme der Anzahl unterscheidbarer Gestalten, also eine wachsende Differenzierung, statistisch zu erwarten. 2. Das erreichte Gleichgewicht zerstört meist die Gestalten nicht, sondern beendet nur ihre Vermehrung; der sogenannte Wärmetod hinterläßt nicht einen Brei, sondern eine Stätte von Skeletten. 3. Nur abgeschlossene Systeme erreichen das Gleichgewicht; die Welt im Ganzen ist vermutlich kein abgeschlossenes System.

Der Kern des Evolutionsphänomens ist, daß mit fortschreitender Evolution die Menge realer Möglichkeiten zunimmt. Zwar werden mit der Verwirkli-

I, 9. Der Tod

chung einer Möglichkeit alle ihr entgegenstehenden ausgeschlossen. Aber das neue Gewordensein eröffnet seinerseits neue Möglichkeiten, die vorher nicht real bestanden. Durch dieses Wachstum der Gestaltenfülle geschieht es, daß das Gewordene nicht ganz vergeht. Ein Dokument seines Gewesenseins bleibt im aus ihm Gewordenen übrige.

Die bedeutendste evolutive Erfindung der Natur ist das organische Leben. Dieser Satz ist in der personifizierenden Sprache formuliert, welche die Naturwissenschaftler gerade im Alltag ihrer Arbeit, scheinbar scherzhaft, ständig gebrauchen. Begrifflich behutsam muß man das organische Leben eine Möglichkeit nennen, die sich in einer Phase der Geschichte der Natur realisierte. Die Metapher einer neuen »Erfindung der Natur« soll andeuten, daß es sich nicht bloß um die Möglichkeit einer speziellen neuen Gestalt handelt, sondern um eine Möglichkeit neuer Möglichkeiten; um Gestalten, die in sich ein Prinzip der Erzeugung immer neuer Gestalten tragen. Wir haben heute keinen empirischen Grund, dabei die Wirksamkeit anderer als der normalen physikalisch-chemischen Gesetze anzunehmen. Es ist ferner die Grundthese der in der heutigen Biologie herrschenden darwinistischen Evolutionstheorie, daß, wenn organisches Leben einmal entstanden ist, seine Weiterentwicklung mit statistischer Notwendigkeit (»an Gewißheit grenzender Wahrscheinlichkeit«) nach einsehbaren Prinzipien stattfinden wird, und daß Evolution nach diesen Prinzipien uns zur Deutung der faktisch entstandenen Formen des Lebens, wenn wir nur hinreichend komplizierte Prozesse zu durchdenken vermöchten, auch ausreichen würde.

An dieser Stelle muß ich in den Strang der Darstellung den Faden der Auseinandersetzung mit klassischen philosophischen Meinungen einzuflechten beginnen. Ich gestehe, daß ich den noch heute verbreiteten Affekt gegen den Darwinismus für ein philosophisches Mißverständnis halte, an dem freilich die undifferenzierte Popularphilosophie vieler Biologen nicht unschuldig ist. Der Darwinismus ist die Herausforderung zu einer noch nicht geleisteten Philosophie der Zeit. Die klassische abendländische Philosophie stellt der Vergänglichkeit der geformten Dinge die Ewigkeit der Formen selbst gegenüber. Die Idee der Idee ist nach Platon die Idee des Guten. Von dem vergänglichen Ding her gesehen ist die Idee, an dem es teilhat, sein Gutes, seine höchste Möglichkeit. Die Ideen sind ewig, und eben darum sind die höchsten Möglichkeiten vergänglicher Dinge immer dieselben. Platon wagte es, wie ich meine vor dem Hintergrund einer mathematischen, einer sittlichen und einer mystischen Erfahrung, das Pathos der Vergänglichkeit mit dem Pathos einer präsenten Ewigkeit zu überspielen. Die Zeit ist ihm des im Einen verharrenden Ewigen ewigliches, nach der Zahl fortschreitendes Abbild; die in sich zurückkehrende Kreisbewegung ist ihm die nächste Annäherung an die Ewigkeit. Es ist die Herrlichkeit der platonisch verstandenen Welt, daß es in ihr nichts Neues gibt, denn gäbe es in ihr Neues, so wäre sie – blasphemischer Gedanke – nicht schon von jeher dem ewigen Guten so nahe wie möglich. Dies ist freilich noch die Sprechweise des Vorhofs, aber sie hat in der Geschichte des Denkens gewirkt.

Wie haben wir nun die Möglichkeit aller Möglichkeiten, das Gute, zu denken, wenn es Evolution gibt? In der Philosophie, die sich uns nahelegt, erscheint das Mögliche nunmehr mit der Zukunft verbunden. Es wäre nun abstrakt, der einzelnen, im Begriff gespiegelten Idee, Zeitlosigkeit zuzuschreiben; die realen Möglichkeiten werden erst mit dem Gewordensein ihrer Vorläufer. Der so vielfach affektbesetzte Begriff des Zufalls besagt nur, daß wir die Möglichkeit des Zukünftigen nicht als Notwendigkeit verstehen. Wir sprechen wissenschaftlich von Zufall, wenn in Situationen, die wir begrifflich als gleichartig charakterisieren, in verschiedenen Einzelfällen de facto Verschiedenes geschieht. Unsere begrifflichen Hilfsmittel gestatten dann nur, relative Häufigkeiten des Eintretens verschiedener Möglichkeiten, also Wahrscheinlichkeiten zu prognostizieren. Die physikalischen Gesetze sind nichts anderes als die allgemeinen Regeln, nach denen menschlichen Subjekten solche Prognosen möglich sind; darauf komme ich im dritten Teil des Vortrags noch einmal zurück. Wir betrachten nun, die philosophischen Fragen im Blick haltend, die biologische Evolutionslehre.

Eine Evolutionstheorie muß drei empirisch bewährte Prinzipien erklären: die Erhaltung der Individuen, die Erhaltung der Arten, die Weiterentwicklung der Arten. Das zentrale Prinzip ist das der Erhaltung der Arten. Das lateinische Wort für Art, Species, wörtlich das Aussehen, ist eine Übersetzung des griechischen Eidos und entstammt der aristotelischen Philosophie. Aristoteles ist ein heterodoxer Interpret Platons. Die platonische Idee ist für ihn das Eidos, die Gestalt *in* den Dingen – was immer die Metapher »in« hier heißen möge. Die Ewigkeit der Ideen findet sich für ihn realisiert in der nie abreißenden Gegenwart von Dingen, in denen dasselbe Eidos ist. Die physische Abstammung des Gleichen vom Gleichen (»ein Mensch zeugt einen Menschen«) ist das schönste Modell dieses Gedankens. Kein Individuum ist unsterblich, aber das Eidos in den Individuen, die Spezies, ist es. Dieser philosophische Gedanke ist zugleich hervorragende empirische Biologie. Die neuzeitliche Biologie kam im achtzehnten Jahrhundert auf den sicheren Weg der Wissenschaft, als sie die universale Geltung der physischen Abstammung aller Individuen einer Art von Individuen derselben Art, also des Prinzips des Aristoteles, etablierte. Die langsame Änderung der Arten, auf der die Evolution beruht, ist auch nach der heutigen Biologie nur eine kleine Korrektur am Prinzip der Artenkonstanz. Jede Erklärung der Evolution muß mit einer Erklärung der Artkonstanz beginnen; daher die zentrale Bedeutung der langgesuchten Entdeckung des Mechanismus der Reproduktion durch die Doppelhelix der Nukleinsäuren. Das philosophische Motiv des Aristoteles wird freilich durch die Entdeckung der Evolution aus den Angeln gehoben; auch die Spezies sind nicht ewig. Auch das Schöne muß sterben, um anderem Schönen Platz zu machen, nicht nur das Individuum, sondern auch die Gestalt.

I, 9. Der Tod

Man muß nun sagen, daß erst die Evolution den Tod geschaffen hat, und zwar mit schrittweise steigender Schärfe. Nach heutigen Modellvorstellungen beginnt die organische Evolution mit Molekülen, die ihresgleichen produzieren. Die organische Evolution beginnt also mit der Selbstvermehrung einer Spezies. Vorkehrungen zur Erhaltung der Individuen gibt es dabei zunächst nicht; diese Moleküle haben nur die übliche begrenzte chemische Stabilität. Aber nun entsteht die Konkurrenz der sich jeweils vermehrenden verschiedenen Arten um das in begrenzter Menge vorhandene Ausgangsmaterial, um die Nahrung. Der erste Schritt der Evolution produziert also das völlig neue Phänomen des »Kampfs ums Dasein«. Zunächst ist schnellere Vermehrung ein Vorteil, oder ökonomischere Ausnützung der Nahrung. Die in solchen Vorgängen tüchtigere Spezies wird die anderen zurückdrängen. Es entsteht ein »Selektionsvorteil« für gewisse Verhaltensweisen und damit für Weiterentwicklung. Zufällige, d. h. mögliche Mutationen des Erbguts, fast immer schädlich, können doch auch einmal zu tüchtigeren neuen Arten führen, und diese setzen sich dann durch. So führt das erste Prinzip, die Selbstvermehrung der Art, zum zweiten Prinzip, der Weiterentwicklung. In dieser Entwicklung folgt nun eine Kette von »Erfindungen der Natur«, die überhaupt erst ein Prinzip der Selbsterhaltung der Individuen, also ein aktives Verhalten des Individuums zur Aufrechterhaltung seiner eigenen Existenz, entstehen lassen. Dazu gehört die höhere Erfolgstüchtigkeit solcher Individuen, die einen Stoffwechsel haben, der ihnen chemische Prozesse und damit Wachstum und Mobilität ermöglicht. Günstigstes Ausgangsmaterial für höheren organischen Chemismus ist Substanz, die selbst schon organisch ist. Dies gibt den Verzehrern anderer Organismen eine Chance, also den Tieren, die von Pflanzen leben, und den Raubtieren, die von Tieren leben. Jetzt sind Individuen durch andere Individuen bedroht, und Selbstschutz durch Härte, Gift, Waffen, Größe, Beweglichkeit bringt Vorteil. Die Evolution erzeugt also das Schema des Individuums als letztes ihrer drei Prinzipien. Aber erst Individuen, die darauf eingerichtet sind, sich selbst zu erhalten, können eigentlich sterben. Für sie ist der Tod ein Ereignis, weil sie darauf angelegt sind, sich gegen ihn zu wehren. So erzeugt die Evolution den Tod.

Darwin ist zu seiner Selektionslehre angeregt worden durch die pessimistische Ökonomie von Malthus, der lehrte, die Lebewesen, so auch die Menschen, würden sich stets so weit vermehren, bis sie ans Existenzminimum stießen. Dieser Gedanke ist ein Blick in einen Abgrund, den sich die europäische Tradition verborgen hatte. Im christlichen Aristotelismus erscheint Gott wie ein Gärtner oder Hausvater, der allen den Seinen genug zuteilt. Vom Blickpunkt des Individuums aus hat hier Buddha tiefer gesehen und ebenso die frühchristlichen Traditionen, die die Welt selbst und den Herrn dieser Welt als böse empfanden. Die Empörung über den Darwinismus verteidigte ein idealisierendes Weltbild. Der Darwinismus selbst hatte freilich ein optimistisches Fortschrittspathos, vergaß aber gern, daß die Fortentwicklung der

Arten und ihres ökologischen Gleichgewichts über die Leichen der Individuen geht; man muß zu den Siegern gehören, um sich der existierenden Schönheit der Welt zu erfreuen. Nach meiner Überzeugung enthält der Realismus Darwins auch die Aufforderung zu einer tieferdringenden Philosophie und Theologie. Der Gegensatz von Finalismus und Kausalismus ist ein Scheingegensatz. Es ist zunächst gerade der Anspruch der Selektionslehre, die finalistische Beschreibung des Verhaltens der Organismen als eine Phänomenologie zu rechtfertigen, indem die Entstehungsweise zweckmäßiger Organismen erklärt wird. Diese gegenseitige Erläuterung der Wirkursache und der Endursache, diese Fundiertheit der Möglichkeit in der Gewordenheit, ist nicht unaristotelisch, nur erreicht sie einen neuen Tiefgang in der Überschreitung der Schranke der Artenkonstanz. Die Theologie eines zwecksetzenden Gottes aber erscheint mir als ein Anthropomorphismus, der mit der religiösen Lehre von Gottes Allmacht ebenso schwer zu vereinen ist wie mit der philosophischen Vorstellung von Gottes Wissen. Zwecke sind wesentlich menschliche Orientierungsmarken, deren begrifflicher Sinn voraussetzt, daß sie möglicherweise auch nicht erreicht werden. Zwecke sind Begriffe von Möglichkeiten, also anthropomorph. Wer Gott für die Zwecke direkt verantwortlich macht, muß einen Gegengott für die unendliche Fülle des Scheiterns, des Leidens, des Mißratens verantwortlich machen; er ist, denkt er konsequent, zum theologischen Dualismus gezwungen.

Der Tod ist ein Werk der Evolution, in noch schärferem Sinn als ich es bisher ausgesprochen habe. Eine »Erfindung der Natur« sind evolutionsbeschleunigende Strukturen. Von zwei etwa gleich lebenstüchtigen Arten wird diejenige einen Vorteil haben, die sich schneller weiterentwickelt. Dazu gehört das »Ausprobieren« vieler Mutanten. Höchst wahrscheinlich ist die geschlechtliche Fortpflanzung, im Unterschied zu dem so viel einfacheren Prinzip der bloßen Zellteilung, eine dieser evolutionsbeschleunigenden Strukturen. Sie mischt immer von neuem rezessive Merkmale und gibt jeder Spezies einen Schatz von Erbanlagen latent mit, die bei jeder Umweltänderung eine Chance haben, alsbald den bestangepaßten Typ zu produzieren. Um diese Fortpflanzungsweise durchzusetzen, bedurfte es freilich der stärksten Verhaltensregulative, die die Kopulation erzwingen. So verstehen wir die weltbeherrschende Gewalt der geschlechtlichen Liebe. Das Individuum aber, das kopuliert hat, hat damit den ersten Schritt getan, sich überflüssig zu machen. Es gibt Spinnenweibchen, die das noch kopulierende Männchen aufzufressen beginnen. Das tiefe Erlebnis des Zusammenhangs von Liebe und Tod ist kein ästhetischer Irrtum.

Der Tod des Individuums ist aber noch unmittelbarer evolutionsfördernd. Kurzlebigkeit der Individuen ist ein Selektionsvorteil für die Art, denn sie beschleunigt die experimentierende Generationenfolge. Das Altern der Individuen ist darum gewiß nicht zufällig ein zwangsläufiger Prozeß, eine genetisch fest eingeplante fortschreitende Krankheit. Wir verschleiern uns dieses Fak-

I, 9. Der Tod   115

tum durch naive Vorstellungen, als sei das Altern ein, vielleicht gar vermeidlicher, Verschleiß des Materials. Warum sollten virtuell unsterbliche Individuen physisch weniger möglich sein als virtuell unsterbliche Arten? Das
Tempo des Alterns ist faktisch auf das Tempo der Ontogenese, der Individual-
entwicklung abgestimmt. Die Eintagsfliege kann nach einem Larvenstadium
und einem Hochzeitstag sterben. Der Mensch lebt lange, weil seine Kinder
seiner lange bedürfen.

Was bedeutet der Tod in unserem menschlichen Leben? Der Mensch ist das
Lebewesen, welches weiß, daß es sterben muß. Unter dem, was Tiere wahrnehmen, ist wohl eine Mitwahrnehmung des herannahenden eigenen Todes
in der Furcht oder im Erlöschen der selbsterhaltenden Triebe vorhanden, vielleicht wesentlich. Ein reflektiertes Wissen, daß er sterben muß, werden wir
erst dem Menschen zusprechen. Kaum ein anderes Wissen hat dem Menschen einen so tief eindringenden Weg der Selbstwahrnehmung eröffnet wie
das Wissen vom eigenen Tod.

Die Situation des Menschen gegenüber dem Wissen vom eigenen Tod ist
paradox. Der manifeste Träger des menschlichen Wissens ist das Ich. Das Ich
ist die Selbstwahrnehmung des Individuum *als* Individuum. Unreflektiert ist
das Ich das steuernde Zentrum der selbsterhaltenden Triebe, in der Reflexion
umfaßt es alle Wahrnehmungen und Wissensentscheidungen, die der Selbsterhaltung dienen und ist so das eigentlich menschliche Instrument der Selbsterhaltung, ihr erster Diener. Der Meensch ist das Tier, das Ich sagen kann.
Eben das Individuum aber ist das eigentliche Opfer des Todes. Indem das Ich
zum reflektierenden Wissen gelangt, gelangt es zum Wissen seines notwendigen Untergangs.

Gehen wir einen Schritt mehr ins Einzelne. Der Mensch hat die tierische
Einheit von Wahrnehmen und Handeln gesprengt durch das sprachlich gestützte Vermögen der Vorstellung. Er kann das, was nicht da ist, in der Phantasie, im Wort, im Begriff, in der Reflexion gleichsam vor sich stellen. Er
kann Zukunft in der Form der Möglichkeit antizipieren. Die ganze Wissenschaft, in deren Sprache ich hier rede, ist eine Entfaltung dieser menschlichen
Weise, sich zur Zukunft zu verhalten; Begriffe sind Möglichkeiten. Möglichkeiten denken zu können, bedeutet auch Gefahren denken zu können und den
Schutz gegen sie vorzubereiten; es bedeutet präzise Furcht und unbegrenzt
akkumulierbare Macht. Gerade das Ich des neuzeitlichen Europäers – und mit
dem Sieg unserer Zivilisation des modernen Menschen – erlebt die Ansamm-
lung von Verfügungsgewalt als Wissen, Kapital, Waffen stärker als irgend ein
früheres Lebewesen auf der Erde. Genau die Voraussicht, die uns alle Macht
der Erde erschließt, erkennt die Schranke des eigenen Todes. Wessen wird's
sein, das du gesammelt hast?

Die üblichste Form menschlichen Umgangs mit dem eigenen Tod ist die
Verdrängung. Wäre es nicht so, warum bedürften wir der biblischen Erinne-

rung? Nun ist der psychische Mechanismus der Verdrängung an sich eine lebensnotwendige Fähigkeit. Abschirmung, Filterung von Information ist eine der wichtigsten höheren Leistungen unseres sensorischen Apparats; sie ist eine Bedingung der Begriffsbildung. Zu dem, was normalerweise verdrängt werden muß, gehört die Flut entfernter Gefahren, die kein akutes Handeln erfordern. Verdrängung ist ein Wächter seelischer Gesundheit. Aber ihre richtige Verwendung ist eine Aufgabe. Je bewußter der Mensch wird, desto unentbehrlicher ist für ihn die Kontrolle seiner eigenen Verdrängungen. Wahrheit wird für ihn eine Lebensbedingung. In diesem Sinne ist ein Friede stets der Leib einer Wahrheit. Unsere Fähigkeit zum Umgang mit der Verdrängung des Todes ist dann ein wichtiges Kriterium unserer Fähigkeit zu leben, unserer Friedensfähigkeit.

Blicken wir zunächst auf den Augenblick, in dem ich nicht mehr bloß weiß, daß man stirbt, sondern daß ich nun sterben muß. Auf jeden Menschen, sagt Jean Paul, wird im Augenblick der Geburt ein Pfeil abgeschossen; er fliegt und fliegt und erreicht ihn in der Todesminute. Wie, wenn ich das Schwirren des Pfeiles höre? Hier hat unsere Medizin ein Problem. Zur religiösen Lebensordnung gehörte es, den Menschen in seiner letzten Stunde nicht in der Unwissenheit allein zu lassen. Er empfing die Tröstungen, wenn er wußte, was der Arzt, der Priester, die Angehörigen wußten: daß er nun sterben müsse. In der heutigen Medizin hat sich die Überzeugung durchgesetzt, es sei humanes Gebot, dem Menschen das Wissen von seinem bevorstehenden Tod nicht aufzudrängen; ja, es gibt eine Praxis, es ihm auszureden. Ich habe in diesem Zusammenhang eine Erfahrung gemacht. Mein kraftvollster philosophischer Schüler, auch physisch ein Bild der Gesundheit, mußte sich wenige Wochen nach seinem Doktorexamen einer Untersuchung unterziehen. Danach kam seine Frau zu mir und fragte mich um Rat. Der Klinikchef hatte ihr die Diagnose, inoperabler Krebs, gesagt, und ihr dringend ans Herz gelegt, sie ihrem Mann zu verschweigen. Sie fuhr fort: »Ich habe meinen Mann noch nie belogen. Was soll ich tun?« Ich kannte sie und antwortete: »Das können nur Sie selbst wissen. Aber wenn Sie sich entscheiden, es Ihrem Mann zu sagen, werde ich die Verantwortung dafür gegenüber dem Klinikchef auf mich nehmen.« Sie sagte es ihm. Als ich ihn daraufhin besuchte, war er aus tiefer Unruhe in ruhige Gewißheit gewandelt. Er sagte: »Ich weiß jetzt, daß ich noch wenige Monate Zeit habe, um einige Dinge in meinem Leben zu ordnen, die ich sonst um Jahre hätte hinausschieben mögen.« Natürlich handelte es sich bei diesen Dingen im Kern um das Verhältnis zu Gott. Eine Weile ging es ihm selbst physisch besser. Ich habe ihn bis zu seinem Tod jede Woche besucht, in den Schwankungen seiner Zustände, und dieses Sterben war etwas vom Wirklichsten, was ich gesehen habe.

Mediziner, denen ich diese Geschichte erzähle, sprechen dann manchmal von Ausnahmemenschen, und sie können auf viele gegenteilige Erfahrungen verweisen. Gewiß kann man Menschen, die unsere Kultur ein Leben lang

I, 9. Der Tod   117

verdrängen gelehrt hat, daß Leben Sterbenlernen bedeutet, nicht im letzten
Augenblick zumuten, alles Versäumte nachzuholen. Aber selbst diese Menschen nehmen etwas wahr, was sie verstehen könnten, wenn man ihnen dazu
hülfe. Oft ist der Arzt der Ratlose, oder der technische und kommerzielle Apparat der Medizin hindert den Arzt, das Mögliche sich zur Gewohnheit zu
machen. Viele Erfahrungen sprechen dafür, daß es eine Mitwahrnehmung
des nahenden eigenen Todes gibt, auch wenn sie nicht ins reflektierte Bewußtsein aufgenommen werden kann. Sie begleitet nicht nur die Einschränkung des Bewußtseinshorizonts des Ich bei wegsinkender Lebenskraft. Im
Gegenteil, sie ist der Möglichkeit nach eine gesteigerte, befreite Sensitivität.

Als eine der großartigsten Formen des vorausgeworfenen Schattens des
Todes möchte ich den Spätstil von Künstlern ansehen. Das Empfinden drängt
sich auf, daß der Stil eines Künstlers oft Jahre, ja viele Jahre zuvor mehr von
der Nähe des Todes als vom verflossenen Alter seit der Geburt geprägt wird.
Die Quartette des fünfundfünfzigjährigen Beethoven sind so sehr Altersstil
wie die Bilder des sechzigjährigen Rembrandt, des neunzigjährigen Tizian,
wie der Prospero im »Sturm« des fünfzigjährigen Shakespeare, ja wie die
letzte Musik des nicht dreißigjährigen Schubert, des fünfunddreißigjährigen
Mozart. Ich weiß nicht, ob ich die formalen Merkmale des Altersstils zu bezeichnen vermag: ein Wegsinken der Pflicht und des Ehrgeizes, klassisch zu
sein, die unglaubliche Dichte distanzierter Direktheit – »als ich siebzig war,
konnte ich meines Herzens Regungen folgen«, sagt Konfuzius. Erlauben Sie
mir, Ihnen ein bekanntes Dokument des Altersstils vorzulesen:

Selige Sehnsucht

Sagt es niemand, nur den Weisen,
Weil die Menge gleich verhöhnet:
Das Lebend'ge will ich preisen,
Das nach Flammentod sich sehnet.

In der Liebesnächte Kühlung,
Die dich zeugte, wo du zeugtest,
Überfällt dich fremde Fühlung,
Wenn die stille Kerze leuchtet.

Nicht mehr bleibest du umfangen
In der Finsternis Beschattung,
Und dich reißet neu Verlangen
Auf zu höherer Begattung.

Keine Ferne macht dich schwierig,
Kommst geflogen und gebannt,
Und sogleich, des Lichts begierig,
Bist du Schmetterling verbrannt.

Und solang du das nicht hast,
Dieses: Stirb und Werde!
Bist du nur ein trüber Gast
Auf der dunklen Erde.

Ich wage ein paar kommentierende Worte. Altersstil: Einfache, scheinbar kunstlose Verse. Ein Reim wie zeugtest-leuchtet, inhaltbefrachtet, wird nicht vermieden. Oft fast übergangslos dichte Fügung: es ist überflüssig, die Gedankenbrücke auszusprechen. Das Unauslotbare ist, ohne jede Schwere der Wortwahl, schlicht, wie mühelos hingesagt. Der Inhalt: Flamme, Liebessehnsucht, Todessehnsucht sind eine und dieselbe Sehnsucht in der Steigerung. Die Steigerung, scheinbar aus dem Wirklichen ins Jenseitige, macht das bewußt, was immer die Sehnsucht des Wirklichen war; nun zeigt sich, daß das Wirkliche das Symbol war und das Jenseitige das Wirkliche ist. Der Schmetterling verbrennt in der Kerzenflamme, die Liebenden in ihrer Liebe, aber fremde Fühlung führt zu höherer, also eigentlicher Begattung. Hier klingen die Erfahrungen der Mystiker an, für welche die Enthaltung von der irdischen Liebe nicht den Liebesverzicht, sondern die Liebesintensität, die eigentliche Empfängnis bedeutet.

Erlauben Sie mir, ehe ich weitergehe, bloß weil ich es naiv schön finde, noch ein anderes Gedicht zu zitieren, ein viel einfacheres, das einmal nicht problematisiert, von Eichendorff:

Der Soldat

Und wenn es einst dunkelt,
Der Erd bin ich satt,
Im Abendrot funkelt
Eine prächtige Stadt.

Von goldenen Türmen
singet der Chor.
Wir aber stürmen
Das himmlische Tor.

Das ist Romantik. In jeder Rolle kann der Tod angenommen werden.

Zurück zu Goethe. Sein Gedicht endet nicht mit dem Stürmen des himmlischen Tors. Es kehrt zur Erde zurück. Gerade dann, wenn du das nicht hast, dieses Stirb und Werde, gerade wenn du fraglos auf der Erde lebst, gerade dann bist du nur ein Gast auf der Erde, ein trüber Gast, der nichts sieht, der nicht durchscheinend ist, gerade dann, nur dann ist die Erde dunkel.

Ich will versuchen, dem Stirb und Werde eine nüchterne, mit dem evolutionistischen Denken vereinbare Deutung zu geben. Nüchternheit ist erforderlich. Selige Sehnsucht – das sollt ihr niemand sagen, nur den Weisen. Für

I, 9. Der Tod

fast alle von uns sind Todesangst und verfrühte Todessehnsucht zwei Gestalten desselben Affekts. Sie sind, wie Affekte so oft, unterlassene Handlungen, eigentlich Wahrnehmungen der Unfähigkeit zum Leben. Der religiösen Antwort auf das Todesproblem, wo sie ungefärbt ist, wohnt die Nüchternheit stets inne; sie ist in ihren Symbolen evident. Im Johannes-Evangelium spricht Jesus von sich, wenn er sagt: »Es sei denn, daß das Weizenkorn in die Erde falle und sterbe, so bleibt es allein. Wenn es aber stirbt, so bringt es viele Frucht.« (Joh. 12,24). Er sagt dies zu Griechen, und es gibt Ausleger, die meinen, er deute damit auf die eleusischen Mysterien. Jedenfalls, wie in fast allen seinen Gleichnissen, geht er von der bäuerlichen Erfahrung des Lebens in der Natur aus. Das Weizenkorn, als Individuum betrachtet, geht unter, um viele Weizenkörner zu erzeugen. Was bedeutet das im menschlichen Leben?

Die Entwicklung vollzieht sich meist nicht in gleichmäßigem Fortschreiten, sondern in Stufen. Ich möchte das eine Entwicklung von Plateau zu Plateau nennen. Zwischen zwei Plateaus geht der Weg meist durch eine Krise, durch das Sterben einer Gestalt. Im organischen Leben ist die Spezies ein Plateau. In der Umwelt, der sie angepaßt ist, ist sie zu harmonischem Leben fähig; sie ist in ihrer Welt im relativen Frieden. Mutationen treten zufällig auf wie immer, aber fast stets sind sie in dieser Umwelt schädlich und werden durch ihren Mißerfolg eliminiert. Aber Änderungen der anorganischen oder der organischen Umwelt, oder auch eigene, unwahrscheinliche neue »Erfindungen« bieten anderen Mutanten eine bessere Chance; durch eine Krise, die tödlich verlaufen könnte, tritt eine neue Art ins Leben, zusätzlich zur alten oder sie ersetzend. Diese Schilderung ist, wie jede Schilderung, stilisiert; es gibt stetige Übergänge, gleichsam unmerkliche Krisen. Aber das Phänomen des Plateaus ist sehr allgemein. Auch umfassende Organisationsformen, die ich eingangs »Erfindungen der Natur« genannt habe, kann man als Plateaus bezeichnen, so die Selbstreproduktion, die Zelle, die geschlechtliche Fortpflanzung, die Tiere, die Wirbeltiere, die Warmblüter, die Intelligenz.

Auch die kulturelle, soziale, politische Geschichte der Menschheit zeigt solche Plateaus. Wir bezeichnen heutzutage die Krisen zwischen ihnen oft als Revolutionen: die neolithische Revolution, die den Ackerbau schuf, die Entstehung der Stadtkulturen, der Großreiche, der Hochreligionen, der Wissenschaft, die politische Revolution der Neuzeit in ihren Reprisen, die industrielle Revolution. In der Wissenschaftsgeschichte wird neuerdings der Begriff wissenschaftlicher Revolutionen erfolgreich benutzt. Da die menschliche Kulturgeschichte in diesen ihren Einzelschritten vermutlich primär nicht Folge, sondern allenfalls Ursache jeweiliger biologischer Änderungen ist, ist die Strukturverwandtschaft der biologischen und der kulturellen Evolutionsprozesse um so auffallender. Der Grund dieser Verwandtschaft liegt meiner Ansicht nach in der Struktur der Zeit selbst; doch kann ich im heutigen Vortrag darauf nicht eingehen.

Schließlich geht auch die biographische Entwicklung des menschlichen Individuums durch Plateaus und Krisen, und die Krise wird oft wie ein Sterben gefürchtet und erfahren. Hier ist das Stirb und Werde für das Ich; die entscheidenden Reifungen erreicht es nicht ohne eine Art Tod. Auf moderne Entwicklungspsycholgie will ich heute nicht eingehen. In dem Vortrag über das Schöne habe ich fünf objektive Prinzipien genannt, die solche Plateaus bezeichnen: das Nützliche, das Gerechte, das Wahre, das Schöne, das Heilige. Ich habe sie dort als Erscheinungsformen des Guten bezeichnet. Sie sind Weisen, in denen der Mensch wahrnimmt, was sein Leben möglich macht; Wahrheiten, deren Leib ein menschlicher Friede sein kann. Jedes der Prinzipien bezeichnet eine Erlebnisqualität, die von den vorangegangenen Qualitäten her kaum geahnt werden konnte, die in die vorher scheinbar schon abgeschlossene Erlebniswelt erschütternd oder sänftigend eindringt. In jedem der Übergänge vollzieht sich eine Umwertung der Werte, die das Ich zuvor gekannt hat, eine Ablösung, ein Tod der Götter.

Im Nützlichen überwindet das Ich nur die Triebhaftigkeit des Augenblicks zugunsten der Vorausplanung seiner selbsterhaltenden Zukunft. Nutzen und Macht sind akkumulierte Möglichkeiten zuhanden des Ich; sie sind Information. Und doch stirbt etwas vom Ich mit der Entdeckung des Nutzens, eine Kindlichkeit, die mehr liebenswert als glücklich war. Im Sittlich-Gerechten findet das Ich eine Möglichkeit und, ist sie entdeckt, eine Forderung, sich selbst radikal zu überschreiten. Im Wahren zeigt sich dem Menschen ein von allem menschlichen Willen, Wohl und Wehe Unabhängiges, gleichwohl dem Menschen Zugängliches; eine erlösende Ernüchterung. Das Schöne ist eine Wirklichkeit jenseits der Selbstverteidigung, eine Seligkeit. Im Herantreten an das Heilige stößt das Ich an seine unüberwindbare Grenze; ein Schritt durch das Tor, und nie ist eine Grenze gewesen.

Ein Wort hier über die Todeserfahrung in der Politik. Politik ist die planvolle Gestaltung des gesellschaftlichen Zusammenlebens der Menschen. Als solche hat sie einen notwendigen Anteil an den Prinzipien des Nützlichen und des Sittlich-Gerechten. In der Spannung zwischen diesen beiden Prinzipien, die zu versöhnen ihr Auftrag wäre, wirkt sie wie eine noch ungelöste geschichtliche Aufgabe der Menschlichkeit. Sie ist bisher überwiegend in der Form der Herrschaft – offener oder verborgener – praktiziert worden. Im Kampf um Herrschaft und Freiheit arbeitet sich eine Form der Nützlichkeit heraus, die wir Macht nennen. Macht ist ein Plateau des menschlichen Lebens. Sie ist, als Besitz, fast unbegrenzt akkumulierbar. Sie ist, als Struktur, selbststabilisierend: gegen Macht ist fast nur mit Macht etwas auszurichten. Sie ist, als Selbstschutz, gerade wegen ihrer Unbegrenzbarkeit, tragisch. Wer das Schwert aufhebt, wird durch das Schwert umkommen. Stirbt der Sieger im Bett, so haben seine Nachfolger zu zittern. Der Krieg ist die bisher unüberwundene ultima ratio der Macht. Ständig finden Kriege auf der Erde statt; der dritte Weltkrieg ist wahrscheinlich. Der Politik ist eine bestimmte Form der Lüge fast zwangsläufig zugeordnet; das Ausgeben des für eine Par-

I, 9. Der Tod   121

tei Nützlichen als das Gerechte. Genau deshalb wäre das Wahre das eigentlich
heilsame Prinzip der Politik. Wer aber kann das Wahre hören? Wer ist seelisch fähig, es hören zu wollen? Die Angst, die unerträgliche Wahrnehmung
der eigenen Unfähigkeit zum Frieden, ist es, welche die Macht tragisch
macht, denn sie schneidet Sehen und Hören dort ab, wo es am nötigsten wäre.
Auch wer schreit, hört nicht; er hört nur seinen Schrei. Wahrscheinlich muß
man den kommenden Krieg bis in die Tiefe des Unbewußten durchlitten haben, um denen, die ihn unwissentlich vorbereiten, leise und unüberhörbar die
kleine Wendung im Weg zeigen zu können, die den nächsten Abgrund vermeiden würde.

  In der menschlichen Reifung sterben wir viele Tode. Stets ist der bestande-
ne Tod ein Weg zu neuem Leben, der übertünchte Tod ein Gebanntsein in
den Tod. Am Ende erreicht der fliegende Pfeil das leibliche Ich – mein Ich, wie
wir zweideutig sagen.

Wohin führt uns der Tod? Aus bekanntem Land treten wir mit dieser letzten
Frage, die sich uns gleichwohl aufdrängt, ins Unbekannte. Das Ichbewußtsein
weiß die Antwort auf die Frage, was jenseits seines Endes ist, nicht. Es hat
fast stets in der Geschichte religiöse Antworten auf diese Frage geglaubt. Das
Ich ist nicht die ganze Wirklichkeit der Seele. Religiöse Erfahrung spiegelt
Wirklichkeit, die das Ich überschreitet. Aber in der Begriffssprache des Ich
läßt sie sich nicht so aussprechen, wie sie ist. Sie bleibt dem Ich ein Geheimnis. In der mythischen Form, in der sie die Weltgeschichte der Kulturen bestimmt hat, ist sie schon gefärbt; gefärbt durch Rücksicht auf das Aufnahme-
vermögen der Hörenden, und durch deren geschichtliche, gesellschaftliche
Filterung immer unkenntlicher eingefärbt; gefärbt aber auch durch das geschichtlich bedingte Vorstellungsvermögen der religiösen Persönlichkeiten
selbst. Eine Folge dieser vielfachen Färbung ist die große Vielfalt der Jenseitsvorstellungen, die uns die Religionsgeschichte kennen lehrt. Wir sollten einen Blick auf einige der wichtigsten unter ihnen werfen.

  In den meisten primitiven Religionen gibt es eine jenseitige Gegenwart der
Verstorbenen, zumal der Ahnen. Viele Primitive, und erst recht die frühen
Hochreligionen, deren politische Kultur das Diesseits in Reichen denkt, kennen ein Reich der Toten. Es bildet sich die Vorstellung, daß die sittliche Weltordnung, deren diesseitige Durchsetzung Sache des diesseitigen Königs ist,
vom jenseitigen König vollendet wird; die Rechnung von Schuld und Sühne
geht erst im Jenseits auf.

  Wie eine Gegenbewegung gegen alle diese Gedanken erscheint die Religion
Israels, wie sie aus allen außer den jüngsten Schichten des Alten Testaments
zu uns spricht und Wesenszüge des Jüdischen bis heute bestimmt. Hier ist
das Leben der Menschen mit Gott oder gegen Gott diesseits, es entscheidet sich
im Tageslicht. Eigentliches Leben heißt in der Sprache der Propheten hier
und jetzt mit Gott leben, eigentlicher Tod heißt hier und jetzt von Gott ge-

trennt sein. Das Ich kann sich nicht in die Hoffnung einer jenseitigen Vollendung flüchten, und es bedarf ihrer nicht. Abraham »nahm ab und starb in einem ruhigen Alter, da er alt und lebenssatt war, und ward zu seinem Volk gesammelt«. (1. Mos. 25, 8). Das Ich steht im Diesseits nicht allein; die Entscheidung für oder gegen Gott fällt immer von neuem im Volk. Sie ist Verwirklichung des Sittlichen als Gebot des Heiligen. Zu ihrem sittlichen Teil finden darum auch moderne engagierte Intellektuelle einen echten Zugang. Aber das Sittliche ohne das Heilige ist nicht lebensfähig; es ist die Forderung ohne ihre Ermöglichung. Die selbstverzehrende Anstrengung der bloßen Moral kann kaum umhin, wenn sie wahrhaftig bleibt, böse oder verzweifelt zu werden.

Das jüdische Tageslicht ist ein Geschenk an die Menschheit, es ist aber nicht die volle Wirklichkeit. Das spätere Judentum hat viel von den Jenseitsvorstellungen der umliegenden Völker aufgenommen. Im frühen Christentum fließen diese Vorstellungen mit der Diesseitseschatologie der Messiaserwartung zusammen. Zum kommenden Reich Christi gehört die Auferstehung des Fleisches. Diese Lehre bezeichnet, daß es nicht auf das Verlassen des Leibs, sondern auf seine Wiederherstellung ankommt. Die Naherwartung erfüllte sich nicht und die christliche Theologie nahm die ganz anders geartete philosophische Lehre von der Unsterblichkeit der Seele in sich auf. Ich glaube, daß die christliche Geschichtserwartung das vorausgeworfene Zeichen einer im wesentlichen Kern noch nicht vollzogenen Verwandlung der menschlichen Geschichte ist; aber das ist nicht unser gegenwärtiges Thema. Die Frage, wohin der individuelle Tod uns führt, bleibt auch in der christlichen Tradition in ein Geheimnis gehüllt.

Die weltweit wirksamste Vorstellung vom Jenseits des Todes ist die Lehre von der Wiederverkörperung der Seelen in immer neuen Leibern. In Indien entstanden, hat sie den größeren Teil Asiens erobert, als orphisch-pythagoräische Lehre tritt sie im alten Griechenland auf, und heute finden sich religiös suchende europäische und amerikanische Intellektuelle ihr offener als allen anderen Jenseitslehren. Nach ihr geht die jenseitige Rechnung von Schuld und Sühne im ewigen Diesseits auf. Gute Werke führen in gute Wiederverkörperungen, schlechte in schlechte; so oder so arbeiten wir in jedem Leben die Taten vergangener Leben ab. In dieser Karma-Vorstellung wirkt die sittliche Weltordnung wie ein Naturgesetz. Aber wenn so dem Gerechtigkeitsverlangen Genüge getan ist, meldet sich die Sinnfrage mit doppeltem Nachdruck. Wozu denn der ewige Durst, der die ewige Verstrickung in Taten und ihre Folgen erzeugt? Als der künftige Buddha in die Hauslosigkeit zog, ging es ihm nicht um die Leiden dieses einen Lebens, sondern um die nichtendenden Leiden der nichtendenden Leben. Aus diesem Kreislauf erwachte er. Nicht die Kette der Wiederverkörperungen, sondern das Erwachen ist der Kern buddhistischer und hinduistischer Erfahrung.

Für den kritischen Blick der Aufklärung entwertet die Vielfalt dieser Jen-

I, 9. Der Tod   123

seitsbilder jedes von ihnen. Sie erscheinen als Projektionen der Wünsche und
Ängste des Diesseits. Im Licht der griechischen Aufklärung hat die klassische
griechische Philosophie, zumal Platon, die Frage gestellt, was der Wahrheitsgehalt der Bilder ist. Leben, erfahren wir von Sokrates im Phaidon, ist Sterbenlernen, denn der Tod löst die Fesseln, die uns ans zeitliche Begehren bin-
den. Die Seele ist unsterblich, insofern sie in der Erkenntnis teilhat an dem,
was seinem Wesen nach nicht der Zeit unterworfen ist, der Idee. Die affektiven Teile der Seele sind nach Platon sterblich, der vernünftige Teil ist unsterblich, denn er ist ein Teil der ewigen Vernunft. Aber fast alles, was Platon
in den Dialogen über diese Dinge sagt, gehört wiederum dem Vorhof der Philosophie an. Glaubte er an die im kosmologischen Mythos dargestellte Unsterblichkeit der Einzelseelen in der Wanderung durch himmlische Umläufe
und irdische Leiber? Oder wofür war sie ihm ein Gleichnis? Die Seelen im
jenseitigen Ort wählen den Leib ihrer Wiederkörperung, damit ihre Affekte
und ihr Schicksal selbst. Eine tiefsinnige Lehre. Wer aber ist eigentlich das
Subjekt dieser Wahl?

Die Unsterblichkeitslehre wird durch das Evolutionsdenken ebenso in ein
anderes Licht gerückt wie die Ideenlehre. Die Naturwissenschaft ist heute außerstande, etwas dazu zu sagen, und zwar, wie ich meinen möchte, nicht aus
prinzipieller Unmöglichkeit, aber wegen ihrer kulturgebundenen Blickbe-
schränkung. Sie arbeitet ausschließlich in objektiver Einstellung, d. h. sie beschreibt Objekte, wie sie menschlichen Subjekten erscheinen, aber sie reflektiert nicht auf die Subjektivität der Subjekte. Ich bin aber überzeugt, daß die
Naturwissenschaft nicht konsistent gemacht werden kann, wenn sie das, was
wir philosophisch Subjekt nennen, ausklammert. Hegels Satz »die Substanz
ist wesentlich Subjekt« drückt genau das Anliegen aus, aber Hegels titanische
Philosophie ist nicht empirisch genug. Solange der Blick nicht auf die Subjektivität der Natur gefallen ist, ist unsere Wissenschaft nicht volle Naturwissenschaft. Was würde sich diesem Blick zeigen? Der cartesische Dualismus
von zwei einander entgegenstehenden Substanzen, des Bewußtseins und der
Körperlichkeit, läßt sich angesichts der Physik unseres Jahrhunderts nicht
halten. Materie ist für unsere Physik, was den sogenannten physikalischen
Gesetzen genügt; diese Gesetze aber definieren, was Subjekte erfahren können. Die Subjekte jedoch, wir selbst, kommen in eben der Welt vor, von der
sie Erfahrung machen. Als Kinder der Evolution sind wir Glieder der Natur.
Es scheint, als müßten wir sagen: das Wirkliche nimmt durch die Augen der
Kinder der Evolution, durch die Organe, die es hervorgebracht hat, in jeweils
anderer Abschattung sich selbst wahr. Wer ist das Subjekt? In der Betrachtung der Evolution ist uns das Ich selbst wie ein Werkzeug erschienen. Muß
man so reden, daß es nur *ein* Selbst gibt? Die Wissenschaft führt an die
Schwelle einer Erfahrung, die sich der Meditation, aber nicht der Reflexion
erschließt. Dies ist vernünftig. Das begriffliche Denken kann einsehen, daß es
den Grund seiner Möglichkeit nicht begrifflich bezeichnen kann.

Deshalb endet ein akademischer Vortrag über den Tod nicht mit einer begrifflichen Aussage darüber, wohin der Tod uns führt. Das Denken ist eine Tätigkeit des Ich, die filtern, klären, und an die Schwelle der Erfahrung führen kann. Der Tod ist eine Schwelle.

Lassen Sie mich mit einem Satz schließen, den ich nicht durch Denken rechtfertigen kann: Seligkeit ist nicht jenseits des Todes; dort ist Arbeit. Seligkeit ist auf dem Grunde der Wirklichkeit, die auch den Tod geschaffen hat.

ZWEITES KAPITEL

Zur Biologie des Subjekts

II, 1. Wer ist das Subjekt in der Physik?[1]

Dieser Aufsatz ist von einem westlichen Physiker geschrieben, der durch persönlichen Kontakt mit der Vedanta-Tradition tief beeindruckt wurde, ohne jedoch eine gelehrte Kenntnis von ihr zu erwerben. Wahrscheinlich wird daher der Gedanke einer Konvergenz beider Denktraditionen authentischer erscheinen, wenn diese Darstellung sich streng innerhalb der westlichen Philosophie und Wissenschaft hält.

1.

Das westliche Denken war im ersten christlichen Jahrtausend vorwiegend theologisch. Seine begrifflichen Hilfsmittel entstammten der griechischen Philosophie, vorwiegend in ihrer neuplatonischen Gestalt. Diese war wesentlich eine Philosophie der Einheit. Im zweiten christlichen Jahrtausend tauchte das westliche Denken schrittweise in die Vielheit ein. Man kann hierin drei Stufen unterscheiden. Zuerst verdrängte die mittelalterliche Scholastik den Platonismus durch die aristotelische Philosophie, die ihr den Weg zum Erfahrungswissen öffnete. Später lehrte uns die experimentelle mathematische Physik – um Galileis Wort zu gebrauchen – »die Natur zu zerschneiden«. Schließlich ersetzte die industrielle Revolution die gewachsenen Strukturen der Natur durch ein riesiges, noch immer wachsendes System von Artefakten.

Es waren wohl fruchtbare Spannungen innerhalb des griechischen und des christlichen Denkens, die diese Entwicklung ausgelöst haben. Sie hat uns ohne Zweifel einen gewaltigen Zuwachs realen Wissens und eine hohe Entfaltung der menschlichen Fähigkeit des Unterscheidens und Verstehens gebracht. Aber dieser Fortschritt ist ambivalent. Er hat eine Abnahme des Wahrnehmungsvermögens für Einheit zur Folge und daher selbst im Bereich der Vielheit eine Abnahme der Harmonie und der Weisheit. Er hat Gefahr zur Folge.

Der gegenwärtige Aufsatz will zeigen, daß es jetzt Anzeichen einer Umkehr dieser Tendenz gibt. Richtig verstanden würde eine solche Umkehr nicht

1 Erschienen auf englisch in T. M. P. Mahadevan (ed.), »Spiritual Perspectives, Essays in Mysticism and Metaphysics«, New Delhi, Arnold-Heinemann 1975.

den Verlust des in den letzten tausend Jahren gewonnenen positiven Wissens bedeuten, sondern eher sein besseres Verständnis. Aber solche Ankündigungen müssen Skepsis wachrufen. Ähnliches wurde mehrfach in früheren Jahrhunderten angekündigt, vielleicht am eindrucksvollsten von der Philosophie des Deutschen Idealismus um 1800. Heutzutage glaubt man allgemein, daß unter dem Angriff fortschreitender naturwissenschaftlicher Forschung, geschichtlicher Erkenntnis und soziologischer Kritik solche Philosophien stets haben zusammenbrechen müssen. Man könnte allerdings historisch behaupten, idealistische Philosophen wie Fichte und Schelling hätten eine grundlegende Wahrheit verstanden, die sie nur im wissenschaftlichen Entwicklungsstand ihrer Zeit nicht adäquat ausdrücken konnten. Diese Frage bleibt im gegenwärtigen Aufsatz unerörtert. Ich werde mich vielmehr auf ein spezielles, aber zentrales systematisches Problem konzentrieren: die Einheit des Subjekts des Wissens. Ich werde die Behauptung aufstellen, die heutige Physik habe eine Philosophie zur Konsequenz, die der neuzeitlichen westlichen Tradition des Denkens in Vielheiten entgegengesetzt ist, und diese Philosophie sei die einzige mögliche Auflösung der scheinbaren Paradoxien der Quantentheorie.

In einem kurzen philosophischen Essay kann man ein solches Argument nicht mit wissenschaftlicher Strenge vortragen. Ich beschränke mich auf eine Andeutung des wesentlichen Problems, so wie es sich im Entwicklungszusammenhang der westlichen Philosophie und der modernen Physik darstellt.

Man könnte sagen, der dreifache Schritt zur Vielheit, nämlich Scholastik – Naturwissenschaft – industrielle Revolution, verlange eine Selbstkorrektur in umgekehrter Zeitfolge.

Die industrielle Revolution scheint beim ersten Blick nur pragmatische Probleme aufzuwerfen. Sie hat eine Art der Einheit zerstört und erzeugt eine andere. Sie hat die Einheit zerstört, in der Familien, Stämme, Nationen mit ihrer Umwelt gelebt haben, also die Einheit des Menschen mit der Natur; eine tieferdringende historische Analyse lehrt uns freilich, daß diese Art der Einheit selbst ein Produkt menschlicher Geschichte war, und auch, daß die moderne Technik vielleicht nur radikaler das fortsetzt, was die neolithische Revolution begonnen hat. Die industrielle Revolution erzeugt andererseits eine wirtschaftliche und informationelle Einheit der Menschheit und wirft dadurch das Problem ihrer politischen Einheit auf. Das philosophische Problem hinter dem politischen ist folgendes. Der Mensch kann sich nicht mehr auf eine Einheit mit der Natur verlassen, die sich unbewußt herstellt. Die politische Einheit muß bewußt erzeugt werden. Wer ist das Subjekt dieser Bewußtheit? Es kann nicht ein Weltmonarch sein, selbst wenn es eines Tages einen solchen Monarchen geben sollte. Es muß ein Verständnis zwischen den Menschen über ihre gemeinsame Aufgabe geben. Demokratie und Sozialismus haben diese Forderung an den Tag gebracht, aber sie haben sie nicht eingelöst. Dies ist der pragmatische Aspekt der Einheit des Subjekts des

II, 1. Wer ist das Subjekt in der Physik? 127

Wissens. Ich wollte ihn hier erwähnen, werde ihn aber in diesem Aufsatz nicht weiter erörtern.

Die technische Revolution ist ermöglicht durch die Naturwissenschaft. Die zentrale Naturwissenschaft ist die Physik. Die zentrale Disziplin der heute bekannten Physik ist die Quantentheorie. Die Quantentheorie hat sich genötigt gesehen, die Rolle des Beobachters, also eines Subjekts des Wissens, ausdrücklich zu diskutieren. Ich werde versuchen zu zeigen, daß dies eine Kritik an Descartes' klassischer Beschreibung des Verhältnisses zwischen dem Subjekt und dem Objekt des Wissens erzwingt. Descartes' Philosophie hatte jedoch ihre Voraussetzungen in der aristotelischen Ontologie, die er stillschweigend von der Scholastik übernahm. Also werden wir auch diese Ontologie kritisieren müssen. Sie war eingeführt, um den Platonismus abzulösen. Also muß unser Ausgangspunkt eine Erinnerung an die Philosophie Platons sein.

2.

Platons Philosophie läßt sich als eine Bewegung des Aufstiegs und nachfolgenden Abstiegs gemäß dem Höhengleichnis darstellen. Dieser Ball ist rund. Er hat die Gestalt einer Kugel. Die Kugel ist eine mathematische Form (Idee). Eine Idee hat die Charakteristika der Idee: sie ist, sie ist verständlich (»wahr«), sie ist vollkommen (»gut«), sie ist eine. Indem ich den Ball als rund sehe, habe ich eine Mitwahrnehmung der Kugel. Ich verstehe das Sinnending durch meine implizite Wahrnehmung der Form, an der es teilhat. Mathematisches Denken bedeutet direkt Wahrnehmung dieser Form. Derselbe Schritt wiederholt sich auf höherer Stufe, der Stufe der Philosophie. Indem ich eine Form wahrnehme, habe ich eine Mitwahrnehmung der Charakteristika aller Formen, letztlich der Einheit selbst, des Einen. Die Erfüllung des philosophischen Aufstiegs ist die direkte Wahrnehmung des Einen. Das Eine ist jenseits des Seienden, denn vom Einen das Sein zu prädizieren würde Dualität in das Eine hineintragen. Sein andererseits setzt Einheit voraus. So enthält das seiende Eine bereits die fundamentale Zweiheit von Eins und Sein, die unaufhaltsam zur Vielheit der Ideen und der Sinnendinge führt, die an den Ideen teilhaben (und die in Wahrheit vielheitliche Ideen sind). Das ausdrückliche Denken dieser Erzeugung der Vielheit macht den philosophischen Abstieg aus, der am Ende das erklärt, was wir vor dem Aufstieg nur geglaubt haben. Die Erzeugung von Vielheit ist Bewegung. Sie entsteht in der Weltseele, die sich und alle Dinge bewegt. Wissen ist die höchste Form der Bewegung, es ist Teilhabe an der einen göttlichen Vernunft. Die höchste Bewegung bleibt in sich; so beharrt sie im Einen. Ihr räumliches Bild ist der Kreis, ihr zeitliches Bild ist die ewige Wiederkehr. Das höchste Wissen ist das Wissen vom Unveränderlichen. Die Vollkommenheit der Welt ist, daß es nichts Neues in ihr gibt. Naturwissenschaft ist deshalb das Verstehen derjenigen ewigen mathematischen Formen, in denen alle physischen Ereignisse wiederkehren. Astronomie ist die höchste Naturwissenschaft, und ihre Erfüllung ist das platonische Jahr.

Christen, die diese Philosophie brauchten, um ihr theologisches Denken auszudrücken, mußten sich von ihrer Auffassung der Zeit distanzieren. Sie verstanden die Geschichte der Welt als eine endliche Kette von Ereignissen zwischen der Schöpfung und dem Jüngsten Gericht, mit der Fleischwerdung Christi als Mitte. Diese Beschreibung der Geschichte war nicht einfach ein unphilosophischer Mythus. Sie beschrieb die Erfahrung der Unumkehrbarkeit. Man kann sagen, niemand habe die Geschichte so sehr vorangetrieben wie die Christen, die auf nichts als das Ende der Geschichte hofften, und wie ihre säkularisierten modernen Nachfolger. Diese Erfahrung enthielt der Platonismus nicht, und so konnte diese Philosophie die philosophischen Probleme von Sein und Zeit und der Einheit der Zeit nicht adäquat fassen. Deshalb, so scheint mir, konnte der Platonismus nicht die philosophische Sprache des Christentums bleiben.

Die nächste Wahl einer Autorität für die Schule war Aristoteles. Historisch war er ein kritischer Interpret Platons gewesen. Die tiefste Wurzel seiner Kritik kann man in seiner Aussage finden, das Eine könne nicht jenseits des Seienden sein, und es müsse möglich sein, von Einheit und Sein mit derselben Logik zu sprechen wie von allen anderen Begriffen. Daraus folgt ein Umbau der gesamten Philosophie. Die Dinge haben ihr Sein nicht mehr in der Idee, an der sie teilhaben und damit im Einen; sie haben es in sich selbst. Jedes Ding ist eine Substanz. Die göttliche Vernunft wird nun eine gesonderte oberste Substanz, die eine Substanz, die keine Materie, d. h. keine unverwirklichte Möglichkeit enthält.

Die Annahme des Systems nötigte die christlichen Scholastiker, den Unterschied zwischen Philosophie und Theologie zu erfinden, oder genauer zwischen der Philosophie, die die natürliche Theologie einschloß, und der Offenbarung, der die Theologie der geoffenbarten Wahrheiten folgte. In Wirklichkeit hieß Philosophie Aristoteles, Offenbarung die Bibel. Aber damit wurde ein so tief philosophischer Gedanke wie die Trinität (vgl. Plotins Trias des Einen, des Nus und der Weltseele) aus der Philosophie in die Offenbarungstheologie vertrieben. Die Scholastik errang sich durch diese Unterscheidung das freie Feld der Erfahrung über die Vielzahl der Substanzen, die der Philosophie unterworfen waren. Die Unumkehrbarkeit der Geschichte gehörte freilich noch nicht zu diesem Bereich; in der Form der Heilsgeschichte blieb sie der Offenbarungstheologie vorbehalten.

3.
Die Revolution frißt ihre Kinder. So wurde der Aristotelismus ein paar Jahrhunderte später von der klassischen Physik verworfen, weil er nicht empirisch genug sei. Historisch gesehen war das ein Irrtum. Aristoteles war eher empirischer als Galilei, aber Galileis aristotelische Zeitgenossen waren es

II, 1. Wer ist das Subjekt in der Physik? 129

nicht. Galileis wirkliches Anliegen war die Einführung theoretisch entworfener Experimente statt einer empirischen Hinnahme bobachteter Naturerscheinungen. Das gedankliche Werkzeug der das Experiment leitenden theoretischen Fragen war die Mathematik. Galilei griff auf Platon zurück, wenn er sagte, das Buch der Schöpfung sei in mathematischen Zeichen geschrieben. Das philosophische Problem der neuzeitlichen Naturwissenschaft war: wie kann man die Wahrheit einer mathematischen Theorie der Natur rechtfertigen? Dies ist die drängende Frage hinter Descartes' Philosophie vom Subjekt und Objekt des Wissens, der wir uns jetzt zuwenden.

Außer Gott unterscheidet Descartes genau zwei Substanzen, res cogitans und res extensa. Methodisch wurzelt diese Gegenüberstellung im Zweifelsargument. Einmal im Leben muß ich an allem zweifeln, was ich zu wissen meinte. Gibt es ein Wissen, das diesen Zweifel übersteht? Nicht die sinnliche Kenntnis der Außenwelt; sie könnte ein bloßer Traum sein. Nicht einmal die intellektuelle Kenntnis von Strukturen wie die Mathematik; ein täuschender Dämon könnte mich so geschaffen haben, daß ich ständig glauben muß, zweimal zwei sei vier, obwohl es nicht so ist. Aber kein Dämon kann mich glauben machen, daß ich zweifle, während ich nicht zweifle; daß ich denke, während ich nicht denke; daß ich bin, während ich nicht bin. Denkend bin ich mir meines Seins bewußt. Ich bin ein denkendes Ding, res cogitans.

Soviel man gegen die in Descartes' Vokabular anklingende Interpretation dieses Gedankengangs einwenden kann, so kann doch niemand leugnen, daß er eine grundlegende Einsicht enthält. Es gibt einen Wissenden[2]. Wer ist der Wissende? Wer ist das Subjekt? In Descartes' Philosophie ist es René Descartes, der sich selbst kennt; und jeder andere Mensch, der sich, Descartes' Beispiel folgend, selbst erkennt, ist ein anderes Subjekt. Dies ist eine Philosophie der Vielheit der Iche. Sie sind die denkenden Substanzen. Die aristotelische Philosophie einer Vielheit von Substanzen wird hier stillschweigend auf das wissende Subjekt übertragen.

Wie überwindet Descartes den Zweifel am Dasein anderer Subjekte und der materiellen Welt? Er nimmt seinen Weg über einen Gottesbeweis und einen Beweis des Daseins alles dessen, was wir klar und distinkt auffassen, da Gott wahrhaftig ist und uns nicht täuschen wird. Beide Beweise beruhen auf der Definition Gottes als des vollkommensten möglichen Wesens – unterschieden von weniger vollkommenen Wesen –, also wiederum auf dem aristotelischen Begriff eines substanziellen Gottes. Das Ich, das nicht allwissend und folglich nicht vollkommen ist, besitzt die Vorstellung eines vollkommensten Wesens; diese Vorstellung hängt nach Descartes kausal von der wirklichen Existenz

---

2 Im englischen Text sage ich »there is a knower«. Das Wort »knower« stammt aus der englischen Wiedergabe der Vedanta-Philosophie. Im Titel dieses Aufsatzes habe ich es mit »Subjekt« übersetzt. Auch im Text wähle ich meist diese Übersetzung. Es ist aber zu bemerken, daß in der europäischen Philosophie – freilich dann durch Kant kritisiert – der Begriff »Subjekt« stets zugleich »Substanz« impliziert: das Zugrundeliegende, res cogitans; diese Implikation vermeidet die Vedanta-Lehre.

des vollkommensten Wesens ab. Und Gottes Wahrhaftigkeit ist ein Aspekt seiner Vollkommenheit. Aber was außer uns selbst erfassen wir klar und distinkt? Nur mathematische Strukturen. Also existiert die Materie, soweit sie durch eine mathematische Eigenschaft, nämlich die Ausdehnung, definiert ist. In dieser Philosophie ist die Materie als ausgedehnte Substanz durch ihre Erkennbarkeit definiert. Der Erkennende, das Ich, kennt zwei Dinge: sich und das ausgedehnte Erkennbare. Sie sind voneinander verschieden (distinkt), weil sie durch verschiedene Eigenschaften definiert sind, nämlich durch Erkennen und Erkennbarkeit[3].

4.

Die Einzelheiten der cartesischen Beschreibung des Subjekts und des Objekts haben die naturwissenschaftliche, psychologische und philosophische Entwicklung der nachfolgenden Jahrhunderte nicht überdauert. Aber implizit lenkt Descartes' Art, ihr Verhältnis zu sehen, noch fast das gesamte moderne Denken. Seine Philosophie ist jedoch zu konsistent, als daß sich eine so unvollständige Anwendung ihrer Prinzipien rechtfertigen ließe. Die notwendige Kritik an ihren Details enthüllt m. E. die Unmöglichkeit ihrer Grundannahmen. Am deutlichsten zeigt sich das in dem Bereich, den er selbst auf einen unerschütterlichen Grund zu stellen gehofft hatte, in der mathematischen Physik.

Für eine vollständig durchgeführte Kritik müßte man zunächst seine Beschreibung des Objekts als res extensa erschüttern. Seine ontologische Identifikation von Raum und Materie ist dem Anspruch nach eine Apriori-Bestimmung des Wesens der Materie. Sie beruht auf seiner epistemologischen Identifikation der klaren und distinkten Erkenntnis der äußeren Objekte mit der Anwendung der speziellen mathematischen Disziplin der Geometrie. Seit der Zeit Newtons hat die Physik die ontologische Identifikation verworfen; sie unterschied Raum und Materie in begrifflicher Strenge. In unserem Jahrhundert hat freilich Einstein den Gedanken ihrer engen Zusammengehörigkeit wieder eingeführt. Aber inzwischen ist die primitive epistemologische Identifizierung unglaubwürdig geworden. Die mathematische Beschreibung der Erfahrung beschränkt sich nicht mehr auf die Geometrie. Ich glaube persönlich, daß die mathematische Struktur der Quantentheorie auf der einfachsten und eben darum abstraktesten Beschreibung möglichen objektiven Wissens beruht, die als zeitliche Logik formuliert werden kann.[4] Wenn sich diese Ansicht verteidigen läßt, so würde sie einen Grundgedanken von Descartes rechtfertigen, wenngleich in Kantischer Version: die mathematischen Gesetze der Physik würden die Art und Weise ausdrücken, in welcher eine Mehrzahl denkender Subjekte überhaupt begriffliche Erkenntnis haben können.

3 Vgl. hierzu ausführlicher »Die Tragweite der Wissenschaft«, 1. Anhang
4 Vgl. »Die Einheit der Natur«, Teil II und Aufsatz III. 3 (Materie und Bewußtsein).

II, 1. Wer ist das Subjekt in der Physik? 131

Diese Frage kann ich im gegenwärtigen Aufsatz nicht verfolgen. Ich werde mich auf die noch fundamentalere Frage konzentrieren, wie die Quantentheorie das erkennende Subjekt selbst beschreibt oder voraussetzt.

5.

In sehr vereinfachter und abstrakter Sprache läßt sich die quantenmechanische Beschreibung von Experimenten wie folgt darstellen.[5] Dem Beobachter sind gewisse Fakten bekannt. Sie befähigen ihn, gewisse Ereignisse als möglich vorherzusagen und ihnen bestimmte Wahrscheinlichkeiten zuzuschreiben. Er entschließt sich dann, eine Beobachtung zu machen, in der ein bestimmtes Ereignis E möglicherweise stattfinden kann. Die Beobachtung wird gemacht, und entweder geschieht E und ist danach ein Faktum, oder ein anderes Ereignis geschieht und produziert damit das Faktum, daß E nicht geschehen ist. Wenn der Beobachter jedoch die betreffende Beobachtung gar nicht anstellt, so darf man im allgemeinen nicht sagen, E sei an sich entweder geschehen oder nicht und wir wüßten nur nicht, welche der beiden Möglichkeiten eingetreten ist.

In dieser Beschreibungsweise ist ein Ereignis immer ein Ereignis für einen Beobachter, entweder ein aktuelles oder wenigstens ein potentielles. Diejenigen Physiker und Philosophen, die, wie Einstein, an der cartesischen Trennung von Materie und Bewußtsein festhalten, empfinden diese Beschreibungsweise als unannehmbar. Aber sie haben bisher keine andere mit den bekannten Tatsachen vereinbare Beschreibung vorzuschlagen vermocht. Der vorliegende Aufsatz stellt sich auf den entgegengesetzten Standpunkt. Er akzeptiert die quantenmechanische Beschreibungsweise uneingeschränkt und analysiert ihren Sinn.

Häufig wird die folgende, cartesisch inspirierte Frage gestellt: Wie wird das Ereignis in der Beobachtung tatsächlich erzeugt? Geschieht es durch den Bewußtseinsakt der Wahrnehmung durch den Beobachter oder durch seine physische Wechselwirkung mit dem beobachteten Objekt? Die korrekte Antwort ist, daß die Frage falsch gestellt ist; das Ereignis wird durch die Einheit des mentalen und des physischen Akts erzeugt. Um dies einzusehen, muß man die zwei alternativen Antworten analysieren: a) Es wird durch die physische Wechselwirkung ohne einen mentalen Akt der Kenntnisnahme erzeugt. b) Es wird durch den mentalen Akt der Kenntnisnahme losgelöst vom physischen Geschehen erzeugt.

Die Antwort b. würde über die Grenzen der heutigen Physik hinausgehen, welche nur die materielle Wechselwirkung beschreibt. Schon diese Bemerkung würde genügen, um diese Antwort auszuschalten, nicht weil eine solche rein mentale Wechselwirkung unmöglich wäre, aber weil die gestellte Frage den immanenten Sinn der Physik betrifft, die wir tatsächlich besitzen. Wäre

5 Vgl. »Die Einheit der Natur«, S. 152–161, und »Classical and Quantum Descriptions« in J. Mehra (ed.) »The Physicist's Conception of Nature«, Dordrecht (Reidel) 1973.

132   Zur Biologie des Subjekts

die Antwort b) richtig, so würde die Physik essentiell Vorgänge voraussetzen, die ihren eigenen Bereich überschreiten. In einer Analyse der bestehenden Physik könnte man eine solche Antwort nur als letzten Ausweg zulassen, wenn alle Versuche einer immanenten Deutung gescheitert wären. Philosophisch möchte ich hinzufügen, daß diese Antwort einerseits den Dualismus von Materie und Bewußtsein nicht überwinden, sondern gerade festschreiben würde, während sie andererseits das Funktionieren materieller Vorgänge immanent unverständlich machen würde. Wäre dies die Antwort der Quantentheorie, so wäre ihre Verwerfung durch Einstein philosophisch voll gerechtfertigt.

Andererseits ist die Antwort a) innerhalb der Quantentheorie falsch. Wenn von einer materiellen Situation S, möge sie im Beobachtungsobjekt oder im Leib des Beobachters bestehen, keine Kenntnis genommen wird, so gibt die Quantentheorie – vorausgesetzt, daß sie auf die Situation anwendbar ist – Wahrscheinlichkeit für spätere Ereignisse an, die falsch wären für einen Beobachter, der wahrgenommen hat, was in der Situation S geschah. Ich erspare mir hier, diese Behauptung in den technischen Begriffen der Quantentheorie auszuführen.

In der Praxis entzieht sich die Quantentheorie dem Problem, indem sie an Stelle des Beobachters von einem Meßinstrument spricht. Aber das Problem wird dadurch nur auf einen Beobachter verschoben, der das Instrument beobachtet.[6] Nennen wir das Objekt A, das Instrument B, den Beobachter C. Führen wir nun einen Theoretiker D ein, der mit dem Beobachter C kommuniziert. Wie weiß D, daß C etwas beobachtet hat, und was C beobachtet hat?

C wird D erzählen, was er beobachtet hat. Dabei verlassen sich beide auf menschliche Kommunikation, die durch physische Akte wie Sprechen und Hören, Schreiben und Lesen vermittelt ist. Selbst telepathische Kommunikation, wenn man sie in Betracht zöge (was die Physik bisher nicht getan hat), ließe sich vermutlich durch physikalische Beobachtungen an den Körpern der beteiligten Personen nachweisen; zum mindesten müßte eine immanente Deutung der Physik mit dieser Annahme als Arbeitshypothese beginnen. Die Physik kann nichts dagegen einwenden, daß der Theoretiker D den Beobachter C wie ein gewöhnliches physikalisches Objekt beschreibt, ebenso wie C das Instrument B beschreibt. Aber gleichzeitig sind C und D Partner im Leben, beide gehören der Gemeinschaft der Wissenschaftler an, vielleicht sind sie Freunde.[7] D kann nur dann C mit Begriffen der Physik beschreiben, wenn

6 Mit Bohr sagen wir, daß es möglich sein muß, das Instrument mit Begriffen der klassischen Physik zu beschreiben. Ich habe diese Aussage anderswo (l. c. S. 176) analysiert. Die Objektivität der klassischen Beschreibung beruht auf irreversiblen Vorgängen im Instrument. Aber bei strenger Anwendung der Quantentheorie ist diese Irreversibilität nur eine subjektive Beschreibung, die auf dem Verlust von Information beruht, welche grundsätzlich stets Information für einen Beobachter ist.
7 Dies ist das unter dem Namen »Wigners Freund« bekannte Problem. Vgl. E. Wigner, »The Scientist Speculates«, S. 284; I. J. Good ed.; London, Heinemann 1962.

II, 1. Wer ist das Subjekt in der Physik? 133

er auch sich selbst mit Begriffen der Physik beschreiben kann. Die heutige Physik weiß zweifellos nicht, ob das möglich sein könnte. Aber die hier vorgelegte Analyse geht von der Annahme aus, es sei möglich; jedenfalls gibt es nichts in der uns bekannten Physik, was diese Annahme ausschließen würde. Wenn die mathematischen Gesetze der Physik wirklich die Weise ausdrükken, in der eine Mehrheit von Subjekten überhaupt begriffliche Erkenntnis haben können, dann würde diese Annahme nur besagen, daß wir einen gewissen Grad begrifflicher Erkenntnis über unseresgleichen, einschließlich der eigenen Person, haben können. Dies ist die Annahme, die ich in diesem ganzen Aufsatz zu erläutern versuche.

In der Quantentheorie könnte man die Annahme wie folgt spezifizieren. Wenn D sich selbst beschreibt, so wird er von Fakten in ihm selbst sprechen, die Dokumente von Ereignissen sind, welche in ihm selbst stattgefunden haben, und er wird von möglichen Ereignissen in ihm selbst sprechen, die in der Zukunft eintreten oder nicht eintreten werden. Auf Grund seiner Kenntnis der Fakten wird er diesen möglichen Ereignissen Wahrscheinlichkeiten zuschreiben. Was heißt »in« ihm selbst? Da wir die cartesische Unterscheidung nicht mehr machen, wird es heißen, in seiner Psyche und *folglich* in seinem Körper; die zwei Antworten werden nur verschiedene Ausdrucksweisen sein. Am Ende wird auch die Unterscheidung zwischen »in seinem Körper« und »außerhalb seines Körpers« zusammenbrechen, wenn wir uns klarmachen, daß in der fundamentalen Physik Ereignisse niemals in Strenge lokalisiert sind. Ein Ereignis ist ein ausgedehnter Vorgang, und in der endgültigen Elementarteilchenphysik wird sich der Raum voraussichtlich als eine bloße »klassische« Annäherung herausstellen.

Soweit führt uns eine Analyse der Quantentheorie.

6.
Aber wo ist nun das Subjekt? Ich sehe meine Hand. Wie sehe ich sie? Mein Auge sieht sie. Physisch gesprochen ist mein Auge das wahrnehmende Subjekt. Aber es gibt doch eine Einheit der Person. Ich nehme auch meine Hand wahr, wenn ich Wärme, Druck, Schmerz in ihr fühle. Diese Wahrnehmung nennt man Propriozeption, Selbstempfindung. Auge und Hand sind mein. Diese Einheit des Ich ist physisch etabliert in der Einheit des Leibes. Wird meine Hand mir von einem Chirurgen abgeschnitten, so ist sie nicht mehr meine Hand. Die Hand ist eine Hand durch die Einheit ihrer Funktion. Das wahrnehmende Ich ist ebenso ein Ich durch die Einheit seiner Funktion. Das Ich ist, so könnte man sagen, selbst die Einheit der Funktion des Leibes. Wenn ich sage, daß das Auge wahrnimmt, so kann ich auch sagen, daß auf einer höheren Integrationsstufe das Ich wahrnimmt. Ziehe ich vor, zu sagen, das Auge sei nur ein Organ der Wahrnehmung, so muß ich mit demselben Argument auch sagen, das Ich sei nur ein Organ der Wahrnehmung (und des

Willens und einiger Leistungen mehr). Wer ist dann das Subjekt? Wer ist der Wissende?

Wie es scheint, können wir in zwei verschiedenen Weisen von Wahrnehmung und allgemeiner von Erkenntnis sprechen, in einer pluralistischen und einer monistischen Weise. In der pluralistischen Sprache können wir sagen, das Auge nehme wahr. Wir können sagen, das Ich nehme wahr, kraft der leiblichen Einheit der Funktion. Wir können sagen, die gesellschaftliche Gruppe nehme wahr, kraft der Abhängigkeit des individuellen Bewußtseins von der sozialen Interaktion, in der das Ich zunächst die Sprache, dadurch Begriffe und dadurch den Begriff des identischen Ich gelernt hat. Vielleicht könnten wir sagen, die Menschheit oder das Leben nehme wahr, kraft der letztlichen Einheit der Geschichte. Die monistische Redeweise würde umgekehrt alle diese Beispiele als Organe auf verschiedenen Integrationsstufen bezeichnen. Kann man in dieser Redeweise von einem Subjekt sprechen, dessen Organe sie sind?

Wir sind nun sehr weit gegangen in der Kritik an Descartes' Begriff des Ich. In beiden Redeweisen ist das Ich nicht eine Substanz, sondern eine Funktion oder besser die Einheit einer Funktion. Diese Kritik läßt sich mit kritischen Bemerkungen vereinigen, die aus der empirischen Psychologie stammen. Es war ein tiefer philosophischer Gedanke, daß der Zweifel, als ein Denkakt, nicht die Tatsache des Denkens in Zweifel ziehen kann. Aber so wie Descartes sich ausdrückte, vermischte er diesen Gedanken mit der Hinnahme vieler Aspekte der alltäglichen Selbstbeobachtung, so als seien diese gewiß, obwohl sie einem legitimen Zweifel unterworfen werden können. Die neuere Psychologie spricht von unterbewußtem Denken und von Selbsttäuschungen, die durch einen neuen Schritt der Selbsterkenntnis als Selbsttäuschungen entlarvt werden können. Ich bin in der Erkenntnis nicht weit genug vorgedrungen, um eine mit solchen Gedanken vereinbare moderne Anthropologie anzubieten. Daher versuche ich, das, was noch zu sagen ist, durch den Rückgriff auf einige Deutungsprobleme einer anderen klassischen philosophischen Lehre vom Subjekt zu sagen. Es ist die Lehre Kants, die in der Form einer Kritik der cartesischen Auffassung vom Ich eingeführt werden kann.

7.

Kant unterscheidet das logische oder transzendentale Subjekt (zwei Ausdrucksweisen für denselben Begriff) vom empirischen Subjekt. Das empirische Subjekt bin ich, so wie ich von mir selbst wahrgenommen werde. Das empirische Subjekt wird als in der Zeit befindlich wahrgenommen. Die Zeit ist die Form aller Erscheinungen, der Raum ist die Form der Erscheinung derjenigen Dinge, die das Subjekt als von sich selbst verschieden erkennt. Das empirische Subjekt bin ich, der Erkannte, das logische Subjekt bin ich, der Erkennende. Logisches oder transzendentales Subjekt ist Kants Name für den Wissenden (the knower).

II, 1. Wer ist das Subjekt in der Physik? 135

Aber wie hat man diese Lehre zu verstehen? Ist sie pluralistisch? Gibt es viele Subjekte? An Hand dieser Fragen kann man Kants Philosophie wohl auf drei Wegen deuten – und am Ende über sie hinausgehen: a) Das wahre Subjekt ist was Kant das intelligible Ich nennt, das in der Philosophie der praktischen Vernunft das Subjekt der moralischen Entscheidungen ist. b) Das logische Subjekt ist nur logisch; es ist nicht ein wirkliches Subjekt, sondern der Begriff der Subjektivität, der besagt, was wir unter einem »Subjekt« verstehen, wenn wir von dem empirischen Subjekt sprechen. c) Es gibt ein wahres Selbst, das ist Gott. In a) würde es viele nichtempirische Subjekte geben, in b) viele empirische Subjekte und kein nichtempirisches, in c) ein wahres Subjekt. Die drei nun noch folgenden Abschnitte werden diese drei Wege verfolgen.

8.

Kants Theorie des intelligiblen Subjekts in der Kritik der praktischen Vernunft dürfte das Ergebnis einer metaphysischen Schwierigkeit sein, an der die klassische Physik schuld ist. Die praktische Vernunft im Sinne Kants beruht auf dem kategorischen Imperativ, der die Allgemeinheit der Prinzipien der Moral befiehlt; Allgemeinheit ist hier wie im theoretischen Bereich das Merkmal der Vernunft. Ein Imperativ setzt Freiheit voraus; kein Gebot kann sinnvoll jemandem gegeben werden, der nicht frei ist, zu entscheiden. Freiheit läßt sich nie empirisch nachweisen oder widerlegen. Zudem unterliegt nach Kant das empirische Subjekt der klassischen Kausalität, die seine Handlungen als notwendige bestimmt. Folglich muß die Freiheit einem nichtempirischen Subjekt zukommen. Indem ich den Imperativ auf mich selbst anwende, beurteile ich mich selbst als frei. Somit gibt es wenigstens so viele nichtempirische Subjekte wie es lebende Menschen gibt.

Diese Theorie gerät in unauflösbare Schwierigkeiten, da sie meine empirische Kenntnis meiner selbst benützt, um mein nichtempirisches Selbst zu bestimmen. Kants letzter Kampf mit diesen Schwierigkeiten spiegelt sich in seinem späten Werk »Die Religion innerhalb der Grenzen der bloßen Vernunft«. Hier beschränke ich mich auf die Bemerkung, daß Imperative ihren Sinn gerade im empirischen Leben von Personen haben, also in der Zeit. Sie sind eine Art, Möglichkeiten, also die Zukunft, zu definieren und einzuschränken. Meine Selbstdeutung durch den Begriff von persönlicher Freiheit ist ein Verhalten zu meiner Zukunft. Diese Selbstdeutung ist nichtempirisch in dem Sinne, in dem das Vergangene empirisch und das Zukünftige nicht vergangen ist; das Vergangene kann nicht enthüllen, daß andere Möglichkeiten als die wirklich eingetretenen reale Möglichkeiten waren. Aus diesem Grunde folge ich dem Weg der Kritik der praktischen Vernunft nicht weiter.

9.

Nehmen wir an, das logische Subjekt sei der Begriff von einem Subjekt. Dieser Begriff muß ein »wahrer« Begriff sein. Unter einem wahren Begriff will ich hier einen Begriff verstehen, der eine tatsächlich bestehende Struktur der Wirklichkeit repräsentiert.[8] Die Struktur, die dem Begriff so entspricht, müßte man die platonische Idee nennen, deren mentales Bild der Begriff ist. In diesem Sinne ist das logische Subjekt nicht eigentlich der Begriff von einem Subjekt, sondern die Idee des Subjekts. Es ist diejenige Struktur der Wirklichkeit, die Subjekte möglich macht.[9]

Deuten wir nun aber die Physik wie oben, unter Verzicht auf den cartesischen Dualismus, so gibt es keinen substanziellen Unterschied zwischen den empirischen Subjekten und den empirischen Objekten. Alles, was empirisch bekannt sein kann, kann als ein Organ empirischen Erkennens dienen, also als ein Teil einer Einheit, die man ein Subjekt nennen kann. In diesem Sinne ist die letzte Struktur, die Subjekte möglich macht, das Sein selbst. Die Physik, die sich innerhalb der Pluralität hält, wird die Vielheit der Subjekte beschreiben müssen. Bei diesem Unternehmen muß sie eine Seinsstruktur voraussetzen, welche empirische Subjekte als funktionierende Einheiten in der Zeit ermöglicht. Die Physik kann die Subjektivität nicht erklären, aber wir haben gesehen, daß sie die Subjektivität voraussetzen muß. Dann wird die Physik das Funktionieren von Subjekten soweit beschreiben können, als dies in der Sprache des Begriffs möglich ist.

Wir sagten, das transzendentale Subjekt sei die Idee des Subjekts, und diese Idee sei das Sein selbst. Das führt uns zu der Frage zurück, in welcher Philosophie solche Behauptungen sinnvoll sind.

Kant[10] nennt die Selbstunterscheidung des Subjekts als wissend und gewußt »schlechterdings unmöglich zu erklären, obwohl ... ein unbezweifelbares Faktum ...«; sie »zeigt ... ein über alle Sinnenanschauung ... weit erhabenes Vermögen an«, den »Grund der Möglichkeit eines Verstandes«.

Man kann hinzufügen, daß diese Unterscheidung Zeit und Zahl erzeugt, die nach Kant und nach Brouwer[11] zusammengehören. Faßt man den Wissenden (the knower) auf als ein Subjekt unter anderen, so bringt man ihn in den Bereich dessen, was begrifflich verstanden werden kann. Dies reduziert ihn auf das empirische Subjekt. Fakten, die die Vergangenheit konstituieren, sind das, was ein Subjekt wissen kann. Sie sind die Basis von Möglichkeiten. So macht das schon Gewußte neues Wissen möglich; so kann das Subjekt sich selbst als faktisch (Gedächtnis) und möglich (Antizipation) kennen. Aber die Vielheit, innerhalb derer Begriffe möglich sind, setzt eine Einheit voraus; diese wird mitwahrgenommen in jedem Begriff, bei dem wir uns bewußt sind, *daß* er ein Begriff ist. Diese Einheit stellt sich in der Physik als die Einheit der Zeit dar.

8 In einer pragmatischen Wahrheitstheorie könnte man diese Struktur die »ökologische Nische« des Begriffs nennen. Sie wäre diejenige Struktur, dank welcher Urteile, die diesen Begriff verwenden, erfolgreiche Sprechakte oder Denkakte sein können.
9 Vgl. III, 1 »Platonische Naturwissenschaft im Laufe der Geschichte« (S. 237 ff).
10 I. Kant, Preisschrift über die Fortschritte der Metaphysik, Akademie-Ausgabe xx, S. 270.
11 L. E. J. Brouwer, »Consciousness, Philosophy, and Mathematics«, Proc. of the Int. Congr. of Philos., Vol I, Fasc. II, ed. E. W. Beth, H. J. Pos, J. M. A. Hollok, Amsterdam 1949.

II, 1. Wer ist das Subjekt in der Physik?

Diese Philosphie ist insofern kein Platonismus, als die geschichtliche Zeit, beschrieben durch den Unterschied zwischen Faktum und Möglichkeit, in Platons wesentlich zyklischem Zeitverständnis nicht thematisch wird. Aber sie führt uns in dasselbe Problemfeld, das Platon auf seine Weise bearbeitete. Die Dialektik des platonischen Parmenides stellt sich in der modernen Situation wieder her. In jedem Begriff ist eine Mitwahrnehmung von Einheit, aber die Einheit selbst kann nicht direkt durch Begriffe beschrieben werden, denn dies ließe sie von der Vielheit abhängen; Vielheit jedoch, wie sie in Begriffen beschrieben wird, beruht auf der begleitenden Einheit. Die Quantentheorie[12] geht sogar über dieses alte platonische Argument hinaus. Vielheit ist letztlich nicht wahr. Der Begriff eines isolierten Objekts ist in der Quantentheorie nur eine Annäherung, und eine schlechte. Mathematisch gesprochen enthält der Hilbertraum eines zusammengesetzten Objekts nur eine Menge vom Maße Null von Zuständen, in denen eine bestimmte Zerlegung dieses Objekts in Teile real ist. In der Sprache des vorliegenden Aufsatzes kann man sagen, daß getrennte Objekte durch Fakten definiert sind. Fakten sind die Fakten, die sie sind, kraft der Möglichkeiten, die sie konstituieren. Fakten sind irreversibel, aber Irreversibilität in einem isolierten Objekt bedeutet nur mangelnde Kenntnis der Kohärenz (der »Phasenbeziehungen«) der Wirklichkeit. Wenn es überhaupt eine letzte Wirklichkeit gibt, so ist sie Einheit. Vom Standpunkt dieser Einheit aus gesehen – wenn man so reden kann – sind die Objekte nur Objekte für endliche Subjekte (d. h. für Subjekte, denen gewisses mögliches Wissen fehlt), und endliche Subjekte sind endlich, indem sie unter denjenigen Bedingungen existieren, durch welche Objekte definiert sind (d. h. sie sind individuelle Seelen unter den Bedingungen der Körperlichkeit). Objekte und endliche Subjekte sind, was sie sind, nur für endliche Subjekte. Dies scheint nicht weit entfernt zu sein von dem, was die Advaita-Lehre Maya nennt.

10.

Das Selbst ist jenseits der Vielheit. Die Überlegungen dieses Aufsatzes bezeichnen ein paar Sprossen auf einer Leiter des Aufstiegs. Sie sind bestrebt, zu zeigen, daß der Aufstieg nicht unbedingt gefördert wird, wenn man die Fragen der Physik vergißt, sondern eher, wenn man sie unbeirrt verfolgt.

Es gibt im menschlichen Denken und zumal im Denken des Westens eine Tendenz, die menschliche Person für eine letzte Realität zu halten. Dies ist nicht bloß Egoismus. Es ist auch die Haltung fundamentaler Ethik, die nicht erlaubt, irgend etwas ernster zu nehmen als den Mitmenschen. Es kann eine verehrungswürdige Haltung sein. Aber es ist wahr, was die Christen wie die Hindus lernen, daß wir unseren Nächsten nicht wahrhaft lieben können, wenn wir ihn nicht in Gott lieben. Man könnte den Aufstieg als Eros, den

---

12 Vgl. »Die Einheit der Natur«, V. 5: »Parmenides und die Quantentheorie«.

Abstieg als Agape bezeichnen, aber dann muß man hinzufügen, daß der Aufstieg die Agape ist, die nach ihrer Ermöglichung sucht.

Ich widme diesen Aufsatz Sri Chandrasekharendra Sarasvati, dem Shankaracharya von Kanchi, zur Feier seines 81. Geburtstags. Einmal durfte ich ihn sehen, und ich werde nie den schweigenden wissenden Blick seines Auges vergessen.

II, 2. Die Rückseite des Spiegels, gespiegelt

1. Die Ontologie der Naturwissenschaft

»Auch heute noch blickt der Realist nur nach außen und ist sich nicht bewußt, ein Spiegel zu sein. Auch heute noch blickt der Idealist nur *in* den Spiegel und kehrt der realen Außenwelt den Rücken zu. Die Blickrichtung *beider* verhindert sie zu sehen, daß der Spiegel eine nicht spiegelnde Rückseite hat, eine Seite, die ihn in eine Reihe mit den realen Dingen stellt, die er spiegelt: Der physiologische Apparat, dessen Leistung im Erkennen der wirklichen Welt besteht, ist nicht weniger wirklich als sie. Von der Rückseite des Spiegels handelt dieses Buch.«[1]

Für die Biologie des Subjekts, das Thema dieses Kapitels, verdanken wir Entscheidendes der Verhaltensforschung und insbesondere Konrad Lorenz. Ehe wir diese Belehrung nutzen, sollten wir uns des philosophischen Blickpunktes vergewissern, von dem aus wir sie lesen. Diese Philosophie unterscheidet sich von derjenigen, die Lorenz selbst vorträgt, nur durch einen einzigen, freilich entscheidenden zusätzlichen Gedanken. Sie nimmt grundsätzlich ernst, daß auch das Bild, das die Naturwissenschaft von der Rückseite des Spiegels entwirft, ein Bild im Spiegel ist. Die Biologie des Subjekts wird von Subjekten gemacht und steht unter allen Bedingungen ihrer Subjektivität. Dieser Gedanke ist so einfach, daß es unmöglich erscheint, ihn durch Argumente noch zu bekräftigen oder zu erläutern; auch kein Biologe kann ihn leugnen. Das philosophische Problem ist nur, welche Konsequenzen aus ihm zu ziehen sind.

Zunächst sei gesagt, welche Konsequenz ich nicht aus ihm zu ziehen gedenke. Er soll keinerlei leib-seelischen Dualismus begründen. Das dürfte schon aus den voranstehenden Überlegungen zum Subjekt in der Physik hervorgehen. Ich sollte nur andeuten, *warum* ich mich dem Monismus der naturwissenschaftlichen Biologen, zum mindesten im Sinne einer mir eminent plausiblen Arbeitshypothese, anschließe.[2] Hier steht an der Spitze das historische Faktum des außerordentlichen Erfolgs der naturwissenschaftlichen

---

1 Konrad Lorenz, »Die Rückseite des Spiegels. Versuch einer Naturgeschichte des menschlichen Erkennens«. München, Piper, 1973, S. 32.
2 Hierzu »Die Geschichte der Natur«, 9. Vorlesung; »Die Tragweite der Wissenschaft« 8. Vorlesung; »Die Einheit der Natur«, 3. Teil.

Biologie. Ein solches Faktum enthält eine doppelte philosophische Herausforderung. Einerseits fragt sich, ob es eine einfache und durchschlagende philosophische Erklärung eines solchen Erfolgs gibt. Andererseits sind wir aufgefordert, die immer wieder vorgebrachten philosophischen Einwände gegen eine solche umfassende Hypothese,[3] gegen ihren »Reduktionismus«, philosophisch zu überprüfen.

Gibt es eine philosophische Erklärung des durchschlagenden Erfolgs der naturwissenschaftlichen Biologie? Methodologische Überlegungen vom Typ der heutigen Wissenschaftstheorie sind dazu manifest unfähig; sie erheben auch keinen Anspruch darauf. Eine ontologische Hypothese, die einen Erklärungsanspruch erhebt, ist der naturwissenschaftliche Monismus, der oft von seinen Anhängern und meist von seinen Gegnern als Materialismus bezeichnet wird: Alles in der Welt, auch die Organismen, auch wir, besteht aus *einer* Art von Substanz. Die Gesetze, denen diese Substanz genügt, formuliert die Physik. Also kann man alles im organischen Leben gemäß den Gesetzen der Physik beschreiben. Diese Ansicht macht sich auch Lorenz zu eigen; da er sich ihres hypothetischen Charakters bewußt ist (freilich in einem nachher noch kritisch zu prüfenden Sinne des Worts »hypothetisch«), nennt er sie hypothetischen Realismus. Diese Ontologie stellt seine eigene philosophische Reflexion eigentlich nur vor ein einziges, freilich in ihrem Rahmen unlösbares philosophisches Problem, das Leib-Seele-Problem: »Der große Hiatus zwischen dem Objektiv-Physiologischen und dem subjektiven Erleben« ist nicht durch bessere Kenntnisse der Evolution überbrückbar, er ist »insofern anderer Art, als er keineswegs nur durch eine Lücke in unserem Wissen bedingt ist, sondern durch eine apriorische, in der Struktur unseres Erkenntnisapparates liegende prinzipielle Unfähigkeit zu wissen.« (S. 226) Diese Ansicht setzt sich nun zwei philosophischen Einwänden aus, einem eher metaphysischen und einem erkenntnistheoretischen.

Der metaphysische Einwand sieht das Höhere auf das Niedere, den Geist auf die Materie reduziert, er sieht die Naturforscher im Reich des Menschlichen wie »Kolonialherren« (B. v. Wulffen, l. c.) auftreten. Ich halte diesen Einwand für den schwächeren der beiden, eigentlich nur für ein Mißverständnis. Der Unterschied zwischen höheren und niederen Strukturen ist phänomenologisch eine Realität (bei Lorenz tritt er in der Gestalt der »Schichten« Nicolai Hartmanns auf), ist aber in einer informationstheoretischen Auffassung der Physik formulierbar und der heutigen, im Ansatz ebenso »reduktionistischen« Systemtheorie (auch im soziologischen Sinne des Worts, vgl. N. Luhmann) geläufig. Lorenz selbst schildert den Übergang von Gesetzmäßigkeiten einer Schicht zu denen einer höheren Schicht durch den Zusammenschluß mehrerer spezieller Systeme zu einem umfassenderen System

3 Als ein Beispiel sei genannt Barbara v. Wulffen, »Hinter den Spiegel geblickt? Fragen zu Konrad Lorenz': Die Rückseite des Spiegels«. Merkur, Jg. 28, Heft 8, S. 798–804.

II, 2. Die Rückseite des Spiegels, gespiegelt

unter dem Titel der »Fulguration« (S. 48), des blitzartigen Entstehens neuer Struktur. Etwas anders steht es mit dem Verhältnis von Geist und Materie. Hier gerät der physikalische Reduktionismus bei vielen seiner Vertreter gleichsam mit Lust in einen Konflikt mit dem platonischen Grunderlebnis des Aufstiegs. Durch eine »Umwendung der ganzen Seele« (Pol. 7. Buch, Beginn) soll sich der Mensch nach Platon von dem Irrtum befreien, die Schattenbilder an der Wand seien die Wirklichkeit. Die geistige Wirklichkeit ist das Erstrebte, die materielle Erscheinung der Trug. Gegen das gängige Verständnis dieses Aufstiegs, das er auch für Platons eigene Meinung hält (S. 26), wendet sich Lorenz' antiidealistisches Pathos. Umgekehrt wäre ohne das Pathos derer, die diesen Aufstieg begehren, die Entstehung und Erhaltung dualistischer Philosophien wahrscheinlich gar nicht zu begreifen.

Eben darum ist es der Mühe wert, sich klarzumachen, daß Platon selbst jedenfalls alles andere war als ein Dualist (vgl. dazu den Beitrag III, 1, S. 237 ff). Die Schatten an der Höhlenwand sind die Sinneseindrücke, und die erste Rückwendung, die zu den realen Gegenständen in der Höhle führt, ist genau die Wendung der Naturwissenschaft zu den nicht direkt wahrgenommenen Objekten der Physik einschließlich der Rückseite des Spiegels; Platon beginnt wie Lorenz. Diese Objekte freilich sind auch nicht das, wofür sie der materialistische Naturforscher hält, sie sind eigentlich mathematische Gestalten – fast wie in der heutigen theoretischen Physik. Die mathematischen Gestalten ihrerseits sind jedoch eigentlich das, was Platon Ideen nennt. Nun beginnt der Abstieg, die Ideenlehre im strengen Sinne. Die Ideen machen erst klar, was mathematische Gestalten sind, diese, was physische Körper sind, diese, was Sinneseindrücke von Dingen sind – nämlich immer weiter in die Vielheit entlassene Ideen. Der Grund dafür, daß diese Philosophie wie eine bloße Begriffsdichtung erscheint, liegt in der Schwierigkeit, »unten in der Höhle« die Ontologie der Ideen, ihre Seinsweise, zu verstehen. »Uns«, zumal in der durchschnittlichen Mentalität des 20. Jahrhunderts, sind mathematische Gestalten und Ideen nur als menschliche Bewußtseinsinhalte geläufig. Dadurch wird Lorenz (S. 26) zu der phantastischen Vermutung verführt, Platon habe alle realen Dinge für bloße menschliche Bewußtseinsinhalte gehalten. Das Subjekt, das die Ideen denkt, wenn es ein solches Subjekt gibt, ist nicht das empirische Ich des Menschen, sondern wenigstens im Neuplatonismus der göttliche Nus. Es ist nun nicht die Absicht dieser Bemerkungen, eine platonische Metaphysik zu behaupten, sondern nur argumentativ festzustellen, daß eine im Sinne des größten Metaphysikers entworfene Metaphysik nicht der dualistischen Kritik an der von Lorenz vertretenen monistischen Naturwissenschaft bedarf.[4] Platon kann Lorenz dulden, ja er müßte ihn bejahen.

---

4 Ein wesentliches Argument gegen die teleologische Version der Metaphysik wird im Beitrag über den Tod, S. 114, besprochen.

Schwerer wiegt der erkenntnistheoretische Einwand. Wir haben in der Wissenschaft unseres Jahrhunderts, zumal in der theoretischen Physik, das Mißtrauen gelernt, ob Fragen, deren prinzipielle Unbeantwortbarkeit einsehbar ist, überhaupt sinnvolle Fragen und nicht bloß die Folge unklar definierter Begriffe sind. Dieser Verdacht meldet sich z. B. gegenüber Lorenz' Version des Leib-Seele-Problems. Lorenz selbst, dessen phänomenologischer Instinkt häufig besser ist als seine Philosophie, weist mit vollem Recht darauf hin, daß die von ihm postulierte »undurchdringliche Scheidewand zwischen dem Leiblichen und dem Seelischen nur für unseren Verstand und nicht für unser Gefühl« besteht. »Wir sind, allen verstandesmäßigen Erwägungen zum Trotze, gar nicht imstande, an der grundsätzlichen Einheit von Leib und Seele zu zweifeln« (S. 226). Die Vermutung liegt nahe, daß es nicht »unser Verstand«, sondern eine von uns gelernte Philosophie ist, die gegen das, was wir fühlen, die Scheidewand zieht. Doch das mag vorerst auf sich beruhen. Wichtiger ist der Einwand gegen Lorenz' Realitätsbegriff.

Lorenz ist offenbar der Meinung, daß es Realisten und Idealisten gibt, und daß die Realisten die Außenwelt für real halten, die Idealisten aber für eine bloße Vorstellung. Da zwischen zwei so definierten Ansichten offenbar keine empirische Entscheidung möglich ist – denn das entscheidende empirische Faktum wäre wieder für den Realisten real, für den Idealisten bloße Vorstellung –, nennt Lorenz seinen Realismus eine Hypothese. In der Wissenschaft aber pflegt sich eine Hypothese wenigstens und grundsätzlich der empirischen Kontrolle zu stellen. Ich schlage statt dessen die Ansicht vor, daß die hier verwendeten Worte »real« und »Realität« sinnlose Vokabeln sind, durch deren vollständige Elimination sich an allen positiven Erkenntnissen der Naturwissenschaft überhaupt nichts ändert. Das sollte klar werden, wenn wir bedenken, daß Realität, von der wir wissen können, Realität für uns ist, und Realität, von der wir nicht wissen können, per definitionem in unserem Wissen nicht vorkommt. Sprechen wir sinnvoll von Realität, so sprechen *wir* von Realität; spricht niemand von Realität, so ist von Realität nicht die Rede. Wenn das Bewußtsein ein Spiegel ist, so kennen wir die Rückseite des Spiegels nur gespiegelt. Das heißt nicht, die Dinge seien nur unsere Vorstellungen, da wir zwischen einem nur vorgestellten und einem beobachteten oder beobachtbaren Ding sehr gut unterscheiden können. Der peinliche Eindruck, den das Herumreden über diese scheinbaren Trivialitäten erzeugt, liegt daran, daß hinter ihnen ungeklärte nichttriviale Strukturen auf ihre Aufhellung warten. Und hier tritt Lorenz' Fragestellung wieder in ihr volles Recht ein.

Die populäre Version des »Idealismus«, also der Philosophie, welche die Subjektbezogenheit alles Wissens hervorhebt, meint, also seien mir die Dinge, die ich weiß, »an sich« unbekannt, ich selbst aber sei mir freilich bekannt. In Wahrheit muß man dann jedoch mit Kant lehren, daß auch das Ich sich selbst empirisch nicht anders kennt als es die Dinge kennt, eben gemäß seinen Anschauungsformen und Kategorien. Damit aber verliert die Grenze zwi-

II, 2. Die Rückseite des Spiegels, gespiegelt 143

schen dem empirisch bekannten Subjekt und den empirisch bekannten Objekten ihren metaphysischen Rang. Sie sind aufeinander angewiesen (Kants »Widerlegung des Idealismus« in der 2. Auflage der »Kritik der reinen Vernunft«). Es ist dann völlig legitim, festzustellen, daß man das Ich besser verstehen lernt, wenn man es als leibliches Ganzes begreift (Kant im »Opus Postumum«). D. h. der Weg zu der gesamten Fragestellung von Lorenz ist dann offen. Nur der Irrtum, das *empirische* Ich sei die irreduktible Mitte des Wissens, hindert, daß wir auf diesen Weg aufbrechen.

Ihre eigentliche Kraft bekommt diese Überlegung aber erst, wenn wir die bis hierher vorausgesetzte ontologische Erklärung der universalen Gültigkeit der Physik noch einmal hinterfragen. Betrachten wir die Annahme einer universellen Substanz mit der soeben eingeübten erkenntnistheoretischen Skepsis, so erscheint auch sie nicht mehr wie eine Hypothese, sondern wie eine Tautologie. Die Eigenschaften der »Materie« können wir nicht anders charakterisieren als eben durch die Gesetze der Physik, denen sie genügt. Also sind Existenz einer universellen Materie und universelle Gültigkeit der Physik zwei gleichbedeutende Behauptungen; die erste von ihnen erklärt nicht die zweite, sondern wiederholt sie. Können wir die universelle Gültigkeit der Physik begreiflich machen, oder müssen wir sie schlicht glauben? Hier folge ich dem Gedanken Kants, daß die Grundgesetze der Physik die Bedingungen der Möglichkeit von Erfahrung formulieren.[5] Auch Lorenz macht von diesem Gedanken Kants Gebrauch, aber in anderem Sinne als ich. Die beiden Verwendungen des Gedankens schließen sich nicht aus, sondern ergänzen einander. Lorenz geht von der Beobachtung Kants aus, daß wir Erkenntnisse a priori haben, die wir offensichtlich nicht aus individueller Erfahrung gewonnen haben können. Das wichtigste Beispiel ist für ihn unsere Raumanschauung, also unsere Fähigkeit, geometrische Einsicht a priori zu haben. Kant folgert, daß wir das Wissen a priori offensichtlich nicht einer Affektion durch die Objekte verdanken, daß es uns also auch nichts darüber lehren kann, wie die Objekte an sich selbst beschaffen sein mögen. Lorenz weist darauf hin, daß dieses Argument nicht schlüssig ist. Kant setzt hier eine naiv empiristische Erkenntnistheorie voraus und widerlegt nur diese. Wer die moderne Evolutionslehre kennt, hat keine Schwierigkeiten, den Spezies angeborene[6]

---

5 »Die Einheit der Natur«, Teil II. Hier im Beitrag I, 4 berührt (S. 66 ff.).

6 Die von Kant ausdrücklich gemachte Unterscheidung von a priori und angeboren fällt zwar bei Lorenz unter den Tisch, ändert aber im Prinzip auch nichts an Lorenz' Argument. Einerseits besagt sie (Streitschrift gegen Eberhard, Ak. Ausg. VIII S. 221) nur, daß *Vorstellungen* nicht angeboren sind, wohl aber der »Grund im Subjekte . . . , der es möglich macht, daß die gedachten Vorstellungen so und nicht anders entstehen und noch dazu auf Objekte, die noch nicht gegeben sind, bezogen werden können«. Das ist ganz im Sinne von Lorenz. Andererseits wendet Kant (»Kritik der reinen Vernunft« B 167–168) gegen ein »Präformationssystem der reinen Vernunft«, nach dem die Kategorien »subjektive, uns mit unserer Existenz zugleich eingepflanzte Anlagen zum Denken wären, die von unserem Urheber so eingerichtet werden, daß ihr Gebrauch mit den Gesetzen der Natur, an welchem die Erfahrung fortläuft, genau stimmte«, ein, »daß in solchem Falle den Kategorien die *Notwendigkeit* mangeln würde, die ihrem Begriffe wesentlich angehört«, also offenbar die mit

Verhaltensweisen zuzuschreiben, die im Laufe der Evolution durch Anpassung gelernt wurden. (Was »durch Anpassung lernen« heißt, werden wir im Teil 2 dieses Beitrags näher erörtern.) Dann muß man aber erwarten, daß die Selektion gerade dazu geführt hat, daß Verhaltensweisen überlebten, die der Wirklichkeit, den »Dingen wie sie an sich selbst sind«, gut angepaßt sind. Nach Lorenz wissen wir also von der »objektiven Außenwelt« vieles nicht, nämlich all das, was wissen zu können unseren Vorfahren keinen Selektionsvorteil im Kampf ums Dasein gebracht hat, aber was wir wissen, gerade was wir angeborenermaßen wissen, dem dürfen wir schon trauen, denn wäre dies Wissen nicht vertrauenswürdig, so wären wir, die Enkel von Siegern im Kampf ums Dasein, gar nicht da. Dieses Argument ist stark und soll hier nicht angefochten werden. Es dient nicht, die objektive Geltung der Physik auf die Bedingungen der Möglichkeit von Erfahrung zu gründen, sondern umgekehrt unsere Fähigkeit, Erfahrung zu machen, und damit schließlich unseren Glauben an die Physik auf die objektive Geltung der Physik zu gründen, auf die Strukturen der »realen Außenwelt«. Es ist insofern eine anti-kantische Verwendung des kantischen Apriori.

Mein Ansatz bleibt in der philosophischen Argumentation näher bei Kant. Wäre der Gedankengang von Lorenz alles, was zu Kants Apriori zu sagen ist, so könnten die Gesetze der Physik beliebige Gestalt haben; wenn sie nur als Gesetze, also immer gelten, so werden sich die Organismen ihnen schon anpassen und ein entsprechendes angeborenes Wissen erwerben. Ich versuche demgegenüber, diejenigen Bedingungen herauszuheben, ohne die wir uns schlechterdings keine Erfahrung vorstellen können, und aus ihnen die Gesetze der Physik inhaltlich zu bestimmen. Was dabei vorausgesetzt wird, ist im wesentlichen die Struktur der Zeit in ihren Modi – Gegenwart, Zukunft, Vergangenheit – und die Möglichkeit begrifflichen Denkens überhaupt. Was heute herauskommt, ist eine noch nicht voll fixierte Version der Quantentheorie. Für die Quantentheorie aber, so wie sie im vorigen Beitrag beschrieben ist, ist die Subjektbezogenheit alles Wissens konstitutiv. Die subjektunabhängige »objektiVe Außenwelt« ist von der Quantentheorie aus gesehen nur der sogenannte klassische Grenzfall. Wir haben keinen Grund, uns zu wundern, wenn sich zeigt, daß Organismen angeborenes Wissen gerade über diesen Grenzfall haben, denn »objektiv« im hier gebrauchten Sinne ist gerade das, worauf mehrere Subjekte sich einigen können.

Nach dieser Auffassung der Physik kann ein Bild dessen, was wir die Wirklichkeit nennen, wenn überhaupt, dann nur in einem Kreisgang gezeichnet werden. Die Natur ist älter als der Mensch, der Mensch ist älter als die Naturwissenschaft. Der Mensch, das Kind der Natur, verdankt seiner Her-

---

ihnen gegebene Einsicht in ihre Wahrheit. Das *Erlebnis* ihrer Notwendigkeit erscheint aber auf dem von Lorenz eingeschlagenen Wege sehr wohl erklärbar, und die *Wahrheit* dieser Notwendigkeit wird von der fortschreitenden Wissenschaft selbst problematisiert.

II, 2. Die Rückseite des Spiegels, gespiegelt

kunft Anpassungen an die Natur; diese beschreibt Lorenz unter dem Titel der Rückseite des Spiegels. Mittels dieser Anpassungen und seiner kulturellen Erfindungen betreibt der Mensch Wissenschaft; in der Wissenschaft spiegelt er die Natur. Selbst Begriffe wie »Natur«, »Wirklichkeit«, »Wissen« haben ihren Sinn nur innerhalb des menschlichen Wissens. Diese Spiegelbegriffe (Reflexionsbegriffe) waren nötig, um Begriffe wie »Anpassung«, »Spiegel«, »Rückseite des Spiegels« überhaupt bilden zu können. In jedem der beiden Halbkreise wurden bisher die Ergebnisse des anderen Halbkreises nur in einer Verkürzung verwendet. Der Quantenphysiker, auch der Transzendentalphilosoph, setzt die Ausstattung des erkennenden Subjekts so voraus, wie er sie in der ausgebildeten Menschennatur und in der Kultur der okzidentalen Neuzeit eben kennt, und betrachtet mit aller Verfeinerung, was für ein Wissen von der Natur so beschaffene Subjekte haben können. Der Biologe und Verhaltensforscher setzt die Kenntnis der Natur voraus, die ihm eine philosophisch unreflektierte, im wesentlichen klassische Physik liefert und studiert mit aller Verfeinerung, wie tierische und menschliche Subjekte sich dieser Natur anzupassen gelernt haben. Auch das gegenwärtige Buch vermag die beiden Halbkreise noch nicht in einen vollen Kreis zu integrieren. Die Beschreibung der Natur auf dem Niveau der Quantentheorie und der Transzendentalphilosophie ist nicht sein Thema. Es studiert den Menschen als Kind der Natur und setzt dabei einen bewußt vage gehaltenen Begriff der Natur voraus. Auf diesem Wegstück hat es keine Schwierigkeit, die Denkweise der Verhaltensforscher anzuwenden.

Am Schluß sei nur überprüft, ob dieser Denkweise das Leib-Seele-Problem so undurchschaubar erscheinen muß wie für Lorenz. Sie trägt zunächst ja keine neue positive Kenntnis bei, nur ein philosophisches Prinzip. Steigen wir nun in den Kreis an der Stelle der transzendentalphilosophischen Überlegung ein, so gehen wir also davon aus, daß es jedenfalls erkennende Subjekte – Menschen – gibt und behaupten, daß für diese alles, wovon sie objektivierbare Erfahrung, d. h. begriffliche Erfahrung in der Zeit haben, den Gesetzen der Physik unterliegen muß, denn diese Gesetze sind die Bedingungen möglicher objektivierbarer Erfahrung. Was diesen Gesetzen genügt, nennen wir aber Materie. Nun sind aus der so beschreibbaren Natur eben die menschlichen Subjekte geschichtlich hervorgegangen. Soweit sie von sich selbst objektivierbare Erfahrung gewinnen können, sind sie also für sich selbst als Objekte der Physik, als Materie, zu beschreiben. Dies hebt keinen Augenblick ihr Wissen auf, daß sie Subjekte, also Bewußtsein sind. Eben dies hat Lorenz in den oben zitierten Stellen phänomenologisch festgestellt: unser spontanes Wissen läßt sich die Identität von »Leib« und »Seele« nicht ausreden. Wie es im einzelnen zugeht, wenn sich bewußte Subjekte in der Evolution bilden und wie für sie das Bild von ihrer Umwelt und ihnen selbst entsteht, ist dabei vorweg noch unbekannt; eben dies wollen wir nun zu studieren beginnen. Aber jedenfalls sind die beiden cartesischen »Substanzen« nur methodische

146   Zur Biologie des Subjekts

Positionen; sie sind die Wirklichkeit, einmal »als Subjekt«, einmal »als Objekt« angeschaut. Und spätestens die Quantentheorie lehrt uns, daß beide Positionen nur Näherungen bezeichnen. Die alte metaphysische Formel, die Natur sei der Geist in einer Gestalt, in der er sich selbst nicht als Geist kennt, bezeichnet einen Horizont, innerhalb dessen alles, was die Naturwissenschaft bisher hat erkennen können, Platz hat, den sie freilich mit ihren positiven Erkenntnissen bisher nirgends erreicht. Jede Ebene der fortschreitenden Erkenntnis ist als eine begrenzte Ebene charakterisiert dadurch, daß in ihr Fragen auftreten, die mit ihren Begriffen formulierbar, aber mit eben diesen Begriffen nicht beantwortbar sind. Das Leib-Seele-Problem dürfte ein derartiges Problem für die Denkweise der klassischen Physik, also auch der von Lorenz benützten Biologie sein.

2. Die Erkenntnisförmigkeit der Evolution

Lorenz überschreibt das erste Kapitel seines Buchs: Das Leben als Erkenntnisvorgang. Ich habe hier einen nur methodisch zurückhaltenderen Titel gewählt. Ich vergleiche nur die Evolution mit denjenigen Vorgängen, die wir bei den höchstentwickelten Organismen als Erkenntnis im spezifischen Sinne bezeichnen.

Erkenntnis kann man ganz formal als Informationsgewinn bezeichnen. Die philosophische Frage ist dann, was wir mit dem Wort Information meinen. Um diese Frage besser stellen zu können, ist es zweckmäßig, die formale Struktur, in welcher der Informationsgewinn durch Evolution mit demjenigen durch Erkenntnis im engeren Sinne übereinkommt, etwas detaillierter zu beschreiben. Wir können hier nicht der Darstellung von Lorenz Schritt für Schritt folgen: das würde ein neues Buch ergeben. Popper[7] hat unlängst eine knappe und herausfordernde Skizze dieser Struktur gegeben, an der wir uns zunächst orientieren können. Ich zitiere einige Passagen in meiner Übersetzung.

Popper geht hier aus von »den Gedanken der *Instruktion* und der *Selektion*«[8]. (S. 73) »Von einem biologischen oder evolutionären Blickpunkt aus kann man die Wissenschaft, oder den Fortschritt der Wissenschaft als ein Mittel betrachten, das die menschliche Spezies benützt, um sich der Umwelt anzupassen: neue Umweltnischen zu besetzen, und sogar neue Umweltnischen zu erfinden. Wir können drei Niveaus der Anpassung unterscheiden: genetische Anpassung; adaptives Verhaltenslernen; und wissenschaftliche Entdeckung, die ein Spezialfall des adaptiven Verhaltenslernen ist ... Meine

---

7 K. R. Popper, »The rationality of scientific revolutions«, in Rom Harré (ed.) »Problems of Scientific Revolution: Progress and Obstacles to Progress in the Sciences«. The Herbert Spencer lectures 1973. Oxford, Clarendon Press 1975.
8 Kursivschreibungen in Poppers Text stammen durchgängig von Popper.

II, 2. Die Rückseite des Spiegels, gespiegelt 147

Hauptthese besagt die *fundamentale Ähnlichkeit der drei Niveaus* ... Auf allen drei Niveaus ist der Mechanismus der Anpassung fundamental derselbe.«
(S. 73)

»Anpassung geht aus von einer ererbten *Struktur*, die für alle drei Niveaus grundlegend ist: *die Genstruktur des Organismus*. Ihr entspricht auf dem Verhaltensniveau das *angeborene Repertoire* der dem Organismus verfügbaren Verhaltensweisen; und auf dem Niveau der Wissenschaft *die herrschenden wissenschaftlichen Vermutungen oder Theorien*. Diese *Strukturen* werden immer durch *Instruktion* weitergegeben, auf allen drei Niveaus: durch die Replikation oder codierten genetischen Instruktion auf den Niveaus des genetischen Materials und des Verhaltens; und durch soziale Tradition und Nachahmung auf den Niveaus des Verhaltens und der Wissenschaft. Auf allen drei Niveaus kommt die *Instruktion* aus dem *Inneren der Struktur*. Wenn Mutationen oder Variationen oder Irrtümer vorkommen, so sind diese neue Instruktionen, die ebenfalls *innerhalb der Struktur* entstehen, nicht *von außen*, aus der Umgebung kommen.«

»Diese ererbten Strukturen sind gewissen Drucken oder Herausforderungen oder Problemen ausgesetzt: Selektionsdrucken, Umweltherausforderungen, theoretischen Problemen. Als Antwort werden Variationen der genetisch oder traditionell ererbten *Instruktionen* erzeugt, durch Methoden, die wenigstens zum Teil *zufällig* wirken. Auf dem genetischen Niveau sind dies Mutationen und Rekombinationen der codierten Instruktion; auf dem Verhaltensniveau sind sie ausprobierende Variationen und Rekombinationen im Repertoire; auf dem wissenschaftlichen Niveau sind es neue und revolutionäre Theorieversuche. Auf allen drei Niveaus erhalten sie neue tentative Probeinstruktionen; kurz ein Ausprobieren.«

»Die nächste Stufe ist die der *Selektion* aus den verfügbaren Mutationen und Variationen: die schlecht angepaßten neuen Versuche werden eliminiert. *Dies ist die Stufe der Elimination des Irrtums* ... So können wir von *Anpassung durch die ›Methode von Versuch und Irrtum‹* sprechen, oder besser durch ›die Methode des Versuchs und die Elimination des Irrtums‹ ... Sie wirkt auf allen drei Niveaus.« (S. 74)

Popper bespricht nun die manifesten Unterschiede zwischen den drei Niveaus und wendet sich dann seinem eigentlichen Thema, der Rationalität wissenschaftlicher Revolutionen, zu. Wissenschaftstheorie liegt jenseits der Reichweite des gegenwärtigen Buchs. Wir betrachten nur die Pointe, die er aus dem Vergleich der Evolution mit der Wissenschaft herleitet, weil sie für uns – in umgekehrter Erläuterungsrichtung als der seinen – ein Beitrag zum Verständnis der Erkenntnisförmigkeit der Evolution ist. »All dies ist ein Teil der kritischen Auffassung der Wissenschaft, im Gegensatz zur induktionistischen Auffassung; oder der darwinistischen oder eliminationistischen oder selektionistischen Auffassung im Gegensatz zur lamarckistischen Auffassung, die mit dem Gedanken der *Instruktion von außen* oder aus der Umwelt

148   Zur Biologie des Subjekts

arbeitet, während die kritische oder selektionistische Auffassung nur *Instruktion von innen*, aus dem Inneren der Struktur selbst zuläßt. In der Tat behaupte ich, *daß es so etwas nicht gibt wie Instruktion von außerhalb der Struktur*, oder passiven Empfang eines Informationsflusses, der sich den Sinnesorganen einprägt. Alle Beobachtungen sind theoriegeprägt: es gibt keine reine, uninteressierte, theoriefreie Beobachtung.« (S. 78–79) »Eine neue revolutionäre Theorie funktioniert genau wie ein neues mächtiges Sinnesorgan.« (S. 75)

Seine These, daß Theorien empirisch nur falsifiziert, aber nicht verifiziert werden können, hat Popper ursprünglich mit einem logischen Argument begründet.[9] Ein Satz, der die logische Form der Allgemeinheit hat, ist empirisch widerlegt, wenn es ein Gegenbeispiel gibt, empirisch bewiesen aber erst, wenn alle unter ihn fallenden Einzelfälle vorgeführt sind – ein unmögliches Unterfangen.[10] Jetzt bringt Popper ein biologisches, also selbst empirisches Argument, das die These strukturell anreichert. Die Frage ist, wie die beiden Argumente in ihrer erkenntnistheoretischen Valenz zueinander stehen. In der üblichen hierarchistischen Auffassung der Wissenschaften steht die Logik voran. Popper sagt: »Was in der Logik wahr ist, ist in der Psychologie wahr« (zitiert nach Lorenz, S. 136). Diese einfache Formel läßt den anderen Halbkreis aus, nämlich die Frage, was Wahrheit in der Logik bedeutet, und wie es, geschichtlich-anthropologisch gesehen, zu so etwas wie Logik kommen kann. Daß man auch diese letztere Frage als wissenschaftliche Frage heutzutage nur unter Anwendung der schon vorliegenden Logik angreifen kann, rechtfertigt keinen Hierarchismus, sondern ist nur ein Beispiel für Poppers vorher erläuterte Thesen: auch die Logik ist ein derart mächtiges »Sinnesorgan«, eine »abgeschlossene Theorie« im Sinne Heisenbergs, die uns Phänomene sehen lehrt und gleichwohl ihrer Überwindung durch eine künftige fortgeschrittene Theorie gewärtig sein muß.

Poppers neue Pointe scheint mir nun auf folgendes hinauszulaufen. Sein altes Argument machte von dem historischen Faktum Gebrauch, daß die Wissenschaft ihre Überzeugungen in der logischen Form der Allgemeinheit vorträgt. Jetzt kann man fragen, warum sie das tut. Könnte sie nicht einfach das Erlebte erzählen? Dagegen konnte man immer sagen, daß sie dann keine prognostische Kraft, also keinen praktischen Nutzen hätte. Jetzt läßt sich das schärfer fassen. Wenn es Instruktion nur von innen gibt, so hat jeder Erkenntnisapparat die Form, eine für viele, im einzelnen vorweg unbekannte Umweltreize bestimmte Reaktionsstruktur bereitzustellen. Er hat also, logisch betrachtet, seinem Wesen nach die Form der Allgemeinheit. Das gilt, logisch gesprochen, nicht nur von den Urteilen, sondern schon von den Begriffen. Deshalb könnte die Wissenschaft ohne die Form der Allgemeinheit nicht ein-

9 K. Popper, »Logik der Forschung«, 1933.
10 Dazu »Die Einheit der Natur«, S. 123 f., und Werner Heisenberg, S. 71 ff.

II, 2. Die Rückseite des Spiegels, gespiegelt 149

mal das Erlebte erzählen, denn sie erzählt es mit Begriffen. Wir kommen hierauf in II 6 unter dem Titel »Biologische Präliminarien zur Logik« (S. 220 ff) zurück.

Im gegenwärtigen Abschnitt über die Erkenntnisförmigkeit der Evolution aber lesen wir die Evolution noch nicht als ein Mittel, die menschliche Erkenntnis zu erläutern, sondern wir lesen die Erkenntnis als ein Mittel, die Evolution zu erläutern. Erkenntnis leistet, nach der klassischen Wahrheitsdefinition, die Adäquation des Bewußtseins an die Tatsachen (veritas est adaequatio intellectus ad rem). Übersetzen wir hier Adäquation mit Anpassung, so finden wir eine Formel, die sich auf die Evolution verallgemeinern läßt: organische Evolution ist Anpassung des genetischen Codes und des durch ihn ermöglichten Verhaltens an die Tatsachen. In diesem objektiven Sinne ist Evolution Informationsgewinn, und als Informationsgewinn hatten wir eingangs die Erkenntnis definiert. Es fragt sich nur, was wir unter Information, Wahrheit, Anpassung bei dieser Begriffsübertragung vom subjektiven Wissen zum objektiven Verhalten verstehen.

3. Information, Anpassung, Wahrheit

Für eine Philosophie, welche diese drei Begriffe präzise erklären würde, ist dieses ganz Buch nur Propädeutik, nur anthropologische Materialsammlung. Selbst für eine hinreichend breite Exposition des philosophischen Problems im Rahmen der Evolutionstheorie muß ich auf andere Aufsätze verweisen.[11] Aus diesen seien hier nur ein paar Formulierungen aufgenommen und weitergeführt.

Information gibt es zunächst *für Menschen*. Shannons Definition der Information geht aus der Theorie der Kommunikationssysteme, speziell des Telegraphen hervor; diese Systeme vermitteln Botschaften von Menschen an Menschen. Nur für einen Menschen, der lesen kann, enthält das Telegramm die nach Shannons Vorschrift quantifizierbare Informationsmenge. Z. B. wird zunächst nur der Mensch, der lesen kann, den Buchstaben e in jedem Wort als denselben Buchstaben ansprechen. Für eine Fliege, die über das ausgedruckte Telegramm wandert, enthalten diese Flecken Druckerschwärze ganz andere Informationswerte.

Der moderne Informationsbegriff enthält nun freilich die Tendenz der Objektivierung, der Ablösung vom Subjekt. Der erste Schritt ist die Bemerkung, daß die Theorie der Kommunikationssysteme gerade nicht ein Verständnis eines einsamen Subjekts, sondern die Kommunikation zwischen mehreren

11 »Die Einheit der Natur« III, 4. Modelle des Gesunden und Kranken, Guten und Bösen, Wahren und Falschen; III, 5. Materie, Energie, Information. Ferner: »Wissenschaftsgeschichte als Wissenschaftstheorie«, in: »Fragen zur Weltpolitik«. Ferner: Offene Systeme I, vor allem die Beiträge von E. v. Weizsäcker und F. J. Zucker.

Subjekten betrifft. Dieselbe Buchstabenfolge enthält für jeden, der sie lesen kann, dieselbe Menge Information (in der syntaktischen, schon nicht mehr notwendig in der semantischen Ebene). Der zweite Schritt ist dann die Ersetzung der ohnehin austauschbaren Subjekte, die als Sender und Empfänger fungieren, durch Apparate. Nun heißt es: Information gibt es für einen Sender bzw. Empfänger. Im dritten Schritt kann man versuchen, diesen Informationsbegriff dann auf Organismen anzuwenden, die nicht von Menschen gebaute Apparate sind. Die Empfänger, welche Umweltinformation aufnehmen, und bei Kommunikation zwischen Organen oder Organismen auch die Sender, sind nun Organe. Ihre Entstehung wird selektionistisch beschrieben. Damit sind wir bei der Erkenntnisförmigkeit der Evolution.

Hierbei ist ein Unterschied zu bemerken, den Popper nicht hervorhebt, der aber in Lorenz' Darstellung eine entscheidende Rolle spielt: zwischen permanentem Informationserwerb durch Schaffung neuer Strukturen und dem Erwerb nicht zu speichernder Augenblicksinformation (S. 40 f. und IV. Kapitel). Viele wichtige Organe reagieren auf nicht zu speichernde Information des Augenblicks. Auch der Telegraph, dem wir den Informationsbegriff verdanken, verarbeitet, ohne sich selbst strukturell zu verändern, durchlaufende Information; daß man die ausgedruckten Telegramme dann auch aufbewahren kann, ist für den Telegraphen, der statt dessen auch bloße akustische Ticksignale geben könnte, nicht essentiell. Die Entstehung von Organen, die genau dies leisten, ist selbst schon eine relativ hohe Leistung der Evolution. Die Evolution der ersten, vororganismischen höheren Moleküle und der primitiven DNS-Protein-Kooperation in einfachsten Organismen kann ebenfalls schon als Informationsgewinn interpretiert werden, ohne daß dabei Organe der aktuellen Informationsverarbeitung existieren. Zur schärferen Definition des Informationsbegriffs werden wir aber modellmäßig diese Organe betrachten, die aktuelle, nicht notwendig zu speichernde Information aufnehmen, wie etwa die Sinnesorgane verbunden mit den angeborenen motorischen Reaktionen auf die durch die Sinnesorgane aufgenommenen Reize.

Information also gibt es *für einen Empfänger*, oder für ein Paar Sender – Empfänger; Sender und Empfänger seien nun *Organe* oder *Apparate*. Was heißt in dieser Redeweise das »*für*«? Dem Empfänger unterstellen wir kein Bewußtsein oder zum mindesten keine Reflexion; insofern ist nicht er es, der sich oder uns sagen kann, es gebe »für ihn« Information. Die wissenschaftliche Rechtfertigung dafür, daß *wir* sagen, es gebe *für ihn* Information, läßt sich in dem Satz andeuten, Information gebe es nur *unter einem Begriff*. Das gilt schon von der Information für Menschen. Derselbe Telegrammtext enthält eine ganz verschiedene Informationsmenge je nach dem Begriff, unter dem wir ihn auffassen: als eine Folge von Buchstaben des lateinischen Alphabets, als eine Folge von Wörtern der englischen Sprache, als eine Mitteilung über den Ausgang einer Präsidentenwahl. Dasselbe Chromosom enthält eine ganz verschiedene Informationsmenge, je nachdem man es als eine organische

II, 2. Die Rückseite des Spiegels, gespiegelt

Molekülkette oder als Träger des Erbguts einer Spezies betrachtet. So auch bei der Information für ein Organ. Diese ist erst definiert, wenn *wir die Funktion* des Organs angegeben haben und damit die für diese Funktion relevante Anzahl von Ja-Nein-Entscheidungen feststellen können. Haben *wir* diese Funktion verstanden, so können *wir* angeben, daß das Organ eben den Begriff dieser Funktion *objektiv,* unabhängig von unserem Urteil, durch seinen Bau und die dadurch erzeugte Leistung *darstellt.* Organe sind, wenn man das so ausdrücken darf, *objektive Begriffe.* Diese Feststellung führt uns natürlich weiter zu der Frage, ob wir eigentlich wissen, was wir uns in der Phänomenologie unserer eigenen Erkenntnisprozesse unter einem *Begriff* vorstellen. Dazu kehren wir im 3. und 6. Beitrag dieses Kapitels zurück.

Information gibt es nur für das wirklich *funktionierende Organ,* für das Organ, solange es *als* Organ lebt. Das funktionierende Organ steht in einem Funktionszusammenhang. Man darf dann wohl sagen, daß es stets nicht nur Empfänger, sondern auf Grund der empfangenen Information auch wieder Sender ist. So läßt sich der Satz rechtfertigen: *Information ist nur, was Information erzeugt.*

Was hat all dies mit dem Begriff der *Wahrheit* zu tun? Information gibt es nur unter einem Begriff. Wenn ein Organ 1 bit Information sendet, so können *wir* die objektive Semantik dieser Sendung so in *unsere* Sprache übersetzen, daß wir behaupten, das Organ habe mitgeteilt: »Ein Fall meines Begriffes liegt vor« oder, dasselbe anders gesagt: »Ein Ereignis, das unter meinen Begriff fällt, hat stattgefunden«. »*Mein* Begriff K« ist dabei der von uns durch unser Verständnis der Funktion *des Organs* definierte Begriff; so lassen wir das Organ metaphorisch von *seinem* Begriff reden. Die Sendung des Organs hat also, in *unserer* Sprache ausgesprochen, die Form eines *Urteils,* eines *Satzes.* Die Wahrnehmung hat selbst eine *prädikative Struktur* (Auersperg); diese letztere Behauptung geht freilich über die vorige noch hinaus, indem sie zugleich die logische Form des Urteils anzugeben beansprucht, eine These, von der wir vorerst noch keinen Gebrauch machen. Sätze nun können *wahr oder falsch* sein. Auf die Wahrheit von Sätzen geht die oben zitierte Wahrheitsdefinition, die letztlich von Aristoteles stammt. Insofern also ist die Meldung des Organs etwas, was *für uns* wahr oder falsch sein kann, *für uns ist sie ein Urteil.*

Diese unsere Beurteilung der Organmeldung als Urteil aber ist eine Leistung unserer Reflexion. Wir vergleichen hier die Organmeldung mit gewissen Leistungen, deren wir selbst fähig sind. Der Organismus ist selbst nicht der Reflexion fähig. Er kann seine Organmeldungen normalerweise nicht als wahr oder falsch beurteilen. Auch wir können ja unsere eigenen Sinneseindrücke und Denkergebnisse in der erdrückenden Mehrzahl der Fälle nicht auf ihre Wahrheit oder Falschheit hin beurteilen, sondern wir nehmen sie hin. Wir nehmen sie gleichsam spontan als wahr hin; das Wort »wahrnehmen« drückt das in hübscher Weise aus. Gleichwohl gibt es einen *objektiven* Sinn, in dem die Organmeldungen auch *für den Organismus* oder für die Spezies sich als wahr oder falsch erweisen, nämlich durch ihren *Erfolg*, ihren *Selektionswert*. Was so objektiv überprüft wird, ist aber nicht die einzelne Organmeldung, sondern die Handlungseinheit, zu der sie als eines vieler Kettenglieder gehört. Ein pragmatischer Wahrheitsbegriff (vgl. den in der vorangegangenen Fußnote zitierten Aufsatz »Modelle ... des Wahren und Falschen«) kann die Prädikate »richtig« oder »falsch« nur ganzen Handlungsweisen zuschreiben. Dabei sind zwei Abweichungen von einem auf einzelne Sätze bezogenen Wahrheitsbegriff wichtig. Erstens ist nicht die einzelne Handlung deshalb richtig oder falsch, weil sie Erfolg oder Mißerfolg hat, denn ihr Erfolg oder Mißerfolg kann durch zufällige Nebenumstände verursacht sein. Was richtig oder falsch ist, ist das *Handlungsschema*, dem das Tier immer wieder folgt, also ein *Allgemeines*. Zweitens ist die Handlung nicht ein *Bild* der Umwelt, sondern ihre Adäquation an die Tatsachen ist eine Anpassung, ein Passen wie das des Schlüssels zum Schloß.

Menschliches Handeln und Denken unterscheidet sich von diesem simplen Schema vor allem durch das Vermögen der *Vorstellung*, der *symbolischen Repräsentation*, welche ihre außerordentliche Verstärkung durch die *Sprache* erhält. Die Vermutung sei aber gewagt, daß gerade die beiden letztgenannten Abweichungen von der gängigen Beschreibung der Wahrheit des einzelnen Satzes beim menschlichen Denken erhalten bleiben. Wenn Denken der Herkunft nach Probehandeln in der Vorstellung ist, so ist es *primär allgemein*, also begrifflich, und so liefert es *primär kein Bild der Wirklichkeit*, sondern ein Bild dessen, was wir mit der Wirklichkeit anfangen, ein *Bild unseres Handelns*. Die Auffassung der Wirklichkeit als an sich seiend ist dann, ebenso wie die Wahrnehmung vom Einzelnen *als* Einzelnem, eine weitere höhere Leistung des Denkens, ein Kunstprodukt, ein Werk der Kultur. In der Richtung dieser Fragestellung suchen die nachfolgenden vier Beiträge weiter vorzustoßen.

II, 3. Die Einheit von Wahrnehmen und Bewegen [1]

1. Das Problem

Der volle Titel des Buchs von Viktor v. Weizsäcker, über das wir sprechen, lautet: Der Gestaltkreis. Theorie der Einheit von Wahrnehmen und Bewegen. Der Text des Buchs beginnt mit den Worten: »Wir betrachten hier die Bewegung lebender Wesen...« (Suhrkamp-Ausgabe S. 23). Diese Bewegung wird alsbald als »Selbstbewegung« (S. 23) charakterisiert. Die klassische Physiologie behandelt Wahrnehmen und Bewegung, Sensorik und Motorik als getrennte Leistungen des Organismus, die nur miteinander in Wechselwirkung stehen. Das Buch sucht aber eine Einheit beider zu statuieren. Das ist nicht nur seine These, es ist zugleich sein wissenschaftlicher Habitus. Das Vorwort zur ersten Auflage beginnt mit dem Satz: »Um Lebendes zu erforschen, muß man sich am Leben beteiligen.« (S. 3) Das kann man auch so weiterdenken: »Um Lebendes als Lebendes wahrzunehmen, muß man sich an der Bewegung des Lebens beteiligen.« Für den Autor *ist* gleichsam alles Wahrnehmen ein Bewegen, alles Bewegen ein Wahrnehmen. Er stellt diesen Zusammenhang aber behutsamer und präziser dar, indem er sagt, Wahrnehmen und Bewegen könnten einander gegenseitig vertreten und sie seien einander gegenseitig verborgen (Drehtürprinzip).

So kann dieselbe physikalisch feststellbare Bewegung von einer Versuchsperson entweder als eine eigene Bewegung oder als die Wahrnehmung einer Bewegung der Umwelt erlebt werden, aber nicht als Identität beider. Viktor v. Weizsäcker war im übrigen überzeugt, es könne kein physikalisches Modell der von ihm beschriebenen Verhältnisse geben. Das Vorwort zur ersten Auflage fährt fort: »Man kann zwar den Versuch machen, Lebendes aus Nichtlebendem abzuleiten, aber dieses Unternehmen ist bisher mißlungen. Man kann auch anstreben, das eigene Leben in der Wissenschaft zu verleug-

---

1 1973 fand in der Forschungsstätte der Evangelischen Studiengemeinschaft in Heidelberg eine Gesprächswoche statt über Viktor v. Weizsäckers Buch »Der Gestaltkreis« (Leipzig, Thieme 1940; inzwischen neu herausgegeben in der Reihe suhrkamp taschenbuch wissenschaft, Band 18, Frankfurt, Suhrkamp, 1973). Der hier gedruckte Beitrag ist der nach der Tonbandnachschrift redigierte Text eines extemporierten, aber, bis auf Zwischenfragen, zusammenhängenden Diskussionsbeitrags von mir. Es schien mir richtig, die Redaktion nur soweit zu treiben, daß klar wird, wovon die Rede ist, aber andererseits die ständigen Bezugnahmen auf die aktuelle Gesprächssituation, die zur Verdeutlichung dienen können, erhalten blieben. Vgl. übrigens meinen Aufsatz »Gestaltkreis und Komplementarität«in »Zum Weltbild der Physik«.

nen, aber dabei läuft eine Selbsttäuschung unter. Leben finden wir als Lebende vor; es entsteht nicht, sondern es ist schon da, es fängt nicht an, denn es hat schon angefangen. Am Anfang jeder Lebenswissenschaft steht nicht der Anfang des Lebens selbst; sondern die Wissenschaft hat mit dem Erwachen des Fragens mitten im Leben angefangen.« (S. 3).

Ich habe gestern[2] die antiphysikalische Deutung kritisiert, die Viktor v. Weizsäcker diesen seinen tiefen und wahren Sätzen gegeben hat. Dabei habe ich mit einer Anekdote angefangen. V. v. Weizsäcker hielt kurz nach dem zweiten Weltkrieg in Heidelberg vertretungsweise die Vorlesung über Physiologie. Er hatte die Gewohnheit, gelegentlich mitten im Kolleg die Studenten nach dem behandelten Stoff abzufragen. Dabei geriet er an einen am Ende der ersten Reihe sitzenden jungen Mann, der ihm nicht bloß antwortete, sondern in gewissen Punkten – sicher zu seinem Amüsement – widersprach. Dieser entpuppte sich nachher als sein neuberufener Kollege für Zoologie, Erich v. Holst. Ich knüpfte an die Anekdote die Bemerkung, daß ironischerweise gerade E. v. Holst für gewisse von V. v. W. als physikalisch prinzipiell unerklärbar angesehene Konstanzphänomene in der Wahrnehmung von Bewegung damals vermutlich die später von ihm gemeinsam mit Otto Mittelstädt ausgearbeitete und veröffentlichte kybernetische Erklärung durch das sog. Reafferenzprinzip schon besaß. Ich bin nun gebeten worden, heute zunächst sachlich zu erläutern, was das Reafferenzprinzip besagt. Daran möchte ich dann eine grundsätzliche Erörterung darüber knüpfen, wie man sich überhaupt ein physikalisches Modell für die Selbstbewegung eines Organismus vorstellen kann.

Zweitens hatte ich die philosophische Behauptung aufgestellt, diese Möglichkeit physikalischer Modelle lebendigen Verhaltens tue den tiefen Einsichten Viktor von Weizsäckers – entgegen seiner eigenen, stets durchgehaltenen Meinung – keinen Abbruch. Dies gelte jedenfalls, wenn man die Quantentheorie so deute, daß – um es in der einem Schwaben gegenüber zulässigen Sprache der Philosophie Schellings zu sagen – die Natur der Geist ist, der sich nicht als Geist kennt. Dabei entschlüpfte mir die Behauptung, Wahrnehmen und Bewegen seien ihrem Wesen nach vielleicht identisch, und eben darum könnten sie in dem von V. v. Weizsäcker beschriebenen Verhältnis gegenseitiger Vertretbarkeit und Verborgenheit stehen. Ich bin aufgefordert worden, auch diese Behauptung zu erläutern.

Zwischenfrage: Sind wir denn wirklich darüber einig, daß Wahrnehmen und Bewegen eine Identität ist; ist das denn wirklich ein zweifelsfreies Ergebnis, oder ist es ein Postulat?

Antwort: Mein Vorschlag war, diese These, die als eine ganz wilde Hypothese aufgetaucht ist, so zu erläutern, daß wenigstens gesehen werden kann,

2 Nach dem für dieses Buch geschriebenen einführenden Absatz beginnt jetzt die, z. T. nach der Erinnerung ergänzte Nachschrift aus der Diskussion.

II, 3. Die Einheit von Wahrnehmen und Bewegen 155

welche Verwendung von kybernetischen Modellen mit dieser These vereinbar wäre. Einer der möglichen Einwände ist ja, diese These hänge so sehr in
der Luft, daß man sich nicht einmal vorstellen kann, wie ein kybernetisches
Modell aussehen sollte, das diese These modellmäßig darstellt.

Zwischenbemerkung: Als Brückenschlag bietet sich folgende Stelle aus
»Gestaltkreis«, 4. Aufl., S. 21 an: »Hier sehen wir also den Begriff der
Selbstbewegung, der das Leben so stark kennzeichnet, zunächst aber durch
seinen Widerspruch zur mechanischen Bewegung anstößig bleibt. Sie füllt
sich mit einem erfahrungswissenschaftlichen Inhalt. Wahrnehmung enthält
nicht Selbstbewegung als einen Faktor, der sie bedingt: *sie ist* Selbstbewegung.«

Zwischenfrage: Wie kann man behaupten, Wahrnehmen und Bewegen
könnten zusammenhängen, einander vertreten und einander verborgen sein,
wenn man, um das behaupten zu können, sagt, sie seien identisch? Ist das
nicht eine logische Absurdität? Denn etwas kann nicht sich selbst vertreten
oder sich selbst verborgen sein. Es muß zweierlei da sein, um zusammenzu-
wirken, sich zu vertreten und verborgen zu sein. Und andererseits war die
These, die so in die Luft gestellt war, daß diese drei Leistungen (Zusammenwirken, Vertreten und Verborgensein) darin wurzeln, daß das, was so zueinander steht, wesensmäßig identisch sei.

Antwort: Ich wollte nichts anderes tun als diese etwas kryptischen Formulierungen explizit machen. Ich spreche zuerst eine subjektivistische Sprache,
in der ich von Erlebnissen rede. Ich werde dann in einem nächsten Schritt
versuchen zu sagen, wie man die Sache ausdrücken sollte, wenn man etwas
beschreibt, bei dem man von Erlebnissen nicht redet, z. B. eine das Ziel suchende Waffe, einen Schach spielenden Automaten, oder einen Fisch, dem
man Subjektivität zwar unterstellt, von der man aber behauptet, man wisse
nichts von ihr. Danach komme ich auf das philosophische Problem zurück.

2. Das Reafferenzprinzip

Ich fange also mit dem Subjektiven an. Ich darf jetzt so reden, wie ich erlebe.
Jeder von uns kann dann das Wort Ich auf sich dabei anwenden.

Wenn ich hier sitze und lasse den Blick gleiten über diese Fensterfront und
die Landschaft draußen, dann erlebe ich zweierlei: Ich erlebe einerseits, daß
ich immer Wechselndes sehe: diese Tannen und jene Wolken und davor die
Gesichter. Und daß ich in diesem Wechselnden gleichzeitig weiß, daß das eine
feste Welt ist, und daß die Bewegung, die ich in ihr wahrnehme, im Wesentlichen die Bewegung meines Blickes ist. Nur wenn ich das weiß, kann ich außerdem sagen: wenn aber Herr S. sich jetzt gerade bewegt im Unterschied zu
den Anderen, dann ist das er, der sich bewegt und bin nicht ich. Also nur weil
ich ein festes Bezugssystem habe, (das ist in diesem Fall das Bezugssystem der

ruhenden Erde, das was man in einer prärelativistischen Physik die absolute Ruhe nennt) nur weil ich das habe, kann ich den Unterschied machen zwischen den Bewegungen der Gegenstände und meinen eigenen Bewegungen.

Wenn ich so den Blick schweifen lasse, dann ist das nur ein Beispiel, ein anderes Beispiel ist, wenn ich mich selbst bewege, wenn ich also herumspaziere mit meinem eigenen Körper, und das macht nicht viel Unterschied, weil der Blick eine Handlung ist, weil der Blick selbst so etwas ist, wie das Zugreifen mit der Hand oder das Gehen mit den Beinen. Dazu folgende Randbemerkung: Die ganze »Viktorsche« Sprechweise macht sich viel leichter, wenn man antike Philosophie nimmt, statt neuzeitliche. In der platonischen Philosophie (Timaios, Theätet) ist die Theorie des Sehens die Theorie eines vom Auge ausgehenden Organs, des Sehstrahls, das die Dinge betastet. Und wenn man es so denkt, dann hat man die Erlebnisqualität des Blickens besser beschrieben, als wenn man es so denkt, daß man sagt: da gehen elektromagnetische Wellen von Dingen aus und kommen in mein Auge, denn da ist die Aktivität des Auges, die ja erlebt ist, an den Rand der Beschreibung gedrängt.

Die Frage ist jetzt, kann ich ein Modell machen für ein Nervensystem, das nur die Elemente des Erlebens schließlich leisten soll, die ich gerade geschildert habe und das physiologisch soweit richtig ist? Da muß ich nun sagen, das Erste, was man hat, sind noch gar nicht die Nerven, sondern es ist das Netzhautbild. Und vom Netzhautbild weiß ich, daß es überhaupt nicht die absolute Ruhe und die relativ zur absoluten Ruhe definierte absolute Bewegung gar nicht enthält, sondern es enthält eine einzige Art von Daten, und das sind Relativbewegungen. Ich weiß genau als Physiker oder als physiologischer Optiker, oder optischer Physiologe, daß auf der Netzhaut, wenn ich so über die Landschaft wandere mit dem Blick, in Wirklichkeit sich die Bilder der Gegenstände verschieben. Warum erlebe ich dieses nicht? Das ist doch eine der Formulierungen des Problems. Sondern warum erlebe ich, daß die Gegenstände feststehen und erlebe gleichzeitig, daß ich wechselnde Gegenstände sehe, weil ich mich bewege? Antwort: Damit zweierlei unterschieden werden kann im Erlebnis, muß auch zweierlei als input da sein, in dem Computer, wenn ich mal das Wort gebrauchen darf, durch den ich die Leistung des Nervensystems darstelle. Was ist das Zweierlei? Das Eine ist das soeben Genannte, das ist die Afferenz (Heranbringung) an das Zentrum von der Peripherie (Netzhaut), welche liefert, was auf der Netzhaut abgebildet war. Das ist aber nur ein Datum. Das zweite Datum ist die Reafferenz. Ich unterscheide jetzt im Zentrum zwei Zentren, ich werde nachher diese zwei Zentren wieder in eins zusammenbringen. Ich unterscheide ein sensorisches und ein motorisches Zentrum. An das sensorische Zentrum kommt heran die Meldung von der Netzhaut, vom motorischen Zentrum geht aus der Befehl an Auge und Halsmuskulatur, den Blick wandern zu lassen. Dieser Befehl wird ausgeführt. Vom motorischen Zentrum geht aber außerdem noch eine zweite Meldung aus: diese geht zusammen mit der afferenten Meldung des Netzhautbildes ins sensori-

II, 3. Die Einheit von Wahrnehmen und Bewegen

sche Zentrum hinein und ist eine Reafferenz, eine Wiederheranbringung des Befehls in die Sensorik, so daß das sensorische Zentrum nun zwei Meldungen hat: 1. die Meldung, das Netzhautbild hat sich verschoben, 2. die Meldung, es sollte eine Bewegung ausgeführt werden, welche zur notwendigen Folge haben würde, daß das Netzhautbild sich verschiebt. Diese zwei Meldungen bieten nun zwei Daten, die man miteinander vergleichen kann, und die Auswertung, die dem Erlebnis, das wir, wie wir so sagen, im Bewußtsein haben, zugrunde liegt, besteht darin, daß nicht diese beiden Daten ins Bewußtsein treten, sondern das eine Datum und die Differenz beider Daten. Die Differenz beider Daten ist nämlich, wenn die Sache geglückt ist, Null. Die erlebte Relativbewegung und die vorausgesagte Relativbewegung sind dieselbe in dem Sinne, daß sie gleiche Quantität haben, aber sie sind insofern verschieden, als die eine erlebte, die andere eine vorausgesagte ist. Der Computer aber, der die Sache ausrechnet, ist so beschaffen, daß er imstande ist, die beiden voneinander zu subtrahieren, und wenn dabei wirklich Null herauskommt, dann ist das Resultat das Erlebnis der Ruhe der Dinge. Außerdem wird auch noch erlebt die reine Relativbewegung auf der Netzhaut. Sie wird nunmehr aber erlebt in dem Sinne, daß sie verglichen wird mit der schon konstatierten Ruhe, und in diesem Vergleich erweist sie sich nunmehr als Erlebnis dessen, wovon sie auch Erlebnis sein soll, nämlich wechselnder Inhalte, die die Folge meiner Bewegung sind.

Das wäre also zunächst ein Versuch, abstrakt zu beschreiben, was mit dem Reafferenzprinzip eigentlich geleistet werden soll. Dann kann man überlegen, was passiert, wenn irgend etwas davon ausfällt (und wie es immer ist, gesunde Leistungen sind komplex, und man kann ihre Bausteine fast nur dadurch wahrnehmen, daß man den pathologischen Ausfall einer dieser Leistungen beobachtet). Ich erinnere hier noch einmal an das, was gestern diskutiert wurde: es gibt zwei Arten, einen Ausfall einer solchen Leistung herzustellen. Der eine ist ganz leicht: wenn ich auf mein Auge drücke, dann habe ich eine Verschiebung des Netzhautbildes ohne einen Befehl, daß eine solche stattfinden sollte, und dann verschiebt sich plötzlich die Welt. Das Andere ist, was wir gewöhnlich nicht erleben können, ein krankhafter Fall, wenn jemand eine solche Lähmung hat, daß er zwar noch die Impulse ausgeben kann, daß sie aber keine Folge haben. Dann gibt er den Impuls aus, daß das Auge sich drehen soll, das Auge dreht sich aber nicht. Der Effekt ist, daß er wahrnimmt, daß die Welt nach der umgekehrten Seite läuft. In jedem der beiden Fälle nimmt er nur eins von beiden wahr, im einen Fall nur das Netzhautbild, im andern Fall nur den Befehl, subtrahiert sie kunstgerecht und bekommt als Folge in beiden Fällen das Erlebnis der Bewegung der Welt. Das ist sozusagen der banale Teil der nochmaligen Erzählung des Reafferenzprinzips.

Zwischenfrage: Beanspruchen Sie damit das Erlebnis der Erwartung der Verschiebung des Netzhautbildes zu erklären?

Antwort: In dieser Analyse der Struktur der mutmaßlichen Nervenleistungen wird überhaupt nicht geschildert, wie etwas erlebt wird, sondern es wird lediglich in einer Black-Box-Analyse gesagt: was füttert man hinein und was kommt heraus? Und dann wird dazu gesagt mit einer Semantik aus der Umgangssprache, wie wir das zu benennen oder zu erleben pflegen, was dabei herauskommt. Was also eigentlich in dem Modell beansprucht wird, ist nicht zu schildern, wie es zugeht, daß die reafferente Meldung erlebt wird als eine Erwartung. Sie wird ja nicht einmal als eine Erwartung erlebt, sondern nur ihre Differenz gegenüber dem Netzhautbild, das ebensowenig erlebt wird, wird erlebt. Ich habe jetzt nur in der typisch anthropomorphen Sprechweise, in der man auch Computer beschreibt, den Inhalt der reafferenten Meldung charakterisiert durch die Worte: sie sei eine Erwartung. Sie ist eigentlich nichts anderes als die Meldung des gegebenen Befehls. Und der gegebene Befehl würde in der subjektivistischen Sprache, die ich rede, heißen: drehe den Blick. Aber die Meldung meldet nicht einfach nur das Qualitative: drehe den Blick, sondern sie meldet quantitativ: um wieviel inneviert wird, um wieviel also der Augenmuskel sich kontrahiert und das Auge sich verschiebt. Und dieses Quantitative ist – so gut ist die Meldung gemacht – quantitativ vergleichbar mit dem ebenfalls Quantitativen der Verschiebung der Bilder auf der Netzhaut. Die Behauptung ist: diese Quantitäten sind so gut definiert, daß der Computer im Kopf sie von einander subtrahieren kann. Wie man eine Schaltung machen muß, die das leistet, das habe ich natürlich auch überhaupt nicht gesagt. Ich weiß nicht, ob Herr Hassenstein das eventuell hinkriegt.

Zwischenbemerkung (E. v. Weizsäcker): Das Problem ist nicht so sehr das maschinelle Simulieren. Das eigentliche Problem ist wohl die Frage, wenn ich das recht verstanden habe: Wenn man ein lernendes Wesen ist, dann basiert erlebte Erwartung auf Erlerntem. Es werden dann also die Erwartungen wie die durch Blickrücken und Halswechsel und Laufen usw. erst lange, lange aufgebaut. Da ist es mit dem Simulieren einer funktionierenden Reafferenzschaltung überhaupt nicht getan. Ich finde, gerade in diesem Lernprozeß gewinnt die Behauptung der Identität von Wahrnehmen und Bewegen einen besonderen Sinn. Wir haben zwar letztlich alle sehr vergleichbare Erwartungen, aber wie jemand gestern im Zusammenhang mit der Sicherheitsstimmung gesagt hat, ist das nicht eine fixe maschinelle Größe, sondern etwas Menschliches, etwas, was mit der Bewegung unmittelbar zusammenhängt, und zwar auch mit der Stimmung der Bewegung. Mir wird die Behauptung der Identität unmittelbar einsichtig, wenn ich an menschliches komplexes Lernen denke. Die Absicht von meinem Vater war aber, die Identität zu prüfen an maschinisierbaren Modellen, an bastelbaren Maschinen. Und dort ist es, wie ich finde, nicht ganz selbstverständlich.

Antwort: Ich habe sie ja auch noch nicht explizit ausgesprochen. Jetzt kommt es erst.

II, 3. Die Einheit von Wahrnehmen und Bewegen   159

3. Zielsuchende Computersteuerung

Alles, was ich gerade gesagt habe, läßt sich in einer Computersprache ausdrücken, wenn man das Lexikon kennt. Wo ich »Netzhaut« gesagt habe, sagt
man allgemein »Peripherie«, also das Hereinkommen, die Stelle, wo die Um-
weltbewegungen hereinkommen und umgesetzt werden zunächst in innere
Bewegungen des betreffenden Gebildes. Stellen wir uns also mal eine Rakete
vor, die ihr Ziel sucht, die da und dort ein bißchen ein Ruder stellen kann,
oder einen anderen Auspuff anstellen und dadurch ihre Richtung verändern
kann. Diese Rakete muß genau die Rechnung leisten, von der hier die Rede
war. Diese Rakete hat ein Ziel (z. B. ein Schiff, das auf dem Meer fährt oder
vielleicht auch vor Anker liegt), sie hat immer wechselnde äußere Reize, die
von der Umwelt kommen, da sie sich ja selbst schnell bewegt. Sie muß ausrechnen können, wie sie sich bewegen muß, damit sie das Schiff erreicht. Der
begriffliche Sinn dieser Rechnung ist folgender: Sie muß zunächst feststellen,
was absolute Ruhe, d. h. Ruhe relativ zur Umwelt, eigentlich heißt, damit sie
in diesem Koordinatensystem einerseits ausrechnen kann: ihre eigene Bahn,
ihren jetzigen Ort und den extrapolierten Ort nach so und so viel Flugzeit
und andererseits ausrechnen kann die Bewegung des Schiffs, auf das sie zielt,
denn sie muß feststellen, ob das Schiff relativ zu der ruhenden Umwelt bewegt ist oder nicht. Damit sie das alles leistet, muß sie einen ziemlich komplizierten Rechenapparat haben, und diesen Apparat vergleiche ich mit dem, was
ich vorhin das sensorische Zentrum genannt habe, im Unterschied zur Peripherie, die auch sensorisch ist. Dann, was ist das motorische Zentrum, von
dem ich vorhin geredet habe? Das ist eigentlich gar nichts anderes als die Stelle an dem Rechenapparat, wo die Befehle, die er ausgibt, ihn verlassen. Das
motorische Zentrum ist also nur die Stelle, wo ein Stromstoß herauskommt
oder eine Kette von Stromstößen, die den sogenannten Leib der Rakete veranlaßt, da ein Ruder zu stellen, oder dort einen rückstoßenden Auspuff eine
zeitlang zu betätigen.

Dieses Ruderstellen und Auspuffbetätigen nennen wir beim Organismus
Bewegung, genauer Selbstbewegung. Die Vorgänge im Computer selbst nennen wir beim Organismus in physiologischer oder anatomischer Sprechweise
eben Vorgänge im Zentralnervensystem und die nennen wir in subjektiver
Sprechweise zum Teil Vorstellung, zum Teil Wahrnehmung, zum Teil Bewußtsein, zum Teil Unterbewußtsein. Das alles muß in einem solchen Modell mit unter die Vorgänge im Zentrum gerechnet werden. Und dann sieht
man, daß in dem Modell überhaupt nichts vorkommt als Bewegung. Denn
das, was wir Wahrnehmung, Vorstellung usw. nennen, ist in dem Modell ja
einfach Bewegung. Aber wir haben jetzt noch zweierlei: wir haben nämlich
die Bewegungen des Leibs der Rakete und wir haben die Bewegungen in ihrem Zentrum, die so gemacht sind, daß sie nur ein relativ dünnes Resultat
abliefern im Befehle für die Bewegung des Leibs der Rakete, und der Rest sind

Vorgänge, die in dem Zentrum alleine passieren. Wir haben jetzt also auch wieder zweierlei.

4. Identität und Verschiedenheit von Bewegung und Wahrnehmung

Jetzt kommt die Frage: Kann man in einem dritten Arbeitsgang, der erst schwierig ist (denn alles bisher Gesagte ist im Grunde trivial), versuchen, mit diesen Begriffen eine Aufgabe zu lösen, die ich jetzt noch einmal formuliere. Die Aufgabe lautet: Wir gehen jetzt davon aus, daß es nur ein Einziges gibt, das nennen wir jetzt einmal »Bewegung«. Es soll identisch sein mit dem, was unter dem Titel »Wahrnehmung« auftritt. Wie können wir verstehen, daß die beiden einerseits identisch sind, andererseits als verschieden erlebt werden?

Zunächst eine Bemerkung darüber, wie wir ihre Identität verstehen. Wir nennen dieses eine, Identische, zunächst nicht Wahrnehmung, sondern wir nennen es Bewegung, und zwar zunächst vom heutigen Wissenschaftsstand aus, weil wir es in Modellen beschreiben, die mit dem physikalischen Bewegungsbegriff arbeiten. Es sei aber gleich dazugesagt, daß, wenn wir von einer psychophysischen Identität sprechen, wir natürlich uns nicht auf den Standpunkt stellen dürfen, dieses, was wir durch ein Modell beschreiben, und was in Wirklichkeit unser Selbst ist, habe gar keine anderen Eigenschaften als die, die in dem Modell schon beschrieben worden sind; denn wir wissen ja, daß wir erleben, was immer wir mit dem Wort »Erleben« meinen mögen. Wenn wir also ein Modell machen wollen für uns, so muß in dem Modell von vorneherein dasjenige enthalten sein, woraus bei hinreichender Komplikation das ganze Gefüge von Denken, Vorstellen und Wahrnehmen und unbewußter seelischer Tätigkeit sich ergibt.

Anmerkung in Anlehnung an eine berühmte historische Debatte. Als Descartes seine »Meditationes« geschrieben hatte, schickte er sie auch an Hobbes, der ihm geantwortet hat: Descartes mache eine merkwürdige Theorie. Er führe die res extensa ein und definiere, daß sie keine anderen Eigenschaften habe, als die, die durch das Wort extensio bezeichnet sind, und dann komme er zu der Folgerung, daß sie nicht denken könne. Diese Folgerung sei durch reine Definition erreicht. Die wirkliche Materie sei zwar ausgedehnt, aber sie könne auch denken. Und er sähe gar nicht ein, warum uns Descartes die Mühe mache, eine Definition zu geben, von etwas, das es nicht gibt, nämlich von einer Materie, die nur ausgedehnt ist und nicht denken kann, und eine Definition von etwas völlig anderem, das nur denken kann und nicht ausgedehnt ist. Zwei Sachen, die es nicht gibt.

Ich stelle mich auf den Standpunkt von Hobbes und sage: wenn man die Modelle so versteht, daß man sagt, das Modell hat keine anderen Eigenschaften als die, die ich soeben durch Definition gegeben habe, dann ist es eine logische Selbstverständlichkeit, daß es nicht denken kann. Wenn man aber

II, 3. Die Einheit von Wahrnehmen und Bewegen 161

sagt, dieses Modell soll die optimale Beschreibung mit Hilfsmitteln der heutigen Physik eines wirklich lebenden Wesens sein, und wir glauben, daß das wirklich lebende Wesen den Gesetzen der Physik unterliegt, dann wird man annehmen, daß alles, was man in dem Modell beschreibt, zutreffend sein wird, und daß eben dieses eine Beschreibung »von außen« der Vorgänge sein wird, die wir »von innen« am besten kennen, nämlich der Vorgänge des Erlebens. Freilich habe ich genau an dieser Stelle das Problem von Komplementarität und was dazu gehört, berührt. Mein Vorschlag ist, das jetzt nicht zu vertiefen, sondern zu sehen, was man mit den Modellen leisten kann. Es ist klar, daß da weitere Probleme sein werden, die man aber erst wird diskutieren können, wenn man verstanden hat, wie die Modelle funktionieren. Es scheint mir nicht nützlich, hier sofort in eine Diskussion von Komplementarität oder Psychophysik einzutreten, weil man gewöhnlich in solchen Diskussionen mit unklaren Vorstellungen darüber arbeitet, was Modelle leisten können. Infolgedessen man dann eigentlich über nichts diskutiert.

Deshalb mein Vorschlag jetzt ganz physikalistisch zu verfolgen, ob solche Modelle die Aufgabe leisten können, die ich nun noch einmal formuliere: Es gibt nur Eines, das nenne ich jetzt Bewegung. Dieses Eine soll aber eine Differenziertheit enthalten, für die ich soeben schon Beispiele gegeben habe, z. B. die Differenzierung in die Bewegung des Leibs der Rakete und die Bewegung im Computer. Diese Differenzierungen sollen strukturell präzis abbilden den Unterschied zwischen der erfahrenen Bewegung und der erfahrenen Wahrnehmung, und zwar derart, daß die Präzision dieser Abbildung auch präzise beschreibt, in welcher Weise denn eigentlich erfahrene Bewegung und erfahrene Wahrnehmung verschiedene Bewegungen sind, die die Eigenschaft haben, wechselwirkend einander zu vertreten oder einander gegenseitig verborgen sein zu können und vielleicht zu müssen. Das ist das Programm.

Dieses Programm würde ich nun so angreifen. Ich sage zunächst einen banalen Teil, den haben wir heute beim Frühstück behandelt und dann werde ich den nicht banalen Teil sagen, den wir heute beim Frühstück nicht behandelt haben. Der banale Teil ist schon fast ausgesprochen: Natürlich, wenn man glaubt, daß man die Vorgänge im Computer identifizieren kann mit dem Komplex von Denken, Wahrnehmen und unbewußtem Seelenleben, dann hat man eine Formel dafür, inwiefern unter anderem auch das Wahrnehmen eigentlich eine Bewegung ist, nämlich eine Bewegung im Gehirn. Das ist aber der triviale Teil, das haben alle Materialisten immer behauptet und es ist kein besonderer Witz.

5. Symbolische Bewegung

Nun der nichttriviale Teil. Ich vermute, daß das, was wir als Wahrnehmen, als Vorstellen, als Denken erleben, sich in einer besonderen Sorte von Bewegungen vollzieht. Diesen soll gemeinsam sein, daß sie Symbole für Bewegungen sind. Als Symbole treten sie an die Stelle anderer Bewegungen. Jetzt habe ich das Wort »Bewegung« in beiden Fällen so benützt, daß es erlaubt ist, dafür zu sagen: »erlebte Bewegung«.

Noch einmal: Denken, Vorstellen, Wahrnehmen wären nach dieser Vermutung solche »erlebte Bewegungen«, welche die Aufgabe haben und erfüllen, als Symbole für andere erlebte Bewegungen einzutreten. Was ist dann der Unterschied zwischen dem Symbol und dem Symbolisierten? Das Symbolisierte ist das, was wir als eine »wirkliche Bewegung« erleben, das Symbol hingegen ist eine erlebte Bewegung, die eine andere Bewegung ist als die, die sie darstellt. Das ist die alte Figur, die schon bei Platon diskutiert ist. Was ist ein Bild? Ein Bild ist ein wirkliches Ding, das ein anderes wirkliches Ding darstellt, welches es nicht ist. So die symbolische Bewegung, welche eine andere Bewegung darstellt, die sie nicht ist.

Nun sage ich, das ist im Computer, der ja auch von Menschen gemacht ist und der das menschliche Denken, wie immer unvollkommen doch spiegelt, genau vorhanden. Der Computer in der Rakete, die da herumfliegt, repräsentiert in den Schaltungen, in den Kreisläufen von Strömungen, die darin vorkommen, die wirkliche Bewegung der Rakete und die ganze Pointe ist, daß man um die wirkliche Bewegung der Rakete zu berechnen, sie nicht ausführen muß, sondern daß man sie symbolisch repräsentieren kann, und im symbolischen Repräsentieren viel schneller zu dem Resultat kommen kann, wie die Bewegung der Rakete sich vollziehen wird, als die Rakete braucht, um sie zu vollziehen. Und das hat die Folge, daß der Computer dem wirklichen Flug der Rakete voraus sein kann und, noch ehe die Rakete ins falsche Ziel gerannt ist, ihr eine Kurskorrektur geben kann mit dem Resultat, daß sie nun ins richtige Ziel rennt. Also, die symbolische Repräsentation ermöglicht mit einer Bewegung, die rasch auszuführen ist, das Schneller-fertig-werden als die Bewegung, welche symbolisch repräsentiert wird und welche lange dauert. Sie schafft folglich die Möglichkeit, dieser Bewegung voraus zu sein und sie zu korrigieren, so daß sie genau deshalb, weil sie gedacht ist, nie ausgeführt wird. Die symbolische Repräsentation repräsentiert Möglichkeiten mit dem Zweck, daß sie nicht verwirklicht zu werden brauchen. Natürlich nicht mit dem Zweck, daß gar nichts verwirklicht wird, sondern daß Möglichkeiten als Möglichkeiten dargestellt werden, d. h. Alternativen, aus denen dann eine gewählt wird. Ich habe jetzt wieder eine Bewußtseinssprache gewählt, die viel zu sehr das Bewußtsein benützt, da wir das zur Erläuterung gebrauchen. Man muß das nun wieder zurückübersetzen in solche Entscheidungen, die nicht bewußte Entscheidungen sind, die ohne Reflexion stattfinden. Wie soll das zugehen? Das wird sehr schwierig. Ich habe das abstrakte Programm formuliert, ich habe nicht geleistet, es auszuführen.

Erinnern wir uns, wie wir das bei Tieren sehen. Martin Heisenberg sprach gestern von der Fliege, deren Wahrnehmungsapparat er studiert. Er wagte die Behauptung: Die Fliege erlebt überhaupt nichts, außer der Art, wie sie sich

II, 3. Die Einheit von Wahrnehmen und Bewegen   163

bewegt. Sie nimmt so wahr, wie sie sich bewegt. Dann würde das heißen, daß
die Fliege außer dem Computer, der ihre Bewegung unmittelbar steuert,
nicht auch noch einen Computer ins Spiel bringt, der sich mögliche Bewegungen vergegenwärtigt, derart, daß zwischen diesen möglichen Bewegungen
dann gewählt werden könnte. Sollte die Fliege aber doch einen solchen Computer haben, dann wäre die Heisenbergsche Behauptung bereits eine Simplifi-
zierung. Gehen wir dann weiter und stellen uns Bewegungen vor von höheren Tieren. Ein Hund läuft herum oder ein Affe klettert. Er stellt es aber vor
in einer Weise, die die Differenz zwischen dem Begriff und dem Einzelfall,
der unter den Begriff fällt, nicht thematisiert. Über diesen Punkt ist vielleicht
ein Exkurs nötig.

6. Begriff und Einzelfall

Es scheint mir, daß in der üblichen Beschreibungsweise menschlicher Erkenntnis durch das Schema von Einzelfall und Allgemeinbegriff zwar natürlich etwas Richtiges ist, aber meistens eine Verwechslung stattfindet
zwischen dem Einfachen und dem Komplizierten. Alle empiristischen und
nominalistischen Erkenntnistheorien gehen davon aus, der Einzelfall sei das
Einfache und der Begriff das, was der Rechtfertigung bedürfe. Der Begriff erscheint dann als ein flatus vocis, als ein Nomen, das nur für viele Einzelfälle
steht. Einzelfälle hingegen, so meint man, kann man mit Eigennamen bezeichnen, und dabei sieht man kein Problem. Die Wirklichkeit ist m. E. genau
umgekehrt. Der Begriff ist das Einfache. Der Einzelfall, als Einzelfall konstatiert, ist eine hochdifferenzierte Leistung der Erkenntnis.
   Man sieht das, wenn man zurückfragt: wie kann ein Computer reagieren
oder wie reagieren primitive Lebewesen? Primitive Lebewesen sind täuschbar
durch simple Attrappen, auf die wir nicht mehr hereinfallen. Warum? Weil
das primitive Lebewesen auf einen Reiz gesetzmäßig reagiert, nicht weil es
genau dieser Einzelreiz ist, sondern weil er unter einen bestimmten Begriff
fällt. Die These: Information gibt es nur unter einem Begriff, soll insbesondere heißen: primitive Information gibt es nur unter primitiven Begriffen.
Und der Unterschied zwischen Begriff und Einzelfall ist ein höchst raffinier-
ter Begriff. Den gibt es erst auf sehr hohen Stufen. Insofern also würde ich
sagen: Das Elementare ist der Begriff, das Komplizierte ist das Einzelne, welches dann erst gestattet, den Begriff als Begriff zu denken. Wenn wir von
Begriffen reden, meinen wir in unserer philosophischen Tradition meistens:
der Begriff als Begriff, der Begriff, der in seiner Unterschiedenheit gegen den
Einzelfall gedacht ist. Und der ist natürlich so kompliziert wie der Einzelfall.
Vor beiden aber ist das, was ich den simplen Begriff nenne in der unmittelbaren Anwendung, und den kann man durch Computerleistungen ganz leicht
simulieren. Jeder Computer reagiert in diesem Sinn auf unreflektierte Begriffe. Ich darf dabei eine kleine Reminiszenz einflechten: Konrad Lorenz hat mir

mal auf die Frage geantwortet, warum der Marder im Hühnerhaus alle Hühner umbringt, obwohl er doch höchstens eines fressen kann: nicht aus Mordlust, wie man dann sagt, sondern weil er nicht zählen kann. Er reagiert auf den Begriff flatterndes Huhn und nicht darauf wieviele es sind.

Diese elementaren Begriffe nun sind vermutlich selbst aufzufassen als symbolische Handlungen, welche reale Handlungen darstellen, d. h. es sind nicht Begriffe von Gegenständen, sondern sie sind primär Begriffe von erfolgreichen Handlungen. Der Begriff des Gegenstandes ist genauso eine hohe kulturelle Leistung wie der Begriff des Einzelfalls und gehört in denselben Kontext. Die elementaren Begriffe sind nie Begriffe von Gegenständen, sondern sie sind Begriffe von erfolgreichen Handlungen, von denen erst der Reflektierende sagen kann, daß sie erfolgreich sind, weil sie auf reale Gegenstände bezogen sind.

7. Wahrnehmen und Bewegen

Ich kehre zum Ausgangsproblem zurück. Erinnern wir uns, wie Jacob v. Uexküll von der Umwelt gesprochen hat. Die Umwelt eines Lebewesens besteht aus den für es erschlossenen Handlungsmöglichkeiten. Da ist zwischen der Handlungsmöglichkeit des Individuums und der Umwelt überhaupt keine Differenzierungsmöglichkeit gegeben; das ist dasselbe. Beispiel die berühmte Zecke, die auf Warmblütler fällt. Die Differenzierung zwischen außen und innen, welche dann erst gestattet, die Differenzierung von Wahrnehmen und Bewegen zu vollziehen, ist eine Leistung höherer Organismen. Wir als höhere Organismen können freilich sagen, auch die niedrigen Organismen seien in einer Umwelt, aber wir können auch sagen, daß sie es nicht wissen. Gerade weil wir es wissen, können wir sagen, daß sie so beschaffen sind, daß sie es nicht wissen. Sondern sie sind die Gesamtheit ihrer möglichen Taten. Etwas Anderes sind sie gar nicht.

So also würde ich diesen Zusammenhang versuchen zu konstruieren. Dann kann man dieses Viktor v. Weizsäckersche Problem von Wahrnehmen und Bewegen angreifen, die einander vertreten. Das muß man jetzt diskutieren für Lebewesen wie uns Menschen, die die Fähigkeit der symbolischen Vorstellung, symbolischen Repräsentanz haben. Dafür sind ja Symbole da, daß sie etwas vertreten können. Diese Vertretungsleistung ist eine Leistung. Diese Leistung habe ich eingangs im Modell geschildert. Nun sieht man, daß alles eben so sein muß, wie Viktor v. Weizsäcker es beschrieben hat. Einerseits muß die wirkliche Handlung und die symbolisch repräsentierte Handlung im Gestaltkreis wechselspielen. Denn die symbolische ist ja nur um der wirklichen willen da, aber die wirkliche kann nur geleistet werden, weil sie symbolisch vorweggenommen ist. Zweitens: sie können einander vertreten, im elementaren Modell (Schwindelversuch), aber auch in hohen Leistungen, weil

II, 3. Die Einheit von Wahrnehmen und Bewegen   165

sie so gemacht sind, daß sie einander sollen vertreten können. Wenn ich vorher durchdenken will, was ich zu tun habe, so ist essentiell, daß ich nicht
handle. Das Denken muß das Handeln vertreten, und dem Handeln muß ver-
boten sein stattzufinden, insofern ich denke. Wenn ich aber handle, so ist essentiell, daß ich nicht denke, sondern das Gedachte vollziehe, und das gleichzeitige Denken und Handeln geht ja auch sehr häufig schief. Wenn es aber
glückt, dann ist es nicht ein Getrenntsein von Denken und Handeln, sondern
eine Einheit. Sie müssen einander vertreten können, um das sein zu können,
was sie sind und damit sie einander vertreten können, müssen sie einander
auch verborgen sein. Nur das Eine darf im Licht stehen und das Andere muß
verhüllt sein. Insofern muß ich sagen: aus der Leistung, die vollzogen werden
soll, entwickelt sich diese ganze Struktur als eine sinnvolle.

8. Die pathische Welt[3]

Wir sind auf einem von Viktor v. Weizsäckers eigenen Gedanken weit ent-
fernten Weg zu einer modellmäßigen Erläuterung der von ihm in direkter
Wahrnehmung der Phänomene gefundenen Strukturen gekommen. Seiner
Denkweise wird mit dieser Interpretation, so wie ein heutiger Physiker oder
Biologe sie zunächst verstehen muß, noch immer Gewalt angetan. Er hält
noch eine Wahrheit für uns bereit, die durch ein solches Modell beiseitege-
drängt wird. Sie hat viel zu tun mit dem, was ich jetzt gerne die Vernunft der
Affekte nenne. Er spricht statt dessen vom Pathischen, von der pathischen
Wirklichkeit. Sein letztes Buch trägt den Titel »Pathosophie«.
  Die mechanistische Philosophie, die im 17. Jahrhundert entstand, unterschied »primäre« und »sekundäre« Qualitäten der Körper. Für primäre, den
Körpern selbst zukommende, also »objektive« Qualitäten hielt man Ort, Ausdehnung, Undurchdringlichkeit, Ortsveränderung und Kraft als deren Ursache, für sekundär, erst im Wahrnehmungsorgan des Menschen erzeugte,
also »subjektive« Qualitäten aber Farbe, Klang, Duft. Erst recht subjektiv erschienen natürlich Lust und Leid, auch wenn sie durch Einwirkung der »äußeren« Körper veranlaßt waren. Die »pathische« Denkweise dreht diese Auffassung um. Ist die Welt denn eine Welt der Gegenstände und nicht vielmehr
der Drohungen und Lockungen, der Freuden und Leiden? Sind Farbe, Klang,
Duft etwas anderes als Ausprägungen dieser pathischen Qualitäten des ganzen Lebens? Viktor v. W. hatte seinen Kant gut gelesen: die Gegenstände
sind nicht Dinge an sich, sondern Produkte der Spontaneität des Verstandes.
Diese Spontaneität aber hinterfragt er noch einmal auf ihren pathischen Sinn
hin, also daraufhin, was der Verstand damit *will*. Warum *wollen* wir ein
Weltbild der raumerfüllenden Gegenstände und der manipulierbaren Kräfte?

---

3 Dieser Nachtrag stammt nicht mehr aus der Tonbandnachschrift, sondern ist auf Grund von Dis-
kussionsnotizen redigiert.

Vielleicht wird niemand, der V. v. W. nicht mehr persönlich gekannt hat, der Art ganz gerechtwerden, in der er seine Gedanken in den veröffentlichten Schriften ausgedrückt hat. Das Pathische war in seiner Äußerungsweise immer selbst präsent, freilich nicht in der naiven Form direkter Leidenschaft, sondern selbst schon beobachtet, reflektiert, aber in einer selbst »pathischen Reflexion«, oft in einer ebenso herausfordernden wie sich entziehenden Ironie. Ein Teilnehmer unserer Arbeitswoche erzählte, wie er kurz nach dem Krieg zu V. v. W. nach Heidelberg kam. Der fragte ihn, woher er komme. »Aus Stuttgart.« V. v. W. kam auf seine Kindheitserinnerungen aus dieser seiner Heimatstadt. Die Posaunenbläser auf dem Turm der Stiftskirche am Sonntagmorgen. »Die blaset falsch!« Das ist die pathische Welt: Kontakt mit dem jungen Mediziner über die gemeinsame Heimat, aber schon im Kindheitsidyll das Ohr für die falschen Töne.

Eine andere Geschichte. In seiner letzten, lang hingezogenen Krankheit besuchte ich ihn in den Fünfzigerjahren. Ich arbeitete damals über Quantenlogik. »Der Kütemeyer hat mir erzählt, du willst die Logik ändern. Das kann man nicht. Das Antilogische – das kann man erleben, zum Beispiel bei einer Frau. Aber die Logik kann man nicht ändern.« Ich kann hier nicht auf die zentrale Rolle ernstlich eingehen, die der Begriff des Antilogischen für ihn spielte. Aber die Äußerung zeigt: Antilogik ist nicht Unlogik oder Ferne von der Logik; sie ist auf Logik bezogen als ihr Gegensatz. Sie will etwas, aber eben das nicht, was die Logik will. Sie enthüllt das Willenselement in der Logik. Was hier in den Blick rückt, ist gleichsam die Subjektivität des Objektivismus.

Eine dritte Geschichte: Er ließ mich die Entstehung einer Farbempfindung durch die Modulation eines (andersfarbigen) monochromatischen Lichts vermittels eines rotierenden Sektors sehen. Ich hatte die Empfindung nicht in der gewünschten Deutlichkeit und begann nach dem möglichen nervösen Mechanismus zu fragen, der solche »subjektiven Farben« erzeugt. Er: »Ja, ihr Physiker seid zum Sehen von Phänomenen verdorben. Ihr fragt immer gleich nach der Kausalität, ehe ihr das Phänomen, das ihr erklären wollt, gesehen habt.«

Solche Anekdoten können zunächst nur erläutern, wie er die subjektiven Bedingungen des Glaubens ans Objektive, an die angeblich primären Qualitäten der Gegenstände sah. Aber ebenso sah er in der menschlichen Subjektivität einen Zug allen Geschehens, im Pathischen einen Grundzug der Natur. Die Auffassung der Physik, die ich hier vertreten möchte, widerspricht dem überhaupt nicht.

Als er über die Farbempfindung arbeitete, erzählte er mir einmal, neulich habe er geträumt, Goethe sei ihm begegnet und habe ihm einen Kuß gegeben. Auf den Kuß war er stolz. Mit Recht.

II, 4. Die Vernunft der Affekte[1]

1. Der Begriff des Interesses

Was führt uns zur Frage nach der Vernunft der Affekte? Vielleicht zunächst die Skepsis gegenüber der gängigen Ansicht von ihrer Unvernunft. Diese Ansicht bedient sich gerne des Begriffspaars rational-irrational. Wissen wir, was wir damit meinen?

Wenn man von einem Menschen sagt, er verhalte sich rational, so meint man damit vielleicht, sein Verhalten erfülle zwei Bedingungen:

a) er kann über die Gründe seines Verhaltens eine einigermaßen zutreffende Auskunft geben,

b) im Blick auf seine eigenen Interessen und auf interpersonale Wertmaßstäbe kann er sich mit seinem Verhalten einigermaßen im Einklang fühlen; in Habermasscher Diktion: er könnte es in einem praktischen Diskurs verteidigen.

Die Bedingung b) enthält zwei Kriterien: die eigenen Interessen und interpersonale Wertmaßstäbe. Verbreitet, vielleicht herrschend ist jedoch eine im eingeschränkten Sinn rationale Handlungsweise. In ihr setzt der Handelnde seine eigenen Interessen in voller Bewußtheit durch, auch gegen die ihm bekannten interpersonalen Wertmaßstäbe, die er gleichwohl nicht grundsätzlich anficht. Wir können diese Handlungsweise interessenrational nennen. Sie ist nicht vollrational, insofern sie den unausgetragenen Konflikt zwischen Eigeninteresse und anerkannten Werten enthält. Man kann sogar behaupten, eine Funktion der öffentlichen Anerkennung interpersonaler Werte sei gerade, zunächst einmal wenigstens diesen Konflikt aufrechtzuerhalten und nicht alles in den Partikularinteressen untergehen zu lassen. Der Konflikt ist auch ein Konflikt des Eigeninteresses mit sich selbst, denn in den interpersonalen Werten spiegelt sich das Interesse der Gemeinschaft, deren Wohlergehen Voraussetzung des Wohlergehens des Einzelnen ist. Denkt der Einzelne rational, so muß er dem Gemeinschaftsinteresse gegenüber sein Verständnis

---

1 Abschnitt 1. dieses Beitrags stammt aus einer privaten Aufzeichnung, die 1975 im Zusammenhang mit dem Beitrag I, 1.: Das Friedensproblem, entstanden ist, die übrigen Abschnitte aus demselben institutsinternen Arbeitspapier »Lebensbedingungen« (1970) wie der Beitrag I, 3.: Die Ambivalenz des Fortschritts. Beide Teile sind im Hinblick auf den Ort, an dem sie hier zu stehen kommen, redigiert.

seiner eigenen Interessen modifizieren. Hier zeigt sich die Bodenlosigkeit eines rein empirisch, auf Selbstaussage des Individuums gegründeten Interessenbegriffs. Sein Inhalt hängt von einem Urteil des Einzelnen ab, das er bei besserem Nachdenken vielleicht selbst modifizieren würde. Es stellt sich die Frage des *wahren* Interesses sowohl des Einzelnen wie der Gemeinschaft. Auch wenn der Einzelne, wie üblich, sich und andere veranlaßt, zu behaupten und vielleicht zu glauben, gerade die Verfolgung seines Einzelinteresses, wie er es wahrnimmt, diene dem Gesamtinteresse, so argumentiert er hier mit einer Auffassung vom wahren Interesse der Gemeinschaft.

Betrachtet man die realen Wirkungen des interessenrationalen Handelns bis hin zur Umweltzerstörung und zur Erzeugung von Kriegen durch die Interessen von Machtgruppen, so scheint es nicht übertrieben, von der *Irrationalität des Rationalen* zu reden. Genauer sollte man vielleicht sagen, daß der praktische Verstand der praktischen Vernunft bedarf, das interessengeleitete begriffliche Denken der Wahrnehmung desjenigen Ganzen, das erst die wahren Interessen des Individuums und der Gruppe erkennbar macht. Vor diesem Hintergrund zeigt dann die obige Bedingung a) ihre Bedeutung. Welche Kriterien haben wir denn, um festzustellen, ob wir die Gründe unseres eigenen Verhaltens kennen? Eine Richtung der Konfliktforschung sieht den Grund der Konflikte oder doch ihrer Unlösbarkeit in den irrationalen Motiven unseres Handelns.[2] Diese, so Aggression und Angst, sind in der Tat von der größten Bedeutung. Man kann diese Bedeutung aber nur verstehen, wenn man erkennt, Fehlleistungen welcher sinnvollen Verhaltensweisen sie sind. Man könnte das nächste Erkenntnisziel in diesem Zusammenhang die Einsicht in die *Rationalität des Irrationalen*[3] nennen. Sinnvolles »irrationales« Verhalten könnte als eine begrifflose Wahrnehmung des Wirklichen bezeichnet werden. Tierisches Verhalten ist durchaus von dieser Art. In der menschlichen Kultur aber spielt begrifflose Wahrnehmung der Wirklichkeit eine sehr viel wichtigere Rolle als der Interessenrationalismus weiß. Gerade die rational unausweisbare Wahrnehmung des Eigeninteresses ist ein Beispiel dafür. Aber auch die vernünftige Einbettung des Einzelinteresses in ein wahres Interesse hat ihre Basis in hoch differenzierter begriffloser oder nicht voll auf Begriffe gebrachter Wahrnehmung.

Wenn ich dieser Frage in den nächsten Abschnitten nachgehe, so suche ich mich an die Empirie zu halten, so wie sie die tierische Verhaltensforschung, die Psychologie des Menschen, die Sozialforschung und die Geschichte darbieten. Von kausalen Theorien des menschlichen Verhaltens kann ich mich nicht leiten lassen, denn sie existieren nicht in adäquater Form. Ich halte mich aber an die gesellschaftliche Manifestation der Interessen.

Hier mag noch ein Wink aus einem heute beiseite gedrängten Erfahrungsbereich von Nutzen sein. Die brisantesten Interessen sind vermutlich daran

2 Vgl. »Wege in der Gefahr«, 7. Kapitel.
3 I, 8., S. 100.

II, 4. Die Vernunft der Affekte   169

zu erkennen, daß an ihrer Zügelung am härtesten gearbeitet worden ist. Der
schärfste, symbolisch hoch überzogene Interessenverzicht ist wohl der der
Bettelorden. Die drei mönchischen Gelübde lauten: Armut, Gehorsam,
Keuschheit; also Verzicht auf Besitz, Herrschaft, geschlechtliche Liebe.[4] Dies
dürften die brisanten Interessen sein. Ich fasse im 2. Abschnitt die ersten beiden von ihnen unter einem abstrakteren Namen zusammen und wende mich
im 3. Abschnitt zum dritten.

2. Ort und Handlung (Besitz, Herrschaft, Macht)

Der Mensch ist ein Lebewesen. Jedes Lebewesen ist ein Körper. Jeder Körper
ist an einem Ort. Einen Ort wenigstens braucht der Mensch.

Leben ist ein Prozeß. Zu diesem Prozeß gehört mindestens Stoffwechsel,
also Nahrung. Die höheren Tiere gewinnen ihre Nahrung, indem sie sich im
Raum bewegen. Auch der Mensch muß sich bewegen. Seine Bewegungen, als
sinnvoll koordiniert betrachtet, nennen wir Handlungen. Sein Ort ist nicht
nur der jeweilige Platz des Aufenthalts; er ist der notwendige Raum seiner
Handlungen.

Die höheren Tiere leben im Durchschnitt in Gesellschaften. Das notwendige Minimum ist die vorübergehende Vergesellschaftung der Geschlechter zur
Paarung. Für den Menschen ist Gesellschaft konstitutiv, da er der Gesellschaft den Verhaltensschatz von Sprache und Sitte verdankt, ohne den er
nicht lebensfähig wäre. Für das Leben in der Gesellschaft ist seinerseits ein
Schatz von Verhaltensweisen gegenüber dem Artgenossen konstitutiv. Dieser erst gibt dem Individuum einen »Ort« in der Gesellschaft, der wiederum
sein Handlungsspielraum ist. Wegen dieser Analogie wähle ich als Überschrift die abstrakten Begriffe Ort und Handlung.

Der elementare Besitz, den es schon in Tiergesellschaften gibt, ist selbst ein
Ort; der Humanökonom würde sagen: Grundbesitz. Die Verhaltensforscher
belehren uns, wie tapfer schon ein Fisch sein Territorium verteidigt, und sie
machen uns weis, daß die (männliche) Nachtigall singt, damit Nachbar Nachtigall weiß, in welches Territorium er nicht eindringen darf. Für die Beurteilung des menschlichen Besitzstrebens scheint es mir fundamental, daß das
Grundeigentum eine so lange tierische Vorgeschichte hat.

Grundeigentum ist animalische Heimat. Territorialität ist freilich bei Tieren nicht allgemein, aber sie ist ein häufig sich herstellendes Verhaltensmuster. Das Territorium gehört dabei meist nicht dem Individuum, sondern der
sozialen Gruppe, manchmal im ausgeprägten Sinne deren Leittier. Die Bereitschaft zum territorialen Verhalten liegt im Menschen gleichsam ständig
bereit. Die Übergänge zwischen den Kulturformen des Sammlers, Jägers, No-

4 Vgl. IV, 5., 363 ff

maden, Ackerbauers, Städters geben der Verfügung über den Boden nur verschiedene Gestalten, ebenso wie die wechselnde Größe der an einem Besitz partizipierenden Gruppe. Es ist eine einseitige Stilisierung, wenn manche Gesellschaftstheorien gemeint haben, die Starken hätten einstmals widernatürlich das allen Gemeinsame in Privatbesitze aufgeteilt. Der historische Prozeß geht schwankend in beiden Richtungen. Gerade auf hohen Stufen der Kultur und damit der Individualisierung ist die Anerkennung eines gemeinsamen Besitzes eine Leistung der Gesellschaft, die ihren Gliedern ein hohes Maß an Askese auferlegt. Ich glaube, der Verzicht auf eigenen Grund ist vom Menschen nur zu leisten, wenn er eine andere Heimat, einen fraglosen Ort in der Gesellschaft oder eine geistige Existenz hat.

Die zweite Art des Besitzes, der Besitz an beweglichen Gegenständen, hat bei den Tieren nur geringfügige Vorläufer. Er hängt mit der Fähigkeit planvollen Handelns zusammen. Das erste gegenständliche Eigentum ist Mittel zu Zwecken: Nahrungsvorrat, Werkzeuge, Waffen. Was sich hier konstituiert, ist nicht Wohnen, also Dasein, sondern Können. Können ist Können-wenn-man-will, also insofern Macht. Mit der *Macht* tritt das wohl wichtigste ambivalente Humanum auf den Plan. Ich übergehe hier die an sich so bedeutende »heimatliche« Beziehung auch zum eigenen Werkzeug, zum eigenen Möbel, ebenso wie umgekehrt die in der entwickelten Machtgesellschaft hervortretende Machtfunktion des Grundbesitzes. Ich versuche das Phänomen Macht direkt und abstrakt anzugehen. Dazu ist es aber zunächst nötig, Macht und Herrschaft zu unterscheiden.

Soziale Rangordnung zwischen Artgenossen und *Herrschaft* über Artgenossen ist bei höheren Tieren wenigstens so verbreitet wie Besitz. Man kann sagen, daß diese Über- und Unterordnungsverhältnisse für tierische Gesellschaften, dort wo es überhaupt individualisierte Beziehungen zwischen ihren Gliedern gibt, konstitutiv sind. Soweit der Mensch durch tierisches Erbe bestimmt ist, wird dies auch für den Menschen gelten. Es ist wiederum eine optische Täuschung gewisser Gesellschaftstheorien, wenn sie meinen, Herrschaft und Rangordnung seien naturwidrige Werke der Macht. Durch Natur und Sitte ist der Mensch dazu konditioniert, seinen gesellschaftlichen Ort gerade dadurch sicher innezuhaben, daß er weiß, wen er über sich hat und wen er unter sich hat. Es ist eine außerordentliche geschichtliche Anstrengung und – wo sie glückt – Leistung, wenn Menschen einander tatsächlich als gleich anerkennen, und wir werden nachher fragen müssen, wie diese Leistung überhaupt möglich ist.

Tierische Gesellschaften und auch menschliche Gesellschaften, soweit in ihnen ähnliche Züge, bewahrt oder wiederhergestellt, als dominant betrachtet werden dürfen, will ich einfache Gesellschaften oder Gesellschaften der Aktualität nennen. Fingieren wir jemanden, der nur solche Gesellschaften kannte und nun in die Sphäre der *Macht* gebracht würde: er sähe sich einem völlig fremdartigen, von seinem bisherigen Wissen aus unableitbaren Phänomen

II, 4. Die Vernunft der Affekte 171

gegenüber, einer neuen Verhaltensebene. Dem, bei allem stets wiederkehrenden Rangordnungs- und Besitzstreit, in den engen Grenzen seiner Aktualität ruhenden Sein und Haben tritt nun der essentiell unbegrenzte Bereich des Könnens gegenüber. Macht – so wie ich das Wort hier gebrauche – ist entdeckte Möglichkeit. Möglichkeit wird nie voll und endgültig aktualisiert; sie hört auf, Möglichkeit zu sein, wenn sie voll aktualisiert ist. Macht versteht sich prinzipiell als Können, was man will, und als Nicht-alles-zu-tun-Brauchen, was man kann. Daß es einen solchen Bereich der Möglichkeit überhaupt gibt, ist eine Entdeckung und gehört insofern unter den Titel der Einsicht, ist aber in seiner Isoliertheit hier schon zu betrachten.

Macht ist zunächst durch Werkzeug, Jagdwaffe, Behausung Macht über die Natur. Ich spreche jetzt nicht vom allbekannten äußeren Gang der menschlichen Machtübernahme auf der Erde, sondern von dessen Rückwirkung auf das menschliche Verhalten. Der Mensch muß in den frühen Zeiten seiner Geschichte durch die Entdeckung der Macht tief verändert und geprägt worden sein. Faszination und Schreck dieser Verwandlung spiegeln sich noch in den Machtträumen der Magie und in der religiösen Versöhnung der Naturmächte, dem Streben nach Wiederherstellung eines Gleichgewichts. Aus klassischen Hochkulturen zitiere ich nur drei Zeugnisse: den ruhigen Befehl Gottes in der biblischen Priesterschaft (Gen. 1) »macht euch die Erde untertan«; den tief beunruhigten Chor in der Antigone des Sophokles »πολλὰ τὰ δεινά«, und die Anekdote des Dschuang Dsi von dem bäuerlichen Weisen, der kein Schöpfrad am Brunnen benützen wollte, denn »wer Maschinen gebraucht, bekommt eine Maschinenseele«.

Ihre eigentliche Brisanz bekommt die Macht aber als Macht über Menschen, durch die Waffe, durch die Überlegenheit des Wissens, durch das Funktionsgefüge der Hochkultur. Erst durch sie wird aus der überlieferten sozialen Rangordnung das spezifische Phänomen der Herrschaft, das heute wieder in der Debatte steht, aus dem naturwüchsigen Kampf zwischen den Gruppen und in der Gruppe die Kunst des Kriegs und die Kunst der Politik. Hier sind wir ein erstesmal nahe dem Ursprung der Ambivalenz des Fortschritts. Auch die Macht über Menschen hat, einmal als Möglichkeit entdeckt, keine immanenten Grenzen; wenn viel möglich ist, ist mehr möglich. Nur wer die zweite Million wird verdienen wollen, verdient die erste. Hier ist Besitz nicht mehr heimatliche Geborgenheit, auch nicht Bedürfnisbefriedigung und ebensowenig Weg zum Luxus, sondern er ist unbegrenzter Handlungsspielraum, also Macht. Deshalb geht die Forderung, den Profit am Bedürfnis zu messen, so völlig am Grund des Prinzips der Profitmaximierung vorbei. Dasselbe gilt von der Machtakkumulation der Ämter. Und von dieser Struktur der Macht her argumentiere ich, wenn ich den dritten Weltkrieg für wahrscheinlich halte und die Weltregierung als die konservativste Lösung bezeichne; diese Lösung versucht wenigstens nicht das Ungeheure, die Macht der Macht zu brechen.

Jacob Burckhardt sagt, die Macht sei an sich böse. Ich habe mich gegen diesen Satz immer gewehrt, der verschreckten Ästheten die Ausrede zur Flucht aus der Pflicht zur Politik gab. Ebensowenig konnte ich mich natürlich mit dem Satz grundsätzlich zufriedengeben, Macht in den rechten Händen sei gut, auch wenn dies oft der praktisch erträglichste Kompromiß ist; die selbsternannten »rechten Hände« der Konservativen wie der Umstürzler bezeichnen das Problem. Gelegentlich habe ich in Diskussionen den Satz umgestellt: »Macht an sich ist böse«; Macht an sich, also nicht in das Gefüge menschlicher Werte eingefügt. Aber das ist noch eine Beschönigung, denn ihre Uneingefügtheit kennzeichnet eben die Entdeckung der grenzenlosen Möglichkeit. Ich wäre heute geneigt, zu sagen, daß Macht, auch mit gutem Willen und Verantwortungsgefühl verbunden, letzten Endes tragisch ist. Sie muß den Gegner machtlos, »unschädlich« machen, oder sie wird nicht dauern, und es gehört zur Macht, Gegner zu produzieren. Der Sieger aber, der erfolgreiche Träger der Macht, entdeckt seine tiefe Machtlosigkeit, sein Unvermögen, mit Machtmitteln die Grundstruktur der Macht zu ändern. Zur Tragik gehört die Verblendung: wer noch um Macht kämpft, wird diese ihre Machtlosigkeit kaum je sehen.

Die Tragik ist nicht das letzte Wort. Ich habe die Macht hier isoliert betrachtet. Wir müssen die Isolierung aufheben.

3. Liebe

Fingieren wir jemanden, der nur die Bereiche von Besitz, Herrschaft und Macht kannte und nun der Liebe begegnete: er sähe sich noch einmal einem völlig fremdartigen, von seinem bisherigen Wissen aus unableitbaren Phänomen gegenüber.

Besitz, Herrschaft und Macht sind Bereiche des Ich. Auch das Verhalten von Gruppen in diesen Bereichen nennen wir treffend Gruppenegoismus. Zweckrationalität dient den Zwecken, die das Ich weiß. Die Tragik der Macht ist die Unerfüllbarkeit des Ich. In der Liebe erfahren wir eine zweckrational völlig unbegreifliche Erfüllung des Ich in seiner Überwindung, eine Verwandlung aller Werte. Den Besitz und die Herrschaft kann eine instrumental denkende Wissenschaft gut beschreiben, denn ihre Begriffe sind selbst im Dienst solcher endlicher Rationalität geprägt; die Grenzenlosigkeit der Macht findet ihren Partner in der Grenzenlosigkeit des Wissens. Die Liebe wissenschaftlich zu buchstabieren, ist fast unmöglich, da sie den Begriff selbst überschreitet. Trotzdem lassen wir uns nun gerade darauf ein.

Daß Lebewesen überhaupt Nachkommen haben müssen, ist biologisch nicht so selbstverständlich, wie es scheint. Es hängt mit dem Fortschritt zusammen. In einer ewigen Welt, einer zyklischen Zeit wäre die Fortdauer derselben Individuen denkbar; dies ist ja der Traum der persönlichen Un-

II, 4. Die Vernunft der Affekte

sterblichkeit. Leben, das auf der Erde neu entstanden ist, braucht hingegen Nachkommen, um den Raum zu erfüllen. Die Evolution braucht ferner neue Individuen, damit es neue Arten geben kann. Arten mit kurzer Lebensdauer der Individuen und vielen Nachkommen werden sich rascher entwickeln und so im Kampf ums Dasein überleben. Die geschlechtliche Fortpflanzung scheint, selektionstheoretisch verstanden, den Vorteil der Speicherung rezessiver Merkmale zu bieten; so mag diese a priori höchst verblüffende Form der Erzeugung von Nachkommen sich herausgebildet und durchgesetzt haben.

Biologisch gesehen nimmt die Sicherung der geschlechtlichen Fortpflanzung also ein Interesse wahr, das weit jenseits des Gesichtskreises des einzelnen Individuums und der einzelnen Gruppe liegt. Unser Begriff von Zweckrationalität ist aber an den Bedürfnissen der Individuen und Gruppen gebildet. Der Geschlechtstrieb muß diese Welt der begreiflichen Bedürfnisse mit zwingender Kraft durchbrechen, und er kann, und darf folglich auch, nicht argumentieren. Das mag ein Stück seiner verzaubernden Kraft erklären. Im Tierreich schafft er die reichsten Ritualisierungen; er luxuriert in einer Weise, die seine Produktionen denen des frei spielenden Geistes nahestellt. Erotik löst sich vom bloßen Fortpflanzungszweck in doppelter Richtung: zur persönlichen Bindung und zum zwecklos Schönen hin. Die stärkste nicht zweckrationale Kraft im Menschen wird Träger einer Entwicklung, die nur in Überwindung der bloßen Zweckrationalität möglich ist.

Vor diesem Hintergrund ist der ambivalente Kampf aller Kulturen mit der Sexualität zu sehen. Auch die Sexualität ist, wenngleich ganz anders als die zweckrationale Macht, ein Feld des Möglichen. Die Plastizität menschlichen Verhaltens gestattet viele verschiedene Ritualisierungen der Erotik. Aber damit Ritualisierungen gelingen, muß ein Druck zu ihrer Durchsetzung bestehen. Dazu muß die dem Ritual widersprechende Äußerung des Geschlechtstriebs unterdrückt werden, so – um das klassische Beispiel zu nennen – um der Entfaltung *einer* persönlichen Bindung und um der Fürsorge für die Kinder willen die polygame Tendenz. Das Unterdrückte aber bewahrt, gerade als Unterdrücktes, den Glanz des allen engen Interessen Überlegenen, die Aussicht auf die Erlösung des Ich von sich selbst. Immer wieder taucht der Irrtum auf, es werde diese Kraft auch dann bewahren, wenn es selbst zum positiven, anerkannten Ritus wird. Durch die Anerkennung wird es aber der Interessenwelt eingefügt und die Probe auf seinen Wert ist dann nur noch seine konstruktive Kraft in ihr. Daß die Tabus blind sind und ihren eigenen Zweck nicht kennen, genau das teilen sie im übrigen mit dem Trieb, den gegen sie auszuspielen zuzeiten als aufgeklärt gilt.

Es ist, so betrachtet, kein Wunder, daß die Wissenschaft den Mechanismus der Verdrängung gerade am Beispiel der Sexualität entdeckt hat. Verdrängung erscheint hier als eine Bedingung der Präzision einer Ritualisierung, und die Sexualität ist der Trieb, der am meisten zur Ritualisierung auffordert. Um besser zu verstehen, was Verdrängung ist – ein offenbar für die Ambivalenz fundamentaler Vorgang – müssen wir jedoch fragen, was das Bewußte und das Unbewußte ist. Dies können wir nicht, ehe wir die Einsicht thematisiert haben.

Zuvor müssen wir uns aber daran erinnern, daß es noch eine ganz andere Beziehung zwischen Individuen gibt, die in der deutschen Sprache auch manchmal den Namen Liebe trägt, die *unsexuelle persönliche Bindung*. Da sie alles gemeinsame Leben durchwirkt, ist sie uns natürlich schon vielfach im bisherigen begegnet, ohne aber selbst zum Thema zu werden. Ihre Qualität muß wiederum aus Rangordnung, Macht und geschlechtlicher Liebe unableitbar erscheinen. Jeder direkte Reduktionismus sowohl der Sexualitätstheorien wie der Theorien des zweckrationalen Verhaltens scheitert an ihr. Das Interessanteste zu ihrer animalischen Vorgeschichte steht m. E. in Lorenz' Buch »Das sogenannte Böse« in dem Kapitel »Das Band«, das mir zugleich bei weitem interessanter scheint als alle übrigen, viel populärer gewordenen Gedanken dieses Buchs. Lorenz führt das persönliche Band genetisch auf die Aggression und ihre Verarbeitung durch Ritualisierung zurück, in der er die Ermöglichung individualisierter Beziehung in einer Gruppe sieht, die über das erste Werk ritualisierter Aggression, die soziale Rangordnung, weit hinausgeht. Auch hier realisiert der Ritus nicht selbstverständliche Werte, sondern schafft oder ermöglicht unselbstverständliche Werte. Wenn Lorenz hier recht hat, so macht er damit die Strukturverwandtschaft der verschiedenen Arten persönlicher Bindung begreiflich, auch wenn diese den weiten Bereich von unlöslicher Freundschaft über Leistungsgemeinschaft und Kumpanei bis zu lebenslänglicher Feindschaft überdecken. Dies scheint mir einer der wichtigen Beiträge zum Verständnis der Ambivalenz. Es ist im besonderen ein Beitrag zum Verständnis aller weder zweckrational noch sexuell reduzierbaren Institutionen wie der Ehe.

Selbstverständlich ist die persönliche Bindung beim Menschen, so wie alle anderen Beziehungen und wohl mehr als sie, nur von der Einsicht her in ihrer Gestalt begreiflich. Sie lenkt uns endgültig zu diesem Thema.

4. Einsicht

Es liegt nahe, die schon mehrfach benutzte Denkfigur noch einmal anzuwenden. Fingieren wir jemanden, der nur Besitz und Rangordnung, Macht, Liebe und individuelle Bindung kennt, könnte er von dorther begreifen, was Einsicht ist? Wir können dies freilich in gewissem Sinne gar nicht fingieren, denn alle diese Bereiche zu kennen heißt doch wohl, eine Einsicht in sie zu haben. Den völlig einsichtslosen Menschen können wir nicht einmal fingieren. Aber wenn er, wie es so üblich ist, Interessen, Triebe und Ordnungen kennt, indem er in sie eingepaßt lebt, hat er darum schon eine Einsicht in seine Einsicht? Und kann irgendjemand, wie wir sagten »von dorther«, begreiflich machen, was Einsicht ist?

II, 4. Die Vernunft der Affekte

Um begreiflich zu machen, was Einsicht ist, wäre eine philosophische Psychologie notwendig, die meines Wissens niemand heute besitzt, weil die Empiristen, die in der Wissenschaft dominieren, das Problem meist nicht sehen und die Philosophen, die zum Sehen des Problems erzogen sein sollten, es in den kausalen Denkformen der Empirie meist nicht wiedererkennen können. Vorerst müssen wir versuchen, die anthropologische Rolle der Einsicht zu beschreiben.

Einsicht ist nicht Selbstdressur durch Versuch und Irrtum, sondern das Vermögen, den Erfolg solcher Prozesse in der Vorstellung vorweg zu nehmen, sie ist eben »Einsicht« in den Grund solcher Erfolge. Sie mag eine ganz partielle Teileinsicht sein oder ein umfassendes Bewußtsein, stets geht sie auf das, was ich nur mit dem Wort »Wahrheit« zu bezeichnen vermag. Wahrheit ist selbstverständlich nicht Unfehlbarkeit. Worte wie Fehlbarkeit, Irrtum, auch Lüge, haben umgekehrt nur einen Sinn, wo, wenn auch noch so unreflektiert, schon verstanden ist, was mit Wahrheit gemeint ist. Einsicht ist Bestimmtheit eines Menschen durch ein Stück erkannter Wahrheit, durch eine Wahrheit, die sich ihm gezeigt hat. Dies beginnt im Instrumentalen. Ein bewußt hergestelltes und verwendetes Gerät ist ohne Einsicht nicht möglich. Es geht weiter im Gesellschaftlichen. Sitten mögen einsichtslos überliefert und befolgt werden; ich zweifle, ob sie ohne ein Stück Einsicht entstehen. Es gibt keine persönliche Beziehung ohne Einsicht. Wie weit es mit der Einsicht gehen kann, ist vorweg nicht zu sagen, denn jede besondere Einsicht läßt die Rückfrage in den Grund ihrer Möglichkeit zu, die, wenn beantwortet, Einsicht einer anderen Stufe eröffnet.

Einsicht liegt gleichsam quer zu allen Nötigungen von Trieb, Gewohnheit, »uneinsichtigen« Interessen und Sitte. Dieses Querliegen hängt zusammen mit ihrer Erschließung der drei zusammengehörigen Bereiche der Faktizität, der Möglichkeit und der Freiheit. Ich kann von einer Nötigung erst frei werden, wenn ich mir das, was mich nötigt, als Faktum gegenüberstellen kann. In diesem Sinne gilt: »how wonderful things are facts«. Das Faktum ist *als* Faktum, als nun einmal Geschehenes, unabänderlich. Fakten nicht sehen, »wishful thinking«, ist selbstverschuldete Unfreiheit. Insofern sind angeborenes Verhalten, individuelle Gewöhnung und gesellschaftlicher Gebrauch, mögen sie den Umständen noch so gut angepaßt sein, unfrei. Die Einsicht in Fakten macht eben insofern frei, als sie Möglichkeiten eröffnet. Das erkannte und anerkannte Faktum ist eben darum kein Zwang mehr; es kann, als Zustand, vielleicht geändert werden. Einsicht ist Einsicht in Möglichkeiten. Das Faktum wird als eben dieses Faktum nur begriffen, indem es als ein mögliches Faktum gedacht und so als geschehenes anerkannt wird. Damit aber sind andere mögliche Fakten *als* Möglichkeiten gesetzt. Diese Möglichkeiten wiederum sind nicht Träume, sondern »de facto möglich«, insofern sie in den erkannten Fakten begründet sind. Dies aber, faktische Möglichkeiten zu haben, bedeutet Freiheit.

Diese Betrachtungen sind von philosophischer Abstraktheit. Konkret von Einsicht reden kann man nur, indem man von den konkreten Fakten und Möglichkeiten redet, in die sie Einsicht ist. Insofern wird unsere Anthropologie, wie es nicht anders sein kann, in konkrete Geschichtsbetrachtung münden. Vorerst aber haben wir die abstrakten Strukturen noch ein Stück weit zu verfolgen.

Einsicht eröffnet nicht nur Freiheit, sie bedarf auch der Freiheit. Das gilt schon psychologisch. Wenn ich dem Bewußtseinszustand eines Menschen, den dieser als Einsicht erlebt, seine psychologische Verursachung nachrechne, so hebe ich damit im Grunde seinen Charakter als Einsicht auf. Das ist die Figur der Ideologiekritik. Wenn meine »Einsicht« durch mein ökonomisches Interesse (oder meine Libido, meine Neurose, oder durch meine Tradition oder meinen Widerspruchsgeist) bestimmt ist, so entlarvt diese kausale Herleitung, daß sie nicht Einsicht war. Die Entlarvung verfängt sogar dann, wenn die betr. »Einsicht« tatsächlich mit dem Sachverhalt übereinstimmt, also das klassische Wahrheitskriterium formal erfüllt. Denn diese Übereinstimmung ist dann »zufällig«, und nur der Ideologiekritiker, der diese Übereinstimmung überlegen prüft, hat (so meint er selbst wenigstens) wahre Einsicht. Das philosophische Problem von Wahrheit und Freiheit, das sich hier stellt, verfolge ich jetzt nicht, wende die Frage vielmehr ethisch-gesellschaftlich.

Wenn menschliches Leben nicht ohne Einsicht möglich ist, so ist gemeinsames menschliches Leben nicht ohne gemeinsame Einsicht möglich. Das habe ich gemeint, wenn ich verschiedentlich gesagt habe, ein Friede sei der Leib einer Wahrheit, Wahrheit die Seele des Friedens. Unter dem Frieden verstehe ich hier die Möglichkeit des Zusammenlebens. Ich spreche von »einem« Frieden, weil es, wie wir alle wissen, viele Formen des Zusammenlebens in der Geschichte gegeben hat und noch gibt. Natürlich liegt im Gebrauch des Wortes »Friede« hier ein ethischer Anspruch. Ein faktisches Zusammenleben gibt es auch im Streit; auch ein Mann, der seine Frau prügelt, auch zwei Großmächte, die soeben gegeneinander Krieg führen, leben in einer faktischen Koexistenz. Man kann in solchen Koexistenzen freilich auch die Rudimente eines Friedens meist noch aufspüren: die nicht aufgegebene Lebensgemeinschaft der Gatten, den Rahmen des Kriegsrechts und die Fortdauer der Politik mit dem Begriff von Kriegszielen, die einen künftigen Friedensschluß ins Auge fassen. Aber Friede bezeichnet hier doch immer vor allem den Wert, der angestrebt wird, dessen Fehlen das fürchterliche Elend der Gegenwart bezeichnet. Und der erstrebte Friede ist eben nicht die bloße Koexistenz, sondern das, was ich in einem prägnanten Sinn des Wortes »Möglichkeit«, die Möglichkeit des Zusammenlebens genannt habe. Sie ist die den Menschen gemeinsame Möglichkeit des Lebens, die ihnen eine gemeinsame Freiheit erschließt. Diese Freiheit bedarf einer gemeinsamen Einsicht, also einer gemeinsamen Wahrheit.

Nun ist Wahrheit sozusagen von Natur gemeinsam. Zwei Menschen, die

II, 4. Die Vernunft der Affekte

dasselbe erkennen, sind jenseits aller Willkür in dieser Einsicht verbunden; sie können diese Gemeinsamkeit nicht abschütteln, selbst wenn sie es möchten. Sie haben gemeinsame Fakten und daraus resultierende gemeinsame Möglichkeiten. Deshalb habe ich oben (I, 3.) gesagt, daß Wahrheit an sich intolerant ist. Erkannte Wahrheit schließt die Möglichkeit aufrichtiger Zustimmung zur entgegenstehenden Unwahrheit aus. In einem anderen Sinne ist die Orientierung an der Wahrheit ihrem Wesen nach tolerant. Die Gemeinschaft in einer bestimmten Wahrheit, die ich mit meinem Nachbar suche, setzt voraus, daß er diese Wahrheit einsieht, daß sie Wahrheit für ihn ist. Das Nachreden eines Satzes, der für mich Wahrheit ausspricht, ist aber für ihn noch lange nicht Wahrheit, selbst wenn er das Gesagte zu glauben meint. Will ich mit meinem Nachbarn in einer durch Wahrheit vermittelten Gemeinschaft leben, so muß ich ihm die Freiheit der Zustimmung zu der Wahrheit lassen, ich muß ihm also Frieden gewähren. Insofern ist Friede nicht nur Folge eingesehener Wahrheit, sondern zugleich Vorbedingung ihrer faktischen Auswirkung. In diesem Doppelsinn nenne ich ihn den Leib der Wahrheit.

Daß hier in der Praxis die Fülle der Probleme der Erziehung, der Aufklärung, der Stellvertretung usw. entstehen, ist klar und soll hier nicht verfolgt werden. Ich weise nur auf eine Spannung hin, die eine andere Ausprägung der Spannung von Toleranz und Intoleranz ist. Im Namen der Wahrheit, im Lichte einer erkannten Wahrheit werden alle bloß faktischen Autoritäten abgebaut. Was die Leistung der Gleichheit unter Menschen ermöglicht (S. 170) ist stets eine gemeinsame Wahrheit. *Eine* Autorität ist andererseits dem auf Wahrheit gegründeten Frieden immanent, die Autorität dessen, der die Einsicht hat. Die Wahrheit egalisiert ihre Träger untereinander. Die gesellschaftliche Egalisierung im Namen der Wahrheit kann auch so weit gehen, jeden als virtuellen Träger von Einsicht gleich gelten zu lassen, zumal wenn niemand den Besitz von Wahrheit sich selbst institutionell als Machtbasis zuschreiben soll. Aber eine Egalisierung wird unwahr, wenn sie den Unterschied zwischen aktueller Einsicht und Nichteinsicht leugnet; eine solche Fiktion wird im Lauf der Zeit durch die Brüchigkeit des auf sie gegründeten Friedens entlarvt. Eine derart fiktive Egalisierung macht beide Partner gleich unglücklich. Für den, der die Einsicht nicht hat, ist die wichtigste ihm gleichwohl zugängliche Einsicht die Einsicht, daß er die in Frage stehende Einsicht nicht hat; eine Egalisierung, die ihm das Wissen des Nichtwissens verbaut, nimmt ihn als virtuell Wissenden menschlich gerade nicht ernst, verachtet ihn also, indem sie ihn zu achten vorgibt. Der Wissende jedoch wird durch diese fiktive Egalisierung gezwungen, dem Nichtwissenden dieses Achtungszeichen und damit die eine Hilfe, die er ihm geben kann, zu verweigern. Ich habe nie so freie Menschen gefunden wie dort, wo die Autorität der Einsicht selbstverständlich anerkannt war.

Mit dem unbestimmten Artikel »eine Wahrheit«, »ein Friede« habe ich die faktische Pluralität der Wahrheiten und der Friedensformen zu besprechen begonnen. Traditionelle Gesellschaften lebten unter einer religiösen Wahrheit und dem durch sie ermöglichten Frieden. Die heutige Welt lebt unter der Wahrheit der Naturwissenschaft und dem durch sie ermöglichten Frieden der Technokratie. Die beiden Beispiele werden den meisten jüngeren Intellektuellen von heute die Fragwürdigkeit des erreichten Friedens und in ihr die Fragwürdigkeit der ihn fundierenden Wahrheit unmittelbar vor Augen stellen. Widerlegt dies nicht schon den ganzen auf Wahrheit bezogenen anthropologischen Ansatz? Wenn es *eine* Wahrheit gibt, wer hat sie? Wenn es viele, einander in ihrer Verwirklichung so offensichtlich widerstreitende Wahrheiten gibt, welchen Sinn hat es, sie Wahrheiten zu nennen?

Vor diesem Hintergrund ist Nietzsches Satz gesagt, Wahrheit sei derjenige Irrtum, ohne den eine bestimmte Art von Lebewesen nicht zu leben vermöchte. Ist »zu leben vermögen« Möglichkeit gemeinsamen Lebens, also, so wie ich jetzt spreche, ein Friede, so wäre nach Nietzsches Satz Wahrheit derjenige Irrtum, der einen Frieden ermöglicht. Der philosophischen Frage nach der Wahrheit greife ich hier mit einer abstrakten und einer individual-psychologischen Überlegung vor.

Abstrakt: Ich habe (»Modelle des Gesunden und Kranken …«) versucht, Krankheit als »falsche Gesundheit« und Irrtum als »falsche Wahrheit« aufzufassen. Die kybernetische Sprache (»Einregulierung auf einen nicht-optimalen Sollwert«) mag zur Pointierung dienen, ist aber für den Grundgedanken der »falschen Wahrheit« nicht essentiell. Versteht man unter Wahrheit, daß sich etwas zeigt, wie es ist, so zeigt sich im Irrtum nicht nichts, sondern etwas zeigt sich, aber nicht so, wie es ist. Immerhin zeigt sich etwas, und vielleicht läßt sich mit dem, was sich gezeigt hat, eine Weile oder in einer ökologischen Nische leben. Insofern ist der den Frieden ermöglichende Irrtum eine unvollkommene Wahrheit. Erst mit dem Anspruch, schlicht wahr zu sein, wird er falsch. Nun ist uns nichts in seiner vollen Wahrheit bekannt. Unsere aussprechbare Einsicht ist stets »eine Art von Irrtum«. Deshalb müssen sich die »Wahrheiten« bekämpfen. Gerade der legitime Anspruch der Irrtümer, Wahrheiten zu sein, nötigt sie zum Kampf. Dieser Kampf bewegt den historischen Prozeß. Der historische Prozeß kann als eine Kette einander überwindender Wahrheiten erscheinen. Dies stilisiert die Dialektik. Unserem heutigen Blick kann sich der historische Prozeß nur als offen ins Unbekannte darstellen. Wir können den Weltfrieden nicht als den Leib der endgültigen Wahrheit ausdrücklich denken; wo diese Hoffnung die Gestalt konkreter Gedanken annimmt, wird sie ersichtlich unreal oder tyrannisch. Wir müssen die Wahrheit in der Folge der Wahrheiten, die Wahrheit des Prozesses selbst zu verstehen suchen.

Als Randbemerkung: Die offene Folge der Wahrheiten hat etwas zu tun mit der Unbegrenztheit der Macht. Macht ruht stets auf einer Einsicht. Wer einen Frieden schaffen kann, ist der Mächtigste. Die Tendenz aber, den Frie-

II, 4. Die Vernunft der Affekte

den als Vehikel der Macht zu benutzen, ist, von der Gemeinsamkeit des Le-
benkönnens, also der Freiheit her, eine Unwahrheit, eine Perversion des Friedens, letztlich ein Unfriedensgrund. Wir müssen erwarten, daß wir das Problem der Macht durch den Fortschritt nicht leicht loswerden.

Die individualpsychologische Parallele: Auch im Umgang eines Menschen
mit sich selbst gibt es Frieden und Unfrieden. Auch hier ist der Friede der
Leib einer Wahrheit. Hier sieht man sehr gut den begrenzten Wert jedes begrenzten Friedens. Der Mensch lernt zu, er reift; gewisse Einsichten haben
ein ihnen natürliches Lebensalter. »Mensch, so du etwas bist, so bleib doch ja
nicht stehn; du mußt aus einem Licht fort in das andre gehn.« Dieser Übergang aus einer Einsicht in die andere geschieht selten im Frieden mit sich
selbst. Krisen sind die übliche Erscheinungsform des Kampfs der Wahrheiten
im Individuum. Innerer Friede kann ebensowohl das Glück einer erreichten
Einsicht wie die Verdrängung einer beunruhigenden Einsicht sein. Den einen
wird man geneigt sein, einen wahren Frieden zu nennen, den andern einen
falschen. Gibt es Kriterien der Wertung?

5. Werte

Gibt es eigentlich Einsicht in Werte? Oder gibt es nur Einsicht in Sachverhal-
te, die wir dann »irrational« bewerten? Ist Übereinstimmung über Werte nur
Gemeinsamkeit der Irrationalität? Wenn nein, was ist die Rationalität der
Werte?

Diese Frage hat uns de facto vom Beginn dieses Buches an begleitet. Ich bin
im Anfang des ersten Kapitels in bewußter Naivität von Wertungen ausgegangen, von denen ich annahm, daß sie allen nachdenklichen Menschen unserer Zeit gemeinsam seien. Die Einsicht in die Ambivalenz ist die Erschütterung der Naivität unserer Wertungen. Um Einsicht in den Grund der Ambivalenz zu gewinnen, sind wir zur Anthropologie übergegangen. Die Frage
nach der Einsicht in Werte ist in ihrer Abstraktheit eine philosophische Frage.
Ich stelle sie hier aber mit Absicht im empirisch-anthropologischen Kontext.
Der erste Versuch der Antwort soll nicht durch philosophische Entscheidungen belastet sein. Wie reagieren wir, wenn wir eine gewisse Naivität eigener
Wertsetzungen noch nicht ganz verloren haben, auf das anthropologische
Material?

Ich habe mehrfach hervorgehoben, daß es leicht ist, über Werte gewiß (und
folglich einig) zu sein, wenn ihr Fehlen als manifester Unwert, als manifestes
Leiden erfahren wird. Hierin geht es uns, so können wir jetzt sagen, nicht
anders als unseren tierischen Vettern. Die Tiere brauchen sich nicht zu fragen, ob Selbsterhaltung und Arterhaltung Werte seien. Hunger, Furcht, geschlechtliche Liebe, Mutterliebe (wenn ich anthropomorphe Worte gebrauchen darf) treiben sie, das zu tun, was diese Werte erfordern; und wären die

Tiere nicht so beschaffen, so gäbe es sie nicht mehr. Der Mensch kann die Frage stellen, ob all dies eigentlich Wert, oder gar der letzte Wert sei, aber in den elementaren Situationen entsteht diese Frage auch für ihn meist nicht, oder sie verstummt, wenn sie da war. Freilich verstummt sie nicht zwangsläufig, denn der Mensch kann den Sinn seines Überlebens in Frage stellen; diese Skepsis oder Verzweiflung ist sogar eine natürliche Begleiterscheinung gewisser Reifungskrisen. Außerdem verstehen wir menschliches Leben so, daß es sich (übrigens, wenn wir genau hinsehen, ebenso wie das tierische Leben) nicht in der Überwindung elementarer Nöte erschöpfen *soll*. Wir hoffen, das Leben zu sichern, um ein gutes Leben zu ermöglichen. Was aber heißt hier »gut«? Dies ist doch offenbar die Leitfrage für die Erforschung der Lebensbedingungen (ζῆν καὶ εὖ ζῆν).

Die amerikanische Unabhängigkeitserklärung führt unter den Menschenrechten »pursuit of happiness« auf. Diese Formel erscheint mir nahezu als die Zusammenfassung aller hier besprochenen Ambivalenz. Sie läßt Deutungen zu, in denen sie schlicht die Wahrheit ist, und Deutungen, in denen sie den Ursprung des menschlichen Elends enthält; die Bindung an eine so ambivalente Formel bezeichnet sehr deutlich den Selbstwiderspruch Amerikas und unserer amerikanischen Weltepoche. Ist Glück ein oder gar das Kriterium der Werte?

Lust und Schmerz sind, biologisch gesehen, Indikatoren, Klingelzeichen des Zuträglichen und Unzuträglichen. Beurteilen wir als Beobachter – denn die Tiere selbst reflektieren ja nicht so – tierisches Verhalten nach dem einfachsten aller Kriterien, dem Überleben, so ergibt sich eine eindeutige Rangordnung der darwinistischen Werte. Es gibt heute noch Individuen derjenigen Arten, die sich rasch genug zu entwickeln vermocht haben. Fortschritt ist, biologisch gesehen, ein höherer (d. h. erfolgreicherer) Wert als bloße Arterhaltung, Arterhaltung ein höherer Wert als Erhaltung des Individuums, und Erhaltung des Individuums ein höherer Wert als Lust und Schmerzlosigkeit. Der jeweils niedrigere Wert formuliert immer nur eine Bedingung, die im Durchschnitt dem nächsthöheren Wert dient, die aber geopfert wird (bzw. im Daseinskampf scheitert), wo sie ihm nicht dient. Dabei sind freilich Lust und Schmerz von anderer Art als die Erhaltungs- und Fortschrittswerte. Lust und Schmerz können einerseits rein funktional verstanden werden, und wo ein Geschehen von selbst funktioniert, bedarf es der Begleitung durch diese Indikatoren nicht. Andererseits dienen sie allen Werten, nicht nur dem untersten, so die geschlechtliche Lust gewiß nicht der Erhaltung des Individuums, das sie erlebt.

Nun beurteilen wir unter dem bloßen Überlebenswert gewiß schon das organische Leben unzureichend (haben die Saurier, bloß weil ein anderer Stamm das Wettrennen der Evolution gewonnen hat, kein erfülltes Leben gehabt?). Und für den Menschen treten Lust und Schmerz in ganz neue Zusammenhänge.

II, 4. Die Vernunft der Affekte

Einerseits gehört zur menschlichen Selbstverfügung ein Zerfall instinktiver Nötigungen, der die Indikatorfunktion der Lust erheblich entwertet. Die Zivilisationsgesellschaft hat die elementaren Triebe von ihrem alten biologischen Zweck weitgehend entkoppelt. Der Kampf gegen diese Entkoppelung ist selbst schon uralt. Was unsere Tradition tierische Lüste nennt (Fressen, Saufen, Huren ...; auch das Morden gehört sachlich hierher), sind in Wirklichkeit spezifisch menschliche Erfindungen. In ihnen allen verbindet sich strukturell eine nicht mehr als Indikator dienende Lust mit der Unbegrenztheit des Könnens, der Macht. Dasselbe gilt von der Schmerzvermeidung durch Drogen. Es gilt aber insbesondere auch von den höheren, abstrakteren Formen der Lust, die Besitz und Herrschaft gewähren. Hier überall ist Lust ein an sich einsichtsloses Prinzip, das beim Tier gerade anstelle der Einsicht als Indikator wirkt, beim Menschen aber der Kontrolle durch die Einsicht bedarf. Pursuit of happiness als Prinzip einer von der Einsicht entkoppelten Lust kann nur ambivalente, letztlich zerstörende Wirkungen haben.

Nun gibt es heute eine Ansicht, nach der die zerstörende Wirkung der Lust nur der Gegenschlag gegen eine gesellschaftliche Repression wäre und die ungehemmt entfaltete Lust ihre begrenzte Gestalt von selbst finden würde. Mir scheint, daß sich in dieser Ansicht tiefe Erkenntnisse mit naiven Irrtümern mischen; sie ist selbst ein Beispiel von Ambivalenz. Sie ist die Selbststilisierung eines für heute fällige Erfahrungen wohl notwendigen Experiments. Ihr Irrtum scheint mir ein naiver, weder naturwissenschaftlich noch geschichtlich zu rechtfertigender Optimismus zu sein. Aber die in ihr verwendeten positiven Erkenntnisse sind mir im jetzigen Argument wichtiger.

Es wiederholt sich immer wieder in der organischen Entwicklung und ganz besonders in der menschlichen Geschichte, daß altes Material in den Dienst ganz neuer Zwecke tritt (wie die Schwimmblase zur Basis der Lunge wird und die Aggression zur Basis der Kommunikation). So sind die geistig – oft ästhetisch – durchstilisierten Befriedigungen unserer elementaren Antriebe der Leib der Kultur: Essen als gemeinsame Mahlzeit unter der Ägide der Kochkunst, Trinken als Symposion, Wohnen in Landschaft und Stadt, Gesellschaft in gegliederten sozialen Rollen, Liebe als Spiel, Erschütterung, Partnerschaft. In vielen dieser Gestalten mag man statt von elementarer Lust von einsichtigem Glück sprechen. Zu den höchsten Formen des Glücks gehört erlebter Fortschritt, eigene Produktivität. Ist Glück in *diesem* Sinn nicht der wahre, menschliche Wert? (»Alle Lust will Ewigkeit.«) Und wird dieses Glück sich nicht durch die ihm innewohnende Einsicht dort selbst begrenzen, wo ihm Begrenzung nottut?

Dieser Begriff von menschlichem Glück als leitendem Wert umfaßt übrigens sowohl die Einheit des Werts wie die Vielheit der Werte. Die Vielheit gehört zur Gliederung. Der Mensch ist glücklicher, wenn er nicht immer dasselbe tut, die Menschen sind glücklicher miteinander, wenn sie nicht alle gleich sind (»three cheers for the little difference«). Gleichheit ist Gleichheit in der Freiheit, Freiheit ist Freiheit zur Verschiedenheit. Aber zur Gliederung gehört die Gemeinschaftlichkeit eben dieser Vielheit der Werte, die Solidarität in der anerkannten Verschiedenheit. Und dieses gemeinschaftliche Glück ist eben *ein* Wert, der leitende Wert, in gewissem Sinne *der* Wert.

Diese leitende Wertvorstellung kann dann real sein, wenn die Bedingungen ihrer Möglichkeit erfüllbar sind. Zu diesen gehören Einsicht und Kreativität. Keine der oben aufgezählten kulturellen Stilisierungen der elementaren Bedürfnisse ergibt sich logisch aus deren biologischem Zweck. Der Trieb, die elementare Lust ist hier überall nur Material. Was sind die Bedingungen der für ihre Gestaltung nötigen Einsicht und Kreativität?

Wir können Glück und Leiden – um ein etwas abstrakteres Begriffspaar an die Stelle von Lust und Schmerz zu setzen – als Indikatoren für Gelingen oder Mißlingen im Prozeß der Kultur auffassen. Dabei ist aber vielleicht das Leiden der zuverlässigere Indikator und zugleich der unerläßliche Lehrmeister und Motor. Dem Glückserlebnis wohnt eine natürliche Tendenz zur Verflachung inne. Wenn man der Meinung ist, Fortschritt sei ein leitender Wert – und die Unbegrenztheit möglicher Einsichten wie schon der bloße Begriff Kreativität deutet in diese Richtung –, so ist dies zu erwarten, denn der Indikator des Glückserlebens lädt zum Verweilen ein. Der Kampf der Wahrheiten ist vom Leiden begleitet. Die Positivität der Ambivalenz liegt in dem einsichtweckenden Leiden, das sie hervorruft; ihre Gefahr liegt in der uneinsichtigen Akzeptation des partiellen Glücks. Das vom Individuum erlebte Glück kann also auch auf dieser Stufe nicht der Wert sein. Die Vorstellung, das Leiden sei nur eine Folge gesellschaftlicher Fehlentwicklungen, ist naiv (oder eine Projektion); wozu haben wir die Fähigkeit physischer und psychischer Schmerzempfindung, wenn wir dieses Indikators nicht bedürften? Doch werden wir der Frage einer schmerzlosen Gesellschaft weiterhin begegnen.

Eine der Kritiken an der heutigen Welt kleidet sich in den Begriff der Entfremdung. Wenn die Entfremdung von einem in Glück und Leiden sich erfüllenden Leben gemeint ist, ihre Ersetzung durch lustlose Arbeit und funktionslose Lust, so trifft die Kritik. Entfremdung vom Glück aber wäre ein so zweideutiger Begriff wie der Begriff des Glücks selbst.

Unsere Betrachtung hat uns zum Begriff der Einsicht zurückgeführt und ihn durch den Begriff der Kreativität ergänzt. Diese Begriffe aber sind, abgesehen von fünf dünnen Pinselstrichen zum Bilde der Kultur – Kochkunst bis Partnerschaft – formal geblieben. Welche Wahrheit lenkt die Einsicht, stellt sich in den Werken der Kreativität dar?

6. Aufklärung

Aufklärung ist nach Kant der Ausgang des Menschen aus seiner selbstverschuldeten Unmündigkeit. Statt Ausgang würde der heutige Sprachgebrauch vielleicht Heraustreten sagen. Unmündigkeit erklärt Kant selbst als das Unver-

II, 4. Die Vernunft der Affekte   183

mögen, sich seines Verstandes ohne Leitung eines andern zu bedienen.
Selbstverschuldet ist nach Kant diese Unmündigkeit, wenn die Ursache der-
selben nicht am Mangel des Verstandes, sondern der Entschließung und des
Mutes liegt, sich seiner ohne Leitung eines anderen zu bedienen. »Sapere
aude! Habe Mut, dich deines *eigenen* Verstandes zu bedienen! ist also der
Wahlspruch der Aufklärung.«

Kants Aufsatz[5] ist auf das Spezialproblem der Äußerungsfreiheit gegenüber dem kirchlichen Lehramt und dem absoluten Staat zugeschnitten. Doch
greift die Definition Kants darüber weit hinaus, und ich möchte sie mir durch
eine explizite weiterführende Interpretation zu eigen machen.

Kant gebraucht den alltäglich klingenden Begriff des Verstandes; dahinter
steht natürlich sein ausgearbeiteter Begriff der Vernunft. Ich benütze jetzt
den sehr viel weniger ausgearbeiteten Begriff der Einsicht aus diesem Aufsatz
und fasse den Verstand auf als Vermögen, Einsicht zu gewinnen. Unmündigkeit ist dann also ein Unvermögen zu eigener Einsicht, und selbstverschuldet
ist sie, wenn sie dem Mangel an Mut entspringt. Was hat das aber mit dem
historischen Prozeß der Aufklärung zu tun? Hier ist die Intention, daß eine
ganze Gesellschaft aus der Unmündigkeit heraustrete. Damit wird das
Gleichnis aus der Entwicklung des Individuums prägnant. Jeder Mensch ist
zunächst unmündig, zum eigenen Verstandesgebrauch noch nicht fähig; er
muß für gewisse Einsichten reifen, dann den Mut zu ihnen fassen, die Autoritäten abschütteln und so mündig werden. Wenn wir uns aber so den Begriff
der Unmündigkeit verdeutlichen, scheint uns der Begriff des eigenen Ver-
schuldens zu entschwinden. Bin ich schuldig, daß ich als hilfsbedürftiges Kind
geboren wurde? und, anders gewendet, bin ich an dem schuld, was meine Eltern und Lehrer mir eingeredet haben? Bin ich an der Gesellschaft schuld, in
der ich aufgewachsen bin? Hat Aufklärung sich nicht vielmehr als Heraustreten aus einer unverschuldeten Unmündigkeit, als Befreiung aus einem fremden Joch verstanden?

Kants Begriff geht sehr viel tiefer als diese Rebellionsthese. Er berührt einen Sachverhalt, um den es auch bei der Neurosenheilung in der Psychoanalyse, aber überhaupt bei jedem Zusichfinden einer verantwortlichen Persönlichkeit geht. Erkenne ich einen Fehler, in dem ich befangen war, so gibt es
keine Heilung, kein Freiwerden von den Gründen dieses Fehlers, solange ich
diese Gründe außer mir suche, also in dem, was man mir angetan hat, in den
Eltern, in der Gesellschaft, oder in einem seelischen Zwang, unter dem ich
gestanden habe, in meinem Unbewußten, meiner Triebstruktur. Alle diese
Beobachtungen mögen sachlich völlig richtig sein. Aber das Vermögen, *meinen* Fehler zu überwinden und nicht mutatis mutandis alsbald in dieselben
Abhängigkeiten von neuem zu verfallen, ist, daß ich ihn als meinen eigenen
Fehler erkenne. Mea culpa, mea maxima culpa, ist nicht eine Formel falscher

5 I. Kant, Beantwortung der Frage: Was ist Aufklärung? 1784.

Zerknirschung, sondern eine Erkenntnis, die sich genau dort meldet, wo ich mündig, wo ich zur Selbstverantwortung fähig werde. Rebellion, wo sie sich gegen einen wirklichen Fehler der andern wendet, enthält die Chance der Aufklärung, aber sie ist noch nicht Aufklärung, denn die Erkenntnis des Fehlers der andern dient mir noch zur Verdeckung des eigenen Fehlers in der Projektion nach außen.

Gebrauch des eigenen Verstandes ist Suche nach der Wahrheit. So kann die Anstrengung dieses Buchs unter dem kantisch verstandenen Titel der Aufklärung stehen. Welche Wahrheit wird gesucht? Natürlich die für die bisher gestellten Fragen relevante. Welche ist das?

Kants These steht, wie der ganze Begriff der Aufklärung in einem im weiten Sinne politischen Zusammenhang. Sein Aufsatz ist die Antwort auf die mißtrauisch-skeptische Frage eines Geistlichen; er ist eine offensiv geführte Verteidigung des Begriffs der Aufklärung. Dieser Begriff bezeichnet seit dem 18. Jahrhundert (und wieder in der gegenwärtigen deutschen Debatte) eine geistige Bewegung, deren Tendenz durch die im selben Zusammenhang gebrauchten Worte Fortschritt und Emanzipation verdeutlicht wird. Aufklärung versteht sich als Überwinderin des Absolutismus, sie begleitet die Bewegung des Liberalismus und Sozialismus. Sie versteht sich als Befreiung von derjenigen politischen Herrschaft, die durch eine künstlich aufrechterhaltene Unmündigkeit der Beherrschten stabilisiert wird. Ihre Politik ist zu einem wesentlichen Teil Pädagogik; sie sucht das Bewußtsein vieler Menschen von den Denkformen der Unmündigkeit zu befreien, die Menschen den Gebrauch des eigenen Verstandes zu lehren. Insofern Gleichheit in der Gemeinsamkeit der Einsicht wurzelt, hat Aufklärung eine egalitäre Tendenz. Insofern einige wenige schon Emanzipierte die Emanzipation verbreiten wollen, hat sie eine erzwungenermaßen vorläufig elitäre Struktur; man spricht dann etwa von Avantgarde, von einer Vorhut des Fortschritts.

Diese politische Aufklärung hat Anteil an der Ambivalenz des Fortschritts. Das läßt sich leicht aufspüren im Übergang der Betonung von der Selbstaufklärung zur Aufklärung der andern. Der Anspruch, selbst aufgeklärt zu sein, erweist sich oft als Naivität. Der Anspruch, selbst emanzipiert zu sein, verdeckt häufig das Stehenbleiben auf der Stufe der projizierenden Rebellion, also einer Vorstufe der Aufklärung. Dieses Buch, das den Gründen der Ambivalenz nachforscht, muß daher zugleich immer die scheinbar entgegengesetzte Bewegung machen. Es muß Selbstaufklärung betreiben mit der Frage, was in der Bewegung, die sich Aufklärung nennt, jeweils gerade verdrängt worden ist. Es geht den Arten nach, in denen sich den Menschen im Gang der Geschichte die Frage nach der leitenden Wahrheit gestellt hat.

Es ist vom Friedensproblem ausgegangen und wird das Kriterium der gesuchten Wahrheit nicht ohne den Blick auf die weltpolitischen Probleme unserer Zeit zu finden hoffen. Geschichtliche Anthropologie ist stets Anthropologie in der realen, der jeweils heutigen Geschichte.

7. Weltfriede und Selbstverwirklichung

Was soll in der heutigen Welt, der Welt des Übergangs zu morgen, geschehen? Was soll geschehen? Die naheliegende Fassung der Frage: »Was sollen wir tun?« vermeide ich. Wer wäre hier mit »wir« gemeint? Die Formel »Was sollen wir tun?« hat die Schwäche, den Eindruck zu erwecken, man brauche nur zu sagen, was zu tun ist, und es dann zu tun. Dies aber wäre nach allem bisher Gesagten in doppelter Hinsicht unzureichend. Erstens ist dies, in dieser einfachen Deutung, selbst eine Formel der Willens- und Verstandeswelt. Der Versuch, diese Frage schlicht zu beantworten, gibt nur zu leicht eben dem Verhalten Nahrung, das die Not erzeugt hat und verewigt. Kaum jemand kommt an die Stelle, an der er wirklich sinnvoll handeln kann, ohne durch eine Verzweiflung am direkten Handeln hindurchgegangen zu sein. Zweitens aber setzt das Handeln, das dann sinnvoll möglich wird, ein Neudenken aller Fragen voraus. Ich bin zu meinem Schmerz an vielen Stellen, an denen gehandelt werden könnte, einfach im Denken nicht weit genug gelangt, um zu wissen, welches Handeln ich vorschlagen oder selbst praktizieren soll. Eine der Antworten, die ich auf die Frage »was sollen wir tun« geben würde, hieße: »nachdenken«. Unter anderem deshalb habe ich ein Institut gegründet statt in die Politik zu gehen.

Die Frage »was soll geschehen?« formuliert also insbesondere eine Denkaufgabe. Theorieloses Handeln geschieht ohnehin; wir brauchen es nicht noch zu fördern. Wie aber müßte die leitende Theorie eines durchdachten Handelns aussehen?

Der politische Leitgedanke muß m. E. der Weltfriede sein. Er ist der einzige Gedanke, der politisches Handeln weltweit integrieren kann. Er ist ebenso notwendig zur Vermeidung der Katastrophe eines Weltkriegs wie er, wenn sie nicht vermieden würde, zur Vermeidung ihrer Wiederholung notwendig wäre. Er wird also selbst durch vorläufiges Scheitern nicht widerlegt. Andererseits fordert er sehr viel; er ist also für alle anderen politischen Gedanken ein hartes Kriterium. Schließlich ist er für jedermann verständlich, wenn auch nicht für jedermann in seinen Konsequenzen leicht zu durchschauen. Dieser Friede soll keine Tyrannis sein. Er muß der Leib einer Wahrheit sein, und diese Wahrheit zu denken ist der Sinn unserer politischen Theorie.

An dieser Stelle weiche ich ausdrücklich von dem Text des vor sieben Jahren verfaßten Aufsatzes ab, dem ich bisher gefolgt bin. Anstelle einer politischen Theorie des Weltfriedens habe ich ein Buch geschrieben unter dem Titel »Wege in der Gefahr«. Ein utopischer Entwurf der künftigen Welt, auch im vollen Bewußtsein seines utopischen Charakters, dient uns in der heutigen Lage nicht. Gleichwohl füge ich hier noch, etwas redigiert, die Betrachtung über die leitenden Werte an, mit der ich jenen Aufsatz beendet habe.

Ich halte eine glücksorientierte nachindustrielle Gesellschaft für unfähig, die Ambivalenz der Systeme zu meistern, die sie zulassen wird, um in ihrem

Glück nicht gestört zu sein. Falls es unvermeidlich ist, daß der leitende Wert der Majorität der Menschen das subjektiv empfundene persönliche Glück ist, so erzwingt dieser Sachverhalt eine elitäre Struktur der Gesellschaft, deren Elite, wenn wir Glück haben, wenigstens partiell an derjenigen Wahrheit, deren Leib der Weltfriede ist, als leitendem Wertzusammenhang orientiert ist. Kurzfristig besteht diese Struktur ohnehin mindestens in der Form, daß nur eine Minderheit sich die Probleme, um die es hier geht, klarmacht und für die andern eine pädagogische Funktion übernimmt.

Welchen Inhalt haben die Werte, deren Zusammenhang die einen Weltfrieden beseelende Wahrheit sein könnte? Im Gang unserer Überlegungen sind uns mehrere Worte begegnet, die solche Werte zu bezeichnen versuchen; es geht um die Bedeutung dieser Worte und den Zusammenhang dieser Bedeutungen. Ich stelle einige der Worte »rhapsodisch« zusammengerafft, in drei Gruppen zusammen. Die erste Gruppe mögen Freiheit und soziale Gerechtigkeit ausmachen, die zweite Worte wie Ort, Wohlstand, leibliche und seelische Gesundheit, Liebe, Partnerschaft, kulturelle Kreativität, die dritte etwa Einsicht, Fortschritt, Mündigkeit, Selbstverwirklichung. Ich habe jedes dieser Worte an seiner Stelle inhaltlich erläutert. Was ist ihr Zusammenhang, ihre Beziehung zum Weltfrieden, also ihre politische Relevanz?

Die Aufzählung ist eingerahmt von den Begriffen Freiheit und Selbstverwirklichung. Sie können als Leitworte ihrer Gruppen gelten. Ich halte mich nun an die Rahmenworte. Freiheit ist wesentlich Freiheit zur Selbstverwirklichung, nur Selbstverwirklichung ist eigentlich Freiheit. Darum kommt alles darauf an, zu verstehen, was Selbstverwirklichung ist. Glück ist, so wurde gesagt, ein Indikator verwirklichter Werte, Leiden kann ein Motor zu ihrer Verwirklichung sein. Der Indikator ist nicht immer zuverlässig; wir unterscheiden wahres Glück von fragwürdigem, partiellem, kompensatorischem, falschem. Ich glaube, daß Glück letzten Endes ein Indikator der Stufen der Selbstverwirklichung ist. Diese Verwirklichung vollzieht sich in Stufen; deshalb treten hier Worte wie Fortschritt und Mündigkeit auf. Was auf früheren Stufen Glück war, ist auf höheren Stufen Mittel, oder aber es muß geopfert werden, um die höhere Stufe zu erreichen. Die letztlich entscheidende Erkenntnis über den Menschen ist die Unterscheidung zwischen dem glücksbedürftigen Ich und dem Selbst. Das Ego in seinem Reichtum ist eine der Stufen zum Selbst. Das Verharren auf dieser Stufe ist der Ursprung der Ambivalenz. Wo es nicht gelingt, dieses Verharren zu opfern, gelingt weder die Verwirklichung der Person, noch das Zusammenleben in der Gesellschaft. Auch dieses Opfer und die dadurch ermöglichte Verwirklichung mit dem ihr eigenen Glück geschieht nur in Stufen, beim einzelnen und, vielleicht, in der Geschichte.

Diese Selbstverwirklichung war in der ganzen Menschheitsgeschichte das Thema der Religion. In geschichtlicher Konkretheit war es das Thema der Religionen in ihrer Pluralität. Der gesellschaftliche Leib der geleisteten Ver-

II, 4. Die Vernunft der Affekte

wirklichung waren die Kulturen. Jede solche Kultur war der relative Friede einer Wahrheit menschlicher Selbstverwirklichung. Weltfriede ist, wenn er möglich ist, Friede der einander begegnenden Kulturen. Die Kultur, die ihn heute erzwingt, die westliche, erzwingt ihn aber durch einen entfesselten Fortschritt der Erkenntnis und der Macht, der an kein Ziel einer erkannten Wahrheit gekommen ist und essentiell Unfriede in sich selbst ist. Diese Kultur in ihrer heutigen Gestalt ist eine ambivalente Säkularisierung ihrer eigenen Religion. Weltfriede mag durch den Fortgang der politischen Ereignisse vorerst als äußerliche Koexistenz der Kulturen erzwungen werden. Aber unsere eigene Kultur kann in ihrem heutigen Stadium nicht einmal mit sich selbst koexistieren, geschweige denn mit anderen. So paradox es von rein politischen oder gesellschaftlichen Analysen her klingen mag, ist es doch meine Überzeugung: Die eigentliche Aufgabe, mit der die Möglichkeit eines wahren Weltfriedens steht und fällt, ist die Verwirklichung des menschlichen Selbst. Eine ihrer Gestalten ist das Eintreten der Religion in ihre Wahrheit, zu der die Begegnung der Kulturen und der Religionen ein Beitrag sein mag. Eintreten in die Wahrheit heißt Verwirklichung des dort eigentlich Gemeinten, Mündigwerden. Die politische Anstrengung ist ein Teil und eine Konsequenz der Anstrengung um diese Verwirklichung.

Die Menschen verstehen die Forderung eines Opfers des Ego sehr gut. Betrachten wir die politischen Werte, so ist dies eigentlich überall ihr Kern, denn die Seite dieser Werte, in der sie das Ego in seinen Bedürfnissen bestätigen, bedarf keiner fordernden Betonung. Die Einheit des Absolutismus ist das erzwungene Opfer von Partikularinteressen. Die Freiheit des Liberalismus ist essentiell diejenige Freiheit, die ich dem Mitbürger zubillige. Die Solidarität des Sozialismus verlangt überall das Opfer der Eigeninteressen für das Ganze. Die Perversion aller dieser Werte geschieht stets dadurch, daß das Ego sie in Forderungen an die andern statt an sich selbst verwandelt. Die Grenze der Einsicht dieser politischen Wertsetzungen liegt meist dort, wo sie den Egoismus des einzelnen nur durch einen Egoismus des Kollektivs ersetzen, in dem die undifferenzierten Werte eines unmündigen Ich sich lediglich reproduzieren. Wie sich Selbstverwirklichung in Wahrheit zur Menschheitsgemeinschaft eines Weltfriedens verhält, dies zu erkennen und darzustellen ist die Aufgabe.

II, 5. Über Macht[1]

I. Die Schule des politischen Realismus

Ich stütze mich explizit auf die Einführung von Kindermann[2] im übrigen auf meine diffus erworbene Kenntnis dieser Schule; Reinhold Niebuhr habe ich vor 20 Jahren in Amerika noch persönlich kennengelernt.

Die historische Funktion dieser Schule war die Korrektur des amerikanischen Geschichtsoptimismus durch Hinweis auf die Realitäten der Machtpolitik (Kindermann S. 44). Ich glaube, daß sie zur intellektuellen Ermöglichung der heutigen amerikanischen Weltmachtpolitik wesentlich beigetragen hat. Die traditionelle amerikanische Selbstinterpretation war, Machtpolitik (einst: Machtpolitik der Fürsten) sei ein europäisches historisches Übel, dem die Emigranten in die Neue Welt, von den Pilgervätern über die deutschen 48er bis zu den vor Hitler fliehenden Juden, ihre Mitwirkung versagen. Diese Auffassung ließ den Amerikanern nur zwei mit ihrer moralischen Selbstachtung (und der lebendigen Selbstkritik) vereinbare außenpolitische Haltungen: den Isolationismus, oder einen Interventionismus zum Zweck der Herstellung von Freiheit und Recht. Also Verzicht auf (außeramerikanische) Machtpolitik oder Machtpolitik mit dem Ziel, die Macht der Machtpolitik in der Welt zu brechen. Keine von beiden Haltungen war mit einer über viele Jahrzehnte durchgeführten Weltpolitik der Nation USA vereinbar. Daher meine Ansicht, daß keine imperialistische Macht sich so sehr gegen ihren Willen und gegen ihre Tradition in die imperialistische Rolle hat drängen lassen wie Amerika. Die Diskrepanz zwischen der moralischen Selbstdeutung und der

---

1 Arbeitspapier zu einer institutsinternen Kolloquiumswoche über anthropologische Fragen, Februar 1971. Ich habe das Papier nur soweit redigiert, als für den Leser dieses Buchs uninstruktive institutsinterne Bezugnahmen gestrichen oder in Bezugnahmen auf die Beiträge des Buchs umgewandelt sind. Nicht getilgt ist die gelegentliche Nennung einer von einer Vorbereitungskommission des Kolloquiums vorbereiteten Leseliste, welche die Auswahl der vier Hauptthemen meines Papiers beeinflußt hat. Zum Thema vgl. zwei 4 bzw. 5 Jahre spätere, knappere Aufzeichnungen: das Mittelstück von I, 1. in diesem Buch, und das 7. Kapitel von »Wege in der Gefahr«. Angefügt ist ein Brief von Hans Kilian. Ich hatte Herrn Kilian das Papier mit der Bitte einer fachmännischen Überprüfung vor allem der Partien über Freud zugesandt. Er schildert das Problem in der Sicht der Entwicklung der Psychoanalyse nach Freud, von der ich selbst nur eine völlig unzureichende Kenntnis habe.
2 Kindermann, »Hans J. Morgenthau und die theoretischen Grundlagen des politischen Realismus«.

II, 5. Über Macht

imperialen Realität führte zu vielen Inkonsistenzen der amerikanischen Politik. Diese waren manchmal liebenswert, manchmal irritierend, manchmal fürchterlich: wer sich im Krieg zur Beendigung aller Kriege moralisch auf der richtigen Seite weiß, weiß sich zu Handlungen legitimiert, die er unter jedem anderen Gesichtspunkt (z. B. als Handlungen einer anderen Nation) nur Verbrechen nennen könnte.

Der Politische Realismus ist insofern zunächst einmal Elementarunterricht in Politik für die Amerikaner. Er lehrt sie sehen, wie Machtpolitik überall funktioniert, auch dort, wo sie selbst sich daran beteiligen. Dieser Unterricht war, gerade z. B. bei Niebuhr, auch bei Kennan, von einem starken moralischen Impuls getragen: diese weltkundigen Amerikaner sahen, in welche objektiv unmoralischen Handlungsweisen sich ihre Landsleute in einer Welt verstrickten, deren Funktionsgesetze sie nicht verstanden. Ich finde dies im geschilderten speziellen historischen Kontext einen unausweichlichen Prozeß politischer Bewußtseinsbildung. Es fragt sich aber, ob der Anspruch einer anthropologischen Fundierung nicht eine Dogmatisierung geschichtsrelativer Teileinsichten bedeutet, der zugleich eine ideologische Funktion bekam für die Überführung der, in aller Naivität doch eine Überwindung der Machtpolitik selbst anvisierenden, amerikanischen Nation in eine Weltmacht wie alle anderen. Ich würde also sagen: ich gebe zu, daß Machtpolitik im großen und ganzen so funktioniert, wie der Politische Realismus sie beschreibt, ziehe aber methodisch in Zweifel, ob dies aus anthropologischen Gründen so ist.

Zunächst fragt sich, was hier unter Anthropologie verstanden wird.

Es ist kein Zufall, daß an der Spitze die Gedanken eines christlichen (sogar protestantischen) Theologen stehen, eben die von Reinhold Niebuhr. Kindermann (S. 22) zitiert Paulus: »Das Gute, das ich will, das tue ich nicht, sondern das Böse, das ich nicht will, das tue ich.« (Römer 7, 19) Hier ist eine menschliche Grunderfahrung ausgesprochen, und zwar in derjenigen Schärfe, die geschichtlich fast nur dem paulinischen Christentum zukommt. Angesichts dieses Satzes zerfallen die Menschen zunächst einmal in die Naiven und Ideologen, die es fertigbringen, dies nicht von sich zu wissen, und in diejenigen, die es wissen; oder eigentlich hat jeder von uns beide Seiten in sich. Wir werden nachher anthropologische Lehren besprechen, welche in diesem Dilemma selbst ein Produkt der Geschichte sehen und hoffen, es werde in der Geschichte überwunden werden. Eigentlich gehört der altchristliche Geschichtsmythus selbst zu diesen Lehren, denn er führt die Sündigkeit des Menschen auf das geschichtliche Ereignis mit Adam zurück und hofft auf seine geschichtliche Überwindung im baldigen Jüngsten Gericht. Insofern ist dieser Mythus gerade nicht »anthropologisch« im engen Sinn einer Gesetzeswissenschaft. Aber er ist eben überhaupt nicht Wissenschaft, und seit der Entstehung der christlichen Dogmatik, d. h. der Selbstinterpretation des Christentums mit Begriffen der griechischen Philosophie, steht er unter dem Druck der Forderung, sich rational auszuweisen. Ich vermute, daß alle diese

190   Zur Biologie des Subjekts

Rationalisierungsversuche (meinen eigenen eingeschlossen), so notwendig sie
sind, hinter der Realitätserfahrung, die sich im Mythus formuliert, zurückbleiben und sie insofern entstellen. Wir folgen aber jetzt dem Weg der modernen wissenschaftlichen Interpretation dieser alten Erfahrung.

Im Ansatz ist die Anthropologie von Niebuhr und Morgenthau weder na-
turalistisch und dualistisch; weder leitet sie den Menschen aus der Natur her
noch versteht sie die Spannung des Bösen als Spannung zwischen Natur und
Geist (Kindermann S. 23). Sie findet den Widerspruch im Geist selbst, nämlich im Wesen der Freiheit. Damit steht sie zunächst in einer großen philosophisch-theologischen Tradition. Aber der Nachweis, daß das Wesen der Freiheit zu den uns geschichtlich bekannten Tragödien der Macht führen muß, ist
ohne die Vermittlung einer mehr empirischen Anthropologie nicht zu leisten. Hier läßt sich nun Morgenthau (vgl. Kindermann S. 24 f.) auf eine
Triebpsychologie ein, welche in der Dreigliederung von Selbsterhaltungs-
trieb, Fortpflanzungstrieb und Machttrieb zunächst das Demonstrandum vorweg zu postulieren scheint. Er muß also die Entstehung des Machttriebs
selbst erklären. Nach Kindermanns Referat habe ich das Gefühl, daß die Dun-
kelheiten einer kausal-genetischen Anthropologie, auf die wir uns weiter unten ohnehin ein Stück weit werden einlassen müssen, hier so wenig aufgeklärt sind wie in anderen existierenden anthropologischen Ansätzen. Auf si-
chereren Boden treten wir wohl eher wieder in der phänomenologischen Beschreibung dessen, was Macht in der heutigen politischen Welt bedeutet.

Macht wird, nach Kindermann (S. 26), in der Sicht der Realisten »ein Fun-
damentalbegriff der Wissenschaft von der Politik«, vergleichbar der Rolle des
Energiebegriffs in der Physik (so zuerst Bertrand Russell). Hier ist ein philosophisch sehr interessanter Ansatz gemacht. Ich glaube, daß Masse, Energie,
Information und Macht, hinreichend abstrakt verstanden, in der Tat wesensgleich sind (vgl. den Aufsatz »Materie – Energie – Information«).[3] Darauf
komme ich unter II. zurück. Andererseits hat die Aussage der Wesensgleich-
heit dieser verschiedenen Begriffe nur einen Sinn, wenn auch ihre Verschiedenheit artikuliert werden kann. Ein Versuch dazu ist eine verbale Definition,
z. B. Max Weber (Kindermann S. 26): »Macht bedeutet jede Chance, innerhalb einer sozialen Beziehung den eigenen Willen auch gegen Widerstreben
durchzusetzen, gleichviel, worauf diese Macht beruht.« Hier sind Begriffe
wie Gesellschaft (»soziale Beziehung«), Wille und Widerstreben, Chance (also Möglichkeit) als verstanden vorausgesetzt. Es fragt sich nun, ob dieser
Machtbegriff ausreicht, um die »typologisch zu verstehenden Charakteristika
der politischen Macht« (Kindermann S. 25) zu begründen, die ich abgekürzt
so aufzähle: a) Allgegenwart in der Politik, b) Allgegenwart ihres Miß-
brauchs, c) potentielle Unbegrenztheit ihres Expansionsdrangs, d) grundsätz-
liches Gerichtetsein auf den Erwerb von Sicherheit, Herrschaft und Prestige,

3 »Die Einheit der Natur«, III, 5.

II, 5. Über Macht   191

e) Tendenz, zugleich Selbstzweck zu werden und dies ideologisch zu verschleiern.

Wenn es überhaupt einander entgegenstehende Interessen von Einzelnen bzw. Gruppen gibt, und wenn Politik als ein Raum des Austrags solcher Interessengegensätze definiert wird, so wird Macht in der Tat in der Politik allgegenwärtig sein. Machtsicherung ist dann essentiell ein Interesse, denn sie ist Mittel zur Durchsetzung von Interessen. So sind die Charakteristika a) und (in gewissen Grenzen) d) zu begründen. Die drei anderen Charakteristika, unbegrenzter Expansionsdrang, Selbstzwecktendenz, Mißbrauch und Verschleierung setzen Eigentümlichkeiten des Menschen voraus, die wir alle aus der Erfahrung nur zu gut kennen, deren Ursprung und Notwendigkeit aber aus Begriffen wie Gesellschaft, Wille, Widerstreben, Interesse nicht einsichtig gemacht werden kann. Hier ist mehr und Relevanteres behauptet als in diesen letztgenannten etwas blassen Allgemeinbegriffen impliziert ist. Die ungeklärte Frage ist: sind diese weitergehenden Charakteristika anthropologisch notwendig? Wenn ja, warum? Wenn nein, wie sind sie geschichtlich zu erklären?

Und wenn wir so geschichtlich rückfragen, haben wir auch zu überlegen, wie allgemeingültig die extremen, »dämonischen« Charakteristika der Macht eigentlich sind. Die Verfasser sind selbst von einer bestimmten geschichtlichen Erfahrung geprägt. Sie sind Zeitgenossen Stalins, Hitlers, der Atombombe; der Erste Weltkrieg war der Horizont ihrer Jugend, der dritte Weltkrieg steht für sie am Horizont der Zukunft. Ist Macht immer in der Geschichte so? Sie sprechen von einer Tendenz, der ständig zu widerstreben ist; unmoralisch wird Politik erst dort, wo sie das faktische politische Verhalten der Menschen normativ verklärt. Ist der erfolgreiche Widerstand gegen diese Tendenz nicht die eigentliche Normalität des Menschen? Sieht das Sündenbewußtsein des Paulus den Menschen genauer oder ist es selbst pathologisch?

Der Streit um die Wichtigkeit einer Tendenz ist empirisch kaum entscheidbar. Der phänomenologische Blick hebt aus der Fülle des Geschehens eine Struktur heraus, vielleicht die für die eigene innere Einstellung zur Geschichte entscheidende. Wollen wir objektiver erkennen, so können wir versuchen, wenigstens zu begreifen, wie es zu einer solchen Struktur oder Tendenz kommen konnte, vielleicht mußte. Wir gehen den Umweg der Wissenschaft. Wir lassen uns auf eine schon im Ansatz geschichtliche, womöglich kausale, vielleicht transzendentale Anthropologie ein.

II. Biologische Anthropologie

1. Evolutionistisches Denken

Wir müssen uns zunächst das Niveau der erforderlichen Fragestellung klarmachen.

Eine noch naive, wenngleich sinnvolle Frage ist: Gehört ein Machttrieb zur Natur des Menschen? Zunächst kann, wie schon unter I., differenziert werden, welche Charakteristika dieser vermutete Machttrieb habe. Ferner ist zu fragen, was man unter einem Trieb versteht: eher ein dumpfes Begehren, oder ein gegliedertes Verhaltensschema; letzteres mit angeborener Gliederung oder angeborenem Vermögen, durch Erfahrung oder Prägung gegliedert zu werden? Dies führt weiter zur Frage, was man unter der Natur des Menschen verstehen will. Ist dies ein angeborenes Gefüge von Verhaltensweisen oder vielleicht nur die Fähigkeit, solche Verhaltensweisen zu erwerben? Ist es die Natur des Menschen, Geschichte zu haben?

Was Gegnern einer biologischen Anthropologie als der biologistische Irrtum vorkommt, nämlich die Statuierung einer invariablen »Natur des Menschen«, vergleichbar der Natur einer zoologischen Spezies, etwa der Natur des Wolfes, das ist insbesondere schon eine unzureichende Biologie. Das erforderliche Niveau der Fragestellung ist demgegenüber das der Evolutionslehre. Für diese ist die Natur des Wolfs eine Stufe eines geschichtlichen Prozesses, unverständlich ohne Kenntnis seiner Vorfahren, seiner ökologischen Nische, der durch ihn erzeugten Veränderung seiner Umwelt, der Reaktion seines Verhaltens auf diese Veränderung usf. Die Weise des Menschen, Geschichte zu haben, ist von der der Tiere sehr verschieden, aber diesen Unterschied können wir erst begrifflich bezeichnen, wenn wir begriffen haben, wie die Tiere, das Leben, die Natur selbst Geschichte haben.

Die Evolution immer differenzierterer Gestalten ist keine Spezialität des organischen Lebens, sie geht dort nur sehr viel weiter als in der anorganischen Natur. Die Evolution von Gestalten folgt aus genau denselben Wahrscheinlichkeitsüberlegungen, aus denen auch der zweite Hauptsatz der Thermodynamik folgt. Beide sind Konsequenzen derselben Struktur der Zeit. Meine älteren Überlegungen hierüber[4] habe ich in einem neueren Aufsatz[5] präzisiert; ich nenne hier die Grundgedanken. Entropie und Information im Shannonschen Sinne sind identisch. Die Shannonsche Information ist ein Maß des Erwartungswerts des Wissens, das man gewinnen könnte, die Entropie ein genau ebenso gebautes und ebenso gemeintes Maß des Wissens, das man haben könnte, wenn man statt des bloßen Makrozustandes den vollen

---

4 »Die Geschichte der Natur«, Schluß der 6. Vorlesung.
5 »Evolution und Entropiewachstum«, in E. v. Weizsäcker (Hrsg.), »Offene Systeme I«, Stuttgart, Klett 1974.

II, 5. Über Macht   193

Mikrozustand kennte. Bei geeigneter Form der Wechselwirkungskräfte und
hinreichend niedriger Temperatur wird ein Zustand hoher Entropie zugleich
ein Zustand hoher Gestaltenfülle sein. Der Wärmetod eines abgeschlossenen
Systems ist dann kein Brei, sondern viele Skelette. Die irreversiblen Vorgänge weit vom Gleichgewicht enthalten in solchen Fällen die ständige Vermehrung der Fülle bewegter Gestalten. All dies ist eine Folge der Zeitstruktur,
innerhalb deren es überhaupt nur so etwas wie Natur gibt.

Die Organismen sind vor den Gestalten der anorganischen Natur durch
Selbstreproduktion, Mutation und Selektion ausgezeichnet. Die entscheidende Leistung ist hier die Selbstreproduktion. Die Mutation ist zunächst nur ein
Spielraum um die genaue Selbstreproduktion herum. Die Selektion ist die
Konsequenz des Kampfs ums Überleben, der seinerseits eine Konsequenz der
reichen Produktion von Gestalten durch die Selbstreproduktion ist. Die Selektion merzt einerseits fast alle Mutanten aus, ist also der wichtigste Stabili-
sator der Arten. Sie begünstigt andererseits die seltenen vorteilhaften Mutanten, unter den zusätzlichen Einflüssen räumlicher Isolation, zeitlicher
Schwankungen der Umweltbedingungen usw., wie sie die Selektionstheorie
beschreibt. Die Selektion begünstigt nicht nur einzelne Typen, sondern auch
typenbildende Anlagen, z. B. die rascher in der Entwicklung fortschreitenden, wie die Fähigkeit zur Speicherung rezessiver Merkmale in der sexuellen
Fortpflanzung oder die relative Kurzlebigkeit der Generationen.

Daß die Selektionstheorie ausreicht, um die Evolution der Organismen zu
erklären, ist nicht bewiesen und braucht hier nicht vorausgesetzt zu werden.
Es genügt zunächst, zu sehen, daß es Selektionsdruck zugunsten gewisser
Strukturen gibt. Wir müssen dann die Relevanz solcher Feststellungen von
Fall zu Fall prüfen.

2. Menschliche und tierische Triebstruktur

Die übliche Art, von menschlichen Trieben zu sprechen, ist hybrid oder gibt
wenigstens zum Nachdenken Anlaß. Wählen wir die oben zitierten drei
Grundtriebe der Schule des Politischen Realismus als Beispiel: Selbsterhal-
tungstrieb, Fortpflanzungstrieb und Machttrieb. Unter einem Trieb scheint
hier ein irrationaler Drang zu gewissen Verhaltensweisen verstanden, deren
Zweck doch rational ausgesprochen werden kann. Der Trieb ist irrational, insofern er ohne Einsicht in seinen Zweck wirkt, ja gegen einsichtige Willens-
entscheidung sich durchsetzen kann. De facto können die Triebe dann das
Gebäude rational zweckmäßigen Verhaltens erschüttern oder zum Einsturz
bringen. Dies ist doch eine der Grundlagen der paulinischen Sündenerfah-
rung. Mit welchem Recht benennt man die Triebe dann nach rational formu-
lierbaren Zwecken? Welche Instanz setzt eigentlich diese Zwecke, und welche
Instanz überwacht, ob bestimmte triebhafte Handlungen dem Zweck des
Triebs dienen? Im Grunde ist ein Wort wie z. B. Fortpflanzungstrieb eine pe-

titio principii, wenn man einmal gesehen hat, wie fern dem Sexualtrieb die Vorstellung der Fortpflanzung liegt. Bei Selbsterhaltung und Fortpflanzung ist wenigstens der Reflexion ein biologischer Sinn erkennbar, bei der Macht ist selbst dieser problematisch. Freud findet Instanzen im Unbewußten, die z. T. agieren, als ob sie bewußte Instanzen wären. Aber in seiner Theorie haben die unbewußten Instanzen ihren Erklärungswert als Produzenten »irrationalen« Verhaltens nur, weil die Rationalität des Unbewußten eine andere ist als die des Bewußtseins. Freuds große frühe Entdeckung ist der verstehbare Sinn in den Taten des Unbewußten. Aber die tiefe Fremdartigkeit auch dieses verstehbaren Sinnes und seiner Wirkungsweise treibt Freud zu immer weitergehenden kausalen oder strukturellen Hypothesen über die im Grunde blinden Urtriebe. Seine spätere Trieblehre (mir durch unsere Leseliste im Referat Marcuses in »Triebstruktur und Gesellschaft« wieder vor Augen geführt) liest sich wie ein düsterer Mythos, dessen tiefster Affekt das Grauen vor dem Unbegreiflichen in uns selbst ist. Diese große Begriffsdichtung ist von faszinierender Unkontrollierbarkeit. Wie immer man zu ihr stehen mag: sie vergegenwärtigt uns, wie wenig wir von uns wissen.

Gehen wir von Freuds Menschenbild zu den Tieren über, wie die empirischen Verhaltensforscher sie uns in fleißiger Arbeit kennenlehren, so treten wir gleichsam aus der Nacht in einen von mäßiger Helle erfüllten Tag voll begreiflicher Einzelheiten. Es mag sein, daß der klinische Kabbalist andere Phänomene wahrnahm als die optimistischen Naturforscher, aber jedenfalls legen diese ihre Wahrnehmungen einer rationalen Diskussion offen. Hier ist vielleicht die wichtigste Entdeckung, daß es bei den Tieren nicht wenige Grundtriebe gibt, sondern ein höchst komplexes Gewebe vieler unabhängig ineinandergreifender differenzierter angeborener Verhaltensmuster, die z. T. experimentell einzeln zum Ausfall gebracht, durch Attrappen getäuscht, durch neue Umwelten neuen biologischen Zwecken zugeführt werden können. Eine implizite Grundannahme der Freudschen Psychologie, die bei verdrängten Bewußtseinsinhalten des Menschen vermutlich auch wahr ist, daß nämlich das Unbewußte weiß, was es will, findet hier kein Anwendungsfeld (wenn man sich nicht auf eine wahrscheinlich wiederum vertretbare panpsychistische Metaphysik zurückziehen will). Es ist ganz deutlich, daß nichts im fressenden, kopulierenden, brutpflegenden Tier zu wissen braucht, daß es hiermit sich oder die Art erhält. Der angeborene Trieb kann als subjektiv total irrational, unverständig, beschrieben werden, denn er läßt sich auf für uns kausal leicht durchschaubare, von biologischen Zwecken her aber völlig unsinnige Weise täuschen. Zugleich ist er von einer schlechthin bewundernswerten »objektiven Rationalität«, und diese Bewunderung ist den Forschern zu selbstverständlich, um ständig ausgesprochen zu werden. Als ich Konrad Lorenz an Kants Äußerung vor einem Vogelnest erinnerte: »Da kann man nur niederfallen und anbeten«, sagte er: »Genau so empfinde ich jeden Tag.« Aber die Anbetung ist nicht wissenschaftlich träge. Sie sucht die begreiflichen

II, 5. Über Macht   195

Ursachen der Zweckmäßigkeit und findet sie hypothetisch im oben beschriebenen evolutionistischen Denken.

Was können wir hieraus über den Menschen lernen? Wir lernen zunächst,
daß ein Trieb hochdifferenziert sein kann ohne eine unbewußte oder bewußte
Instanz im Individuum, die ihn versteht (mit Ausnahme der spezifisch
menschlichen und doch so unvollkommenen Instanz der nachträglichen Reflexion). Das Selbstverständnis unserer Triebe liegt nicht in der Vergangenheit, wohin die Mythendichter es oft verlegen; vielleicht liegt es in der Zukunft. Wir lernen auch, daß gerade hochdifferenzierte, einstmals objektiv
zweckmäßige Triebe durch bloßen Wandel der historischen Umstände un-
zweckmäßig werden können; subjektiv irrational sind sie vorher so gut wie
später. All dies ist vom Pathos der Freudschen (und auch der Jungschen) Be-
griffsmythologie sehr weit entfernt. Es ist ein Beitrag naturwissenschaftlicher Nüchternheit in den Grundlagen, unentbehrlich auch für den, der – wie
ich es von mir meine – an der hohen Relevanz der Mythen festhält.

Der Streit mit den Milieutheoretikern beginnt dort, wo die Verhaltensforscher den angeborenen und insofern unplastischen Charakter instinktiven
Verhaltens betonen. Dieser sachlich hochinteressante und relevante Streit,
dessen ideologische Komponente auf der Hand liegt, braucht mich für das
Machtproblem nicht sehr zu beschäftigen, da ich völlig willens bin, den Menschen wesentlich durch die Fähigkeit zu Tradition und Einsicht zu bestimmen, und da ich die Macht als ein dadurch erst ermöglichtes Humanum auf-
fasse. Ich bemerke nur, daß für eine Theorie der Einsicht (Kybernetik der
Wahrheit) die Struktur der angeborenen Anlage zu nicht angeborenen Leistungen studiert werden muß, für die es schon im tierischen Verhalten viele
einfachere Beispiele gibt.

Hingegen ist von größter Bedeutung das Phänomen der Konvergenz angeborener und erworbener Verhaltensweisen. Als Konvergenz bezeichnet man
in der Evolutionstheorie das Auftreten gleichartiger Leistungen bei genetisch
unabhängigen Organismenstämmen, z. B. des Linsenauges bei Wirbeltieren
und Oktopoden. Es ist nun sicher kein Zufall, daß man bei vielen menschlichen
Leistungen streiten kann, ob sie angeboren oder erworben sind. Ein solcher
Streit kann nur aufkommen, wenn angeborenes und erworbenes Verhalten
einander sehr ähnlich sehen können. Dies wiederum ist dann zu erwarten,
wenn gleichartige Ursachen in beiden Fällen wirken. Es handelt sich dabei
nicht nur um zweckmäßige Lösungen desselben Problems, z. B. der Anpassung an bestimmte Umweltbedingungen (so ist zur Konvergenz der Fischgestalt bei Fischen, Robben und Walen heute die Fischgestalt der vom Menschen entworfenen Flugzeugrümpfe und Unterseeboote getreten). Es handelt
sich genau so um unzweckmäßige oder dem Menschen unerwünschte Verhaltensweisen, auf welche hin aber ein Selektionsdruck wirkt. Man wird das
Phänomen der Macht nicht verstehen, ohne solche Konvergenzen ins Auge
zu fassen.

3. Die Stabilisierung von Ungleichheit durch Selektion

Freie Konkurrenz begünstigt den Stärkeren. In ihr besteht also ein ständiger Druck in der Richtung wachsender Ungleichheit. Mit leiser Verschiebung des Begriffssinnes kann man von einem Selektionsdruck zugunsten von Ungleichheit reden. Die Begriffsverschiebung liegt in folgendem. Man spricht von Selektionsdruck zugunsten eines Merkmals von Individuen (z. B. Körpergröße), wenn dieses Merkmal das Individuum im Konkurrenzkampf begünstigt. Ist das Merkmal erblich, so wird der Selektionsdruck ein Überleben von Erbstämmen begünstigen, in denen dieses Merkmal ausgeprägt ist. Das braucht nicht stets eine Weiterentwicklung in der Richtung auf dieses Merkmal zu bedeuten, wenn dieser Druck mit Drucken in entgegengesetzter Richtung ins Gleichgewicht kommt. Man kann auch von Selektionsdruck zugunsten von Merkmalen ganzer Gesellschaften sprechen, wenn sich durch dieses Merkmal (z. B. höhere Fruchtbarkeit) gegen konkurrierende Gesellschaften durchsetzen können. Ungleichheit nun ist kein Merkmal, sondern ein Reflexionsbegriff höherer Stufe. *In* einer Gesellschaft wächst z. B. die Ungleichheit, wenn die Stärkeren sich von den Schwächeren mehr unterscheiden. Insofern ist die Ungleichheit dann eine Eigenschaft dieser Gesellschaft und nicht der Individuen. Sie ist aber auch kein Merkmal, das dieser Gesellschaft einen Selektionsvorteil gegen andere Gesellschaften zu geben brauchte, vielmehr im Gegenteil. Die Ungleichheit stellt sich also als Folge der Selektion ein, ohne daß sie einem Individuum oder einer Gesellschaft einen Vorteil zu bieten brauchte.

Das Bestehen eines Selektionsdrucks bedeutet im allgemeinen nicht das Geschehen einer faktischen Evolution in der betreffenden Richtung. Da die Zustände, die wir, zum mindesten im tierischen Leben, beobachten können, meistens einigermaßen eingespielte Gleichgewichte sind, bedeutet es nur, daß das Gleichgewicht nach der Richtung hin verschoben ist, in der der Druck wirkt, verglichen mit der fiktiven Lage des Gleichgewichts ohne diesen Druck. So führt auch der Druck zur Ungleichheit hin im allgemeinen nicht zu wachsenden Ungleichheiten, sondern zu einem Gleichgewicht mit etablierten Ungleichheiten. Im ökologischen Gleichgewicht der Arten ist dies z. B. das sprichwörtliche Zusammenleben großer, kleiner und ganz kleiner Fische. Innerhalb einer Gesellschaft ist dergleichen die sich einspielende soziale Rangordnung. Wo Wettbewerb und Gleichgewicht zugleich bestehen, ist Gleichheit der konkurrierenden Individuen ebenso »unnatürlich« wie die Ausrottung der Schwächeren durch die Stärkeren.

Deshalb meine These, daß die Gleichheit zwischen den Menschen nicht etwas Natürliches, sondern eine Leistung ist, die eines moralischen Postulats bedarf, um möglich zu werden. Es scheint mir deshalb bei Beschränkung auf ökonomische Kausalitäten ebenso falsch, von einem freien Markt die Bewahrung oder Herstellung ökonomischer Gleichheit zu erwarten wie anderer-

II, 5. Über Macht

seits, anzunehmen, er müsse durch Monopolbildung sich selbst zerstören. Ersteres gilt überhaupt nicht, letzteres nur, wenn man anderswoher schon weiß, daß er zum Einstellen eines Gleichgewichts unfähig ist. Doch verlangt die Diskussion menschlichen Wettbewerbs die Erörterung desjenigen m. E. spezifisch menschlichen Phänomens, mit dessen Hilfe und um das der Wettbewerb geht, eben der Macht.

4. Was ist Macht?

Oben habe ich vermutet, Macht sei wesensgleich mit Masse, Energie, Information – eine Herausforderung, die nicht nur die Angabe des wesensbestimmenden genus proximum, sondern dann auch der differentia specifica verlangt. Masse, Energie, Information sind Quantitäten; es gibt mehr oder weniger von jeder von ihnen in vergleichbaren Fällen. Sehr viel undeutlicher gilt das doch auch von der Macht; man kann mehr oder weniger mächtig sein. Die spezielle wirtschaftliche Macht wird in gewissem Umfang durch die Quantität des Geldes gemessen. Aber was ist das Wesen der Sache, die hier gemessen wird?

In dem Aufsatz »Materie–Energie–Information« habe ich die Masse als Maß der Materie, die Energie als Maß der Bewegung, die Information als Maß der Form bezeichnet. Angedeutet, aber nicht genug hervorgehoben habe ich dort, daß zum mindesten Energie und Information ebensosehr das Maß der potentiellen wie der aktuellen Bewegung und Form sind; der mechanische Satz von der Erhaltung der Energie gilt ja z. B. nur für die Summe der potentiellen und der kinetischen Energie. Wieso kann man aber Bewegung und Form überhaupt messen?

Insofern sich uns die Wirklichkeit als bewegte Form darstellt, ist sie eigentlich ein Ganzes, das bei jeder gedanklichen Zerlegung in Teile wesentlicher Züge seines Seins beraubt wird. Wo aber Formen als gleichartig angesprochen werden, lassen sie sich zählen; dabei fällt der sie unterscheidende Kontext unter den Tisch. Auf diesem Ansprechen-als-gleichartig beruht die Begriffsbildung, auf diesem Zählen beruht die Physik. Feststellen, ob in einer bestimmten Situation eine bestimmte Form auftritt oder nicht, heißt Entscheiden einer Alternative. Ein Teil der Ganzheit, die in der Zerlegung der Wirklichkeit in Alternativen preisgegeben ist, wird wieder in den Blick gebracht in der Form der Gesetzmäßigkeiten, welche den Ausfall der Entscheidung von Alternativen beherrschen; Gesetzmäßigkeiten, die wir die Naturgesetze nennen. Physik ist insofern eine partielle gedankliche Wiederherstellung der Ganzheit, die durch die, die Physik ermöglichende, Zerteilung des Wirklichen in Alternativen aufgelöst wurde. Die Menge möglicher unabhängiger Entscheidungen von Alternativen ist die Information. Die Fähigkeit zu solchen Entscheidungen kann man Macht nennen, und insofern kann man die Information, über die jemand verfügt, als Maß seiner Macht ansehen.

Es gibt nun Form und folglich Information auf sehr verschiedenen Integrationsstufen, also auf sehr verschiedenen semantischen Ebenen oder unter sehr verschiedenen Begriffen. Die Information auf der Ebene der äußersten uns erreichbaren Zerlegung konstituiert – wenn ich die Physik richtig deute – Materie und Energie im Sinne der Physik. Darauf kann ich in diesem Text nicht eingehen. Die Macht eines Menschen oder einer Gruppe würde gemessen durch die ihm oder ihr *verfügbare* Information. Diese läßt die niedrigeren Integrationsstufen unangetastet; die Macht, diese aufzulösen, ist meist nur destruktiv. Man könnte versuchen, Macht als Information auf einer dem Menschen spezifischen Integrationsstufe aufzufassen. Dies muß und kann aber verdeutlicht werden.

Zunächst wirft die Parallele zwischen Information und Macht ein erstes, blasses Licht auf den Grund der Möglichkeit der vom Politischen Realismus beobachteten Selbstbezogenheit der Macht. In »Materie–Energie–Information« habe ich behauptet, Information sei nur, was Information erzeugt. In welchem Sinne gebraucht man die Worte, wenn man dies formal überträgt und behauptet, Macht sei nur, was Macht erzeugt?

Ich kann die mir selbst nur zum Teil deutlichen, tiefgestaffelten Abstraktionsstufen hinter dieser Auffassung der Information hier nur knapp andeuten. Der philosophische Hintergrund ist eine Philosophie der Zeit, welche die Form als wesentlich bewegt und insofern selbsterneuernd versteht. Vor diesem Hintergrund steht die Frage nach der Empfängerbezogenheit der Information. Für wen ist sie Information? Wessen Begriffe sind es, unter denen sie jeweils definiert ist? Die Biologen müssen den Informationsbegriff objektiv gebrauchen; die genetische Information einer DNS-Kette trägt ihre Semantik im erzeugten Phänotyp. Hierbei ist über jenen Aufsatz hinaus aktuelle von potentieller Information zu unterscheiden. Die Shannonsche Information $H = \sum_k p_k \log p_k$ als Erwartungswert des Neuigkeitswertes $J_k = \log p_k$ des möglichen Ereignisses k ist potentielle Information; J_k ist, wenn k eingetreten ist, aktuelle Information. Die These, daß die Information Information erzeugt, enthält dann zwei nach Begründung und Verwendung sehr verschiedene Sätze, einen Erhaltungssatz und einen Wachstumssatz, parallel den zwei Hauptsätzen der Thermodynamik. Ersterer hängt mit der operativ-objektiven Definition der Information zusammen und kann hier nicht weiter verfolgt werden. Letzterer ist die schon in II 1 genannte Evolutionsthese: die potentielle Information nimmt mit der Zeit zu.

Die Evolutionsthese läßt sich nun kraß selektionistisch auf die Macht im alltäglichen Verständnis dieses Begriffs übertragen. Macht ist nur, was Macht erzeugt. In jedem Macht-Wettbewerb wird derjenige Erfolg haben, der Macht akkumulieren kann. Dies ist der abstrakte Kern der marxistischen Analyse des Kapitalismus. Unsere Überlegung zeigt, daß dieser Sachverhalt nicht daran hängt, daß die Macht hier die Form des ökonomischen Kapitals hat. Daher meine These, daß die Abschaffung des Kapitalismus als solche uns nicht vom

II, 5. Über Macht

Problem der Macht befreit. Wollen wir jemals hoffen, die Macht zu überwinden, so müssen wir die »kraß selektonistische« Struktur nicht nur in unseren Meinungen, sondern tatsächlich aufheben. In der gedanklichen Ausarbeitung der Anthropologie, also vorerst doch in unseren Meinungen, verlangt dies zunächst eine Rückfrage.

In welchem Sinn kann ich Macht eigentlich als ein Humanum, als etwas spezifisch Menschliches bezeichnen, wenn ich sie an Energie und Information anschließe und ständig mit biologischem Evolutionismus argumentiere? Im vorangehenden Beitrag (II, 4., S. 171) habe ich Macht als Produkt der Einsicht, und zwar der isolierten oder isolierenden Einsicht beschrieben, und diese Einsicht habe ich als Humanum aufgefaßt. Nun habe ich soeben die Information im Rahmen genau derselben Art von Einsicht eingeführt, als Zahl der entscheidbaren Alternativen. Ich habe also die Information selbst als Maß der Macht eingeführt. Dann ist Information selbst ein Humanum: nur für den Menschen, und zwar den in Machtkategorien denkenden Menschen, ist die Natur ein Informationsgefüge. Energie ist aber, so scheint mir, Information, und Materie ist Energie. Physik und physikalisch arbeitende Biologie sind dann selbst Weisen, die Natur in Machtkategorien zu denken. Die physikalisch verstandene Natur ist selbst ein Humanum.[6] Dies ist nun kein neuer Gedanke. Wir finden ihn bei Heidegger[7], von dem ihn Marcuse haben dürfte. Er bleibt aber in der Wirkung destruktiv oder romantisch, solange wir die Machtdenkweise nicht von tieferliegenden Prämissen aus auf ihren Geltungsbereich beschränken können. Wir haben dabei eine große Anforderung zu gewärtigen, wenn es richtig ist, daß die Isolierung der wiederkehrenden Formen nicht nur die quantitative Physik, sondern das begriffliche Denken charakterisiert.

Zunächst fasse ich das Ergebnis dahin zusammen, daß einerseits die Subsumtion der menschlichen Macht unter die Information selbst der Denkweise in Kategorien von Verfügung oder Macht angehört, daß andererseits aber im Rahmen dieser Subsumtion Macht eine spezielle, beim Menschen auftretende, mit der Akkumulierbarkeit von Tradition und Einsicht verbundene Information ist. Die Frage, ob diese ganze Denkweise dem Menschen unausweichlich oder selbst ein Produkt bestimmter Phasen der menschlichen Geschichte ist, wird erst im nächsten Abschnitt aufgegriffen. In der Erörterung dieser Frage werden gewisse Denkfiguren immer wieder auftreten, die ich hier, diesen Abschnitt abschließend, unter dem abstrakten Titel »Macht und Friede« bespreche.[8]

In dem Beitrag »Die Vernunft der Affekte« habe ich die Macht *und* den Frieden an die Einsicht angeknüpft, ohne ihr gegenseitiges Verhältnis aus-

6 Vgl. I, 4., S. 72 f.
7 Vgl. III, 5.
8 Vgl. dazu das 12. Kapitel von »Wege in der Gefahr«.

drücklich zu besprechen. Macht knüpfe ich dort an die Unbegrenztheit der isolierenden Erkenntnis; später tritt dieser Bereich unter dem Namen der Willens- und Verstandeswelt auf. Frieden definiere ich als Leib einer Wahrheit; dem entspricht später der Name der Vernunft. Unter den hier benützten Begriffen müßte der Verstand als das Vermögen isolierender Erkenntnis auftreten, die Vernunft als das Vermögen, ein Ganzes als Ganzes aufzufassen. Die Verstandestätigkeit ist unbegrenzt, gerade weil sie die natürliche Begrenzung, die des Teils im Ganzen, fortläßt. Andererseits besteht zwischen Verstand und Vernunft kein totaler Gegensatz, sondern eine Ergänzung oder eigentlich Unterordnung. Isolieren ist selbst eine Leistung, die wie jede Leistung ein Ganzes voraussetzt, das sie leisten kann. Diese Leistung geschieht meist ohne Einsicht in ihr eigenes Wesen (»Bewußtsein ist ein unbewußter Akt«). Wird sie aber erkannt, so ist das ein Akt der Vernunft. Verstand setzt also etwas nur der Vernunft Zugängliches de facto voraus. Die Verstandesleistung besteht im übrigen ja nicht im Zerhacken. Der Verstand erkennt den Zusammenhang dessen, was er isoliert hat, im Gesetz. Deshalb ist auch in der Physik die Methode der Fragestellung Macht, die Erkenntnis des Gesetzes Friede.

Auf die Frage, ob diese Überlegungen die Macht als biologisch-anthropologischen Grundbegriff zu erweisen gesucht haben, würde ich antworten: nicht empirisch, aber in gewissem Sinne transzendental. Nicht empirisch, d. h. ich bedarf nicht der Annahme, daß es einen angeborenen Machttrieb gebe, vergleichbar dem angeborenen Geschlechtstrieb, ich brauche diese Annahme aber auch nicht zu bestreiten. In gewissem Sinne transzendental, d. h. Macht erscheint als das unausweichliche Ergebnis der Koinzidenz einer beliebigen Wettbewerbssituation mit Verstandeserkenntnis. Angesichts der Möglichkeit der Vernunft und des Friedens erscheint sie wiederum nicht als das notwendig letzte Wort.

Das Wort hat nunmehr die Geschichte.

III. Gespräch mit Sigmund Freud

Die erneute Freud-Lektüre hat mich erneut tief beeindruckt. Unter den Autoren unserer Leseliste ragt Freud, so empfinde ich, an Intelligenz und produktiver Phantasie, rastlosem Wahrheitsdrang und Selbstbeherrschung hervor. Die angekündigten Notizen sind mir zu einem Gespräch mit Freud geworden. In zentralen Positionen meine ich von ihm abweichen zu müssen, aber erst nach dem Durchgang durch das, was wir alle von ihm zu lernen haben, und im ständigen Respekt. Ich halte mich an die uns vorgeschriebenen Texte »Abriß der Psychoanalyse« und »Das Unbehagen in der Kultur«. (Zitate nach Kapiteln sowie nach Seitenzahlen der Ausgabe in der Fischer-Bücherei.)

1. Das Thema des Gesprächs

Freuds Theorie der Kultur ist ein Versuch, die Ambivalenz in der Kultur zu begreifen. Der Titel »Das Unbehagen in der Kultur« deutet das sehr leise an. Klar spricht Freud es gegen Ende der Abhandlung aus, wo er die Konklusionen zieht. Am Anfang des Abschnitts VIII (Fischer S. 119) spricht er von der Absicht, »das Schuldgefühl als das wichtigste Problem der Kulturentwicklung hinzustellen und darzutun, daß der Preis für den Kulturfortschritt in der Glückseinbuße durch die Erhöhung des Schuldgefühls bezahlt wird«. Dazu gehört der Satz gegen Ende des Abschnitts VII (S. 118): »denn das Schuldgefühl ist der Ausdruck des Ambivalenzkonflikts, des ewigen Kampfes zwischen dem Eros und dem Destruktions- oder Todestrieb.« Freuds Thema ist die Ambivalenz des Fortschritts.

In anderen Schriften (z. B. »Totem und Tabu« oder der Moses-Schrift) mag Freuds Theorie kultureller Prozesse als echt geschichtlich intendiert erscheinen, indem dort, wie in der Psychoanalyse von Individuen, die schicksalbestimmenden Prägungen auf konkrete Ereignisse der Frühzeit zurückgeführt werden. Es könnte dann scheinen, als müsse die Heilung der Neurose, die die Kultur durchzieht, in der Aufdeckung jener frühen traumatischen Ereignisse gesucht werden. Aber Freud selbst verspricht keine Heilung der Kultur, sondern nur ihre Erkenntnis als eines notwendig ambivalenten Geschehens. Und man muß kritisch sagen, daß Freud sich geschichtlich vorwiegend auf Ereignisse bezieht, die seiner eigenen mythenbildenden Phantasie entsprungen sind. Freuds eigentliche Argumentation ist strukturell. Sie beruht auf der Natur des Menschen und, noch tiefer, auf der Natur des Lebens oder aller Wirklichkeit.

Freud entwickelt die Spannung in der Kultur zunächst aus dem Gegensatz von Lustprinzip und Realitätsprinzip. Er buchstabiert dies in der metapsychologischen Trias von Es, Ich und Über-Ich. Während die Möglichkeiten, Leiden zu meiden, in unserem Verhältnis zum eigenen Körper und zur physischen Außenwelt von Natur begrenzt sind, empfinden wir das Leiden, das aus den Beziehungen zu anderen Menschen stammt »schmerzlicher als jedes andere; wir sind geneigt, es als eine gewissermaßen überflüssige Zutat anzusehen ...« (Abschnitt II, S. 75). Aber auch dieses dürfte »nicht weniger schicksalsmäßig unabwendbar sein ... als das Leiden unserer Herkunft« (ebenda). Der tiefste Grund hierfür liegt im Dualismus unserer Triebe, der nicht dem Menschen, sondern allem Leben eigentümlich ist. »Und nun, meine ich, ist uns der Sinn der Kulturentwicklung nicht mehr dunkel. Sie muß uns den Kampf zwischen Eros und Tod, Lebenstrieb und Destruktionstrieb zeigen, wie er sich an der Menschenart vollzieht. Dieser Kampf ist der wesentliche Inhalt des Lebens überhaupt und darum ist die Kulturentwicklung kurzweg zu bezeichnen als der Lebenskampf der Menschenart.«[9] (Ende des Absatzes VI, S. 110).

---

9 Freud fügt als Fußnote bei: »Wahrscheinlich mit der näheren Bestimmung: wie er sich von einem gewissen, noch zu erratenden Ereignis an gestalten mußte.« Diese Rückwendung in den konkret historischen Ansatz betrifft doch nur das Wie der Gestaltung.

202   Zur Biologie des Subjekts

Diese Metaphysik der Ambivalenz ruft natürlich den Widerspruch aller derer wach, die diesen Blick in den Abgrund nicht ertragen. Die Kritik ist leicht für sie. Sie können darauf verweisen, daß Freuds Konstruktionen im Großen unbeweisbar, im Kleinen vielfach manifest verkürzt oder falsch sind. Ich werde mich dieser Kritik alsbald im einzelnen anschließen. Aber die ideologische Funktion solcher Einzelkritik ist doch nicht zu verkennen. Wie leicht macht sie uns, dort nicht hinzuschauen, wo Freuds Blick ruht. Technischer Kulturoptimismus und Hoffnung auf ein Jenseits, Erwartung einer Wandlung der Geschichte durch Vergesellschaftung der Produktionsmittel oder durch fortschreitende Aufklärung – auf sie alle zielt das Pathos des Schlußsatzes von VI (S. 110): »Und diesen Streit der Giganten wollen unsere Kinderfrauen beschwichtigen mit dem ›Eiapopeia vom Himmel‹!« Wenn wir, wie wir müssen, Freud kritisieren, prüfen wir, ob wir wissen, wovon wir reden!

Ich setze zur Kritik an mit einer Bemerkung, die W. Pauli einmal zu C. G. Jung machte, auf den sie auch noch genauer zutrifft als auf Freud: »Herr Jung, Sie haben einen Midaseffekt. Was Sie anrühren, wird psychisch.« Der Midaseffekt wird bei Freud gedämpft durch seine skeptischen Realitätssinn und verschleiert durch die dualistisch-mechanistische [10] Vulgarphilosophie der Naturwissenschaft seiner Zeit, die er im Bewußtsein ihrer Ungeklärtheit (s. d. ersten Absatz im »Abriß der Psychoanalyse«) doch ständig benützt. Die Erwägungen über physiologische Mechanismen im Nervensystem dienen ihm aber doch nur zur Rechtfertigung kausaler Überlegungen in der Psychologie. Seine Lehre besteht durchaus aus kausalen Überlegungen über psychische Vorgänge im Individuum. Freuds besondere Form das Midaseffekts besteht darin, daß sich ihm die Wahrheit in innerpsychische Kausalitäten und Strukturen verwandelt.

An sich liegt hier ein schweres, im modernen wissenschaftlichen Bewußtsein ungelöstes philosophisches Problem. Ich kann es hier nur andeuten und in den nachfolgenden Abschnitten in einigen Details verfolgen. In lockerer Alltagsrede kann man definieren: Wahrheit liegt vor, wo jemand etwas weiß. Dabei ist geschenkt, daß das Wissen ungenau, einseitig, unbegründet und der Möglichkeit des Irrtums unterworfen ist. Wenn Wissen korrigierbar ist, so wird es durch besseres Wissen korrigiert. Wer überhaupt etwas behauptet, bewegt sich in einem Vorverständnis, daß Wissen möglich ist, im »Horizont der Wahrheit«. In ihm bewegt sich selbstverständlich auch Freud. Jede seiner skeptischen Selbstunterbrechungen belegt sein besonderes hochentwickeltes Sensorium für den Anspruch der Wahrheit. Sein Forschungsgegenstand sind psychische Kausalitäten und Strukturen. Nun ist sein Objekt, die Psyche, aber zugleich das Subjekt der Erkenntnis. Es ist Freuds fundamentale Entdek-

10 Mechanistisch in der Überzeugung, dualistisch im Vollzug.

II, 5. Über Macht   203

kung (neu für die Wissenschaft, nicht so neu für die Dichter und die religiösen Seelenkenner), daß das bewußte Seelenleben aus sich selbst heraus nicht voll verständlich ist, daß es durch unbewußte Motive mitbestimmt, ja oft entstellend gelenkt wird. Der Wahrheitsanspruch des Bewußtseins gerät ins Wanken. Hinter der beanspruchten Wahrheit werden determinierende psychische Kausalitäten sichtbar.

Es ist entscheidend für den klinischen Sinn, für den Heilerfolg der Psychoanalyse, daß dies eine Kritik nicht aller Wahrheit, sondern einer beanspruchten Wahrheit durch eine bessere Wahrheit ist. Hier wird etwas »sichtbar«, was genau dadurch den Satz »die Wahrheit wird euch frei machen« bewährt, daß es nunmehr ins Bewußtsein aufgenommen, als wahr bejaht wird. Hierauf zielt z. B. der Satz: »Wenn ich die in mir vorfindlichen Strebungen nach sozialen Maßstäben in gute und böse klassifizieren will, so muß ich für beide Arten die Verantwortlichkeit tragen, und wenn ich abwehrend sage, was unbekannt, unbewußt und verdrängt in mir ist, das sei nicht mein ›Ich‹, so stehe ich nicht auf dem Boden der Psychoanalyse, habe ihre Aufschlüsse nicht angenommen und kann durch die Kritik meiner Nebenmenschen, durch die Störungen meiner Handlungen und die Verwirrungen meiner Gefühle eines Besseren belehrt werden.« (Ges. Werke I, 567, zitiert nach J. Habermas, Erkenntnis und Interesse, S. 288.) Es ist der fürchterlichste Mißbrauch der Psychoanalyse, wenn wir die Verantwortung für unsere Wünsche und Handlungen auf Eltern, Gesellschaft oder Triebstruktur abwälzen. Die Psychoanalyse mag dem selbstquälenden Rigoristen die Herkunft seiner Schuldgefühle begreiflich machen und ihn so zu verstehender Milde, zur Humanität sich selbst gegenüber befähigen. Dies hebt nichts auf von der automatischen Übernahme der Verantwortung in der Erkenntnis: »All dies bin ich.«

Was hier geschieht, verstehen wir, indem wir es praktizieren. Theoretisch ist es, so scheint mir, von Freud selbst nie aufgeklärt worden. Weder hat er oder irgendein anderer, soviel ich weiß, eine Psychologie der Wahrheit entworfen, ja das philosophische Problem, das zu dieser Forderung führen könnte, wurde von Psychologen kaum gesehen; noch hat er vermieden, im theoretischen Bau, zumal seiner Metapsychologie und Kulturtheorie, Wahrheit auf Psychologie zu reduzieren. Habermas kritisiert überzeugend: »Die Ableitung des Strukturmodells aus den Erfahrungen der analytischen Situation bindet die drei Kategorien Ich, Es und Über-Ich an den spezifischen Sinn einer Kommunikation, in die Arzt und Patient mit dem Ziel, einen Aufklärungsprozeß in Gang zu setzen und den Kranken zur Selbstreflexion zu bringen, eintreten. Es ist deshalb nicht sinnvoll, denselben Zusammenhang, auf den wir zur Explikation von Ich, Es und Über-Ich zurückgehen müssen, seinerseits mit Hilfe des so eingeführten Strukturmodells zu beschreiben. Das aber tut Freud. . . . Die Theoriesprache ist ärmer als die Sprache, in der die Technik beschrieben worden ist. . . . Es heißt, daß unbewußt Gewordenes in Bewußtsein verwandelt, dem Ich wieder zugeeignet wird, daß verdrängte Regungen aufgespürt und kritisiert werden ... Im Strukturmodell ist aber die Ich-Instanz mit der Fähigkeit, an die mit jenen Ausdrücken appelliert wird, gerade nicht ausgestattet: das Ich übt die Funktionen der intelligenten Anpassung und der Triebzensur aus, aber die spezifische Leistung, von der die Abwehrleistung nur das Negativ ist, fehlt: Selbstreflexion.« (Erkenntnis und Interesse, S. 299–300.)

Nicht nur die Selbstreflexion, sondern in gewisser Weise alle Wahrheit, nämlich die Fähigkeit zur Wahrheit, kommt in dem Strukturmodell nicht explizit vor; sie wird nur gleichsam illegitim dort unreflektiert benützt, wo Freuds psychologisch-kritischer Blick nicht auf ihr Zustandekommen fällt, wie z. B. in der These, daß das Ich die Realitätsanpassung leiste. Ich benutze das Strukturmodell selbst, um drei »Regionen« von Wahrheit zu nennen, die bei Freud undeutlich bleiben oder abgewiesen werden. Soll das Es unser tierisches Erbe sein, so bleibt völlig dunkel, wie die Tiere die Realitätsanpassung leisten (dazu unten Abschnitt 2). Die menschliche Gesellschaft erscheint als Werk einer Interaktion von Ichen, beginnend mit einem mythischen prähistorischen praktisch gesellschaftslosen Zustand. Ein Ich, der Urvater, hat eigentlich die Gesellschaft gemacht, und alle Anpassung an die Gesellschaft ist dem Menschen geschichtlich aufgenötigt. Die strukturelle (Sprache!) und geschichtliche Priorität der Gesellschaft und damit der Erkenntnischarakter unserer gesellschaftlichen Verhaltensweisen bleibt im Dunkel (dazu Abschnitt 3). Diese Erkenntnis wird ersetzt durch den biographisch-geschichtlichen Zwang des Über-Ich, der als psychisches Faktum unstreitig ist. Den Wahrheitsanspruch des Gewissens, der zur Selbstreflexion gehört, darf Freud, so scheint mir, nicht ernstnehmen, weil sonst dem Wahrheitsanspruch der Religion ein Schlupfloch bliebe (dazu Abschnitt 4). Überall wird Wirklichkeit zu Psyche, Wahrheit zu Kausalität. Gold des Midas.

2. Die Trieblehre

»Warum zeigen unsere Verwandten, die Tiere keinen solchen Kulturkampf? Oh, wir wissen es nicht.« (Anfang von VII, S. 110.) Es ist bewundernswert, wie der rastlose Hypothesenweber Freud sich in solchen Sätzen zum Bekenntnis des Nichtwissens zurückruft. Uns muß hier seine Fragerichtung interessieren.

Soeben hat Freud (Ende von VI) den »Kulturkampf« als die menschliche Gestalt des ewigen, unausweichlichen Konflikts allen Lebens mit sich selbst gedeutet; der Sinn der Kulturentwicklung »ist uns nicht mehr dunkel«. Damit wird die Geborgenheit der Tiere in ihren Gesellschaften und Verhaltensweisen zum Problem, dem Freud sich bewußt stellt, um doch alsbald an seiner Lösung zu resignieren. Hier weiß die empirische Wissenschaft heute mehr. Ich verwende die Überlegungen meines vorigen Kapitels nun zu einer spezifischeren Kritik der Freudschen Trieblehre, um hinterher zu fragen, welche

II, 5. Über Macht

tieferen Einsichten Freuds in dieser Kritik vergessen würden, wenn diese Kritik das letzte Wort bliebe.

Sind Freuds einfache Grundstrukturen, also vor allem Lustprinzip und Realitätsprinzip, Eros und Todestrieb, mehr als ein phantastischer Überbau über eine Vielheit von sinnvollen Verhaltensweisen? Kritisieren wir zunächst die Annahme eines Lustprinzips!

Im Es soll nur das Lustprinzip wirken, erst das Ich baut eine Realitätsanpassung auf. Das Lustprinzip setzt den Lebenszweck. »... und doch ist sein Programm im Hader mit der ganzen Welt ... Es ist überhaupt nicht durchführbar, alle Einrichtungen des Alls widersprechen ihm« (II, S. 74–75). Ein von einem solchen Prinzip beherrschtes ichloses Es mag allenfalls einen menschlichen Säugling beschreiben, aber nie ein lebensfähiges erwachsenes Tier. Die Tiere genügen objektiv dem Realitätsprinzip in vortrefflicher Weise; die ganze Pointe ist, daß sie das subjektiv nicht wissen und nicht zu wissen brauchen. Freud würde antworten, eben dieses Nichtwissen mache das Fehlen des menschlichen Realitätsprinzips aus – was ich sofort zugebe – und dies bedeute die alleinige Herrschaft des Lustprinzips – was ich versuchsweise nicht begreife. Läßt sich das, was die Handlungen von Essen und Trinken, Laufen und Fliegen, Jagen und Fliehen, Werben und Kopulieren, Nestbau und Brutpflege, Rangkampf und Nachtruhe antreibt, unter dem Titel »Lust« vereinheitlichen? Dort, wo die Abläufe am zuverlässigsten funktionieren, sind sie oft nicht von Lust begleitet; macht uns der Blutkreislauf oder das Wachstum der Haare Lust? Die Fähigkeit, Lust und Unlust zu erleben und auf sie zu reagieren, scheint mir selbst eine sehr spezifische Leistung zu sein, die ich im Beitrag »Die Vernunft der Affekte« als eine »Indikatorfunktion« zu beschreiben suche. Freud selbst sucht Unlust auf Reizstauung, Lust auf deren Abbau, »Befriedigung«, zurückzuführen (Abriß, Erstes Kapitel, S. 10), und nähert sich so einer »Nirvana-Theorie« der Lust. Aber wie spezifisch sind doch die einzelnen Lust- und Unlustqualitäten, wie schwer ist es, sie quantitativ gegeneinander aufzurechnen!

Mir erscheint das Auseinandertreten von Lust und Realitätsbezug, das wir so massiv alltäglich an uns selbst erleben, als ein Humanum, ein Kulturprodukt. Sehen wir es so an, so begreifen wir, warum die Tiere keinen Kulturkampf haben. Sie haben allerdings ein Analogon dazu, den Kampf ums Dasein und die durch ihn vorangetriebene Evolution. Auch die Realitätsanpassung der Pflanzen und Tiere ist unvollständig, und wie wir lernen sie manchmal aus ihren Leiden. Aber was lernt ist, vor allem in den primitiveren Stadien, nur die sich wandelnde Spezies, chemisch gesagt die DNS.

Es bleibt freilich die Frage – um wie angekündigt, Freuds tiefere Einsicht nicht zu verlieren – warum sich uns im eigenen Erleben und beim Anblick der Tiere die einfache, übergreifende Rede von Lust und Schmerz aufdrängt. Was ist die dann doch gemeinsame Qualität, warum gibt es sie? Physiologisch mag es ein Lustzentrum im Gehirn geben (Elektrodenversuche an Ratten). Das spräche dafür, daß Lust und Unlust in der Tat funktional gezielte Leistungen der Organismen sind, und würde das »Lustprinzip« dem »objektiven Realitätsprinzip« unterordnen, als eine Art Vorstufe der höheren Leistung des »subjektiven Realitätsprinzips«, die das Ich vollbringt.

Und doch kann sich einem metaphysischen Gemüt (und das war ja Freud) die Frage aufdrängen, ob diese Leistung nicht nur eine Grundbeschaffenheit alles Lebens höher artikuliert. Streben und Meiden erscheinen als Grundfiguren alles endlichen Verhaltens in der Zeit. Nietzsches Lied taucht aus der Erinnerung auf:

> ... tief ist ihr Weh.
> Lust, tiefer noch als Herzeleid.
> Weh spricht: Vergeh!
> Doch alle Lust will Ewigkeit,
> Will tiefe, tiefe Ewigkeit.

Solche Empfindungen klingen an, wenn Freud den unauflösbaren Gegensatz von Eros und Todestrieb schildert. Der Todestrieb will vielleicht die tiefste Lust, denn alles Leben ist Bewegung und nur sein Ende scheint Ewigkeit in der Zeit zu versprechen. Aber weiß Freud in diesen Bereichen noch, wovon er redet, was ihn zum Reden treibt?

Sein Anspruch ist Wissenschaft. Was an seiner Trieblehre ist ausweisbar? Die Verhaltensforschung findet nicht einen oder zwei oder drei Grundtriebe, sondern vielleicht fünfzig (so Eibl mündlich zu mir) koordinierte Verhaltensmuster für verschiedene Situationen bei höheren Tieren. Die ordnenden Oberbegriffe dieser Verhaltensmuster sind nicht einheitliche Triebe wie Hunger und Liebe, sondern Funktionszusammenhänge wie Nahrungserwerb und Fortpflanzung. Beim Menschen vermutet diese Schule, mir einleuchtend, nicht weniger, sondern eher noch mehr solche angeborenen Verhaltensmuster (der Mensch ist auch im Instinktiven kein Mängelwesen). Nur dienen diese der Errichtung des spezifisch Menschlichen, des Gebäudes von Tradition und Einsicht. Und wie gerade Freud lehrt, kann Angeborenes sehr wohl in der Kultur permanent unterdrückt oder neu verwendet werden. Angeborenes Verhalten ist Material für die Kultur: aus Holz kann man zwar nicht dasselbe machen wie aus Stahl, aber sicher kann man aus Holz nicht nur Bäume, sondern z. B. Häuser machen.

Der empirische Kern der Freudschen Libidolehre scheint mir seine Erfahrung der Verschieblichkeit seelischer Energie zu sein, also Beobachtungen, die etwas wie einen Erhaltungssatz einer seelischen Spannung zu zeigen scheinen, die sich in sehr verschiedenen Formen äußern, auf sehr verschiedene Bahnen entladen kann. Ähnliches beobachten Verhaltensforscher schon an Tieren in »Übersprungbewegungen«. Ich könnte mir eine physiologische Erklärung hierfür recht gut denken, welche der seelischen »Energie« wirklich physische Energie oder Information entsprechen ließe und die Libido so unter die parallelisierten Begriffe Masse, Energie, Information, Macht einzuordnen gestattete. Gerade diese Begründung würde aber nicht die Zweiheit der Triebe, die Anknüpfung an die mythischen Gegensätze von Liebe und Haß, Anziehung und Abstoßung, Leben und Tod rechtfertigen. Ich kann und muß dies auf sich beruhen lassen.

Hingegen ist ein Wort zur Aggression nötig. Freud hat phänomenologisch die Unableitbarkeit dieses Antriebs aus Sexualität und Eros erkannt. Sein Staunen über diese Entdeckung hat wesentlich zur Einführung des Destruktions- oder Todestriebs beigetragen. Weit überzeugender als diese kurzschlüssige Anknüpfung der Erfahrung an die Triebmythologie, und auch als alle anderen psychoanalytischen Deutungen, die ich gehört habe, finde ich hier Lorenz' Deutung, in der die begrenzte Aggression, die nur dem Artgenossen gilt, als eine positive, für individuell strukturierte Gesellschaften konstitutive Leistung erscheint. Die uns bedrohenden Wucherungen der Aggression wie Mord, Krieg, Sadismus, aggressiver Enthusiasmus wären dann wieder Humana, Kulturprodukte.

Die Meinung, man könne Kindern durch geeignete Erziehung das Entstehen von Aggression ersparen, ist nach Freud und nach Lorenz gleich abwegig. Baut man die Verhaltensforschung so in die Theorie der Kultur ein, wie ich es hier versuche, so kann man hingegen die Aggression als Kulturmaterial benutzen, so wie sie nach Lorenz schon beim Tier Baumaterial der personalisierten Beziehungen ist. Man muß dann der Aggression Angemessenes zu tun geben (nicht bloß Sport, sondern Kultur!).

Von Freuds Trieblehre bleiben uns nur Bruchstücke in der Hand. Aber diese Bruchstücke geben noch immer die Sprache her, die Freud in seiner Kulturtheorie zur Beschreibung gesehener Phänomene benutzt. Was hat er wirklich gesehen, was nur konstruiert?

Zwischenbemerkung: Die zur Abfassung dieses Aufsatzes verfügbare Zeit reicht nicht aus, ihn so breit zu Ende zu führen, wie er sich entwickelt hat. Ich deute, als Diskussionsmaterial, die Inhalte an, die für die weiteren Abschnitte vorgesehen waren.

3. Ich, Gesellschaft, Geschichte

Man kann Freuds Theorie der Geschichte der Gesellschaft von zwei entgegengesetzten Seiten her kritisieren, und beide Kritiken haben m. E. zugleich recht:

a. Er betrachtet Strukturen der Gesellschaft als determiniert, sei es durch (de facto mythische) Frühereignisse, sei es, was wissenschaftlich ernster zu nehmen ist, durch angeborene Triebstrukturen, die jedoch tatsächlich Produkte der Geschichte und als solche auch wieder auflösbar sind.

b. In der angeborenen Ausstattung des Menschen sieht er die Priorität angeboren gesellschaftlichen Verhaltens nicht.

Die zweite dieser Kritiken greife ich nicht noch einmal auf. Die erste kann von der empirischen Anthropologie (Ethnologie) her geführt werden. Das lasse ich jetzt auch auf sich beruhen. Diese Kritik ist zugleich der Kern der sozialistischen Auseinandersetzung mit Freud. Diese verfolge ich einen Schritt weit.

Freud führt die Ambivalenz der Kultur gelegentlich auf die ökonomische Not zurück: »Das Motiv der menschlichen Gesellschaft ist im letzten Grunde ein ökonomisches; da sie nicht genug Lebensmittel hat, um ihre Mitglieder ohne deren Arbeit zu erhalten, muß sie die Anzahl ihrer Mitglieder beschränken und ihre Energien von der Sexualbetätigung weg auf die Arbeit lenken. Also die ewige, urzeitliche, bis auf die Gegenwart fortgesetzte Lebensnot.« (Schriften XI, 322, zitiert nach Habermas, Erkenntnis und Interesse, S. 334.) Diese Bemerkung legt in der Mitte des 20. Jahrhunderts den Gedanken sehr nahe, mit dem Fortschritt der Technik, welche schließlich alle Menschen zu ernähren gestattet, werde es möglich sein, die repressive Seite der Kultur zu überwinden und damit – wenn Freuds Bemerkung zutrifft – die Ambivalenz loszuwerden. Marcuses Argument in »Triebstruktur und Gesellschaft« beruht auf diesem Gedanken.

Freud selbst spricht sich gegen sozialistische Hoffnungen im Vordergrund neutral, in der Tiefe, die uns hier angeht, eindeutig kritisch aus. »Ich habe nichts mit der wirtschaftlichen Kritik des kommunistischen Systems zu tun, ich kann nicht untersuchen, ob die Abschaffung des privaten Eigentums zweckdienlich und vorteilhaft ist. Aber seine psychologische Voraussetzung vermag ich als haltlose Illusion zu erkennen. Mit der Aufhebung des Privateigentums entzieht man der menschlichen Aggressionslust eines ihrer Werkzeuge, gewiß ein starkes, und gewiß nicht das stärkste.« (V, S. 103.) Ich empfehle, diesen Passus bis zu seinem Ende (S. 104) zu lesen. Nochmals: »Ich meine, solange sich die Tugend nicht schon auf der Erde lohnt, wird die Ethik vergeblich predigen. Es scheint auch mir unzweifelhaft, daß eine reale Veränderung in den Beziehungen der Menschen zum Besitz hier mehr Abhilfe bringen wird als jedes ethisches Gebot; doch wird diese Einsicht bei den Sozialisten durch ein neuerliches idealistisches Verkennen der menschlichen Natur getrübt und für die Ausführung entwertet« (VIII, S. 127).

Der Einwand liegt nahe, Freud habe in diesen letzten Äußerungen die Möglichkeit der technischen Überwindung der Lebensnot übersehen. Aber damit würde man höchstens eine Inkonsistenz zwischen Freuds verschiedenen Argumenten aufspüren, die ihm verborgen geblieben wäre, weil er die ökonomische Lebensnot für so unabänderlich wie den Aggressionstrieb hielt (dies übrigens eine sehr verbreitete Bourgeois-Ansicht). Aber das Pathos der Unwandelbarkeit der menschlichen Natur in den antisozialistischen Äußerungen ist unverkennbar. ». . . so läßt sich zwar nicht vorhersehen, welche neuen Wege die Kulturentwicklung einschlagen kann; aber eines darf man

II, 5. Über Macht

erwarten, daß der unzerstörbare Zug der menschlichen Natur ihr auch dorthin folgen wird.« (Ende des obigen Passus, V, S. 104.)

Die Auflösung der Trieblehre Freuds hebt die Stringenz seiner Argumentation an dieser Stelle auf. Trotzdem empfinde ich in seinem Pathos hier, wie an so manchen Stellen, einen phänomenologischen Blick, der Zusammenhänge sieht, auch wenn er ihnen eine falsche rationale Erklärung gibt. Auf mich wirken die »großen« sozialistischen Hoffnungen (im Unterschied zu einer nüchternen sozialistischen Praxis) genau wie auf Freud wie eine billige Regression, die die eigentliche Tiefe des Problems verschleiert. Im Gegensatz zu Freud halte ich das Problem für lösbar, mit ihm halte ich die sozialistische Eigentumstheorie für die Empfehlung einer Kur am Symptom.

Soll dieses »ich halte für« argumentativ ausgewiesen werden, so muß man zunächst fragen, ob Freuds Triebdualismus notwendig ist, um die Fortdauer der Machtstrukturen auch nach überwundener ökonomischer Not zu begreifen. Marcuse sieht demgegenüber in diesen Machtstrukturen ein geschichtlich-gesellschaftliches Erbe. Das mag deskriptiv zutreffen, wird aber durch die Weiterbenutzung des »Lustprinzips« m. E. im Erklärungsanspruch entwertet. Dieses Problem sucht meine Analyse der Macht ein Stück weit aufzuhellen. Nicht die Lebensnot, sondern die auf Lebensnot zugeschnittene ererbte Verhaltensweise ist der Ursprung der Festigkeit der Machtstrukturen. Seit Milliarden von Jahren waren unsere Vorfahren und so sind schließlich wir selbst Nachkommen von Siegern im Kampf ums Dasein. Wir benehmen uns spontan, wie man sich benehmen muß, um diesen Kampf zu überleben. Einerlei wieviel an diesem Verhalten angeboren und wieviel erworben ist, ich bin überzeugt, daß die Kultur Formen entwickeln kann, die mit ihm umgehen und es auf ein erträgliches Maß einschränken, ja ihm Fesseln der Produktivität anlegen können. Aber dies ist nur dann möglich, wenn es in seiner Struktur erkannt ist. Deshalb ist das zentrale Thema der politischen Ethik die Erkenntnis, die Wahrheit.

4. Über-Ich und Wahrheit

Hier sage ich nichts Neues. Wie Freuds Es überhaupt nicht darstellt, wie der Mensch in der Realität der Natur ist, und sein Ich nicht adäquat darstellt, wie der Mensch in der Realität der Gesellschaft ist, so verhüllt sein Über-Ich, wie der Mensch in der Realität der Wahrheit ist. Ich leugne das Bestehen der Über-Ich-Strukturen so wenig wie dasjenige der anderen von Freud gesehenen Strukturen. Aber hier wie sonst bei Freud bleibt undurchsichtig, inwiefern kausal darstellbares Verhalten zugleich »in der Wahrheit« ist. Diese Undurchsichtigkeit dient dann seinem Affekt gegen die Religion als Waffe. Wollte ich Freud hier immanent kritisieren, so müßte ich versuchen, die Gründe dieses seines Affekts aufzuspüren. Ich glaube, daß er sehr eng mit Freuds Wahrheitsfanatismus zusammenhängt, vordergründig als dessen

Wirkung, in der Tiefe vielleicht z. T. als dessen Ursache. In diesem Wahrheitsdrang wird im übrigen Freuds Reflexionslosigkeit besonders deutlich, die Habermas in »Erkenntnis und Interesse«, Abschnitt 11, als das szientistische Selbstmißverständnis der Metapsychologie (in einer mich in der Auffassung der Naturwissenschaft nicht ganz befriedigenden Weise) kritisiert: Freud sucht ständig Wahrheit und fragt nie, was Wahrheit »psychologisch« oder wie immer sonst eigentlich ist.

IV. Ein christliches Bild der Macht

Reinhold Schneider repräsentiert gewiß nicht das Ganze der Religion oder auch nur des Christentums. Ich war aber tief betroffen, als ohne mein Zutun seine Aufsatzsammlung »Macht und Gnade« auf unserer Leseliste erschien und mich nötigte, ihn nach 15 Jahren zum erstenmal wieder zu lesen. Ich vermute, daß er in die heutige Debatte überhaupt nicht hineinpaßt, und zugleich bin ich daran erinnert, wie genau er gewisse Probleme der Zeit meiner Jugend bezeichnet hat. Die Fähigkeit, sein zentrales Anliegen in einer Transposition vom geschichtlich Vergangenen fort zu verstehen, könnte ein Kriterium dafür sein, ob wir unser eigenes Anliegen in hinreichender Distanz von unseren akuten Problemen begreifen. Ich möchte ein paar Worte über mein persönliches Verhältnis zu ihm sagen.

In der Hitler-Zeit lasen wir jedes Buch, das von ihm erschien. Er war einer der wenigen, die die Macht als Aufgabe ernst nahmen und doch ihrer Faszination nicht verfielen. Er erfüllte die christliche Tradition mit einem Sinn, den wir in ihren etablierten Formen nicht zu erkennen vermocht hatten. Er spiegelte die illusionslos gesehene katastrophale Situation der Gegenwart in vielen Facetten ihrer Vorgeschichte und machte damit vieles begreiflich. Er war stets moralisch fordernd, nicht ohne Sentimentalität, aber ohne Eitelkeit. Einmal kam er, etwa 1940, durch Vermittlung gemeinsamer Freunde zu einem Besuch in mein Haus, ein lang aufgeschossener schmaler Mann, schwermütig und magenleidend, unter der Last des Wissens von gegenwärtigen Verbrechen und kommendem Unheil. Nach dem Krieg suchte ich in anderer, modernistischerer Richtung als er und nahm den Kontakt nicht wieder auf. Ich war betroffen, mich von ihm in seinen Lebenserinnerungen »Verhüllter Tag« 1954 im Zusammenhang mit der Gefahr des Atomkriegs zitiert zu finden. Ich nahm mir vor, ihn wieder aufzusuchen, aber übers Jahr. Als ich 1958 von einer wegen der Atomrüstung unternommenen Amerikareise zurückkam, las ich die Nachricht von seinem Tod. Später erfuhr ich, daß er in seinem letzten Lebensjahr von Biologen über die Schrecklichkeiten des Kampfs ums Dasein in der organischen Welt unterrichtet worden war und darüber an seinem christlichen Schöpfungsglauben irre wurde. Darüber hätte ich mit ihm sprechen müssen. Ich hatte die Positivität seines Christentums immer et-

II, 5. Über Macht

was scheu bewundert. Mir schien, daß er etwas schlechthin Zentrales und Wahres ergriffen hatte, aber um den Preis, ein bestimmtes Stück modernen Denkens nicht zu vollziehen. Er war mir voraus, aber an diesem Punkt hätte ich ihm vielleicht einfach durch Nähe etwas helfen können, wenn ich den Entschluß, ihn wiederzusehen, wirklich gefaßt, d. h. ausgeführt hätte.

Er unterscheidet die isolierende Macht von der einzigen Form der Herrschaft, die gerechtfertigt werden kann, der Herrschaft als Amt, als Pflicht, also als Teil des Ganzen. Aber ich versuche jetzt nicht, ihn auszulegen oder ihm zu antworten, sondern lasse ihm das Wort.[11]

---

11 Vgl. meine Gedenkrede auf Reinhold Schneider in »Fragen zur Weltpolitik«.

Anhang: Ein Brief von Hans Kilian   25. Januar 1977

Sehr geehrter Herr von Weizsäcker!
Haben Sie herzlichen Dank für die Überlassung Ihres Manuskriptes »Über
Macht«, dessen Lektüre mich dazu anregt, unser begonnenes Gespräch fort-
zusetzen und Ihnen dazu einige Überlegungen zu unterbreiten. Ich komme
ohne Umschweife zur Sache:

1. In Ihrer Auseinandersetzung mit dem politischen Realismus legen Sie
zweifellos die Schwäche anthropologischer Kategorienlehren und ver-
meintlicher Fundamentalkategorien bloß, die auf eine »Dogmatisierung«
geschichtsrelevanter Teileinsichten hinausläuft. Anthropologische Bedürf-
nislehren und Trieblehren werden in der Tat stets von neuem als Voraussetzung in kulturwissenschaftliche Analysen eingeführt, die deren Validi-
tät und Grenzen erst erweisen müßten. Dies gilt natürlich auch für die von
ihrem Urheber ohnehin je nach Bedarf abgeänderten Trieblehren Sigmund
Freuds. Was mir an Ihrem Vorgehen gut gefällt, ist der Umstand, daß Sie
aus dem Nachweis der Fehlerhaftigkeit eines solchen logischen und ideologischen Zirkels keine Folgerung ziehen, die mit der falschen oder unzurei-
chenden Antwort zugleich auch die ganze Frage nach der anthropologischen Dimension der Macht in den Bereich des Irrelevanten verweisen
würde. Ihre Negation ist mithin eine dialektische, die die Chance zur »Aufhebung« der Anthropologie offen läßt. Sie öffnen gleichsam eine ökologische Nische für eine noch fehlende historische Anthropologie oder anthropologische Systemtheorie, die Aussagen über Menschliches und Un-
menschliches mit den je gegebenen Bedingungen der Möglichkeit oder Unmöglichkeit, innerhalb gegebener historischer Systeme Subjekt zu sein,
vermittelt.

   Was mir weiterhin gut gefällt und was Sie sich im Gegensatz zu vielen
fachbefangenen Wissenschaftlern offenbar leisten können, ist das Wagnis,
mit Hilfe einer vorläufigen phänomenologischen Betrachtungsweise die
Kategorie Macht als wesensgleiches (also als systemtheoretisch homologes
und nicht nur analoges) Korrelat physikalischer Begriffe wie Masse, Energie und Information aufzufassen. Ich glaube, daß dieser fachwissenschaft-
lich ungeschützten Operation ein beträchtlicher heuristischer Stellenwert
zukommt. Die Entthronung und Diskreditierung der überlieferten Ontologie hat ebenso wie die moderne Verleugnung der Anthropologie eine Leer-
stelle hinterlassen, die zum Beispiel selbst solche Ansätze wie die Nicolai
Hartmanns in der Versenkung allgemeiner Vergessenheit verschwinden
läßt. Ontologisierende Denkweisen unterliegen seither einem Tabu, das
nicht nur vom Neopositivismus, sondern auch von der Kritischen Theorie
und von der aus ihr hervorgegangenen »Neuen Linken« mit einschüch-
ternder Macht vertreten wird. Wissenschaftler und Philosophen, die

gleichwohl den ontologischen Agnostizismus nicht mitmachen wollen, sind auf dem intellektuellen Markte gegenwärtig noch einer bedrohlichen Sanktion der Entwertung ausgesetzt – meiner Meinung nach mit der Folge, daß zum Beispiel linke Theoretiker im Kritizismus verharren und sich in einigen wichtigen Bereichen des Denkens geistig sozusagen selbst kastrieren. Sie überlassen etwa ihren konservativen Kontrahenten ein Monopol des Umgangs mit der Systemtheorie.

Was Sie machen, scheint mir in einem wesentlichen Punkte dem Denken Sigmund Freuds zu entsprechen: wo Freud keine schlüssige wissenschaftliche Begriffsbildung hatte, führte er ohne mit der Wimper zu zucken und dennoch in einer durchaus bewußten und kontrollierten Art und Weise phänomenologisch beschreibende Termini wie zum Beispiel »Trauerarbeit« ein, die das »Ich« zu leisten habe. Gerade dadurch, daß er dies in einer formal anfechtbaren Weise tat, machte er die Lösung des darin enthaltenen Problems dem wissenschaftlichen Denken überhaupt erst zugänglich.

Ich möchte hinzufügen, daß die in einer Zeit des erkenntnisgeschichtlichen Paradigmenwechsels der Humanwissenschaften wachsende Bedeutung der erwähnten ungeschützten Denktechnik nicht selten unterschätzt wird. Eine richtige Einschätzung wird möglich, wenn man sich klarmacht, daß es sich um eines von zwei möglichen Verfahren einer auf Erkenntnisgewinn zielenden Vereinfachung handelt, von der nur das eine den Rang unangefochtener Wissenschaftlichkeit erlangt hat, während gerade das andere im heutigen historischen Übergangsfeld den fälligen Ausbruch aus überlieferten Denkgehäusen von allzu beschränkter Reichweite zu leisten vermag. Der geläufige Weg der Komplexitätsreduktion ist die Sackgasse eines jeden Reduktionismus, der nach dem Vorbild des Prokrustes die zu erkennende Sache selbst auf das Maß des je gegebenen Bezugssystems verkürzt. Der von Ihnen beschrittene andere Weg verläuft genau in umgekehrter Richtung. Um das Ganze der zu erkennenden Sache nicht aus den Augen zu verlieren, wird eine querfeldein verlaufende Wegabkürzung auf der Luftlinie der »exakten Phantasie« benutzt, welche den Rahmen eines jeden bezugssystemgerecht geregelten wissenschaftlichen Verkehrs zu sprengen scheint.

Manche Leute versuchen im übrigen das grenzüberschreitende Denken zu relativieren, indem sie sagen: »Quod licet Jovi, non licet bovi.« Mit anderen Worten: sie fragen, wieviel »Macht« im weitesten Sinne des Wortes jemand haben muß, um die Benutzung einer Luftlinie »exakter Phantasie« im Bereich heutiger Wissenschaft überhaupt zugebilligt zu bekommen. Eine solche Betrachtung scheint mir jedoch sehr oberflächlich zu sein. Die richtige Perspektive ergibt sich, wenn man in der entgegengesetzten Richtung fragt: Ist nicht das Wagnis des grenzüberschreitenden Denkens denkstrukturell das gleiche Phänomen wie im weiteren Sinne das Wagnis des

Glaubens jenseits gesicherten Wissens? Ist also nicht vielleicht sogar das Gegenteil von Macht – nämlich die Erfahrung der Ohnmacht und der aus der Bewältigung dieser Erfahrung resultierende Verzicht auf Machtansprüche wissenschaftlichen Denkens – geradezu eine unabdingbare Voraussetzung für jene Öffnung des Lumens menschlicher Erkenntnis, welche Einsichten vom Integrationsniveau menschlich relevanter »Wahrheiten« überhaupt erst zustande kommen läßt?

Mit einer solchen Perspektive kann man mindestens andeuten, welches die Position der neueren Psychoanalyse ist, nach der Sie mich gefragt haben: Im Gegensatz zu dem was Trieblehre und Metapsychologie vermuten lassen, steht in den Überlegungen der Psychoanalytiker nicht ein auf Machtausübung zielender naturwüchsiger Trieb im Vordergrund, sondern das in vielen Variationen erlittene Schicksal einer tatsächlich erlittenen Ohnmacht, deren Abwehr erst sekundär zur Ausbildung von Machtstreben führt. Mit anderen Worten: Was von der Psychoanalyse bleibt, ist nicht eine anthropologische Kategorienlehre, sondern eine anthropologische Praxis und Theorie der Praxis, die das Menschliche zu realisieren versucht, indem sie das tatsächlich erlebte Unmenschliche zu verstehen und zu bewältigen lehrt. Dabei geht es um die Gewinnung einer Macht über sich selbst, die nicht etwa durch eine moralisch motivierte »Selbstbeherrschung«, sondern eher durch die erwähnte Freudsche »Trauerarbeit« zu einem Zuwachs an Selbstbewußtsein führt, welcher die Betätigung des Machtstrebens zur Abwehr unbewußten Leidens an einer verleugneten Ohnmacht überflüssig macht. Man könnte diese Macht über sich selbst als einen aufgehobenen Modus der Macht bezeichnen, der in Ihrer Sicht durch einen Zuwachs an Information oder – besser gesagt – an Informationsverarbeitung zustande kommt.

2. Für sehr fruchtbar halte ich Ihren Versuch mit Hilfe des evolutionstheoretischen Begriffes der Konvergenz von Merkmalen verschiedener genetischer Herkunft den alten Streit zwischen den Anhängern der Erblehre und denen der Milieutheorie auf das richtige Maß zu reduzieren. Auch diese Operation läßt sich aus der Perspektive der Psychoanalyse und darüber hinaus auch der Medizin durch eine Parallele stützen. Machtstreben ist in dieser Sicht ein »Symptom«. Das heißt mit anderen Worten: es ist grundsätzlich als »final common pathway« unterschiedlicher Kausalketten anzusehen, die trotz ihrer phänomenalen »Konvergenz« ungleichartigen historischen Konstellationen entstammen. Ein historisch unvermitteltes naturwüchsiges Machtstreben ist freilich in einer solchen Betrachtung kaum denkbar. Gerade aus der Sicht der neueren psychoanalytischen Theoriebildung muß man davon ausgehen, daß das Machtstreben einer sogenannten »autoritären Persönlichkeit« völlig unterschiedliche Determinanten haben kann, je nachdem, in welcher Phase der lebensgeschichtlichen Entwicklung

eines Subjektes und der historischen Entwicklung eines Subjektes und der historischen Entwicklung eines sozialen Systems dieses Symptom sich bildet oder in signifikantem Maße auftritt. Im Gegensatz zu den von der klassischen Autoritarismusforschung oder »Basic-Personality-Forschung« analysierten Trieb- und Abwehrstrukturen der primären Sozialisation müssen in der gegenwärtigen historischen Entwicklung Äußerungen autoritären Machtstrebens in besonderem Maße darauf abgeklopft werden, ob es sich um Kompensationsversuche narzißtischer Selbstwertkrisen handelt, die durch objektive Wertkrisen der bürgerlichen Gesellschaft vermittelt sind. Tatsächlich haben wir heute eine Zunahme psychischer Erkrankungen und Gleichgewichtsstörungen zu verzeichnen, die mit den klassischen Modellen und Theorien der psychoanalytischen Neurosenlehre wie z. B. dem von Ihnen ausführlich besprochenen »Strukturmodell« der intersystemischen Konflikte des »Es«, des »Ich« und des »Über-Ich« nicht mehr erfaßt werden können. Es handelt sich vielmehr um narzißtische Störungen, deren Häufigkeit namentlich von manchen amerikanischen Autoren mit 50 bis 60 % aller psychischen Erkrankungen angegeben wird. Dabei geht es entweder um Entwicklungsstörungen der frühkindlichen Subjektbildung oder um Regressionen des Selbsterlebens und Selbstwerterlebens, welche durch äußere Belastungen bewirkt werden. Ich muß mir in diesem Brief ersparen, die verschiedenen klinischen Formen dieser Pathologie des Subjektkernes darzustellen, die von den reversiblen narzißtischen Persönlichkeitsstörungen bis zu den sogenannten »Borderline Syndromen« reichen. Entscheidend scheint mir nur die Feststellung, daß es sich um Störungen handelt, die weitgehend außerhalb der Reichweite der Freudschen Strukturtheorie liegen. Es handelt sich – wie gesagt – nicht um intersystemische Konflikte von »Es«, »Ich« und »Über-Ich«, sondern um intrasystemische Konflikte des Subjektkernes, die einem Entwicklungsstadium zuzuordnen sind, in welchem die Ausdifferenzierung von »Es«, »Ich« und »Über-Ich« überhaupt noch nicht erreicht ist. Mit anderen Worten: die vorherrschende Pathologie der psychischen Störungen hat sich in den modernen Industriegesellschaften so verändert, daß eine neue Phase der psychoanalytischen Theoriebildung aktuell geworden ist. Leider findet dies in der deutschsprachigen analytischen Literatur noch keinen ausreichenden Niederschlag, so daß viele Forscher und wissenschaftliche Autoren immer wieder auf das Strukturmodell Freuds zurückgreifen, um sich mit der Psychoanalyse auseinanderzusetzen.

3. Ihr »Gespräch mit Sigmund Freud« geht von der Frage des Nutzens der Psychoanalyse für eine heute fällige historische Anthropologie aus. Will man die Auseinandersetzung mit dem von Freud begründeten Bezugssystem von dem von Ihnen bezogenen Standort aus mit einiger Aussicht auf zureichenden Erkenntnisgewinn führen, so muß man meiner Meinung

nach die historische Entwicklung der Psychoanalyse in Betracht ziehen, die, sich bis heute als eine Sequenz von drei Phasen der Theoriebildung beschreiben läßt.

Die erste Phase, in der Sigmund Freud von einer Dichotomie des Bewußtseins und des »Unbewußten« ausging, war die der Trieblehre und des sog. »Topographischen Modells«. In dieser Phase, die bis in die 20er Jahre hineinreichte, ging es im wesentlichen um die »Bewußtmachung« der ins Unbewußte verdrängten Impulse und Inhalte. Die zweite Phase der psychoanalytischen Theoriebildung war die der Strukturtheorie von Es, Ich und Über-Ich, die noch von Freud selbst in den 20er Jahren formuliert wurde und erst in den 30er und 40er Jahren während der Emigration der Psychoanalyse in den angelsächsischen Ländern ihre Blütezeit hatte. Gegen Ende der 50er Jahre und vor allem seit Mitte der 60er Jahre ist eine dritte Phase der psychoanalytischen Theoriebildung zu verzeichnen, die mit der Fortentwicklung der Narzißmustheorie, der Theorie des »Selbst« und der Selbstwertregulation verbunden ist. Diese dritte Phase, die die Impulse zu ihrer Entwicklung vor allem aus der oben erwähnten Zunahme der narzißtischen Störungen bezog, ist ein Teil der Geschichte der Psychoanalyse, der sich nach dem Tode Freuds vor allem in den Vereinigten Staaten abgespielt hat. Namentlich die Chicagoer Schule (Kohut, Gedo, Goldberg, Ornstein, Tolpin) hatte einen erheblichen Anteil an dieser dritten Phase der Theoriebildung. Man muß jedoch hinzufügen, daß auch Kinderpsychoanalytiker wie Margaret Mahler, Anni Bergmans, Fred Pine, McDevitt und Marian Tolpin entscheidende Vorarbeiten und Beiträge zur dritten Phase der Theoriebildung geleistet haben, deren Hauptthema – wie schon gesagt – die Entwicklung des Subjektkernes und der intrasystemischen Prozesse des sog. »Selbst« ist. Mit der auf Kohut zurückgehenden neuen Theorie des Selbst wurde erstmals eine ausdrückliche Subjekttheorie in der Psychoanalyse formuliert, die mit der Theorie eines als Apparat aufgefaßten Ich noch keineswegs gegeben war. Das Selbst ist die Summe der Selbstrepräsentanzen eines Menschen, d. h. seines Selbsterlebens vom Körperbild bis zur ausgereiften Selbstreflexion. Gerade dieser Bereich ist in erheblichem Maße störbar. Unter anderem entdeckte Kohut, daß das »Selbst« oder – genauer gesagt – das Selbsterleben und Selbstwerterleben nicht nur von reiferen Stufen auf unreife regredieren, sondern sogar fragmentieren kann. Die Entdeckung eines Defektzustandes gab den Anstoß zu jenen Arbeiten, die die normale Funktionsweise des Systems »Selbst« als die eines Subjektkernes von spezifischer Eigendynamik beschrieben. Dieser Sachverhalt ist so ähnlich wie der der Entdeckung der Vitamine, die ja nur durch das Auftreten von Vitaminmangelkrankheiten möglich wurde.

Wichtig für die Entdeckung des Selbst wurde im übrigen die Einsicht, daß es eine Phase in der Entwicklung des Kindes gibt, in der Selbst und Objekt (also Mutter und Kind) noch nicht als getrennte Wesen erlebt werden können. In dieser Phase ist die Beziehung zu sich selbst eine Funktion der Beziehung zum Objekt. Und umgekehrt. Die Beziehung zum Objekt ist eine Funktion der Beziehung zu sich selbst. Daraus resultieren spezifische Formen der Störbarkeit.

Charakteristisch ist, daß in dieser Phase die von David Riesmann beschriebene »Innenlenkung« noch nicht möglich ist. »Außenlenkung« ist vielmehr die alterspezifische Form der Selbstwertregulation. Was dies bedeutet wird klar, wenn man hinzufügt, daß in der Sicht der neuen psychoanalytischen Theorie des Selbst die kollektive Tendenz zur Außenlenkung in der gegenwärtigen historischen Phase moderner Industriegesellschaften als eine Häufung von Subjektregressionen zu verstehen ist, die durch eine psychosoziale Systemregression vermittelt wird. Ich spreche in diesem Zusammenhang gern von Entwertungsneurosen mit Symptombildungen narzißtischer Regression.

Wir haben es in der neueren amerikanischen Psychoanalyse mit einem Paradigmenwechsel zu tun, der gerade am Beispiel des Beitrags der Psychoanalyse zum Verständnis menschlichen Machtstrebens verdeutlicht werden kann. In der klassischen Sicht mußte der Machtbegriff entweder triebpsychologisch oder abwehrpsychologisch definiert werden. In der Perspektive der inzwischen heiß umstrittenen neuen Paradigmen ergibt sich ein anderer Zugang, der dem Machtbegriff ohne triebpsychologische Reduktion beizukommen gestattet. Eine Bedrohung durch Selbstwertverlust und Subjekteinschränkung scheint in dieser Sicht die stärkste denkbare Quelle menschlichen Machtstrebens in sozialen Systemen zu sein, in welchen die Stabilität der Selbstwertregulation in mehr oder weniger spezifischer Weise vermindert sind. Namentlich die Familienforschung macht erkennbar, daß Machtbedürfnisse kompensatorische Krücken sein können, die in widerspruchsgesättigten psychosozialen Systemen auftreten, wenn es den Individuen nicht mehr gelingt, ihr Selbstwertgefühl aus gemeinsamen Wertstrukturen, Institutionen und Identifikationsobjekten zu beziehen. In der skizzierten Sicht geht es mithin – wie schon angedeutet – um die Vermittlung von Systemregressionen und Subjektregressionen. Ich brauche wohl kaum hinzuzufügen, daß dieser Aspekt nicht nur für die Familienforschung, sondern auch für andere Anwendungsbereiche einer psychosozialen Systemforschung von Belang ist.

Zusammenfassend möchte ich sagen, daß die Analyse des Machtproblems in der von mir skizzierten Betrachtungsweise einer psychoanalytischen Sozialpsychologie auf der dritten Phase der psychoanalytischen Theoriebildung basiert, die generell von der Frage ausgehen müßte, in welchem Umfang die Entwicklung eines psychosozialen Systems Menschen zu Objekten macht und in welchem Umfang sie im Gegenteil einen Spielraum finden, Subjekte zu sein. Die Beziehung zur Evolutionstheorie wird allerdings erst hergestellt, wenn man bereit ist, in Betracht zu ziehen, daß die heute gehäuft auftretenden narzißtischen Persönlichkeitsstörungen und anderen subjektregressiven Symptombildungen gleichsam psychosoziale »Mutanten« sind, von denen die meisten verminderte Entwicklungschancen haben. Einige wenige dieser psychosozialen Mutanten könnten sich jedoch als progressive Plus-Mutanten in dem Sinne erweisen, daß ihre Selektionschancen im Vergleich zu denen der bis dahin gültigen Norm sogar gesteigert sind.

Sie werden sich fragen, welche Konsequenzen sich aus der neuen Phase der psychoanalytischen Theoriebildung für Ihre Auseinandersetzung mit der von Freud begründeten Wissenschaft ergeben. Sie werden vielleicht selbst Gelegenheit finden, sich irgendwann mit der neueren Entwicklung auseinanderzusetzen, die z. B. in Heinz Kohuts Buch »Narzißmus« (Frankfurt, 1973) und in einem Band von Gedo und Goldberg mit dem Titel »Models of the Mind« (Chicago, 1973) dargestellt sind. (Ein weiteres interessantes Buch ist die Arbeit von Gertrud und Rubin Blanck mit dem Titel »Ego Psychology«, das soeben auch in deutscher Übersetzung bei Klett herauskommt.)

Ich möchte mich an dieser Stelle auf eine relativ allgemeine Feststellung beschränken. Eine der entscheidenden Lücken des Strukturmodells ist, wie Sie im Anschluß an Habermas' diesbezügliche Argumentation in seinem Buch »Erkenntnis und Interesse« bekräftigen, der fehlende Zugang zur Dimension der Selbstreflexion, obwohl doch Selbstreflexion den psychoanalytischen Prozeß überhaupt erst ermöglicht. Diese Kritik muß im Zusammenhang mit der neuen Phase der psychoanalytischen Theoriebildung revidiert werden. Tatsächlich hatte das Freudsche Bezugssystem bis dato keinen ausdrücklichen Subjektbegriff, obwohl der Gegenstand der Psychoanalyse das Subjekt war. Erst die Theorie der störbaren Entwicklung des Selbsterlebens bietet eine Möglichkeit, die Psychoanalyse als eine Theorie der Bedingungen der Möglichkeit menschlichen Selbstbewußtseins und der Störungen dieses Selbstbewußtseins zu verstehen. Genau genommen: erst an dieser Stelle wird es möglich, die Hegelsche Perspektive einer Geschichte des Selbstbewußtseins auch ontogenetisch als lebensgeschichtliche Entwicklung des individuellen Selbstbewußtseins wirklich zu begreifen. Daß die Psychoanalyse dabei nicht vom fertig entwickelten, sondern vom gestörten oder nicht vorhandenen Erleben ausgeht, bekräftigt nur die Parallele zu anderen Strömungen dialektischer Bewußtseinsforschung.

Die Relevanz der neuen Theorie des Selbst und der Frühentwicklung des Subjektkernes ergibt sich insbesondere aus dem Umstand, daß aus ihr eine neue Basic-Personality-Forschung ableitbar ist, die nicht mehr wie z. B. der Ansatz von Kardiner auf einer reduktionistischen Triebpsychologie fußt. Parin und Morgenthaler haben Vorarbeiten zu einer solchen Basic-Personality-Forschung in ihren ethnopsychoanalytischen Untersuchungen in westafrikanischen Kulturen unternommen.

Damit möchte ich es für heute bewenden lassen. Eine weitere Vertiefung, aber auch ein Eingehen auf die praktischen Konsequenzen im Bereich wissenschaftlicher Arbeit könnte sich vielleicht in unserem nächsten Gespräch ergeben.

Für's erste bin ich

mit freundlichen Grüßen und Wünschen

Ihr Hans Kilian

II, 6. Biologische Präliminarien zur Logik[1]

1. Fragestellung

Dieser Beitrag geht um einen kleinen Schritt über die Grenze zur systematischen Philosophie hinaus, die dem Buch im übrigen gezogen ist. Dieser Schritt soll hier noch getan werden, um einerseits eine scheinbare Inkonsistenz der durch das Buch implizierten Philosophie aufzuklären, andererseits einen möglichen methodischen Nutzen eben dieses philosophischen Ansatzes anzudeuten. Die nähere Ausführung hoffe ich anderswo später noch zu geben.

Ist es nicht eine Inkonsistenz, einerseits ständig die platonische Tradition der Philosophie als die für dieses Buch relevante in Anspruch zu nehmen, andererseits eine Biologie des Subjekts zu betreiben? Die formale Antwort auf diese Frage ist in II, 2 unter dem Bilde des Kreisgangs gegeben. Wir suchen jetzt eine stärker inhaltliche Bestimmung dessen, was uns auf dem Kreisgang zu Gesicht kommen wird, anschließend vor allem an II, 3.

Der Grundgedanke der attischen Philosophie, also von Aristoteles ebensowohl wie von Platon, ist, daß nur das Eidos erkennbar ist. Das Eidos erscheint in der späteren Philosophie unter dem Namen des Begriffs. Einer Philosophie, die die Priorität des Begriffs behauptet, steht in der mittelalterlich-neuzeitlichen Tradition die Richtung gegenüber, die sich logisch als Nominalismus, erkenntnistheoretisch als Empirismus ausprägt. Sie hält das Einzelding oder die Einzeltatsache für das primär Gegebene und versucht, den Begriff als Bestimmung des Einzelnen zu verstehen. Es wäre sinnlos, den Streit so vage charakterisierter philosophischer Richtungen argumentativ entscheiden zu wollen. In den Versuch der Präzisierung der Positionen, um sie überhaupt diskutierbar zu machen, muß so viel philosophische Arbeit investiert werden, daß mit dem selben Aufwand fruchtbarer neue, auf die alten Namen verzichtende Begriffe eingeführt werden können. Aber der Weg zu den neuen Begriffen wird doch nur durch die Anstrengung gebahnt, in der wir zu verstehen versuchen, was die überlieferten Begriffe in ihrer vermutlich klarsten Phase bedeutet haben. Vermutlich waren sie am klarsten im Anfang, als ein

---

1 Aus Arbeitsnotizen zur zeitlichen Logik (1972) durch etwa ebenso lange neue Zwischentexte für dieses Buch zusammengestellt.

II, 6. Biologische Präliminarien zur Logik   221

einzelner Philosoph sie einführte, um Phänomene zu bezeichnen, die er sah, und sie noch nicht in die geschichtliche Mehrdeutigkeit geraten waren, die mit ihrer Einführung in verschiedenartige Systementwürfe zwangsläufig verbunden ist. Denn jeder Begriff gewinnt seinen Sinn ja erst in einem Zusammenhang.

Der Streit über die Priorität des Begriffs oder des Einzeldings knüpft an die Form des kategorischen Urteils, oder wie man heute meist sagt, des prädikativen Satzes an. Er knüpft also an die Logik an. Der Satz »S ist P«, etwa »der Löwe ist ein Raubtier«, »Sokrates war ein Philosoph« sagt von einem Subjekt (der Löwe, Sokrates) ein Prädikat (ein Raubtier, ein Philosoph) aus. In den sog. singulären Urteilen ist das Subjekt ein Einzelding (Sokrates). Das Prädikat hingegen ist normalerweise kein Einzelding, sondern eben ein Begriff. Die Frage nach dem Verhältnis von Einzelnem und Begriff ist also eine Teilfrage der Frage nach dem Sinn der Logik. Warum gibt es überhaupt die prädikative Satzform? Was macht ihre logisch so fundamentale Bedeutung aus? Warum gibt es überhaupt Sätze, Begriffe, Eigennamen?

An welche Instanz soll man sich mit solchen Fragen wenden? Die Tradition hielt die Logik für evident, für a priori gewiß. Wenn das so ist, so wäre die Instanz für unsere Fragen eben diese Evidenz, die Einsicht, der wir die Gewißheit der Logik verdanken. Die Rückfrage bei einem Evidenzerlebnis führt aber normalerweise nicht weiter als zu einer präzisierten Wiederholung der Behauptung, einer Versicherung, es sei wirklich so. Das Problem stellt sich schärfer, wenn wir fragen, welcher Art die Gewißheit a priori im Falle der Logik eigentlich sei. Kant hat die Unterscheidung analytischer und synthetischer Urteile eingeführt. Er illustriert sie gerade an der prädikativen Satzform. Ein analytisches Urteil ist nach ihm ein Urteil, dessen Prädikat nur etwas ausspricht, was im Begriff des Subjekts schon enthalten ist, ein synthetisches hingegen fügt im Prädikat dem Subjektbegriff etwas hinzu. Man sieht, daß Kant auch das Subjekt als durch einen Begriff bestimmt denken muß, um seine Unterscheidung überhaupt erklären zu können. Daß analytische Urteile a priori gewiß sind, erscheint ihm dann offensichtlich, ebenso daß Urteile a posteriori synthetisch sind; sein Problem sind die synthetischen Urteile a priori. Dieses Problem lassen wir hier beiseite und fragen, was die Gewißheit der analytischen Urteile ausmacht.

Die neuere Logik behält den Begriff des analytisch Wahren als einen Reflexionsbegriff (einen Begriff der Metasprache, in der wir über Logik sprechen) im allgemeinen bei. Sie sucht ihn aber aus der Bindung an das kategorische Urteil (und der Unklarheit des »Enthaltenseins eines Begriffs im andern«) zu lösen und bestimmt einen analytisch wahren Satz etwa als einen Satz, der durch seine bloße Form wahr ist. Fragt man aber, welche Sätze durch ihre bloße Form wahr sind, so wird man auf die Regeln der Logik verwiesen. Fragt man weiter, warum die Regeln der Logik wahr sind, so wird man wieder auf eine Evidenz verwiesen. Jedenfalls ist zu vermuten, daß die Regeln der Logik ihrerseits nicht durch ihre bloße Form wahr sind. Wenn sie gleichwohl a priori gewiß wären, so wären sie, die Regeln der Logik selbst, also das einfachste Beispiel für synthetische Urteile a priori. Das synthetische Apriori aber ist den meisten heutigen Logikern zutiefst verdächtigt. Vielleicht genügt dieser kurze Gedankengang, um die Behauptung verständlich zu machen, die ich in breiter Erörterung zu verteidigen bereit wäre, daß die Grundlagen der Logik philosophisch ungeklärt sind.

In dieser Lage kann man es vielleicht einmal mit der Methode des Kreisgangs versuchen. Was ist der »Sitz im Leben« der Logik? Welcher historischen Situation entstammt sie? Und was ist ihr biologischer Hintergrund?

2. Der Ort der Logik

Die Frage: »Womit soll der Anfang der Philosophie gemacht werden?«[2] wird erst gestellt, wenn der Anfang der Philosophie *geschichtlich* schon gemacht ist. Was kann sie dann bedeuten? Sie soll den *systematischen* Anfang der Philosophie betreffen. Also setzt sie schon voraus, daß es einen systematischen Anfang der Philosophie geben sollte. Das entnimmt sie aus einem geschichtlich gegebenen Vorwissen. Aus welchem? Ich behaupte: aus dem Vorbild der deduktiven Wissenschaften. Deren gibt es aber geschichtlich gesehen zunächst nur eine, nämlich die *Mathematik.*

Lassen wir offen, wieviel die Übertragung der Struktur der Mathematik auf die Philosophie wert ist, und fragen wir statt dessen nach dem Grund dieser Struktur. Deduktive Mathematik erscheint als ein System von Axiomen und Theoremen; die Theoreme werden mit Hilfe der *Logik* auseinander und letztlich aus den Axiomen gefolgert. Die Struktur der deduktiven Mathematik ist also durch die Logik bestimmt. Was ist Logik? Sie ist Lehre vom *Schluß,* vom *Urteil,* vom *Begriff.* Die Reihenfolge dieser Aufzählung beginnt mit dem, was zuerst als der Zweck der Logik bewußt wird, dem richtigen Schließen, und schreitet fort zu dem, was als Bestandteil des richtigen Schlusses bei fortschreitender Reflexion sichtbar wird.

Die weitere Rückfrage muß lauten: wieso gibt es eigentlich Begriffe, ihre Verknüpfung in Urteilen und deren Verknüpfung in Schlüssen? Die »metaphysische« Antwort ist die Ideenlehre. Eine »positivistische« Antwort, die zunächst das fraglos Gegebene ins Auge faßt, findet Begriffe vor in Gestalt von Worten, Urteile in Gestalt von Sätzen der Sprache, Schlüsse als Teile von Texten. Logik ist dann ein Regelsystem über *Sprache*, ein Ausschnitt aus der *Grammatik.*

Die Linguistik ist eine heute aufblühende Wissenschaft. Sie entdeckt auf

---

2 Hegel, »Wissenschaft der Logik«, Erstes Buch: Womit muß der Anfang der Wissenschaft gemacht werden?

II, 6. Biologische Präliminarien zur Logik

ihre Weise das Apriori in der Gestalt derjenigen Regeln, ohne die gar nicht sinnvoll gesprochen werden könnte.[3] Wenn die Logik einen Teil dieser Regeln formuliert, wodurch ist sie dann – wenn überhaupt – innerhalb des Systems der Grammatik ausgezeichnet?

An dieser Stelle der Reflexion stellt sich die Frage, was denn die *Einfachheit der Logik* ausmacht? Bei der Rückfrage nach dem Anfang der Philosophie erschien es natürlich, in dem, was diesen Anfang als Anfang bestimmt, zugleich das Einfachste zu vermuten. Nun aber hat uns die weitere Reflexion in das unübersehbare Feld der Linguistik geführt. Zwischen der Unübersehbarkeit der mit Hilfe der Logik aufzubauenden inhaltlichen Wissenschaften und der Unübersehbarkeit der hinter der Logik stehenden grammatischen Strukturen erscheint die Logik als ein »Flaschenhals« von Einfachheit. Woher diese Einfachheit?

Ich vermute, sie kommt vom Bezug der Logik auf *Wahrheit*. Jeder Aussagesatz soll Wahres aussagen. Aber ob er wahr ist, liegt nicht an seiner grammatischen Form. Die Logik hingegen formuliert Bedingungen, die an die Form sprachlicher Äußerungen gestellt werden müssen, damit sie überhaupt wahr sein können.

Eine Theorie der Logik bedarf also einer Theorie der Wahrheit.

3. Pragmatische Deutung der Zweiwertigkeit der Logik

Als pragmatische Definition der Wahrheit bezeichne ich im folgenden ihre Definition als Angepaßtheit der Erkenntnishandlung an die Umstände. Diese Definition erhebt nicht den Anspruch, das Wesen der Wahrheit aufzuklären. Sie hebt einen Aspekt der Wahrheit hervor. Sie faßt die Logik als eine Theorie über Sprechakte auf und Sprechakte als eine besondere Art von Handlungen. In der Anwendung, die von ihr in diesem Kapitel gemacht wird, betrachtet sie an den menschlichen Handlungen im wesentlichen diejenigen Züge, die sie mit tierischem Verhalten gemeinsam haben. Die so definierte Wahrheit zieht sich dann auf die Richtigkeit des Verhaltens zusammen; alles, was in der Wahrheit für Menschen mit der Dialog- und Reflexionsfähigkeit zusammenhängt, bleibt hierbei ausgeklammert. Wir werden aber sehen, daß gewisse, sonst immer als gegeben akzeptierte Charakteristika der Logik, so die Gliederung in Sätze und Begriffe und die Zweiwertigkeit der Sätze, ihre präzise Entsprechung oder Vorstufe in der Struktur tierischen Verhaltens haben. Diese Entsprechung wurzelt eben in der Erkenntnisförmigkeit der Lebensvorgänge. Man kann daher in einem strengen Sinne von biologischen Präliminarien zur Logik sprechen.

3 Wesentliche Belehrung verdanke ich jetzt der Darstellung von E. Tugendhat, »Vorlesungen zur Einführung in die sprachanalytische Philosophie«, suhrkamp taschenbuch wissenschaft 45, Frankfurt, Suhrkamp 1976.

Das Grundfaktum der Logik und der Grammatik ist der Satz. Er ist eine, oft in sich komplexe, Einheit. Als Einheit ist er, insoferne er Aussagesatz (λόγος ἀποφαντικός, Aristoteles De Interpretatione, Kap. 4, 17a2–3) ist, dadurch charakterisiert, daß er als Ganzer genau einen »Wahrheitswert«, Wahr oder Falsch, haben kann. Andere Sätze, wie Befehle, Bitten etc., haben meist eine ähnliche Einheit der Intention. Durch die Satzintention[4], im Falle der Aussage den Wahrheitswert,[5] kann man auch einen aus einem einzigen Wort bestehenden Satz vom bloßen Aussprechen dieses selben Wortes unterscheiden.

Was macht eigentlich die Einheit der Satzintention aus? Beim Aussagesatz sollte uns dies am meisten wundern. In einer Übereinstimmungstheorie der Wahrheit wäre es die Einheit des gemeinten Sachverhalts. Aber wenn man versucht, zu sagen, was ein Sachverhalt ist, gerät man in Schwierigkeiten, die fast nur überwunden werden können durch Umkehrung der Erklärungsrichtung: ein Sachverhalt ist, was in einem Satz ausgesagt werden kann.[6] Damit aber wird die Einheit der Satzintention erst recht zum Problem. Sachverhalte, die man durch einen Satz herausgreifen könnte, scheinen kontinuierlich ineinander überzugehen, und nur die verständliche, aber nie voll artikulierte Satzintention greift aus dem Kontinuum etwas meist unscharf Abgegrenztes als das Gemeinte heraus. Z. B. »es regnet«. Wo denn? »Hier.« D. h. im Umkreis des Sprechers. Oder »Alle Menschen begehren von Natur nach Wissen« (Aristoteles Metaphysik, erster Satz). Wonach begehren sie? Was ist Wissen? Begehren sie immer? Begehren wirklich alle? Nein, nicht aktuell, aber von Natur. Ein Gesetz wird statuiert, um die Aussage wahrheitsgemäß machen zu können. Ist dies überhaupt ein verifizierbarer oder falsifizierbarer Sachverhalt? Aber in solchen Sätzen vollzieht sich Erkenntnis. Kann man die Einheit solcher Sachverhalte wie die der beiden so verschiedenen Beispiele anders als durch die Einheit der Satzintention erklären?

Ein anderes Problem, das mit der Einheit der Satzintention zusammenhängt, ist die Zweiwertigkeit der Logik. Jeder Aussagesatz kann wahr oder falsch sein. Was ist der Sachverhalt, der besteht, wenn der Satz falsch ist? Der von der Negation dieses Satzes ausgesagte Sachverhalt. Aber gibt es eigentlich negative Sachverhalte? »Es regnet nicht« ist nur die eine mögliche Antwort auf die Frage »regnet es?«, pedantischer: »besteht der Sachverhalt, daß es regnet?« Bochenski sagt bei der Negation von Prädikaten »die Welt ist voll von Nichtelefanten«. Die Negation ist ein erklärungsbedürftiger Zug der Logik, nicht ein Faktum der Wirklichkeit. Platon hat dies im Sophistes genau gesehen.

4 d. h. hier diejenige Intention des Sprechenden, die das Wort oder die Worte »als einen Satz meint«.
5 d. h. hier durch die Tatsache, daß das Ausgesprochene etwas ist, was wahr oder falsch sein kann.
6 Diese Wendung geht auf P. F. Strawson zurück; vgl. die ausführlichen Zitate bei Tugendhat. Mir wurde sie durch G. Patzig vermittelt; vgl. »Die Einheit der Natur«, S. 337.

II, 6. Biologische Präliminarien zur Logik

Ich schlage vor, den Aussagesatz grundsätzlich im Sinne der pragmatischen Wahrheitsdefinition zu verstehen. Ein Aussagesatz ist genau dann wahr, wenn eine bestimmte Handlungsweise zum Erfolg führen würde.[7] Genau wenn es regnet, muß man den Regenschirm aufspannen. Genau wenn alle Menschen von Natur nach Wissen begehren, hat es Sinn, die »Metaphysik« zu schreiben. Genau wenn 2 mal 2 vier ist, muß man vier Betten bereitmachen, wenn zwei Paare zu Besuch kommen. Dabei sind natürlich diese Beispiele primitive Stilisierungen, vergleichbar der unbelehrbaren Primitivität angeborener Verhaltensschemata (vgl. »Die Einheit der Natur«, S. 338). Die Behauptung ist nur, daß auch unsere subtil prüfbaren Aussagesätze ihren Gehalt in den Methoden ihrer Prüfung haben. Die Subtilität einer pragmatischen Erkenntnistheorie kann aber erst entfaltet werden, nachdem gesehen ist, inwiefern die pragmatische Wahrheitsdefinition die Einheit der Satzintention und die Zweiwertigkeit der Logik grundsätzlich erklärt.

Man darf hier auf einen zunächst empirisch gegebenen Zug der Verhaltenslehre zurückgreifen. Ein Verhaltensschema bei Tieren ist im einfachsten Fall ein Ablauf von Tätigkeiten, deren Abfolge angeboren ist und deren Auslösung durch äußere Umstände erfolgt. Es gibt – immer im einfachsten Fall – keine Zwischenstufen zwischen dem Stattfinden der Auslösung mit dem nachfolgenden Verhaltensablauf und dem Nichtstattfinden beider. Betrachtet man den Hergang genauer, so können die gleichwohl auftretenden Zwischenstufen entweder ein schlechtes Funktionieren des Schemas sein, oder aber ein komplizierteres Schema, in dem mehrere Entscheidungspunkte, etwa auch unter Einfluß von Lernvorgängen, vorgesehen sind. Da beide Verfeinerungen das Grundschema nicht strukturell leugnen, bleiben wir um der Kürze des Ausdrucks willen beim einfachsten Fall. Dann ist die Entscheidung über das Stattfinden der Auslösung in einer bestimmten Zeitspanne eine einfache Ja-Nein-Entscheidung. Sie hat zudem die Asymmetrie, die wir zwischen Sein und Nichtsein konstatiert haben. Findet die Auslösung statt, so geschieht der Verhaltensablauf. Findet die Auslösung nicht statt, so geschieht »nichts«, und es bedarf einer Rückfrage nach dem enttäuschten Interesse des jeweiligen Beobachters, um zu erfahren,, was dasjenige ist, was nicht geschehen ist.

Das Handlungsschema mit seiner Alles-oder-Nichts-Struktur ist freilich noch kein Satz, weder ein imperativischer noch ein assertorischer. Aber von ihm aus können wir es unternehmen, die Struktur von Sätzen zu erläutern. Wir, die Verhaltensforscher, können einen »Sachverhalt für das Tier« definieren als diejenigen Umstände, welche die Auslösung zur Folge haben. Aus solchen Sachverhalten für das Tier besteht dessen Uexküllsche Umwelt. Menschliches Denken beruht dann auf einer Repräsentation (Vor-stellung) möglicher Handlungen mit ihren Erfolgen, sei es in der Sprache, sei es in der z. B. optischen Phantasie. Wie diese Repräsentation möglich ist, ist das hoch-

---

7 All dies diskutiert Tugendhat sehr viel präziser.

komplexe Thema einer deskriptiven und kausalen Theorie des Sprechens und Denkens. Aber es erscheint plausibel, daß auch die vorgestellten Handlungen den grundsätzlichen Ja-Nein-Charakter elementar-tierischer Handlungen haben, wenngleich in hochkomplex zusammengesetzter Form, die aber doch eine Analyse auf ihre einfachen Elemente hin zuläßt. Eine sprachliche Repräsentation für Menschen eines solchen vorgestellten »Sachverhalts für Menschen« wäre dann ein Aussagesatz. Hier tritt die Formel »für Menschen« sachgemäß zweimal auf: es ist ein Sachverhalt für Menschen, den die Sprache für Menschen darstellt. Die gewöhnliche sprachlogische Reflexion erkennt das »für Menschen« der Sprache, aber nicht des Sachverhalts, und nimmt daher die Einheit der sprachlich repräsentierten möglichen Handlung und ihre Alles-oder-Nichts-Struktur als die Einheit und die Sein-Nicht-sein-Struktur von Sachverhalten.

In einer Stilisierung, welche die zahllosen im menschlichen Sprechen und Denken eingebauten Komplikationen brutal unterdrückt, könnten wir also die Begründung der Zweiwertigkeit der Logik so aussprechen: Der Aussagesatz stellt einen Sachverhalt vor. Der Sachverhalt ist definiert durch eine ihm angemessene Handlungsweise. Die Handlungsweise hat ein Alles-oder-Nichts-Prinzip: sie kann in einer gegebenen Situation erfolgen oder nicht erfolgen, und weder beides zugleich (Satz vom Widerspruch für Handlungen) noch keines von beiden (Satz vom ausgeschlossenen Dritten für Handlungen). Die Zweiwertigkeit der Aussagesätze selbst ist nun eine Einsicht der Reflexion. In »schlichter« Aussage sagen wir jeweils Sachverhalte aus, welche vorliegen. Nicht vorliegende Sachverhalte werden nicht ausgesagt. Aber auch fast alle vorliegenden Sachverhalte werden nicht ausgesagt, nämlich entweder wenn ihnen keine Handlungsmotivation zukommt, oder wenn keine Motivation besteht, diese ihre mögliche Handlungsmotivation sprachlich mitzuteilen. Jede schlichte Aussage ist »als wahr gemeint«. Nun aber ist der Zweifel an jeder schlichten Aussage möglich, freilich nicht an allen zugleich. Eine bezweifelte Aussage wird durch ein Verfahren überprüft, das sich in einer Vielzahl neuer, ihrerseits schlichter Aussagen aussprechen kann. Das Verfahren prüft, ob der behauptete Sachverhalt wirklich vorliegt. Die ursprünglich schlichte Aussage (nennen wir sie »p«) wird nun zur reflektierten Aussage. Hat sie sich als wahr erwiesen, so können wir weiterhin p als wahr aussprechen, wir können jetzt aber auch sagen »ich behaupte, daß p« oder »p ist wahr«. Andernfalls »ich behaupte, daß nicht p« oder »p ist falsch«.

Diese Darstellung macht, so hoffe ich, eine Reihe phänomenologisch bekannter Züge unserer Erkenntnis auch kausal begreiflich. Die Logik ist zweiwertig, weil sie auf Handlungen bezogen ist, die ausgeführt oder unterlassen werden können. Nennen wir das Denken im Rahmen der Logik den Verstand und die bewußte, entscheidungsfähige Handlungsmotivation den Willen, so folgt die Zusammengehörigkeit beider: der Verstand kann denken, was der Wille wollen kann, der Wille kann wollen, was der Verstand denken kann.

II, 6. Biologische Präliminarien zur Logik

Die Zweiwertigkeit, die Zerlegbarkeit der Wirklichkeit in Alternativen ist nicht eine Eigenschaft, die uns die Welt ohne unser Zutun zeigt; sie ist die Weise, wie wir auf die Wirklichkeit – erfolgreich – zugreifen. Der Verstand ist machtförmig. Die zweiwertige Logik gilt aber nur für reflektierte Aussagen; durch den Zugriff des Zweifels (des Sehens zweier Möglichkeiten, Zwiefalt = Zweifel) werden jeweils isolierte schlichte Aussagen zu reflektierten Aussagen. Für die schlichten Aussagen und das Nichtgesagte gilt die Prävalenz der Wahrheit vor der Falschheit, die Heidegger mit dem Begriff der Unverborgenheit phänomenologisch beschreibt. Ein Hof unabgrenzbar vieler möglicher schlichter Aussagen ist für jeden einzelnen Akt zweifelnder Reflexion unerläßlich. Dieser Hof ist uns als eine weitgehend unausdrückliche Wahrnehmung dessen gegeben, was stets nur in isolierten kleinen Teilstücken in Sachverhalte aufgelöst wird. Dies ist die Prävalenz der Wahrnehmung vor dem Verstand. In der Wahrnehmung sind wir immer schon orientiert im Ganzen; so können wir im Einzelnen zielstrebig handeln. Diejenige Wahrnehmung des Ganzen, die auch über das begriffliche Denken frei verfügt, möchte ich Vernunft nennen. So gesehen ist Vernunft Vorbedingung für die Tätigkeit des Verstandes. Die Affekte aber sind gleichsam Vernunft vor der Entwicklung des Verstandes. Daher die Rede von der Vernunft der Affekte.

Wir beenden den Abschnitt mit einer nochmaligen philosophischen Reflexion über den Sinn des gewählten Verfahrens. Sachverhalte haben sich uns als »Sachverhalte für Menschen« erwiesen. Nun ist es keineswegs die philosophische Absicht dieser Notizen, die Welt auf unsere Vorstellungen zu reduzieren. Die Lehre vom Verhalten der Tiere bietet schon ein besseres Modell an. Der Verhaltensforscher weiß, daß sich im »Sachverhalt für das Tier« wesentliche Züge derjenigen Wirklichkeit wiederfinden, die er als Naturwissenschaftler kennt (und besser zu kennen überzeugt ist als das Tier). Kritische Reflexion bedeutet, daß wir mit dem besten uns möglichen Wissen ebenso unser eigenes jeweiliges und vorläufiges Wissen auf seinen Wahrheitsgehalt, seine Bedingungen und seine Grenzen prüfen. Eine Philosophie wie die hier versuchte reflektiert nun kritisch nicht nur auf Einzelwissen, sondern auf die Form des Wissens selbst. Sie fragt, warum sich Wissen gerade in Sätzen, und zwar in negierbaren Sätzen darstellt. Es ist methodisch nicht illegitim, wenn sie dabei auf empirische Fakten über die Vorfahren von homo sapiens (genauer über heutige Nachkommen solcher Vorfahren) zurückgreift. Es ist ebensowenig illegitim, daß sie dabei diejenige Methode der Erkenntnis benutzt, deren Entstehungsgrund sie selbst studiert, daß sie also ihre Vermutungen in Sätzen, und zwar in negierbaren Sätzen ausspricht. Genau dies ist im »philosophischen Genitiv« gemeint, der zugleich genitivus subiectivus und obiectivus ist: »Kritik der reinen Vernunft« ist Kritik an der Vernunft durch die Vernunft. Nur unsere essentiell geschichtliche Fragestellung verbietet die inhaltliche Einteilung unseres Wissens in empirisches und transzendentales; unsere transzendentale Reflexion bedient sich empirischen Materials mit dem

Fernziel, seine empirisch gefundenen Gesetze als transzendental notwendig zu erkennen.

In diesem Sinne ist es natürlich auch legitim, zu fragen, ob das geschilderte Auslöseschema von Verhaltensabläufen einen Grund in den Sachen selbst hat, also z. B. einen Selektionsvorteil in der Welt, wie sie ist (wobei wir weiterhin die Welt, »wie sie ist«, in negierbaren Sätzen beschreiben). Halten wir einmal Arterhaltung als das Erfolgskriterium fest. Etwas, nämlich die Art, kurzfristig auch das Individuum, soll erhalten bleiben. Die Handlungen müssen also gewisse Zustandsmerkmale des Handelnden mit einer gewissen Eindeutigkeit konstant halten oder nach einer Frist reproduzieren. Diese Erhaltung geschieht von selbst, solange sich die Umstände nicht ändern. Sie geschieht auch noch von selbst, solange sich die Umstände in einer für diese Erhaltung irrelevanten Art ändern. Es muß also ein Mechanismus funktionieren, der normalerweise nicht, sondern nur auf relevante Änderungen der Umstände (der äußeren oder auch inneren, z. B. Feinde oder Hunger) anspricht. (Das meint übrigens Luhmann wohl mit Komplexitätsverminderung). Nun können endliche Wesen wie die Organismen nur endlich viele, sogar nur wenige, zuverlässig funktionierende relativ komplex aktive, auslösbare Verhaltensschemata haben. Dieser wohl an sich einleuchtende Satz ließe sich durch die thermodynamischen Bedingungen der Zuverlässigkeit, nämlich hinreichend gesicherte Irreversibilität, quantitativ untermauern. Wir stoßen hier auf genau dieselbe Argumentation wie bei der Notwendigkeit irreversibler Vorgänge in Meßinstrumenten gemäß der Quantentheorie der Messung. Wie dort die klassische Physik im Meßgerät wird uns hier die Einheit und Negierbarkeit der Sachverhalte, also die klassische Logik, durch die Funktionsbedingungen eines physischen Gegenstandes aufgedrungen, der strukturell erkenntnisartige Akte vollziehen soll.

Auch mit dieser Überlegung sind wir natürlich aus dem geschichtlichen Zirkel unserer eigenen Erkenntnis nicht entschlüpft. Die Endlichkeit der Reaktionsweisen eines Organismus beruht physikalisch darauf, daß er aus endlich vielen Atomen besteht, und daß diese nur endlich viele reproduzierbar verschiedene Reaktionsweisen haben. Die Gesetze dieser Sachverhalte beschreibt für uns heute die Quantentheorie. Diese versuchen wir aus finitistischen Axiomen herzuleiten, und der Finitismus drückt eben die Endlichkeit eines auf einheitliche Satzinhalte angewiesenen Denkens aus. Indem wir nun eben dies in negierbaren Sätzen auszusprechen suchen, denken wir die Möglichkeit der Negation dieser Sätze, also nichtfiniter Sachverhalte oder einer nicht in »Sachverhalte« auflösbaren Wirklichkeit hypothetisch mit. Faßbar wird uns der Gedanke der Unendlichkeit nur als Möglichkeit, d. h. als Zukunft. Die futurische Modallogik, also etwa die Quantenlogik, ist in gewissem Sinne nicht zweiwertig. Die vorliegende Notiz geht auf die hier entstehenden Diskussionen noch nicht ein. Sie sollte nur, als deren Hintergrund, einen mutmaßlichen Grund der Zweiwertigkeit der klassischen Logik vor Augen stellen.

II, 6. Biologische Präliminarien zur Logik

4. Der Grund der Subjekt-Prädikat-Struktur des Satzes

Daß der elementare Aussagesatz von einem Subjekt (ὑποκείμενον) etwas prädiziert, nämlich ihm etwas zu- oder abspricht (κατάφασις-ἀπόφασις), wird seit Aristoteles in engstem Zusammenhang mit der Einheit der Satzintention und der Zweiwertigkeit gelehrt; im Sophistes legt schon Platon diese Struktur des Satzes zugrunde. Dabei ist der Zusammenhang beider Strukturen keineswegs evident. Als wahr oder falsch erkennen wir auch Sätze an, die auf komplizierte Weise aus elementaren Sätzen aufgebaut sind, und ebenso Sätze, deren Einfachheit eine unmittelbare Deutung im Sinne der S-P-Struktur gar nicht nahelegt, wie »es regnet«, »Feuer!«, »es regnet nicht«. D. h. Einheit der Satzintention, Zweiwertigkeit und Negierbarkeit haben die S-P-Struktur nicht zur Folge; letztere ist eine Einschränkung der Mannigfaltigkeit der denkbaren Satzstrukturen. Andererseits ist diese Struktur sehr verbreitet, und wenn ich Chomsky richtig verstehe, hält er sie auch dort, wo sie in der Oberflächenstruktur der Sätze nicht auftritt, für ein unerläßliches Bauelement ihrer Tiefenstruktur. Kann man diese ihre Universalität verstehen?

In der aristotelischen Syllogistik werden Eide über Eide ausgesagt. Hiermit ist die klassische Vorstellung von Oberbegriffen, die Begriffspyramide etc. verbunden. So konstruiert nach Detel [8] schon Platon die prädikativen Sätze. Aber von Snells [9] drei Beispielen für prädikative Sätze:

Der Löwe ist ein Raubtier

Der Löwe ist gelb

Der Löwe brüllt

deckt dieses Modell nur das erste. Eigenschaften und Tätigkeiten sind nur gewaltsam zu Oberbegriffen zu machen. Wesentlich gehört zu ihnen, daß sie (mit Ausnahme der ἴδια, der zum Wesen gehörenden Eigenschaften, wenn ich diesen nicht unproblematischen aristotelischen Begriff einmal akzeptiere) dem Subjekt nicht notwendig oder wesentlich und im allgemeinen auch nicht jederzeit zukommen. »Der Löwe brüllt, wenn er nicht schweigt« (W. Busch, »Naturgeschichtliches Alphabet für größere Kinder und solche, die es werden wollen«) und auch ein ergrauter Löwe ist ein Löwe. Die Beschränkung der Prädikationsstruktur auf zeitlose Beziehungen zwischen Eide klammert nicht nur die Fülle der zeitbezogenen Sprache aus; sie verbaut auch den Weg zur temporalen Logik. Der Verdacht liegt heute nahe, daß umgekehrt die Eidosstruktur eine spezielle Variante der Prädikationsstruktur ist, daß z. B. Eide zeitlos gewordene Prädikate sind.

Es gibt eine zeitliche Begründung der Prädikationsstruktur bei Aristoteles

---

8 W. Detel, »Platons Beschreibung des falschen Satzes im Theätet und Sophistes«, ›Hypomnemata 36‹, Göttingen, Vandenhoeck & Ruprecht 1972.
9 Bruno Snell, »Der Aufbau der Sprache«, Hamburg 1952.

selbst (Physik A 7). Aristoteles zeigt dort, daß es, wenn es Veränderung gibt, eine Darstellung durch zwei oder drei Prinzipien geben muß, die er Materie, Form und Privation (ὕλη, μορφή, στέρησις) nennt. Die Bronze (Materie), die keine Statue ist (Privation) wird zur bronzenen Statue (Form, und zwar Form in der Materie, ἔνυλον εἶδος). Abstrakt gesagt: Wer Veränderung beschreiben will, muß etwas bezeichnen, was gleichbleibt (bliebe nichts gleich, so wäre vermutlich begriffliche Beschreibung unmöglich) und etwas, was sich ändert. Das Gleichbleibende wird die Materie genannt, das sich Ändernde ihre Form. Die Form tritt bei der Änderung in zwei Gestalten auf: A wird B. Die übliche Beschreibung hebt eine der beiden Gestalten als die gemeinte Form hervor und bezeichnet die andere nur durch deren Fehlen. Insofern läßt sich die Zwei-Prinzipien-Struktur von Materie und Form auch als Drei-Prinzipien-Struktur von Materie, Form und Privation auffassen. Man sieht hier auch unmittelbar den Relationscharakter des Begriffspaars Materie-Form. In bezug auf eine bestimmte Veränderung ist Bronze Materie, nämlich in bezug auf diejenige, in der sie sich nicht ändert. Gegenüber ihren Bestandteilen, aus denen sie hergestellt wird, Kupfer und Zinn, ist sie Form. Eine Materie, die als Subjekt in einem Aussagesatz vorkommen kann, ist selbst ein Eidos, denn nur ein Eidos ist sagbar. Eine prima materia, πρώτη ὕλη, ist ein abstraktes philosophisches Prinzip, aber kein vorkommendes Ding.

Wesentlich gehört zum aristotelischen Materiebegriff, daß Materie Möglichkeit (δύναμις), und zwar rezeptive Möglichkeit (δύναμις τοῦ πάσχειν) bedeutet. Aus Bronze kann eine Statue gemacht werden, muß aber nicht. Die Veränderung wird nicht als ein determinierter Ablauf beschrieben, sondern als Verwirklichung einer Möglichkeit, die auch hätte ausbleiben können. Hiermit ist übrigens nicht nur nicht positiv, sondern auch nicht negativ über Determinismus präjudiziert. Es ist denkbar, daß derjenige, der alle zusammenwirkenden Ursachen kennt, wissen könnte, daß die Bronze zur Statue werden mußte. Aber das ist nicht die reale Situation des erkennenden Menschen. Er bedarf der zusammensetzbaren Begriffe, also der Möglichkeit: Materie als Möglichkeit der Verwirklichung einer Form, Form als mögliche Form einer Materie.

In einer temporalen Logik liegt es nahe, ein analoges Schema zu benutzen. Wir sprechen von entscheidbaren Alternativen. Dabei müssen wir erstens die Alternative bezeichnen, d. h. von anderen Alternativen unterscheiden, und zweitens angeben, welche Entscheidung eintritt. Ersteres entspricht der Materie, der Möglichkeit dieser Form bzw. ihrer Privation, letzteres der Form selbst. Eine Form ist nur angebbar, indem sie oft vorkommt (Bestätigung). Eine Möglichkeit ist nur angebbar als Möglichkeit einer Form. Aber daß sie Möglichkeit ist, heißt, daß die Form gerade im jetzt vorliegenden Fall eintreten kann oder nicht (Erstmaligkeit).[10]

10 Vgl. E. v. Weizsäcker, »Erstmaligkeit und Bestätigung als Komponenten der pragmatischen Information«, in E. v. Weizsäcker (Hrsg.) »Offene Systeme I«, Stuttgart, Klett 1974.

II, 6. Biologische Präliminarien zur Logik

Unter diesen Begriff der Prädikation fallen die drei Snellschen Beispiele, nachdem einmal der Begriff eines konstanten Subjekts (οὐσία im Sinne des Aristoteles, πρώτη οὐσία der Kategorienschrift) gerechtfertigt ist. Diese Rechtfertigung ist freilich ein weiteres Stück Arbeit. Subjektlose Sätze wie »es regnet« zeigen, daß die Phänomene nicht zugleich mit anwendbaren Begriffen auch permanente Subjekte erkennen lassen müssen. Methodisch wird man zwar das Subjekt als permanente Alternative (die Möglichkeit selbst als Form: z. B. das Stück Bronze) begründen. Aber daß es permanente individuelle Gegenstände gibt, ist vermutlich transzendental nicht voll zu begründen. Es ist wohl erst auf dem Umweg über die volle Physik einzusehen. Elementarteilchen sind die einfachsten quasi-individuellen Gegenstände, aber sie sind schon keine Uralternativen mehr.

Snells drei Beispiele erscheinen dann naheliegend in einer Welt individueller Gegenstände. Ein Gegenstand kann Eigenschaften haben, die entweder wechseln können oder nicht. Im letzteren Fall nennt man sie Wesensmerkmale und faßt sie zu einem substantivisch ausgesprochenen Oberbegriff zusammen. Im ersteren Fall bezeichnet man sie durch Adjektive. Die ἴδια sind dann second thoughts einer Spezies-Philosophie. Die Änderung der Eigenschaften geschieht meist durch Einwirkung von außen. Der kausale Begriff der Einwirkung bezeichnet Gesetzlichkeit zeitlicher Vorgänge in einer Welt individueller Gegenstände: einer wirkt auf den anderen. Ursache einer solchen Einwirkung Sein heißt Handeln und wird durch Verben beschrieben: Snells drittes Beispiel.

Daß wir zeitlose Verhältnisse durch prädizierende Sätze beschreiben, ist nun das am wenigsten Selbstverständliche. Die Negation ist natürlich in temporalen Sachverhalten, wo sie reale Möglichkeiten ausdrückt. Die Negation eines zeitlos wahren Satzes (»zweimal zwei ist nicht vier«) drückt als reale Möglichkeit nur die des Nichtwissens (des Irrtums, der Lüge) aus. Diese für die Philosophie zentrale Frage klammern wir hier aus.

In der neuzeitlichen Philosophie der Logik hat man vor dem Hintergrund der Substanz-Ontologie des Aristoteles und verstärkt durch die Richtung des Nominalismus einen ganz anderen Aufbau als den hier versuchten gewählt. Man hat in ihr gerade das vorausgesetzt oder als unmittelbar einsichtig zu erweisen versucht, was hier als begründungsbedürftig und nur eingeschränkt wahr angesehen wird: die Existenz isolierbarer, mit sich identisch bleibender Gegenstände. Gegenstände werden durch singuläre Termini, durch Eigennamen bezeichnet. Das philosophische Problem beginnt nach dieser Auffassung erst bei der Einführung der Begriffe, d. h. der Prädikate. Der Name »Sokrates« bezieht sich auf jenen athenischen Philosophen, der Platons Lehrer war und den Schierlingsbecher trank. Worauf aber beziehen sich Prädikate wie »Philosoph«, »Grieche«, »sterblich«? Die extensionale Auffassung besagt, daß sie sich auf Klassen von Gegenständen beziehen. Aber was ist eine Klasse? Ist sie eine Gesamtheit von Gegenständen? Eine im engen Sinne nominalistische Ansicht wäre, daß ein Prädikat nur ein gemeinsamer Name für alle Gegenstände einer Klasse wäre. Frege und Russell haben die Schwierigkeiten hervorgehoben, die entstehen, wenn man eine Klasse nicht von den in ihr enthaltenen Gegenständen unterscheidet. Im Horizont einer zu entwerfenden zeitlichen Logik ist dazu zu sagen, daß wir niemals alle in eine Klasse fallenden empirischen Gegenstände vollständig kennen können. Wenigstens die zukünftigen kennen wir nicht. Wir können aber jetzt schon das Prädikat kennen, das über ihre Zugehörigkeit zur Klasse entscheiden wird, wenn wir sie kennen werden. Also ist hier sicher der Prädikatsbegriff primär gegenüber dem Klassenbegriff.

Freges und Russells These, daß Prädikate als Subjekte von Prädikaten höherer Stufe auftreten können, also eine Art von Gegenständen höherer Stufe bilden, wird, zumal in der englischsprachigen Literatur dann manchmal als »Platonismus« bezeichnet. Das ist jedoch eine historisch und systematisch absurde Bezeichnungsweise. Dieser sogenannte Platonismus gibt das unbefragt zu, was Platon nicht müde wird zu leugnen, nämlich die Existenz elementarer Gegenstände, und er faßt dann die Begriffe nach dem Vorbild dieser Gegenstände auf, der zweite Fehler, den Platon unermüdlich bekämpft hat.[11] Noch in der aristotelischen Syllogistik kommen unter den Beispielen niemals singuläre Termini, sondern nur quantifizierte Prädikate vor; nicht: »Sokrates ist sterblich«, sondern »alle Griechen sind sterblich«.[12] Um sich dem Sinne Platons anzunähern, müßte man zunächst jeden singulären Terminus als eine Kennzeichnung auffassen, d. h. als ein Prädikat, unter das genau ein Gegenstand fällt. Genau so habe ich oben den Sinn des Namens »Sokrates« erklärt. Nur dann kann man, wie Kant in seiner Erklärung der analytischen Urteile, mit der Tradition allgemein vom jeweiligen Begriff des Subjekts eines prädikativen Satzes reden.

Die sprachanalytische Philosophie unserer Tage sieht sich schrittweise in derselben Richtung gedrängt. Ich zitiere hier Tugendhats Darstellung. Sucht man die Bedeutung eines Satzes in den Bedingungen seines Gebrauchs, so lassen sich zunächst situationsgebundene Sätze erklären, die der gegenwärtigen Situation ein Prädikat zuschreiben, genau wie wir es in II 2,3 bei der Erläuterung des Zusammenhangs von Information und Begriff getan haben. Die Einführung singulärer Termini geschieht dann, um den Satz situationsunabhängig zu machen. Die Bezeichnung der Gegenstände knüpft Tugendhat an die raum-zeitliche Situation an, der Quantenphysiker muß also sagen: an die Begriffe der klassischen Physik.

Diese logischen Probleme im Blick haltend kehren wir zu der biologischen

11 Ich habe mir erlaubt, hier zwei Sätze wörtlich aus meinem Aufsatz »Die Aktualität der Tradition: Platons Logik« zu übernehmen.
12 Hervorgehoben von J. Lukasiewicz, »Aristotle's Syllogistic from the Standpoint of Modern Formal Logic«, Oxford, Clarendon 1951; dazu G. Patzig, »Die aristotelische Syllogistik«, Göttingen, Vandenhoeck & Ruprecht, 1959.

II, 6. Biologische Präliminarien zur Logik

Analyse der Wahrnehmung von Begriff und Einzelfall zurück, die wir im Beitrag über die Einheit von Wahrnehmen und Bewegen versucht haben. Wir kombinieren sie jetzt mit dem Ergebnis des voranstehenden Abschnitts über den Satz. Wir können dann sagen: Einem einfachen auslösbaren Verhaltensschema eines Tiers entspricht *für uns* ein Begriff. *Für das Tier* ist wohl das Ablaufen des betreffenden Verhaltens in einer für unsere Reflexion kaum mehr noch vollziehbaren Weise die ungeschiedene Einheit der drei Momente, die wir als Begriff, Affekt und Handlung auseinanderhalten (diese Betrachtungsweise wurde in I 8, S. 101) eingeführt); derart ungebrochene Verhaltensweisen haben wir vermutlich nur dort, wo wir unser eigenes Verhalten gar nicht als solches merken. Erst dort, wo ein höherer Komplikationsgrad der Verhaltensweisen einen bestimmten Verhaltensablauf je nach einem höheren Kriterium hemmen oder loslassen kann, kann ein biologisches Bedürfnis entstehen, diesen Ablauf *als einen möglichen* zu thematisieren. Hier dürfte das Auseinandertreten von Handlung und Affekt beginnen. Der Affekt ist gleichsam die Wahrnehmung der nicht vollzogenen Handlung als angezeigter, aber (bisher) nicht vollzogener. Hier trennen sich Wahrnehmen und Bewegen. Der Begriff *als Begriff*, also die Trennung von Begriff und Einzelfall, von Denken und Wahrnehmen, ist eine bei höheren Tieren wohl gelegentlich schon vollzogene, aber erst vom Menschen, durch die Sprache, thematisierbare noch höhere Leistung.

Hier wurzelt das zum Verständnis der Philosophie, zumal der platonischen, fundamentale Phänomen, das ich *Mitwahrnehmung* nennen möchte (vgl. wieder I 8, 102 f). Es ist die Mitwahrnehmung des Begriffs in dem, was unter den Begriff fällt, im einfachsten Beispiel also im Einzelfall. »Dort fliegt der Ball!« Habe ich dieses Einzelding wahrgenommen, das unter den Begriff Ball fällt? Oder habe ich das Eidos (den Begriff) Ball in einer seiner Realisierungen wahrgenommen? Die Frage ist falsch gestellt. Ich habe *dies als Ball* wahrgenommen. Sprechen *wir* von der Wahrnehmung der Tiere, so müssen wir sagen, daß sie Begriffe wahrnehmen. Der Marder im Hühnerhaus (S. 164). Oder, wenn das nesthockende Vogeljunge bei Herannahen der fütternden Mutter den Schnabel aufsperrt, dasselbe aber auch bei Herannahen einer Papp-Attrappe tut: verwechselt es die Attrappe mit der Mutter? Vermutlich nicht, aber es reagiert auf den Begriff »fütternder Schnabel«. Es ist die Leistung der Philosophie, den mitwahrgenommenen Begriff vom Einzelfall zu unterscheiden; Philosophie ist eine Schulung, beides in je eigener Weise für sich wahrzunehmen. Als Wahrnehmung im engeren Sinn erscheint dann seit der griechischen Philosophie (αἴσθησις) und sich verengend in der sich herausbildenden nominalistisch-empiristischen Tradition die Wahrnehmung des Einzelfalls. Bei Platon und Aristoteles wird auch das Denken des Begriffs noch mit einem ursprünglich die optische Wahrnehmung bezeichnenden Wort (νόησις) benannt. Das Problem des Empirismus, wie spezielle Erfahrung allgemeine Begriffe und allgemeine Urteile begründen kann, löst noch

Aristoteles in seiner Theorie der Induktion (ἐπαγωγή), indem er sagt, daß wir *im* Einzelfall das Allgemeine wahrnehmen. Die Häufung der Einzeldaten kann dazu hilfreich sein, im Prinzip genügt aber *ein* Einzelfall zur Induktion. Hier ist mit dem ungetrübten phänomenologischen Blick der griechischen Philosophie das Phänomen der Mitwahrnehmung noch direkt beschrieben.

In einer leicht spielerischen Stilisierung läßt sich die Aufgabe der Philosophie in folgender Stufenleiter erläutern. Wenn in der reflektierteren Wahrnehmung der Unterschied zwischen dem Einzelfall und dem Begriff gemacht wird, so heißt das, daß im Einzelfall dieser Wahrnehmung der Unterschied zwischen dem Begriff des Einzelfalls und dem Begriff des Begriffs mitwahrgenommen wird. Das Eidos ist, vom Einzelfall her beschrieben, die Gesetzmäßigkeit, die wir im Begriff – in der Möglichkeit der den jeweiligen Begriff konstituierenden Verhaltensweise – mitwahrnehmen. Die Mitwahrnehmung des Eidos im Sinnending ist die Erscheinung des Eidos, so wie die griechische Philosophie den Begriff Erscheinung (φαινόμενον) versteht. Die Mitwahrnehmung des Unterschiedes von Eidos und Sinnending ist die Erscheinung dieser Unterscheidung. Philosophie ist seit Platon der Versuch, diese so mitwahrgenommene Unterscheidung direkt wahrzunehmen; sie ist eine Meditation dieser Unterscheidung. Deshalb ist Philosophie Lehre von der Erscheinung: sie ist Erscheinung der Erscheinung. Dazu muß mitwahrgenommen werden, was im Eidos, das *als* Eidos wahrgenommen wird, eben darum mitwahrgenommen wird: die Wesenselemente des Eidos. Also, in der platonischen Tradition gesprochen, die Transzendentalien: das Eine, das Gute, das Sein, die Wahrheit.

Der Aufstieg aus der Höhle ist der Weg dieser Meditation. Aber es muß immer wieder gesagt werden, daß erst der Wiederabstieg Platons konstruktive Philosophie ist. Er ist die Wiederherstellung der aus pädagogischen Gründen zu Beginn des Aufstiegs zerrissenen Einheit von Eidos und Einzelding, er ist also die Erkenntnis aller Einzeldinge als das, als was sie einzig erkannt werden können, als Eide. Daß in der weltflüchtigen Tradition des Neuplatonismus nur Platons Aufstiegsphilosophie eigentlich rezipiert wurde, führte zumal seit dem Hochmittelalter dazu, die beiden Bewegungen von Aufstieg und Abstieg auf zwei Philosophien zu verteilen, die platonische und die aristotelische. Diese Verteilung spiegelt sich in Raffaels Schule von Athen[13] (I 8, S. 101), und offensichtlich durch dieses Bild angeregt ist Goethes schöne Schilderung der beiden Philosophen im historischen Teil der Farbenlehre.[14]

13 Günter Ralfs (»Platon und Aristoteles im abendländischen Bewußtsein«, in Lebensformen des Geistes‹, Kantstudien, Ergänzungshefte 86, Köln, Kölner Universitäts-Verlag 1964) hat nachgewiesen, daß diese Konfrontation von Platon und Aristoteles auf dem von Platon selbst im Sophistes entworfenen Gegenüber der Ideenfreunde und der Materialisten beruht; zwei Positionen, von denen beiden er sich distanziert.

14 »Materialien zur Geschichte der Farbenlehre. Zwischenzeit. Überliefertes«. (Hamburger Ausgabe XIV S. 53–54).

II, 6. Biologische Präliminarien zur Logik

Die Trennung der Schulen aber führt in der Radikalisierung der Positionen zu unlösbaren Problemen. Der Empirismus hält Sinnesdaten als solche für gegeben und kann von ihnen aus die Gesetze nicht rekonstruieren; er sieht nicht, daß Sinnesdaten schon unserer biologischen Ausstattung wegen gar nicht anders als unter einem mitwahrgenommenen Begriff gegeben sein können. Der Idealismus, wenn ich diesen vieldeutigen Terminus hier benutzen darf, hält die direkte Wahrnehmung des Eidos, die Leistung einer meditativen Abstraktion, für ein eigenständiges Vermögen, das durch Erfahrung nur gleichsam illustriert, aber nicht belehrt werden könnte; sein geschichtliches Schicksal ist es, jeweilige Stufen der empirisch fundierten Einsicht zu dogmatisieren. Dem bisherigen Idealismus fehlt die Wahrnehmung der Geschichte, die Mitwahrnehmung der Zeit.

II, 7. Mitwahrnehmung der Zeit

Ich erlaube mir, als Abschluß eine stenographisch-kryptische Notiz anzuhängen, deren Auslegung den gegenwärtigen Rahmen sprengen würde, die aber das durch die letzten Sätze des vorigen Beitrags angedeutete Problem aufnimmt und sich auf die ebenso knappe Notiz über die Zeit und das Eine (III, 6.) bezieht.

Ich schließe mich an ein paar Formulierungen von Picht[1] an:

a. Das Vergangene vergeht nicht.

b. Die Menge der Möglichkeit wächst.

c. Die Zeit ist selbst das Sein.

d. Wahrheit ist Erscheinung der Einheit der Zeit.

Das Vergangene ist in Fakten aufbewahrt. Fakten sind Möglichkeiten der Erscheinung von Vergangenem. Möglichkeiten sind in Fakten fundiert. Wenn das Vergangene nicht vergeht, nimmt die Menge der Möglichkeiten zu, da stets neue Möglichkeiten sich als Fakten realisieren. Das »ist« in c. will Picht als transitives Verb lesen. Im faktisch Seienden wird das Sein mitwahrgenommen. Dieses aber ist Möglichkeit, d. h. die Zeit »ist« es.

Man kann sagen, die Gegenwart sei die Einheit der Zeit. Hier aber erklärt nicht der Begriff der Gegenwart, was Einheit der Zeit ist, sondern umgekehrt. So erklärt auch nicht der Begriff der Vergangenheit, was Faktizität ist oder der Begriff der Zukunft, was Möglichkeit, sondern umgekehrt: das Vergangene ist das gegenwärtig Faktische, das Zukünftige das gegenwärtig Mögliche. »Gegenwärtig« ist in der Gegenwart als der Einheit der Zeit. Die faktische Gegenwart ist, was sie ist, als Möglichkeit der Erscheinung der Fakten. Sie ist Gegenwart, insofern in ihr Zukunft mitwahrgenommen ist.

Wahrheit ist das in jeder *als* Wahrnehmung wahrgenommenen Wahrnehmung Mitwahrgenommene. Wahrnehmung ist Gegenwart des Wahrgenommenen, Einheit seiner Faktizität und Möglichkeit, also »seiner Zeit«. Wahrheit der Wahrnehmung ist die in ihr mitwahrgenommene Einheit der Zeit.

»Eine Bemerkung, die erst in der Folge ihre Aufklärung erwartet.« (Kant, Kritik der reinen Vernunft, A 75, B 100.)

---

1 G. Picht, »Die Erfahrung der Geschichte« (Teil VI), 1958 abgedruckt in »Wahrheit, Vernunft, Verantwortung«, Stuttgart, Klett 1969 und »Theorie und Meditation 1973«, in MERKUR, 4/1974.

DRITTES KAPITEL

PHILOSOPHISCHE ÜBERLIEFERUNG

III, 1. Platonische Naturwissenschaft im Laufe der Geschichte[1]

Ich möchte heute über platonische Naturwissenschaft im Lauf der Geschichte sprechen. Es werden fünf Teile sein. Ich beginne mit dem 20. Jahrhundert, gehe zum 17. über und dann zu Platon selbst, kehre von dort ins 17. und noch einmal ein bißchen ausführlicher ins 20. Jahrhundert zurück.

Ich beginne also mit dem 20. Jahrhundert. Werner Heisenberg schildert in seinem Erinnerungsbuch »Der Teil und das Ganze«, wie er als Gymnasiast und, wie es damals hieß, »Zeitfreiwilliger« während der Kämpfe in München 1919, auf dem Dach des Priesterseminars gegenüber der Universität in der Ludwigstraße in München liegend, Platons Timaios im Urtext las. Er tat das, um sein Griechisch zu üben für das bevorstehende Abitur, und er las anderer-seits gerade diese Schrift, weil sie eben Platons Naturwissenschaft enthielt und ihn das interessierte. Er schildert, wie er erstaunt war festzustellen, daß Platon eine Art kleinster Teile der Materie, die wir vielleicht Atome nennen würden, statuierte, die reguläre Polyeder sind, Tetraeder, Oktaeder, Würfel, Ikosaeder – nur das Dodekaeder war ausgespart – und er fragte sich, was wohl für ein Sinn darin liegen könne, diese mathematischen Figuren zugleich als die letzten Bausteine von Feuer, Wasser, Luft, Erde, also dessen, was wir die Elemente nennen, aufzufassen. Liest man Heisenbergs Buch durch, so findet man dann am Ende wiederum Betrachtungen über die Beziehung sei-ner eigenen physikalischen Theorien, die er inzwischen entwickelt hat, zu diesen platonischen Vorstellungen, und Heisenberg bekennt sich dort dazu, daß er im Grunde mit seiner heutigen Theorie der Elementarteilchen Platoni-sche Naturwissenschaft treibe, Naturwissenschaft im Sinne Platons. Man kann also sagen, daß der wohl größte, heute lebende, theoretische Physiker seine Naturwissenschaft als eine Naturwissenschaft in der Tradition Platons versteht, und ich könnte den ganzen Vortrag, den ich halten will, auf die For-mel bringen: In welchem Sinne kann heutige Naturwissenschaft platonisch sein?

1 Als öffentlicher Vortrag der Joachim-Jungius-Gesellschaft der Wissenschaften gehalten im No-vember 1970 in Hamburg. Nach der Tonbandnachschrift gedruckt: Göttingen, Vandenhoeck und Ruprecht, 1971.

Zunächst ein paar Worte über das Buch Heisenbergs, aus dem ich gerade paraphrasierend zitiert habe. Ich finde dieses Buch in seinem Habitus platonisch, es sind eigentlich aus neuerer Zeit die einzigen wirklich platonischen Dialoge, die ich kenne. Es ist ein Buch, das Gespräche schildert. In diesen Gesprächen wird die Umwelt lebendig, werden die beteiligten Menschen lebendig. Wie bei Platon sind die an den Gesprächen Beteiligten Menschen, die wirklich gelebt haben, die z. T. heute noch leben, und wie bei Platon selbst werden sie durch das, was sie sagen, charakterisiert, und es werden zugleich einander gegenüberstehende geistige Positionen deutlich. Ich glaube, ich tue meinem Lehrer und Freund Heisenberg nicht unrecht, wenn ich sage, daß die Präzision und Dichte des philosophischen Denkens der platonischen Dialoge noch das übertrifft, was in Heisenbergs Dialogen vorkommt, daß das philosophische Reflexionsniveau Platons noch höher ist, nur wüßte ich kaum eine Schrift der ganzen Weltliteratur zu nennen, der gegenüber ich diesen Vorzug den platonischen Dialogen nicht zuerkennen würde. Auf der anderen Seite haben auch Heisenbergs Dialoge einen Vorzug gegenüber denen Platons. Bei Platon behält Sokrates oder wer immer im Namen Platons das Wort führte, der Eleat, der Athener, der Pythagoräer Timaios, stets recht. Bei Heisenberg behält manchmal auch der andere recht. Und das ist sehr angenehm. Aber nun zum Inhalt:

Die These Heisenbergs läßt sich klar formulieren. Wenn Platon der Meinung ist, daß die letzten Bausteine des Feuers Tetraeder sind, die letzten Bausteine der Erde Würfel usf., so benützt er die nicht von ihm erfundenen aber heute vielfach nach ihm benannten »Platonischen Körper«, die eine mathematische Eigenschaft haben, die mathematische Eigenschaft nämlich, die Symmetrie des dreidimensionalen Raumes in diskreter Gestalt darzustellen; sie sind geometrische Darstellungen der Symmetriegruppen des Raumes, der Drehungen, die der Raum zuläßt. Alle diese Körper haben die Eigenschaft, daß es gewisse Drehoperationen gibt, die ihre Ecken in andere Ecken überführen, so daß der Körper im Ganzen nachher denselben Raum erfüllt wie zuvor. Sie sind in diesem Sinne reguläre Körper, sie sind Darstellungen von Symmetriegruppen. Heisenberg ist der Meinung, daß die heutige Physik letzten Endes aufgebaut werden muß auf der Annahme, daß die Grundgesetze der Natur symmetrisch sind, invariant sind gegenüber der Anwendung bestimmter Symmetriegruppen, allerdings noch anderer Gruppen als derjenigen, die Platon betrachtet hat. Das heißt, Heisenberg ist der Meinung, daß eben dieselbe Symmetrie, die schon für Platon Fundament der Naturwissenschaft war, auch für die heutige Physik Fundament der Naturwissenschaft ist, nur in einer mathematisch weiter ausgestalteten Weise und auch so, daß das, was wir als Grundgesetz ansehen, nicht mehr die Existenz bestimmter letzter Körper ist, sondern so, daß das, was wir als Grundgesetz ansehen, zunächst einmal bestimmte Differentialgleichungen sind, die das Gesetz der Wandlung, der möglichen Zustände der Objekte angeben. Daß hierin ein Unter-

III, 1. Platonische Naturwissenschaft im Laufe der Geschichte   239

schied gegen Platon vorliegt, ist Heisenberg natürlich klar, auch ist Heisenberg sicher der Überzeugung, daß ein Fortschritt gegenüber Platon vorliegt. Der Fortschritt der Naturwissenschaft wird nicht geleugnet. Heisenberg ist aber der Meinung, daß hier zurückgegriffen wird auf ein Prinzip, das historisch vermutlich von Platon zuerst formuliert worden ist, wenn Platon nicht auch in diesem Gedanken pythagoräische Vorgänger gehabt hat. Dies aber ist eine Frage, die historisch schwer zu erforschen ist, und ich will mich heute nur an Platon halten. So also Heisenbergs Meinung.

Nun ist die Frage, hat diese Meinung eigentlich etwas zu besagen, und wenn ja, was? Bei Heisenberg hat sie eine ausgesprochen ästhetische Färbung. Heisenberg bekennt sich ausdrücklich dazu, daß die Naturgesetze schön sind, und daß die Symmetrien eine Gestalt sind, in der sich die Schönheit der Gesetzmäßigkeiten der Natur begrifflich fassen läßt, begrifflich spiegelt. Und daß auch für Platon das Schöne an einem der höchsten Orte steht, einen der höchsten Werte ausmacht, ist zweifellos. Auf der anderen Seite wird man fragen, ist dieser Rekurs auf das Schöne eigentlich gedanklich ausweisbar? Handelt es sich hier um mehr als eine Impression des beweglichen künstlerischen Gemüts eines Wissenschaftlers? Ich glaube, wenn man dieser Frage nachgehen will, und das ist die eigentlich philosophische Frage, die mich hier interessiert, dann wird man zunächst fragen müssen: haben wir nicht vielleicht eine völlig befriedigende Theorie der Naturwissenschaft, die uns erklärt, warum eigentlich solche mathematischen Gesetzmäßigkeiten gelten; und ich glaube, es ist die wesentliche Pointe Heisenbergs zu sagen, nein, eine solche Theorie haben wir in dem, was heute als Wissenschaftstheorie angeboten wird, nicht. Der Rekurs auf Platon ist notwendig gerade deshalb, weil die zweifellos nicht platonischen Ansichten, die im allgemeinen in der heutigen Wissenschaftstheorie herrschen, das eigentliche Phänomen, um das es hier geht, nicht erklären. Dieses Phänomen ist, roh gesagt, zunächst einmal die Gültigkeit mathematischer Gesetze, genauer eben der Gesetze, von denen ich gerade schon gesprochen habe, also die Gültigkeit bestimmter Symmetriegesetze. Wir haben heute im allgemeinen eine mehr oder weniger empiristische Theorie der Wissenschaft, die einen Zug der Wissenschaft zweifellos richtig darstellt, nämlich daß unsere Wissenschaft anhand der Erfahrung gefunden worden ist und des Ausweises in der Erfahrung bedarf, wenn wir sie glauben sollen. Als Kontrolle der Wahrheit unserer Thesen und als Anreiz, um unsere Thesen zu entwickeln, bedürfen wir der begrifflich geordneten, sinnlichen Erfahrung. Eine These, die wohl auch Platon nicht bestritten hätte. Hingegen weist Heisenberg darauf hin, daß das bloße Faktum der Erfahrung, so wie wir es normalerweise kennen und anerkennen, nicht einleuchtend macht, warum es ganz einfache Grundgesetze geben sollte, Grundgesetze, die man mit ein paar simplen mathematischen Begriffen beschreiben kann, obwohl es Gesetze sind, die eine schlechthin unermeßliche Fülle von Einzelerfahrungen bestimmen. Warum sind die Gesetze, wenn es überhaupt welche gibt, nicht von ähnlicher Kompliziertheit wie die einzelnen Erfahrungen? Es handelt sich hier um etwas, was man rein methodologisch nicht verstehen kann, denn verschiedene Wissenschaften, die dieselbe Methode benützen, machen hier ganz verschiedene Entdeckungen. Das Wetter ist kompliziert und jeder Versuch, die Meteorologie zu einer einfachen Wissenschaft zu machen, scheitert. Wenn aber die Wetterwolken einmal weggezogen sind vom Himmel und wir die Sterne sehen, so finden wir hier das Objekt einer anderen Wissenschaft, der Astronomie, und in der Astronomie gibt es, wie z. B. im 17. Jahrhundert Kepler schon gefunden hat, ganz einfache mathematische Gesetzmäßigkeiten der Bewegung. Trotzdem sind die Grundgesetze der Meteorologie und der Astronomie, nämlich die physikalischen Grundgesetze, dieselben. Aber es gibt komplizierte Phänomene und es gibt einfache Phänomene, und dieser Unterschied läßt sich nicht methodisch wegerklären. Man kann sich nicht vorstellen, daß es eine Wissenschaft gäbe, für die die Meteorologie einfach und die Theorie der Planetenbewegung kompliziert wäre. Das heißt also, die Entdeckung der Einfachheit ist eine echte Entdeckung und nicht nur methodische Maßnahme, nicht nur ein Mittel der Denkökonomie oder wie man es nennen will. Was wird da entdeckt? Was wird entdeckt, wenn sich zeigt, daß gerade die Grundgesetze, wenn man bis zu den Atomen vordringt, wirklich einfach sind? Diese Frage stellt Heisenberg, und ich glaube, man kann mit gutem Gewissen sagen, die Wissenschaftstheorie unseres Jahrhunderts weiß darauf keine Antwort. Nun ist die Frage, weiß Heisenberg, weiß Platon, oder weiß irgendein anderer darauf eine Antwort?

Ich gehe nun zum zweiten Teil über und spreche von denjenigen Vermutungen und vielleicht Antworten, die im 17. Jahrhundert für diese Frage formuliert worden sind. Ich gehe in das 17. Jahrhundert zurück, weil im 17. Jahrhundert die Wissenschaft begonnen wurde, die heute im 20. zu einer Blüte gekommen ist, die vielleicht, jedenfalls in der Physik, auch ihrer Vollendung nahe führen kann. Ich spreche insbesondere von Galilei und von Kepler.

Galilei hat in den Anfängen des 17. Jahrhunderts die These vertreten, daß das Buch der Natur, das zweite Buch Gottes – das andere ist das Buch der Erlösung, die Bibel – geschrieben ist mit mathematischen Lettern. Wer es lesen will, muß diese Lettern, also die Mathematik, lesen können. Galilei wendet sich mit dieser These gegen die Tradition der damaligen Philosophie, die sich auf Aristoteles beruft, und er beruft sich seinerseits auf eine andere Autorität, nämlich auf Platon und auf Pythagoras. Galilei argumentiert hier mit der mathematischen Naturwissenschaft Platons gegen die qualitative Naturwissenschaft des Aristoteles. Er argumentiert mit der konstruktiven Naturwissenschaft Platons gegen die empirisch deskriptive Wissenschaft des Aristoteles. Im späteren Wissenschaftsmythos der Neuzeit sind diese Verhältnisse verkehrt worden, und es ist, ganz entgegen der Wahrheit, gemeint

III, 1. Platonische Naturwissenschaft im Laufe der Geschichte 241

worden, Galilei habe hier für eine empirische Wissenschaft gegen eine, wie man sagte, rein spekulative Wissenschaft argumentiert. Er hat allerdings für Erfahrung argumentiert, aber für eine durch mathematische Konstruktion durchsichtig gemachte Erfahrung; nicht für die Deskription dessen, was man sieht, sondern für die Konstruktion von Experimenten und das Erzeugen von Phänomenen, die man normalerweise nicht sieht, und deren Vorausberechnung auf Grund der mathematischen Theorie. Ich will das jetzt nicht im Einzelnen schildern, ich müßte mich sonst darauf einlassen zu zeigen, inwiefern z. B. das Trägheitsgesetz oder das Fallgesetz von Galilei etwas mathematisch beschreibt, was in genau dieser Form nicht beobachtet war und wohl auch gar nicht in aller Genauigkeit beobachtet werden kann, und daß Galilei gerade das Verdienst seiner Wissenschaft darin sieht, ein reines, abstraktes, mathematisches Modell zu entwerfen, mit dessen Hilfe er das Wesentliche vom Unwesentlichen im Naturphänomen unterscheiden und dadurch sekundär auch das Unwesentliche, nämlich die Abweichung von diesem mathematischen Gesetz, einer weiteren mathematischen Analyse zugänglich machen kann. Z. B. gilt das Fallgesetz streng, so wie er es darstellt, nur im Vakuum, das er empirisch gar nicht kannte, sondern postulierte. Dann werden die Abweichungen des wirklichen Fallgesetzes von dem Fallgesetz, wie es im Vakuum gilt, ihrerseits einer mathematischen Analyse zugänglich, einer Analyse der Kräfte des Auftriebs und der Reibung. Soweit also Galilei.

Galilei glaubt hier an die Mathematisierbarkeit der Naturphänomene, aber er begründet sie nicht. Er begründet sie nur durch den Erfolg. Die Frage ist nun, ob man diese Mathematisierbarkeit, die Galilei hier postuliert, verständlich machen kann, denn sie ist ja nicht selbstverständlich. Bei Galilei gibt es da ab und zu theologische Formeln. Ich habe gerade schon von dem »Buch der Natur« geredet; das ist eine Metapher. Dieselbe Theologie, auf die Galilei hier locker anspielt, ist von seinem Zeitgenossen Kepler scharf durchdacht worden, und ich will hier ein paar Worte darüber sagen, wie Kepler diese Dinge gesehen hat. Kepler hat, um zunächst dieses zu sagen, die mathematisch empirische Wissenschaft der Neuzeit in einem Maße vorangetrieben, das über das, was Galilei geleistet hat, in gewisser Hinsicht hinausgeht. Ich erinnere daran, daß Kepler sein erstes Gesetz der Planetenbewegung – daß die Planeten auf Ellipsen laufen – der älteren Ansicht, daß himmlische Bewegungen notwendigerweise auf Kreisbahnen stattfinden müßten, dadurch abgerungen hat, daß er versuchte, die Beobachtungen Tycho Brahes über die Bahn der Planeten mit der höchsten nur möglichen Genauigkeit mathematisch zu beschreiben. Er stellte fest, daß jede Kombination von Stücken von Kreisen, welche die Bewegung des Planeten Mars darstellen sollte, an die wirklich beobachtete Bewegung nur mit einem Fehler von 8 Bogenminuten herankam, und 8 Bogenminuten sind sehr wenig. 8 Bogenminuten sind etwa ein Viertel des Durchmessers des Vollmonds am Himmel. Nun würde man sagen, ob Mars da steht, wo die Bahnberechnung sagt, oder ein viertel Vollmondbreite daneben, das kann einem doch wahrhaftig gleichgültig sein. Es war Kepler aber nicht gleichgültig, und er gab die Kreisbahnen auf und wagte dafür den für seine Zeit unerhörten Gedanken, die Ellipsenbahn einzuführen, eine minder vollkommene Kurve, wie es schien, und man glaubte doch an die Vollkommenheit der himmlischen Bewegungen. Mit der Ellipse aber brachte er eine genaue Übereinstimmung zwischen Beobachtung und Berechnung zustande, und aufgrund dieses empirischen Tests akzeptierte er das neue Gesetz. So empirisch dachte Kepler, und zwar empirisch im Sinne der höchstmöglichen mathematischen Genauigkeit, d. h. er glaubte, daß die Erfahrung eine Analyse mit strenger Mathematik zuläßt. Und nun ist die Frage, warum? Seine Antwort ist direkt theologisch. Ich skizziere sie hier kurz, wie sie in seinem Werk über die Welt-Harmonik dargestellt ist: Gott hat die Welt geschaffen gemäß seinen Schöpfungsgedanken. Diese Schöpfungsgedanken sind die reinen Urgestalten, die Platon Ideen nannte, und die für uns relevante Art dieser Urgestalten sind die mathematischen Gestalten, sind Zahl und Figur. Diese sind die göttlichen Schöpfungsgedanken, denn sie sind reine Formen. Diesen Formen gemäß hat Gott die Welt geschaffen. Der Mensch ist von Gott geschaffen nach dem Bilde Gottes. Gewiß nicht nach dem körperlichen Bilde Gottes, denn Gott selbst ist unkörperlich, sondern nach dem geistigen Bilde Gottes, und das heißt, daß der Mensch imstande ist, die Schöpfungsgedanken Gottes nachzudenken. Dieses Nachdenken der göttlichen Schöpfungsgedanken ist die Physik. Die Physik ist Gottesdienst und als Gottesdienst wahr. Das ist sehr kurz zusammengefaßt die keplersche Philosophie, welche das empirische Faktum des Erfolgs der Mathematik in der Naturwissenschaft zu begründen sucht durch einen Rekurs auf das Einzige, wovon Kepler überzeugt ist, daß es überhaupt diese Sache erklären kann, nämlich das Schöpfungswerk Gottes in der doppelten Gestalt der Erschaffung der Natur und der Erschaffung des die Natur wissenden, verstehenden Menschen. Ich habe vor etwa 10 Jahren und mehr verschiedentlich über diese Fragen geredet und geschrieben und habe damals die christliche Komponente in diesen Gedanken hervorgehoben. Ich würde das auch heute nicht zurücknehmen, muß aber doch sagen, daß ich in diesen 10 Jahren viel mehr Platon gelesen habe als zuvor und gelernt habe, in wie hohem Maße das, was Kepler hier sagt, eigentlich nicht christlich sondern platonisch ist oder christlich, insofern es platonisch ist, denn das historische Christentum ist in seiner Theologie in weitem Umfang platonisch. Es ist platonisch, aber es ist allerdings die Frage, ob es Platonismus auf höchstem Niveau ist, und ich würde sagen, es ist das nicht ganz. Weder Heisenberg noch Galilei noch Kepler hat die volle philosophische Reflexion Platons mitvollzogen.

Ich komme nun zum dritten Teil, in dem ich versuche wenigstens anzudeuten, wie meinem Verständnis nach dieser Zusammenhang bei Platon selbst ausgesehen hat. Ich muß von vorneherein die Unvollkommenheit dessen, was ich hier vortrage, bekennen, denn ich müßte, um wirklich darzustellen,

III, 1. Platonische Naturwissenschaft im Laufe der Geschichte 243

wie die Naturwissenschaft im Zusammenhang der platonischen Philosophie steht, die gesamte Philosophie Platons entwickeln. Sie wäre nicht Philosophie – ich vermeide hier jedes Epitheton ornans, das Wort Philosophie soll selbst dafür dienen –, sie wäre also nicht Philosophie, wenn sie nicht die Eigenschaft hätte, daß jeder einzelne Gedanke, aus ihr herausgegriffen und abgefragt auf seinen Inhalt, zu einem Durchgang durch das Ganze dieser Philosophie nötigt, um die Antwort zu bekommen. Wenn ich also über die Naturwissenschaft Platons spreche, kann ich nicht anders sprechen, als indem ich das mit durchlaufe, was wir vielleicht die Metaphysik Platons nennen könnten, die politische Philosophie Platons, Platons Lehre vom künstlerisch Schönen und alles andere, was es bei Platon gibt. Nun, das ist zumindest physisch an einem Abend nicht möglich, ich gebe also nur ein paar Andeutungen. Ich muß zweitens sagen, daß das, was ich sage, z. T. der Versuch der Rekonstruktion von Lehren Platons ist, die in seinen Schriften angedeutet, aber nicht ausgeführt sind. Darüber gibt es Äußerungen Platons im 7. Brief, und es gibt den berühmten Streit über die »ungeschriebene Lehre« Platons. Ich muß darauf kurz eingehen und werde meine Interpretation vortragen, ohne die Belege im einzelnen vorzulegen. Daß ich Platon nicht voll gerecht werde, weiß ich, denn es gibt bei Platon Regionen, die ich noch nicht verstanden habe, von denen ich aber überzeugt bin, daß Platon genau wußte, wovon er redete. Im Wesentlichen will ich mich an Gedanken aus dem »Timaios« halten, denn der »Timaios« ist nun einmal die Darstellung, die Platon seinem Bilde der Natur, seiner Naturwissenschaft gegeben hat.

Wenn man diesen Dialog aufschlägt, dann beginnt er alsbald mit einem vollkommenen rätselhaften Scherz: »Einer, zwei, drei, aber wo bleibt der Vierte?« sagt Sokrates, und er meint, es sind drei Gesprächspartner, und der vierte ist noch nicht da. Und doch, wenn man Platon kennt, wird man sagen, da ist ganz sicher noch auf etwas anderes angespielt. C. G. Jung hat sich zu großen Phantasien anregen lassen durch diesen Anfang des platonischen Dialogs, weil für Jung die Quaternität ein psychologisch fundamentales Phänomen war und das Vergessen des Vierten und das nur Aufnehmen von dreien davon ebenfalls ein Grundphänomen. Aber ob Platon das gemeint hat? Ich würde sagen Platon hat dort wohl hingewiesen auf eine Vierheit – auf die ich nachher zu sprechen kommen werde –, die vielleicht auch angedeutet ist im Liniengleichnis der »Politeia«. Aber das weiß ich nicht, ich sage nur, beim ersten Satz eines solchen Dialogs bemerkt man bereits, daß hier mit Geheimnissen gespielt wird, die voll zu enthüllen offenbar nicht die Absicht des Verfassers war. Liest man weiter, so findet man, daß die Gesprächspartner sich darüber unterhalten, daß Sokrates ihnen am Tage vorher erzählt hat, was in dem uns überlieferten Dialog »Politeia«, dem »Staat«, steht. Allerdings nicht das Ganze, sondern nur die erste Hälfte. Es hat einige Philologen gegeben, die der Meinung waren, man sehe daraus, daß Platon damals auch erst die erste Hälfte des »Staats« geschrieben und gedanklich besessen habe. So war es wohl nicht. Ich möchte viel eher glauben, daß Platon an dieser Stelle mit einem der ihm vertrauten schriftstellerischen Mittel darauf hinweisen will, daß man die erste Hälfte der »Politeia« gelesen haben muß, um an die systematische Stelle zu kommen, an der der »Timaios« einsetzt. Und das ist die Lehre von einem Staat, in dem es einen Stand der Wächter gibt, die eigentlich Philosophen sind, welche diesen Staat regieren kraft eines Wissens, das sie erworben haben. Dieses Wissen, das z. T. nur durch einen göttlichen Funken in ihnen entstehen kann, ist soweit, als es durch Erlernbares vorbereitet ist, vor allem vorbereitet durch die Erlernung von Mathematik und mathematischer Naturwissenschaft. Daß dies so ist, steht im 7. Buch des »Staats«. Der »Timaios« ist nun, so würde ich diesen Übergang interpretieren, die Ausführung der Lehre, die im 7. Buch des »Staats« nur angedeutet ist, die man gelernt haben muß, wenn man politisch ein Staatswesen gut regieren will. Dazu muß man nämlich Astronomie gelernt haben. Natürlich war das für die Leser Platons genauso verblüffend wie für uns. Die Frage ist: Warum ist das so? Das kann nur deshalb so sein, weil in dieser Astronomie und in dieser Physik – dieser Elementarteilchenphysik, wie wir vielleicht sagen würden, – Grundstrukturen des Wirklichen sichtbar gemacht werden, auf welche jeder den Blick richten muß, der imstande sein will, die sehr viel komplizierteren, verworreneren Strukturen des Wirklichen zu durchschauen, die sich im politischen Kampf oder in der politischen Ordnung manifestieren. Den Zusammenhang mit der Politik schneide ich für den heutigen Vortrag hiermit ab. Ich gehe nur auf die Lehre selbst ein.

Diese Lehre trägt nunmehr der Pythagoräer Timaios vor, ein Mann, der sonst bei Platon keine Rolle spielt, und von dem wir auch so gut wie nichts wissen. Er trägt sie vor, denn es ist manifest, daß Sokrates, der Ethiker, der politische Denker, der religiöse Denker, dergleichen nicht wußte – so wird man wohl annehmen dürfen. Timaios also trägt sie vor in zusammenhängender, feierlicher Rede. Er beginnt mit einem Unterschied, an den wir uns stets erinnern müssen, das ist der Unterschied zwischen dem, was immer ist, nie wird und nie vergeht, und dem, was nie ist, immer wird und vergeht. Dieser Unterschied, mit dem der »Timaios« eröffnet wird, ist eine Erinnerung an das, was dem Leser dieses Dialogs längst vertraut sein muß, an die Ideenlehre. D. h. die Naturwissenschaft kann überhaupt nur verstanden werden von der Basis der Ideenlehre aus.

Wir müssen uns also fragen, was ist die Ideenlehre? Und wir müssen uns fragen, was ist ihre Rolle für die Naturwissenschaft? Nun, die Ideenlehre – ich erinnere hier zunächst an Bekanntes – wird eingeführt beispielsweise im Phaidon, an dem Beispiel der Idee des Gleichen: zwei Stücke Holz, oder wenn man in einer Prüfung fragt, sagt man zwei Stücke Papier, die vor einem liegen, sind gleich. Aber sie sind ja doch nicht genau gleich. Ganz gewiß sind sie immer ungleich. Wie kann ich eigentlich sagen, sie seien ungleich, wenn ich nicht schon weiß, daß es das Gleiche gibt? Wie kann ich aber wissen, daß es

III, 1. Platonische Naturwissenschaft im Laufe der Geschichte 245

das Gleiche gibt, da alles, was mir sinnlich gegeben ist, immer ungleich ist, die Gleichheit also empirisch überhaupt nie vorkommt? Hier wird nun mit dem Mythos der Anamnesis gesagt: vor all meiner sinnlichen Erfahrung, vor diesem Leben in diesem Körper hat die Seele schon einmal das Gleiche selbst geschaut und daran wird sie erinnert durch diejenigen Dinge, die nicht wahrhaft gleich sind, sondern am Gleichen nur Anteil haben. Diese Teilhabe, dieses angebliche Gleichsein, was doch nicht Gleichsein ist, das ist das Wesen des Sinnlichen, welches entsteht und vergeht. Das Gleiche selbst aber ist sich selbst immer gleich, ist unvergänglich, immer dasselbe; das ist die »Gestalt« des Gleichen, griechisch »idea«.

Dieser klassische, bekannte Gedankengang Platons muß von uns interpretiert werden, wenn wir sehen wollen, daß er für die Naturwissenschaft relevant ist. Eine Interpretation, die naheliegt, ist die der Realisierung mathematischer Gestalten. Ich habe in früheren Vorlesungen oft einen Kreis an die Tafel gemalt und gesagt: dieser Kreis ist vielleicht ein sehr schöner Kreis, aber er ist doch kein wirklicher Kreis, und die Mathematik redet über den Kreis selbst und nicht über diese empirischen, angeblichen Kreise. Wenn die Naturwissenschaft mathematisch ist, dann schließt sie sich an die Mathematik an, die über den Kreis selbst redet, und beschreibt die Dinge, die wir sinnlich wahrnehmen als solche, die Anteil haben an den mathematischen Gestalten, die also von dem Verständnis der mathematischen Gestalten her begriffen werden können, so der Kreis an der Tafel, so die Bewegungen der Gestirne am Himmel. Nun ist aber auch hiermit nur ein Problem formuliert. Denn was heißt Anteil haben, Methexis bei Platon? Was heißt das denn, daß ich eine Figur habe, die ein Kreis ist und doch kein Kreis, sondern nur Anteil hat an der Kreisgestalt? Versteht man, was man damit meint?

Ich gebe noch ein zweites Beispiel. Im 10. Buch der »Politeia« führt Platon, vielleicht zum Schrecken mancher, die meinten, sie hätten die Ideenlehre verstanden, nunmehr sogar die Ideen von Dingen ein, z. B. die Ideen von Betten oder von Zaum und Zügel. Ich erinnere an die Struktur, die er dort gibt. Er führt zuerst die Idee der »Kline«, der Lagerstatt an, auf der man bei der griechischen Mahlzeit liegt, und sagt, es gibt dreierlei solcher Lagerstätten. Die eine, die Gott gemacht hat, die vielen, die die Handwerker machen, und dann die Bilder von diesen, die die Maler malen. Das Ganze ist im Zusammenhang der Kritik an den Dichtern und an den Künstlern gesagt, aber diese Seite der Sache lasse ich jetzt weg. Die vielen Lagerstätten, die die Handwerker machen, sind die Abbilder der einen, einzigen Lagerstatt, die Gott gemacht hat. Das ist die Kline im Himmel. Und ebenso sind dann wiederum die Gemälde, die nur so aussehen wie Lagerstätten, aber gar keine sind, Abbilder der Lagerstätten, die die Handwerker, die Tischler machen. Dann genau dasselbe für Zaum und Zügel, für das Zaumzeug. Das eine Zaumzeug, das es eigentlich in der Natur, in der Physis gibt, das kennt der Reiter. Die vielen Zaumzeuge, die tatsächlich gemacht werden, macht der

Sattler. Und dann gibt es noch die Maler, die malen das ab. Ich lasse wiederum die Maler beiseite und stelle fest, die Handwerker tun in beiden Fällen dasselbe, in den beiden Fällen aber tritt in der obersten Stufe etwas Verschiedenes auf, es tritt nämlich auf Gott, der die Lagerstatt gemacht hat, und der Reiter, der das Zaumzeug weiß. Da die Parallelität dieser Stellen im Übrigen vollkommen ist, muß man schließen, daß der Reiter weiß, was Gott gemacht hat. Ich knüpfe hier eine Interpretation an und sage, ich kann diesen Text überhaupft nur so interpretieren, daß ich behaupte, wir müssen ernst nehmen, daß der Reiter weiß, was Gott gemacht hat. Bleiben wir zunächst einmal beim Reiter und sagen wir, die Rede von Gott sei bei Platon vielleicht metaphorisch. Sie ist vielleicht eine Form, in der Sprache der Volksreligion einen philosophischen Gedanken auszudrücken, der nicht leicht zu sagen ist. Was aber weiß denn der Reiter? Er kann dem Sattler sagen, wie ein Zaumzeug sein muß, damit es gut funktioniert. Der Reiter kennt nämlich die Funktion des Zaumzeugs, er kennt dessen Aufgabe. Er kennt den Zusammenhang zwischen Pferd und Mensch, der ermöglicht, daß überhaupt ein Mensch auf einem Pferd reitet, genau dann, wenn der Mensch das Pferd lenken kann, und das tut er mit Hilfe des Zaumzeugs. Dieser Zusammenhang ist ein realer Zusammenhang in der Welt. Der Zusammenhang ist aber kein materielles Ding. Er ist etwas, was man verstehen kann, wenn man die Funktions-, die Gesetzeszusammenhänge in der Welt versteht, und wenn man sagt, daß diese Welt von Gott gemacht ist, dann kann man allerdings sagen, daß Gott das eine wahre Zaumzeug gemacht hat, nämlich denjenigen gesetzmäßigen Zusammenhang, der ermöglicht, daß ein Mensch mit Hilfe des Zaumzeugs ein Pferd regieren kann.

Ich will diesen selben Gedanken in moderner Fassung wenden, indem ich einen heutigen Autor zitiere. Konrad Lorenz hat über die Graugans geschrieben – u. a. in seinem Buch über »Das sogenannte Böse« – und er schildert dort, daß die Graugans, die der Zoologe oder der Ethologe, der Verhaltensforscher, beschreibt, ein Wesen ist, das es nie und nirgends gibt, sowenig es den vollkommenen Kreis auf der Welt gibt. Die Graugans, so wie nach Lorenz der Ethologe und Zoologe sie beschreibt, ist dasjenige Wesen, das die ökologische Nische der Graugans, also die Lebensbedingungen der Graugans, optimal als Graugans ausfüllt. Die wirklichen Graugänse sind davon immer verschieden. Ich wiederhole, was Lorenz in diesem Zusammenhang sagt. Die Graugänse sind, wie wir wissen, monogam. Das scheint für die Lebensweise der Graugans auch optimal zu sein. Als Lorenz dann aber die vielen Graugansbiographien, die er selbst beobachtet hatte, mit einer Mitarbeiterin zusammen durchsah, stellte er fest, daß seine Graugänse empirisch doch nicht immer so ganz monogam gelebt hatten. Und darüber wurde er böse. Das ist sehr charakteristisch für ihn, daß er darüber böse wurde. Und dann sagte seine Mitarbeiterin, er solle sich doch darüber nicht ärgern, die Graugänse seien schließlich auch nur Menschen. Nun, »sie sind auch nur Menschen« heißt,

III, 1. Platonische Naturwissenschaft im Laufe der Geschichte 247

sie haben nur eine methexis an der wirklichen Graugans. Die wirkliche Graugans, die der Zoologe beschreibt, die ist schon monogam, aber die gibt es nicht. Doch die empirischen Graugänse, die es gibt, wie man so sagt, – wer gibt da eigentlich, »es« gibt – die empirischen Graugänse sind nur möglich, weil es die reine Gestalt der Graugans in einem anderen Sinne gibt, nämlich als dasjenige Gesetz, welches das optimale Funktionieren der Graugans beschreibt. Und Lorenz ist Darwinist. Nach Darwin wird sich diejenige Form der Graugans im Kampf ums Dasein immer wieder durchsetzen, welche optimal angepaßt ist an diese Bedingungen, die nur der Zoologe weiß, die keine Graugans weiß, und ohne die es die Graugänse nicht gäbe. Das heißt, Lorenz hat den schönen Gedanken, daß die Realisierung der platonischen Idee in der modernen Naturwissenschaft gerade dadurch geschieht, daß alles ganz naturwissenschaftlich zugeht, so wie z. B. Darwin es beschreibt. Zwischen Platon und Darwin ist hier kein Gegensatz. Allerdings hat Lorenz nicht ganz gewagt, so platonisch zu reden, wie ich hier rede. Ich habe mich dann einmal mit Lorenz unterhalten und habe gesagt, ich möchte ihm dazu Mut machen. Dies ist Platonismus. Es ist natürlich nicht genau das, was in den platonischen Dialogen steht, aber ich meine, es ist damit im Einklang.

Nun ist aber damit im Grunde auch wieder nur ein Problem formuliert. Platon hat sich gewiß mit Tischen und Zaumzeugen und Gänsen auch beschäftigt, aber er hat insbesondere nach dem gefragt, wonach in der heutigen Naturwissenschaft der Physiker fragen wird, wenn er sich darüber Gedanken macht, inwiefern denn eigentlich Graugänse möglich sind. Was eigentlich sind Gesetzmäßigkeiten, die zugrunde gelegt sind, wenn man so wie diese Zoologen redet? Aber gerade, wenn man schöne materialistische Naturwissenschaft macht, ganz treu an der Materie bleibt und an deren Gesetzen, dann kommt man nämlich zu Platon, sonst, wenn man zu schnell den Sprung ins Spirituelle wagt, nicht. Die Graugans ist, so sagt der Naturwissenschaftler, aus Molekülen und diese sind aus Atomen zusammengesetzt. Die Atome genügen den Gesetzen der Quantenmechanik, und sie sind die eigentlichen Gesetze der modernen Physik, der Elementarteilchenphysik.

Was entspricht dem bei Platon? Zunächst einmal, daß die Grundgesetze der Natur mathematisch sind. Aber warum sollen sie mathematisch sein? Damit werden wir wieder zurückgeführt auf die Frage, wieso es eigentlich in der Natur, in dem, was wir die sinnliche Wirklichkeit nennen, so etwas wie die Kreise gibt, die an der Gestalt des Kreises selbst, den die Mathematik beschreibt, Anteil haben. Wir sind jetzt im Eintrittstor zum Vorhof der Ideenlehre, denn alles, was ich bisher gesagt habe, war ja nur die Verwendung des Begriffs »Idee«, um einige Phänomene zu beschreiben. Ich will den Schritt, der hier gemacht werden muß, mit eigenen Worten systematisch so charakterisieren: Ich habe also einen Kreis an die Tafel gemalt und habe gefragt, was ist das, und die Antwort war: »ein Kreis«. Nun, es ist vielleicht kein guter Kreis, aber was ist denn ein Kreis? So frage ich, um überhaupt zu sehen, inwiefern es ein Kreis ist und inwiefern nicht. Dann sage ich, der Kreis ist der geometrische Ort der Punkte, die von einem gegebenen Punkt konstanten Abstand haben in einer Ebene. Jetzt habe ich eine mathematische Definition gegeben; der Kreis ist also eine mathematische Gestalt. Diese nennt Platon eine Idee. Die mathematischen Gestalten sind nicht die höchsten Ideen. Es gibt eine platonische Terminologie, nach der die »mathematika« noch nicht eigentliche Ideen sind; diese Unterscheidungen vernachlässige ich hier für einen Augenblick. Der Kreis ist also eine Idee. Ich rekapituliere und frage: Was ist das? Ein Kreis. Was ist ein Kreis? Eine Idee. Aber was ist eine Idee? Nun, wie sind wir bisher vorgegangen? Wir sind vom häufig Vorkommenden, systematisch Niedrigeren, durch die Rückfrage »was ist das?« zum Nächst-Höheren aufgestiegen. Es war stets die Erklärung durch das, was wir logisch einen Oberbegriff nennen würden; das reicht allerdings nicht aus zur Charakterisierung. Denn: Was ist nun der mögliche Oberbegriff, durch den man bestimmen kann, was eine Idee ist? Würde man sagen: »eine Idee ist das und das« und würde dabei auf irgendetwas zeigen, so hätte man die ganze gedankliche Bewegung verfehlt. Dann hätte man das Erklärungsprinzip durch dasjenige erklärt, was mit Hilfe dieses Prinzips erklärt werden soll. Die Antwort auf die Frage: »was ist eine Idee?« kann zunächst der Versuch sein, zu charakterisieren, welche Eigenschaften Ideen haben, so wie ich vorhin den Kreis charakterisiert habe durch eine mathematische Definition. Was sind die Eigenschaften der Idee? Die Idee, so sagt Platon z. B. in der Mitte der »Politeia«, ist *eine*, verglichen mit den vielen Realisierungen; so hat er auch gesagt, Gott hat das *eine* Bett gemacht. Die Graugans, wie der Zoologe im Singular sagt, ist *eine*. Denn der gesetzmäßige Zusammenhang, von dem hier die Rede ist, ist einer. Die Idee ist also eine.

Die Idee ist *gut*. Der Kreis, den der Mathematiker beschreibt, ist ein guter, ein *wirklicher* Kreis, im Unterschied zu den schlechten Kreisen, die man von Hand macht. Die Idee *ist*, sie ist wirklich. Das, was ein Ding ist, beschreibe ich, indem ich seine Idee nenne, also beschreibe ich sein Sein durch seine Idee. Die Ideen sind also charakterisiert durch Sein, im Unterschied zu Entstehen und Vergehen.

Die Idee kann man verstehen. Sie ist sogar das Einzige, was man verstehen kann, und sie ist in diesem Sinne unverborgen, wie Heidegger sehr gut übersetzt, sie ist alethes, sie ist wahr. Das Wort »wahr« wird im heutigen Sprachgebrauch meistens so verwendet, daß wir es nur von Sätzen aussprechen und nicht von Gestalten. Deshalb ist die Übersetzung »unverborgen« besser, denn wenn ich etwa dieses Gebilde, was ich an die Tafel zeichne und »Kreis« nenne, verstehen will, so verstehe ich es, *insofern* ich es »Kreis« nenne. Also verstehe ich seine Idee. Die Abweichungen von der Idee sind mühsam zu verstehen. Da könnte ich sagen: das sind Kreidemoleküle. Ja, Kreide gewiß, aber was ist Kreide? Das ist auch wieder eine begriffliche Kennzeichnung, und wenn ich es genau sagen will, so komme ich vielleicht auf so

III, 1. Platonische Naturwissenschaft im Laufe der Geschichte

etwas, wie die Idee der Kreide. Also, was ich verstehe, ist immer die Idee. Und das ist das Wesen der Idee. Jetzt habe ich die Ideen charakterisiert durch die Transzendentalien eins, gut, wahr, seiend. Diese sind die klassischen Transzendentalien, und sie stehen alle bei Platon in der »Politeia«.

Die Rückfrage, die ständig weitergeführt hat, führt über die Idee hinaus zum Einen. In der »Politeia« ist nun gesagt, daß so wie die Sonne den Pflanzen und Tieren Sein und Licht, Sein und Sichtbarkeit gibt, die Idee des Guten – die als oberste Idee, als das oberste mathema, das oberste Lehrstück, eingeführt wird, – allem wahrhaft Seienden, d. h. den Ideen, Sein und Sichtbarkeit, on und alethes als Eigenschaften gibt. Daß dieses Gute, wovon hier die Rede ist, systematisch dasselbe ist wie das Eine, ist zwar in den platonischen Schriften nicht explizit gesagt, ist aber von Aristoteles überliefert, und ich meine, wir dürfen es akzeptieren. Die Transzendentalien stehen also noch in einem nicht ganz leicht enthüllbaren Zusammenhang, und ich charakterisiere sie jetzt durch das Eine, to hen, das Einssein. Die platonische Ideenlehre also erfüllt sich demnach, wenn sie sich überhaupt erfüllen kann, in der Lehre vom Einen. Aber was ist das Eine? Nun, das Eine noch einmal auf etwas anderes zurückzuführen ist offenbar ein hoffnungloses Unterfangen. Dann wäre es ja nicht das Eine, sondern ein Zweites oder Drittes. Ich kann hier Platons Philosophie des Einen, wie sie im Parmenides dargelegt ist, nicht darstellen, obwohl ich erst damit nicht nur die Tür zum Vorhof, sondern vielleicht die Tür zum Vorheiligtum dieses Tempels durchschritte. Erst dort beginnt eigentlich die Ideenlehre. Aristoteles überliefert uns, daß Platon der Meinung gewesen sei, es gebe zwei Prinzipien, das eine von ihnen heiße »to hen«, das Eine, das andere habe verschiedene Namen, das »Große-und-Kleine« oder die »unbestimmte Zweiheit«; man kann vielleicht auch sagen, das Kontinuum. Diese zwei Prinzipien habe Platon benützt, um die Ideen zu gewinnen und alles, was an den Ideen Anteil hat.

Fragt man sich nun, nachdem man gerade den Gedankengang, den ich hier vorgeführt habe, durchlaufen hat, wie das denn sein kann, so muß man sich wundern; denn wie kann es ein *Prinzip* geben, wenn es mehr als Eines ist? Die Reduktion führt doch notwendig auf das Eine und endet dort. Wie aber kann es zwei Prinzipien in einer Philosophie geben, die so streng gebaut ist, wie die platonische? Auf der anderen Seite, wie kann es möglich sein, aus einem einzigen Prinzip überhaupt irgendetwas von der Vielheit abzuleiten, in der wir doch leben und weben? Das Aufzeigen dieser Spannung der Einheit des Prinzips im Hinblick auf eine Mehrheit von Prinzipien, ist eine der Weisen, wie man den platonischen »Parmenides« interpretieren kann. Dieser Dialog versucht ja noch zu zeigen, daß, wer das Eine überhaupt zu denken sucht, nicht anders kann, als das Eine in dieser Bewegung von Einheit und Vielheit zu denken.

Nun aber kommen wir vom Aufstieg zurückkehrend zum Abstieg, und erst der Abstieg ist, wenn ich Platon richtig verstehe, Naturwissenschaft. Erst der Abstieg ist auch Politik. Im Höhlengleichnis der »Politeia« stellt Platon ja dar, wie wir Menschen alle vergleichbar sind Gefangenen in einer Höhle, die gefesselt sitzen und auf die Wand der Höhle schauen, auf der sie bewegte Schatten sehen – die Schatten der Gegenstände, die hinter ihrem Rücken vorbeigetragen werden, beleuchtet von einem noch weiter hinten liegenden Feuer. Wenn wir in der Höhle sitzend den Blick nicht umwenden, so halten wir die Schatten für das einzig Wirkliche. Das ist die sinnliche Welt. Das ist, im Bereich der Politik, der Sieg in Wahlen und ähnliches. Bleiben wir aber in der Physik. Wenn wir beschreiben, was wir sinnlich wahrnehmen, meinen wir, das sinnlich Wahrgenommene seien die Dinge selbst. Nun muß eine Umwendung der ganzen Seele geschehen, und wir müssen hinaufgeführt werden aus der Höhle, so daß wir erst die Gegenstände sehen, deren Schatten wir an der Höhlenwand gesehen haben; treten wir aus der Höhle, um dort die wirklichen Gegenstände zu sehen, so ist unser Auge zuerst schmerzhaft geblendet und kann sie nicht fassen, weil es dafür noch nicht vorbereitet ist; es kann nur ihre Schatten und Spiegelbilder sehen, dann aber sieht es die Dinge selbst im Lichte der Sonne, und schließlich kann es einen Blick werfen auf die Sonne selbst. Und die Sonne, so sagt Platon ausdrücklich, ist das Gleichnis für das Gute, ist Erscheinung der Idee des Guten. Wenn nun der Mensch bis dahin aufgestiegen ist, so wird er wünschen, immer nur die Dinge selbst zu sehen, wie sie an sich selbst sind; er wird aber zurückkehren müssen in die Höhle, schon um der anderen Menschen willen, die in der Höhle geblieben sind, um sie sehen zu lehren. Im Abstieg durchläuft er alle Stufen wieder, und er kehrt bis dorthin zurück, Wo er von neuem auf seinem Stuhle sitzend von neuem die Schatten an der Wand sieht, nichts anderes sieht als alle anderen auch sehen, aber weiß; weiß, was das ist, was er hier sieht. Ich würde sagen, daß die Spätphilosophie Platons die Philosophie des Abstiegs, der Rückkehr in die Höhle ist, welche von den höchsten Prinzipien her erklärt, was das ist, was wir in der Höhle sehen.

In dieses Gefüge des Abstiegs, so scheint mir, tritt die Lehre ein, die im »Timaios« entwickelt ist, auf die Heisenberg Bezug genommen hat, die Lehre von den Polyedern, aus denen die physischen Elemente bestehen. Platon gibt im »Timaios« an einer Reihe von Stellen vollkommen eindeutige Winke, daß er hier einiges verschweigt. Denn er führt ein paar Sätze, ganz rätselhaft, mit präzisen Behauptungen ein, und es scheint mir undenkbar, daß Platon diese Behauptungen anders als präzis gemeint hätte, obwohl er sie nicht erklärt. Ich folge gern, vielleicht nicht in jeder Einzelheit, aber doch im Grundansatz der in der Tübinger Schule entwickelten These, der These von Krämer und Gaiser, daß die ungeschriebene Lehre Platons, von deren Existenz Aristoteles spricht, wirklich existiert hat, und daß ein wesentlicher Teil dieser Lehre der Entwurf dieser mathematischen Naturwissenschaft war. Was Aristoteles darüber berichtet, z. B. in »de Anima«, ist allerdings ebenso rätselhaft, und wenn man nur diese Berichte des Aristoteles und einiger anderer vor sich hat,

III, 1. Platonische Naturwissenschaft im Laufe der Geschichte

so hat man zunächst das Gefühl: das ist eine vollkommen versponnene und unbegreifliche Philosophie und eigentlich Platons nicht würdig. Der Widerstand gegen diese Interpretation der ungeschriebenen Lehre, der sich vielfach geregt hat, scheint mir insbesondere damit zusammenzuhängen, daß man meint, Platon gegen den Vorwurf, eine so schlechte Philosophie gemacht zu haben, schützen zu müssen. Ich möchte aber meinen, daß diese Philosophie nicht schlecht ist, sondern daß sie nur verschwiegen wurde, weil Platon genau wußte, daß sie hypothetisch war, und weil Platon das Gerede zu vermeiden suchte, das entstehen mußte über Hypothesen, die symbolisch andeuten, wie der Zusammenhang sein kann. Auch das ist eine Vermutung, man kann darüber streiten, ich würde es gerne so ansehen.

Was ist der Inhalt? Der Inhalt ist unter anderem – so Aristoteles in »de Anima« –, daß Platon gelehrt habe, es gebe einen vierstufigen Abstieg von den reinen Zahlen, welche die Ideen sind, zu den Linien, von dort zu den Flächen und von dort zu den Körpern. In diesen vier Stufen vollziehe sich die vollständige Aufzählung dessen, was die Natur eigentlich ausmacht. Diesen Aufstieg oder Abstieg, je nachdem von welcher Seite man kommt, würde ich folgendermaßen deuten. Betrachten wir einmal die Frage, was ist eigentlich ein Körper? Zunächst mathematisch. Platon lehrt ja, daß z. B. das Feuer aus Tetraedern besteht, also aus bestimmten kleinen Körpern. Was ist also ein Tetraeder? Oder was ist ein Würfel? Nun, das ist ein Volumen, das umgrenzt ist von gewissen Flächen. Diese Flächen sind Dreiecke im Fall des Tetraeders. Das Tetraeder hat seine Grenze im Dreieck. »Peras«, Grenze, ist ein platonischer Terminus, der systematisch auch an der Stelle stehen kann, wo sonst »Idee« steht. Die Idee ist dasjenige, was dem Ding seine Form gibt, woran es Anteil hat, insofern es eine Form hat, und die Form ist hier verstanden als der Umriß. Die Grenze also des Körpers Tetraeder ist das Wesen oder die Idee dieses Körpers, und das ist eine gewisse Anordnung von Dreiecken. Was aber ist ein Dreieck? Das ist eine ebene Figur, sie ist charakterisiert durch ihre Grenze, nämlich etwa das gleichseitige Dreieck durch drei gleiche Linien. Diese Linien also sind das, was das Wesen des Dreiecks ausmacht. Die Idee des Dreiecks liegt in seinen Grenzlinien. Was aber ist eine Linie? Eine Linie ist begrenzt durch eine bestimmte Anzahl, in diesem Fall zwei, Punkte. Das Wesen dieser Linie ist gegeben durch die Punkte, die sie begrenzen. Die Punkte selbst haben keine Ausdehnung mehr. Sie haben keinen Anteil mehr an der Erstreckung, am Großen und Kleinen, sie haben aber noch eine Zahl. Was ist das Wesen von Punktkonfigurationen? Es ist zum mindesten ihre Zahl.

Jetzt habe ich einen Aufstieg gemacht durch die Dimensionen hindurch vom Körper zur Zahl, immer operierend mit dem Begriffspaar der Sache und deren Wesen. Das Wesen ist die Idee, ich habe also die Ideenlehre dreifach iteriert. Ich möchte nun glauben, daß das mindestens der platonischen Konstruktion ein Stück weit nachtastet; und wenn das so ist, dann kann man die

Lehre im »Timaios« allerdings verstehen. Dann sind nämlich diese Tetraeder, die so spitz sind und deshalb erklären, daß das Feuer brennt, weil sie sich mit ihren Spitzen eindrängen in unsere Haut, einerseits ein Versuch, auch solche physiologischen Zusammenhänge begreiflich zu machen, andererseits sind sie aber nur die unterste Stufe eines Derivationssystems, wie das die Tübinger nennen, welches das, was das Wesen des Feuers ausmacht, zurückführt über die Dreiecke, über die Linie auf die Zahl. Die Zahl ihrerseits ist das, was durch das Fortschreiten aus dem Einen heraus entwickelt wird – also letzten Endes durch die zwei Prinzipien des Einen und der unbegrenzten Zweiheit, d. h. des Prinzips von Vielheit überhaupt. Es ist dieses ein Versuch, in symbolischer Weise darzustellen, inwiefern die Sinnenwelt gerade nicht etwas ist, was in einem radikalen Dualismus der Welt der Ideen gegenübersteht, wie man dann oft gelehrt hat, sondern zu zeigen, inwiefern die Sinnenwelt dasjenige ist, worin sich die Idee selbst darstellt, insofern sie sich vervielfältigt gemäß dem Prinzip der Vielheit, der unbestimmten Zweiheit. Es ist also ein Versuch einer deduktiven Naturwissenschaft.

Wenn man daher fragt, warum gelten mathematische Gesetze in der Natur, dann ist die Antwort, weil diese ihr Wesen sind, weil die Mathematik das Wesen der Natur zum Ausdruck bringt. In der von Kepler übernommenen Sprache heißt das, Gott habe die Welt gemäß seinen Schöpfungsgedanken geschaffen, die die reinen Formen sind. Der Demiurg, der im »Timaios« eingeführt wird, der göttliche Handwerker, der die Welt macht, ist ja doch wohl zunächst einmal die symbolische Darstellung dieses Wesenszusammenhanges. Wieweit Platon damit die Lehre von einem bewußten, persönlichen Wesen, von einer Weltseele, von einer Weltintelligenz verbunden hat, ist etwas, was er selbst hinter dem Schleier seiner symbolischen Ausdrucksweise verborgen hat, und was ich nicht versuchen will, hier auseinanderzunehmen.

Der entscheidende Übergang, von dem ich hier gesprochen habe, vom Einen zur Vielheit, hat nun wesentlich noch zu tun mit dem Prinzip der Bewegung. Ich muß daher ein paar Worte noch über Platons Lehre von der Bewegung und von der Zeit sagen. Hier erreiche ich dann auch den Punkt, in dem die neuzeitliche Naturwissenschaft nach und nach gelernt hat, wie sie sich von Platon abgrenzen muß. Die neuzeitliche Naturwissenschaft ist ja alsbald begonnen worden als eine Lehre von der Mathematisierung der Bewegung; das hat Galilei getan. Er hat die Bewegung mathematisiert im Unterschied zu der Mathematisierung der Gleichgewichte, der Statik, die in der Antike schon vorlag. Die Unterscheidung ist aber nicht ganz scharf, denn in der antiken Astronomie war Bewegung auch schon mathematisiert. Wie denkt nun Platon die Bewegung, wie denkt er die Zeit, in der, wie wir sagen, die Bewegung ist? Ich könnte hier noch einmal sagen, daß ich mit dieser Frage erst ins Tor zur platonischen Philosophie trete. Ich möchte meinen, daß die Spätphilosophie Platons wesentlich Philosophie der Bewegung ist.

Im »Timaios« gibt Platon eine Definition der Zeit. Sie sei das nach der Zahl

III, 1. Platonische Naturwissenschaft im Laufe der Geschichte   253

fortschreitende Abbild des im Einen verharrenden »aion«, und zwar das aionische Abbild. Was heißt aion? Wir übersetzen es mit Ewigkeit, man kann es
aber nach griechischem Sprachgebrauch zunächst als eine sinnvolle, erfüllte
Zeitspanne bezeichnen. Es ist ein Terminus, der bei Platon ohne Erklärung
auftritt. Jedenfalls ist die Zeit ein Abbild von etwas anderem, Chronos ist ein
nach der Zahl fortschreitendes Abbild von etwas anderem. Das ist die zahlen-
mäßig meßbare Zeit. Unmittelbar daran anschließend spricht er davon, daß
das Himmelsgewölbe vom Demiurgen geschaffen wurde, damit die Zeit sei,
denn die Zeit wird gemessen durch die Umläufe der Himmelskörper. Die Ide-
en erscheinen bei Platon als unbewegt; dann aber, im »Sophistes«, spricht er
von ihnen doch so, als seien sie nicht unbewegt, sondern vielleicht in einer
Bewegung befindlich, die aber dann wohl immer dieselbe ist. Auch dies wird
nur angedeutet, und ich will es hier nicht durchdringen. Die Weise, wie sich
die Zeit im Himmelsgewölbe darstellt, ist nun die folgende: Am Himmel gibt
es zwei Kreise, den Kreis des Gleichen und den Kreis des Ungleichen; das
nennen wir den Äquator und die Ekliptik. Und auf dem einen Kreis wird der
Tag gemessen, in dem das ganze Himmelsgewölbe in 24 Stunden einmal um
die ruhend gedachte Erde kreist. Auf dem anderen Kreis laufen die Planeten,
auf der Ekliptik, und die Planeten unterscheiden durch ihre immer wechselnden Stellungen die verschiedenen Tage voneinander. Ich habe das gelegentlich so ausgedrückt: man braucht, um die Zeit zu messen, eine Uhr und einen
Abreißkalender, etwas was immer gleichbleibend umläuft, und etwas, was
jedesmal wieder anders ist, so daß man wissen kann, den wievielten Umlauf
man vor sich hat. Dieses ist in der platonischen Konstruktion dargestellt
durch den Tag und andererseits durch die Planetenumläufe. Platon knüpft
aber hier an eine babylonische Lehre an, wie ich von van der Waerden gelernt habe, nämlich die Lehre vom großen Jahr oder, wie man auch sagt, vom
platonischen Jahr. Das ist diejenige Zeitspanne, nach der alle Planeten wieder
so stehen wie zuvor. Platon deutet zumindest den Gedanken an – der an anderen Stellen auch in der griechischen Tradition ausdrücklich ausgesprochen
ist – daß, wenn alle Planeten wieder stehen wie zuvor, die Welt im Prinzip
wieder so ist, wie sie damals war. Diese Zeit ist also schon der astronomischen Konstruktion nach zyklisch, und ich würde meinen, daß auch dem philosophischen, dem metaphysischen Ansatz nach diese Zeit als zyklisch gedacht werden muß, denn wie soll die Zeit Abbild des im Einen Verharrenden
sein, wenn sie ihrerseits aus dem Einen herausläuft, um nie wieder dahin zurückzukehren, woher sie gekommen ist. Das nach der Zahl fortschreitende
Vorschreiten der Zeit muß, wenn die Zeit wirklich Abbild der Ewigkeit sein
soll, ein Rückkehren sein. Ich möchte hier die Formel noch einmal gebrauchen: wenn man platonisch denkt, so ist die Herrlichkeit der Welt, daß es in
ihr nichts Neues gibt. Gäbe es in ihr Neues, so hätte es ja eine Zeit gegeben,
in der die Welt nicht so gut war, wie sie sein kann. Es ist aber nicht einmal zu
denken erlaubt, so steht im »Timaios«, daß die Welt schlechter sein könnte

als ihr möglich ist, daß der Demiurg nach einem anderen Vorbild geblickt hätte als dem besten. Die Herrlichkeit der Welt also verlangt, daß es in ihr nichts Neues gibt, und das bedeutet, daß die Zeit zyklisch ist.

Gehen wir nun in die Neuzeit, so finden wir von diesem platonischen Entwurf natürlich viele Abweichungen und doch auch eine prägende Wirkung, die alles durchdringt, und es ist die Frage, wieviel davon in der neuzeitlichen Naturwissenschaft realisiert ist. Kehren wir also noch einmal zurück zum 17. Jahrhundert, zu Kepler und Galilei. Für sie ist dieser platonische Entwurf nicht eigentlich eine durchsichtige philosophische Theorie, sondern das große Reservoir der Bilder, durch die man zum Ausdruck bringt, woran man glauben muß, wenn man Naturwissenschaft treiben will. Die eigentliche Strenge der Argumentation ist in dieser Naturwissenschaft des 17. Jahrhunderts nicht gesehen, aber wohl doch geahnt. Da aber diese Strenge nicht wirklich gesehen ist, und da andererseits Erfahrungen nun in immer rascherer Folge eintreten, von denen Platon keine Ahnung hatte – und die man mit den speziellen Konstruktionen Platons ganz gewiß nicht fassen konnte – glitt die Naturwissenschaft von diesem platonischen Podest herab. Wir finden z. B. anstelle der persönlichen Frömmigkeit und der persönlichen künstlerischen Phantasie Keplers, die nicht übertragbar war, später dieselben physikalischen und astronomischen Erkenntnisse, die Kepler hatte, verbunden mit vollkommen anderen Philosophien, beispielsweise dem mechanischen Weltbild. Das mechanische Weltbild erklärt die Gesetzmäßigkeiten der Natur so, daß die Dinge der Natur letzten Endes aus Materie bestehen, die keine andere definierende Eigenschaft hat als die Undurchdringlichkeit; und deren Gesetze könnten erklärt werden durch Druck und Stoß, d. h. durch die Wirkung, die ein undurchdringlicher Körper auf einen anderen undurchdringlichen Körper ausübt. Diese Lehre hat dann einige Jahrhunderte neuzeitlicher Naturwissenschaft, wenn nicht beherrscht, so doch stark beeinflußt. Diese Lehre ist in der Atomphysik unseres Jahrhunderts vollkommen verschwunden, denn für uns sind die sogenannten Atome gerade nicht kleine Billardkugeln, gerade nicht undurchdringliche Materie. Wir beschreiben sie durch die mathematischen Gesetzmäßigkeiten der Quantentheorie und nicht durch diese anschaulichen Bilder. Man kann auch sehr leicht zeigen, zu welchen Inkonsistenzen das mechanische Weltbild, streng durchgeführt, hinführt: das will ich mir aber hier ersparen.

Es gibt dann empiristische Theorien, die nichts anderes lehren, als daß man der Erfahrung folgen müsse und ihr mit mathematischen Hypothesen vorausgreifen könne, die man dann an der Erfahrung prüft; Theorien, die das, was in der Physik vorgeht, zwar richtig beschreiben, aber völlig unerklärt lassen, warum mathematische Hypothesen überhaupt erfolgreich sind.

Geht man nun in die Physik des 20. Jahrhunderts mit diesen Fragestellungen noch einmal hinein, so findet man in einer Physik, der alles andere im Kopf ist als gerade die Anknüpfung an Platon – wenn man absieht von ein

III, 1. Platonische Naturwissenschaft im Laufe der Geschichte

paar großen Gestalten wie etwa Heisenberg –, daß ein Zug des platonischen Denkens sich wieder herstellt, der seit dem 17. Jahrhundert eigentlich nur in der Form des mechanischen Weltbildes gedacht worden war, nämlich der Gedanke der Einheit der Natur. Die Atomphysik nimmt in den verschiedenen Zweigen, in Evolutionslehre, Selektionslehre, Kybernetik, die Chemie und die Biologie in sich auf. Und wir wissen nicht, wieweit diese Entwicklung zur Einheit fortschreiten kann. Es scheint heute, daß eine einheitliche Naturwissenschaft bis in den Bereich des organischen Lebens möglich ist. Die Physik ihrerseits wächst aus den klassischen Disziplinen zusammen in eine einzige Theorie, die Quantentheorie. Die Elementarteilchenphysik, die heute unvollendet ist, auf deren Vollendung man aber hofft, und für die gerade Heisenberg seine Entwürfe gemacht hat, versucht dann noch zu erklären, warum es genau die Elementarteilchen gibt, die es gibt und keine anderen, und versucht dies alles auf ein einziges Grundgesetz zurückzuführen. Dieses Grundgesetz hatte schon Einstein in vorquantentheoretischer Weise in seiner einheitlichen Feldtheorie ins Auge gefaßt. Heisenberg und andere Elementarteilchenphysiker versuchen heute in quantentheoretischer Weise diese Einheit besser und neu darzustellen. Hier also wird schließlich, so scheint es, das Resultat der historischen Entwicklung der Physik sein, daß sie eine Einheit als Grundprinzip hat, und die Frage ist, ob diese Einheit nicht wesentlich zu tun hat mit derjenigen Einheit, die Platon seinerzeit zu denken suchte.

Will man insbesondere den Heisenbergschen Gedanken der Symmetrien noch einmal aufgreifen, dann kann man sagen, daß Platon die Symmetriegruppen, die Heisenberg einfach postuliert, in gewisser Weise noch hypothetisch und, wie wir freilich sagen müssen, nicht sachlich zutreffend zu erklären suchte. Die regulären Körper erklärt Platon dadurch, daß sie alle dieselben Dreiecke als Grenzen haben; daß diese Dreiecke aber alle gleich sind, erklärt er dadurch, daß sie alle die gleichen Seiten haben, und daß diese Seiten gleich sind, erklärt er dadurch, daß diese Seiten letzten Endes eben die Realisierung des Prinzips der Gleichheit sind, das am Anfang der ganzen Konstruktion steht. Hier kommt die wiederum literarisch schlecht ausgewiesene Lehre von den unteilbaren kleinsten Linien herein, und diese Lehre ist gleichsam ein Versuch, auch die Mathematik des Kontinuums noch einer letzten Einheit zu unterwerfen. Das wiederum verliert sich in dem, was wir philologisch kaum mehr fassen können. Ich sage nur, daß Platon versucht hat, die Symmetrie dieser Körper noch zu erklären. Er geht also hier wiederum im Ansatz über das hinaus, was Heisenberg tatsächlich wagt. Aber auch Heisenberg würde sich einer Erklärung dieser Symmetrien nicht widersetzen, wenn jemand sie liefern könnte.

Es scheint also, daß wir mit unserer Physik gleichsam rekapitulierend die verschiedenen Gedanken, die bei Platon entworfen sind, durchgehen; aber dann doch mit einem wesentlichen Unterschied. Der wesentliche Unterschied liegt, wie ich glaube, in unserer Auffassung von der Zeit. Die Zeit, so wie wir sie verstehen, ist nicht zyklisch, sie hat die offene Zukunft, die faktische Vergangenheit, die sich nie wiederholt. Sie ist die Zeit der Geschichte. In unserer Physik wird die Zeit dann mit dem Raum zusammengesehen, so wie das etwa in der Relativitätstheorie geschieht, die in der antiken Philosophie keine echte Parallele hat. Man kann also keinesfalls sagen, daß wir zum platonischen Bild zurückgekehrt seien, und ich würde falsch verstanden, wenn es so schiene, als wollte ich hier nur eine Revindikation Platons leisten. Ich will vielmehr sagen, daß die Naturwissenschaft der Neuzeit, die sich zu Anfang einmal auf Platon berief, ohne ihn philosophisch ganz zu vollziehen, eben an den Stellen, wo sie ihn nicht vollzogen hat, auf die Probleme zurückgeführt worden ist, die Platon schon recht genau gesehen hat, und daß eine Vollendung der Physik, so wie sie heute als möglich am Horizont zu stehen scheint, eine philosophische Reflexion verlangt, die der platonischen philosophischen Reflexion als Partner gegenüberstehen würde. Ich sage allerdings als letztes dazu, nicht ohne die Vermittlung Kants. Denn die Formulierung, die jedenfalls mir unerläßlich scheint, um begreiflich zu machen, inwiefern wir mathematische Naturgesetze glauben können, muß den Satz enthalten, daß diese Gesetze Bedingungen der Möglichkeit von Erfahrung sind. Sonst können wir den Zusammenhang zwischen der empirischen Bewährung dieser Wissenschaft und der Unmöglichkeit, sie empirisch zu begründen, nicht wirklich denken. Dieser Gedanke Kants, daß die Naturgesetze die Bedingung der Möglichkeit der Erfahrung sind, müßte hineinkommen, wenn wir die Auseinandersetzung mit dem alten platonischen Ansatz leisten wollten. Sie sehen sofort, daß dieses ein neuer, mindestens ebenso langer Vortrag wäre, den ich jetzt nicht halten werde. Ich danke Ihnen für Ihre Geduld.

III, 2. Ein Liebesgedicht

Wiederfinden

Ist es möglich! Stern der Sterne,
Drück ich wieder dich ans Herz!
Ach, was ist die Nacht der Ferne
Für ein Abgrund, für ein Schmerz!
Ja, du bist es! meiner Freuden
Süßer, lieber Widerpart;
Eingedenk vergangner Leiden
Schaudr' ich vor der Gegenwart.

Als die Welt im tiefsten Grunde
Lag an Gottes ew'ger Brust,
Ordnet' er die erste Stunde
Mit erhabner Schöpfungslust,
Und er sprach das Wort: ›Es werde!‹
Da erklang ein schmerzlich Ach!
Als das All mit Machtgebärde
In die Wirklichkeiten brach.

Auf tat sich das Licht! So trennte
Scheu sich Finsternis von ihm,
Und sogleich die Elemente
Scheidend auseinander fliehn.
Rasch, in wilden, wüsten Träumen
Jeder nach der Weite rang,
Starr, in ungemessnen Räumen,
Ohne Sehnsucht, ohne Klang.

Stumm war alles, still und öde,
Einsam Gott zum erstenmal!
Da erschuf er Morgenröte,
Die erbarmte sich der Qual;
Sie entwickelte dem Trüben
Ein erklingend Farbenspiel,

Und nun konnte wieder lieben
Was erst auseinanderfiel.

Und mit eiligem Bestreben
Sucht sich, was sich angehört,
Und zu ungemessnem Leben
Ist Gefühl und Blick gekehrt.
Sei's Ergreifen, sei es Raffen,
Wenn es nur sich faßt und hält!
Allah braucht nicht mehr zu schaffen,
Wir erschaffen seine Welt.

So, mit morgenroten Flügeln,
Riß es mich an deinen Mund,
Und die Nacht mit tausend Siegeln
Kräftigt sternenhell den Bund.
Beide sind wir auf der Erde
Musterhaft in Freud' und Qual,
Und ein zweites Wort: Es werde!
Trennt uns nicht zum zweitenmal.

Ein gutes Gedicht kann Wort für Wort ausgelegt werden. Versuchen wir's!

Ist es möglich, Stern der Sterne, drück ich wieder dich ans Herz? Das reine Entzücken, fließend dahingesagt, fast in der Sprache des Alltags. Wie strömen die Verse, überwältigt von dem einen Glück, dem *Wiederfinden*, wann?: am 23. September 1815 in Heidelberg, gespiegelt in jenem Orient, wo *Dichterworte um des Paradieses Pforte immer leise klopfend schweben, sich erbittend ew'ges Leben.* Jedes dieser Worte ist eine deutbare Chiffre, und weil es auf ewiges Leben weist, ist es im Alltag sagekräftig.

Ist es möglich? Was wirklich ist, beweist seine Möglichkeit durch seine Wirklichkeit. Aber die wirklichste Erfahrung muß unmöglich erscheinen. *Ist's möglich, daß ich Liebchen dich kose, vernehme der göttlichen Stimme Schall! Unmöglich scheint immer die Rose, unbegreiflich die Nachtigall.* Rose und Nachtigall, die alltäglichsten Requisiten persischer Liebeslyrik, die Rose, die in jedem Garten blüht, die Nachtigall, die in jeder Nacht trillert, sie sind der Inbegriff des Entzückens, des Unmöglichen. *Liebchen,* so heißt es noch in diesem anapästisch rasch fließenden Vierzeiler aus glücklichen Tagen des Beisammenseins. Jetzt aber ist die Frage tödlicher Ernst, der Schritt des Verses ist in Trochäen, der Ton liegt auf dem ersten Wort: *Ist. Ist es möglich?* Jede der sechs Strophen des Gedichts beginnt mit einem einsilbigen vollen Wort, das für die ganze Strophe den Ton angibt. Hat Goethe das selbst gewußt? Was für eine Frage bei einem reifen Dichter, dessen Bewußtheit Spontaneität geworden ist.

Stern der Sterne! Wieder Gleichnisrequisiten der Orientalen. Die Sterne

III, 2. Ein Liebesgedicht 259

des unverhüllten subtropischen Nachthimmels überstrahlen das Leben: *und ich reise froh in alle Ferne, über meiner Mütze nur die Sterne.* Die Sterne lenken das Schicksal. Der Geliebte, der mein Schicksal wird, ist mein Stern, seit Platons Liebesepigramm. Aber nun muß in ganz schlichten Worten orientalisch übertrieben werden. Die wiedergefundene Geliebte ist der *Stern der Sterne.* ·

Drück ich wieder dich ans Herz! Goethe reimt im Divan unbefangen *Freuden* auf *Leiden, Herz* auf *Schmerz.* Er braucht nicht mehr zu beweisen, daß er zur erlesenen Wortwahl fähig ist. Die banalen Reime konnten nur banal werden, weil sie die allgegenwärtige Wirklichkeit sagen. Das *Herz* ist der Ort der Liebe und der Schmerzen, so fühlen wir es leiblich; der Leib ist die Seele.

Ach, was ist die Nacht der Ferne für ein Abgrund, für ein Schmerz. Es ist tödlich ernst – *Nacht, Abgrund, Schmerz.* Goethe und Marianne hatten sich getrennt und kein Wiedersehen vereinbart. Willemer und Marianne reisten ihm unangesagt nach Heidelberg nach. Das Wiedersehen erschien in der Tat unmöglich. *Du bist es, Widerpart meiner Freuden.* Die Liebe wurde zur Freude in der begegnenden Freude; hier darf eine Erinnerung an das Liebesgeflüster anklingen: *süß, lieb.* Und in der Begegnung ist das *Leiden* der *Ferne* noch da. *Der Vergangenheit eingedenk schaudr' ich vor der Gegenwart.* Das unbegreifliche Glück ist ein Schauder, der durch den ganzen Leib läuft, ein Schauder der Seele.

Als die Welt im tiefsten Grunde – wo bist du, Liebender, bei mir oder beim tiefsten Grund der Welt? Ich bin beim tiefsten Grund der Welt, denn ich bin bei dir. Ich erzähle dir die Geschichte unserer Liebe. Im Persönlichsten, wenn wir es erfahren und nicht dem Rausch erliegen, werden wir ganz unpersönlich. Im Schauder der Gegenwart ist die Einheit der Zeiten da. Es ist wahr, ich erzähle dir unsere Liebe.

Der Leser möge verzeihen, daß ein Altersgenosse des Dichters sich zuerst mit dem Dichter in den Strom seines Erlebens stürzt. Wie könnte man die Schöpfungstheologie dieses Gedichts auslegen, wenn nicht getragen von dem Erlebnis, das dem Dichter den Mund geöffnet hat?

Als die Welt – das Wort »Ist«, mit dem die erste Strophe begann, bezeichnete die Gegenwart und den Schauder der Gegenwart; das Wort »Als« bezeichnet nun den tiefsten Grund, den wir als fern, als die früheste Vergangenheit vorstellen. Alles in der Welt hat einen Grund, auf dem es ruht, aus dem es wächst – nichts ist ohne Grund. Das Haus steht auf dem Grund, die Pflanze wächst aus dem Grund, eine aufgerissene Schlucht läßt uns den Abgrund unter der Erde ahnen. Der Grund des Grundes, der *tiefste Grund,* ist *Gott. Die Welt lag im tiefsten Grunde, an Gottes Brust.* Da *ordnete Gott die erste Stunde,* er schuf die Zeit, in der alles ist, was ist, *mit erhabner Schöpfungslust.* Schöpfung ist Lust für Gott, wir müssen sagen erhabene Lust. *Im Namen dessen, der sich selbst erschuf, von Ewigkeit im schaffenden Beruf* – beginnt das *Prooemion* der Zeitschrift *Zur Naturwissenschaft überhaupt.*

Was für eine Schöpfungstheologie wird uns hier vorgetragen? Eine jüdisch-christlich-mohammedanische? Eine platonisch-plotinische? Große islamische Theologen des Mittelalters haben gelehrt, der Koran sei Gottes Offenbarung, denn er lehre alle Menschen das, was den Weisen die philosophische Einsicht lehrt. *Sagt es niemand, nur den Weisen.*

Und er sprach das Wort: Es werde! Nach der Bibel ist die Welt durch das Wort geschaffen. Im Alten Testament ist Gott für den Menschen immer nur in seinem Wort, seinem schöpferischen Gebot zugänglich. So ist es im islamischen Orient geblieben. Im Divan *flüchtet* der aufgeklärte Dichter, *im reinen Osten Patriarchenluft zu kosten ... Will mich freun der Jugendschranke: Glaube weit, eng der Gedanke,* wie das Wort so wichtig dort war, weil es ein *gesprochen Wort war.* Aber im Neuen Testament beginnt das der Gnosis nächststehende Buch mit den Sätzen: Im Anfang war das Wort, und das Wort war bei Gott, und Gott war das Wort. Goethe läßt seinen Faust im Studierzimmer, vor der Teufelsoffenbarung, mit diesen Sätzen ringen. *Im Anfang war der Sinn, die Tat.* Der Logos jener Sätze entstammt letztlich der griechischen Philosophie. Gott war der Logos.

Da erklang ein schmerzlich Ach! Für die Geschöpfe ist die Schöpfung nicht Lust. Sie ist der tiefste Schmerz. Dieser Satz ist der Angelpunkt des Gedichts. Er spricht das Geburtstrauma der Welt aus.

Dieser Satz ist Erfahrung. Niemand versteht Goethe, der von dieser Erfahrung nichts weiß. Man muß nicht zuerst nach Traditionen suchen, denen dieser Gedanke entstammen mag, obwohl es solche Traditionen gibt. Die drei Religionen der hebräischen Tradition haben Gott nicht mit der Verursachung des Schöpfungsschmerzes belasten wollen und haben dafür den Mythos des Sündenfalls eingesetzt. Buddha lehrte, Sein sei Leiden. Die Manichäer machten den Schöpfergott zum Quell des Leidens. In mystischen Traditionen, so in der Kabbala, gab es Spekulationen über die Schöpfung durch das »Zerbrechen der Gefäße«. Goethe war vielleicht der philosophisch konsistentesten Lehre, der neuplatonischen, am nächsten. Wie erklärt er den *Schmerz?*

Das Wort *Schmerz* ist in diesem Gedicht schon vorgekommen. Die *Nacht der Ferne* ist der *Abgrund,* der *Schmerz.* Ferne ist unverbundene Vielheit. *Als das All mit Machtgebärde in die Wirklichkeiten brach.* Brach es in schon bestehende Wirklichkeiten ein? Gewiß nicht. Das *All* ist das Eine – Hen kai Pan, *Eins und Alles.* Es zerbricht in das Viele, in die Wirklichkeiten. Erst wenn es Vieles gibt, gibt es Macht. Gottes für alle Geschöpfe furchtbare Gebärde ist die Gebärde seiner Macht.

Auf tat sich – die Fülle der Wirklichkeiten öffnet sich, tut sich *auf. Auf tat sich das Licht.* Auch in der Bibel wird zuerst von den geordneten Dingen das Licht geschaffen. Und Gott sprach: Es werde Licht! Und es ward Licht. In der Philosophie ist das Licht Metapher oder eigentlich wesensgleiches Vehikel des erkennenden Geistes, Erkennen ist Sehen; der menschliche Geist aber erkennt, weil er Teil – oder Funke, oder Abbild – des göttlichen Geistes ist.

III, 2. Ein Liebesgedicht   261

So trennte scheu sich Finsternis von ihm. In der Bibel: Und Gott sah, daß das Licht gut war. Da schied Gott das Licht von der Finsternis und nannte das Licht Tag und die Finsternis Nacht. Die Finsternis wird eigentlich nicht geschaffen, sie wird vom Licht geschieden. Die Schöpfung des Guten ist die Erzeugung der Polarität, der Zweiheit, der Trennung. Die *Finsternis trennt sich* »*so*« *vom Licht, scheu*, als das, was sich nicht zeigt, denn zeigen ist beleuchten. *Und sogleich die Elemente scheidend auseinanderfliehn.* Die *Elemente* (die Buchstaben des Seienden, griechisch stoicheia, lateinisch LMN = elementa), das, woraus alles ist, was ist, vervielfachen sich, fliehen auseinander. Ist eine Zweiheit gesetzt, so folgt die Vielheit bis ins Unendliche – so in der zweiten Hypothese des platonischen Parmenides.

Zeitgenossen der heutigen Kosmologie des expandierenden Universums haben in Goethes und in Schellings verwandten Gedanken eine Art Vorahnung späterer Naturwissenschaft gesehen. Das ist oberflächlich. Alle Schöpfungsphilosophien denken, meist implizit und darum oft metaphorisch, im Schema der geschichtlichen Zeit, in der die Zukunft das Mögliche und, wie sich in innerer Logik ergibt, die wachsende Fülle der Möglichkeiten ist. Und eben diese Zeitstruktur liegt, davon bin ich überzeugt, dem Phänomen der Expansion des Systems der Spiralnebel zugrunde, die Anlaß zu der Modellhypothese des »Urknalls« gegeben hat. Schöpfung muß in der Zeit wie eine Explosion erscheinen.

Dies nun malt der Dichter aus. *Rasch, in wilden, wüsten Träumen jedes nach der Weite rang, starr, in ungemessnen Räumen, ohne Sehnsucht, ohne Klang.* Ohne Wechselwirkung der Elemente haben sie kein Bewußtsein, nur *Träume*, sie *ringen,* fern voneinander zu sein, *ungemessen* sind die *Räume,* die sie, innerlich unbewegt, *starr,* zu erfüllen streben. Der Schmerz ist so tief, daß er sich seiner nicht bewußt werden kann, er ist *ohne Sehnsucht* nach Einheit, ohne die Harmonie der Sphären, *ohne Klang.*

Stumm war alles. »*Stumm*« ist das Leitwort der vier vorangehenden und der zwei folgenden Zeilen. *Gott ist einsam.* Er ist *zum erstenmal einsam,* denn das All war die Einheit der Fülle. Das Eine ist nicht ärmer, es ist reicher als Name und Form, jenseits der Seiendheit, epekeina tes usias. Der Gott, der die Welt aus sich entlassen hat, ist *einsam.* Aber schon dies zu denken hebt eben diesen Gedanken auf. *Da erschuf er Morgenröte.* Rot ist die leuchtendste Farbe und der Anfang des Tags. Die *Ferne,* die *Qual* war die *Nacht.* Es ist als sage der Dichter der Geliebten: Verstehst du jetzt, daß meine Farbenlehre, von der ich dir so viel erzählt habe, nichts anderes war als die Geschichte unserer Liebe? Das *Trübe* mit dem Licht und dem Dunkel schafft die Farben, Licht durch das Trübe gesehen gelb und rot, Dunkel durch das Trübe gesehen blau. *Die Farben klingen. Welch Getöse bringt das Licht! Und nun konnte wieder lieben, was erst auseinanderfiel.* Jetzt erst fällt das entscheidende Wort: *lieben.* Deshalb ist das Schöpfungsgedicht ein Liebesgedicht. Wechselwirkung, wie die Physiker sagen, *Sehnsucht, Klang, Farbe* ist wesentlich *Liebe.*

Philosophische Überlieferung

Und mit eiligem Bestreben. – Dies ist das betonte, beginnende *Und*, nicht bloß Anknüpfung, sondern *Steigerung* im Sinne Goethes. Als er 1814 zur ersten Reise nach Frankfurt, nach den langen Kriegsläuften, ausfuhr, war in ihm die Liebe schon gegenwärtig, die ihm dann dort begegnete. Im Reisewagen dichtete er das Gedicht *Im Gegenwärtigen Vergangenes*, das mit der Schilderung der seit so vielen Jahrzehnten vertrauten thüringischen Landschaft anfängt: *Ros' und Lilie morgentaulich blüht im Garten meiner Nähe; hinten an, bebuscht und traulich, steigt der Felsen in die Höhe* ... Die nächste Strophe beginnt mit dem herrlichsten, voll betonten steigernden »*Und*« Goethes: *Und da duftets wie vor alters, als wir noch von Liebe litten und die Saiten meines Psalters mit dem Morgenstrahl sich stritten.*

Und mit eiligem Bestreben sucht sich, was sich angehört. Nun sind nicht mehr die *Räume ungemessen*, sondern das *Leben*, zu dem *Gefühl und Blick* sich kehren. *Ergreifen* und *Raffen*, aller Egoismus der Leidenschaft ist verziehen, wenn die Liebenden nur einander fassen und halten, denn: *Allah braucht nicht mehr zu schaffen, wir erschaffen seine Welt.* Wir, die Geschöpfe, sind nun schöpferisch durch die Einung der Liebe. So ist die ganze Welt, noch einmal in den Worten des *Prooemions* gesagt: *So weit das Ohr, so weit das Auge reicht, du findest nur Bekanntes, das ihm gleicht.* Es scheint, als könnten wir die Welt kennen und schlössen aus ihr auf den Schöpfer. So ist es aber nicht. Wir selbst erschaffen nun seine Welt, und alles, was wir in der Welt finden können, ist uns bekannt, weil es, wie wir, *ihm gleicht.* Und so wird die kleine Wendung des Übermuts wohl entschuldigt, daß, seit wir schaffen, Allah nicht mehr zu schaffen braucht.

So, mit morgenroten Flügeln – das »*So*« ist die Rückkehr von der Weltschöpfung zu Hatem und Suleika, zu Goethe und Marianne. Es spricht die platonische Teilhabe, die Methexis aus. Die *Morgenröte* ist auch für uns *erschaffen*. Nähme ich Flügel der Morgenröte und flöge ans äußerste Meer, so wärest du da, sagt der Psalm. *Mit morgenroten Flügeln riß es mich an deinen Mund.* Wieder sind die *Sterne* da, *tausend Siegel des Bundes. Beide sind wir auf der Erde musterhaft in Freud' und Qual.* Sind wir besser als andere Liebende? Nein. *Hör und bewahre sechs Liebespaare. Denke nun, wie von so langem prophezeit Suleika war.* Liebende sind *Muster* von *Freude und Qual.* Ein halbes Jahr später wird Goethe das Gedicht »*Lesebuch*« schreiben: »*Wunderlichstes Buch der Bücher ist das Buch der Liebe ... Wenig Blätter Freuden, ganze Hefte Leiden; einen Abschnitt macht die Trennung. Wiedersehn – ein klein Kapitel. Fragmentarisch! Bände Kummers, mit Erklärungen verlängert, endlos, ohne Maß ... Unauflösliches, wer löst es? Liebende, sich wiederfindend.*« – *Der Augenblick ist Ewigkeit. Und ein zweites Wort: Es werde! trennt uns nicht zum zweitenmal.*

Goethe und Marianne haben einander nach dieser Begegnung nie wiedergesehen.

III, 2. Ein Liebesgedicht 263

Für einen Mann, dem die Versuchung naheliegt, sich mit dem Dichter zu identifizieren, ist es gut, mit verständnisvollen Frauen zu sprechen. In einem Gespräch mit einer klugen jungen Germanistin über dieses Gedicht kam die alte Frage auf, ob Goethe eigentlich die Frauen, denen er nahekam, geliebt habe, oder ob er nur seine Liebe geliebt habe. Als er *Im Gegenwärtigen Vergangenes* schrieb, war die kommende Liebe dieser zwei Jahre schon in ihm, und noch kannte er den *Widerpart seiner Freuden* nicht. Im dritten Jahr nahm er das Umwerfen der Kutsche, in der er zur dritten Reise nach Frankfurt angesetzt hatte, als Anlaß, umzukehren. Marianne sandte ihm Briefe, Geschenke, leise und unüberhörbar bat sie um sein Kommen. *Sag ihm, aber sags bescheiden, seine Liebe sei mein Leben.* Goethe wehrte leise und unüberhörbar ab.

Nicht die Leidenschaft und nicht die Verse beweisen, daß er die Frauen geliebt hat, nicht das Zurückweichen beweist, daß er sie nicht geliebt hat. Goethe war fähig, den Mitmenschen in dessen Lebensbedingungen sehen zu lernen, er arbeitete sein Leben lang daran, und er verzichtete darauf, sich zu erklären, wo er nicht verstanden werden konnte. Er vermied die Tragödie. Er hat keine Ehe zerstört, und er hat die eine Frau geheiratet, die, um weiterleben zu können, seiner bedurfte.

Im Nachlaß zum Divan findet sich das Gedicht, das beginnt: »*Nicht mehr auf Seidenblatt Schreib ich symmetrische Reime. ... Dem Staub, dem beweglichen eingezeichnet, Überweht sie der Wind, aber die Kraft besteht. ... Und der Wanderer wird kommen, Der Liebende. Betritt er Diese Stelle, ihm zuckt's Durch alle Glieder. ›Hier vor mir liebte der Liebende‹ ...« Suleika, du aber ruhst Auf dem zarten Polster, Das ich dir bereitet und geschmückt. Auch dir zuckt's aufwachend durch die Glieder. ›Er ist, der mich ruft, Hatem. Auch ich rufe dir, o Hatem! Hatem!‹*

Nachweise

Dem Leser sei empfohlen, eine kommentierte Ausgabe von Goethes *West-östlichem Divan* zur Hand zu nehmen, etwa den 2. Band der Hamburger Ausgabe (bei Christian Wegner, Hamburg, jetzt bei C. H. Beck, München). Vielleicht mag er auch mein Nachwort zum 13. Band der Hamburger Ausgabe nachlesen, abgedruckt in »Die Tragweite der Wissenschaft« als zweiter Anhang.

Wiederfinden. Im *Buch Suleika.* Hamburger Ausgabe II, S. 83.

... Dichterworte ...: Schluß von *Hegire*, dem ersten Gedicht des Divan. HA II, S. 7.

Ist's möglich, daß ich Liebchen dich kose ... Buch Suleika. HA II, S. 64.

... und ich reite froh in alle Ferne ... Freisinn in *Buch des Sängers*, HA II, S. 9.

Platons Liebesepigramm. Anthologia Lyrica Graeca I, 88.

Ἀστέρας εἰσαθρεῖς, Ἀστὴρ ἐμός εἴθε γενοίμην
οὐρανός, ὡς πολλοῖσ᾽ ὄμμασιν εἰς σὲ βλέπω.

Zu den Sternen blickst du, mein Stern. O, wär ich der Himmel,
  Um mit tausend Paar Augen dich wieder zu sehn!

                                                übs. Karl Reinhard (1769–1840).
Prooemion. In der Ausgabe letzter Hand erstes Gedicht der Gruppe *Gott und Welt.*
Zuerst gedruckt 1817 als Einleitungsgedicht des 1. Hefts der Goetheschen Zeitschrift
Zur Naturwissenschaft überhaupt. HA I, S. 357.

Große islamische Theologen: Richard Walzer, gesprächsweise.

Sagt es niemand, nur den Weisen: Selige Sehnsucht. Buch des Sängers, HA II, S. 18.

... im reinen Osten ...: Hegire, HA II, S. 7.

Im Anfang war das Wort ...: Evangelium Johannes, erste Verse.

... der Sinn, die Tat: Faust I, Studierzimmer.
Kabbala: Vgl. G. Scholem, Die jüdische Mystik in ihren Hauptströmungen, Frankfurt,
Metzner 1957, S. 291 f.

Eins und Alles. Gedicht in der Reihe *Gott und Welt.* HA I, S. 368.

Und Gott sprach: Es werde Licht: 1. Mos. 1, 3.

Die Schöpfung des Guten ...: west-östliche Lehre. S. Laotse, Tao Te King, I,2: Wenn
auf Erden alle das Gute als gut erkennen, so ist dadurch schon das Nichtgute gesetzt
(übs. Richard Wilhelm). Vgl. das Bonhoeffer-Zitat S. 470.

... Name und Form: buddhistische Formel

... jenseits der Seiendheit: Platon, Politeia, 509 B.

Welch Getöse bringt das Licht: Faust II, Anfang.

Steigerung: Erläuterung zu dem aphoristischen Aufsatz »Die Natur«. Goethe an den
Kanzler von Müller. HA 13, S. 48.

Im Gegenwärtigen Vergangenes. Buch des Sängers, HA II, S.15

Nähme ich Flügel der Morgenröte: Psalm 139,9.

Hör und bewahre sechs Liebespaare. Musterbilder in *Buch der Liebe,* HA II, S. 27.

III, 2. Ein Liebesgedicht   265

Denke nur ... in *Sag', du hast wohl viel gedichtet ...*, Buch Suleika, HA II, S. 67.

Lesebuch. Buch der Liebe, HA II, S. 28.

Germanistin. Anläßlich einer Radiosendung über dieses Gedicht. Bayer. Rundfunk. 1976 aufgenommen. Sendung 1978.

Sag ihm, aber sag's bescheiden ... Ach, um deine feuchten Schwingen. Buch Suleika. HA II, S. 82. Gedicht Mariannes.

Nicht mehr auf Seidenblatt ...: Nachlaß zum Divan. HA II, S. 125.

III, 3. Zu Hegels Dialektik [1]

Auf der Suche nach dem Grunde der Ambivalenz des Fortschritts sind wir auf das Phänomen der Zersplitterung der Wahrheit im Fortschritt der Aufklärung gestoßen (S. 61). Als eine Antwort auf diese Zersplitterung erschien uns das »heroische Unternehmen der Philosophie«, einmal im antiken Griechenland und noch einmal in Deutschland von Kant bis Hegel. Jetzt befinden wir uns im Gespräch mit dieser Philosophie.

Dabei hat das Gespräch mit Hegel einen spezifischen Grund. Man kann nicht leugnen, daß Hegel in seiner Dialektik eben das Phänomen denkerisch angreift, das ich bisher Ambivalenz genannt habe. Seine Nachfolger, zumal Marx und die subtileren Marxisten, besitzen in der Dialektik ein Denkmittel, das ihnen der ambivalenzblinden positiven Wissenschaft und liberalen Politik gegenüber eine methodische Überlegenheit gibt. Man kann mir also entgegenhalten: Was du hier privatim und stolpernd für dich wiederentdeckst, ist längst bekannt und durchdacht; lerne es und schließe dich den Dialektikern an! Deshalb das Gespräch mit Hegel.

1. Hegels Entwurf

Der gegenwärtige Abschnitt soll nur Hegels Entwurf unter den Gesichtspunkten, unter denen ich ihn diskutieren will, erinnernd vor Augen stellen. Die beiden nächsten Abschnitte werfen anschließend an Hegels historische Wirkung und mit einmaligem Seitenwechsel die Frage nach der Relevanz Hegels für *uns* auf. Dieses einleitende Trivium ist für Hegelkenner günstigenfalls trivial; der Ton liegt auf der Relevanz für uns. Es folgt ein Quadrivium der näheren Auseinandersetzung mit vier Positionen Hegels.

Wer die »Phänomenologie des Geistes« mit dem Abschnitt über die sinnliche Gewißheit zu lesen beginnt, findet sich alsbald in einen Maelstrom der fortgesetzten Reflexion hineingerissen, der ihn erst auf der letzten Seite des

1 Für dieses Buch leicht redigiertes Arbeitspapier, vorgelegt für eine institutsinterne Diskussionswoche über Hegel im Sommer 1971. Vgl. Fußnote zu I, 3., S. 45.

III, 3. Zu Hegels Dialektik   267

Buches wieder entläßt. Was ist die wirbelnde Bewegung dieses Stroms? Sie
ist Dialektik; aber was ist Dialektik? Man kann sie als den systematisch
durchgehaltenen *philosophischen Prozeß* auffassen. Dieser Prozeß ist für die
abendländische Philosophie in der Person des Sokrates verkörpert. Sokrates
philosophierte im Gespräch. Er nahm die Behauptungen seines Partners so
wie dieser sie gab und stellte, in jeweils der Situation angemessener Abwandlung, nur die eine Rückfrage: »Weißt du, was du sagst?« Diese Frage führte,
wenn wir Platons Darstellung trauen dürfen, unfehlbar zur Entlarvung des
Nichtwissens. Dabei blieb es aber nur für die unphilosophischen Köpfe, die
sich deshalb ärgerten. Die zur Philosophie Fähigen erfuhren, daß sie das
Nichtwissen nur hatten erkennen können, indem sie das scheinbare Wissen
an einem Wissen davon, was Wissen sei, maßen. Sie erfaßten im Nichtwissen
ein Wissen, das sie besessen hatten, ohne es zu wissen.

Nach der gemeinsamen Überzeugung der klassischen Philosophie endet der
streng durchgeführte philosophische Prozeß nicht im Leeren, sondern in einem Ziel. Wenn er in Schritten oder Stufen durchgeführt wird, so macht jeder Schritt das erst begreiflich, was in den früheren Schritten als Erkenntnis
erschien. Der Prozeß führt vom jeweils Bedingten zu seiner Bedingung.
Dann wäre aber kein Wissen begründet ohne eine letzte, selbst unbedingte
Bedingung. Dies von Bedingungen Losgelöste heißt für Hegel das Absolute.
Wahres Wissen ist Wissen des Absoluten und das in ihm begründete oder
enthaltene Wissen. Nur dieses Wissen nennt Hegel »die Wissenschaft«.

Spätestens hier kann der skeptische Einwand nicht mehr zurückgehalten
werden: Ist absolutes Wissen überhaupt möglich? Ist das Absolute nicht das
seinem Wesen nach Unwißbare? Steckt in dem Gedankengang, der zu diesem
Anfang führt, nicht das Wunschdenken einer petitio principii?

Es ist ein wesentliches methodisches Prinzip der Hegel-Interpretation,[2]
skeptische Einwände nicht zurückzuhalten. Wenn der philosophische Prozeß
die durchgehaltene skeptische Rückfrage ist: »Weißt du, was du sagst?«, so
muß auch er sich diese Rückfrage gefallen lassen. Sie muß sich als Teil des
Prozesses enthüllen, zumal wenn die Gegenfrage gestellt wird: »Weißt du,
was du fragst?« Auf das Absolute angewandt: eben um dieser Frage willen
steht *vor* dem Einsetzen des dialektischen Stroms in der »Phänomenologie
des Geistes« das als »Einleitung« betitelte Stück. Ich gebe ihm als Antwort
auf die Skepsis gegenüber dem Absoluten diese Wendung: Bei jedem bedingten Wissen kann es sein, daß zwischen unserer Erkenntnis und dem zu erkennenden Gegenstand ein Mittelglied notwendig ist, eine Erkenntnisbedingung,
auf die vielleicht in einem besonderen Akt zu reflektieren ist. Nur gerade
beim Unbedingten kann das nicht so sein. Wenn das Absolute »nicht an und
für sich schon bei uns wäre und sein wollte«,[3] so könnte es uns durch kein

2 Vgl. Ruth-Eva Schulz, Interpretationen zu Hegels Logik, Diss. Heidelberg 1954, Ms. S. 66–67.
3 Phänomenologie, II 60. Ich zitiere durchgehend nach der Glocknerschen Ausgabe.

»Werkzeug« näher gebracht werden; es gäbe dann kein Wissen des Absoluten und folglich kein anderes wahres, nämlich die skeptische Rückfrage aushaltendes Wissen. Man kann sich diesen Gedanken erleichtern, wenn man für einen Augenblick das Absolute näher bestimmt als das Wissen selbst. Alles Wissen von besonderen Gegenständen steht unter Bedingungen ihres Wissens. Was aber überhaupt Wissen ist, das ist »an sich« immer »schon bei uns«, wenn wir überhaupt etwas wissen, und ohne dieses, daß überhaupt Wissen ist, gäbe es keinerlei besonderes Wissen.

Doch auch diese Antwort ist der skeptischen Rückfrage ausgesetzt. »Aber die Wissenschaft darin, daß sie auftritt, ist sie selbst eine Erscheinung« (II 70). Wie will sie ihren besseren Anspruch gegenüber anderen, von ihr her gesehen unwahren Weisen des Wissens ausweisen? »*Ein* trockenes Versichern gilt ... gerade so viel als ein *anderes*.«[4] (II 70–71). »Aus diesem Grunde soll hier die Darstellung des erscheinenden Wissens vorgenommen werden.« (II 71). D. h. das erscheinende Wissen soll so lange der skeptischen Rückfrage unterworfen werden, bis sich enthüllt hat, *was* in ihm erscheint, nämlich das Absolute.

Die Philosophie Hegels, selbst als Erscheinung genommen, ist (wir drücken ihr Erscheinen besser aus, wenn wir sagen: war) ein zweimaliger dialektischer Gang, einmal in der Phänomenologie, ein zweites Mal im System, das mit der »Wissenschaft der Logik« einsetzt und in der Enzyklopädie im Überblick dargestellt ist. Die Phänomenologie führt das bisher erschienene Wissen auf seinen Grund im absoluten Wissen zurück, das System entfaltet das absolute Wissen nach seiner inneren Struktur.

Der Weg der Erkenntnis, den die Phänomenologie nachzeichnet, ist der Weg des Geistes zu sich selbst. Dem Verstande ist der Gegenstand etwas von ihm selbst Verschiedenes. Hierin liegt eine Unwahrheit, die im dialektischen Prozeß überwunden wird. Das Bewußtsein gelangt dazu, Selbstbewußtsein zu sein. »Ich unterscheide mich von mir selbst, und es ist darin unmittelbar für mich, daß dies Unterschiedene nicht unterschieden ist.« (II 137).

Die Vernunft aber bezieht alle Gegenstände in die Selbsterkenntnis ein. »Die Vernunft ist die Gewißheit des Bewußtseins alle Realität zu sein.« (II 183). »Die Vernunft ist Geist, indem die Gewißheit, alle Realität zu sein, zur Wahrheit erhoben, und sie sich ihrer selbst als ihrer Welt, und der Welt als ihrer selbst bewußt ist.« (II 335). Die Religion ist das Wissen, daß der Geist alle Realität ist, in der Form der Vorstellung; sie begreift das Absolute als Gott. Das absolute Wissen ist eben dasselbe Wissen in der Form des sich selbst begreifenden Begriffs. »Der Geist, in diesem Elemente (dem Begriff) dem Bewußtsein *erscheinend*, oder was hier dasselbe ist, darin von ihm hervorgebracht, *ist die Wissenschaft*.« (II 611).

»Wenn in der Phänomenologie des Geistes jedes Moment der Unterschied

4 Sperrungen in zitierten Hegelschen Texten sind stets von Hegel.

III, 3. Zu Hegels Dialektik   269

des Wissens und der Wahrheit und die Bewegung ist, in welcher er sich aufhebt, so enthält dagegen die Wissenschaft diesen Unterschied und dessen
Aufheben nicht, sondern indem das Moment die Form des Begriffs hat, verei-
nigt es die gegenständliche Form der Wahrheit und des wissenden Selbsts in
unmittelbarer Einheit. Das Moment tritt nicht als diese Bewegung auf, aus
dem Bewußtsein oder der Vorstellung in das Selbstbewußtsein und umgekehrt herüber und hinüber zu gehen, sondern seine reine von seiner Erscheinung im Bewußtsein befreite Gestalt, der reine Begriff und dessen Fortbewegung hängt allein an seiner reinen *Bestimmtheit*. Umgekehrt entspricht jedem abstrakten Momente der Wissenschaft eine Gestalt des erscheinenden
Geistes überhaupt. Wie der daseiende Geist nicht reicher ist als sie, so ist er in
seinem Inhalte auch nicht ärmer.« (II 617–18).

Es mag verwirrend erscheinen, daß die Wissenschaft zwar nicht »diese Bewegung« ist, in der sich »der Unterschied des Wissens und der Wahrheit …
aufhebt«, daß aber die »reine Bestimmtheit des Begriffs« ihm doch eine
»Fortbewegung« auferlegt. Warum ist nicht nur die Phänomenologie des
Geistes, sondern die Wissenschaft selbst – man ist versucht zu sagen: nochmals – ein dialektischer Gang? Ich komme auf diese Frage im 4. Abschnitt
zurück und skizziere hier nur die Struktur dieses Gangs.

Die Logik kann (vgl. die Logik der Enzyklopädie, VIII 201) als eine Folge
von »Definitionen des Absoluten« aufgefaßt werden. Sie beginnt mit der un-
ausweichlichsten und inhaltlosesten Bestimmung, dem reinen Sein. Dieses,
von jeder näheren Bestimmung ferngehalten, erweist sich als Nichts. Das
Nichts aber, insofern es ist, erweist sich als Sein. Dieser Übergang, dieses
Sich-Erweisen-als erweist sich als Werden. Die Kette der reflektierend gewonnenen Bestimmungen führt vom Sein zu dem, was das Sein ist, dem Wesen, und vom Wesen zum Begreifen des Wesens, dem Begriff. Das Absolute
ist. Es ist das Sein. Es ist, was das Sein ist, das Wesen. Es ist, was im Wesen
begriffen wird, der Begriff. Es ist selbst der Begriff, also der Begriff, der sich
selbst begreift, die Idee.

Für den Übergang in die Natur und die Geschichte greife ich noch einmal
auf die knappe Skizze der Wissenschaft am Schluß der »Phänomenologie des
Geistes« zurück. »Das Wissen kennt nicht nur sich, sondern auch das Negative seiner selbst, oder seine Grenze. Seine Grenze wissen, heißt sich aufzuop-
fern wissen. Diese Aufopferung ist die Entäußerung, in welcher der Geist
sein Werden zum Geiste, in der Form des *freien zufälligen Geschehens* darstellt, sein reines *Selbst* als *die Zeit* außer ihm, und ebenso sein *Sein* als den
Raum anschauend. Dieses sein letzteres Werden, die *Natur*, ist sein lebendi-
ges unmittelbares Werden; sie, der entäußerte Geist, ist in ihrem Dasein
nichts als diese ewige Entäußerung ihres *Bestehens* und die Bewegung, die
das *Subjekt* herstellt. Die andere Seite aber seines Werdens, die *Geschichte*,
ist das *wissende* sich *vermittelnde* Werden – der an die Zeit entäußerte Geist;
aber diese Entäußerung ist eben so die Entäußerung ihrer selbst; das Negative

ist das Negative seiner selbst. Dies Werden stellt eine träge Bewegung und Aufeinanderfolge von Geistern dar, eine Galerie von Bildern, deren jedes mit dem vollständigen Reichtume des Geistes ausgestattet, eben darum sich so träge bewegt, weil das Selbst diesen ganzen Reichtum der Substanz zu durchdringen und zu verdauen hat.« (II 618–619).

Die Sachfragen, die uns Menschen konkret beschäftigen und die im Aufstieg der Phänomenologie zum absoluten Wissen mit einer gewissen Ungeduld durchlaufen wurden, erfahren ihre Entfaltung in dieser Philosophie der Natur und des Geistes. Die Möglichkeit der Naturwissenschaft erweist sich der Vernunft, weil die Natur objektiv vernünftig ist, weil sie Geist ist, der sich nicht als Geist kennt. Noch stärker schlägt Hegels Herz in der These, daß die Geschichte objektiv vernünftig ist; sie ist die Arbeit des Geistes, der zu sich findet. Diese Arbeit ist primär nicht die Arbeit der Erkenntnis und nicht die bloße Entwicklung des Individuums, sondern das reale Leben der Menschen in der menschlichen Gemeinschaft. »Das Selbstbewußtsein ist *an* und *für sich*, indem, und dadurch, daß es für ein Anderes und für sich ist; d. h. es ist nur als ein Anerkanntes.« (II 148). Das reale Leben der Menschen ist Herrschaft und Knechtschaft, es ist Sittlichkeit, entfremdende Bildung, Moralität, es ist Familie, Gesellschaft, Recht und Staat. All dies sind nicht kontingente Ereignisse und ebensowenig ewige Ordnungen; sie sind vielmehr der reale Weg der Wahrheit. »Ehe daher der Geist nicht *an sich*, nicht als Weltgeist sich vollendet, kann er nicht als selbstbewußter Geist seine Vollendung erreichen.« (II 614).

In einem gewissen Sinne des Wortes ist in Hegels System die Geschichte zum erstenmal zum Thema der Philosophie geworden. Das Thema der Philosophie ist die Wahrheit. Diese wurde seit der griechischen Philosophie als das Unvergängliche verstanden, im Gegenzug zur Vergänglichkeit des Menschen, die stets gewußt wurde und die schon Homers Thema ist, und zur Relativität der Meinungen, die die Sophistik aufgedeckt hatte. Die Geschichte, das Vergängliche, mußte entweder als das der Wahrheit Entgegengesetzte erscheinen, oder als das unvollkommen an ihr Teilhabende oder, schon sehr neuzeitlich, als eine unendliche Annäherung an die unvergängliche Wahrheit. Hegel sieht, daß jede dieser Thesen unzureichend ist. Er fühlt das nicht nur in der Weise des unartikulierten Schwimmens in der Geschichte, das sich etwa in einem naiven Fortschrittsglauben ausspricht; wenn man auch den Hintergrund eines solchen neuzeitlichen Gefühls bei Hegel nicht unterschätzen darf. Aber diesem Gefühl wirkt bei ihm schon die tiefe Erfahrung der Entfremdung, eben der Ambivalenz des Fortschritts entgegen und nötigt ihn zu seinem Ernstnehmen des Negativen. Hegel denkt Vielmehr die innere Inadäquatheit jener Thesen durch; er stellt an sie selbst die skeptische Rückfrage. Wie kann für uns Menschen überhaupt von Wahrheit die Rede sein, wenn unsere Vergänglichkeit uns wesensmäßig vom Wesen der Wahrheit, der Unvergänglichkeit, trennt? Wie kann dann das Absolute an und für sich

III, 3. Zu Hegels Dialektik

271

schon bei uns sein und bei uns sein wollen? Hegel ist durch diese Fragen gezwungen, die Wahrheit der Geschichte als Geschichte der Wahrheit zu denken. In der Ausführung ist dies z. B. die Philosophie der politischen Geschichte als des Wegs zur freien Gesellschaft, denn Freiheit ist die Gestalt des Daseins der Wahrheit.

Dieser Gedanke beleuchtet wie ein Blitz die dunklen Konturen der realen Geschichte. Noch das dumpfe Donnerrollen seiner Nachfolger hat sich als eine gewaltige politische Macht in mehr als einem Jahrhundert erwiesen. Wir dürfen aber nicht übersehen, daß Hegel hier philosophisch etwas unternimmt, was ebensowohl von der klassischen Philosophie wie vom durchschnittlichen modernen Bewußtsein her gesehen ungeheuerlich ist. Geschichte der Wahrheit soll ja gerade nicht heißen Geschichte der fortschreitenden Erkenntnis einer an sich bestehenden Wahrheit, und ebensowenig soll es heißen, daß es eigentlich überhaupt keine Wahrheit, sondern bloß eine Abfolge erfolgreicher Meinungen gibt. Wie kann Wahrheit selbst eine Geschichte, eine innere Bewegung, ein Werden haben?

Hegels Weise, sich diesem Problem zu stellen, liegt darin, wie er das Verhältnis der Selbstbewegung des Begriffs zum Absoluten denkt. »Es kommt nach meiner Einsicht, welche sich nur durch die Darstellung des Systems rechtfertigen muß, alles darauf an, das Wahre nicht als *Substanz*, sondern ebensosehr als *Subjekt* aufzufassen und auszudrücken.« (II 22). Das Absolute ist am Anfang der Bewegung nur an sich, als bloßes Sein, aber es soll an und für sich sein. »Das Wahre ist das Ganze. Das Ganze aber ist nur das durch seine Entwicklung sich vollendende Wesen. Es ist von dem Absoluten zu sagen, daß es wesentlich *Resultat*, daß es erst am *Ende* das ist, was es in Wahrheit ist; und hierin eben besteht seine Natur, Wirkliches, Subjekt, oder Sichselbstwerden zu sein.« (II 24). »Die Zeit erscheint daher als das Schicksal und die Notwendigkeit des Geistes, der nicht in sich vollendet ist.« (II 613). »Sie ist das *äußere* angeschaute vom Selbst *nicht erfaßte* reine Selbst, der nur angeschaute Begriff.« (II 612). »Deswegen erscheint der Geist notwendig in der Zeit und er erscheint so lange in der Zeit, als er nicht seinen reinen Begriff *erfaßt*, d. h. nicht die Zeit tilgt.« (II 612). »Diese Substanz aber, die der Geist ist, ist das *Werden* seiner zu dem, was er *an sich* ist: und erst als dies sich in sich reflektierende Werden ist er an sich in Wahrheit der *Geist*. Er ist an sich die Bewegung, die das Erkennen ist, – die Verwandlung jenes *Ansichs* in das *Fürsich*, der *Substanz* in *das Subjekt*, des Gegenstandes des *Bewußtseins* in Gegenstand des *Selbstbewußtseins*, d. h. in eben so sehr aufgehobenen Gegenstand oder in den *Begriff*. Sie ist der in sich zurückgehende Kreis, der seinen Anfang voraussetzt und ihn nur im Ende erreicht.« (5II 613).

Diese Philosophie also kennt ein *Ende*, und nicht aus Willkür, sondern aus spekulativer Notwendigkeit. Man kann sagen, sie kenne es aus demselben Grund, aus dem sie einen Anfang kennt, der nämlich an sich schon das Ende ist. Deshalb muß die Erörterung des Absoluten, das schon bei uns ist und sein will, vor dem Beginn der dialektischen Schiffahrt stehen. Präziser kann man sagen, auch Hegels Begriff von Wahrheit, wie sie an und für sich ist, schließt die Zeit aus; darum muß am Ende die Zeit getilgt werden. Noch einmal, dies ist nicht Willkür. Es ist die Folge davon, daß es Hegel mit der Wahrheit in der Geschichte *als* Wahrheit in dem einzigen Sinne, in dem die Philosophie bis zu ihm Wahrheit zu denken vermochte, ernst ist. Wer es anders will, zeige, daß er Wahrheit anders denken kann, oder, was noch schwerer ist, daß er in Wahrheit ohne Wahrheit auskommen kann.

2. Kritiken an Hegel

In der vorangehenden Darstellung habe ich die sich aufdrängende skeptische Rückfrage nun doch an sehr vielen Stellen durch schlichtes Weiterreden überspielt. Wenn wir Hegel in der Ansicht folgen, daß die Geschichte objektiv vernünftig ist, so müssen wir auch in der Wirkungsgeschichte seiner Philosophie Vernunft entdecken können. Zu dieser Wirkungsgeschichte gehört der sogenannte Zusammenbruch des Hegelschen Systems in der Mitte des 19. Jahrhunderts unter einer Fülle heterogener Kritiken. Hier haben wir einen zoologischen Garten skeptischer Rückfragen, meist in der reflektionslosen Form der Feindseligkeit. Ich möchte einige dieser Kritiken klassifizieren und artikulieren, um sie auf ihren Wert prüfen zu können.

Methodisch kann man versuchen, die Kritiken in externe, immanente und zersplitternde einzuteilen. Eine externe Kritik läßt sich auf Hegels Denkbewegung nicht ein, sondern kritisiert nur die präsentierten Resultate. Eine immanente Kritik meint, Hegels Gedanken zu einem anderen als dem Hegelschen Resultat zu führen; sie versteht sich wohl meist als ein Hinausgehen über Hegel. Zersplitternd nenne ich eine Kritik, die es sich ermöglicht, gewisse Gedankenfäden immanent zu neuen Zielen hin zu verfolgen, indem sie andere extern abschneidet. Letzten Endes ist wohl jede historisch aufgetretene immanente Kritik de facto zersplitternd gewesen.

Hegels Philosophie bietet sich dieser Gliederung der Kritiken besonders an durch ihren Doppelanspruch strengen gedanklichen Vollzugs in jedem dialektischen Einzelschritt und systematischer Einheit des Ganzen. Der Zusammenhang der Einzelschritte mit dem Ganzen besteht nicht, wie eine zu oberflächliche Kritik (und eine ebenso oberflächliche epigonale Anwendung) meint, in einem Formalismus des dialektischen Denkens, der gleichsam mechanisch in jedem Einzelfall angewandt werden könnte. Die Rückfrage ist in jedem einzelnen Fall die Frage nach dem Wesen der jeweiligen Sache; sie kann nicht als Verfahren »angewandt« werden, sondern muß jedesmal von neuem spontan gedacht werden. Die Dialektik verliert ihren Sinn, wo diese Forderung fallengelassen wird. Aber dies hat zur Folge, daß Hegel als Person in jedem einzelnen Fall darauf angewiesen war, daß er die gerade vorliegende

III, 3. Zu Hegels Dialektik   273

Sache tatsächlich adäquat intellektuell anzuschauen vermochte. Aus dem
Versuch, als einzelner Mensch diese sachbedingte Forderung zu erfüllen, ergibt sich der eigentümliche Titanismus des Hegelschen Werks. Man mag psychologisch sagen, daß eine Allmachtstendenz, ein in die Philosophie versetz-
tes Staufertum mit leicht philiströser, professoraler Absicherung dieses titanische Unternehmen ermöglicht hat. Aber welcher Professor dürfte hier den
ersten Stein werfen? Und man muß doch vor allem die philosophische Konsistenz des Unternehmens sehen. Wenn eine Philosophie das absolute Wissen
als Resultat aufweisen will, so muß sie dies in jedem Schritt vollziehen, sonst
verfällt sie der Kritik, nicht zu tun, was sie sagt, der Kritik der Unwahrheit.
Eine relevante Kritik des Hegelschen Systems als System müßte daher nicht
an seinen Fehlgriffen oder an der Person seines Schöpfers mäkeln, sondern sie
müßte die essentielle Unmöglichkeit und Falschheit des ganzen Unternehmens nachweisen. Für eine derart immanente Systemkritik wäre dann die
Kritik der Einzelheiten wichtiges Beispielmaterial. Tatsächlich ist die Kritik
des Systems als System aber meist extern geblieben. Man gewöhnte sich
schlicht an die These vom Zusammenbruch dieses Systems und aller Systeme
und der Unmöglichkeit systematischer Philosophie überhaupt.

Mit der externen Preisgabe aber des Systems war alle Einzelkritik de facto
zersplitternd; und eben dies machte es ihr leichter, sich selbst da und dort
doch als immanent zu deuten. Ich möchte drei Gruppen von Einzelkritiken
besprechen: die Kritik aus der positiven Wissenschaft, die Kritik an der Religionsphilosophie, und die politische Kritik.

Die Kritik aus der *positiven Wissenschaft* war überwiegend extern, und sie
vor allem hat einem Jahrhundert sein negatives Bild von Hegel vermittelt. Sie
hatte in der Tat gute oder mindestens sehr plausible externe Gründe vorzu-
bringen. Ich bespreche die Kritik seitens der Logik, der Naturwissenschaft
und der Geschichtswissenschaft; die positivistische Sozialwissenschaft unseres Jahrhunderts ist in dieses Erbe schlicht eingetreten.

Die Kritik seitens der *Logik* beruht darauf, daß Hegel die Dialektik als Bewegung durch den Widerspruch versteht. Die von ihm konstruierten realen
Widersprüche haben den Spott und Hohn der modernen Logiker herausgefordert. Bertrand Russell sagt, Hegels Dialektik sei nichts anderes als die
Wiederholung derjenigen Denkfehler, deren Überwindung Aristoteles durch
die Schaffung der wissenschaftlichen Logik schon geleistet habe. Ich werde
dieser Frage den ganzen vierten Abschnitt dieses Aufsatzes widmen.

Die Kritik seitens der *Naturwissenschaft* enthält nicht weniger Spott und
Hohn, exemplifiziert etwa an dem jugendlichen Mißgeschick Hegels in der
Begründung der Siebenzahl der Planeten, die mit der Entdeckung des achten
(Ceres) zeitlich zusammenfiel. In dieser relativ belanglosen Anekdote (wer
hat nicht schon falsche Theorien für wahr gehalten?) spiegelt sich doch der
gesunde Widerwille einer Armee von Empirikern gegen apriorische Konstruktionen am Schreibtisch. Dieser historisch bedingte und m. E. in seiner

Unreflektiertheit nur historisch gerechtfertigte Widerwille erzeugte eine Atmosphäre, in der eine gerechte Prüfung der Hegelschen Naturphilosophie unmöglich war. Aber wenn man auch heute die Gründlichkeit der Kenntnisse Hegels in der Wissenschaft seiner Zeit und das Reflexionsniveau vieler seiner Gedanken besser zu würdigen gelernt hat, so wird dadurch doch der große Wurf seiner Naturphilosophie inhaltlich m. E. nicht gerechtfertigt. Ich habe den Eindruck, daß sie uns heute nicht ernstlich belehren kann. Gleichwohl möchte ich die Fragestellung, aus der sie hervorgegangen ist, völlig ernstnehmen; darüber im 3. und 5. Abschnitt.

Die Kritik seitens der *Geschichtswissenschaft* hat in höherem Maß die Form der Auseinandersetzung zwischen Kollegen. Freilich hat auch hier die positive Forschung des 19. Jahrhunderts im großen und ganzen Hegels gesamtes Prinzip als konstruktive Zwangsjacke verworfen. Jacob Burckhardt spricht über Hegel in den Weltgeschichtlichen Betrachtungen: »Er sagt, der einzige Gedanke, den die Philosophie *mitbringe,* sei der einfache Gedanke der Vernunft, der Gedanke, daß die Vernunft die Welt beherrsche, daß es also auch in der Weltgeschichte vernünftig zugegangen sei, und das Ergebnis der Weltgeschichte *müsse* (sic!) sein, daß sie der vernünftige, notwendige Gang des Weltgeistes gewesen sei, – was alles doch erst zu beweisen und nicht »mitzubringen« war ... Wir sind aber nicht eingeweiht in die Zwecke der ewigen Weisheit und kennen sie nicht. Dieses kecke Antizipieren eines Weltplanes führt zu Irrtümern, weil es von irrigen Prämissen ausgeht ... *Unser* Ausgangspunkt ist der vom einzigen bleibenden und für uns möglichen Zentrum, vom duldenden, strebenden und handelnden Menschen, wie er ist und immer war und sein wird; daher unsere Betrachtung gewissermaßen pathologisch sein wird.«[5] So tröstlich der Ton skeptischer Humanität in diesem Text ist, so entgeht er doch nicht dem ungeprüften Statuieren eigener geschichtsphilosophischer Prämissen (»wie er ist, war und sein wird«). Hegel hat diesen Fehler ungeprüfter philosophischer Prämissen in der positiven Wissenschaft oft gerügt. Burckhardt entgeht auch nicht der Oberflächlichkeit der Kritik, da Hegel in eben der Einleitung zur Philosophie der Geschichte, aus der Burckhardt zitiert, über den Glauben an die Vernunft in der Geschichte sagt: »In der Tat aber habe ich solchen Glauben nicht zum voraus in Anspruch zu nehmen ... Es hat sich also erst aus der Betrachtung der Weltgeschichte selbst zu ergeben, daß es vernünftig in ihr zugegangen sei, ...« (XI 36). Burckhardt freilich wird der Meinung gewesen sein, keine denkbare seriöse Betrachtung der Weltgeschichte könne zu einem solchen Ergebnis führen.

Gehen wir ins einzelne, so fällt es dem heutigen Historiker sehr viel leichter als dem heutigen Naturwissenschaftler, viele einzelne Beobachtungen und Reflexionen Hegels lehrreich und diskussionswürdig zu finden. Ich persön-

---

5 »Weltgeschichtliche Betrachtungen«, Einleitung (Kröner 1935, S. 4–6).

III, 3. Zu Hegels Dialektik   275

lich finde es lohnend, zu jedem historischen Vorgang, über den Hegel geschrieben hat, bei gegebenem Anlaß seine Meinung durchzumeditieren.
Wohl immer trifft er einen wesentlichen Nerv des Geschehens oder, in der
Geistesgeschichte, der Gedanken. Andererseits finde ich, subjektiv, so gut wie
nie, daß er das Ganze des Vorgangs adäquat sieht, auch nur so, wie man es
mit den ihm verfügbaren Kenntnissen sehen konnte. Ein Zug genialer Gewaltsamkeit bleibt seinen Interpretationen. Oft sieht er auch mehr als man
sehen kann; die Tugend des behutsamen Zugriffs ist ihm nicht gegeben.

Spannend ist die Frage, wie wir uns seinem großen geschichts-philosophi-
schen Entwurf gegenüber verhalten. Seine Einseitigkeit springt in die Augen,
nicht nur in der überlieferten Identifizierung der europäischen Geschichte
mit der Weltgeschichte, sondern auch in seiner willkürlichen Auswahl aus
dieser Geschichte. Aber Hegel hat in seiner beleidigenden These, daß in jeder
Epoche nur *ein* Volk in der Weltgeschichte sei (Rechtsphilosophie § 347 VII
447), selbst das Auswahlprinzip formuliert. Dort in der Geschichte, wo wir
Heutigen am ungebrochensten an Wahrheit glauben, nämlich in der Geschichte der exakten Wissenschaften, ist es auch uns natürlich, demjenigen
Strang der Entwicklung, der zur heute erkannten Wahrheit führt, einen Vor-
rang zuzubilligen, und den geschichtlichen Rang alles anderen hieran zu mes-
sen. Unser Urteil über Hegels Auswahlprinzip wird also letztlich an unserer
Auffassung über die Wahrheit in der Geschichte hängen; man entgeht der
Philosophie nicht durch die Flucht in die Positivität. Die beiden verbleibenden
Gruppen von Kritiken hängen eng mit dieser Frage nach der Wahrheit in der
Geschichte zusammen.

Hegels *Religionsphilosophie* ist von entgegengesetzten Seiten her kritisiert
worden, von Ungläubigen (z. B. Feuerbach) und von Gläubigen (z. B. Kierkegaard). Eigentümlicherweise sind diese Kritiken weniger entgegengesetzt
als die Standpunkte der Kritiker. Ihr gemeinsamer Zug könnte als Ideologie-
vorwurf bezeichnet werden. Feuerbachs schon auf die antike Sophistik zurückgehende Religionskritik, daß der Gott nach des Menschen Bilde gemacht
sei, findet in Hegels Philosophie eine sehr natürliche Anlehnung. Hegel hält
mit eiserner Konsequenz daran fest, daß von nichts in der Philosophie sinnvoll die Rede sein kann als von wirklich Gewußtem. Seine immanente Kritik
bestimmter historischer Gestalten des Christentums unter den Titeln des unglücklichen Bewußtseins und des Glaubens ist gerade, daß diesen Menschen
ihr eigenes Selbst unter dem Bilde eines jenseitigen Gottes in die Unerreich-
barkeit entschwindet. Die einzige, freilich entscheidende Rechtfertigung des
religiösen Bewußtseins, die in Hegels Philosophie möglich ist, ist, daß Gott
selbst, der Geist selbst, im menschlichen Bewußtsein sich selbst als alle Realität erkennt. Ein einziger, fast allen späteren Hegelinterpreten gemeinsamer
Schritt zersplitternder Kritik genügt, um diese Metaphysik als unhaltbar erscheinen zu lassen: das ist die Verwerfung der Naturphilosophie. Wenn die
Natur nicht selbst Geist ist, wenn also der Geist kein Recht hat, sich als alle

Realität zu begreifen, so wird das Problem der Religion geschichtsimmanent; es wird in moderner Sprechweise existenziell. Man mag dann traditionell christlich die Natur und den Menschen als Gottes Schöpfung betrachten oder im Sinne des naturwissenschaftlichen Materialismus des 19. Jahrhunderts die Materie als das Wirkliche und Gott als Erfindung, jedenfalls denkt nun in der Religion nicht mehr der göttliche Geist sich selbst. In ihr hat es nun der Mensch nur noch entweder mit sich zu tun oder aber mit einem »ganz anderen«. Für beide Auffassungen ist dann Hegels Ansicht eine Ideologisierung, eine Flucht aus der realen Situation des Menschen in Träume der Metaphysik.

Geht man auch hier wieder ins einzelne, so zeigt Hegels Religionsphilosophie von neuem einen erstaunlichen Zugriff auf den Nerv der Dinge in vielen einzelnen Positionen, von der Erfahrung des »Lichtwesens« (II 529) über manche Züge der orientalischen, ägyptischen, griechischen Religion bis zum Christentum, wenn auch wiederum nie ohne Gewaltsamkeit. Die Gewaltsamkeit entspringt oft dem Bedürfnis der Einordnung, so wenn er bei erstaunlicher Detailkenntnis und treffender Beschreibung vieler Züge der indischen Religion und Kultur doch der dortigen Lehre den Rang als gleichwertiger Gesprächspartner unserer Tradition nicht zubilligen kann und absprechend urteilt, wo er wissen müßte, daß ihm die kontrollierende Erfahrung fehlt. Die mystische Erfahrung ist ihm unbekannt. An ihre Stelle tritt die Vernunft als der sich wissende Geist, und die Mystik wird als bloßes Gefühl abgewertet; die unio mystica erscheint nur im Sakrament (XVI 338). Ich persönlich finde seine theologische Auslegung des christlichen Dogmas den orthodoxen, rationalistischen, liberalen und existenzialistischen Ansätzen weit überlegen und glaube doch kaum, daß ein Mensch auf ein so ausgelegtes Christentum sein Leben wagen würde. Diese Philosophie ist eine Kathedrale zur Ehre Gottes, gebaut aus Gedanken, aber sie ist nicht der lebendige Geist Gottes unter den Menschen. Und philosophisch gesagt, der Einwand ist nicht, daß es das Absolute nicht gebe, sondern die Frage, ob das offenbar gewordene Unbedingte nicht mehr sei als dies. Aber wieder: wer wirft den ersten Stein?

Die *politische Kritik* hat ihre rohe und vordergründige Gestalt in der These gefunden, Hegel habe so wie in seiner Philosophie die Selbsterkenntnis des Weltgeistes, ebenso im preußischen Staat das Ziel der Weltgeschichte verherrlicht. Diese Kritik ist extern und ungerecht. Ich verweise u. a. auf J. Ritters Darstellung (»Hegel und die Französische Revolution«, edition Suhrkamp 1965), die zeigt, daß Hegels Selbstverständnis sehr viel besser getroffen wird, wenn man ihn als den Philosophen der Französischen Revolution versteht. In der Revolution ist die Freiheit aller zum Prinzip geworden, und dies ist das politische Ziel der Weltgeschichte. W. Lübbe hat darauf hingewiesen, daß unter den Schülern Hegels die sogenannte Hegelsche Rechte reformerisch liberal und nicht etwa konservativ war. Wenn aber die Hegelsche Linke das Hinausgehen über Hegel als Übergang der Philosophie aus dem Gedanken

III, 3. Zu Hegels Dialektik   277

in die revolutionäre Tat verstand, so war dies immanent-zersplitternde Hegelkritik; so dachte Hegel nicht. Ich möchte in diesem Aufsatz die Auseinandersetzung mit der Hegelkritik von Marx, die breit werden müßte, nicht aufnehmen. Sicher hatte Marx recht, daß Hegel das, was Marx politisch wollte, nicht nur akzidentell, sondern wesentlich nicht wollte, und dies, obwohl es möglich ist, Hegels Philosophie so weiterzudenken, daß er es hätte wollen müssen. In der Hegelkritik der Hegelschen Linken erscheint dann Hegels Religionsphilosophie als der Rückzug in die konservative Ideologie, als die Absage an die Tat.

Was hat Hegel politisch gewollt, in der Konsequenz seiner Philosophie und als die empirische Person, die er war? Im empirisch Persönlichen abstrahiere ich aus Ritters und Popitz' (»Der entfremdete Mensch«, Europäische Verlagsanstalt 1967) Darstellung folgendes Bild. Der junge Hegel empfand mit seiner ganzen Generation in Deutschland tief die Selbstentfremdung des Menschen in der modernen Welt. In diese kritische Bereitschaft traf das bestimmende Erlebnis der Französischen Revolution. Vom politischen Standpunkt aus kann man mit Ritter Hegels ganze Philosophie als die Anstrengung verstehen, das hiermit in die Weltgeschichte Eingetretene zu begreifen und damit zugleich real möglich zu machen. Möglich machen heißt, weder restaurativ verhindern noch ins Chaos gleiten lassen. Beide Gefahren sind in Wahrheit nur eine, denn die Restauration erzwingt, ohne es zu wissen, den Gegenschlag des Chaos. Diese Gefahren sieht gerade Hegels späte Schrift über die englische Reformbill vor Augen. Persönlich sucht Hegel die Stabilität und leidet unter der bis an sein Lebensende nicht aufhörenden politischen Ungewißheit. Die Stabilität aber soll die Stabilisierung der Freiheit aller sein. Der Staat ist die objektive Gestalt des Geistes, die diese Stabilität gewährleisten kann. Zwar ist die klassische Nationalökonomie eines der großen Modelle dafür, daß die Vernunft in der Geschichte wirkt, ohne daß der einzelne dies zu wissen braucht; sie ist das Gegenbeispiel gegen die platonischen Philosophenkönige. Aber (Rechtsphilosophie § 243, VII 318) die Industrie der bürgerlichen Gesellschaft erzeugt »Abhängigkeit und Not der an diese Arbeit gebundenen Klasse«. Nicht im freien Spiel der gesellschaftlichen Kräfte ist die Gewähr der Freiheit aller. »Der Staat ist die Wirklichkeit der sittlichen Idee, – der sittliche Geist, als der *offenbare*, sich selbst deutliche, substantielle Wille, der sich denkt und weiß und das, was er weiß, und insofern er es weiß, vollführt.« (Rechtsphilosophie § 257, VII 328).

Biographisch-historisch betrachtet, ist Hegels politische Philosophie eine intelligente und gediegene Weise, die Probleme seiner Zeit und seines Standes in Europa für eine Weile durch ein gutes Konzept zu ordnen. Derartige politische Theorien aber werden oft entworfen und haben nach einiger Zeit nur noch historisches Interesse. Lohnender ist es, in die volle philosophische Konsequenz seiner Theorie einzutreten, auch wenn sie dadurch fremdartiger wird. Wir können sie dann nicht aus dem Zusammenhang mit der Religionsphilosophie lösen. Die Offenbarung Gottes vollendet sich in der sinnlichen Wirklichkeit der Einheit der göttlichen und menschlichen Natur, indem der Geist »als ein wirklicher Mensch *da* ist«; »Es ist *wirklich an dem*« (II 576). Die Gemeinde Christi, im Reich des Geistes, lebt in diesem Wissen. »Die Subjektivität, die ihren unendlichen Wert erfaßt hat, hat damit alle Unterschiede der Herrschaft, der Gewalt, des Standes, selbst des Geschlechts aufgegeben: vor Gott sind alle Menschen gleich. In der Negation des unendlichen Schmerzes der Liebe liegt auch erst die Möglichkeit und Wurzel des wahrhaft allgemeinen Rechts, der *Verwirklichung der Freiheit.*« (Religionsphilosophie, XII, 313). »In der Organisation des Staates ist es, wo das Göttliche in die Wirklichkeit eingeschlagen, diese von jenem durchdrungen und das Weltliche nun an und für sich berechtigt ist, denn ihre Grundlage ist der göttliche Wille, das Gesetz des Rechts und der Freiheit. Die wahre Versöhnung, wodurch das Göttliche sich im Felde der Wirklichkeit realisiert, besteht in dem sittlichen und rechtlichen Staatsleben: dies ist die wahrhafte Subaktion der Weltlichkeit« (XVI 343–344). Die politische Freiheit im Staat ist also in der Tat die Erfüllung der Weltgeschichte; Hegel hat sich selbst genötigt, das politische Thema seiner Zeit als Verwirklichung des Absoluten zu begreifen.

Wie aber kann eine solche Philosophie bestehen, wenn die Geschichte weitergeht? Man könnte die These vertreten, daß auch heute das politische Grundthema kein anderes sei. Diesen Ausweg wähle ich nicht. Gewiß ist Hegel auch politisch nicht einfach veraltet. Aber bei geeigneter Interpretation gilt dasselbe sogar von Platon. Diese Seite der Philosophen muß man hervorheben, wenn man die aktuelle Relevanz der Beschäftigung mit ihnen einleuchtend machen will. Höher ehren wir sie und mehr lernen wir von ihnen, wenn wir in der harten Rückfrage die Stelle ihres Scheiterns aufsuchen. »Ehe ... der Geist nicht *an sich*, nicht als Weltgeist sich vollendet, kann er nicht als *selbstbewußter* Geist seine Vollendung erreichen« (II 614) oder poetischer: »Die Eule der Minerva beginnt erst mit der einbrechenden Dämmerung ihren Flug« (Vorrede zur Rechtsphilosophie, VII 37). Wenn ich dies oben (S. 362) richtig interpretiert habe, verlangt Hegels Begriff von der Wahrheit der Geschichte dieses Ende. Hegel als intelligenter Zeitgenosse war offen für das Kommende; seine philosophische Selbstinterpretation durfte essentiell Neues in der Geschichte nicht mehr zulassen.

3. Gegenkritik

Um die Kritiken auf das angemessene Niveau zu heben, habe ich ihnen vielfach widersprochen, und habe so in einem angenehmen Ton des Respekts und der Sympathie mit Hegel diskutiert. Wenn wir fragen, was *wir* noch von Hegel haben können, so scheint dennoch ein vernichtendes Resultat übrigzubleiben. An das System glaubt niemand mehr. Die Dialektik als Bewegung

III, 3. Zu Hegels Dialektik

durch den Widerspruch ist von der Logik verworfen. Die Naturphilosophie ist für den heutigen Physiker irrelevant. Die Geschichtsphilosophie enthält kluge Betrachtungen und einen Systemzwang, zu dem nicht historische Empirie, sondern allenfalls eine eigene systematische Entscheidung uns positiv einstellen kann. Die Religionsphilosophie erscheint den Ungläubigen wie den Gläubigen als Ideologie, als Flucht in fragwürdige Metaphysik. Die politische Philosophie mag Marxisten in partiellem Widerspruch, Liberale in gebührend skeptischer Distanz inspirieren; sie ist aber politisch überholt und durch Systemzwang auf ihre Überholtheit festgelegt. Der große Versuch, die Wahrheit der Geschichte als Geschichte der Wahrheit zu denken, hat sich 1830 festgefahren. Hegel ist nun eben ein interessanter Gegenstand der Philosophiegeschichte geworden. Die Eule der Minerva hat ihren Flug seit langem beendet.

Gegen diese Kritik will ich eine Gegenkritik formulieren. Sie soll nichts von dem soeben Behaupteten anfechten, kann also kein Zurück zu Hegel bedeuten. Sie besagt nur, daß diese Kritik uns mit eben der Zersplitterung der Wahrheit zurückläßt, um derentwillen wir die Frage nach Hegel gestellt haben. Dieses Resultat braucht uns nicht zu wundern. Daß Hegels Philosophie dem ambivalenten Fortschritt nicht standgehalten hat, wußten wir vorweg. Aber ebensowenig halten die Positionen, in denen dieser Fortschritt sich heute interpretiert, der skeptischen Rückfrage stand. Wir haben von neuem zur Rückfrage anzusetzen, so wie die Philosophie es immer getan hat, wie es auch Hegel angesichts der zu seiner Zeit vergangenen Philosophien getan hat.

Wir haben heute in der Sozialwissenschaft die Position der Dialektiker.[6] Sie stellen gegenüber den angeblich neutralen Resultaten der Positivisten die skeptische Rückfrage, theoretisch nach der Berechtigung der Auswahl isolierender Fragestellungen, praktisch nach den diese Auswahl leitenden Interessen. Wir haben auch ihnen gegenüber die skeptische Rückfrage zu stellen. Was heißt in diesem Verfahren Dialektik? Was zeichnet die Kraft der Dialektik in gesellschaftlich-geschichtlichen Fragen aus? Ist sie Dialektik im Sinne Hegels? Weiß sie, was sie unter einem Widerspruch versteht? Wie verhält sie sich zur Natur? In einem Gespräch mit J. Habermas 1962 habe ich mich zu der Behauptung hinreißen lassen, das Rhodus für den saltus der Dialektik sei nicht die Geschichte, sondern die Natur.[7] Genau wenn wir die Natur dialektisch verstehen könnten, sei ich bereit, auch in der Geschichte die Dialektik für mehr zu halten denn als eine Aushilfe in der Nacht, in der die Katzen schwarz sind. Das sollte nicht heißen, daß ich auf Hegels Naturphilosophie Hoffnungen setze, sondern daß die Dialektik, wenn ihr der Satz, das Wahre

---

6 Vgl. »Der Positivismusstreit in der deutschen Soziologie«, Neuwied, Luchterhand 1970.

7 So habe ich 1971 geschrieben. Eine Weise, Dialektik in die Natur abzubilden, ist die Denkweise in Ebenen und Krisen, angewandt auf die organische Natur, vgl. I, 3., 4. und das zweite Kapitel. Eine andere läge möglicherweise in der Theorie des Subjekts in der Quantentheorie, vgl. II, 1. Die Frage, die uns jetzt angeht, ist aber, ob der Begriff der Dialektik besonders geeignet ist, diese Strukturen darzustellen.

sei das Ganze, noch ehrwürdig ist, ihre Probe im härtesten Material erst vor sich hat. Auch der Rückzug der Dialektik von der religiösen Thematik kann nicht bestehen. Das bloße Absehen von der Religion, insoferne sie sich als reaktionäre Ideologie erweist, ist nicht auf dem Niveau, das der Dialektik zugänglich ist. Religion kann nicht belanglos sein. Sie ist die Wahrheit oder die Lüge.

Es scheint, daß wir genötigt sind, das, was man die dialektische Bewegung nennt, in der offenen Zeit zu denken. Im gegenwärtigen, auf Hegel konzentrierten Aufsatz will ich an Hegel nunmehr vier Fragen stellen: nach der dialektischen Bewegung und dem Widerspruch, nach der Zeit in der Naturphilosophie, nach dem Verhältnis von Dialektik, Entfremdung und Ambivalenz in der menschlichen Geschichte und nach dem Verhältnis des Absoluten zur Zeit.

4. Dialektik als Bewegung durch den Widerspruch

»Wenn nun die ersten Reflexionsbestimmungen, die Identität, die Verschiedenheit und die Entgegensetzung, in einem Satze aufgestellt werden, so sollte noch vielmehr diejenige, in welche sie als in ihre Wahrheit übergehen, nämlich der *Widerspruch*, in einen Satz gefaßt und gesagt werden: *Alle Dinge sind an sich selbst widersprechend*, und zwar in dem Sinne, daß dieser Satz gegen die übrigen vielmehr die Wahrheit und das Wesen der Dinge ausdrücke ... Es ist aber eines der Grundvorurteile der bisherigen Logik und des gewöhnlichen Vorstellens, als ob der Widerspruch nicht eine so wesenhafte und immanente Bestimmung sei, als die Identität; ja, wenn von Rangordnung die Rede, und beide Bestimmungen als getrennte festzuhalten wären, so wäre der Widerspruch für das Tiefere und Wesenhaftere zu nehmen. Denn die Identität ihm gegenüber ist nur die Bestimmung des einfachen Unmittelbaren, des toten Seins; er aber ist die Wurzel aller Bewegung und Lebendigkeit; nur insofern etwas in sich selbst einen Widerspruch hat, bewegt es sich, hat Trieb und Tätigkeit.« (»Wissenschaft der Logik«, Der Widerspruch, Anm. 3; IV 545–546).

Es scheint mir notwendig und möglich – um einen Ausdruck von W. Krohn[8] zu benützen – Hegel mit dieser Behauptung zur Kasse zu bitten. Ich halte mich dafür zunächst an Beispiele, die in der Krohnschen Arbeit besprochen sind. Sie stehen in der subjektiven Logik in der Lehre vom Schluß (V 127–128). Um sie zu verstehen, müssen wir uns zunächst den Hintergrund der Lehre Hegels vom Schluß vergegenwärtigen. Ich fasse mich knapp und nehme die resultierende Undeutlichkeit in Kauf.

»Der Schluß ist ... der vollständig gesetzte Begriff; er ist daher das *Ver-*

8 W. Krohn, Die formale Logik in Hegels ›Wissenschaft der Logik‹, München, Hanser 1972.

III, 3. Zu Hegels Dialektik   281

nünftige. Der Verstand wird als das Vermögen des *bestimmten* Begriffes genommen, welcher durch die Abstraktion und Form der Allgemeinheit *für sich* festgehalten wird. In der Vernunft aber sind die *bestimmten* Begriffe in ihrer *Totalität* und *Einheit* gesetzt. Der Schluß ist daher nicht nur vernünftig, sondern *alles Vernünftige ist ein Schluß.«* (V 118–119).

Man erleichtert sich das Verständnis Hegelscher Sätze oft, indem man für seine Substantive Verben setzt, da er in den Substantiven, welche Begriffe bezeichnen, stets die Bewegung des Begriffs mitdenkt. So wollen wir hier für den Begriff Begreifen, für Urteil Urteilen, für Schluß Schließen sagen. Das Urteilen ist dann das Explizieren des Begreifens, und das Schließen das Begründen des Urteilens. Der Begriff in seiner Unmittelbarkeit bezeichnet das Gemeinte, aber begreift es noch nicht. In (kategorischen) Urteilen wird er expliziert, indem ihm als Subjekt seine Bestimmtheiten als Prädikate zugesprochen werden. Dieses Zusprechen aber ist damit selbst noch nicht begründet. Ein kategorisches Urteil »E ist A« wird begründet vermittels eines Medius Terminus B durch einen Schluß der Form »E ist B; B ist A; also ist E A.« Die Wahl der Buchstaben bezeichnet, daß Hegel hier den zugrunde liegenden Begriff als ein einzelnes (E) meint, von dem das zu begründende Urteil ein Allgemeines (A) aussagt; die Vermittlung geschieht durch ein Besonderes (B).

Hegel will durch die hier nur angedeuteten Überlegungen zeigen, daß die überlieferten Formen der Urteile und Schlüsse nicht (mit Kant zu sprechen) rhapsodisch zusammengerafft sind, sondern sich aus dem Wesen des Begreifens notwendig ergaben. Dann ist klar, daß die soweit gegebene Herleitung des Schlusses unvollständig ist, denn wenn jedes Urteil einer Begründung bedarf, dann auch die beiden Prämissen »E ist B« und »B ist A«. Hier weitere Schlüsse nach demselben Schema einzuschalten, würde zu einem unendlichen Rekurs führen. Hegels Lösungseinfall, diese Begründung der Prämissen der ersten Figur E-B-A in den anderen Schlußfiguren B-E-A und E-A-B zu finden (einen Einfall, der mir trotz Krohns erhellender Kommentierung suspekt bleibt), lasse ich hier beiseite. Die Beispiele, die uns jetzt angehen, sollen das Ungenügen der ersten Schlußfigur weiter illustrieren. Sie läßt die Erläuterung des Begriffs unbestimmt, ja angeblich widersprechend.

»Es ist ... überhaupt *völlig zufällig* und *willkürlich*, welche der vielen Eigenschaften eines Dinges aufgefaßt, und von der aus es mit einem Prädikat verbunden werde; andere Medii Termini sind die Übergänge zu anderen Prädikaten, und selbst derselbe Medius Terminus mag für sich ein Übergang zu verschiedenen Prädikaten sein, da er als Besonderes gegen das Allgemeine mehrere Bestimmungen enthält. Nicht nur aber ist für ein Subjekt eine unbestimmte Menge von Schlüssen gleich möglich, und ein einzelner Schluß seinem Inhalte nach *zufällig*, sondern diese Schlüsse, die dasselbe Subjekt betreffen, müssen auch in den *Widerspruch* übergehen ... Indem nun nach der qualitativen Natur der Terminorum, im formellen Schlusse, das Konkrete nach einer einzelnen der Bestimmungen aufgefaßt wird, die ihm zukommt,

282   Philosophische Überlieferung

so teilt ihm der Schluß das diesem Medius Terminus korrespondierende Prädikat zu; aber indem von einer anderen Seite auf die entgegengesetzte Bestimmtheit geschlossen wird, so zeigt sich jener Schlußsatz dadurch als falsch, obgleich für sich dessen Prämissen und ebenso dessen Konsequenz ganz richtig sind. – Wenn aus dem Medius Terminus, daß eine Wand blau angestrichen worden, geschlossen wird, daß sie hiermit blau ist, so ist dies richtig geschlossen; aber die Wand kann unerachtet dieses Schlusses grün sein, wenn sie auch mit gelber Farbe überzogen worden, aus welchem letzteren Umstande für sich folgen würde, daß sie gelb sei.« (V 127–128). Es folgen noch drei weitere Beispiele, die ich, Krohn folgend, schematisch folgendermaßen darstelle (S. 50–51 seiner Arbeit):

2. a) Mensch – sinnliches Wesen – weder gut noch böse
   b) Mensch – geistiges Wesen – moralisches Wesen
3. a) Himmelskörper im Sonnensystem – schwer – in die Sonne fallend
   b) Himmelskörper im Sonnensystem – unter der Zentrifugalkraft stehend
      – die Sonne fliehend
4. a) Mensch – soziales Wesen – Gütergemeinschaft
   b) Mensch – individuelles Wesen – Auflösung des Staates.

Jeder Logiker, dem man diese Beispiele zeigt, wird sie als grotesk erklären. Wenn gemeint ist, daß eine mit blauer Farbe gestrichene Wand außerdem auch mit gelber Farbe gestrichen sein kann, so ist die Prämisse »eine blau gestrichene Wand ist blau« schlicht falsch. Die These, die Prämissen seien für sich ganz richtig, ist einfach Unsinn. Man kann nur sagen, unter Voraussetzung der ungeprüften Prämissen sei formal richtig geschlossen worden. Aber eben dazu kann man die Logik benutzen, um durch formal richtige Schlüsse und resultierende Widersprüche falsche Prämissen zu eliminieren. Ebenso durchsichtig falsch ist das dritte Beispiel. Die Meinung, ein schwerer Körper müsse ins Schwerezentrum fallen, ist ein populäres Mißverständnis des Kraftbegriffs. Nach Newtons zweitem Axiom bewirkt die Kraft eben gerade eine Änderung des Geschwindigkeitsvektors. Der Begriff »Zentrifugalkraft« ist nur sinnvoll als Ausdruck der Trägheitsreaktion bei einer zwangsweisen Führung des Körpers auf einer krummen Bahn. Man sieht hier, wie Hegel ein Opfer der bekannten Begriffsschlamperei in der Ausdrucksweise der Physiker wird. In den beiden anthropologischen Beispielen ist nur die richtige Auflösung nicht so manifest, da sie von der gewählten Ansicht über den Menschen abhängt; je nach dieser Ansicht wird man sich entscheiden, welche der Prämissen unter a. oder b., wenn nicht alle, man für falsch erklärt.

Krohn sucht Hegels Beispiele gegen diese naheliegenden Einwände zu retten. »Und gegen diesen Einwand hilft es nicht, Substitutionen von der Art der hegelschen Beispiele in die Form der Schlüsse zu verbieten. Denn eine solche Restriktion hätte sich schon auf den Boden der hegelschen Behauptung gestellt, daß die Form der Schlüsse kein richtiges Schließen garantiere.« (S. 51). Ich glaube nun in der Tat, daß Hegels Betonung der Bedeutung des Wider-

III, 3. Zu Hegels Dialektik   283

spruchs, richtig interpretiert, zutreffend ist. Aber die Beispiele in ihrer Unmittelbarkeit sind m. E. nicht zu retten; man muß dazu weiter ausholen. Dafür kann ich an die Krohnsche Bemerkung anschließen.

Krohn sagt kurz vorher: »Nun hat die Diskussion der Syllogistik an Beispielen leicht zur Folge, was die Idee der Formalisierung gerade zu vermeiden
zum Ziele hat: einen Streit, der durch verschiedene Standpunkte zu den in
den Prämissen geäußerten Sachverhalten verursacht ist.« Ich würde sagen:
ein Hauptzweck der Formalisierung ist gerade die Ermöglichung eines kon-
trollierbaren Streits solcher Standpunkte. Wenn nach Kapp die Logik historisch als Theorie der Strategie eines Diskussionsspiels entstanden ist, in dem
gerade der zu umstreitende Schlußsatz vorweg bekanntgegeben war, so dient
die Syllogistik dazu, den notwendigen Zusammenhang dieser als strittig vor-
gegebenen Konklusion mit bestimmten Prämissen einzusehen und so klar zu
machen, über welche Prämissen zu streiten lohnt. Man muß deshalb in der
Tat keineswegs Substitutionen von der Art der hegelschen Beispiele verbieten. Aufgeben muß man nur die irrige Meinung, formal richtige Schlüsse
müßten nach der Intention der Logik zu inhaltlich wahren Sätzen führen oder
formal richtige Schlüsse aus unvereinbaren Prämissen hätten einen anderen
Zweck als durch den Aufweis des resultierenden Widerspruchs die Unvereinbarkeit der Prämissen aufzudecken.

Wir nähern uns Hegels Anliegen, wenn wir uns an den Sinn erinnern, den
er dem Schließen gibt: die Begründung einer Explikation eines Begriffs. Was
muß folgen, wenn man mit Hegel der Meinung ist, alle Dinge seien an sich
selbst widersprechend, und in diesem Widerspruch liege ihre Lebendigkeit?
Der Begriff eines solchen Dinges muß dann in sich einen Widerspruch enthalten. Dieses »Enthalten« vermag der Logiker sich zunächst nicht vorzustel-
len. Aber nun schreiten wir zur Explikation des Begriffs in Urteilen. Wenn
wir das in dem Begriff Gedachte dabei richtig in den Urteilen ausdrücken, so
werden wir genötigt sein, unvereinbare Urteile auszusprechen. Diese ihre
Unvereinbarkeit werden wir bloßstellen, indem wir sie wahlweise als Prämissen benützen und widersprechende Konklusionen gewinnen. Bei diesem
Widerspruch nun aber will Hegel so wenig stehen bleiben wie der Logiker.
Beide streben vielmehr dahin, den Widerspruch aufzulösen. Nur über das
Resultat dieser Auflösung sind sie verschiedener Meinung.

Der Logiker sieht die mit dem anfangs genannten Begriff verbundenen
Vorstellungen als unklar an. Diese Unklarheit ist durch die dann formulier-
ten Urteile an den Tag gekommen. Nun muß man sich entscheiden, welche
dieser Urteile man beibehalten will. Sie müssen jedenfalls der Bedingung genügen, keinen Widerspruch mehr zu implizieren. Im übrigen ist die Auswahl
vom Standpunkt des Logikers aus beliebig. Die Entscheidung über diese Auswahl läuft darauf hinaus, wie man sich entschließt, den nun geklärten Begriff
zu definieren. Vielleicht löst man das Problem am besten durch eine Distink-
tion, welche die mit dem ursprünglichen »Begriff« verknüpften Urteile auf

zwei oder mehr neue, nunmehr geklärte Begriffe verteilt.

Indem ich Hegel zunächst beiseitelasse, möchte ich bemerken, daß dieses hier in idealer Reinheit geschilderte Verfahren in der Wirklichkeit so fast nie glückt. Es ist z. B. in der Physik nicht klar, ob irgendeine ihrer bisherigen Theorien widerspruchsfrei ist. Sie mag einen mathematisch widerspruchsfreien Formalismus enthalten (wenn wir von den mathematischen Widerspruchsfreiheitsproblemen absehen dürften). Aber eine physikalische Theorie ist sie erst durch eine Semantik, die angibt, was in der beobachtbaren Wirklichkeit die Größen des Formalismus bedeuten sollen. Die Forderung der semantischen Konsistenz ist gerade die Forderung nach einer einschließlich ihrer Semantik widerspruchsfreien Theorie. Es ist nun meine Vermutung, daß es vielleicht überhaupt nur eine einzige semantisch konsistente physikalische Theorie geben kann, nämlich die wahre einheitliche Physik. Sollte dies wahr sein, so wäre in der eingeschränkten Form mathematisierter Theorien auch in der Physik das Absolute wesentlich Resultat, und durch einen Prozeß fortschreitender Reflexion zu gewinnen. Natürlich ist es denkbar, daß selbst eine endgültige einheitliche Physik nicht voll semantisch konsistent wäre, sondern diejenigen Widersprüche noch enthielte, die daher rühren, daß sie überhaupt Physik ist, z. B. daß sie das Ganze der Wirklichkeit in isolierte Objekte oder Alternativen auflöst. Ich neige zu dieser Ansicht, die ich bisher mit Platons »Parmenides« in Verbindung gebracht habe, die aber auch zu Hegel eine natürliche Brücke schlägt.

Der Aufbau von Hegels System schreitet nun gerade so fort, daß aus dem Verständnis jedes Begriffs durch tieferdringende Reflexion in ihm enthaltene Widersprüche gefunden werden, deren Behebung zu einem neuen Begriff führt. Die Behauptung, daß dieser Prozeß vor der Vollendung des absoluten Wissens nicht abreißt, genügt zur Begründung der These Hegels, daß alle Dinge an sich selbst widersprechend sind, wenn man nur bedenkt, daß hier von keinen anderen Dingen die Rede sein kann als von solchen, von denen es wenigstens einen Begriff an sich gibt.

Wollten wir, diesem Gedanken gemäß, Hegels System im einzelnen nachvollziehen, so müßten wir in Strenge darauf achten, daß Reflexion ein zeitlicher Prozeß ist. Ich vermute freilich, daß wir dann im einzelnen auf eine Fülle von Willkürlichkeiten in Hegels faktischem dialektischem Vollzug stoßen werden. So meine ich dabei bleiben zu müssen, daß Hegels vorhin diskutierte Beispiele das, was sie illustrieren sollen, überhaupt nicht illustrieren. Das Wand-Beispiel ist gleichsam direkt fehlerhaft, denn es steckt den Widerspruch in die Prämissen unmittelbar hinein. Das Schwere-Beispiel weist allenfalls auf eine Unklarheit in dem Gebrauch hin, den die Physiker lange Zeit vom Begriff der Zentrifugalkraft gemacht haben. Die anthropologischen Beispiele mögen in die Dialektik des Begriffs Mensch hineingehören. Alle Beispiele geben dann aber eben nur die Dialektik des Bereichs an, dem sie entstammen. Sie zeigen damit gerade nicht einen Mangel oder eine immanente

III, 3. Zu Hegels Dialektik

285

Dialektik der Syllogistik an, es sei denn man wolle diese zu Zwecken gebrauchen, für die sie nie gemeint war. Ich vermute, daß Hegel hier und an vielen Stellen seines Systems von den in Wahrheit historisch recht zufälligen Gedankenformen abhängig war, die er mit der Sanktion einer Tradition vorfand, und daß er, um sie zu konstruieren, einen Tiefsinn in sie hineinlesen mußte, den sie nicht zu tragen vermögen. Auf die Verhakung von Zufall und Not-Wendigkeit im geschichtlichen Prozeß will ich im 7. Abschnitt nochmals kurz eingehen. Hier möchte ich nur sagen, daß ich weder von der Natur der Dialektik noch von der der Geschichte her einen Zwang sehe, warum es sich beim dialektischen Prozeß um einen so linearen Ablauf handeln müßte, wie Hegel ihn darstellt. Ebensowenig ist unmittelbar durchsichtig, warum die Reflexion einen zum historischen Hergang parallelen Verlauf nehmen und die Bewegung des Begriffs in diesem Sinne die Lebendigkeit des geschichtlichen Vorgangs direkt begreiflich machen sollte. Der gemeinsame Grund beider liegt in ihrer Zeitlichkeit. Nur weil für Hegel, seinem Wahrheitsbegriff gemäß, der Begriff und seine Bewegung primär und die Zeit eine Darstellung dieser Bewegung ist, eine Darstellung, die am Ende zu tilgen ist – nur deshalb entsteht für ihn dieses Bild der zwangsläufigen Zusammengehörigkeit der Bewegung des Begriffs mit der Geschichte. Ich glaube, daß dies manches an der Zwangshaftigkeit seines Geschichtsbildes erklärt.

5. Die sinnliche Gewißheit

In der »Phänomenologie des Geistes« sind die Kapitel »Bewußtsein« (II 81–138) und »Beobachtung der Natur« (II 192–232) den Grundlagen der Naturwissenschaft gewidmet. Wir vergegenwärtigen uns zunächst den Gedankengang.

Hegel beginnt (I.) mit der *sinnlichen Gewißheit*, also mit dem, was ich hier und jetzt unmittelbar aufnehme. Es erweist sich, daß dies weder gesagt noch erkannt werden kann anders, als indem es als ein Allgemeines aufgefaßt wird. »Die unmittelbare Gewißheit nimmt sich nicht das Wahre, denn ihre Wahrheit ist das Allgemeine, sie aber will das *Dieses* nehmen. Die Wahrnehmung nimmt hingegen das, was ihr das Seiende ist, als Allgemeines« (II 92). Der *Wahrnehmung* (II.) ist das Seiende »das Ding von vielen Eigenschaften« (II 93). Das Ding ist eigentlich nichts anderes als die Vielheit dieser gegeneinander gleichgültigen Eigenschaften. Es ist aber zugleich die schlechthinnige Einheit dieser Eigenschaften in ihrer gegenseitigen Durchdringung. Dieses Zusammensein ist nur möglich, wenn sich als seine Wahrheit, als das, was es zusammenhält, die *Kraft* (III.), das Spiel der Kräfte (II 117) erweist. Die Kraft aber ist nichts unmittelbar Erscheinendes mehr und lenkt uns auf das wahre Wesen der Dinge als »das Innen oder das übersinnliche Jenseits« (II 119). »Die übersinnliche Welt ist ... ein *ruhiges Reich von*

Gesetzen, zwar jenseits der wahrgenommenen Welt, denn diese stellt das Gesetz nur durch beständige Veränderung dar, aber in ihr eben so *gegenwärtig*, und ihr unmittelbar stilles Abbild. Dies Reich der Gesetze ist zwar die Wahrheit des Verstandes ...; es ist aber zugleich nur seine erste Wahrheit ... Die Vielen Gesetze muß er ... vielmehr in *Ein* Gesetz zusammenfallen lassen, wie z. B. das Gesetz, nach welchem der Stein fällt, und das Gesetz, nach welchem die himmlischen Sphären sich bewegen, als *Ein* Gesetz begriffen worden ist.« (II 122). Durch eine Dialektik, die ich hier übergehe, kommt Hegel dazu, »daß im Innern der Erscheinung der Verstand in Wahrheit nicht etwas Anderes als die Erscheinung selbst, aber nicht wie sie im Spiel der Kräfte ist, sondern dasselbe in seinen absolut-allgemeinen Momenten und deren Bewegung, und in der Tat nur *sich selbst* erfährt.« (II 137).

So ist der Übergang zum Selbstbewußtsein gemacht. Es ist wesentlich, das Selbstbewußtsein nicht nur im Ich, sondern seine Wirklichkeit als *Leben* und das Leben als das Sein des Gegenstandes, d. h. den Gegenstand, den bisher nur die Physik studierte, als Lebendigen zu erfassen. Dies wird (IV.) in der Einleitung zum Kapitel Selbstbewußtsein unter dem übergreifenden Titel »Die Wahrheit der Gewißheit seiner selbst« abgehandelt. Diese Wahrheit ist dann, daß das Selbstbewußtsein nicht einsam zu denken ist. »Das Selbstbewußtsein erreicht seine Befriedigung nur in einem anderen Selbstbewußtsein.« (II 146). Dies führt nun zunächst zur Dialektik der Selbständigkeit und Unselbständigkeit und der Freiheit des Selbstbewußtseins in Herrschaft und Knechtschaft, Skeptizismus, Stoizismus und dem realen Auftreten der Frage nach der Einheit oder Ferne zwischen Mensch und Gott im »unglücklichen Bewußtsein«. Zur Natur noch einmal zurück lenkt jedoch der Einsatz der Vernunft (V.) als der »Gewißheit alle Realität zu sein«. (II 183). »Dieses Bewußtsein, welchem das *Sein* die Bedeutung des *Seinen* hat, sehen wir nun zwar wieder in das Meinen und die Wahrnehmung hineingehen, aber nicht als in die Gewißheit eines nur *Anderen*, sondern mit der Gewißheit, dies Andere selbst zu sein.« (II 190). Dies ist die beobachtende Vernunft. »Das Bewußtsein dieses Beobachtens meint und sagt wohl, daß es *nicht sich selbst*, sondern im Gegenteil *das Wesen der Dinge als der Dinge* erfahren wolle. Daß dies Bewußtsein dies meint und sagt, liegt darin, daß es Vernunft *ist*, aber ihm die Vernunft noch nicht als solche Gegenstand ist.« (II 191). Weiterhin bezeichnet Hegel dieses Bewußtsein mehrfach als »Vernunftinstinkt« (II 196 f.) oder »die Vernunft, welche noch Instinkt ist« (II 200).

Ehe ich auf die beobachtende Vernunft noch etwas näher eingehe, ein paar Worte zur Bedeutung dieser Überlegungen für *uns*. Sie scheinen mir in der Tat, locker geführt vom Gang der Wissenschaft im 17. und 18. Jahrhundert, einige zentrale Erkenntnisse über das Wesen der Naturwissenschaft auszusprechen. Der Naturforscher hofft, die Gewißheit in der einzelnen sinnlichen Wahrnehmung zu finden, vermag diese aber überhaupt nur in begrifflicher Allgemeinheit zu haben (I.). Auf späterem Reflexionsniveau gesagt: »Erst die

III, 3. Zu Hegels Dialektik
287

Theorie bestimmt, was beobachtet werden kann« (Einstein – Heisenberg).
Die klassische Naturwissenschaft unterwirft sich einer Ontologie von Dingen
und ihren Eigenschaften (II.), in der das Ding eigentlich nur als die Einheit
einer Gruppe von Eigenschaften besteht. Diese Einheit ist real nur möglich
durch die Kräfte (III.), die deshalb zum zentralen Gegenstand der Physik werden (heute: Theorie der Wechselwirkung). Den Übergang über das organische Leben zum Bewußtsein hat die Naturwissenschaft noch nicht vollzogen,
aber sie sieht ihn als Aufgabe vor sich. Andererseits weiß sie seit jeher, daß
sie in den Naturgesetzen »eine Art von Vernunft« studiert (V.), also in einer
Weise sich selbst begegnet, die freilich den Naturforschern in ihrem »Vernunftinstinkt« undurchschaubar bleibt, aber doch immer wieder ihr tiefstes
Erlebnis ist.

»Wenn es diesem Suchen und Beschreiben nur um die Dinge zu tun
scheint, so sehen wir es in der Tat nicht an dem sinnlichen Wahrnehmen
fortlaufen, sondern das, woran die Dinge erkannt werden, ist ihm wichtiger
als der übrige Umfang der sinnlichen Eigenschaften, welche das Ding selbst
wohl nicht entbehren kann, aber deren das Bewußtsein sich entübrigt. Durch
diese Unterscheidung in das Wesentliche und Unwesentliche hebt sich der
Begriff aus der sinnlichen Zerstreuung empor, und das Erkennen erklärt darin, daß es ihm wenigstens ebenso wesentlich um sich selbst, als um die Dinge
zu tun ist.« (II 194). Zu dem Bekenntnis dieses letzten Halbsatzes wird sich
der Naturforscher, dem die Ehrfurcht vor der Natur das Grunderlebnis ist,
freilich schwer bewegen lassen, und so lange mit Recht, als er unter »sich
selbst« seine private Subjektivität und nicht die Vernunft, die alle Realität ist,
versteht. Methodologisch drücke ich das hier Gemeinte gern in dem Satz aus,
Information gebe es nur unter einem Begriff.

»Die Merkmale sollen nicht nur wesentliche Beziehung auf das Erkennen
haben, sondern auch die wesentlichen Bestimmtheiten der Dinge, und das
künstliche System soll dem System der Natur selbst gemäß sein, und nur dieses ausdrücken. ... Die Unterscheidungsmerkmale der Tiere z. B. sind von
den Klauen und Zähnen genommen; denn in der Tat unterscheidet nicht nur
das Erkennen dadurch ein Tier von dem anderen; sondern das Tier scheidet
sich dadurch selbst ab; durch diese Waffen erhält es sich für sich, und geson-
dert von dem Allgemeinen.« (II 194–195). Hier tritt die Beziehung zwischen
ökologischer Nische, Gestalt der Spezies und Begriff hervor. Daß es in der
Komplikation hochmolekularer Verbindungen, im organischen Leben überhaupt die Möglichkeit deutlicher begrifflicher Scheidungen gibt, hängt an den
Bedingungen der Selbsterhaltung.

Der Vernunftcharakter des Gesetzes zeigt sich in seiner Allgemeinheit.
»Aber daß es wesentlich als Begriff ist, widerstreitet nicht nur dem nicht, daß
es für die Beobachtung vorhanden ist, sondern hat darum vielmehr notwendiges Dasein, und ist für die Beobachtung.« (II 197). Das beobachtende Bewußtsein mag einen Gegensatz empfinden zwischen der Allgemeinheit des

Gesetzes und der Tatsache, »daß die Wahrheit des Gesetzes wesentlich *Realität*«, also für die einzelne Beobachtung, ist. »Allein es widerlegt diese seine Meinung durch die Tat, in welcher es selbst seine Allgemeinheit nicht in dem Sinne nimmt, daß *alle einzelnen* sinnlichen Dinge ihm die Erscheinung des Gesetzes gezeigt haben müßten, um die Wahrheit desselben behaupten zu können.« (II 198). Empirie ist Erkenntnis des Allgemeinen *im* Einzelnen. Die gesamte Problematik des Induktionsprinzips bleibt unlösbar, wenn diese Einsicht nicht phänomenologisch zugrunde gelegt wird.

Ich verzichte darauf, noch dem Übergang ins Organische mit der Zweckproblematik zu folgen. Dieser Abriß von Hegels phänomenologischer Theorie der Naturwissenschaft sollte nur den Hintergrund bilden für eine etwas nähere Betrachtung des Kapitels über die sinnliche Gewißheit. Auch hier ist es sinnvoll, Hegel »zur Kasse zu bitten«, d. h. zu prüfen, ob wir seinem Gedanken mit skeptischer Rückfrage im einzelnen folgen können. Dies ist einer der genialsten Texte Hegels; wenn ich ihn kritisiere, trage ich ihm Dank ab. Ich beschränke mich dabei auf ein einziges Thema, die *Zeit*.

In der sinnlichen Gewißheit ist »eines als das einfache Unmittelbareseiende gesetzt, der *Gegenstand*, Der Gegenstand also ist zu betrachten, ob er in der sinnlichen Gewißheit selbst, als solches Wesen ist, für welches er von ihr ausgegeben wird. . . . Wir haben zu dem Ende nicht über ihn zu reflektieren und nachzudenken, was er in Wahrheit sein möchte, sondern ihn nur zu betrachten, wie ihn die sinnliche Gewißheit an ihr hat.«

»Sie ist also selbst zu fragen: *Was ist das Dieses?* Nehmen wir es in der gedoppelten Gestalt seines Seins, als das *Jetzt* und das *Hier*, so wird die Dialektik, die es an ihm hat, eine so verständliche Form erhalten, als es selbst ist. Auf die Frage: *was ist das Jetzt?* antworten wir also zum Beispiel: *das Jetzt ist die Nacht.* Um die Wahrheit dieser sinnlichen Gewißheit zu prüfen, ist ein einfacher Versuch hinreichend. Wir schreiben diese Wahrheit auf; eine Wahrheit kann durch Aufschreiben nicht verlieren; eben so wenig dadurch, daß wir sie aufbewahren. Sehen wir *Jetzt, diesen Mittag*, die aufgeschriebene Wahrheit wieder an, so werden wir sagen müssen, daß sie schal geworden ist.«

»Das Jetzt, welches Nacht ist, wird *aufbewahrt*, d. h. es wird behandelt als das, für was es ausgegeben wird, als ein *Seiendes*; es erweist sich aber vielmehr als ein Nichtseiendes. Das Jetzt selbst erhält sich wohl, aber als ein solches, das nicht Nacht ist; ebenso erhält es sich gegen den Tag, der es Jetzt ist, als ein solches, das auch nicht Tag ist, oder als ein *Negatives* überhaupt. Dieses sich erhaltende Jetzt ist daher nicht ein unmittelbares, sondern ein vermitteltes . . . Ein solches Einfaches, das durch Negation ist, weder Dieses noch Jenes, ein *Nichtdieses*, und ebenso gleichgültig, auch Dieses wie Jenes zu sein, nennen wir ein *Allgemeines*; das Allgemeine ist also in der Tat das Wahre der sinnlichen Gewißheit.« . . .

»Es wird derselbe Fall sein mit der anderen Form des Dieses, mit *dem Hier.*

III, 3. Zu Hegels Dialektik   289

Das Hier ist z. B. *der Baum.* Ich wende mich um, so ist diese Wahrheit verschwunden, und hat sich in die entgegengesetzte verkehrt: *Das Hier ist nicht
ein Baum, sondern vielmehr ein Haus.* Das *Hier* selbst verschwindet nicht;
sondern *es ist* bleibend im Verschwinden des Hauses, Baumes und so fort,
und gleichgültig, Haus, Baum zu sein.« (II 83–85).

Für den Zweck, den Hegel selbst verfolgt, nämlich das Allgemeine als das
Wahre der sinnlichen Gewißheit zu erweisen, ist dieser Text so gut wie vollkommen. *Wir* müssen aber die Frage nun auch in umgekehrter Richtung stellen. In dem Experiment mit dem Aufschreiben der Nacht tritt für einen Augenblick die große Wirklichkeit direkt in den Blick, vor deren Hintergrund
wir überhaupt nur Allgemeines kennen: die Vergänglichkeit, die Zeit. Hegel
zeigt sie nur, um zu verdeutlichen, daß sie unsagbar ist. Jedes Wort bezeichnet ein Allgemeines; Vergänglichkeit, Zeit, Jetzt, sind selbst Worte und sind
Allgemeines. Aber an Hegels eigenen Worten kann man zeigen, daß man
mehr und Deutlicheres über die Zeit sagen kann als er zu sagen bereit ist.
Was erfahren wir in diesem Beispiel über die Zeit?

Ich möchte hier meine Subjektivität als Meßgerät ins Spiel bringen. Als ich
diesen Text vor 26 Jahren (1945) zum erstenmal las, habe ich mich sehr über
ihn geärgert, weil ich ihn voller Taschenspielertricks fand. In bezug auf einiges Zentrale, was ich damals nicht verstand, muß ich heute Abbitte leisten.
Aber die Aufdeckung der Taschenspielerei kann heute zur Verdeutlichung
helfen. Hegel tut hier mehrfach nicht das, was er angekündigt hat, sondern
etwas anderes.

»Der Gegenstand ist also zu betrachten ... wie ihn die sinnliche Gewißheit
an ihr hat.« Was für ein Beispiel eines Gegenstandes würde man hier erwarten? Doch wohl ein solches, wie es am Ende unter dem Titel »Hier« erscheint,
also etwa einen Baum oder ein Haus. Ein Baum ist gewiß ein Gegenstand, der
sinnlich anwesend sein kann. Statt dessen fährt Hegel fort: »Was ist das Dieses?« Hier zunächst ein sprachlicher Protest. Wir befragen die sinnliche Gewißheit, also das Alltäglichste. Redet man im Alltag so? Man fragt vielleicht:
»was ist dieses?« oder »was ist dies da?« oder gar »was ist jetzt dies da?« Hingegen »das Dieses« sagt höchstens ein Philosoph, der die Gewohnheit des
sprachlichen Hypostasierens der Phänomene schon so sehr angenommen hat,
daß er gar nicht mehr merkt, was er tut, nämlich statt des sinnlich Gegenwärtigen die Reflexion darauf zu betrachten. Und so enthüllt sich auch der Ansatz zur Antwort. Das Dieses ist weder Haus noch Baum, es ist überhaupt
kein Gegenstand, sondern es hat eine gedoppelte Gestalt seines Seins als »das
Jetzt« und »das Hier«. Auch danach kann man fragen, aber es ist eine andere
Frage als die angekündigte.

Wiederum: kein normaler Mensch fragt »was ist das Jetzt?« Er fragt allenfalls »was ist jetzt?« Z. B. der Schüler bei Anfang einer neuen Schulstunde:
»was ist jetzt?« oder »was haben wir jetzt?«; Antwort z. B. »Englisch«. Man
kann sich auch denken, daß jemand fragt: »was ist jetzt?«, etwa beim Aufwa-

chen auf einer Reise, und die Antwort bekommt: »Jetzt ist Nacht«, oder auch »es ist jetzt Nacht«. »Jetzt« ist kein Gegenstand, und die Nacht ist eigentlich auch keiner, und nur der sprachwidrige doppelte Artikel »*Das* Jetzt ist *die* Nacht« erzeugt hier die Illusion, man habe eine Antwort auf die Frage nach dem Gegenstand der sinnlichen Gewißheit vor sich.

Warum diese Pedanterie? Das, was wir mit »jetzt« meinen, kann man doch terminologisch als »das Jetzt« bezeichnen, und dies, auch wenn es kein Gegenstand wie Baum und Haus ist, ist jedenfalls ein Merkmal, wohl das definierende Merkmal der sinnlichen Gewißheit. Was dieses Jetzt eigentlich sei, möchten wir gerne wissen. Und der sprachgerechte Satz »jetzt ist Nacht«, aufgeschrieben und aufbewahrt, wird ganz gewiß ebenso falsch wie sein anspruchsvollerer Vorgänger. Hegel treibt hier Dialektik. Er weist einen Widerspruch in den Urteilen auf, in denen wir den Begriff der sinnlichen Gewißheit explizieren. »Eine Wahrheit kann durch Aufschreiben nicht verlieren; ebensowenig dadurch, daß wir sie aufbewahren.« Wollen wir das leugnen? Der Satz »jetzt ist Nacht«, der wahr war im Augenblick des Aufschreibens, ist jetzt, beim Lesen falsch. Wer kann das bestreiten? Wie lösen wir also den Widerspruch?

Zunächst: wie löst Hegel den Widerspruch? Unser Text belehrt uns darüber nicht ganz deutlich. Wenn er folgert, das Wahre der sinnlichen Gewißheit sei das Allgemeine, so scheint er zu implizieren, daß »das Jetzt« und »die Nacht«, je als Allgemeines genommen, wahre Begriffe sind. Das Urteil »das Jetzt ist die Nacht« expliziert aber keinen von beiden in seiner Wahrheit. Es ist eigentlich kein Urteil, sondern nur ein Satz (vgl. dazu das Kapitel über das Urteil in der »Wissenschaft der Logik«, V 69), keine Begriffsbestimmung. Dieser Satz ist nicht »eine Wahrheit«. Dies löst den Widerspruch auf und gestattet Hegel (nach analoger Behandlung des Hier und des Ich) zum nächsten dialektischen Schritt, dem Widerspruch im Begriff des Dings mit seinen Eigenschaften überzugehen.

Aber Hegel läßt uns mit einem ungelösten Problem zurück. Die gesamte Sprache des Alltags, also des Daseins, verständigt sich in Sätzen von ähnlicher Valenz wie »jetzt ist Nacht«. Der gegenwartsbezogene Satz ist eine unentbehrliche Grundfigur der Sprache des menschlichen Lebens. Wie soll ich sein Wahrsein, Richtigsein, Zutreffen – oder welchen anderen vorsichtigen Terminus wir wählen wollen – verstehen, wenn ich annehme, daß er durch Aufschreiben und Aufbewahren nicht unwahr, unrichtig, unzutreffend werden kann? Oder was heißt wahr, richtig, zutreffend, wenn ihm dieser Umschlag ins Gegenteil durch bloßes Abwarten zustoßen kann? Wir stehen hier vor dem Problem der Logik zeitlicher Aussagen.

Man könnte versucht sein, Hegel die Antwort in den Mund zu legen: »Diese Logik gibt es nicht. Die Zeit ist die Gestalt des nicht zu sich gekommenen Geistes, und in ihr ist der Widerspruch unvermeidlich.« Aber das würde unserem gewonnenen Verständnis der Dialektik widersprechen. Wenn die Dia-

III, 3. Zu Hegels Dialektik   291

lektik in der Logik ihr Bestehen hat, aber die Logik selbst dialektisch ist
(Krohn), so ist auch die allgemeine, zeitlose Logik gerade Instrument der *Bewegung* des Begriffs, und es gibt dann keinen Grund a priori, warum nicht
auch eine Logik zeitbezogener Sätze möglich sein soll.

Ich will hier nicht die Ansätze der Logik zeitlicher Aussagen entwickeln.
Ich glaube aber zeigen zu können, wie Hegel in seiner Sprechweise »stillschweigend«, d. h. ohne explizite Reflexion, die Strukturen benützt, die eine
solche Logik beschreiben muß. Wir müssen dafür den Unterschied ausnutzen
zwischen einem Gegenstand wie dem Baum und etwas wie dem Jetzt, den wir
soeben angemerkt haben.

»Das Jetzt, welches Nacht ist, wird *aufbewahrt*, d. h. es wird behandelt als
das, für was es ausgegeben wird, als ein *Seiendes*.« Was ist ein Seiendes, das
man aufbewahren kann? Darunter wird man sich doch einen Gegenstand vorstellen, wie den Baum. Der Baum bleibt da, auch über Nacht, während ich
schlafe. Sollte ihn aber über Nacht der Holzdieb umgehauen oder der Blitz
verbrannt haben, so bleibt doch seine physische Materie, denn für diese gilt
ein Erhaltungssatz. Seiendes, das man aufbewahren kann, ist Bleibendes. Es
überbrückt die Zeit, es trotzt der Vergänglichkeit, es ist nicht nur jetzt. Will
man explizieren, was man unter einem Seienden im Sinne des Bleibenden
versteht, so muß man an ein vorgängiges Verständnis dafür appellieren, was
Vergänglichkeit, was »jetzt« ist. Das Bleibende ist essentiell das, was nicht
nur jetzt ist. Dann ist es eine logische Perversion, eben ein Taschenspieler-
trick, dadurch einen Widerspruch zu erzeugen, daß man das Jetzt als Seiendes
im Sinne des Bleibenden, also als Nicht-nur-jetzt explizit erklärt. Natürlich
kann man sagen, daß Hegel eben die Perversion der Auffassung des Jetzt als
derart Seiendes bloßstellen wollte. Aber darauf ist zu erwidern, daß jedenfalls
dann die Praxis unserer Umgangssprache mehr philosophischen Takt verrät
als die Philosophie, die Hegel dem Gläubigen der sinnlichen Gewißheit impu-
tiert. Freilich mag Hegel leider mit dieser Imputation historisch Recht haben,
denn auch die heutigen Physiker behandeln »Zeitpunkte« wie Seiendes und
verschieben das gesamte Problem, was »Gegenwart«, also »jetzt« heißen soll,
ins Niemandsland des bloß Subjektiven; und trotzdem behaupten sie den empirischen Charakter ihrer Wissenschaft, trauen also der sinnlichen Gewißheit
jetzt. Auch die Physiker sind schlechtere Philosophen als die indogermani-
sche Grammatik, die wir unreflektiert gebrauchen.

Eine weitere Verwirrung stiftet Hegel, wenn er fortfährt: »Das Jetzt selbst
erhält sich sehr wohl« und es so als Allgemeines definiert. Freilich hat er, so
wie er es meint, durchaus Recht. Aber damit hat »das Jetzt« eine andere Bedeutung angenommen als »jetzt«. Denkt man sich, in einer noch völlig unzu-
reichenden Theorie der Zeit, die Zeit wie eine Gerade dargestellt, auf der die
Jetztpunkte liegen, so verhält sich »das Jetzt« zu all diesen »jetzt« wie das
Allgemeine zu den Einzelfällen. Wenn ich sage »jetzt ist Nacht«, meine ich
damit dann dezidiert nicht »das Jetzt ist die Nacht«; so wie »die Katze schläft«

nicht den (falschen) zoologischen Satz meint »die Katze ist eine schlafende Spezies«. Einmal meine ich die individuelle Katze Mimi, das anderemal die Spezies »Katze«. Ebenso meine ich einmal »jetzt«, meine Gegenwart in dieser Nacht, das anderemal »das Jetzt«, die allgemeine Struktur der Gegenwärtigkeit. Hegels Auffassung des Jetzt ist aber genauer als die Theorie der Zeitgeraden. Das Jetzt erhält sich. Das Jetzt ist also in der Tat etwas, was der Vergänglichkeit trotzt (während das Bild der Zeitgeraden weder die Gegenwart noch die Vergänglichkeit zum Ausdruck bringt). Ja, es gibt nur Vergänglichkeit, insofern jederzeit »jetzt« ist; sonst könnte man ja nicht einmal sinnvoll sagen, was einst »jetzt« war, sei jetzt vergangen.

Auf die Frage, woran die Schwierigkeit liegt, das Verhältnis des Jetzt zum »jetzt« richtig auszudrücken, gibt es noch eine deutliche Antwort. Wir hatten Skrupel, das Verhältnis des Allgemeinen zum Einzelfall hier anzuwenden, obwohl sich kein anderes überliefertes Begriffsverhältnis anbot; Skrupel, weil die Definition des Jetzt als Bleibendes, also explizit als Nicht-nur-jetzt, den Verdacht des Zirkulären oder vielleicht Widerspruchsvollen erweckt. Nun beruht vermutlich jede ausdrückliche Definition des Allgemeinen auf einem Vorverständnis von Zeit, insofern nämlich Möglichkeit als zeitliche Modalität verstanden wird, und das Allgemeine das ist, was im Einzelfall da sein *kann*. Offenbar gerate ich mit dieser These tiefer in die Theorie der Zeit als der Umfang dieses Aufsatzes gestattet. Ich bemerke nur, daß Hegels Erklärung des Allgemeinen als »Nicht dieses, und eben so gleichgültig, auch Dieses wie Jenes zu sein« im »gleichgültig, zu sein« eben die Möglichkeit, das Können enthält. Sollte aber Zeit, also auch »jetzt«, Vorbedingung des Verständnisses von Allgemeinheit sein, so werden wir nicht erstaunen, wenn wir das Jetzt durch die gesamte Begrifflichkeit des Allgemeinen und Einzelnen nicht adäquat erklären können. Ich behaupte, daß Hegel, trotz seines Ansatzes der Geschichte der Wahrheit, mit praktisch der gesamten klassischen Philosophie vor diesem Problemkreis der Zeit zurückgewichen ist.

Zuletzt nur die Bemerkung, daß auch die symmetrische Behandlung von Jetzt und Hier ungenau ist. Man sieht das schon an Hegels eigenen Beispielen. Das Hier kann ich durch einen Entschluß wechseln; es hängt an mir, ob der Baum oder das Haus hier ist. Das Jetzt kann ich nicht wechseln; die Nacht kann ich nur abwarten. Und diese Asymmetrie hängt nicht daran, daß ich ein Mensch bin, der wollen kann; sie hängt nicht an einer besonderen Affinität der menschlichen Geschichte zur Zeit. Die verstandene Natur zeigt dieselbe Eigenschaft. Man kann sinnvoll sagen, ein Ding *könne* da oder dort sein. Interpretiert man die Möglichkeit auch hier streng futurisch, so bedeutet eben dies die Möglichkeit, daß das Ding da oder dorthin bewegt werde; und eben diese Möglichkeit der Bewegung liegt der begrifflichen Struktur der Naturwissenschaft zugrunde. Man kann aber nicht im selben Sinne sagen, ein Ding könne zu dieser oder jener Zeit sein, also futurisch: es könne in Zukunft in diese oder jene Zeit gebracht werden. Am deutlichsten wird der Unsinn dieser

III, 3. Zu Hegels Dialektik 293

Sprechweise, wenn man unterstellt, es werde in Zukunft in eine vergangene Zeit gebracht werden; der Unsinn ist aber derselbe, wenn man sagt, es werde in Zukunft in eine andere Zeit gebracht als in die, die dann eben sein wird. Auch für die Natur hat die Zeit eine Priorität vor dem Raum, und Hegels Einteilung von Natur und Geschichte als Entäußerung des Geistes einerseits in den Raum, andererseits in die Zeit ist falsch.

6. Entfremdung

Wir kehren zurück zur Frage nach der Ambivalenz. Wie hat Hegel dieses Phänomen beschrieben? Zwei Begriffe bieten sich dafür an, der spekulative des Negativen und der historische der Entfremdung.

Der Geist wird nur wirklich, er ist nur lebendig, indem er sich von sich unterscheidet, und dieser Unterschied ist Negation. Das unmittelbar Positive ist nur an sich; für sich wird es durch die Selbstunterscheidung, durch die Negation; an und für sich durch die Negation der Negation. »Das Leben Gottes und das göttliche Erkennen mag also wohl als ein Spielen der Liebe mit sich selbst ausgesprochen werden; diese Idee sinkt zur Erbaulichkeit und selbst zur Fadheit herab, wenn der Ernst, der Schmerz, die Geduld und Arbeit des Negativen darin fehlt.« (II 23). Die Dialektik führt *stets* zu etwas anderem als dem Angestrebten. Wenn die Wirklichkeit dialektisch ist oder nur dialektisch zu begreifen ist, so ist Ambivalenz eine Grundstruktur des Seins überhaupt. Ambivalenz ist dann nicht eine störende Eigenschaft des Fortschritts, sondern sie ist das Wesen des Fortschritts. Sie kann erst dort enden, wo der Fortschritt endet, im Zusichgekommensein des absoluten Geistes.

Diese Antwort weist uns auf den Untergrund unserer ganzen Existenz. Soll unsere gefährliche Naivität erschüttert werden, so muß diese Verwurzelung der Ambivalenz im geschichtlichen Dasein überhaupt einmal gesehen sein. Aber die Antwort genügt uns nicht, aus zwei Gründen. Sie ist zu allgemein, und dann doch wieder zu sehr an bestimmten fragwürdigen Zügen des Hegelschen Systems orientiert.

Die Antwort ist zu allgemein. Wir haben es mit scharf umrissenen Ambivalenzen zu tun, zu denen wir uns praktisch verhalten müssen; mit den Ambivalenzen der Technik, des Liberalismus, des Sozialismus, mit den Ambivalenzen der menschlichen Natur, der gesellschaftlichen Fehlentwicklungen, des sich selbst bekämpfenden Ich. Zu ihnen suchen wir Rat. Und Hegels System läßt uns hier nicht ohne Rat. Es handelt einen erheblichen Teil dieser Ambivalenzen unter verschiedenen Titeln, vor allem aber unter dem Titel der Entfremdung ab. Andererseits führen uns diese konkreten Beispiele gefährlich nahe an das ungelöste Problem heran, ob Hegels Lebenszeit, eine spätere oder gar keine das Ende des Fortschritts als das Beisichsein des Geistes bedeute. Es lohnt aber, uns diesem Problem frontal zu stellen, indem wir Hegels Theorie der Entfremdung betrachten.

Die »Phänomenologie des Geistes« enthält einen Abschnitt »Der *sich ent-fremdete* Geist, die Bildung«. Er ist der mittlere Teil des Kapitels »Der Geist«, das in lockerer Weise der abendländischen Geschichte folgt. Der erste Abschnitt »Der *wahre* Geist, die Sittlichkeit« ist im wesentlichen die Darstellung der griechischen und römischen Gesellschaft. Unser Abschnitt verfolgt Grundmotive der Neuzeit bis zur Französischen Revolution. Der letzte Abschnitt »Der *seiner selbst gewisse* Geist, die Moralität« umfaßt eine breite Auseinandersetzung mit Kants Ethik und unter dem Titel des Gewissens diejenige Weise des Menschseins, welche diese vielfachen Ambivalenzen überwunden hat und als Selbstgewißheit zum absoluten Wissen vorbereitet ist. Es folgt das nochmals in die Tiefe der Geschichte greifende Kapitel über die Religion und das Schlußkapitel über das absolute Wissen.

Man sieht sofort, daß Entfremdung für Hegel nicht ein Akt oder Zustand »struktureller Gewalt« ist, den ein Teil der Gesellschaft dem Rest antut. Sie kann zwar auch diese Gestalt annehmen. Aber essentiell ist sie etwas, was der Geist im Menschen sich selbst antut, auf dem langen Wege der schweren Arbeit, zu sich zu finden. Wenn er an sich schon bei sich war, so muß er sich entfremdet werden, um zu lernen, für sich zu sein. Das Fürsichsein hat die Gestalt der Entfremdung, die notwendig ist, um am Ende begreifend bei sich, an und für sich Geist zu sein.

Ich lasse hier die Antike beiseite. Das Mittelalter verschweigt Hegel meist. Was die Neuzeit ausarbeitet, ist vor allem der menschliche Wert des Individuums, der uns durchs Christentum eröffnet ist. Die Welt des sich entfremdeten Geistes »zerfällt in die gedoppelte; die erste ist die Welt der Wirklichkeit oder seiner Entfremdung selbst; die andere aber die, welche er, über die erste sich erhebend, im Äther des reinen Bewußtseins sich erbaut. Diese, jener Entfremdung entgegengesetzt, ist eben darum nicht frei davon, sondern vielmehr nur die andere Form der Entfremdung, welche eben darin besteht, in zweierlei Welten das Bewußtsein zu haben, und beide umfaßt. Es ist also nicht das Selbstbewußtsein des absoluten Wesens, wie es *an* und *für sich* ist, nicht die Religion, welche hier betrachtet wird, sondern der *Glauben*, insofern er die *Flucht* aus der wirklichen Welt und also nicht *an* und *für sich* ist.« (II 376). Wir sehen hier die Grundstruktur dessen, was später Ideologie genannt wurde, als Entfremdung bezeichnet. »Aber das Dasein dieser Welt, so wie die Wirklichkeit des Selbstbewußtseins beruht auf der Bewegung, daß dieses seiner Persönlichkeit sich entäußert, hierdurch seine Welt hervorbringt, und sich gegen sie als eine fremde so verhält, daß es sich ihrer nunmehr zu bemächtigen hat. ... Oder das Selbstbewußtsein ist nur *Etwas*, es hat nur *Realität*, insofern es sich selbst entfremdet.« (II 376–377) Ich meine in diesen Worten eine Struktur der Neuzeit beschrieben zu sehen, die heute stärker herrscht als je.

Die Schilderung der Dialektik der das 17. und 18. Jahrhundert kennzeichnenden Mächte möchte ich hier nicht im Einzelnen verfolgen. Staatsmacht

III, 3. Zu Hegels Dialektik   295

und Reichtum – wir würden sagen Absolutismus und Kapitalismus – werden
in ihren positiven und negativen Aspekten gekennzeichnet. Die Unwider-
stehlichkeit der Aufklärung wird geschildert. »Die Mitteilung der reinen Einsicht ist ... einer ruhigen Ausdehnung und dem *Verbreiten* eines Duftes in
der widerstandslosen Atmosphäre zu vergleichen. Sie ist eine durchdringende
Ansteckung, welche sich nicht vorher gegen das gleichgültige Element, in das
sie sich insinuiert, als Entgegengesetztes bermerkbar macht, und daher nicht
abgewertet werden kann.« (II 418) Sie wird aber »als Einsicht zum Negativen
der reinen Einsicht, sie wird Unwahrheit und Unvernunft ... dadurch, daß sie
sich in Streit einläßt und etwas *Anderes* zu bekämpfen meint.« (II 420). Ihr
steht der oben schon charakterisierte Glaube gegenüber. In der Schilderung
der Fortentwicklung der Aufklärung findet sich der schöne geschichtsdialekti-
sche Satz »Eine Partei bewährt sich erst dadurch als die *siegende*, daß sie in
zwei Parteien zerfällt; denn darin zeigt sie das Prinzip, das sie bekämpfte, an
ihr selbst zu besitzen, und hiermit die Einseitigkeit aufgehoben zu haben, in
der sie vorher auftrat.« (II 442). Die Welt der Nützlichkeit, die absolute Freiheit und der Schrecken (»das einzige Werk und Tat der allgemeinen Freiheit
ist daher der Tod.« II 454) sind Ergebnis dieser Entwicklung. Wir münden
hier in die politische Philosophie ein, die oben besprochen wurde.

In Hegels Theorie der Entfremdung ist die Schilderung der vielfältigen
Phänomene oft von großer Deutlichkeit und Brillanz. Die Diagnose der Neuzeit als Zeit der Entfremdung erscheint bis heute wahr, ja wachsend wahr.
Die Hoffnung, daß sich in dieser Entfremdung der Geist zu sich selbst heraus
oder hinein arbeite, hat abgenommen. Die Identifikation bestimmter Ereignisse
der neueren Geschichte mit der Überwindung der Entfremdung wird kaum
jemand mehr wagen, es sei denn er unterliege einem inneren ideologischen
Zwang, der dann wohl eher die Verdrängung der Verzweiflung bedeutet. Die
inhaltliche, weit über Hegel hinausgehende Frage einer Diagnose der heutigen Zeit stelle ich in diesem Aufsatz nicht. Ich frage nur, welche innere Konsequenz im Hegelschen Denken, soweit wir es meinen, übernehmen zu können, zu erwarten ist.

Die wesentlich optimistische Auffassung, daß die Entfremdung, als eine
besondere historische Form der Negativität, eine Gestalt von Ernst, Schmerz,
Geduld und Arbeit des zu sich gehenden Geistes ist, ist für Hegels *System*
unerläßlich. Vom Christentum her gesehen kann Hegels Auffassung der
Neuzeit als eine evolutionistische Deutung der Eschatologie aufgefaßt werden, im Sinne von Schillers Satz: »Die Weltgeschichte ist das Weltgericht.«
Aber wenn dies auch biographisch und insofern realiter ein Motiv für Hegel
gewesen sein mag, von der inneren Konsequenz seines Denkens aus spielt die
christliche Eschatologie keine tragende Rolle. Diese Rolle fällt vielmehr seinem Begriff von der Wahrheit der Geschichte, also von dem Absoluten als
Resultat zu. Wenn uns nun die Realität der Geschichte, schon in Hegels eigener Zeit und seitdem, diese Versöhnung nicht zeigt und wir gleichwohl nicht

leichtfertig allen Grundgedanken Hegels absagen wollen, so lassen sich zwei
Auswege denken: ein Hinausverlegen der Zeit der Versöhnung in die Zukunft oder der radikale Verzicht auf diese Erwartung.

Als das größte Beispiel des Hinausverlegens der Erwartung empfinde ich
den Marxismus. Er ändert nicht nur, nicht einmal wesentlich, die Zeitskala,
sondern die Struktur der erwarteten Versöhnung, indem er einen revolutionären ökonomisch-politischen Schritt hinzufügt, der von Hegel nicht vorgesehen war. Ob dieser Schritt mit dem Hegelschen Konzept vereinbar ist, lasse
ich wie die ganze Auseinandersetzung mit dem Marxismus hier beiseite. Es
ist für Marxisten natürlich keineswegs notwendig, ja auch nur erwünscht,
Hegels Systemgedanken zu übernehmen. Ich möchte hier nur darauf hinweisen, daß *Hegels* Glaube an eine Versöhnung der Entfremdung allerdings essentiell mit seinem Systemgedanken verknüpft ist und daß ihm dieser Glaube
ohne sein System hätte schlechthin bodenlos erscheinen müssen.

Verzichten wir auf Hegels Systemgedanken, so stellt sich die Frage, ob Dialektik ohne diesen Gedanken überhaupt ein strenger, tragfähiger Begriff ist.
Weil ich dies für zweifelhaft ansah, habe ich im ersten Kapitel überhaupt auf
den Begriff der Dialektik verzichtet und ihn durch den Begriff der Ambivalenz ersetzt, der sich von vorneherein nicht als bekannt, sondern als Problem
gab. Jedenfalls haben wir nach einem Verzicht auf Hegels Systemgedanken
zu prüfen, ob wir überhaupt einen vernünftigen Grund haben, eine Versöhnung oder Überwindung der Entfremdung zu erhoffen, ja zu wünschen.

Ich möchte daher den Schluß dieses Aufsatzes dazu verwenden, im Lichte
der bisherigen Überlegungen noch einmal zu prüfen, was im Sinne möglichst
strengen Philosophierens für uns heute aus Hegels Systemgedanken werden
könnte.

7. Das Absolute und die Zeit

Das entscheidende Problem ist das Verhältnis von Zeit und Wahrheit. Wenn
die Wahrheit ihrem Wesen nach überzeitlich ist, wie kann sie sich dann in der
Zeit zeigen? Die Lösung der griechischen Philosophie für diese Frage ist die
zyklische Zeit. Es ist vielleicht nötig, hervorzuheben, daß die zyklische Auffassung der Zeit keineswegs ein gemeingriechisches Vorurteil war. Nicht weil
die Griechen die Zeit zyklisch verstanden hätten, verstanden sie auch ihre
Philosophen so. Umgekehrt, obwohl der griechische Mythos nicht zyklisch
ist und das alltägliche Zeitverständnis des durchschnittlichen Griechen wohl
ebensowenig, wurde die griechische Philosophie durch spekulative Notwendigkeit zum Gedanken der zyklischen Zeit gedrängt. Für Platon ist die Zeit
(χρόνος) das aionische, nach der Zahl fortschreitende Abbild des im Einen
verharrenden Aion und ist realisiert in den Himmelsbewegungen. Nur die
Kreisbewegung kann als Abbild des im Einen Verharrenden gelten. Der ba-

III, 3. Zu Hegels Dialektik

bylonische astronomische Gedanke des Großen Jahres, in dem alle Planeten
zur Anfangsstellung zurückkehren, ermöglichte es, diesem Begriff der zyklischen Zeit Bildhaftigkeit zu geben. Abbild der Ewigkeit aber muß die Zeit
sein, damit in ihr Abbilder der ewigen Wahrheit sein können. Eine Geschichtsphilosophie in einer zyklischen Zeit kann mit den Figuren der Unver-
änderlichkeit, des Fortschritts, des Verfalls und der Katastrophe arbeiten, und
alle diese Figuren sind verwendet worden. Daß auch die zyklische Zeit strukturell nicht umkehrbar ist und darin Elemente dessen bewahrt, was wir als
geschichtliche Zeit ansehen, erweist sich, nebenbei gesagt, darin, daß man in
ihr zwar plötzliche Katastrophen, nicht aber ihre Umkehrung, plötzliche
Schöpfungen als natürliche Ereignisse ansah.

Hegels Zeitbegriff ist spekulativ noch immer in gewissem Sinne zyklisch,
wenn man Sätze wie den schon einmal zitierten als Beleg nehmen darf: »...
die Bewegung, die das Erkennen ist ... ist der in sich zurückgehende Kreis,
der seinen Anfang voraussetzt und ihn nur im Ende erreicht.« (II 613). Aber
die Vermittlung dieses Gedankens mit der abläufigen geschichtlichen Zeit ist
das ungelöste Problem des Hegelschen Systems, das uns hier beschäftigt. Der
Natur spricht Hegel die Entwicklung in der Zeit ab. »Es ist eine ungeschickte
Vorstellung älterer, auch neuerer Naturphilosophie gewesen, die Fortbildung
und den Übergang einer Naturform und Sphäre in eine höhere für eine äu-
ßerlich-wirkliche Produktion anzusehen, die man jedoch, um sie *deutlicher*
zu machen, in das *Dunkel* der Vergangenheit zurückgelegt hat.« (Naturphilosophie, Einleitung. IX 59). Die menschliche Geschichte hingegen überblickt
er als einen einmaligen Verlauf. Der Geist »erscheint so lange in der Zeit, als
er nicht seinen reinen Begriff *erfaßt, d. h. nicht die Zeit tilgt.*« (II 612). Nun
kann man wohl denken, daß man in der Auffassung des Begriffes die Spuren
der Bewegung in ihm und insofern die Zeit tilgt. Wer eine ewige Wahrheit
anschaut, der ist für den Augenblick, in dem er sie anschaut, in der Ewigkeit.
Aber die Frage, wie die Geschichte weitergeht, bleibt offen. In einer echt zyklisch gedachten Zeit ist die ewige Wiederkehr natürlich. So hat Hegel nicht
gedacht. Er hat mit philosphischer Strenge Aussagen über die Zukunft verweigert. »Das *was ist* zu begreifen, ist die Aufgabe der Philosophie, denn das
was ist, ist die Vernunft. Was das Individuum betrifft, so ist ohnehin jedes
ein *Sohn seiner Zeit*; so ist auch die Philosophie, *ihre Zeit in Gedanken erfaßt*. Es ist eben so töricht zu wähnen, irgendeine Philosophie gehe über ihre
gegenwärtige Welt hinaus, als ein Individuum überspringe seine Zeit, springe
über Rhodus hinaus.« (Vorrede zur Rechtsphilosophie, VII 35). Dieser Gedanke aber steht unversöhnt neben der systematischen Auszeichnung, die
Hegel sowohl seiner eigenen Philosophie gibt und geben muß, wenn er das
absolute Wissen nicht nur ankündigt, sondern vollzieht, wie auch dem Weltgeist seiner Zeit, da sich der Weltgeist an sich vollendet haben muß, ehe er als
selbstbewußter Geist seine Vollendung erreicht. Die einzige denkbare Über-
brückung der Kluft zwischen beiden Äußerungen enthält der Satz, der der

Eule der Minerva vorausgeht: »Wenn die Philosophie ihr Grau in Grau malt, dann ist eine Gestalt des Lebens alt geworden, und mit Grau in Grau läßt sie sich nicht verjüngen, sondern nur erkennen.« (Vorrede zur Rechtsphilosophie, VII 37). Hier ist von *einer* Gestalt des Lebens die Rede. Wenn nicht in Wahrheit das Ende der Weltgeschichte deklariert werden soll, so muß Hegel hier die Entfaltung des absoluten Geistes als *eine* Gestalt des Lebens betrachtet haben, über die hinaus etwas Weiteres geschehen mag. Er hat dann hier die Grenze seiner Philosophie gedacht.

Wie müssen sich Hegels Probleme darstellen in einer Philosophie, die die Zeit explizit und thematisch als offen denkt? Man könnte naiv meinen, man müsse dann eben das Absolute fortlassen und könne die Dialektik als selbst offenen, vielleicht unendlichen, jedenfalls pragmatisch unabgeschlossenen Prozeß beibehalten. Von dieser Ansicht habe ich mich assertorisch schon oben distanziert. Ich möchte das hier näher begründen. Auch in einer Philosophie der offenen Zeit stellt sich die Frage, wie sie die Wahrheit denkt. Auch in ihr wird es etwas geben, was wie das Absolute bei Hegel schon vor dem Anfang »bei uns« ist. Vielleicht ist diese unbedingte Bedingung hier die Zeit selbst. Oder sie ist die Vergangenheit. Ein Anfangssatz der Philosophie der offenen Zeit muß lauten: Wir philosophieren *jetzt*. Ich kann hier nichts davon durchführen, sondern werfe nur gewisse Grundfragen Hegels unter diesen Gesichtspunkten noch einmal auf.

So wie Hegel den systematischen Text der »Phänomenologie des Geistes« mit der Einleitung über das Absolute beginnt, so den systematischen Text der »Wissenschaft der Logik« mit dem Abschnitt »Womit muß der Anfang der Wissenschaft gemacht werden?« Er entschließt sich, mit dem Sein anzufangen und fährt fort: »Aber auch die bisher als Anfang angenommene Bestimmung *des Seins* könnte weggelassen werden, so daß nur gefordert würde, daß ein reiner Anfang gemacht werde. Dann ist nichts vorhanden als der *Anfang* selbst, und es wäre zu sehen, was er ist.« (IV 77). Man kann mit Ruth-Eva Schulz hier schon aufhören und sagen: Wenn gefragt wird, was der Anfang ist, so *ist* er also. Dieses Ist ist also das erste Ergebnis der Reflexion auf den Anfang. Dies ist das Sein, an welches die weitere Reflexion anknüpft. Hegel selbst erwägt: »Es ist noch nichts und es soll etwas werden. Der Anfang ist nicht das reine Nichts, sondern ein Nichts, von dem etwas ausgehen soll; das Sein ist also auch schon im Anfang enthalten. ... Ferner aber *ist* das, was anfängt, schon, eben so sehr aber *ist* es auch noch *nicht*. Die Entgegengesetzten, Sein und Nichtsein sind also in ihm in unmittelbarer Vereinigung; oder er ist ihre *ununterschiedene Einheit*.« (IV 78).

Im 4. Abschnitt dieses Aufsatzes (S. 284 f) habe ich geschlossen, man könne Hegels Dialektik nur nachvollziehen, wenn man sie in Strenge als zeitlichen Prozeß verstehe. Wie stehen wir dann zu diesem Problem des Anfangs? Wir philosophieren *jetzt*. Wir haben gelebt und philosophiert, ehe wir von dem Problem des Anfangs gehört haben, welches die Philosophen vor 160

III, 3. Zu Hegels Dialektik

Jahren so beschäftigt hat. Wir werden also nicht sagen »der Anfang ist«, sondern allenfalls »im Anfang war«. Wir sind damit zunächst, wie seinerzeit Hegel selbst, in der Situation der »Phänomenologie des Geistes« und nicht des Anfangs der »Wissenschaft der Logik«. Wir haben zwar nicht das Bewußtsein von 1807, sondern das von 1971 aufzuarbeiten. Aber diesen Unterschied können wir nur machen, weil uns die Geschichte als Hergang strukturell ebenso vertraut ist wie einst Hegel. Wie kam nun Hegel bis an die Stelle, an der er den Anfang der »Wissenschaft der Logik« machen konnte? Durch Vollzug der Darstellung des erscheinenden Wissens bis zum absoluten Wissen. Falls es in einer Philosophie der offenen Zeit keine Station gibt, die das absolute Wissen heißt, so werden wir nie an die Stelle kommen, an der wir unsere »Wissenschaft der Logik« beginnen könnten. Wir können aber freilich *Hegels* »Wissenschaft der Logik« vornehmen und versuchen, sie in skeptischer Rückfrage nachzuvollziehen.

Aber diese Historisierung ist zu nivellierend. Es gibt auch in der offenen Zeit Stationen. Werfen wir einen Blick auf den kosmologischen Aspekt unserer Philosophie der Zeit, auf die Einheit der Natur. Wir denken ja auch die Natur primär von der Zeit her. Ein anderer Aspekt des zweiten Hauptsatzes der Thermodynamik ist das Gesetz vom Wachstum der Fülle der Gestalten. Die höheren Gestalten, nämlich die Makromoleküle und die Organismen, beginnen eine erste Form von »Wahrheit« zu haben, nämlich die Anpassung (adaequatio) der Gestalt und dann auch des Verhaltens an die Umwelt. Noch höhere Organismen (höhere Tiere, der Mensch) haben die Wahrheit der Vorstellung, des »Modellhandelns«. Der Mensch schließlich hat die Wahrheit der Reflexion, der Vorstellung der Vorstellung. Dies ist nicht die letzte Stufe der Wahrheit. Hegels absoluter Begriff intendiert eine weitere Stufe. Auch ist Gestaltwahrnehmung etwas anderes als Modellhandeln, meditative Erkenntnis ist etwas anderes als reflexive, künstlerische und religiöse Erkenntnis, Moral und Gewissen sind in diesem simplen Schema nicht gefaßt. Aber dies ist die Stufe, die wir im Augenblick diskutieren können. Die Reflexion stellt die Vorstellungen, die vorher nur an sich etwas vorstellten, vor sich. (»Vor« und »für« sind sprachgeschichtlich oft vertauschbar.) Die Reflexion ist stets später als das, worauf sie reflektiert. Neue Gestalten können nun, wenn ein bestimmter Komplikationsgrad erreicht ist, eine vorher unzugängliche Art der Einheit gewinnen, so die Zelle und später der vielzellige Organismus. In diesem Sinne kann die Reflexion gerade mit wachsender Kompliziertheit zu größerer Einheit fortschreiten. Die Einheit selbst wurde in der griechischen Philosophie gedacht, und diesem Gedanken entstammt das Absolute Hegels. Wir können heute beginnen, die Zeit zu denken, in der diese fortschreitende Reflexion geschieht. Die Zeit selbst wird reflexiv später gedacht als das, was in ihr geschieht. Indem wir in der Zeit mit der Zeit beginnen, haben wir keinen Anlaß mehr, mit dem Ich, dem Sein oder dem Anfang zu beginnen. All dies liegt in dem Satz: wir philosophieren *jetzt*.

Der Einwand Schellings, daß Hegels Logik nicht die Schöpfung darstellen könne, da sie mit dem Ärmsten, dem leeren Sein beginne, ist in bestimmter Weise richtig. Diese Reflexion vollzieht weder den zeitlichen Werdegang noch den systematischen Aufbau dessen nach, worauf sie reflektiert. Der geschichtliche Prozeß ist viel reichhaltiger und freier. Aber indem die Reflexion Widersprüche bloßstellt und auflöst, stellt sie das an sich schon Gewußte vor sich. Und sie kann die »objektive Dialektik« des Geschichtsprozesses immerhin erläutern. Die Bloßstellung von Widersprüchen geschieht in der Verhaltenswahrheit objektiver Gestalten ebenso wie in der Vorstellungswahrheit der Reflexion. Philosophisch müssen wir so streng wie Hegel daran festhalten, daß im Wissen nur Gewußtes vorkommt. So ist eine Grundfrage der Philosophie des Wissens in der Zeit, in welcher Weise das Vergangene, das gewußt werden *kann*, und das Zukünftige, das geschehen *kann*, zu denken ist. Es handelt sich um das Denken der Möglichkeit.

Dies führt noch einmal zur Logik zeitlicher Aussagen. Die klassische formale Logik ist die Lehre von den Urteilen und Schlüssen bei festgehaltenen Begriffsbedeutungen und Wahrheitswerten. Eine präsentische Wahrheit kann, mit Hegel zu sprechen, schal werden. Das Mögliche ist andererseits, in aller Strenge aufgefaßt, stets ein noch nie Dagewesenes. Mit konstanten Begriffsbedeutungen können wir nur Kombinationen (seien es auch neue) von schon Dagewesenem denken. Die zeitliche Logik kann also weniger fordern als die klassische Logik. Sie stellt nicht an sich feststehende Strukturen, sondern feststehende Strukturen von Veränderungen, von Möglichkeiten dar. Solche feststehenden Strukturen gibt es, soweit der zeitliche, indeterministische Fortgang immerhin als ein Fortgang von einer feststehenden zu einer anderen feststehenden Position (von einer klassisch beschriebenen Messung zur anderen klassisch beschriebenen Messung) beschrieben werden kann. Rückgewendet beherrscht die zeitliche Logik die Beschreibung der Handlungen, in denen die klassische Logik begründet wird. Also wäre wohl die zeitliche Logik die Logik der Reflexion.

Es wird hier gut sein, aufzuhören, auch wenn offensichtlich ist, daß ich das Problem der Relevanz der Hegelschen Dialektik nicht gelöst habe. Ich hoffe, Fragen bezeichnet zu haben, die man stellen muß, wenn man es lösen will.

III, 4. Erinnerungen an Martin Heidegger [1]

Die erste persönliche Begegnung war in Todtnauberg im Herbst 1935. Jemand, ich glaube der Physiologe Achelis, hatte sich ausgedacht, Viktor v. Weizsäcker und Werner Heisenberg sollten in Heideggers Gegenwart miteinander über die Einführung des Subjekts in die Naturwissenschaft sprechen. Wir wurden Heideggers Gäste zu einem mehrtägigen Gespräch. Wir wohnten im Gasthof, das Gespräch fand in Heideggers kleiner Hütte hoch oben am Wiesenhang, nahe dem Waldrand, statt. Eng saßen wir, wenn ich mich recht erinnere zu siebt, am Holztisch in der winzigen Stube. Am türwärtigen Tischende saß Heidegger, in der von ihm damals bevorzugten selbstentworfenen volkstümlich-adretten Tracht, eine Zipfelmütze auf dem Kopf, klein, gesammelt. Mein Onkel und Heisenberg saßen zu seinen beiden Seiten an den Breitseiten des Tischs, neben ihnen Achelis, der hochbegabte Mitarbeiter meines Onkels Prinz Auersperg, und der Kunsthistoriker Bauch; am anderen Tischende, Heidegger ins Gesicht schauend, ich als Jüngster. Der Inhalt des Gesprächs ist mir kaum erinnerlich, aber der Habitus. Die beiden Protagonisten sprachen lange Zeit allein miteinander, jeder am anderen interessiert, aber eigentlich durch eine Kluft getrennt. Heisenberg fühlte tief, welcher Abgrund durch die ungesuchte Entdeckung der Untrennbarkeit von Subjekt und Objekt in der Quantentheorie eröffnet ist, aber er empfand auch, daß man im Abgrund nicht leben kann; er hielt sich an die präzise Erklärung der Rolle des Subjekts als Beobachter, als Experimentator. Viktor v. Weizsäcker hingegen wollte das Subjekt ebensosehr als den lebendigen Gegenstand, als den Partner »in die Medizin einführen« wie philosophisch als pathischen Träger des Unternehmens der Wissenschaft sehen; »um das Leben zu verstehen, muß man sich am Leben beteiligen.« Er empfand den objektiven Beobachter der Quantentheorie noch gar nicht als das Subjekt. Wenn nun die beiden nach einer Stunde sich in sinnvollen Mißverständnissen festgeredet hatten, nahm Heidegger das Wort. »Sie, Herr v. Weizsäcker, scheinen mir folgendes zu meinen:« Drei kristallklare Sätze. »Ja, genau das wollte ich sagen.« »Und Sie,

---

[1] Erschienen in »Erinnerung an Martin Heidegger« (Hrsg. G. Neske), Neske Verlag, Pfullingen 1977.

Herr Heisenberg, meinen doch wohl dies:« Drei ebensolche Sätze, und die Antwort: »Ja, so stell ich mir's vor.« »Dann könnte der Zusammenhang folgender sein.« Vier bis fünf knappe Sätze. Beide stimmten zu: »So könnte es sein.« Der Dialog ging weiter, bis Heidegger den beiden aus dem nächsten Engpaß helfen mußte.

Beim Abschied sagte mir Heidegger sehr freundlich, ich solle wiederkommen, wann immer ich wolle. Seitdem habe ich ihn regelmäßig, vielleicht im Durchschnitt einmal in zwei Jahren, besucht, sei es auf der Hütte, sei es im Freiburger Haus, von Frau Heidegger gastlich empfangen. Später begegneten wir uns auch in objektivierten Zusammenhängen, so bei einer Vortragstagung über Sprache in München und Berlin. Anläßlich einer in Bregenz gehaltenen Vorbesprechung hierzu mit Martin Buber und Clemens Graf Podewils besuchte er mit mir meine Mutter in dem alten kleinen Bauernhaus bei Lindau, das sie seit langem bewohnt. Unvergeßlich ist mir sein unmittelbares Wohlbefinden in der Gastlichkeit dieser niederen Zimmer. In den Sechzigerjahren war er als alter Mann dreimal mein Gast in Hamburg zu Seminarwochen mit je sechs meiner Mitarbeiter, in meinem Haus; meiner Frau ein besonders lieber, stiller, freundlich-umsichtiger Hausgast, dessen abendliche Hebel-Lektüre sich uns für immer eingeprägt hat.

Heideggers Bücher habe ich so zögernd gelesen, wie ich überhaupt Philosophie zu assimilieren imstande war. »Sein und Zeit« kaufte ich mir im Winter 33/34 in Kopenhagen, als ich bei Bohr arbeitete (mein Exemplar trägt noch die Buchhändlermarke »Høst & Søn, Bredgade, København«). Ich las gleichzeitig Kant. Bei beiden erlebte ich die in der Sache, eben in der Stärke der Philosophie wurzelnde unendliche Schwierigkeit des Verstehens, aber ich empfand, Heidegger sei den ungelösten Problemen, auf die ich zuging, näher als irgendein anderer Philosoph. Zu einem Symbol dieser Reaktion wurde mir dann die Erinnerung an die einzige akademische Vorlesungsstunde, die ich bei ihm gehört habe, bei einem Freiburger Besuch in den späten Dreißigerjahren. Das Thema hieß »Logik«, tatsächlich sprach er von Heraklit. Da ging der kleine Mann in seiner grünen Tracht durch den ganz überfüllten Hörsaal zum Katheder und begann die Rekapitulation der letzten Stunde, im südschwäbischen Tonfall, Satz für Satz knapp ausformuliert, man hielt den Atem an, und meine Reaktion war: »Das ist Philosophie. Ich verstehe kein Wort. Aber das ist Philosophie.«

Unsere Gespräche bei meinen Besuchen hielten sich an einen zwanglosen Ritus. Er empfing mich freundlich und erkundigte sich eingehend nach Heisenberg, nach meiner Familie, nach meinem eigenen Ergehen. Der Übergang zum Arbeitsgespräch war eine fast lautlose Zäsur. Er setzte sich gerade vor seinen Arbeitstisch, der fast leer war; wenige sauber beschriebene Blätter lagen rechtwinklig vor ihm. Mir fielen meines Freundes, seines Schülers Georg Picht Worte über ihn ein: »Heidegger ist von Natur konzentriert. Wenn er sich gehen läßt, ist er konzentriert.« Er fragte mich, worüber ich soeben

III, 4. Erinnerungen an Martin Heidegger

arbeite, und ich referierte darüber, oft eine Stunde und länger. Mit stiller, gespannter Aufmerksamkeit hörte er zu, auch und gerade wenn ich von theoretischer Physik sprach, der er mathematisch nicht folgen konnte, oder von Grundlagen der Mathematik und von temporaler Logik, die ich mir selbst ausgedacht hatte. Seine kurzen Zwischenfragen waren fast nur sachliche Erkundigungsfragen. Aber das, was ihm in meiner Darlegung jeweils unklar blieb und seine Rückfragen auslöste, war mit beunruhigender Treffsicherheit fast immer das, was ich mir selbst nicht wirklich klargemacht hatte. Und wenn der Bericht abgeschlossen war, so durfte ich mit Sicherheit erwarten, daß seine weiterführenden Fragen die bröckligen Stellen meines Gebäudes trafen und aushöhlten, bis sie sauber waren oder eine Mauer fiel. Von Physik und Mathematik ausgehend war man mit der der Sache innewohnenden Kontinuität mitten in die großen gedanklichen Entscheidungen der neuzeitlichen und der griechischen Philosophie gelangt. Dasselbe geschah, wenn ich in den späteren Jahren von meinen politischen Analysen und Engagements erzählte. Er begegnete meinen politischen Stellungnahmen fast immer mit Sympathie, er wünschte aufrichtig ihren Erfolg, und er erweckte mit wenigen Fragen mein unter dünner Decke schlummerndes Wissen darüber, warum sie vergeblich bleiben mußten.

Der Auskunft über meine Arbeit folgten weiterführende philosophische Gespräche. Gelegentlich lasen wir einen kurzen klassischen Text miteinander, so einmal Aristoteles Metaphysik Θ 10, oder einen Passus bei Kant oder Hegel. Ganz selten kamen auch eigene Texte von ihm an die Reihe. Über »Sein und Zeit« sprach er wie über ein Buch eines älteren Philosophen; er empfahl etwa, diesen oder jenen Paragraphen nachzulesen und zu durchdenken. Einmal, während der Sprachtagung, las er mir seinen Vortrag, den ich nicht hatte hören können, in seinem Hotelzimmer im Berliner Hotel am Steinplatz allein vor; in Hamburg las er der Seminargruppe seinen späten Text »Zeit und Sein«. In Todtnauberg wurde das Gespräch fast stets auf längeren Spaziergängen fortgeführt, und manche Formulierungen, nun auch von lockerer Art, sind mir mit der Naturumgebung eingeprägt geblieben.

So führte er mich einen Waldweg, der abnahm und mitten im Wald an einer Stelle aufhörte, wo aus dem dichten Moos Wasser austrat. Ich sagte: »Der Weg hört auf.« Er sah mich pfiffig an und sagte: »Das ist der Holzweg. Er führt zu den Quellen. Das habe ich freilich nicht in das Buch geschrieben.«

An einem Sommerabend saßen wir vor der Hütte. Die Sonne ging im Abendrot unter, und über den Wald des Osthimmels hob sich im Blaudunkel die metallene Scheibe des Vollmonds. Er sagte zu mir: »Sie als Naturwissenschaftler dürfen doch nicht sagen, die Sonne gehe unter. Sie müssen sagen, der Horizont hebe sich.« Ich antwortete: »Nein. Ich muß nur wissen, was meine Worte bedeuten. Wenn ich im Schiff über den Atlantik nach Amerika fahre, ein Schiff von drüben kommt uns entgegen, passiert uns, ich stehe am Heck und schaue ihm nach, wie es im Osten hinter dem Horizont versinkt, so weiß ich, daß für einen, der dort am Heck steht, unser Schiff versinkt. Jeder von uns hat recht mit seiner Beschreibung, gerade weil er weiß, daß sie der des Andern nicht widerspricht.« Heidegger versank in Nachdenken; zufrieden war er nicht mit meiner Antwort.

Einmal, im Krieg, war ich zu Fuß nach Todtnauberg gekommen und mußte zu Fuß zurück zum Schauinsland gehen. Er begleitete mich ein langes Stück. Vor einem Waldrand sagte ich ihm, ich meine verstehen zu können, daß man philosophiere wie er, und daß man der Naturwissenschaft nur eine seinsvergessene Projektion der Wahrheit zubillige. Aber mir sei nicht klar, wie man in seiner Philosophie verständlich mache, daß die Naturwissenschaft überhaupt gelingt. Wir waren inzwischen in den sonnendurchleuchteten Wald eingetreten. Er blieb stehen, schaute an mir hinauf und sagte: »Das weiß ich auch nicht.«

Eine gewisse Hemmung im Gespräch mit ihm, wenn es um seine eigene Philosophie ging, habe ich nie verloren. Ich fühlte mich im Grunde dazu immer noch nicht reif. Auf die Neologismen seiner veröffentlichten Schriften vermochte ich weder in derselben Sprache (was er mit Sicherheit verhindert hätte) noch in unbefangener Umgangssprache einzugehen, auch wenn ich, wenigstens in späterer Zeit, keine Schwierigkeiten hatte, sie Dritten zu erklären. Sein Gespräch war freilich von »Heideggerismen« ganz frei, oder sie kamen so natürlich, in dirketer Aussage, daß sie gar nicht als solche auffielen. Die Marburger Vorlesungen, deren Veröffentlichung inzwischen begonnen hat, sind ebenso umgangssprachlich. Ich empfinde sie als etwas vom Besten, was er je geschrieben hat. In ihnen finde ich die Luzidität wieder, die ich aus seinem Gespräch kannte. Wo ich mit seiner schriftlichen Diktion Schwierigkeiten hatte, half ich mir manchmal mit bescheiden vorgebrachten Albernheiten, die er oft erstaunlich positiv quittierte. So erzählte ich ihm nach der privaten Vorlesung seiner Rede über die Sprache die ostjüdische Geschichte von dem Mann, der immer im Wirtshaus sitzt, und befragt, warum, sagte: »Ja, meine Frau!« »Was ist denn mit der?« »Ja, die redt und redt und redt und redt und redt …« »Was redt sie denn?« »Das sagt sie nicht!« – »So ist es«, sagte Heidegger. – Zum Terminus »Vorstellung« erzählte ich ihm den Münchener Kalauer: »Was stellen die beiden Löwen vor der Feldherrnhalle vor?« »Der eine den rechten, der andere den linken Fuß.« – »Das meine ich«, sagte Heidegger.

Bei den späten Hamburger Besuchen, im Milieu akademischer Philosophie, erzählte er gern von seinen jungen Jahren, am meisten – nicht unkritisch – von Husserl. Eigentlich war der Raum seiner menschlichen Erfahrungen begrenzt; er umfaßte neben der engen ackerstädtischen Heimat fast nur die kontinentaleuropäische Universitätswelt. Seine Reaktion auf Menschen konnte, wie jeder weiß, sehr kritisch sein, freilich oft schlagend wahrgenommen. Ich hatte das Glück, seine Gunst nie zu verlieren, und habe die Schärfen nur am Rande gesehen. Einmal saßen wir im Kollegenkreis im philosophi-

III, 4. Erinnerungen an Martin Heidegger

schen Gespräch auf einer sommerabendlichen Terrasse. Sein Gegenüber geriet in einen Exkurs über die Auffassung eines bestimmten Problems von den Griechen bis zur Gegenwart. Heidegger unterbrach ihn plötzlich und sagte: »Herr X., die Geschichte der Philosophie scheint Ihnen völlig klar zu sein.« Der Angesprochene, ein sehr netter Mann, lachte etwas verlegen und der Exkurs war zu Ende. Über einen anderen, Jüngeren, den ich ihm wegen seiner umfassenden philosophischen Kenntnisse lobte, sagte er mir unter vier Augen: »Der sieht ja nichts. Der ist blind.« Er sprach damit das für ihn entscheidende Kriterium aus. Ein kluger jüngerer Beobachter sagte über Heidegger: »Eigentlich ist er nicht intelligenter als mancher Andere. Aber er ist ein Augenzeuge.« So ist meine Erfahrung mit ihm. Nicht das im philosophischen Milieu so verbreitete Diskutieren hatte man von ihm zu lernen – mit berechtigter Verächtlichkeit sprach er von »Herumargumentieren« – sondern nur das Sehen. Darum konnte man ihm auch nicht mit Argumenten antworten, sondern nur, indem man ihm selbst etwas zu sehen gab.

Ich täte einem großen Mann nicht die ihm gebührende Ehre an, wenn ich seinen politischen Irrtum gegenüber dem Anfang der nationalsozialistischen Herrschaft mit Schweigen überginge. Ich gehöre einer Generation in Deutschland an, die in ihrer Mehrheit diesem Irrtum unterlegen ist; ich kann jedes der Motive für diesen Irrtum in mir nachvollziehen, und ich habe selbst dem Irrtum nicht mit der Klarheit widerstanden, die ich mir nachträglich wünschen möchte. Mein Vater hat, innerhalb eines engeren, stärker politischen Horizonts, hier klar gesehen, ich innerhalb des meinen nicht. Heidegger hat über sein Verhalten im Jahr 1933 nachher fast jedermann gegenüber geschwiegen. Zu mir jedenfalls hat er nicht darüber gesprochen, und ich habe ihm gegenüber nicht davon angefangen; als ich ihn kennenlernte, war dies schon Vergangenheit. Nun ist inzwischen, seinem Wunsch gemäß nach seinem Tode, sein Spiegel-Interview erschienen. Er verteidigt sich darin, ohne Zweifel zu Recht, gegen Vorwürfe, die ihm eine billige Komplizenschaft mit dem Regime unterstellen. Aber es hat mir leidgetan, daß er nicht fähig war, das Gespräch in einer stärkeren Weise zu führen, zu der er das Recht gehabt hätte. Durch ein bewußtes und massives Bekenntnis des eigenen Irrtums hätte er mit einem Schlag die Überlegenheit über das gesamte Niveau der Fragen erreicht, die man ihm hier stellte. Er hätte, vielleicht nicht den ihn befragenden Journalisten, aber manchem spürenden Leser die Augen öffnen können für seine Diagnose unserer Zeit, ohne die sein Irrtum ja niemals begreiflich werden kann.

Es sei mir erlaubt, hierzu vorweg ein paar anekdotische Erinnerungen beizutragen. Ich habe erzählen hören, daß er schon vor 1933 Hoffnungen auf den Nationalsozialismus setzte. Im Winter 1933/34 erzählte mir ein aus Freiburg gekommener Student: »In der Umgebung Heideggers haben sie den Freiburger Nationalsozialismus erfunden. Hinter vorgehaltener Hand sagen sie, das wahre Dritte Reich habe ja noch gar nicht begonnen, das komme erst.« Am Tag seines Rücktritts vom Rektoramt soll ihm Schadewaldt in der Straßenbahn begegnet sein und ihn gefragt haben: »Nun, Herr Heidegger, sind Sie aus Syrakus zurück?« Der Vergleich mit dem Irrtum Platons über Dionysios hat einen Erklärungswert. Heideggers Analyse der fortschreitenden Seinsvergessenheit der europäischen Geschichte, später in die These vom Ge-stell verdichtet, konnte ihn von denjenigen Bewegungen unseres Jahrhunderts, die sich selbst für vernünftig halten, nur immer tiefere Verblendung erwarten lassen. Diese Erinnerungen sind nicht der Ort, die Wahrheit dieser Sichtweise zu untersuchen; anderswo will ich darauf eingehen. Unterstellen wir für einen Augenblick, er habe hierin richtig gesehen. Ist es unbegreiflich, daß er im Nationalsozialismus, der sich als eine Gegenbewegung gegen den »westlichen« Rationalismus verstand, auf eine nicht durch die übermächtigen Begriffssysteme verstellte Direktheit zum Wirklichen hoffte? Die unverstellte Erfahrung der Wirklichkeit kam dann allerdings, nämlich als die Erfahrung beschleunigter Selbstzerstörung. Der Heidegger, den ich gekannt habe, hat sich darüber nicht mehr getäuscht. Das war 1935 nicht anders als 1967. Im letztgenannten Jahr saßen wir in Hamburg nach einer der Seminarwochen im größeren Kreis zum Abendgespräch beisammen, und das unvermeidliche Thema der Studentenbewegung, der Neuen Linken, kam auf. Große Hoffnungen wurden laut. Ich stimmte den Hoffnungen nur unter der Bedingung zu, daß die unverzichtbaren Güter der Liberalität gewahrt blieben. Die Debatte war lang und heftig. Heidegger saß schweigend dabei. Zuletzt wandte ich mich an ihn: »Herr Heidegger, was sagen Sie zu diesem Gespräch?« Er zögerte kurz, dann sagte er nur zwei Sätze: »Ihr macht alle die Rechnung ohne den Wirt. Nur der Gott kann uns noch retten.«

Der späte Heidegger litt unter seiner Zeit, aber er lebte, Wenn ich es richtig gespürt habe, nicht in einer Stimmung der Rettungslosigkeit. Wenn er als Philosoph obstinat von Gott schwieg, so war das nicht Unglaube, sondern der Respekt vor einer Wirklichkeit, die unsere Metaphysik nicht mehr berechtigt war, auszusprechen. Er achtete, so schien mir, die naive Rede von Gott, wo sie ihm begegnete; die reflektierte durchschaute er in ihrer Grundlosigkeit. In der Dichtung Hölderlins fand er die Rede, der er traute. Er sagte mir einmal, seine Philosophie solle nichts Anderes als die Dichtung Hölderlins, die vor ihm da war, nachträglich möglich machen. Ich habe mich nie aufgefordert gefühlt, dies wie eine Privatreligion mitzumachen. Er spürte hier etwas, was am Rande seines Wahrnehmungsvermögens lag, und jenseits des Wahrnehmungsbereichs fast aller, die ihn meinten kritisieren zu sollen. In den Sechzigerjahren erzählte er mir von dem tiefen Eindruck, den ihm im Besuch bedeutender Japaner der Zen-Buddhismus gemacht hatte, der das Entscheidende ganz unmetaphysisch sagt; es war als sei ihm hier eine Tür aufgegangen. Unvergeßlich ist mir die leise, zögernde Weise, in der er mir in Hamburg zum Aufsatz »Zeit und Sein« sagte: »Manchmal ist mir dieser Text so fremd als

III, 4. Erinnerungen an Martin Heidegger

hätte ihn ein ganz Anderer geschrieben, den ich nicht verstehe. Dann wieder ist er mir wie selbstverständlich.«

Mein letzter Besuch bei ihm war im Spätherbst 1972 in dem kleinen Gartenhaus, das für ihn als Altenteil in seinem Freiburg-Zähringer Grundstück gebaut worden war. Ich war instruiert, ihn zu schonen, möglichst nur eine halbe Stunde zu bleiben. Er aber hielt mich über zwei Stunden fest und er prüfte mich auf Herz und Nieren wie eh und je. Ich mußte ihm über meine Behandlung der Zeit in Physik und Logik Auskunft geben, und er gab mir den Auftrag mit, eine Stelle in »Sein und Zeit« nachzulesen, die mir nicht präsent gewesen war. Er war von verhaltener Wärme und mit blitzenden Augen wie immer. Ein alter Mann ist kein anderer als in jungen Jahren, nur mehr er selbst.

III, 5. Heidegger und die Naturwissenschaft[1]

»Die Wissenschaft ist eine und zwar entscheidende Weise, in der sich uns alles, was ist, darstellt.

Darum müssen wir sagen: die Wirklichkeit, innerhalb der sich der heutige Mensch bewegt und zu halten versucht, wird nach ihren Grundzügen in zunehmendem Maß durch das mitbestimmt, was man die abendländisch-europäische Wissenschaft nennt.

Wenn wir diesem Vorgang nachsinnen, dann zeigt sich, daß die Wissenschaft im Weltkreis des Abendlandes und in den Zeitaltern seiner Geschichte eine sonst nirgends auf der Erde antreffbare Macht entfaltet hat und dabei ist, diese Macht schließlich über den ganzen Erdball zu legen.« (Heidegger, Wissenschaft und Besinnung, in »Vorträge und Aufsätze«, 1954, S. 45).

Unser Jahrhundert ist ein Jahrhundert der Naturwissenschaft. In unserem Jahrhundert scheint sich sogar die Naturwissenschaft als der harte Kern der Neuzeit zu enthüllen. Soll man genau einen Philosophen unseres Jahrhunderts nennen, so wird man nicht umhinkönnen, Martin Heidegger zu nennen. Heidegger aber war kein Philosoph der Naturwissenschaft. Sie war weder der Ausgangspunkt noch das Ziel seines Denkens. Wie reimt sich das? Die soeben zitierten Sätze Heideggers zeigen den Weg zur Antwort. Heidegger sah die entscheidende Rolle der Wissenschaft für unsere Zeit. Er litt unter dieser unserer, seiner Zeit. Dieses Leiden nahm in seinen jüngeren Jahren die Form fordernder Kritik an, in seinen späten Jahren die Form des tief besorgten Durchdenkens eines Schicksals.

Die Naturwissenschaft hat das, was Heidegger ihr zu sagen hatte, bisher nicht verstanden. Heidegger umgekehrt hat, so scheint mir, die Naturwissenschaft nicht bis auf den Grund zu durchdenken vermocht. Diese zweiseitig unerfüllte Aufgabe zu bezeichnen und als Herausforderung anzunehmen, ist das Motiv, unter dem ich den Auftrag, heute über Heidegger und die Naturwissenschaft zu sprechen, gerne übernommen habe. Dies soll in drei Schritten geschehen. Zuerst möchte ich die unter dem Titel des Ge-stells symboli-

1 Vortrag in Freiburg im Breisgau, Dezember 1976. Gedruckt in »Heidegger. Freiburger Universitäts-Vorträge zu seinem Gedenken«. Alber Verlag, Freiburg 1977.

III, 5. Heidegger und die Naturwissenschaft 309

sierte geschichtliche Rolle, in welcher der spätere Heidegger die Naturwissenschaft und Technik sah, uns noch einmal vor Augen führen. Dann will ich dem ontologischen Problem ein Stück weit nachgehen, in dem sich für den frühen Heidegger seine Sichtweise der Wissenschaft entschied. Schließlich wage ich die Antwort eines Physikers auf Heidegger.

1. Das Ge-stell

Zunächst ein nur knapp kommentiertes Referat. Es stützt sich auf genau zwei thematische Äußerungen Heideggers zur Naturwissenschaft. Die erste ist der Vortrag »Die Zeit des Weltbildes« (1938, in den »Holzwegen« 1950 gedruckt).[2] Die zweite besteht aus den beiden zusammengehörigen Vorträgen »Die Frage nach der Technik« und »Wissenschaft und Besinnung« (1953, in den »Vorträgen und Aufsätzen« 1954 gedruckt).[3]

Der erste dieser Vorträge beginnt mit den Sätzen: »In der Metaphysik vollzieht sich die Besinnung auf das Wesen des Seienden und eine Entscheidung über das Wesen der Wahrheit. Die Metaphysik begründet ein Zeitalter, indem sie ihm durch eine bestimmte Auslegung des Seienden und durch eine bestimmte Auffassung der Wahrheit den Grund seiner Wesensgestalt gibt« (ZW 69). Das Zeitalter, von dem der Vortrag spricht, ist die Neuzeit. Heidegger sieht die Neuzeit durch die Metaphysik, also durch eine Entscheidung über das Wesen der Wahrheit bestimmt, freilich in einer gegen die erste Erscheinung der Metaphysik in der griechischen Philosophie veränderten Gestalt. Heidegger zählt fünf wesentliche Erscheinungen der Neuzeit auf: die Wissenschaft, die Maschinentechnik, die Ästhetik, die Kultur, die Entgötterung; der Vortrag beschränkt sich auf die neuzeitliche Wissenschaft. Diese ist, im Unterschied zur doctrina und scientia des Mittelalters und zur griechischen ἐπιστήμη, wesentlich Forschung. Forschung in einem Bereich des Seienden, z. B. der Natur, entwirft vorweg einen bestimmten Grundriß vom Wesen dieses Seienden, hier der Naturvorgänge. Die neuzeitliche Physik ist mathematisch durch »den Entwurf dessen, was für das gesuchte Erkennen der Natur künftig Natur sein soll: der in sich geschlossene Bewegungszusammenhang raum-zeitlich bezogener Massenpunkte«. (ZW 72) Im späteren Vortrag (WB 60–61) sieht Heidegger den mathematischen Vorentwurf durch alle Wandlungen der modernen Physik bis in die Gegenstandskritik der Quantentheorie durchgehalten.

Was ist der Zweck des Vorentwurfs? »Die Tatsachen sollen ... gegenständlich werden. Das Vorgehen muß daher das Veränderliche in seiner Veränderung vorstellen, zum Stehen bringen und gleichwohl die Bewegung eine Bewegung sein lassen ... Das Beständige der Veränderung in der Notwendig-

2 Zitiert als ZW.
3 Zitiert als FT und WB.

keit ihres Verlaufs ist das Gesetz. Erst im Gesichtskreis von Regel und Gesetz werden Tatsachen als die Tatsachen, die sie sind, klar ... Weil die neuzeitliche Physik eine im wesentlichen mathematische ist, deshalb allein kann sie experimentell sein« (ZW 73–74). Hinter diesen Sätzen steht eine Einsicht in das Wesen der Physik, die durch Kant hindurchgegangen und dem Satze Einsteins[4] verwandt ist: »Erst die Theorie entscheidet darüber, was man beobachten kann.« Dieser Vorentwurf ermöglicht, daß die Wissenschaft zum Betrieb wird. »Der Gelehrte verschwindet. Er wird abgelöst durch den Forscher, der in Forschungsunternehmungen steht«. (ZW 78).

»Welche Auffassung des Seienden und welcher Begriff von der Wahrheit begründen, daß die Wissenschaft zur Forschung wird? ... In der Vorausberechnung wird die Natur, in der historischen Nachrechnung wird die Geschichte gleichsam gestellt ... Diese Vergegenständlichung des Seienden vollzieht sich in einem Vorstellen, das darauf zielt, jegliches Seiende so vor sich zu bringen, daß der rechnende Mensch des Seienden sicher und d. h. gewiß sein kann. Zur Wissenschaft als Forschung kommt es erst dann, und nur dann, wenn die Wahrheit zur Gewißheit des Vorstellens sich gewandelt hat.« (ZW 80). Erst unter der Herrschaft des Vorstellens gibt es ein Weltbild – daher der Titel »Die Zeit des Weltbildes«, »Weltbild, wesentlich verstanden, meint daher nicht ein Bild von der Welt, sondern die Welt als Bild begriffen.« (ZW 82). »Der Grundvorgang der Neuzeit ist die Eroberung der Welt als Bild. Das Wort Bild bedeutet jetzt: das Gebild des vorstellenden Herstellens.« (ZW 87).

Der fünfzehn Jahre später geschriebene Vortrag »Die Frage nach der Technik« zieht die hier angedeutete Verbindung zur Technik aus. Technik ist ihm nicht angewandte Naturwissenschaft, sondern eine eigene, die Naturwissenschaft selbst bestimmende Weise der Wahrheit, oder, wie Heidegger jetzt sagt, des Entbergens (FT 20, 21). »Die Technik west in dem Bereich, wo Entbergen und Unverborgenheit, wo ἀλήθεια, wo Wahrheit geschieht.« (FT 21). »Das in der modernen Technik waltende Entbergen ist ein Herausfordern, das an die Natur das Ansinnen stellt, Energie zu liefern, die als solche herausgefördert und gespeichert werden kann.« (FT 22). Heidegger spielt nun in der Weise seines Spätstils mit den Worten des Stellens. »Das so Bestellte hat seinen eigenen Stand. Wir nennen ihn den Bestand.« (FT 24). »Wer vollzieht das herausfordernde Stellen, wodurch das, was man das Wirkliche nennt, als Bestand entborgen wird? Offenbar der Mensch ... Allein über die Unverborgenheit, worin sich jeweils das Wirkliche zeigt oder entzieht, verfügt der Mensch nicht ... Nur insofern der Mensch seinerseits schon herausgefordert ist, die Naturenergien herauszufördern, kann dieses bestellende Entbergen geschehen.« (FT 25). »Wir nennen jetzt jenen herausfordernden Anspruch, der den Menschen dahin versammelt, das Sichentber-

4 vgl. W. Heisenberg, Der Teil und das Ganze, S. 92.

III, 5. Heidegger und die Naturwissenschaft 311

gende als Bestand zu bestellen – das *Ge-stell*.« (FT 27). »Die neuzeitliche Physik ist der in seiner Herkunft noch unbekannte Vorbote des Ge-stells.« (FT 29).

Ich setze voraus, daß, wer meinen heutigen Vortrag anhört, sein Befremden nicht durch die bequeme Verwerfung des Heideggerschen Sprachmanierismus wegerklären will. Es ist aber wohl doch angebracht, die eigentlich befremdenden Linien dieser Gedanken in konventioneller Sprache behutsam nachzuzeichnen. Daß Naturwissenschaft und Technik die Natur dem neuzeitlichen Menschen in der Weise der Vorstellbarkeit verfügbar, in der Form der Verfügbarkeit vorstellbar machen, ist heute vielen Menschen ein geläufiger Gedanke. Technokraten denken so: wir herrschen, weil wir erkennen, wir erkennen um zu herrschen, Wissen ist Macht. Sozialkritiker und Naturschützer wenden denselben Gedanken umgekehrt: die Form dieser Erkenntnis ist durch den Machtwillen bestimmt; die Unglaubwürdigkeit solcher Wissenschaft wird dann oft behauptet und durch ihre zerstörenden Wirkungen begründet. Beide Versionen folgen mit entgegengesetzten Bewertungen demselben Schema. Der Mensch erscheint in beiden als der Handelnde, als der Autor des Geschehens, und zwar durch seine Erkenntnis. Daß wahre Erkenntnis zuträglich sei, wird vorausgesetzt; deshalb erscheint die Naturwissenschaft dem Technokraten wahr, dem Sozialkritiker und Naturschützer verdächtig.

Gehören Heideggers Gedanken einer dieser beiden Versionen zu? Zu den Technokraten wird ihn niemand rechnen. Gehört er in die Gruppe, die ich hier etwas locker Sozialkritiker und Naturschützer genannt habe? Daß sein subjektives Empfinden gegenüber der Welt der Technik ein Empfinden des Schreckens, ja der Feindschaft war, wird nur zu deutlich. Man könnte sich auf einen Satz des Technik-Vortrags berufen: »So ist denn, wo das Ge-stell herrscht, im höchsten Sinne Gefahr.« (FT 36). Heidegger fährt jedoch mit dem Hölderlin-Zitat fort:

»Wo aber Gefahr ist, wächst
Das Rettende auch.«

Das ist nicht nur die Hoffnung auf den unbekannten Retter. Freilich, nicht bloß im Spiegel-Interview, sondern in mir unvergeßlich eindrucksvoller Weise auch in einer Gesprächsrunde in meinem Haus in Hamburg hat er gesagt: »Nur der Gott kann uns noch retten.« Aber die Verbindung von Wahrheit, Gefahr und Rettung ist für ihn unlösbar innig. »Das Wesen der Technik ist als ein Geschick des Entbergens die Gefahr.« (FT 36). »Geschick« ist hier das Wort für Geschichte, und zwar für Geschichte, deren Autor nicht der sich für frei haltende Mensch ist. Entbergen ist Wahrheit, und so lautet der Satz, konventionell zurückübersetzt: »Das Wesen der Technik ist die Gefahr, weil dieses Wesen zur Geschichte der Wahrheit gehört.«

Hier ist etwas inhaltlich doppelt Befremdendes behauptet. Erkenntnistheoretisch: das Wesen der Technik ist nicht Anwendung von Wahrheit, sondern selbst Wahrheit. Geschichtlich: die Wahrheit selbst ist Gefahr. Sie ist ebenso Rettung. »Das Gewährende, das so oder so in die Entbergung schickt, ist als solches das Rettende.« (FT 40). »Solange wir die Technik als Instrument vorstellen, bleiben wir im Willen hängen, sie zu meistern. Wir treiben am Wesen der Technik vorbei.« (FT 40). »Das Wesen der Technik ist in einem hohen Sinne zweideutig. Solche Zweideutigkeit deutet in das Geheimnis aller Entbergung, d. h. der Wahrheit.« (FT 41). »Das Unaufhaltsame des Bestellens und das Verhaltene des Rettenden ziehen aneinander vorbei wie im Gang der Gestirne die Bahn zweier Sterne. Allein dieser ihr Vorbeigang ist das Verborgene ihrer Nähe.« (FT 41).

Ich möchte diese Sätze hier unkommentiert lassen. Heidegger ist auch in der Stilisierung seines Spätstils, einem Merkmal der Vereinsamung, präzis im Sagen und präzis im Andeuten und Verschweigen dessen, was er nicht mehr zu sagen vermochte.

2. Ontologie, Logik und Wahrheit

Das Gespräch zwischen Heidegger und der Naturwissenschaft kann nicht anhand isolierter Texte seiner Spätzeit geführt werden. Diese Texte gehören der Endphase einer Lebensarbeit an. Die das Verhältnis zur Naturwissenschaft bestimmende Entscheidung in Heideggers Denken ist aber in seiner Frühzeit gefallen. Sie war vollzogen, ehe der erste Satz von »Sein und Zeit« niedergeschrieben wurde. Die immense Gedankenarbeit der Frühzeit beginnt erst jetzt durch die Veröffentlichung seiner Marburger Vorlesungen dem lesenden Publikum bekannt zu werden. In diesen Vorlesungen spricht er noch die Sprache der Wissenschaft und der überlieferten Philosophie. In dieser Sprache führt er den Dialog mit demjenigen Denken, das sich eben in ihr adäquat ausgedrückt hat. Ausführlich und luzide legt er die Gründe dieses Denkens und die in ihnen liegenden ungeklärten Fragen bloß. Der Entschluß zur terminologischen Selbststilisierung im publizierten Werk, die mit »Sein und Zeit« einsetzt, ist eine Folge dieser kritischen Analyse der Sprache, d. h. des Denkens der Überlieferung. Eben damit aber reißt das direkte Gespräch mit dem überlieferten Denken ab; wer von nun an Heideggers von ihm selbst zum Druck gebrachte Äußerungen verstehen will, muß sich seiner Sprache und damit seiner denkerischen Position anpassen. Die Naturwissenschaft aber wird den Übertritt in Heideggers neue Diktion nicht vollziehen. Deshalb ist der Heidegger der Marburger Vorlesungen ihr Partner, wenn es sich nicht um Winke, sondern um ein Gespräch handeln soll. Erst nach diesem Gespräch ist die Rückkehr zu den Texten sinnvoll, die wir zu Anfang gelesen haben.

In der Gesamtausgabe sind bisher zwei Vorlesungsbände veröffentlicht:

III, 5. Heidegger und die Naturwissenschaft   313

Band 21 »Logik. Die Frage nach der Wahrheit« und Band 24 »Die Grundprobleme der Phänomenologie«. Phänomenologie heißt hier Ontologie. Die Naturwissenschaft wird in diesen Bänden nicht zum Thema. Damit es zu einem
Gespräch mit der Naturwissenschaft kommen kann, sei mir daher in einem
Vorgriff auf den dritten Teil meines Vortrags erlaubt, das Bild zu skizzieren,
das ich mir von der Beziehung der Naturwissenschaft zu Logik und Ontologie
gemacht habe.

Die Naturwissenschaft entwickelt sich faktisch zu einer systematischen
Einheit hin. Die Vielheit der Disziplinen steht dem nicht im Wege, im Gegenteil, sie trägt zur Beschleunigung des systematischen Fortschritts bei, dessen Folge sie ist. Es zeigt sich, daß in allen Bereichen, die wir auch nur irgendwie unter den Titel »Natur« bringen können, dieselben Grundgesetze gelten.
Physik ist der Name der Wissenschaft, die diese Grundgesetze formuliert.
Für den Bereich des Anorganischen ist diese Entwicklung seit langem manifest. Im Bereich des organischen Lebens macht sie in den letzten Jahrzehnten
rapide Fortschritte. Man kann zum mindesten sagen, daß der Physikalismus,
d. h. die Hypothese, die Gesetze der Physik seien auch hier die einzigen fundamentalen Gesetze, heuristisch erfolgreich und nirgends widerlegt ist. Es
gibt ferner keine allgemein anerkannte Trennungslinie, welche den Menschen oder gewisse Aspekte der menschlichen Existenz von der Subsumtion
unter den Begriff der Natur auszunehmen gestattet; auf dieses im wissenschaftlichen Bewußtsein unserer Zeit völlig ungelöste Problem komme ich
am Schluß zurück.

Die Physik selbst entwickelt sich ebenfalls faktisch zu einer systematischen
Einheit hin. Die Zentraldisziplin dieser Einheit ist heute die Quantentheorie,
die ihre endgültige Gestalt unter den Händen von Bohr und Heisenberg in
eben jenen, jetzt um ein halbes Jahrhundert zurückliegenden Jahren gewann,
in denen Heidegger die Marburger Vorlesungen hielt und »Sein und Zeit«
schrieb. Die allgemeine oder abstrakte Quantentheorie kann man als eine
nichtklassische Wahrscheinlichkeitsrechnung beschreiben. Das Wort »nicht-
klassisch« bezeichnet hier formal eine der Wahrscheinlichkeitsbewertung zu-
grundegelegte Mannigfaltigkeit möglicher Ereignisse, die von derjenigen ab-
weicht, die man durch Anwendung der klassischen Aussagenlogik (Boolesche
Algebra) herleiten würde. Man spricht gelegentlich von einer »Quantenlogik«. Der Grund dieser nichtklassischen Logik liegt in einer, freilich von den
Physikern nicht ausgearbeiteten, sondern nur verbal umschriebenen Abweichung von der klassischen Ontologie. Man kann in der Quantentheorie ein
mögliches Ereignis nur noch in bezug auf einen möglichen Beobachter definieren. Die Subjekt-Objekt-Beziehung wird hier, zum erstenmal in der neuzeitlichen Physik, thematisch.

Es ist nicht meine Aufgabe in diesem Vortrag, die Quantentheorie weiter-
gehend zu analysieren. Das Gesagte genügt wohl, um uns zu zeigen, daß Heideggers Analyse der Grundlagen der Ontologie und Logik, wenn sie zutrifft,

für den Kern aller Naturwissenschaft von direkter Bedeutung ist. Dies war Heidegger selbst natürlich voll bewußt, und zwar schon ehe er die Quantentheorie kennenlernte.

Der erste Teil der kurz nach der Abfassung von »Sein und Zeit« gehaltenen Vorlesung »Die Grundprobleme der Phänomenologie« (Sommer 1927) erörtert in vier Kapiteln Grundthesen der überlieferten Ontologie. Es sind

1. Kants These »Sein ist kein reales Prädikat«,
2. die scholastisch-aristotelische Unterscheidung von Essenz und Existenz,
3. die Cartesische Konfrontation von res extensa und res cogitans,
4. die logische Charakterisierung des Seins durch die Kopula im prädikativen Satz.

In kaum mehr erlaubter Abkürzung hebe ich das für unser Problem Relevante aus den vier Kapiteln kommentierend hervor.

Die Einleitung statuiert mit dem Problem zugleich Heideggers Lösungsentwurf. Die ontologische Differenz, »d. h. die Scheidung von Sein und Seiendem« (S. 22) präzisiert die Frage nach dem Sein. »Das Sein ist das echte und einzige Thema der Philosophie.« (S. 15). »Das Sein ist als Apriori früher als das Seiende. Bis heute ist der Sinn dieses Apriori, d. h. der Sinn des Früher und seine Möglichkeit nicht aufgeklärt ... Das Früher ist eine Zeitbestimmung, aber eine solche, die nicht in der Zeitordnung der Zeit liegt, die wir mit der Uhr messen ...« (S. 27). »Das Sein eines Seienden begegnet uns im Verstehen von Sein. Das Verstehen ist es, das dergleichen wie Sein allererst aufschließt, oder, wie wir sagen, erschließt.« (S. 24). »Sein gibt es nur, wenn Erschlossenheit ist, d. h. wenn Wahrheit ist. ... Sein gibt es nur, wenn Wahrheit, d. h. wenn Dasein existiert.« (S. 25). »Die Ontologie läßt sich selbst nicht rein ontologisch begründen. Ihre eigene Ermöglichung wird auf ein Seiendes, d. h. Ontisches zurückverwiesen: das Dasein.« (S. 26). »Ontologie hat ein ontisches Fundament«, schon im Satz des Aristoteles: »Die erste Wissenschaft, die Wissenschaft vom Sein ist Theologie.« (S. 26). »Wenn die Zeitlichkeit den Seinssinn des menschlichen Daseins konstituiert, zur Seinsverfassung des Daseins aber Seinsverständnis gehört, dann muß auch dieses Seinsverständnis nur auf dem Grunde der Zeitlichkeit möglich werden. ... Der Horizont, aus dem her dergleichen wie Sein überhaupt verständlich wird, ist die Zeit. Wir interpretieren das Sein aus der Zeit.« (S. 22).

Das erste Kapitel bereitet dann alsbald das zweite vor, indem es in Kants These, Sein sei kein reales Prädikat, Sein als existentia, reales Prädikat als Bestandstück der essentia deutet. Die ontische, nämlich theologische Basis der klassischen Ontologie tritt darin hervor, daß Kant seine These in der Kritik der Gottesbeweise entwickelt. Kants Erklärung des Seins als Position bezeichnet ein Verhältnis des Objekts zum Erkenntnisvermögen, also zum ontischen Grund der Ontologie im erkennenden Subjekt. Hieran knüpft Heidegger die Phänomenologie der Intentionalität: »Das Wahrnehmen ist freigebendes Be-

III, 5. Heidegger und die Naturwissenschaft 315

gegnenlassen von Vorhandenem.« (S. 98). Sein als Vorhandenheit ist die weiter aufzuklärende Auffassung von Sein.

Das zweite Kapitel folgert aus den Thesen der Scholastik von Thomas bis Suarez: »... das Problem der Unterscheidung von essentia und existentia in ente creato hängt davon ab, ob man überhaupt die Interpretation des Seins im Sinne der Existenz auf Verwirklichung, auf Schaffen und Herstellen hin orientiert.« (S. 138). »Wenn geschaffenes Seiendes als Geschaffenes möglich sein soll, muß zur Möglichkeit die Wirklichkeit hinzukommen können, d. h. beide müssen realiter verschieden sein.« (S. 139). Heidegger führt dieses Denkschema auf die griechische Ontologie zurück. Der »Leitfaden ihrer Interpretation« ist ihm »der Hinblick auf das Herstellen«. »Der Töpfer bildet aus Ton einen Krug ... Im Hinsehen auf das vorweggenommene Aussehen des zu bildenden, prägenden Dinges wird dieses hergestellt. Dieses vorweggenommene und zuvor gesichtete Aussehen des Dinges ist es, was die Griechen mit εἶδος, ἰδέα ontologisch meinen. Das Gebilde, das nach dem Vorbild gebildet ist, ist als solches das Ebenbild des Vorbildes.« (S. 150). Der griechische Hinblick auf das Herstellen läßt nun nicht etwa alles Seiende als Hergestelltes erscheinen. Hergestellt wird das Gebilde aus vorgefundenem Stoff. »Im Herstellen also stoßen wir gerade auf das Herstellungsunbedürftige.« (S. 164). Aber eben darum: »Herstellungsunbedürftiges kann überhaupt nur innerhalb eines Seinsverständnisses des Herstellens verstanden und entdeckt werden.« (S. 163). »Die Begriffe Materie und Stoff haben ihre Herkunft aus einem Seinsverständnis, das sich am Herstellen orientiert.« (S. 164). Kann aber alles Seiende »als Vorhandenes begriffen werden«? (S. 169). Am wenigsten der Mensch. Dies führt zur neuzeitlichen Subjekt-Objekt-Unterscheidung.

Das dritte Kapitel behandelt den Unterschied von Person und Sache im wesentlichen in seiner Ausprägung in Kants praktischer Philosophie. »So läge die spezifische Seinsart der moralischen Person im freien Tun. Kant sagt einmal: ›Intellektuell ist es, dessen Begriff ein Tun ist.‹ ... Das Ich ist ein ›Ich tue‹, und als solches ist es intellektuell.« (S. 200). »Die Intelligenzen, die moralischen Personen, sind Subjekte, deren Sein ein Handeln ist.« (S. 200). Heideggers weiterführende Kritik an Kant setzt so ein: »Es liegt bei Kant ein eigentümliches Versäumnis vor, sofern es ihm nicht gelingt, die Einheit des theoretischen und praktischen Ich ursprünglich zu bestimmen.« (S. 207). »Kant spricht vom Dasein der Person als vom Dasein eines Dinges. ... Es liegt im Begriffe des Dinges an sich, mag es in seiner Washeit erkennbar sein oder nicht, schon die traditionelle Ontologie des Vorhandenseins beschlossen.« (S. 209). Dies führt zu einem Exposé von Heideggers Ontologie des Daseins als In-der-Welt-Sein, die hier nicht zu referieren ist.

Das vierte Kapitel beginnt mit der Interpretation der Kopula bei Hobbes, Mill und Lotze. Es ist schmerzlich, daß der frühe Heidegger zwar dieser Tradition und Husserl begegnet ist, aber nicht der Zentralgestalt der neuzeitli-

316   Philosophische Überlieferung

chen Logik, Gottlob Frege.[5] Heideggers Frege-Kritik wäre das Rhodus seines
Sprungs durch das kalte Feuer der Logik geworden. Heideggers spezielles
Problem in diesem Kapitel ist die Indifferenz des Seins im Sinne der Kopula
gegenüber seiner Interpretation gemäß den klassischen ontologischen Unterscheidungen, als Essenz oder Existenz, als Person oder Sache. Ich lasse offen,
ob diese Auffassung Heideggers logisch haltbar ist. Wesentlich ist für uns der
Begriff von Wahrheit, den er zu ihrer Erklärung benützt. »Es muß ... der
primäre Charakter der Aussage als Aufweisung festgehalten werden. Nur aus
diesem Aufweisungscharakter ist die prädikative Struktur der Aussage zu bestimmen. Danach ist das Prädizieren primär ein Auseinanderlegen des Vorge-
gebenen, und zwar ein aufzeigendes Auseinanderlegen.« (S. 298). »Die Aussage als ausgesprochene ist Mitteilung. ... In der Mitteilung und durch sie
kommt ein Dasein mit dem anderen, dem Adressaten, in dasselbe Seinsver-
hältnis zu dem, worüber die Aussage geht, wovon die Rede ist. ... Aus all
dem wird deutlich, daß die Aussage keine primäre Erkenntnisfunktion hat,
sondern nur eine sekundäre. Seiendes muß schon enthüllt sein, damit eine
Aussage darüber möglich ist.« (S. 299). Daraus folgt dann: »Das ›ist‹ kann in
seiner Bedeutung indifferent sein, weil der differente Seinsmodus im primären Verstehen des Seienden schon fixiert ist. ... Die Indifferenz der Kopula
ist kein Mangel, sondern sie charakterisiert nur den sekundären Charakter
alles Aussagens.« (S. 301).

Heidegger statuiert also eine Rangliste. Der Aussagesatz ist als Aufweisung primär gegenüber seinen Teilen. Der Begriff ist als möglicher Teil des
Satzes zu definieren, nicht der Satz als Komposition von Begriffen. Die Erschlossenheit des Seienden ist primär gegenüber der Aussage. Wahrheit als
Unverborgenheit ist primär gegenüber der Satzwahrheit. Sätze können richtig oder falsch sein, und nur durch diese binäre Struktur ist die Logik als Wissenschaft ermöglicht; die Theorie der richtigen Folgerung setzt die Möglichkeit der falschen Folgerung voraus. Wahrheit als Unverborgenheit aber ist
Vorbedingung der Unterscheidung des Richtigen vom Falschen. »Das Dasein
existiert in der Wahrheit, d. h. in der Enthülltheit seiner selbst und des Seienden, wozu es sich verhält. Nur weil es existierend wesenhaft schon in der
Wahrheit ist, kann es als solches irren und gibt es Verdeckung, Verstellung
und Verschlossenheit des Seienden.« (S. 308). Und die Rückwendung zur ontischen Basis der Ontologie: »Wahrheit, Enthüllen und Enthülltheit, gibt es
nur, wenn und solange Dasein existiert.« (S. 313).

Ich brauche nicht nachzuzeichnen, wie von diesen Entscheidungen Heideggers Weg über »Sein und Zeit« zur Spätphilosophie mit tiefer innerer Not-

5 Heidegger hat freilich in seiner Frühzeit Frege gelesen, vgl. seine Besprechung: Neuere For-
schungen über Logik. In: Literarische Rundschau für das katholische Deutschland 38 (1912); über
Frege S. 468, über mathematische Logik S. 570. Ich danke Herrn Winfried Franzen für den Hinweis.

III, 5. Heidegger und die Naturwissenschaft 317

wendigkeit führt. Wie aber sollte auf diese Entscheidungen ein heutiger Physiker antworten, also ein Mensch, der das letzte vom späten Heidegger beschriebene Stück des Weges der Metaphysik aktiv und mit innerer Zustimmung durchläuft? Wie verhält sich für ihn Wahrheit und Seiendes, Gefahr und Rettung?

3. Antwort eines Physikers

Die Physiker haben das, was Heidegger ihnen zu sagen hatte, bisher nicht verstanden. Schon deshalb kann ich nicht im Namen der Physik, nur in persönlicher Verantwortung als ein Physiker sprechen. Ich spreche nun aber auch nicht mehr als Ausleger Heideggers, denn ich glaube nicht, daß er die Realität der Physik tief genug zu durchdenken vermocht hat. Die Antwort bleibt auch ihm gegenüber ein Wagnis.

Heidegger hat, so scheint mir, die geschichtliche Rolle der Naturwissenschaft richtiger gesehen als ihre Anhänger sowohl wie auch als ihre Kritiker. Er sieht, daß die Naturwissenschaft für uns schicksalsbestimmend ist, weil sie die für die Neuzeit zentrale, ihre eigentliche Form der Wahrheit ist. Die volle Klarheit hierüber ist ihm erst im Lauf seines Lebens zugewachsen, obwohl sie eine Konsequenz der Entscheidungen seiner Marburger Philosophie ist. Dies mag ein mitwirkender Grund dafür sein, daß seine Spätphase in der akademischen Philosophie bislang weniger geschätzt wird als die frühere. In der früheren Zeit teilte er noch den überlieferten Irrtum, Naturwissenschaft sei eine regionale Wissenschaft. Diese Ansicht ist ja nicht nur eine auf den ersten Blick einleuchtende, ja scheinbar selbstverständliche wissenschaftstheoretische Behauptung, sondern sie war (und ist z. T. heute noch) eine Maginotlinie, die Bastion einer Defensivstrategie gegen den Wirklichkeitsentwurf der klassischen Physik. Positionen, die durch diese Bastion geschützt sein sollten, waren z. B. der Vitalismus in der Biologie, der Versuch der Dilthey-Rickertschen Ära, die Geisteswissenschaften als von den Naturwissenschaften essentiell unabhängig zu etablieren, Husserls Regionalontologien und, in radikaler Einfachheit, der Cartesische Dualismus. Beim frühen Heidegger finden sich mehr oder weniger periphere Zustimmungen zu manchen dieser in seiner akademischen Umwelt verbreiteten Positionen. Aber die Stoßrichtung seiner Kritik ist im Grunde ihnen allen von Anfang an entgegengesetzt.

Die Hoffnung, positive Wissenschaften zu etablieren, welche die im klassisch-physikalischen Entwurf gelegene Verkürzung der Wirklichkeit vermeiden, wie vitalistische Biologie oder verstehende Geisteswissenschaft, läßt er im Peripheren, in der vorausgesetzten Regionalisierung des Seienden, bestehen, destruiert sie jedoch im Kern. Alle diese Wissenschaften stellen das Seiende, das sie studieren, als Gegenstand vor, auch wenn die subjektive Intention ihrer Träger das Gegenteil beabsichtigt; vgl. das obige Zitat aus »Die Zeit des Weltbildes« über die Geschichtswissenschaft. Sie sind dazu gezwungen durch ihren Anspruch auf Wissenschaftlichkeit, d. h. Gewißheit. Die Intersubjektivität der Wissenschaft erscheint in ihnen de facto nicht fundiert durch ein gemeinsames In-der-Wahrheit-Sein der Wissenschaftler, sondern die Kommunikation der Wissenschaftler über ihre gemeinsame Wahrheit wurzelt im Anspruch der Objektivität der Forschungsergebnisse.

Die Regionalontologien bleiben für den frühen Heidegger ebenso peripher liegen neben dem großen Entwurf der Fundamentalontologie. Diese wird von ihm noch als eine wissenschaftliche, phänomenologische Philosophie konzipiert, die mit dem ontologischen Kern der Cartesischen Frage Ernst macht, der Unterscheidung des existierenden vom vorhandenen Seienden, des Existenzials von der Kategorie. Auch dies ist noch eine Regionalisierungsstrategie. Die Fundamentalontologie konnte nun als diejenige Wissenschaft erscheinen, die nicht objektiviert. Der Kompromißcharakter dieser Position wird erkannt in der Nichtveröffentlichung des zweiten Bandes von »Sein und Zeit« und dem Verzicht der späteren Schriften auf den Anspruch, Wissenschaft zu sein. Erst Heideggers Spätphilosophie, die keinen Ort im Lande der Wissenschaft selbst mehr besetzt zu halten sucht, gewinnt den offenen Blick auf die Wissenschaft als eine einheitliche – die der Neuzeit zentrale – Form der Wahrheit.

Dieser große Fortschritt wird aber mit einem schwerwiegenden Verlust bezahlt; nicht umsonst begleitet Heideggers späteren Denkweg über lange Strecken ein Erlebnis des Scheiterns. Als Physiker versuche ich den Verlust von der Wissenschaft her zu bezeichnen: es ist der Verlust der Möglichkeit, nach dem Grund des faktischen Erfolgs der Wissenschaft auch nur zu fragen. In den Marburger Vorlesungen ist das Sein als Vorhandenheit der ontologische Entwurf, der die Wissenschaft ermöglicht. Er ist seinerseits ontisch fundiert, in der Seinsverfassung des Menschen als eines herstellenden Wesens. Diese erscheint als ein Apriori; der Physiker würde sagen, sie ist aus der vorwissenschaftlichen Erfahrung bekannt. Der Fundamentalontologe sucht nach einer volleren existenzialen Bestimmung des Menschen; auf dieser Suche hat er den schon erschlossenen Bereich von Herstellen und Vorhandenheit gleichsam gefahrlos im Rücken. Dies ist eine Forschungssituation und keine Antwort. Man mag hoffen, wenn die Strukturen der Existenz erschlossen sind, den Ort des Herstellens in ihnen besser zu bestimmen. Die Spätphilosophie aber sieht den Menschen in einer Geschichte, die als Geschick interpretiert wird, und in der die Entbergung des Seienden im Ge-stell der letzte noch erkennbare Schritt ist. Wie diese Wahrheit zu anderen Weisen der Wahrheit steht, bleibt uns eben durch dieses Geschick verborgen. Der Rede vom Ereignis, das noch durch das Ge-stell verstellt ist, bleibt ein sibyllinischer Ton.

Als Physiker glaube ich nun, einer der Gründe dieser Verhülltheit liege darin, daß der Weg der Wissenschaft nicht zu Ende gegangen ist. Das verpflichtet mich, anzudeuten, was unter dem Zu-Ende-Gehen dieses Wegs zu

III, 5. Heidegger und die Naturwissenschaft   319

verstehen wäre. Ich tue das in wissenschafts-immanenter Sprache, anknüpfend an die Bemerkungen im zweiten Teil.

Die Naturwissenschaft entwickelt sich gleichzeitig zu systematischer Einheit der Gesetze und zu unbegrenzter Vielheit der Disziplinen. Die begriffliche Form der Grundgesetze hat die Möglichkeit dieser Vielheit zur logischen Folge. Z. B. haben Grundgesetze einer bestimmten, vermutlich vorletzten Stufe die mathematische Gestalt von Differentialgleichungen. Eine Differentialgleichung hat im allgemeinen unendlich viele Lösungen; sie charakterisiert also eine Klasse möglicher Funktionen. Die Einzeldisziplinen erscheinen dann als Theorien gewisser Teilklassen der Gesamtheit aller Lösungen, oder gewisser Annäherungen an Lösungen einer Teilklasse. Den Weg der Naturwissenschaft zu Ende gehen heißt nicht die Fülle der naturwissenschaftlich beschreibbaren Realität erschöpfen, was unmöglich ist; es heißt letzte Grundgesetze finden. Wie wenig eine Wissenschaft durch die Angabe von Grundgesetzen erschöpft ist, zeigt die axiomatische Mathematik. Die Axiome der euklidischen Geometrie lassen sich auf wenigen Druckseiten aufzählen; die Fülle geometrischer Gestalten und ihrer Beziehungen ist ein unerschöpflicher Reichtum. Die Grundgesetze ihrerseits, wenn es sie gibt, sind wiederum nicht die letzte Wahrheit des Seins. Heidegger hat in einer oben zitierten Stelle klargemacht, daß der Begriff des Gesetzes schon einen Entwurf der Seinsart des Seienden als eines im Sinne von Heideggers Terminologie Vorstellbaren voraussetzt. Was wir philosophisch wissen wollen, ist, ob es Grundgesetze der Physik gibt, und was sie definieren. Daß es sie gibt, unterstelle ich hier, um die Argumentation nicht auszudehnen. Was sie definieren, ist nicht eine Region des Seienden, sondern eine Weise, das Seiende zu verstehen. Wie ist diese Weise bestimmt?

Die Hypothese, die ich persönlich verfolge, schließt an Kant an und besagt, daß die Grundgesetze der Physik nur die Bedingungen der Möglichkeit objektivierbarer Erfahrung aussprechen. Sie sind nicht nur regulative Grundsätze des reinen Verstandes, sondern positive Gesetze, wie sie Kant in den metaphysischen Anfangsgründen der Naturwissenschaft und dem Opus Postumum suchte; durch die systematische Einheit der Naturwissenschaft fällt das Problem irreduktibler spezieller Naturgesetze fort. Die abstrakte Quantentheorie ist eine allgemeine Wahrscheinlichkeitstheorie. Wahrscheinlichkeit ist quantifizierte Möglichkeit. Möglichkeit ist hier ein Prädikat zukünftiger Ereignisse, also eine temporale Modalität. Erfahrung ist ebenfalls ein temporaler Begriff; Erfahrung heißt, aus der Vergangenheit für die Zukunft lernen. Objektivierbare Erfahrung ist solche, die der Logik unterliegt. Logik bedeutet die Unterscheidung von richtig und falsch. Logik, angewandt auf Erfahrung, verlangt, daß die Erfahrung in entscheidbaren Alternativen, Ja-Nein-Entscheidungen im Sinne der Informationstheorie formuliert wird. Die Hypothese besagt also, daß die Grundgesetze der Physik nichts als die Logik objektivierbarer Erfahrung formulieren.

Soweit schmiegt sich die Hypothese, wenn ich nicht irre, dem Denken Heideggers bruchlos an. Sie hat aber drei Universalitätseigenschaften, die über das von ihm ausdrücklich Gedachte hinausgehen. Erstens behauptet sie die notwendige systematische Einheit der Naturwissenschaft auf philosophischer Basis; sie bricht gerade mit der methodischen Trennung von positiver Wissenschaft und Philosophie, soweit Philosophie begrifflich bleibt. Zweitens würde sie begreiflich machen, warum eine regionale Abgrenzung der Naturwissenschaft sich nie hat deutlich rechtfertigen lassen. Naturwissenschaft im hier entworfenen Sinne ist vermutlich koextensiv mit begrifflichem empirischem Denken überhaupt. Die Begründung dieser These würde freilich eine erneute Analyse des begrifflichen Denkens, also des Wesens des Begriffs erfordern. Hieraus folgt eine dritte, noch weitergreifende Bemerkung. Die so definierte Wissenschaft macht beim Menschen nicht halt, soweit über ihn begrifflich gesprochen werden kann. Die Kontinuität des Menschen mit der Natur ist durch die Evolutionstheorie ohnehin zum Bestandteil der Wissenschaft geworden. In dieser Lage können sich phänomenologische und empirisch-naturwissenschaftliche Erkenntnis über den Menschen nicht, wie in den einstigen phänomenologischen Ansätzen, nach dem traditionellen Schema von Apriori und Aposteriori zueinander verhalten. Die reflektierende oder phänomenologische Selbsterkenntnis des Subjekts kann durch naturwissenschaftlich-kausale Erkenntnis gestützt oder korrigiert werden. Ich rechtfertige hier nur, was in der heutigen Wissenschaft längst geschieht, gegen nicht haltbare philosophische Defensivpositionen.

Die Frage nach dem Grund der Möglichkeit der Naturwissenschaft schließt sich so aufs engste zusammen mit der Frage nach dem Grund der Möglichkeit begrifflichen Denkens überhaupt. Hier erlaubt die heutige Wissenschaft eine Erläuterung der ontischen Fundamente der Ontologie durch die Einfügung des Menschen in die Natur, die Einfügung seiner Geschichte in die Geschichte des organischen Lebens. Die oben skizzierte dreistufige Rangordnung Unverborgenheit – Satz – Begriff hat einen Vorläufer im tierischen Verhalten. Tierisches Verhalten hat seine eigene Richtigkeit und Falschheit. Sie basiert darauf, daß Verhalten glücken oder nicht glücken kann, ist damit aber nicht identisch. Richtigkeit des Verhaltens ist adaequatio actionis ad rem, Anpassung an die Bedingungen der ökologischen Nische. Nicht ob das Verhalten im Einzelfall glückt oder mißglückt, macht seine Richtigkeit oder Falschheit aus, sondern ob es der Situation grundsätzlich angepaßt ist oder nicht. Adaequatio ist hier nicht die Übereinstimmung des Nachbilds mit dem Vorbild, sondern die Angepaßtheit zwischen Schlüssel und Schloß. So charakterisiertes richtiges Verhalten ist der Vorläufer des allgemeinen Satzes. Die Zerlegung des der Handlungseinheit entsprechenden Satzes in wiederum allgemeine Begriffe ist erst eine menschliche Leistung, vermittelt durch die Fähigkeit der Vorstellung; sie bedeutet den Schritt vom Handelnkönnen zur akkumulierbaren Macht. Vorstellung ist zunächst nicht Vorstellung vorhandener Dinge, son-

III, 5. Heidegger und die Naturwissenschaft 321

dern möglicher Handlungen – so stellt Heidegger in »Sein und Zeit« der Vorhandenheit die Zuhandenheit voran. Der Einzelfall, also das, was die empiristische Erkenntnistheorie für das Gegebene hält, ist genetisch eine späte Stufe der Erkenntnis; er ist eigentlich nur der spezialisierte Begriff. Genetisch gibt es zuerst Sätze (»Feuer!«), dann Begriffe (»das Feuer«, »brennen«), dann Eigennamen (»der Brand von Moskau«). Handlungseinheiten aber gibt es nur in einer schon erschlossenen Umwelt. Diese Erschlossenheit ist vorweg und unausdrücklich, sie ist nicht vorgestellt und bedarf nicht der Vorgestelltheit. Ihrer innezuwerden ist etwas anderes als Vorstellen.

Solche Betrachtungen vollziehen den von Heidegger oft genannten philosophischen Zirkel mitten in der Wissenschaft. Sie benützen die Sprache der empirischen Verhaltensforschung, um die Vorbedingungen begrifflich-empirischen Denkens, sein genetisches Apriori zu beschreiben. Diese Sprache der empirischen Wissenschaft setzt die Strukturen der Natur faktisch voraus, welche durch die Physik aus Grundgesetzen heraus kausal erklärt werden. Diese Grundgesetze aber formulieren die Art und Weise, wie einem begrifflich-empirischen Denken Seiendes gegeben sein kann, also auch das organische Leben, der Mensch und sein begrifflich-empirisches Denken selbst. Hierbei bleibt der Phänomenologie ein methodisches Apriori, das jedoch keinen Gewißheitsanspruch begründen kann, ein Apriori des Einstiegs in den Zirkel. Denn man kann nur kausal erklären, was man irgendwie schon wahrgenommen, und insofern schon verstanden hat.

Die Überleitung zum Schluß möchte ich durch eine persönliche Bemerkung machen. Die Haltung zur Naturwissenschaft, aus der diese Antwort hervorgeht, weicht von derjenigen Heideggers in jeder Phase seines Denkens grundsätzlich ab. Heidegger konnte sich in unseren durch vier Jahrzehnte fortgesetzten persönlichen Begegnungen darüber nicht täuschen. Er hat nie versucht, mich von meiner Haltung abzubringen, er hat mich nur durch Fragen, die ins Schwarze trafen, gezwungen, sie mir klarzumachen. Die Darstellung einer Haltung, die ich ohne ihn nicht verstehen gelernt hätte, ist ein Dank, den wir einem großen Manne darbringen können. Wenn ich meine, an einigen Stellen mehr zu sehen, als er sehen konnte, so ist mir bewußt, daß ich ohne Zweifel an anderen, zentralen Stellen nicht habe wahrnehmen können, was er geahnt, gesehen, ausgesprochen hat.

Ich bin überzeugt, daß er in seiner späten Zeit die Signatur unseres Zeitalters in einem entscheidenden Punkt richtig gesehen hat. Das Ge-stell ist die Zerlegung der Wirklichkeit in begriffliche Vorstellungsakte und der Versuch der Wiederherstellung des Ganzen als Summe wechselwirkender Elemente. Diese begriffliche Wiederherstellung eines Ganzen nennt man heute Systemtheorie. Das ist das unvermeidliche Weltbild der Willens- und Verstandeswelt, die als eine mögliche gesellschaftliche Verhaltensweise des Menschen spätestens seit der Verwandlung der Natur durch den Ackerbau, eher wohl seit den Jagdkulturen angelegt ist. Dieses Denken ist im selben Akt, durch dieselben Wesenszüge, Wahrheit als Sichtbarmachen der Strukturen und tödliche Gefahr. Diese Wahrheit ist zugleich Unwahrheit, denn die als selbständig vorgestellten Teile, mögen sie atomare Gegenstände oder atomare Funktionseinheiten sein, sind selbst Produkte des Begriffs, sie sind Wirklichkeit, in einem seiner selbst unbewußten Spiegel gespiegelt, sind nicht selbst wirklich. Das Rettende ist mitten in dieser Welt der Greifbarkeiten ungreifbar schon da. Dem Planen zugänglich und darum Pflicht ist das Suchen und Betreten von Wegen in der Gefahr. Das Zutrauen in die Sicherheit durch Planung, der sogenannte pragmatische Optimismus der Planenden, ist ein Mittel, der rettenden Wahrheit den Zutritt zu verwehren. Das Leiden des späten Heidegger an unserer Welt war sein Geschenk an sie. Denn damit wich er ihr nicht aus.

III, 6. Die Zeit und das Eine[1]

I. Theorie und Praxis

Die Gegenwart erlebt einen Streit der Theoretiker, insbesondere der Gesellschaftstheoretiker über Theorie und Praxis. Die Theorie unserer überlieferten Theorie behauptete einen Vorrang der Theorie vor der Praxis. Man darf sagen, daß demgegenüber die Praxis der neuzeitlichen Praxis unter einem Vorrang der Praxis vor der Theorie stattgefunden hat und noch stattfindet. Jene Theoretiker der Gegenwart behaupten einen Vorrang der Praxis vor der Theorie, eben indem sie einen überwiegenden Teil dessen, was ich im vorangehenden Satz Praxis genannt habe, nicht als Praxis, sondern als bloßes technisches oder pragmatisches Handeln anerkennen. Sie bedienen sich dabei der theoretischen Unterscheidung des Aristoteles, der unter Praxis dasjenige Leben versteht, das seinen Zweck in sich selbst hat, im Unterschied zu dem Machen, der Poiesis, von etwas zu einem außerhalb davon liegenden Zweck, das wir heute gerne Technik nennen. Praxis ist also, modern gesagt, Handeln, das selbst ein Wert ist. Nach Aristoteles aber ist der höchste Wert die reine Anschauung der Wahrheit, die Theorie, die vita contemplativa. Insofern könnte man sagen, daß für ihn Theorie die höchste Praxis ist. Dieses letztere aber bestreiten ihm diese modernen Theorien. Warum?

Ein Zwischenglied in dieser Auseinandersetzung ist die neuzeitliche Naturwissenschaft. Sie hat ihre eigene Theorie – eine weitgehend mathematische – und ihre eigene Praxis – eine weitgehend technische. Sie hat eine Schlüsselrolle in der Neuzeit. Primär durch sie unterscheidet sich die neuzeitlich-abendländische Kultur von allen anderen Kulturen. Ihre Theorie ist insofern praxis- oder technik-orientiert, als sie die experimentelle, oder empirische Bestätigung zum theoretisch valenten Wahrheitskriterium gemacht hat. Ihre Praxis ist insofern theorie-orientiert, als das Ziel der Empirie in der herrschenden Denkweise der Naturwissenschaftler die Theorie ist. Theorie und Technik (im Sinne nutzbringender Anwendungen) fordern sich in ihr gegenseitig. Das 20. Jahrhundert läßt mit seinen theorieinduzierten Anwendungen die These zu, Theorie sei die radikalste Praxis. Dies ist eine Abwandlung der These des Aristoteles, insofern Radikalität ein Terminus der Weltveränd-

[1] Private Notiz 1971.

rung, Anschauung ein Terminus der Weltbewahrung ist. Die Träger unserer klassischen Kultur, deren Theoriebegriff von der Kontemplation bestimmt ist, betrachten daher die naturwissenschaftliche Theorie vielfach überhaupt nicht als Theorie, sondern als eine Strategie der Technik; dies steckt hinter C. P. Snows zwei Kulturen. Andererseits haben die großen Theoretiker der Naturwissenschaft sich oft der griechischen Theorie (Platon, Archimedes) sehr nahe gefühlt.

Die heutige theoriekritische Theorie sieht andererseits im überlieferten Theoriebegriff die Verweigerung der Teilnahme an der Weltveränderung. Weltveränderung ist ihr ein zentraler Wert der Praxis. Sie sieht gerade am Modell der Naturwissenschaft im Primat der Theorie eine Ideologie, welche die Abhängigkeit von einer extern gesteuerten, einer interessengebundenen Technik verschleiert. Ihre Anhänger vertreten mit der Forderung des Primats der Praxis ein entscheidend wichtiges Anliegen, das sie aber m. E. bisher weder theoretisch noch praktisch haben adäquat artikulieren können.

Praktisch gesehen sind sie das, als was ich sie in dieser Notiz obstinat bezeichne, nämlich Theoretiker. Soziologisch betrachtet gehören sie zu der Menschengruppe, die unter dem Leitbild der Theorie für die Weitergabe und Anwendung der Theorie geschult und bezahlt werden. Sie wissen selbst am besten, daß sie nicht dadurch frei sind, daß sie ihrer Ketten spotten. Eine dieser Ketten ist der überlieferte Theoriebegriff. Indem sie die sozialtechnische Funktion dieses Theoriebegriffs hervorheben, kommen viele von ihnen zum Programm einer sozialen Revolution. Insofern diese Revolution Programm, also theoretisch gedacht ist und der Weg zu ihrer Verwirklichung eine Strategie erfordert, gibt sie ein Beispiel für die These, Theorie sei die radikalste Praxis. Die neuzeitlichen Revolutionen sind fast durchgehend von Theorien bestimmt und durch Theorien praktisch ermöglicht.

Verstehen diese Theorien sich selbst theoretisch? Ich glaube nicht. Unter Überspringung aller vermittelnden Stufen, die für den realen Vollzug unerläßlich sind, springe ich in dieser Notiz unmittelbar zu dem, was mir als die letzte uns heute gedanklich zugängliche theoretische Entscheidung erscheint.

2. Das Eine und die Zeit

Kontemplation gibt es in zwei wesentlich verschiedenen und doch aufeinander bezogenen Gestalten: als reflektierende und als meditative Kontemplation. Dies berührt sich, ist aber nicht identisch mit dem Unterschied theoretischer und mystischer Kontemplation. Denn Theorie im vollen Sinne, wie Aristoteles sie vor Augen hat, enthält praktisch ebensowohl Meditation wie Reflexion. Theorie ist intellektuelle Anschauung; intellektuell, also durch Reflexion vorangetrieben und kontrolliert, Anschauung, also in meditativer Hingabe an das Angeschaute anzueignen. Mystik ist andererseits eine kon-

III, 6. Die Zeit und das Eine   325

templative Praxis, die ohne intellektuelle Kontrolle lebensgefährlich ist, in
der freilich die intellektuelle Kontrolle mehr den meditativen Vorgang als die
Reflexion auf den Inhalt betrifft. Wieso es Reflexion und Meditation überhaupt gibt, wie sie zu definieren wären, was ihre gemeinsame Wurzel und ihr
Unterschied ist, und wie sich dann Theorie und Mystik unterscheiden, alle
diese Fragen wären einer meditierenden Reflexion vorzulegen, die ich in dieser Notiz nicht versuche. Hier gibt es auch kulturelle Unterschiede. Die
abendländische Kultur ist mehr von der Reflexion, die asiatischen Kulturen
sind mehr von der Meditation bestimmt. Die Begegnung beider erscheint mir
manchmal als das eigentliche weltgeschichtliche Ereignis der gegenwärtigen
Jahrhunderte. Aber in dieser Notiz bleibe ich im Rahmen unserer abendländischen Tradition.

In der griechischen Philosophie ist die Theorie bis zum Einen aufgestiegen.
Eben dahin führt die mystische Erfahrung. (Daher, um diesen Blick nach
Asien doch zu tun, die große Nähe zwischen Platonismus, Buddhismus und
Vedanta.) Diese Theorie ist spekulativ genötigt, die Darstellung des Einen in
einer zyklischen Zeit zu denken. Prinzipieller Fortschrittsglaube wäre in dieser Theologie blasphemisch; er würde leugnen, daß die Welt so gut ist, wie
sie sein kann. Es gibt nur Rückkehr einer von der Vollkommenheit abgefalle-
nen Welt zur Vollkommenheit. Die höchste Praxis ist, diese Vollkommenheit
zu denken; ihre immer wiederkehrende Herstellung oder Annäherung in der
Zeit hängt daran, daß sie geistig angeschaut wird. Theorie ist Heilung der
Praxis.

Neben dieser Tradition hat das Abendland die andere, jüdisch-christliche.
Diese kennt in der reinen Gestalt des Alten Testaments und in wesentlichen
Zügen des Neuen Testaments weder Theorie noch Mystik, sondern eine Le-
benspraxis unter dem gesprochenen Wort des Gottes, dem man sich nicht an-
schauend nähern kann. Die Zeit dieser Praxis ist nicht zyklisch, sondern zu-
nächst ist sie die natürliche offene Zeit unseres alltäglichen Verständnisses.
In der großen, geglaubten Bildersprache wird sie ein Ablauf von der Schöp-
fung bis zum Kommen des Messias, der Wiederkunft Christi. Glaube ist kein
Fürwahrhalten (also unvollkommene Theorie), sondern ein Vertrauen in der
Praxis.

Dieser Gegensatz ist, in Wiederaufnahme des gewaltigen Angriffs Luthers
auf die griechische Theologie, vor allem von protestantischen Theologen unseres Jahrhunderts scharf betont worden. Sie stehen damit auf der Seite des
Primats der Praxis. Aber ich glaube, daß auch sie sich selbst theoretisch nicht
verstehen. Sie bleiben Theologen, was ein Begriff griechischer Theorie ist,
und versuchen in der Tat, ihre Auffassung in Begriffen auszusprechen. Wie
ein Begriff anders als im Verständnis der griechischen Theorie zu begreifen
ist, ist völlig ungeklärt. Die moderne Wissenschaftstheorie benutzt die Merkmale, die der Begriff im Rahmen der griechischen Theorie hat, aber ohne diesen Rahmen, und sie entdeckt daher, wo sie redlich und intelligent ausgeführt

wird, nur ihre eigenen Selbstwidersprüche. Die neuere deutsche Philosophie von Kant bis Heidegger hat sich um eben dieses Problem bemüht, und was ich hier sage, wäre ohne diese Philosophie unmöglich.

Die Reflexion führt uns bis zum Begriff der offenen Zeit. Vom Einen sind wir dadurch nicht, wie viele Theologen und viele Anhänger des Primats der Praxis meinen, dispensiert. Denn sonst fiele die Wirklichkeit in inkohärente Stücke, in ein begriffloses Funkenchaos auseinander. Picht bezeichnet den Zusammenhang des Einen mit der Zeit in der Formel der Einheit der Zeit. In dieser Einheit wird die iterierende Sprechweise der Zeitmodi möglich wie Zukunft der Vergangenheit, Gegenwart der Zukunft. Was in der Theorie des Einen als ewige Gegenwart gedacht wurde, findet sich in dieser Einheit der Zeit abgewandelt. Die Unvergänglichkeit der Idee findet sich wieder im Nichtvergehen des Vergangenen und der Ermöglichung der Zukunft durch die Gegenwart der Vergangenheit. Die Offenheit der Zukunft macht das Ideenreich zu einem wachsenden Reich, dessen Positionen zugleich bleiben und ihren Sinn ändern.

In der realen Geschichte des organischen Lebens kann Wahrheit zuerst als Anpassung des Verhaltens an die Lebensbedingungen gedacht werden. Insofern ist übrigens »Lebensbedingungen« ein unmittelbar wahrheitsbezogener Begriff. Dieser Wahrheitsbegriff hat sein Wesen in der Praxis. Die höheren, d. h. differenzierteren Stufen der Wahrheit sind vorstellendes Begreifen, Reflexion und Meditation. In ihnen kommt die vorgestellte oder angeschaute Wahrheit als theoretische Wahrheit vor, Begreifen, Reflektieren, Meditieren als Weisen der Praxis. Der naive Gegensatz von Theorie und Praxis endet hier. Man kann diese Wahrheit nicht mit den überlieferten Begriffen von Theorie und Praxis erklären; man kann versuchen, Begriffe von Theorie und Praxis vor dem Hintergrund dieser Wahrheit zu definieren. Picht versteht das Denken der Einheit der Zeit selbst als eine höchste, nur von der Zukunft her mögliche Stufe.

Weltveränderung ist in dieser Denkweise ein unausweichliches Geschehen. Die Welt verändern wollen ist hier nicht sinnvoll als Protest gegen ein Bewahren, sondern nur als ein wählendes Wollen in einem Einigwerden mit dem Prozeß, der durch Bewahren verändert, durch Verändern bewahrt. Dabei sind radikal konservative und radikal revolutionäre Haltungen gleicherweise möglich, denn der Prozeß vollzieht sich, wegen der notwendigen Stabilisierungstendenz jeder komplexen Gestalt, notwendigerweise immer wieder in revolutionären Schritten, deren Berechtigung nicht selbstverständlich, sondern in jedem einzelnen Fall zu erweisen ist. (Bis in die Wissenschaftsgeschichte hinein, Th. Kuhn.)

Der entscheidende Vorgang ist nach meiner Überzeugung die Umgestaltung der religiösen Erfahrung durch die Erkenntnis der offenen Zeit. Die überlieferten Religionen verharren hier teils in einer nicht mehr möglichen Bewahrung eines Begriffs vom Einen und seiner Ordnung, teils in einer Aus-

III, 6. Die Zeit und das Eine

lieferung ihrer Substanz an das Positive der Geschichte, das, für sich genommen, zum Chaos führt. Ich habe hier soweit geredet, als Reflexion mich heute führt. Ohne Meditation ist die Reflexion vergeblich.

VIERTES KAPITEL

THEOLOGIE UND MEDITATION

IV, 1. Notizen zum Gespräch über Physik und Religion [1]

Die durchschnittliche Haltung heutiger Physiker zur Religion scheint mir agnostisch, aber offen zu sein. Meinem Eindruck nach sind bewußt antireligiöse Überzeugungen bei Physikern seltener als bei Biologen und viel seltener als bei Soziologen. Dies mag daran liegen, daß die Zeit des Streits mit der Kirche bei der Physik historisch schon am weitesten zurückliegt. Es fragt sich, was diese geschichtliche Abfolge bedeuten mag.

Freud spricht (»Eine Schwierigkeit der Analyse«, 1917) von den drei Kränkungen des menschlichen Selbstbewußtseins durch Kopernikus, Darwin und die Psychoanalyse. Wir hatten zu lernen, daß unser Ort in der Welt nicht deren Mitte ist, daß die anderen Geschöpfe unsere Brüder sind, und daß »das Ich nicht Herr im Hause« ist. Die dritte Kränkung ist die tiefste. Lösen wir diese Beobachtung aus dem besonderen Zusammenhang mit der Psychoanalyse, so ließe sich sagen: die ernüchternde Selbsterkenntnis durch die Wissenschaft rückt immer näher auf den Personkern des Menschen vor.

Daß diese fortschreitende Ernüchterung einen fortschreitenden Konflikt mit der Religion bedeute, muß man aber nur dann folgern, wenn man in der Religion von vornherein einen Repräsentanten der Selbstherrlichkeit des menschlichen Ich sieht. Man könnte umgekehrt in der Ernüchterung über das Ich eine Annäherung an den Kern religiöser Erfahrung sehen. Sollte Religion uns nicht demütig machen? Aber die wissenschaftliche Ernüchterung ist bisher inhaltlich nicht religiös, und das Ich findet die Kompensation der Kränkung darin, sich selbst als Träger der Erkenntnis zu fühlen.

Die Physik hat aber einen doppelt positiven Zugang, zum mindesten zur religiösen Frage. Der eine Zugang mag an Gestalten wie Kepler verdeutlicht werden. In den mathematischen Gesetzen der Natur enthüllt sich eine ungeahnte Herrlichkeit. Kepler interpretierte diese vielen Physikern gemeinsame Erfahrung in christlichem Platonismus. Die Welt ist nach Gottes Schöpfungsgedanken, d. h. in mathematischer Harmonie, gebaut. Der Mensch, nach

---

[1] Verfaßt 1976 für das Interdisziplinäre Seminar der Universität München als Diskussionsbeitrag zur Sitzung über Physik einer Seminarreihe über Wissenschaft und Religion.

IV, 1. Notizen zum Gespräch über Physik und Religion

Gottes Bilde geschaffen, vermag diese Gedanken nachzudenken. Naturwissenschaft ist Gottesdienst.

Den anderen Zugang hat die Physik des ersten Drittels unseres Jahrhunderts eröffnet. Das Weltbild der klassischen Physik war objektivistisch, deterministisch; das Bewußtsein stand außerhalb der so beschriebenen Natur. Die Quantentheorie ist nur interpretierbar, wenn man die Bezogenheit der objektivierenden Naturbeschreibung auf den Beobachter explizit berücksichtigt. So wurde die primitive Ontologie der klassischen Naturwissenschaft erschüttert. Philosophische Fragen wurden eröffnet, die noch nicht beantwortet sind.

Die Beendigung des Streits zwischen Physik und Kirche (die »Revision des Galilei-Prozesses«) scheint mir nicht das Wichtigste der heutigen Situation. Naturwissenschaftler und Christen können einander einen wichtigeren Dienst tun, wenn sie einander kritische Fragen stellen.

Christen müssen die Naturwissenschaftler fragen, ob das, was sie der Welt antun, nicht vielleicht objektiv verbrecherisch ist (Weltzerstörung durch Folgen objektivierender Erkenntnis). Fragen, nicht anklagen. Nur die Selbstanklage eröffnet die Quellen der Gnade; gegen eine fremde Anklage kann und darf man sich verteidigen. Objektiv, nicht subjektiv verbrecherisch; die erlösende Erfahrung der Sünde beginnt, wo wir uns mit unserem Handeln identifizieren lernen, obwohl die subjektive Intention nicht böse war. Eine durch diese Erfahrung hindurchgegangene Wissenschaft könnte zu sich selbst finden; eine gegen diese Erfahrung abgeschirmte Wissenschaft wird objektiv böse.

Naturwissenschaftler müssen die Christen fragen, ob sie das moderne Bewußtsein vollzogen haben. In der protestantischen Theologie der letzten zwanzig Jahre ist sehr viel von diesem Vollzug nachgeholt worden. Hier wurde zum Teil das moderne Bewußtsein zu simpel als Wahrheit akzeptiert. Aber als Abbau einer unhaltbaren (und durch Angst bedingten) kirchlichen Selbstbehauptung war der Vorgang notwendig. Vielleicht gilt für die notwendige Erfahrung der Kirche mutatis mutandis dasselbe wie für die notwendige Erfahrung der Wissenschaft. Es ist keine Schande und keine Gefährdung, zuzugeben, daß die gedanklichen Probleme zwischen religiöser Wahrheit und modernem Bewußtsein ungelöst sind.

IV, 2. Bergpredigt, Altes Testament und modernes Bewußtsein[1]

Sie fragen mich, ob ich die Bibel lese, und was mir diese Lektüre bedeutet.

Ich glaube, ich sollte zuerst sagen, daß mir als Kind, ich war etwa elf Jahre alt, die Bibel zu etwas sehr Wichtigem geworden ist. Ich hatte ein kleines Neues Testament geschenkt bekommen und habe angefangen darin zu lesen. So bin ich an die Bergpredigt geraten. Ich wuchs in einer liberalen, aber christlich-frommen Familie auf und glaubte also, daß das, was in diesem Text steht, wahr ist. Und das hat mich dann ungeheuer erschreckt. Denn ich mußte die Folgerung ziehen: wenn das, was da steht, wahr ist, dann ist mein Leben falsch. Dann ist das Leben, das in meiner Umwelt geführt wird, auch falsch. Woran in unserer Welt soll ich mich dann orientieren?

Darf ich von einer eher spaßhaften Seite her beginnen? Ich war ein sehr sprechlustiger Bub, und da stand nun: Deine Rede sei Ja, Ja, Nein, Nein, und was darüber ist, das ist von Übel. Ich verstand gar nicht, daß sich dieser Passus auf das Schwören bezog, und dachte nur: Um Gottes willen, wie kann ich rechtfertigen, daß ich so viel rede? In Wirklichkeit heißt diese Stelle ja wohl: Du sollst nicht eine feierliche Form wählen, wenn du die Wahrheit sagen willst, und sonst darfst du lügen; sondern das Wahrheitsgebot gilt jeden Augenblick im Alltag. Dann, wenn es hieß: Euch ist gesagt, ihr sollt nicht ehebrechen, aber wer ein Weib ansieht, ihrer zu begehren, der hat schon in seinem Herzen mit ihr die Ehe gebrochen – das habe ich damals nicht kapiert. Aber ich konnte sehr gut begreifen, daß da stand: »Euch ist gesagt, du sollst nicht töten. Ich aber sage euch, wer seinem Bruder zürnt, der ist selbst schon des Gerichts schuldig.«

Als ich ein Kind war, war Krieg. Meine erste Erinnerung ist, daß die Männer im Krieg sind. Es war ein paar Jahre nach dem Ersten Weltkrieg, als ich die Bergpredigt las. Damals sollte ich einmal einen Aufsatz über meine Be-

---

1 Frei gesprochener Beitrag zu einer Sendereihe des Süddeutschen Rundfunks 1974. Veröffentlicht in H. J. Schultz (Hg.) »Sie werden lachen – die Bibel. Überraschungen mit dem Buch«. Stuttgart-Berlin, Kreuz-Verlag 1975. Der Text wurde für den Druck nach der Tonbandnachschrift nur soweit redigiert, daß er der Grammatik der geschriebenen Rede angepaßt ist, aber die spontane Anrede an den Hörer erkennbar bleibt. In diesem Beitrag habe ich vielfach nach dem Gedächtnis aus der kurz vorher geschriebenen »Selbstdarstellung« zitiert, die am Schluß dieses Buches abgedruckt ist; der Leser möge die dadurch bedingten Wiederholungen entschuldigen.

IV, 2. Bergpredigt, Altes Testament und modernes Bewußtsein   331

rufswahl schreiben. Ich schrieb darin: »Es gibt sehr viele Berufe, die ich wählen könnte; am liebsten würde ich Astronom. Es gibt aber auch einige Berufe,
die ich nicht ergreifen möchte. Ich möchte zum Beispiel nicht Soldat werden,
denn ich möchte niemanden töten.« Meine Mutter, die aus einer Offiziersfamilie stammt, las das und war darüber sehr erschüttert. Sie versuchte mir
klarzumachen, daß man doch als Soldat sein Vaterland verteidigt – man sagte
ja damals noch Vaterland – und das heißt, seine Mitmenschen rettet. Ich kam
in einen großen Konflikt, denn ich hatte kein Bedürfnis, Streit zu haben mit
meiner Mutter, aber da stand es doch. Ich habe damals bis zu Tränen verteidigt, daß man den Kriegsdienst verweigern müsse. Nun, das war eine kindliche Reaktion auf einen Text. Aber der Text übersteigt ja das, was jeder leisten
kann. Wenn ich ihn heute als über Sechzigjähriger lese, geht es mir ganz genau so. Weder damals, noch jemals in der Zwischenzeit, noch heute habe ich
die Ausflucht wählen können, der Text sei nicht wahr. Dieser Text ist offensichtlich wahr.

So bin ich an die Bibel gekommen, und das genügt eigentlich als Antwort.
Ich könnte jetzt schon aufhören zu reden. Aber vielleicht sollte ich mehr sagen. Man wird ja auch älter, man wird aufgeklärt und rational und überlegt
sich vieles dabei. Ich erinnere mich sehr gut, wie ich als Fünfzehnjähriger
plötzlich entdeckte – und das erschütterte mich sehr – daß ich an meinen Kinderglauben nicht mehr gebunden war. Ich habe mich seitdem gewundert, daß
es Intellektuelle gibt, die dieses Erlebnis nicht durchgemacht haben, für die
die Freiheit vom Kinderglauben nicht konstitutiv geworden ist.

Ich wurde vom Kinderglauben nicht dadurch gelöst, daß ich Naturwissenschaftler war. Freilich war ich das. Aber daß das Weltbild der Bibel nicht dasselbe ist wie das der modernen Naturwissenschaft, und die Wundererzählungen und dergleichen, das hat mich alles nicht sehr gestört. Wenn ich es an den
Wundern erläutern soll: Da wird eine Wunderheilung berichtet, und dann
lerne ich, daß es psychosomatische Medizin gibt. Das könnte doch so zugegangen sein, daß ein ungewöhnlicher Mensch eine ungewöhnliche Heilung
vollbracht hat. Warum soll das überhaupt der Naturwissenschaft widersprechen? Außerdem weiß ich doch: es gibt die Psychologie der Zeugenaussage,
und dieses Wunder ist lang weitererzählt worden; wie mag das wirklich gewesen sein? Ich hatte insbesondere das Gefühl, es sei nicht besonders fromm,
zu meinen, Gott sei nur dort wirksam, wo er die Naturgesetze durchbricht.
Ich fand, wenn man fromm ist, dann glaubt man, daß er in den Naturgesetzen
schon wirkt.

Das also war nicht mein Problem, hingegen kam das Problem aus dem geisteswissenschaftlichen, dem historistischen Argument: Ich bin in der lutherischen Kirche getauft und aufgewachsen. Ich hatte katholische Freunde. Das
Faktum, daß ich zufällig Lutheraner bin, ist doch überhaupt kein Argument
dafür, daß die Katholiken unrecht haben. Ich bin als Christ getauft, als Christ
aufgezogen. Das Faktum, daß ich, weil ich in Europa geboren bin, Christ bin,

besagt nicht das geringste darüber, daß das Christentum eher recht habe als der Buddhismus oder als der Hinduismus, von dem ich erst später etwas zu verstehen begann. Ich bin in einer religiösen Tradition aufgewachsen. Das heißt: solange ich an Autoritäten gebunden bin, weil es die Autoritäten sind, in deren Schatten ich zufällig aufgewachsen bin, hat das mit der Wahrheitsfrage nichts zu tun. Ich habe also die Wahrheitsfrage gestellt. Ich konnte, ich durfte nur noch das glauben, was ich selbst erfahren hatte. Zum Erfahren gehört auch, daß ich, wenn ich den Text der Bergpredigt las und mich fragte: »Kannst du meinen, das sei nicht wahr?«, antworten mußte: »Nein, das kann ich nicht meinen.«

Ich habe zuerst geschildert, wie ich als Kind reagiert habe, wie eben Kinder, die in einer religiösen Tradition aufgewachsen sind, zunächst reagieren. Da war die Bibel das Wort Gottes, und sie war wahr, weil sie das Wort Gottes war. Dann war ich ein moderner Mensch und hatte Naturwissenschaft und Geschichte gelernt, und nun sah ich, daß viele Sachen in der Bibel stehen, die faktisch gar nicht stimmen. Auf einmal war ich von diesen gar nicht mehr betroffen, außer eben bei so durchschlagend wahren Texten wie der Bergpredigt. Und dann, als längst Erwachsener, lernte ich auch die anderen Texte mit modernen Augen des Verständnisses lesen. Im Alten Testament ist eine unendliche Fülle von Geschichten erzählt. Was bedeuten die? Hier danke ich nun der alttestamentlichen Wissenschaft. Persönlich habe ich Kontakt gehabt mit Gerhard von Rad, mit Walter Zimmerli in Göttingen. Ich habe auch die Interpretation des Alten Testaments durch einen Mann wie Martin Buber kennengelernt. Aber zunächst danke ich der soliden philologischen Wissenschaft, die dieses alte Buch aufschließt als eine Quelle wie andere Quellen auch. Da tut sich eine Entdeckung auf. Ich bin nichts mehr zu glauben verpflichtet. Ich stelle fest: da ist 900 Jahre vor Christus etwas geschrieben worden über Ereignisse, die damals schon 100 Jahre zurücklagen, das ist eine Quelle, die man mit aller Vorsicht der Quellenkritik betrachten muß. Aber die erzählten Ereignisse, das sind ja großartige Ereignisse.

Ich habe z. B. von den Theologen gelernt, die Bücher Samuel zu lesen. Das sind im wesentlichen die Geschichten über David, ehe er König war, als er jung war, und die Geschichten über den König David, als er alt war und seine verschiedenen Söhne von seinen verschiedenen Frauen darum intrigierten, wer sein Nachfolger werden würde. Ich kann jedem, der das, was ich jetzt sage, hört, nur raten, seine Bibel zur Hand zu nehmen und diese Bücher zu lesen. Wenn man theologischer Laie ist, ist es am besten, noch eine kommentierte Ausgabe zur Hand zu nehmen, z. B. aus der Reihe »Altes Testament Deutsch«, damit man ein paar Erläuterungen bekommt; sonst stößt man sich vielleicht daran, daß plötzlich ein Mirakel erzählt wird, oder daß ein schwacher Text mitten zwischen starken Texten steht. Ich gestehe, ich kann auch heute die Geschichte im Grunde nicht ohne Tränen lesen, wie der alte König David den von ihm geliebten Sohn im Krieg bekämpfen muß, weil er nach

IV, 2. Bergpredigt, Altes Testament und modernes Bewußtsein

seiner Krone getrachtet hat, und dann befiehlt, man solle den Knaben Absalom schonen, und er wird umgebracht aus Staatsräson.

So menschlich wie das erzählt ist – ich glaube es gibt überhaupt keine besseren Erzähler in der Weltliteratur. Gerhard von Rad hat zudem einmal in einer sehr schönen Besprechung über den Josephsroman von Thomas Mann geschrieben: Gewiß, das ist ein großes Buch, das von Thomas Mann. Es stellt auf wunderbare Weise für moderne Menschen die vergangene Welt des Mythos dar. Es unterscheidet sich aber von seinem Vorbild, der Josephs-Erzählung, der Josephsnovelle aus dem Buche Genesis, dadurch, daß diese biblische Josephs-Erzählung allerdings radikal unmythisch ist. Diese alte Erzählung ist gleichsam vollmodernes Bewußtsein. Was heißt hier modernes Bewußtsein? Wenigstens, daß in der alten Erzählung nichts geschieht, weil der Mythos das so fordert, sondern weil Menschen so handeln, wie Menschen eben handeln.

Dann gibt es im Alten Testament die prophetischen Schriften. Da gibt es den Propheten Amos, der als Bauer vom Feld kommt in die Zentrale der religiösen Begehungen, nach Bethel. Er sagt der Festversammlung dort verwirrende Sprüche. Zuerst ruft er die Strafe Gottes auf alle ihre Nachbarvölker herab für das Unrecht, das sie getan haben und tun, und zum Schluß ruft er die größte und eigentliche Strafe herab auf sein eigenes Volk. Denn Gott will von euch nicht Opfer, er will, daß ihr den Armen helft. Das ist gewiß eine ferne Kultur, das können uns die Gelehrten deutlich machen. Aber zugleich ist es genau in unserer Zeit. Uns geht es an.

So habe ich die Bibel lesen gelernt, endlich freigeworden von dem, wovon die heutige jüngere Generation vielleicht von selber frei ist, von dem Ballast der traditionellen Autorität dieses Buches. Dann habe ich von meinen alttestamentlichen Freunden auch gelernt, daß die Schöpfungsgeschichte der Bibel eine Antwort auf babylonische Weltentstehungsmythen ist, und daß sie eigentlich ein Vorklang der Rationalität ist, ein Vorklang des Erkennens der großartigen Ordnung der Welt. Deshalb die sechs Schöpfungstage: alles ist gezählt und hat seinen Platz. Die Tiere sind »je nach ihren Arten« von Gott gemacht. Darüber könnte man viel sagen, das lasse ich heute beiseite.

Ich bin dann einmal, nach dem Zweiten Weltkrieg, in Amerika mit einer Menschengruppe zusammengetroffen, die mir einen tiefen Eindruck gemacht hat. Das waren die Quäker. Ich bin selber kein Quäker geworden; vielleicht ist das Hinüberwechseln von einer Stelle zur andern nicht das, was von uns verlangt ist. Aber sie haben mir einen tiefen Eindruck gemacht. Hier lernte ich zum erstenmal eine Gruppe von Menschen kennen, die an die Bergpredigt glaubt. Die Kirche glaubt die Bergpredigt ja normalerweise nicht, sondern sie erklärt sie weg. Bei diesen Leuten zeigte sich, daß man so leben kann, mindestens wie man die Bergpredigt versteht. Mein Freund Douglas Steere, Professor an der Quäker-Universität in Haverford, sagte mit leiser Stimme – denn so etwas kann man nicht laut verkünden – er zitierte einen Spruch, ich weiß nicht woher er stammt: Ein Christ ist drei Dinge, ich will es zuerst englisch sagen: he is three things, he is immensely happy, he is absolutely fearless, and he is always in trouble; grenzenlos glücklich, absolut furchtlos und immer in Schwierigkeiten. Ich habe sofort gesehen, daß ich nicht furchtlos genug war, um so in Schwierigkeiten und so glücklich zu sein, aber ich habe gesehen, wie das Glück ausstrahlt, das es bedeutet, das was man glaubt, auch zu tun.

Die Quäker haben natürlich die Welt nicht gerettet. Sie werden den nächsten Krieg nicht verhindern, und die Leute, die ihn durch Militärmacht verhindern wollen, werden ihn nicht nur nicht verhindern, sondern sie werden ihn führen. Und das Problem, wie man denn die Ordnung in der Welt menschlich machen kann, ist allein mit dem Gehorsam gegen die Texte und gegen die innere Stimme, den die Quäker haben, noch nicht gelöst. Hier ist eine rationale Arbeit und eine politische Organisation nötig, und die modernen Quäker wissen das gut. Das ist ein weites Feld, davon spreche ich heute nicht.

Ich möchte aber auf dem Überlegungsstand, den ich jetzt anzudeuten versucht habe, noch einmal auf den Inhalt der Bergpredigt zurückkommen. Daß sie immer wieder Menschen so getroffen hat, wie eben auch die Quäker von ihr getroffen worden sind, das ist historisch wahr. Aber was bedeutet das, wenn man es mit einem modernen Bewußtsein auseinandernimmt? Ich kann einem modernen Menschen im allgemeinen nicht ohne weiteres die Texte vorlegen und sagen: hör zu, das ist wahr. Leichter sage ich: sieh zu, das hat einmal jemand gesagt. Freilich kann ich zu den Hindus oder zu den Buddhisten gehen und ihnen diese Texte zeigen. Dann sagen sie: »Ja, das wissen wir, das ist wahr, das lehren wir auch.« Da ist nichts, was die schreckliche Vorstellung der christlichen Kirche stützt, sie sei im Alleinbesitz der Wahrheit. Im Gegenteil, dieser Text macht die Stärke des Christentums in der ganzen Welt aus, weil diejenigen, die davon überhaupt berührt werden können, wissen: hier ist auch Wahrheit, und diese Wahrheit ist nicht zu leugnen. Aber was bedeutet diese Wahrheit? Wahrscheinlich kann ich von einem wirklichen Buddhisten, einem wirklichen Hindu, wohl auch von einem wirklichen Moslem leichter das Zugeständnis erhalten, daß hier Wahrheit ist; aber was bedeutet diese Wahrheit für das moderne, aufgeklärte Bewußtsein?

Man kann versuchen, in der Bergpredigt drei »Schichten« zu unterscheiden. Die erste ist die Allgemeingültigkeit der Ethik, der kategorische Imperativ. Die zweite ist, daß die Ethik in der Gesinnung liegt, und nicht im äußeren Handeln. Die dritte ist der Indikativ der Seligpreisungen, im Unterschied zum Imperativ der Gebote.

Das Erste: die goldene Regel. »Was du nicht willst, daß man dir tu'«, so sagen wir im Knittelvers, »das füg auch keinem andern zu!« Das steht in der Bergpredigt. Es steht nicht nur in der Bergpredigt, sondern in einer langen Reihe von klassischen ethischen und religiösen Texten, und das ist es, was niemand leugnen kann. Geheimnisvollerweise bringt man nicht zustande, das

IV, 2. Bergpredigt, Altes Testament und modernes Bewußtsein   335

ehrlich zu leugnen. Man handelt zwar immer dagegen, aber man kann, wenn man es einmal mit dem Herzen gehört hat, nicht mehr ehrlich sagen es sei nicht wahr. Dies ist in der Bergpredigt dann allerdings radikalisiert: »Wenn dir einer einen Streich gibt auf die rechte Backe, so biete ihm auch die linke.« Das tun wir natürlich noch viel weniger. Und die Frage ist, ob das eigentlich nötig ist. Darauf komme ich gleich zurück.

Die allgemeine Ethik, die Ethik des allgemeinen Gebots, das allen Menschen so zu handeln befiehlt, wie sie selbst behandelt sein wollen, diese Ethik ist auch ohne Religion, außerhalb des religiösen Zusammenhangs, sehr wohl denkbar. Ihre größte Formulierung, die mir bekannt geworden ist, stammt von Kant: »Handle so, daß die Maxime deines Handelns jederzeit Prinzip einer allgemeinen Gesetzgebung werden könne.« Da ist nicht dieses oder jenes Gebot gefordert, sondern gefordert ist, daß das Gebot ein Gebot soll sein können, das heißt, daß man es an jeden richten kann. Das ist eine rationale, eine vernünftige Durchüberlegung der Bedingungen der Existenz der Gesellschaft. Eine menschliche Gesellschaft kann existieren, wenn ihre Glieder so handeln. Handeln sie nicht so, so müssen sie unlösbare Konflikte erzeugen. Und da in der Geschichte meist nicht so gehandelt wird, ist die Geschichte eine Kette unlösbarer Konflikte. Und man kann sehen, daß die Konflikte nicht nötig wären. Das ist alles schlichte Vernunft. In der Bergpredigt ist es nicht mit solch rationaler Argumentation gesagt, aber weil es so ist, so glaube ich, kann man sich ihr nicht entziehen.

Das Zweite: die Gesinnung. Fangen wir mit den überzogen scheinenden Beispielen an. Warum das mit der rechten und der linken Backe? Muß das sein? Das ist nun zunächst nicht so einfach eine Ethik der Selbsterniedrigung. Man könnte ebensogut sagen, es sei eine Ethik des Stolzes: wenn du mich so treffen willst, triff mich auch auf der anderen Backe; so triffst du mich nicht. Aber das ist noch äußerlich. Das Wesentliche läßt sich an den Beispielen ablesen, die ich eingangs zitiert habe. Du sollst nicht töten. Das ist längst gesagt und ist ein Teil der allgemeinen Ethik, denn willst du, daß man dich tötet? Aber du sollst nicht nur nicht töten, du sollst nicht töten wollen. Du sollst nicht in dir den Impuls zulassen, der, wenn du ihm folgtest, töten würde. Das ist nun genauso unwidersprechlich. Kant hat das wiederum wunderbar gesagt: Es gibt nichts in der Welt, was ohne jede Einschränkung gut genannt werden kann, als allein ein guter Wille. Der gute Wille ist gefordert. Auch dieser Forderung kann man sich nicht entziehen, und ich glaube, alle Feststellungen, es sei nicht gefordert, denn es stehe nicht in unserer Macht, sind Heuchelei.

Das Dritte: die Seligpreisungen. Es scheint zunächst nicht, daß diese Ethik zur Seligkeit führe. Der Kern der Sache ist mit ihr allein noch nicht erreicht. Lese ich diese Ethik in ihrer unwidersprechlichen Strenge, so kann ich ja nur an mir verzweifeln. Ich muß feststellen, daß ich nicht vollziehe, was ich doch anerkenne. Friede in der Gesellschaft ist nur möglich gemäß dem äußeren

Imperativ. Reifung der Persönlichkeit ist nur möglich, wo die Person den inneren Imperativ, den Imperativ der Gesinnung für sich als gültig anerkennt. Aber wie führt dies zur Reifung? Das Freiwerden von den Folgen meiner Fehler – auch das Freiwerden von den Folgen der Traumata, die mir andere angetan haben – diese Befreiung geschieht, wenn sie überhaupt geschieht, nur wenn ich meine Fehler als meine Fehler anerkenne und mich eben damit von ihnen unterscheide, sie als Schuld auf mich nehme. Die Befreiung beginnt mit dem Anerkenntnis: ich könnte anders und daß ich nicht anders gehandelt habe liegt an mir. Wenn ich das nicht zu bekennen vermag, dann bleibt der Fehler mit seinen unvermeidlichen Konsequenzen an mir haften. Dann bin ich mit dem Fehler identifiziert und trage die unweigerlichen Folgen. Ich glaube, der gesamte Konflikt der Menschen mit sich selbst, den sie dann immer nach außen projizieren, und der macht, daß sie voller Aggressionen gegenüber Dritten sind, daß sie die Gesellschaft und ich weiß nicht wen sonst beschuldigen, dieser Konflikt beruht darauf, daß man an irgendeiner Stelle eine offensichtliche Schuld nicht auf sich genommen hat. Aber wenn ich sie auf mich nehme, muß ich dann nicht verzweifeln?

Darauf ist die Antwort das, was am ersten Anfang der Bergpredigt steht, das sind die Seligpreisungen im Indikativ. Da wird nicht gesagt: »du sollst«, da wird auch nicht gesagt: »du kannst, denn du sollst«, was nur als beleidigend empfunden werden kann, sondern da wird gesagt: »Selig bist du, wenn du den Frieden machst, dann wirst du ein Sohn Gottes heißen. Selig bist du, wenn du verlangst, wenn du bettelst nach dem Geist. Dies dein Verlangen wird erfüllt werden.« Eigentlich muß es sogar nicht im Futurum gesagt werden, sondern im Präsens. Denn in dem Augenblick, in dem es uns erfüllt wird, entdecken wir, daß es immer erfüllt war und wir es nur nicht gesehen haben.

Die Erfahrung, die in diesem Indikativ ausgesprochen wird, ist der eigentliche Kern. Sie ist das, was macht, daß – wenn ich geläufige und doch mißverständliche Begriffe gebrauchen darf – wovon hier die Rede ist, nicht Moral ist, sondern Religion. Es gibt ja einen tiefen Gegensatz zwischen reiner Moral und Religion. Die Moral, die den Trost dieses Indikativs der Seligkeit nicht hat, muß fordern bis zum Unmenschlichen, oder sie belügt sich selbst. Nur der, der das Geschenk bekommt, den andern und sich lieben zu können, kann eigentlich die moralische Forderung an eine Stelle setzen, wo sie lebendig macht und nicht tötet. Der rein Moralische kann ja sich nicht lieben, er haßt ja sich, gerade weil er an sich gebunden bleibt, und deshalb muß er von den Anderen das Unerfüllbare verlangen, denn er kann nun auch sie nicht lieben. Das scheint mir in der Bergpredigt gewußt. Das ist es, was meine Hindu-Freunde oder meine buddhistischen Freunde anspricht, so daß sie sagen: Jesus war ein Wissender. Er war eine Inkarnation des Göttlichen. Wie hätte er so sprechen können, wenn er das nicht gewußt hätte. An dieser Stelle kann ich kein Bedürfnis haben, diese Freunde noch zum Christentum zu bekehren. Wozu sollte das dienen?

IV, 3. Gedanken eines Nichttheologen
zur theologischen Entwicklung Dietrich Bonhoeffers [1]

Dietrich Bonhoeffer war ein politischer Glaubenszeuge. Durch Leben und Wort bekundete er den christlichen Glauben gegen den deutschen Nationalsozialismus. Im Zweiten Weltkrieg verband er sich dem Kreis des geheimen Widerstands innerhalb der deutschen Führungsschicht, der schließlich das Attentat auf Hitlers Leben am 20. Juli 1944 ausführte; und wie viele andere dieses Kreises wurde er von der nationalsozialistischen Justiz hingerichtet.

Bonhoeffer war ein hochbegabter, gewissenhafter, unbeirrt gedanklich weiterschreitender Theologe. Der Stationenweg seiner theologischen Entwicklung hat in den dreißig Jahren seit seinem Tode in der deutschsprachigen und in der ökumenischen Theologie eine große Wirkung ausgeübt. Wo stände er, wenn er heute, siebzigjährig, sichtbar unter uns lebte? Jedenfalls studieren wir seine Theologie, weil sie unsere eigenen Probleme betrifft.

Der gegenwärtige Vortrag ist der Vortrag eines Nichttheologen über Bonhoeffers theologische Entwicklung. Das Wort »Nichttheologe« bezeichnet hier nicht nur ein Glied der Kirche, das keine schulmäßige theologische Ausbildung und kein theologisches Amt hat. Es bezeichnet insbesondere jemanden, dessen gedankliche Arbeit vorwiegend in Gebieten geschieht, welche die christliche Theologie, wie wir sie kennen, als außerhalb ihrer selbst liegend betrachtet: Naturwissenschaft, Philosophie, langfristige Politik. Von meinen Kenntnissen aus kann und will ich nicht vermeiden, die christliche Theologie und die Kirche selbst, die meine Heimat ist, dem Anschein nach von außen in ihrer vollen kulturellen Bedingtheit zu sehen. Ich glaube, daß diese Sichtweise zu dem gehört, was in Bonhoeffers letzter Phase unter dem etwas mißverständlichen Titel »religionsloses Christentum« als Möglichkeit in seinen Blick getreten ist. Für die vielleicht unbefangenere Sichtweise bezahle ich mit dem Mangel breiter theologischer Kenntnisse; ich bitte um Korrektur im morgi-

---

1 Vortrag, gehalten in Genf im Februar 1976 in einem Symposium anläßlich des 70. Geburtstags von Dietrich Bonhoeffer. Gedruckt u. a. Hans Pfeifer (Hg.), Genf 1976, »Ein Bonhoeffer Symposium«, München, Chr. Kaiser, 1976. Dort schließt sich die Niederschrift einer ausführlichen Diskussion zu dem Vortrag an, auf die ich den Leser dieses Buchs ausdrücklich hinweisen möchte, da ich dort in vielen Punkten zur Verdeutlichung von im Vortrag nur knapp angedeuteten Gedanken genötigt wurde. Nur wegen ihres zu großen Umfangs habe ich diese Niederschrift nicht in dieses Buch aufgenommen.

gen Seminar, wenn ich Gedanken falsch zugeordnet und Wesentliches übersehen haben sollte. Leider bin ich, obwohl ich aus demselben sozialen Milieu stamme, Dietrich Bonhoeffer, dem nur um 6 Jahre Älteren, nie persönlich begegnet. Viele seiner Angehörigen und Freunde habe ich, meist freilich erst nach dem Kriege, kennengelernt. Meine hauptsächliche Quelle für den heutigen Vortrag ist, neben Bonhoeffers eigenen Schriften, Eberhard Bethges große Biographie.

Der Vortrag wird in zweimal zwei Teile zerfallen. Ich will zuerst von Bonhoeffers Voraussetzungen, dann von seiner theologischen Entwicklung sprechen. Jeder dieser beiden Teile wird aus einer ersten, mehr referierenden, und einer zweiten, reflektierenden Hälfte bestehen.

I.

Bonhoeffers Voraussetzungen, die Einflüsse, die ihn geprägt haben, seien unter vier Titeln locker zusammengefaßt: Elternhaus, Harnack, Barth, Ökumene.

Dietrich Bonhoeffer war einer jener homines religiosi, deren Entscheidung, das eigene Leben in den Dienst Gottes zu stellen, früh in der Kindheit gefallen ist, jenseits dessen, was das Auge eines Mitmenschen hat wahrnehmen können. In der großbürgerlichen liberalen Gelehrtenfamilie gab es auch theologische Ahnen; das wohlgeordnet freie Familienleben kannte noch das Abendgebet der Kinder, jedoch nicht mehr den sonntäglichen Kirchgang. Im Kreis der acht Geschwister erschien der feststehende Entschluß des jüngsten Bruders, Pfarrer zu werden, eher ungewöhnlich und nicht ganz verständlich. Ein Kind kann, unbeschadet seiner kindlich-natürlichen Entwicklung, ein schweigsames und intensives Leben mit Gott haben, für das ihm die Umwelt nur die kulturell geprägten Formen bietet, in welchen es sich seine innere Erfahrung auslegen und ausbilden kann. Es scheint mir, daß Dietrich Bonhoeffers Lebensquelle bis zu seinem Tode eine solche in der Kindheit eröffnete und vielleicht nie einem Menschen gegenüber voll ausgesprochene Erfahrung war.

Was das Elternhaus ihm für seinen späteren gedanklichen Weg mitgab, war etwas anderes: modernes Bewußtsein in der Gestalt der Tradition. Modernes Bewußtsein: Die beherrschende Gestalt der Familie bis zuletzt war der Vater, der Psychiater der Universität Berlin, naturwissenschaftlich geprägter Mediziner. Unverwechselbar in seinen schriftlichen Äußerungen ist der kluge, behutsame, selbstkritische und dabei so sichere Stil dieses Mannes. Dazu der älteste Bruder Karl-Friedrich, der führende Physicochemiker Deutschlands in seiner Generation, und die Welt liberaler rechtsstaatlicher Politik bei den Juristen des Geschwisterkreises, dem Bruder Klaus, den Schwägern Schleicher, Dohnanyi, Leibholz. Unter den Theologen unseres Jahrhunderts haben manche das moderne Bewußtsein nie vollständig in sich aufgenommen; andere mußten es sich durch einen Bruch mit ihrer Tradition, also vermutlich leidvoll, überspannt und eben darum noch fragmentarisch erringen;

IV, 3. Gedanken eines Nichttheologen ... 339

noch andere, jüngere, haben eigentliche geistige Tradition vielleicht in der
Kindheit gar nicht kennengelernt, sondern sind in der um eine Dimension
verkürzten Selbstzufriedenheit des Säkularismus aufgewachsen und begegneten unserer Tradition später, fast wie einer fremden Kultur. Dietrich Bonhoeffer erlebte und brauchte nie einen Bruch mit dem Elternhaus, und eben
in dieser Ungebrochenheit war ihm modernes Denken geläufig.

Die Wahl der religiösen Lebensform für den Sohn eines bürgerlichen, akademischen, protestantischen Hauses bedeutete das Studium der Theologie.
Den ersten unter den theologischen Einflüssen, die ihn empfingen, habe ich
verkürzend durch *einen* Namen, den Namen Harnack angedeutet. Adolf v.
Harnack, Berliner Kollege des Vaters, Grunewalder Hausnachbar der Familie,
war der berühmteste und wohl bedeutendste unter Bonhoeffers persönlichen
theologischen Lehrern. Sein Name steht hier für die Welt der gelehrten
Theologie im Sinne historisch-philologischer Forschung. Dieses Forschen, biblische Textkritik, kritische Kirchengeschichte, Sehenlernen der kirchlichen
Tradition im Rahmen profaner Geschichtsschreibung, war das Geschenk des
modernen Bewußtseins an die theologische Arbeit. Die dogmatische Position
dieser Schule trägt in der theologischen Tradition den Namen »liberal«. In
der Tat befreite die rationale Analyse der Vergangenheit das Denken von der
Normativität des Positiven, von der Last, Gesagtes glauben zu müssen, nur
weil es gesagt war. Harnacks Dogmengeschichte lehrte die klassischen christlichen Dogmen als Lösungsformeln von Debatten verstehen, die gewiß durch
frühkirchliche Überlieferung ausgelöst, aber nur in der Sprache der griechischen Philosophie als der Begrifflichkeit der spätantiken Kultur vollziehbar
waren.

Bonhoeffer nahm die Aufgeklärtheit dieser Theologie als selbstverständli-
ches Bildungsgut mit großem rezeptivem Fleiß in sich auf. Sein eigenes ge-
lehrtes theologisches Interesse aber war nie historisch-philologisch, sondern
es war das, was man in der Sprache protestantischer Theologie systematisch
nennt. Der in diesem Wort anklingende philosophische Systembegriff drückt
aber die Sache, zumal die Sache Bonhoeffers, nicht aus. Einfach gesagt ging es
ihm nicht darum, wer was getan oder gesagt hat, sondern darum, was wahr
ist. Diese gesuchte Wahrheit hatte für ihn von Anfang an nicht die Form einer Aussage, sondern eines wirklichen Lebens. Ich empfinde ihn als einen,
der sich von Anbeginn, wenngleich als gewissenhafter Schüler des Gebote-
nen, zur selbständigen Reise nach der Wirklichkeit aufgemacht hat. Die befreiende Wegweisung zum Anfang dieser Reise gab ihm der theologische
Aufbruch jenes Jahrzehnts, der bei aller Polyphonie doch mit Recht unter
dem einen Namen Karl Barths genannt wird.

Die Stärke der liberalen Theologie lag in der Freilegung des profan Erkennbaren in der christlichen Geschichte. In ihrer Frage nach der religiösen Wirklichkeit ging sie gedanklich an einem Abgrund entlang. Wenn das aufgeklärte
Denken die klassische Selbstinterpretation des christlichen Glaubens hinter

sich läßt, bleibt uns dann eine bessere Interpretation dieses Glaubens in den Händen, oder verschwindet der Glaube mit seinen alten Formeln? Wer aufgeklärt war und Theologe blieb, mußte auf die bessere Interpretation hoffen. Wo diese Interpretation nicht gedanklich flach und demgemäß ephemer blieb, konnte sie der begrifflichen Anleihen bei der Philosophie nicht entraten, nun nicht mehr in ihrer ursprünglichen griechischen Gestalt, sondern der modernen. Als das Haltbare in der Vielgestaltigkeit dieser Abfolge von Meinungen zeigte sich der Rekurs aufs Subjektive, auf die Weise wie Religion erfahren wird, von Schleiermachers Gefühl der schlechthinnigen Abhängigkeit bis zu Bultmanns Reservierung des Existenziellen für den Glauben gegenüber der Natur, welch letztere den objektivierenden Wissenschaften zum Fraß überlassen wird. Diese Theologie gewährte der Kirche im bürgerlichen Zeitalter eine ihrer sozialen Rolle entsprechende Selbstinterpretation. Die Kirche war als ein wohl notwendiges Glied einer de facto pluralistischen Gesellschaft, als unentbehrlicher und doch relativ unverbindlicher Sinngarant anerkannt; die Theologie der Subjektivität war flexibel genug, den Anspruch an die Seelen weiter oder enger zu stecken, ohne sich dabei als unredlich empfinden zu müssen. Schwierigkeiten bekam der liberale Staat nur mit den Katholiken und einigen calvinistischen Fundamentalisten, die keine Theologie des Gefühls hatten.

Es war nach Barths Selbstzeugnis[2] eine politische Erschütterung, die ihn aus der Schleiermacher-Nachfolge herausriß. Als linksbürgerlichem Schweizer waren ihm von Anfang an die Augen geöffnet für die moralische Unerträglichkeit der öffentlichen Identifizierung der führenden deutschen Theologen mit den pompös nationalistischen Parolen, in denen zu Beginn des Weltkriegs 1914 das lebensgefährlich bedrohte kaiserliche Deutschland seine Angst versteckte. Er las von neuem die Reformatoren und den einst für Luther entscheidenden Text aus dem neutestamentlichen Kanon, den Römerbrief. Er entdeckte von neuem das alle unsere Subjektivität von außen, »senkrecht von Oben« treffende Wort, das Wort Gottes, gesprochen durch und in Jesus Christus, also durch eine mitten in der profanen Geschichte, durch einen einmaligen Menschen geschehene, alle unsere philosophischen Allgemeinbegriffe durchkreuzende Offenbarung. Nach dem Krieg war in den protestantischen Kirchen des kontinentalen Europa der Boden für diese Saat gepflügt. Die Kompaßnadel der Reise Bonhoeffers nach der Wirklichkeit konnte nicht anders als sich auf diesen Pol richten. Welchen Kurs steuerte er in diesem Magnetfeld?

Als vierten Einfluß auf Bonhoeffer habe ich oben die Ökumene genannt. Damit meine ich zunächst die ökumenische Bewegung und Organisation, die sein in ihr erworbenes Heimatrecht durch die Einladung an uns alle zu diesem

2 Schleiermacher-Auswahl, mit einem Nachwort von Karl Barth, Siebenstern Taschenbuch, München und Hamburg 1968, S. 293.

IV, 3. Gedanken eines Nichttheologen ...   341

Abend und dieser Gesprächswoche nach Genf so überzeugend bestätigt hat.
Die kirchenpolitische Geschichte dieser Beziehung ist nicht Thema meines
heutigen Vortrags. Ich meine aber außerdem die Ökumene im ursprünglichen Wortsinn, die ganze von Menschen bewohnte Erde. Wie viele andere
wurde Bonhoeffer durch die ökumenische Erfahrung aus der Provinzialität
gelöst, die für fast alle Kirchen die Folge der Kirchenspaltungen, des Nationalismus und insbesondere des faktischen Irrelevantwerdens des kirchlichen
Denkens als Folge der Aufklärung gewesen ist; oder vielleicht hat er die ökumenische Erfahrung früher als die meisten seiner kirchlichen Landsleute gesucht, weil er von vornherein als moderner Mensch in der vorgefundenen
Provinzialität schwer atmen konnte. Er suchte nicht nur die universale Wirklichkeit der Kirche und die Vielfalt ernsthafter Meinungen in den in der ökumenischen Bewegung vereinten Kirchen der Welt. Ihn interessierte die profa-
ne, soziale Wirklichkeit der Länder, in denen er Aufenthalt nahm. Er ging
nach Rom, um die katholische Kirche im Zentrum kennenzulernen. Und was
wäre ihm zu Gesicht gekommen, wenn sein lang gehegter Traum einer Reise
nach Asien sich erfüllt hätte, wenn er Gandhi hätte sprechen, die Wirklichkeit
des Hinduismus und des Buddhismus mit seinem wachen Wahrnehmungsvermögen hätte erfahren können?

II.
Es sei mir nun erlaubt, die schon in diese Schilderung der Einflüsse eingegan-
gene Reflexion zusammenfassend um ein Stück weiterzuführen. Unter allen
vier Aspekten – Elternhaus, Harnack, Barth, Ökumene – hat es sich um ein
Gegenüber christlicher Überzeugungen und modernen Bewußtseins gehandelt. Die biographische und historische Situation war dabei in jedem der Bereiche so, daß die christliche Überzeugung als das Gegebene, das moderne Bewußtsein als Umwelt, als Gesprächspartner oder als Einfluß erschien. In der
jetzigen Reflexion möchte ich von der Position des Nichttheologen einen methodischen Gebrauch machen und die Fragerichtung umkehren. Man kann
weder die moderne Welt noch die Entwicklung der christlichen Theologie der
letzten dreißig Jahre und Bonhoeffers Wirkung in ihr verstehen, wenn man
nicht in der Haltung zu denken vermag, in der das moderne Bewußtsein das
Gegebene ist, die christliche Überzeugung aber nur einerseits ein Moment
der oft fast schon vergessenen Vorgeschichte, andererseits unter Umständen
ein zunächst verwirrender, vielleicht störender Gesprächspartner. Ich folge
dabei, mit einer Verschiebung der jeweiligen Schwerpunkte, demselben Weg
von vier Stationen wie zuvor.

Für die Evidenz, die das neuzeitliche Bewußtsein für Dietrich Bonhoeffer
hatte, scheint mir das Gewicht nicht gleichgültig, das in seinem Elternhaus
die Naturwissenschaft besaß, auch wenn weder er selbst noch seine spätere
Umwelt an dieser Wissenschaftsrichtung stark interessiert war. Die Naturwissenschaft ist der harte Kern des neuzeitlichen Denkens. Damit soll nicht

behauptet sein, der Wille zur Naturwissenschaft sei in der neuzeitlichen Geistesgeschichte führend gewesen; das trifft allenfalls für ein paar Phasen des 17., des 19. und des 20. Jahrhunderts zu, die zeitlich und kulturell begrenzt waren. Aber die Naturwissenschaft ist gleichsam das widerstandsfähigste gedankliche Produkt der Neuzeit, ihr härtestes Gestein. Den historischen Materialismus hinterfragend könnte man sagen, die von der Naturwissenschaft erkannten Gesetzmäßigkeiten seien der objektive Grund des ökonomischen und des auf ihm aufruhenden kulturellen Fortschritts der Neuzeit gewesen, auch wo dieser Grund dem subjektiven Bewußtsein der Träger dieses Fortschritts verborgen blieb oder unwichtig schien. Wo bliebe die herrische und künstlerische Subjektivität des Renaissancemenschen ohne die durch spätmittelalterliche Technik ermöglichte Städtekultur, wo blieben Idealismus und Romantik wie auch der willentliche Realismus des 19. Jahrhunderts ohne die technisch ermöglichte bürgerliche Lebensform der beginnenden industriellen Revolution? Und in der Ebene der Theorie reflektiert der Stammvater der strengen Subjektivitätsphilosophie, Descartes, auf die res cogitans, um zu begreifen, wie er die Natur als res extensa, d. h. mit Begriffen mathematischer Naturwissenschaft, denken kann. Wer, wie Dietrich Bonhoeffer, mit Naturwissenschaftlern gelebt hat, weiß etwas von der Unerschütterlichkeit des modernen Denkfortschritts.

Die historisch-philologische Theologie hat an dem zweiten der großen wissenschaftlichen Fortschritte der Neuzeit teil, an der Entdeckung des geschichtlichen Denkens oder allgemeiner der Geisteswissenschaft. Hier besteht die Leistung darin, fremde Individualität, ja fremde Kultur gerade dadurch zu verstehen, daß wir uns nicht mit ihr identifizieren. Eine ungeheure Horizonterweiterung gelingt dieser Denkweise. Das Du wird gerade dadurch zum Sprechen gebracht, daß ich nicht mehr meine, es habe eben das sagen wollen, was ich selbst sagen würde oder zu hören erwarte. Vorhin habe ich als Beispiel die Aufschließung der frühchristlichen Dogmengeschichte durch Harnack zitiert. Das Alte Testament ist im Grunde erst seit Wellhausen in seiner unglaublichen Fülle und Dichte und seiner Relevanz für unsere eigenen Entscheidungen wiederentdeckt worden, d. h. seit die alttestamentliche Wissenschaft uns die kulturellen und sozialen Voraussetzungen sehen gelehrt hat, die vor dreitausend Jahren in Israel bestanden und auf welche die alten Texte ohne jede christologische Umdeutung in direktester Lebendigkeit passen. Ich wage die Behauptung daß der, verglichen mit der Wissenschaft vom Alten Testament, so verwirrende Zustand der neutestamentlichen Exegese nicht enden kann ehe man den Gedanken vollzieht, daß zentrale Texte wie die Bergpredigt zu Menschen gesprochen sind, die das Leben von Bettelmönchen führen. Wer Buddha-Reden im Ohr hat oder sich erinnert, wie direkt Franziskus von Assisi diese Texte zu lesen vermochte, der weiß, wovon ich rede.

Alle drei theologischen Beispiele, die ich soeben zitiert habe, sollten unseren Schritt aber über die Schwelle zwingen, welche die beruhigte Wissen-

IV, 3. Gedanken eines Nichttheologen ... 343

schaft Harnacks von der durch den frühen Barth symbolisierten Unruhe trennt. Die neuzeitliche Geisteswissenschaft hat ihre ungeheure Horizonterweiterung meist durch eine Neutralisierung oder, was schlimmer ist, eine Trivialisierung ihrer eigenen Werturteile erkauft. Der sogenannte Kulturprotestantismus, die Rechtfertigung des Christentums durch seinen Beitrag zur erreichten Kulturhöhe, enthält sehr gute historische Einsichten, und ist gleichwohl, isoliert genommen, eine Trivialisierung, welche die Augen vor dem Abgrund verschließt, an dem die aufgeklärte Theologie entlanggeht. Ist das Christentum durch seinen Kulturbeitrag gerechtfertigt, so wird jede Kulturkritik, jede Weltveränderung, sei sie sozialdarwinistisch, technokratisch oder marxistisch, den christlichen Glauben weiter in die vergessene Vorgeschichte sinken lassen. Barth wußte genau: wenn er es überhaupt zu Recht gewagt hatte, sein Leben auf Christus zu setzen, dann mußte Christus mehr sein als alle diese Weltveränderungen, erst recht aber mehr als die Welt, die sich so verändern ließ. Ich habe zu Karl Barth in dem einzigen, freilich langen Gespräch, das ich, Anfang der 50er Jahre, mit ihm gehabt habe, unter anderem gesagt, ich sehe den geraden Weg von Galilei zur Atombombe und sei umgetrieben von der Frage, ob ich in diesem Wissen die von mir so geliebte Physik weiter betreiben dürfe. Er antwortete: »Herr v. Weizsäcker, wenn Sie glauben, was alle Christen bekennen und fast keiner glaubt, daß nämlich Christus wiederkommt, dann dürfen, ja müssen Sie weiter Physik treiben; sonst dürfen Sie es nicht.« So mußte er reden. Er sagte mir auch, als wir auf Gogarten zu sprechen kamen: »Er findet meine Sprechweise wohl zu mythologisch, ich seine zu philosophisch.« Ich traute der Wahrheit in Barths Mythologie und habe die Physik nie aufgegeben.

Nach dieser Zustimmung zu Barths Anliegen aber ist der Nichttheologe nunmehr zur Anmeldung aller verfügbaren Skepsis verpflichtet. Es ist erstaunlich genug, daß die biblischen Texte auch zu aufgeklärten Menschen unseres Jahrhunderts noch so fordernd zu reden vermochten. Aber sie erreichten doch fast nur Menschen, die selbst noch in der kirchlichen Sprache erzogen waren, und die dialektische Theologie blieb eine Sache kirchlicher Intellektueller. Die nichtintellektuellen Glieder der Kirche bröckeln in unserem Jahrhundert von Jahrzehnt zu Jahrzehnt ab, zum mindesten in den alten christlichen Nationen. Dies aber doch wohl, weil auch die intellektuellen Träger des modernen Bewußtseins in diesen Nationen den christlichen Inhalten ständig ferner rücken. Die Kirche hat bei uns ihren Provinzialismus gegenüber der Weite des modernen Bewußtseins nicht überwunden, und es scheint mir strukturell klar, daß sie ihn weder durch orthodoxe Insistenz noch durch die modernistische Spielart der Apologetik überwindet. Die inhaltlichen Fragen, die sich hier stellen, haben, so scheint mir, sowohl Bonhoeffers theologische Entwicklung wie seine theologische Nachwirkung bestimmt.

III.

Soweit ich die in den letzten dreißig Jahren entstandene theologische Sekundärliteratur zu Bonhoeffer habe zur Kenntnis nehmen können, interpretiert sie seine theologische Entwicklung immanent theologisch, d. h. auf ihre Aussagekraft für Theologen blickend. Dies gilt, bei aller Weite des historischen Horizonts, von Bethges Biographie[3] wie z. B. von Ernst Feils theologischer Monographie[4]. Mit diesen gründlichen und durchdringenden Studien kann und möchte ich nicht wetteifern. Ich verfolge Bonhoeffers theologische Entwicklung nur in lockerer Betrachtung und weiten Schritten unter den bis hierher im Vortrag entwickelten Fragestellungen. Ich sagte, daß ich sie als eine Reise zur Wirklichkeit empfinde. Es ist die Wirklichkeit, die sich jenseits des Provinzialismus der Kirche als der Grund der Kirche zeigen würde.

Ich folge den fünf Büchern »Sanctorum Communio«, »Akt und Sein«, »Nachfolge«, »Ethik«, »Widerstand und Ergebung«. Die ersten beiden, zur Erwerbung akademischer Grade geschrieben, können die philosophischen Bücher heißen, die nächsten beiden die ethischen, das letzte enthält in den Gefängnisbriefen das, was mir als der Durchbruch Bonhoeffers zum eigenen Ursprung erscheint. Diese Einteilung entspricht etwa Bethges Einteilung der Lebensphasen in »Zauber der Theologie«, »Kosten des Christseins«, »Teilhabe an Deutschlands Geschick«.

In Bonhoeffers ersten Schriften, die damals kaum Beachtung fanden, hat man nachträglich Grundgedanken seiner letzten Wendung vorgeprägt gefunden. Die Dissertation »Sanctorum Communio« tritt in zweifacher Hinsicht die Reise zur Wirklichkeit an, über die liberale Theologie wie über Barth hinaus. Sie ist eine systematische, ich möchte gerne sagen eine philosophische Arbeit im Felde der Theologie. Aber inhaltlich nimmt sie weder Begriffe individuellen religiösen Verhaltens wie etwa den Begriff des Glaubens noch Begriffe religiöser Metaphysik wie etwa den Begriff Gottes zum Thema, sondern die Konkretheit der religiösen Existenz im sozialen Faktum der Kirche. Und methodisch setzt sie nicht mit theologischen Postulaten ein, sondern geht von der profanen Wissenschaft der Soziologie aus und versucht, die Theologie der Kirche als die eigentliche, ja die einzige standfeste Erfüllung der sozialphilosophischen Lehre von der Gemeinschaft zu erweisen. »Christus als Gemeinde existierend« ist die Formel dieser Erfüllung. Die Habilitationsschrift »Akt und Sein« geht direkt von einer zeitgenössischen philosophischen Kontroverse aus, der Spannung zwischen dem Verständnis des Ich, des Menschen, als transzendentales Subjekt – hier unter dem Titel »Akt« gefaßt – und einem ontologischen Verständnis des Menschen – als »Sein« apostrophiert. Er sieht beide Verständnisweisen in ihrer Isolierung scheitern und findet ihre mögliche Einheit wiederum in der Kirche.

---

3 Eberhard Bethge, »Dietrich Bonhoeffer, Eine Biographie«. München, Chr. Kaiser, 1970.
4 Ernst Feil, »Die Theologie Dietrich Bonhoeffers«, München, Chr. Kaiser, Mainz, Matth. Grünewald-Verlag, 1971.

IV, 3. Gedanken eines Nichttheologen ...

Dem altgewordenen Nichttheologen, der selbst einige Zeit Philosophie doziert hat, sei es erlaubt, diese akademischen Qualifikationsschriften eines sehr jungen hochbegabten Theologen einmal so zu lesen, wie man sich als Professor angewöhnt hat, Dissertationen zu beurteilen. Der Stil ist bemerkenswert klar und knapp, man möchte sagen, am Umgang mit Naturwissenschaftlern und Juristen geschult. Die zur Unverständlichkeit führende Angst vor »ungeschützter« Sprechweise (um einen Fachausdruck der theologischen Kollegen zu gebrauchen) ist dem Verfasser fremd. Er weiß, was er sagen will, und sagt es. Inhaltlich gehören beide Arbeiten zu der Art von Schriften, die man in jungen Jahren schreiben muß, um noch den Mut zu ihnen zu haben. Bonhoeffers Referat und Bonhoeffers Beurteilung der sozialphilosophischen Positionen in der ersten Arbeit, der transzendentalphilosophischen in der zweiten zeugt von tiefbeteiligter, umfassender Lektüre, hält aber Philosophie noch für ein leichteres Geschäft als sie ist. Die in der Form zu simplen Behauptungen aufgeworfenen Fragen sind gleichwohl hochinteressant.

Der junge Bonhoeffer übernimmt eine in seiner Zeit verbreitete Gegenüberstellung einer phänomenologisch-apriorischen Sozialphilosophie und der empirischen Sozialforschung; die Empirie soll die Ergebnisse der Phänomenologie zur systematischen Voraussetzung haben. Die apriori gesehenen Strukturen der Gemeinschaft (von denen der Gesellschaft unterschieden) identifiziert er dann mit dem christlich-theologischen Begriff des Urstands, dem gegenüber die reale geschichtliche Gemeinschaft unter der zerstörenden Kraft der Sünde steht. Kirche, Christus als Gemeinde existierend, ist die geschichtlich allein mögliche Form, mitten in der Herrschaft der Sünde als Gemeinschaft zu leben. Heute wird kaum ein Sozialphilosoph mehr ein phänomenologisch aufweisbares Apriori vor die gesellschaftliche Erfahrung zu setzen wagen. Uns ist die geschichtliche Bedingtheit aller sozialen Formen allzu bewußt und damit die dieser Geschichte vorgegebene Anthropologie zum ungelösten Problem geworden. Die Gleichsetzung philosophisch angeschauter Idealtypen mit dem durch die biblische Erzählung vom Sündenfall motivierten Begriff des Urstands ist wohl eine in der Geschichte der christlichen Reflexion wirksame Denkfigur. Verständlich machen kann man sie aber nur geschichtlich aus der doppelten Wurzel der christlichen Theologie in der griechischen Philosophie und der Bibel. Das Wort »Theologie« selbst entstammt der Religion der griechischen Philosophie und bezeichnet den Kern dieser Philosophie. Die Gegenüberstellung von Theologie und Philosophie als zwei gesonderte Wissenschaften entstammt einer späten Phase des christlichen Denkens, der mittelalterlichen Scholastik. Sie ist ein Versuch, das gegenseitige Verhältnis der zwei Religionen, nämlich der biblischen und der philosophischen, zu bestimmen, die in der Intellektualität des geschichtlichen Christentums zusammengeflossen sind; ein Versuch, dessen begrifflicher Apparat der einen der beiden, nämlich der Philosophie entstammt. Die systematische Unterscheidung von Theologie und Philosophie existiert meines Wissens in keiner der Weltkulturen außer der des zweiten christlichen, also des mittelalterlich-neuzeitlichen europäischen Jahrtausends, das jetzt zu Ende geht.

Ich formuliere meine subjektive Meinung, wenn ich sage: Es ist dem jungen Bonhoeffer nicht vorzuwerfen, wenn er die geschichtliche Bedingtheit seines Problems nicht sieht, ja vielleicht bewußt unterdrückt. Er hat sich gegen eine andere Versuchung neuerer protestantischer Theologie zu wehren, in der Harnacks und Barths Einfluß zusammenwirken, nämlich die Tendenz, die griechische Philosophie und das heißt de facto die Philosophie aus dem Selbstverständnis des christlichen Glaubens zu eliminieren. Was übrig bliebe, wenn dieser Versuch glücken könnte, ließe sich nicht mehr als Theologie bezeichnen. Diese meine Ansicht, die auf der Überzeugung von der nichttrivialen Kontinuität der Philosophie beruht, müßte ich an einem anderen Ort verteidigen.

Wäre Bonhoeffer in der akademischen Theologie geblieben, so hätte er, das scheint mir gewiß, die von ihm angerührten Probleme nicht gelöst. Er wählte, in freier Entscheidung auf geschichtlichen Zwang reagierend, einen wirklicheren Weg. Durch Hitlers Machtergreifung kam die evangelische Kirche in Deutschland aus dem Zustand der Irrelevanz in den Zustand der Bedrängnis. Bonhoeffer bewies, daß er meinte, was er sagte, wenn er die Kirche zum zentralen Begriff seiner Theologie machte. Er wurde alsbald zu einem der entschiedensten Vorkämpfer der Bekennenden Kirche, radikaler »Dahlemer« Richtung. Dies kostete ihn die akademische Laufbahn und schenkte ihm die Praxis der Lebensgemeinschaft, zumal mit jungen Theologen im Predigerseminar in Finkenwalde und dessen hinterpommerschen Nachfolgern.

Bonhoeffers Lebensweg ging von nun an nicht, wie Tradition und Talent es nahegelegt hätten, in die Weite, sondern in eine sich zunehmend verengende Enge: aus der Weite der atlantischen Welt zurück nach Deutschland, von der Universität ins Predigerseminar, von dort in die vorübergehende Gastfreundschaft des Ettaler Klosters, nach kurzem Ausgreifen in der tiefverborgenen Gemeinschaft der politischen Verschwörung ins Gefängnis und nach zwei Jahren des Wartens in den Tod. Man hat auch, nicht ganz zu Unrecht, etwa in den ersten acht dieser zwölf Jahre, eine gewisse theologische Verengung konstatiert. Die Bekennende Kirche und in ihr seine und seiner Freunde Position hat einen Zug der Intransigenz. Und die Theologie der »Nachfolge« spricht eine biblizistische Sprache. Ich meine aber, daß Bonhoeffer in beidem einem inneren Kompaß für Wirklichkeit folgte.

Ich war 1933 der verfaßten Kirche zu fern und im konkreten Bewußtsein zu unpolitisch, um wahrzunehmen, was ich vierzig Jahre später aus Bethges Buch mit einer Art von Entsetzen entnahm: wie damals die Mehrzahl der protestantischen Kirchenleitungen in Deutschland zunächst auf Hitlers nationalkonservative Rhetorik hereinfiel oder mindestens das Hereinfallen zu simulieren für nötig fand. Hätten ihnen wenigstens Hitlers revolutionäre Töne imponiert! Tatsächlich waren sie wie so große Teile des konservativen Bür-

IV, 3. Gedanken eines Nichttheologen ... 347

gertums für Hitlers wirkliche Absichten nützliche Idioten. Schon Bonhoeffers Weltläufigkeit, sein dem Elternhaus und der Ökumene verdankter politischer Horizont nötigte ihn, hiergegen Stellung zu nehmen. Freilich war der politische Horizont mancher seiner kirchlichen Gesinnungsgenossen nicht weiter als der seiner Gegner. Und die kluge, aber nicht politisch, sondern christlich fundierte Verständnisweite eines eher singulären Mannes wie des gewählten Reichsbischofs Fritz von Bodelschwingh hat Bonhoeffer in seiner kämpferischen Fixierung wohl nicht wahrzunehmen vermocht. Bodelschwingh verstand sich auf den liebenden Umgang mit physisch Kranken, auch in der Politik.

Die bibelauslegende Theologie der »Nachfolge« ist, wie die Biographie lehrt, durch die nationalsozialistische Erfahrung nur artikuliert, aber nicht ausgelöst. War die Kirche »Christus als Gemeinde existierend«, so mußte sie fragen, »was Jesus denn von uns will.« Anders als ein so großer Teil der kirchlichen Theologie scheute Bonhoeffer sich nicht, die zentralen Texte des Evangeliums in direktem Verständnis auszulegen. Er war gebildet und intelligent, aber wichtiger war ihm, die Wirklichkeit so einfach zu sehen und zu sagen, daß sie bindend wird. So geschieht sein Durchbruch zur Bibel nicht an dem hochintellektuellen Text des Römerbriefs, sondern in der unerträglichgnädigen Einfachheit der Bergpredigt.

Fragen wir, um selbst zu lernen, was Bonhoeffer von dem Abgrund, den dieser Text in sich birgt, verstanden hat, so fällt auf, daß seine Exegese bewußt nicht gelehrt, sondern fast in Predigtform gehalten ist. Der Sitz im Leben dieser Predigten ist zunächst das Predigerseminar, dessen Glieder sich auf ein Amt in einer verfolgten oder der Verfolgung nahen Kirche vorbereiten. Dieser Rahmen ist nahe genug den Lebensbedingungen der Jünger Jesu, um die in einer herrschenden Kirche fast unüberwindliche Angsthemmung gegen das Wörtlichnehmen dieses Textes abzubauen, um spontanes Verstehen aufleuchten zu lassen. Bonhoeffer hatte sich nicht gescheut, der Lebensgemeinschaft seiner ihm fast gleichaltrigen Pfarramtskandidaten einige der uralten, ernstem Bemühen immer von neuem hilfreichen Regeln des mönchischen Lebens anzubieten, ja aufzuerlegen: geregelten Tagesrhythmus, Gebetsliturgie, ein bescheidenes Anklopfen am unermeßlichen Erfahrungsbereich der Meditation. Wenn er dies gegenüber den eingeschliffenen protestantischen Vorurteilen durchsetzte, so sehe ich darin genau denselben Mut zur Wirklichkeit wie in der scheinbar entgegengesetzten Öffnung seiner spätesten Theologie zur Weltlichkeit. Sein Leben sollte die Erfahrung durchmessen, daß christliches Leben nur weltlicher werden kann, wenn es geistlicher wird, nur geistlicher, wenn es weltlicher wird. Beide Schritte sind Abschütteln eines Schutzes gegen die eigene Angst vor sich selbst.

Bonhoeffers Mut, jedes Wort des Textes als befreiendes Gebot auf sein eigenes Leben zu beziehen, hat ihm und jedem, der ihn lesen mag, diesen Text so weit über das übliche Maß hinaus aufgeschlossen. Er stieß damit freilich auf das unvermeidliche ethische Problem, eigentlich ein Problem der Bewußtwerdung, das sich jedem Menschen stellt, der die Bergpredigt im aufrichtigen Willen zur Nachfolge liest, ohne die Lebensbedingungen des Bettelmönches übernehmen zu können – sei es daß dieses Nichtkönnen als ein Nichtwollen oder ein Nichtdürfen zu verstehen ist. Es scheint mir, daß sich für Bonhoeffer in dieser Phase eine ganze Schicht des Textes nicht erschließen konnte und später, soweit wir schriftliche Zeugnisse von ihm haben, auch noch nicht erschlossen hat. In der Ebene ethischer Positivität weisen die Erkenntnisse der »Nachfolge« wohl auf den Pazifismus, zu dem er sich, mit unter dem Einfluß seines Freundes Lasserre, durchrang. Eben diese politische Denkbewegung aber trennte ihn in fortschreitendem Maße von den politischen Gedanken seiner kirchlichen Umgebung, auch naher Gesinnungsgenossen. Die soziale Realität der protestantischen Kirche im bürgerlichen Zeitalter ließ ihr der offiziellen Politik gegenüber fast nur die Wahl zwischen Zustimmung und Abwendung, beides politisch unerzieherische Verhaltensweisen. Was ich vorhin Bonhoeffers Weltläufigkeit nannte, führte ihn aus dieser Horizontverengung heraus in eine Teilhabe an aktivem politischen Wollen. Vergleicht man Texte aus der »Nachfolge« mit dem konspirativen politischen Handeln seiner letzten Jahre in bezug auf Fragen wie Sagen der Wahrheit und weltliche Zielsetzungen, so wird man jene Worte mit diesen Taten nicht voll zum Einklang bringen können. Er hat den Konflikt zwischen der positiven Ethik der bekennenden Nachfolge und der positiven Ethik der politischen Konspiration bewußt als ethischen Konflikt ausgetragen und für sein persönliches Handeln schließlich zugunsten der Politik entschieden. Schwanken nach gefallener Entscheidung ist nicht wahrzunehmen. Ohne Zweifel erschließt ihm sowohl das politische Handeln wie das Leiden der Haft, das die Folge des politischen Handelns ist, eine neue Dimension der Wirklichkeit.

Die erste Phase der Ausarbeitung dieses Wirklichkeitsbewußtseins bilden die Fragmente seiner »Ethik«. Nicht das ist die Schwierigkeit: der politischen Wirklichkeit, die ihm nie verborgen war, ansichtig zu werden, sondern die christliche Wirklichkeit beim Sicheinlassen auf politisches Handeln nicht zu verlieren, sie vielmehr tiefer als zuvor zu verstehen. Ohne diese Erfahrung hätte er wohl den Anfang des ersten Ethik-Entwurfs nicht so pointiert[5]: »Das Wissen um Gut und Böse scheint das Ziel aller ethischen Besinnung zu sein. Die christliche Ethik hat ihre erste Aufgabe darin, dieses Wissen aufzuheben. ... Die christliche Ethik erkennt schon in der Möglichkeit des Wissens um Gut und Böse den Abfall vom Ursprung. Der Mensch im Ursprung weiß nur eines: Gott. Den anderen Menschen, die Dinge, sich selbst weiß er nur in der Einheit seines Wissens um Gott, er weiß alles nur in Gott und Gott in allem. Das Wissen um Gut und Böse deutet auf die vorangegangene Entzweiung mit dem Ursprung.« Aus jedem überlieferten Wort Jesu spricht die wiedergefun-

---

5 »Ethik«, 6. Auflage 1975, S. 20. Kapitel: Die Liebe Gottes und der Zerfall der Welt.

IV, 3. Gedanken eines Nichttheologen ... 349

dene Einheit (l. c. S. 29), Jesus läßt sich in die Konfliktentscheidungen der
Welt nicht hineinziehen (S. 31), »richtet nicht, daß ihr nicht gerichtet wer-
det«, denn das Richten ist selbst der Abfall (S. 35). Nun aber wendet sich der
Gedankengang von Bonhoeffers Ethik von diesem Letzten den »vorletzten
Dingen« zu (S. 134). »Christlicher Radikalismus, weltflüchtiger oder welt-
verbessernder, kommt aus dem Haß gegen die Schöpfung. Der Radikale kann
Gott seine Schöpfung nicht verzeihen.« (S. 137). »Es muß also der Begriff des
Natürlichen vom Evangelium her wiedergewonnen werden.« (S. 153). Bonhoeffers Ethik wendet sich den realen Details des Lebens und in der Geschichtsbetrachtung der realen Folge geschichtlicher Epochen zu (»Erbe und
Verfall«, S. 94ff.). »Die Welt bleibt Welt, *weil* sie die in Christus geliebte,
gerichtete, versöhnte Welt ist. Kein Mensch hat den Auftrag, die Welt zu
überspringen und aus ihr das Reich Gottes zu machen.« (S. 247). Bonhoeffer
sah in der Ethik damals seine vielleicht letzte, erfüllende theologische Arbeit.
Daß sie Fragment blieb, ist gewiß nicht nur Folge der politischen Lebensum-
stände. Die offenen Brüche des Fragments deuten auf den noch fehlenden
Schritt, der sich im Gefängnis vollzog.

Der Durchbruch, in den Briefen an Bethge dokumentiert, vollzieht sich
nach einem Jahr der Haft; er vollzieht sich mit der Evidenz eines Erdrutsches.
Nach Stilmerkmalen würde ich sagen: dem Verfasser dieser Briefe sind die
letzten Schuppen von den Augen gefallen; er sieht die Wirklichkeit, die er
immer gespürt hat. »Wir gehen einer völlig religionslosen Zeit entgegen; die
Menschen können einfach, so wie sie nun einmal sind, nicht mehr religiös
sein.« (30. 4. 44) »Oft frage ich mich, warum mich ein ›christlicher Instinkt‹
häufig mehr zu den Religionslosen als zu den Religiösen zieht, und zwar
durchaus nicht in der Absicht der Missionierung, sondern ich möchte fast sagen ›brüderlich‹. ... Wenn die anderen in religiöser Terminologie zu reden
anfangen, dann verstumme ich fast völlig.« (30. 4.). »Die Attacke der christlichen Apologetik auf die Mündigkeit der Welt halte ich erstens für sinnlos,
zweitens für unvornehm, drittens für unchristlich.« (8. 6.). »Barth erkannte
als erster den Fehler ... darin, ... einen Raum für Religion in der Welt oder
gegen die Welt auszusparen. ... aber in der nicht-religiösen Interpretation
der theologischen Begriffe hat er keine konkrete Wegweisung gegeben ...«
(8. 6.). »Die mündige Welt ist gottloser und darum vielleicht gerade Gott näher als die unmündige Welt.« (8. 7.). »Über das Hohe Lied schreibe ich Dir
nach Italien. Ich möchte es tatsächlich als irdisches Liebeslied lesen. Das ist
wahrscheinlich die beste ›christologische‹ Auslegung.« (2. 6.). Bultmanns Aufsatz über die »Entmythologisierung des Neuen Testaments« ist »nicht ›zu weit‹,
wie die meisten meinen, sondern zu wenig weit gegangen.« (5. 5.). »Gott ist
mitten in unserem Leben jenseits« (30. 4.). Zu W. F. Ottos Buch über »Die
Götter Griechenlands«: »Verstehst Du, daß ... ich – horribile dictu! – an den so
dargestellten Göttern weniger Anstoß nehme als an bestimmten Formen des
Christentums? ja, daß ich fast glaube, diese Götter für Christus in Anspruch

nehmen zu können?« (21. 6.). Es bewegt mich, daß er meinem Buch »Zum Weltbild der Physik« die These entnahm, »daß man Gott nicht als Lückenbüßer unserer unvollkommenen Erkenntnis figurieren lassen darf« (29. 5.). und dazu schreibt: »wenn nur ein geistiger Austausch möglich wäre« (24. 5.).

Bonhoeffer sah. Das Manuskript der begonnenen Ausarbeitung dieser Gedanken ist verloren, und ich bezweifle, daß er die Ausarbeitung der zusammengehörigen Begriffe »religionsloses Christentum«, »nicht-religiöse Interpretation«, »Arkandisziplin« (5. 5.) hätte leisten können, so daß seine Gedanken seiner eigenen Sicht genuggetan hätten. Bonhoeffers letzte Wendung ist für die Kirche wichtig als die Sprengung eines Defensivgürtels, nicht als die Grundlage einer Theologie. In geheimnisvoller Weise trägt sie die Merkmale eines Alterswerks: Sichtöffnung durch die Nähe des Todes, deren Ausdruck in Worten Schritte andeutet, die der Redende gleichsam ahnend getan hat, obwohl man sie in der Welt, in der er gelebt hat, nicht tun kann.

IV.

Was bedeutet Religion für uns?

Zunächst: wie begegnet Religion dem modernen Bewußtsein? Machen wir vorerst die kritisierende Einschränkung des Wortgebrauchs wieder rückgängig, unter der Barth und Bonhoeffer das Wort »Religion« benutzen. Öffnen wir den Blick für die Fülle der Phänomene, die unter den Oberbegriff der Religion gebracht werden können. Ohne systematischen Anspruch würde ich versuchen, diese Phänomene unter vier Aspekten zu ordnen, also vier Momente in der Religion zu unterscheiden: Religion als Element einer Kultur, Religion als Grund einer radikalen Ethik, Religion als innere Erfahrung, Religion als Theologie. Alle vier Momente sind uns in diesem Vortrag in Beispielen begegnet:

Religion als Element einer Kultur, ja als Träger einer Kultur war das Christentum in den vergangenen zweitausend Jahren. Religion als Träger einer Kultur formt das soziale Leben, gliedert die Zeiten, bestimmt oder rechtfertigt die Moral, interpretiert die Ängste, gestaltet die Freuden, tröstet die Hilflosen, deutet die Welt. Die überlieferte Form dieser Religion ist es, die dem modernen Bewußtsein entgleitet.

Religion als Grund einer radikalen Ethik steht kritisch und darum oft verfolgt in ihrer Kultur. Überall, wo man die Bergpredigt oder wenigstens die zehn Gebote beim Wort genommen hat, war die Religion Grund einer radikalen Ethik.

Religion als innere Erfahrung ist in gewisser Weise jedes subjektive Erleben der beiden vorgenannten Momente. Sie ist das bewußte Leben im Glauben. Sie ist aber insbesondere das Gebet, die Meditation, die Mystik.

Religion als Theologie ist der Versuch, die Erfahrung der drei anderen Momente gedanklich zu verstehen. Was wir in diesem Vortrag miteinander zu denken suchen, ist ein Stück Theologie.

IV, 3. Gedanken eines Nichttheologen ... 351

Versuchen wir die Definition eines Oberbegriffs, der diese verschiedenen Phänomene umfaßt, so könnten wir sagen: Religion ist menschliches Verhalten angesichts eines Göttlichen. Diese Definition scheint die Neutralität der Beschreibung aufzugeben, die in der Schilderung der vier Momente gewahrt war. In der Tat: wenn wir in eine Definition der Religion den Begriff des Göttlichen aufnehmen, wie definieren wir das Göttliche? Formal kann man antworten: dies ist der philosophische Zirkel, dem keine grundsätzliche Reflexion entgeht. Eine Definition von Wahrheit will wahr sein, eine Definition von Philosophie ist selbst Philosophie, eine Definition von Religion ist Theologie als Versuch, die Erfahrung zu verstehen, die wir religiös nennen. Die formale Antwort aber soll zur fruchtbareren inhaltlichen Antwort weiterführen. Eben das ist das erstaunliche, zur Reflexion nötigende Phänomen, daß die ganze bisherige Menschheitsgeschichte überschattet ist von einer Weise des Erfahrens und Denkens, die sich selbst nur als ein Verhalten des Menschen angesichts einer göttlichen Wirklichkeit auszulegen vermag.

Nun wenden wir uns zu den mehrfachen Gestalten der Religionskritik. Es gibt eine philosophische, sich heute oft als wissenschaftlich verstehende Religionskritik. Die Rationalität der überlieferten Religion überzeugt nicht mehr. Die Frage nach dem Grund der Möglichkeit der Religion läßt entweder angesichts der Argumente rationaler Metaphysik die historische Gestalt, das Kulturträgertum, die Erlebnisse der Religion als bloße Einkleidung erscheinen, oder sie reduziert mittels radikaler Skepsis alle religiösen Erfahrungen auf den Status der Selbsttäuschung oder des Betrugs.

Das politische Pathos der Religionskritik stammt nicht aus der theoretischen Philosophie, sondern aus der Moral, aus einer gegenüber der Religion autonomen radikalen Ethik. Tantum religio potuit suadere malorum, sagt Lukrez[6], zu so vielen Übeltaten konnte Religion die Menschen überreden. Der klassische Angriff der Aufklärung gegen die Religion geschieht gegen ihre Rolle als Element einer Kultur, nämlich als Träger ihrer Herrschaftsverhältnisse. Nicht der Unglaube, die Moral ist der entschiedene Gegner der Religion. Wer das nicht ernstnimmt, versteht die Geschichte der Aufklärung nicht. Der Gegensatz ist latent auch in den Kompromissen, wie der Vernunftsmetaphysik des 17. und 18. Jahrhunderts, die nach den Religionskriegen ein konfessionell neutrales Naturrecht etabliert. Der Kompromiß zersetzt sich im geschichtlichen Fortgang, und die marxistische Phase der Aufklärung sieht in ihm die Herrschaftsideologie der bürgerlichen Ära.

Charakteristisch verwandt und zugleich verschieden ist die Religionskritik der alten asiatischen Kulturen. Der Konfuzianismus versteht sich nicht als Religion, sondern als eine vernünftige Moral, die eine Kultur trägt; eben darum imponierte er den europäischen Aufklärern des 18. Jahrhunderts so sehr. Auch der Konfuzianismus ist jedoch ein begrifflicher Kompromiß der Moral

6 Lucretius Carus, De rerum natura I, 102.

und der Religion des Himmels und stabilisiert im System der Ehrfurchten die Herrschaft; Maos Kritik an Konfuzius radikalisiert die Moral ins Egalitäre.

Die großen meditativen Lehren des Hinduismus und Buddhismus betrachten ihre eigene religiöse Außenseite, welche die Kultur trägt, in der sie leben, nur als eine Darstellung der eigentlichen Wahrheit durch die anthropomorphe, psychisch bedingte Vorstellung von Göttern. Hier ist Religion als Element der Kultur anerkannt, aber als niedrige Stufe. Radikale Ethik, oft ins Asketische verschärft, ist auf diesem Weg gefordert, aber nicht als autonomes Gesetz, sondern als unerläßliche Stufe der Läuterung zur Wahrnehmungsfähigkeit für die entscheidenden Erfahrungen. Die Theologie dieser Schulen ist eine Auslegung dessen, was die Meditation erfährt.

Wo stehen wir selbst zwischen Religion und Moral? Dem heutigen Bewußtsein stellt sich die Frage als eine anthropologische Frage, eine Frage des Verständnisses des Menschen. Wollen wir zum Verständnis durchdringen, so sollten wir den Gegensatz nicht abmildern, sondern in idealtypischer Schärfe sehen. Aufklärung, als Selbstaufklärung verstanden, Ausgang aus der selbstverschuldeten Unmündigkeit, ist ein ehrwürdiges Beginnen. Das theoretische Pathos der Aufklärung trifft sich mit dem moralischen in der Tugend der Wahrhaftigkeit, deren Kern es ist, sich nicht selbst zu belügen. Das Überreden, suadere, wirft Lukrez der Religion vor; die Wahrhaftigkeit läßt Bonhoeffer verstummen, wenn die andern in religiöser Terminologie zu reden anfangen. Will nun die autonome Ethik wahrhaftig sein, so wird sie radikal. Dazu ist keine abstrakte Konsequenz nötig, es genügt der realistische Blick auf die menschliche Gesellschaft. Die Probleme der Gerechtigkeit, der Mitmenschlichkeit, ja des Überlebens bleiben ungelöst, solange jeder Einzelne und noch mehr jede soziale Gruppe die ethischen Forderungen streng nur auf die Andern, auf sich selbst aber lax anwendet. Das Resultat ist die Kette von Katastrophen, die man politische Geschichte nennt. Das Verhalten von uns Menschen in dieser Geschichte ist nicht primär böse, es ist vor allem unter unserem eigenen intellektuellen Niveau, es ist dumm. Es gibt wohl kaum einen Interessengegensatz zwischen den Menschen, der nicht im Prinzip durch allseitige Vernunft zu überwinden wäre. Die Dummheit, die die Lösung verhindert, ist durch mangelnden guten Willen produziert, und dieser Mangel ist die Folge von Angst. Der moralisch Sensible, der dies an sich selbst immer wieder beobachtet, muß sich selbst hassen. Jedes Versagen unserer Wachheit, unserer Wahrhaftigkeit, wird uns aber erlauben, diesen Haß auf andere zu projizieren. Deshalb tritt der Kampf für die Gerechtigkeit fast immer mit dem Pathos des Hasses auf. Damit rechtfertigt jedoch der Kämpfer für die Gerechtigkeit die Angst und den Haß des Gegners, den er bekämpft. Diese affektive Verstrickung zwischen den Menschen wird durch die gegenseitige Angst stabilisiert. Sie wird nicht durch rationale Überlegung, sondern nur durch einen reineren Affekt aufgelöst, durch die Liebe. Die Erfahrung, daß die Liebe möglich ist, ist der religiöse Grund der radikalen Ethik. Die Möglichkeit der ver-

IV, 3. Gedanken eines Nichttheologen ...

söhnenden Liebe wird als Gnade erfahren. Offene Zuwendung zu dieser Gnade ist Glaube. Der traditionelle religiöse Ausdruck dieser Erfahrung ist, daß wir den Nächsten nur in Gott wirklich lieben können. Das Gebot »liebe deinen Nächsten wie dich selbst« ist in autonomer Moral unerfüllbar, denn anders als in Gott kann ich auch mich selbst nicht sehend lieben; je sensibler ich bin, desto weniger dürfte ich mir verzeihen, daß ich bin wie ich bin.

Eine Gedankenkette wie diese kann auf das Tor zur religiösen Erfahrung weisen, aber sie breitet diese Erfahrung nicht aus. Den Menschen der abendländischen Kultur hat sich diese Erfahrung im Blick auf Christus, in der Bindung an ihn, im Versuch seiner Nachfolge erschlossen. Diese Erfahrung bringt zugleich die Seligkeit und das Schwert. Sie öffnet den Blick für die Verwendung der Religion im Dienste des Interessengefüges der bestehenden Kultur. Die Kritik der radikalen Ethik an der Religion wird nicht darum falsch, weil radikale Ethik nur auf religiösem Grund möglich ist.

In dieser Erkenntnis entsteht das Bedürfnis, verschiedene Namen für die verschiedenen Momente der Religion zu haben. Barth wählte den Namen »Religion« für dasjenige in der Religion, was durch die Religionskritik getroffen wird[7], für das andere wählte er Worte wie »Christentum« oder »Glaube«. Er war sich aber bewußt, gerade als Theologe damit eine unermeßliche Aufgabe zu übernehmen. Wie soll sich der Glaube aussprechen, ohne durch die Begriffe seiner Sprache alsbald wieder »religiös« zu werden? In jenem Gespräch mit Barth wagte ich im Tonfall einer Frage die Bemerkung, das Evangelium sei doch ein kurzer Text, seine Dogmatik aber ein langer. Er erwiderte lächelnd: »Ja, wenn wir so einfach wären wie das Evangelium, dann könnten wir auch so kurz sprechen.« Er fuhr, sinngemäß, fort, er habe in der Dogmatik nur versucht, die Fülle der Fehldeutungen des Evangeliums abzuarbeiten. Ich glaube aber, daß das Problem die Mittel überfordert, die Barth einzusetzen vermochte. Warum wählte er den Terminus »Religion« für das Bedenkliche im Christentum? Vermutlich, weil »Religion« in der religionswissenschaftlichen Denkweise des 19. Jahrhunderts der Oberbegriff war, unter den dann »Christentum« und »Glaube« als speziellere Begriffe fielen. Er hatte einen Instinkt dafür, daß das der Logik entstammende Hilfsmittel der Begriffspyramide hier die Phänomene verdeckt. In der Tat, wer, den Theoretikern hat eine Erfahrung erzählen, eine Forderung nahebringen wollen, kennt nicht die Sicherheit, mit der sie durch begriffliche Einordnung den Blick von der Erfahrung ablenken, die Forderung entschärfen können? Zugleich wollte Barth das Einfließen der Religion der griechischen Philosophie ins Christentum abwehren. Aber man muß wohl sagen, daß auch seine Theologie das Mittel des Begriffs nicht entbehren konnte, und daß er eine Aufklärung des Zusammenhangs theologischer Begriffe mit Begriffen überhaupt, also eine

7 Vgl. hierzu die sorgfältige Analyse bei Feil, l. c.

philosophische Reflexion auf die durch sein Denken implizierte Philosophie nicht geleistet hat.

Auch Bonhoeffers letzte Ansätze bleiben hinter dem wahren, inhaltlichen Problem zurück. Es kann bei ihm so aussehen, als sei das »mündige« Bewußtsein der modernen Welt eine in sich konsistente Denkweise. Wäre dem so, dann könnte ich mir eine Interpretation des alten Glaubens in Begriffen dieser Denkweise kaum vorstellen. Bonhoeffers Andeutungen einer »Arkandisziplin«, »durch die die Geheimnisse des christlichen Glaubens vor Profanierung behütet werden« (5. 5.) weist in anderer Richtung, ebenso die Forderung: »Die Mündigkeit der Welt ... wird nun wirklich besser verstanden, als sie sich selbst versteht, nämlich vom Evangelium, von Christus her.« (8. 6.). In dieser Linie liegt auch Gogartens spätere Theologie, welche die Säkularisierung – anders als das von ihm Säkularismus genannte Phänomen – gerade nicht als Abfall vom Glauben, sondern als Verwirklichung des Willens Gottes in der Geschichte versteht. An alle diese Ansätze ist die Frage zu stellen, wie sie sich in dem Zirkel bewegen, das Christentum im modernen Bewußtsein, das moderne Bewußtsein aber vom Christentum her zu verstehen.

Die Bezeichnung der modernen Welt als »mündig« ist irreführend, wenn man über die Parallele zur juristischen Emanzipation von elterlicher Gewalt hinausgeht. Es trifft zu, daß sich die moderne Kultur kirchlicher Gewalt nicht mehr unterwirft. Im Bewußtseinsprozeß kann man allenfalls von einer speziellen Reifungsphase sprechen, etwa von der Ausbildung der zwei zusammengehörigen Vermögen Wille und Verstand, deren gemeinsames Instrument das begriffliche Denken ist. In der Biographie einer Person wie in der Geschichte der Kultur aber bedeuten Reifungsphasen meist zugleich, daß gewisse Fähigkeiten zurückgedrängt werden, wenn andere an ihre Stelle treten. Dies gilt insbesondere von Phasen der Emanzipation, die eben darum meist dramatisch verlaufen. Emanzipation ist kein Selbstzweck, kein Erreichen eines Gleichgewichts, sondern ein Durchgang, ein Freisetzen vorher gebundener Kräfte. Heute ist die moderne Emanzipation ökumenisch geworden. Sie hat alle Kulturen der Welt erreicht. Gleichzeitig besitzt sie nicht den moralischen Leitfaden, um die freigesetzte Welt zu gestalten. Dies gilt jedenfalls dann, wenn die vorhin angestellten Überlegungen über radikale Ethik richtig waren, denn die moderne Emanzipation strebt zur autonomen Moral. Deshalb müssen wir erwarten, daß die größten, erdumgreifenden politischen Konflikte nicht hinter uns, sondern vor uns liegen. Und es ist zu fürchten, daß das Recht – das anfangs scheinbar so klare Recht – schließlich auf keiner der streitenden Seiten sein wird.

In dieser Lage bewahrt die Kirche das Wissen von dem Einzigen, was heilt, der Liebe zum Nächsten quer durch die Fronten, die nur in Gott möglich ist. Die Kirche bewahrt dieses Wissen nicht, wenn sie auf einem Anspruch beharrt, der seinen historischen Ort vor der Emanzipation hat; dann errichtet sie zu den anderen Fronten nur ihre eigene Front, die zwischen Kirche und

IV, 3. Gedanken eines Nichttheologen ...

Welt. Ein Stück dieser Front ist auch die Front gegen die außerchristlichen Religionen. Hier handelt es sich nicht darum, den Feind zu lieben, sondern den Bruder zu verstehen. Die meisten christlichen Theologen noch so moderner Generationen wie derjenigen Barths und Bonhoeffers hielten den Irrtum aufrecht, die anderen Religionen seien, im Gegensatz zum Christentum, in ihrem Wesen nur »Religion«. Diese Meinung war ein Schutzwall um den Glauben an die Einzigartigkeit Christi, ein Schutzwall, der, wie Schutzwälle immer, Wichtiges gerade in den Aussagen Christi unverständlich gemacht hat. Die alte Kirche, welche die Religion der griechischen Philosophie in sich aufnahm, hat hierin weiser gehandelt.

Dies sind einige Landmarken des Wegs der Theologie ins moderne Bewußtsein, den Bonhoeffer als offenen Weg vor sich sah, ehe er starb. Hätte er leben dürfen, er wäre den Weg mit uns gegangen.

IV, 4. Ebenen der christlichen Theologie [1]
Eine Anmerkung zu Luther

In einigen Überlegungen der letzten Jahre habe ich von Plateaus gesprochen: in der Wissenschaftsgeschichte sind es Kuhns Paradigmen, Heisenbergs abgeschlossene Theorien, in der organischen Evolution die Spezies, im Menschsein habe ich das Nützliche, das Gerechte, das Wahre, das Schöne, das Heilige so bezeichnet. Plateaus brauchen sich, wie die letzten Beispiele zeigen, nicht historisch abzulösen, sie können, wenn sie verschieden genug sind, koexistieren; sie können einander aber auch mit innerer Notwendigkeit im historischen Prozeß verdrängen, wie eben die umfassendere Theorie die engere erklärt und eben dadurch in ihrem Wahrheitsanspruch relativiert, »als Wahrheit« verdrängt. Sprachlich scheint das Fremdwort »Plateaus« überflüssig; »Ebenen« ist dieselbe geographische Metapher.

Eine kurze Ferienlektüre in Rankes Deutscher Geschichte im Zeitalter der Reformation führte mir die Wichtigkeit der Leipziger Disputation mit Eck (1519) für Luther vor Augen. In den Verhandlungen mit Miltitz hatte Luther sich aufrichtig zur Zurückhaltung im Rahmen der päpstlichen Autorität bereit gefunden. Gerade die sachliche Stärke der Argumente Ecks zwang ihn, um der Wahrhaftigkeit willen, über alle bisherige Zurückhaltung hinaus, zu Konsequenzen, die ihm erst dann voll bewußt wurden. Daß die Autorität des Papstes nicht in der Bibel, sondern in geschichtlich erhobenen Ansprüchen begründet sei, bewies Luther gegen Eck dadurch, daß die griechische Kirche mit ihren vielen Kirchenvätern und Heiligen, obwohl sie den Papst nicht anerkennt, von der römischen Kirche nicht als häretisch (nur als schismatisch) angesehen wird. Hiermit hatte Eck Luther de facto zur klaren Abweisung der päpstlichen Autorität gezwungen. Luther wollte sich auf die Konzilien stützen. Eck bewies Luther, daß die neueren Konzilien, zumal das Konstanzer Konzil in der Verurteilung von Hus, die päpstliche Autorität positiv behaupten. Nun war Luther gezwungen, zu behaupten, daß auch Konzilien irren können. Dies nötigte ihn zu seiner eigentlichen Position: die einzige unerschütterliche Autorität ist die Schrift. Wie schwer diese Schritte für Luther waren, zeigte sich in der Erschütterung, in die ihn dann in Wittenberg die

---

1 1976 geschrieben, quasi als Nacharbeit zum Bonhoeffer-Vortrag.

IV, 4. Ebenen der christlichen Theologie   357

gedankliche Nacharbeit stürzte. Jetzt erst begann er im Papsttum ein System
zu erkennen, das in kohärenter Weise seine Macht ausbaute und ihr die
Wahrheit opferte. Auf die Frage, wie Gottes Heilsplan diese Verkehrung seiner Kirche hatte zulassen können, gab es für ihn dann nur noch die eine kon-
sequente Antwort: der Papst ist der prophezeite Antichrist. Man hat in dieser
Gleichsetzung einen Beleg für Luthers Maßlosigkeit in der Gegnerschaft gesehen. In Wirklichkeit war gerade sie eine Erkenntnis des Charakters des
Papsttums als echte Ebene der Geschichte, formuliert in einem der spärlichen
Begriffe für Geschichtsvorgänge, welche die christliche Lehre von der Heilsgeschichte ihm bot.

Wer als Kind der Aufklärung diese Vorgänge anschaut, erkennt sofort, daß
auch Luthers Ebene der Schriftautorität so wenig haltbar ist wie die Autorität
des Papstes oder die der Konzilien. In aufgeklärteren Zeitgenossen, so im
Abendmahlsstreit mit Zwingli, trat ihm faktisch schon die nächste geschichtliche Ebene, die Vernunft, entgegen. Die Bibelkritik späterer Jahrhunderte
entdeckte in der Schrift so viele Widersprüche wie in der Kirchengeschichte.
Sie rechtfertigte auf anderer Ebene eine der katholischen Thesen gegen Luther: die Schrift ist selbst ein Teil der Geschichte. Konnte der heilige Geist die
unfehlbare Schrift diktieren, dann konnte er ebensowohl die Kirche durch unfehlbare Päpste oder Konzilien führen; hat er dieses nicht getan, warum sollen wir annehmen, er habe jenes getan?

So kritisiert die Ebene der aufgeklärten Vernunft die Ebenen der christlichen Theologie. Aber die bloße Emanzipation ist ja noch nie echtes Verständnis dessen, wovon man sich emanzipiert. Zu den psychologischen Bedingungen des Emanzipationsakts gehört ein Maß an geschichtlicher Verblendung.
Reife stellt dann ein Verständnis der Vorfahren her, zu dem weder diese
selbst fähig waren noch der nach Emanzipation verlangende Rebell. Dies ist
der (»Heisenbergsche«) Idealfall. In der Religionsgeschichte, wie überhaupt
in der Kulturgeschichte, ist jedoch Kuhns Bild der Paradigmen, deren spätere
oft auch etwas nicht mehr leisten, was frühere geleistet haben, richtiger als in
der Physik. Die Ebenen der christlichen Theologie bewahren Schätze, die gerade auf der Ebene der aufklärerisch verstandenen Vernunft unsichtbar, un-
prüfbar bleiben.

Schon eine aufgeklärt denkende Evolutionstheorie kann den Ebenen christlicher Theologie ein Stück weit gerecht werden; sie kann verständlich machen,
warum es auch in der Kirchengeschichte Ebenen, vielleicht eben diese gedanklichen Ebenen gibt. Die christliche Gemeinde wußte sich vom Anfang an
durch eine in ihr lebendige Wahrheit geführt; »der Geist wird euch in alle
Wahrheit leiten.« Dies ist ein evolutiver Prozeß. Wie alle Evolution geht er
durch Versuch und Irrtum, durch Vorstöße in verschiedene Richtungen, ent-
stehende Richtungskämpfe, Sieg der erfolgreicheren Richtung, integrative
Einigungen, unheilbare Entzweiungen, die getrennte Evolutionspfade eröff-
nen. Hier bieten sich nun Ebenen der Entscheidungsfindung an wie in allen

anderen geistigen und politischen Entwicklungen auch. Dem Ideal der Führung durch die Wahrheit gemäß ist die immer von neuem im Schoß der Gemeinde hergestellte aufrichtige Einigung. Damit diese gelingt, muß wenigstens eine von zwei Bedingungen erfüllt sein. Entweder die Gemeinde muß so klein sein, daß ihre Glieder einander kennen und im sozialen Zusammenleben die Fortdauer der realen Übereinstimmung immer wieder überprüfen können. Dies ist das Prinzip der Sekten, für uns Heutige am eindrucksvollsten wohl in den Quäkern verkörpert. Oder die Wahrheit muß eine so offensichtlich überpersönliche Kraft haben, daß auch eine weitverstreute Menschengruppe darauf trauen kann, diese Wahrheit werde sich durch ihre überzeugende Wirkung immer von neuem durchsetzen. Dafür ist die heutige Wissenschaft ein Modell, in der neue Erkenntnisse sich bisher durch aktive Zustimmung der scientific community durchgesetzt haben, mit dem Randphänomen des immer erneuten Aussterbens der nicht Überzeugten. Die christliche Kirche hat eine ähnliche Überzeugungskraft ihrer Wahrheit, vermittelt durch ihre Predigt und den stets wirksamen heiligen Geist in Anspruch genommen. Sie hätte keine zwei Jahrtausende überlebt, wenn in diesem Anspruch nicht etwas Berechtigtes gewesen wäre (dies ist das Argument für das Papsttum, das Luther nur durch die Gleichsetzung des Papstes mit dem von Gott zugelassenen Antichrist ausräumen konnte). Der soziologisch und politik-historisch geschulte Blick erkennt freilich in der Kirchengeschichte noch offensichtlicher als in der Geschichte der Wissenschaft die Hilfskonstruktionen, die eben zu den drei Autoritäten des Papstes, der Konzilien, der Schrift geführt haben. Das Prinzip der Autorität tritt überall dort ein, wo die Einigung durch unmittelbar überzeugende Wahrheit nicht gelingt. Autoritäten können mitlebend oder historisch sein. Mitlebende Autoritäten sind monarchisch oder korporativ, also episkopal oder presbyterial. Soll der katholische Zusammenhalt der Kirche durch mitlebende Autorität garantiert sein, so legt sich bei der ungeheuren Ausdehnung der christlichen Ökumene eine Zentralgewalt als Lösung nahe: so kam es zum Papsttum. Das Prinzip der korporativen Autorität kann nur selten im ökumenischen Rahmen praktiziert werden: so kam es zu den Konzilien. Die unerschütterlichste Autorität wird ein ein für allemal abgeschlossener Text sein: so kam es zum Kanon der Schrift.

Es ist evident, daß die schlichte Erkenntnis dieser Mechanismen, wie sie der aufgeklärten Vernunft erscheinen, ausreicht, alle drei Autoritäten zu relativieren, selbst wenn man bereit ist, sich ihnen aus Gründen der Pragmatik, auch des Respekts, weiterhin zu fügen. So war Luther bereit, die Konzilien und selbst den Papst zu respektieren, bis Eck ihn zur Konsequenz der Wahrheit zwang. Für den heutigen Leser verblüffend ist, daß er bei der Schriftautorität haltmachte und später den Schritt in die nächste Ebene so entschieden verweigerte wie das Verharren in der vorangehenden; dem Antichrist Papst steht dann für ihn die Hure Vernunft gegenüber. Solche Verblüffung gegenüber einer Ebene zeigt aber stets, daß wir die Ebene nur formal, als Stabilisie-

IV, 4. Ebenen der christlichen Theologie   359

rungsmittel, aufgefaßt haben, und daß der Inhalt, der eben diese Stabilisierung ermöglichte, unbemerkt geblieben ist.

Die Aufklärung symbolisiert ihre eigene Ebene durch eine Halbwahrheit, den Fortschrittsglauben. Historisch war es ein ungeheurer Schritt, der in der Menschheit allgemein herrschenden Absolutsetzung der Tradition die freie Wahrheitssuche und den Glauben an eine herstellbare bessere Zukunft unter dem Prinzip der Vernunft entgegenzusetzen. Aber schon im Bereich rationaler Erkenntnis selbst hat der bloße Fortschrittsglaube etwas Eindimensionales; er vermag die inhaltlichen Gründe der epochenüberspannenden Kraft älterer Erkenntnisse oft nicht zu erkennen. Hier ist das Kuhnsche Schema der Wissenschaftsgeschichte erleuchtend. Normale Wissenschaft stellt ihr leitendes Paradigma nicht in Frage; gerade weil sie es fraglos anwendet, versteht sie im Grunde nicht, warum es funktioniert. In den großen wissenschaftlichen Revolutionen wird die Wissenschaft genötigt, zu philosophieren. Einstein verstand Newton besser, als das 18. und 19. Jahrhundert ihn verstanden hatte; er konnte ihn relativieren, weil er ihm – endlich wieder – gerecht wurde. Und kein Späterer wird dem Früheren voll gerecht, auch Einstein Newton nicht. Es war für mich das große Geschenk des beruflichen Auftrags, Philosophiegeschichte zu lehren, daß ich sehen lernte, wie weit die gesamte neuzeitliche Philosophie, obwohl sie über Platon hinausweist, hinter einem Verständnis Platos zurückgeblieben ist. Freilich war der Schleier, der über der griechischen Philosophie lag, gerade ihre Rolle als Autorität. Wo diese Autorität noch galt, blieb sie so unverstanden wie ein herrschendes Paradigma, wo sie nicht mehr galt, wurde sie vergessen wie ein Paradigma der Vergangenheit.

Das Christentum hat die Autorität Christi nie in Frage gestellt. Es hat sie durch das Dogma seiner göttlichen Natur sakrosankt gemacht. Auch diese Autorität war zugleich ein Schleier vor seiner Wirklichkeit. Daher die immer wiederkehrende Konfliktform der inneren Revolutionen der Kirche. Wer den Schleier ein Stück weit lüftete, mußte sich selbst verstehen als einer, der zum Ursprung, zum eigentlichen Christentum zurückkehrte, und mußte den Anhängern der bestehenden Autorität als ein Feind Christi, als der Anstifter eines Sakrilegs erscheinen. So auch Luther. Das Schriftprinzip hatte für ihn die Bedeutung, die überwältigende Quelle lebendigen Wassers wieder strömen zu lassen, die in der ältesten großen Theologie, der paulinischen, und in der Überlieferung von Christus selbst zu finden war. Es ging dabei, wie so oft in einem neuen Paradigma, um einen einzigen, alles andere neu organisierenden Gedanken, die Rechtfertigung durch den Glauben.

Dieser Gedanke ist unserer Zeit schon wieder so weit entrückt, daß man ihn modernen Menschen kaum mehr erklären kann (ich weiß, welche Mühe ich als junger Mensch hatte, mir überhaupt begreiflich zu machen, wovon Luther sprach; erst als ich mir das geistesgeschichtlich auseinandergelegt hatte, begann ich, anders als sporadisch mit ihm fühlen zu können). Gemessen am aufklärerischen Paradigma der Vernunft und des guten Willens enthält dieser Gedanke in der Tat zwei entgegengesetzte Komponenten. In einer oberflächlichen Schicht ist er emanzipatorisch; und ohne diese Schicht hätte er historisch nicht so gewaltig gewirkt. In der tieferen Schicht aber leugnet er eben das, woran die Aufklärung geglaubt hat, die der menschlichen Natur immanente Gabe des moralischen und rationalen Fortschritts. Mit der tieferen Schicht meine ich die tiefere Erkenntnis – auch wenn die für Luther unerläßliche Form dieser Erkenntnis unserer Rationalität nicht mehr gemäß ist. Versuchen wir, wissend, daß auch sie unangemessen bleibt, eine moderne Sprache für diese Erkenntnis.

Es ist emanzipatorisch, zu erkennen, daß wir unsere Identität nicht der Erfüllung eines von außen gegebenen Gebots verdanken können. In diesem Satz steht der selbst der Emanzipation verdankte Begriff der Identität für den voremanzipatorischen Begriff der Rechtfertigung. Das von außen gegebene Gebot steht für das, was Luther, Paulus folgend, des Gesetzes Werke nennt. Nun war aber Paulus philosophisch gebildet. Er konnte, in hellenistischer Version, den Gedanken denken, den in der Neuzeit Kant am klarsten formuliert hat: daß das Gesetz im Kern ein Gesetz der Vernunft ist, das der mündige Mensch, kraft vernünftiger Erkenntnis, nicht umhin kann sich selbst vorzuschreiben. Wer so denkt, darf statt Rechtfertigung Identität sagen. Paulus, und mit ihm Luther, kritisiert aber gerade diesen zentralen Gedanken. Die Erfahrung lehrt mich, daß ich nicht imstande bin, das Gute, das ich will, zu tun, ja, tiefer gesehen, daß ich nicht imstande bin, das Gute, dem ich zustimme, zu wollen. Hier sei nicht die Rede davon, wie Kant, der dieses Problem sah, es zu lösen versucht hat; die Aufklärung in ihrer Breite hat das Problem nicht sehen mögen und hat es mit dem psychischen Instrument des Optimismus verdrängt. Die Strafe für diese Verdrängung ist die »Dialektik der Aufklärung«, der immer von neuem drohende Zusammenbruch der gesamten modernen Kultur.

Wo der Rationalismus der Aufklärung des Problems inne wird, schiebt er die Schuld meist der Irrationalität der Affekte zu. Diese Stilisierung des Menschen, die Zerlegung der Seele in einen rationalen und einen irrationalen Teil, ist selbst eine Ebene der anthropologischen Theorie, ein Paradigma, das in unserer okzidentalen Tradition aus der griechischen Philosophie, aus einer (freilich ungenauen) Interpretation eines platonischen Gleichnisses stammt. Die Kulturkritik wie die Wissenschaft unserer Zeit zerstört diese glatte Lösung, enthüllt ihre falsche Eleganz. Einerseits legt die Kulturkritik uns nahe, von der Irrationalität des Rationalen zu sprechen, von der Zerstörung der Lebenswelt durch ein technisches und politisches Handeln, das vom Partikularinteresse her gesehen gerade verständig ist, und das der Optimismus der Aufklärung für vernünftig hielt. Das Mindeste, was hier philosophisch geleistet werden muß, ist die Unterscheidung des Verstandes als der Fähigkeit, begrifflich zu denken, von der Vernunft als der Wahrnehmung eines Ganzen.

IV, 4. Ebenen der christlichen Theologie   361

Wie aber kann uns Vernunft zugänglich werden? Die Wissenschaft andererseits, speziell gesagt die Ethologie und die von ihr belehrte Psychologie, lehrt uns die Rationalität des Irrationalen, die Vernunft der Affekte verstehen. Affekte sind begrifflose Wahrnehmungen; ihre Unordnungen indizieren nur die Unordnungen des steuernden Ich.

Die Erfahrung, die Luther ins Kloster und wieder hinausgetrieben hat, die er bei Paulus ausgesprochen fand, heißt in moderner Sprache, daß eben das Ich selbst der Ursprung des Übels ist, nicht gewisse ihm anhaftende Affekte. In diesen Erfahrungsbereich ist in der neueren Zeit Freud eingedrungen, freilich mit ganz anderen Vorurteilen. Freuds Beziehung zu Luthers Problem kann in dreifacher Weise angedeutet werden. Das Erste, daß ohne Zweifel die sexuellen Probleme für den jungen Luther, und das heißt letztlich für sein ganzes Leben, eine Schlüsselrolle hatten. Man meint dies dem Gesicht des jungen Asketen wie des fett gewordenen Familienvaters anzusehen. Man tut dem großen Manne Luther damit keinen Abbruch, wenn man mit Freud die Universalität des sexuellen Problems sehen gelernt hat. Die fürchterlichen Angstgefühle, das schwelende Sündenerlebnis ohne kasuistischen Grund hat Freud uns als sexuelle Verdrängungsphänomene begreifen gelehrt. Luther konnte dem Sinn der mönchischen Lebensform nie gerecht werden, weil sie ihm eine falsche Lösung dieses Problems symbolisierte; ob seine späten Depressionen damit zusammenhingen, daß auch die Ehe nicht die volle Lösung war? Das Zweite ist, daß Freud das Ich nicht als den Herrn, sondern als ein relativ kleines Organ der Psyche sehen lehrte. Hier ist Freud freilich in einen Rätselgarten eingedrungen, in ein Labyrinth, in dem auch er den Weg verlor, zumal da sein begriffliches Werkzeug, dem zeitgenössischen physikalischen Weltbild entstammend, seiner Intention nicht gemäß war. Das Dritte ist das Wichtigste. Wie Freud sah, hängt die Heilung der Neurose daran, daß ich die Taten meines Unbewußten als Taten meines eigenen Willens erkenne und auf meine Verantwortung übernehme, obwohl ich zuvor nicht gewußt habe, daß ich sie wollte. Dies ist die Erkenntnis Luthers und Paulus': Ich bin es – nicht die von mir unterschiedenen Affekte, wie sollte ich ihrer Herr werden? – ich bin es selbst, der das Böse will, das ich selbst verurteilen muß. Wie das zugeht, mag rätselhaft sein, aber das ist die Erfahrung. In religiöser Symbolsprache: Vergebung gibt es nur für den reuigen Sünder, nicht für den, der sich zu seinen Sünden nicht bekennt; und nicht einmal die Reue zu wollen, liegt in seiner Macht.

Diese Erfahrung vom servum arbitrium ist nun freilich, in immer wieder anderer kultureller Einbettung, die Ausgangserfahrung aller der Religionen, in denen von Erlösung die Rede sein kann. Im Buddhismus und im Hinduismus, bei allen Unterschieden, die sie umfassen, ist die Erlösung wie ein Erwachen erfahren. In wichtigen Traditionen spricht man von einem Erwachen zum wahren, göttlichen Selbst. Im Christentum ist die Erlösung göttliche Gnade. Luther, seiner persönlichen Erfahrung nach besonders mißtrauisch gegen jeden Besitzanspruch des Ich, auch den Anspruch auf Gnade oder auf göttliche Teilhabe, fand die Erlösung, die Form der Beziehung zu Gott, die er als Rechtfertigung beschrieb, im Glauben. Er kam damit der Vorprägung der christlichen Kultur nahe genug, daß seine eigene Erfahrung vorbildlich werden und welthistorische Wirkung entfalten konnte.

Es ist also nicht das Schriftprinzip, das die theologische Ebene Luthers auszeichnet, sondern der für ihn entscheidende Inhalt der Schrift, der Glaube. Der Gegner ist nicht der Papst, sondern das von der Scholastik bis zur Aufklärung durchgehaltene Vernunftprinzip. Es mag ein Erbe Luthers sein, daß Deutschland politisch die Aufklärung nie ganz vollzogen hat, ihr geistig nie kritiklos gefolgt ist. Deutschland bleibt so, bei aller Effizienz, ein Land tiefsinniger Konservativer. Luther vermochte seine Erfahrung nicht in anderer Rationalität zu denken als derjenigen der überlieferten Bibelauslegung. Auf seine Erfahrung im eigentlichen Sinne war keine Ebene der historischen Kirche oder Theologie zu gründen. Die protestantische Kirche wurde am Ende ein feindlicher Bruder der katholischen oder ein Promotor der Aufklärung. Erst in unserem Jahrhundert ergreift die Aufklärung die ganze Erde, verwandelt alle Kulturen. Ihre Überlegenheit über alle Traditionen ist offensichtlich, ihre Unfähigkeit, die selbsterzeugten Probleme zu lösen, zeigt sich und sollte uns nicht verwundern. Heute sind ganz andere geistige Ebenen notwendig als alle überlieferten Ebenen christlicher Theologie. Aber es wird ein Kriterium für sie sein, ob sie uns begreifen lehren, wovon in dieser Theologie die Rede war.

IV, 5. Die Seligpreisungen

1. Vorbemerkung

Zur Vorbereitung auf das Kirchentags-Referat Über Angst (I, 8.) und vor allem auf den Bonhoeffer-Vortrag (IV, 3.) habe ich im Sommer 1975 Partien des Neuen Testaments, vor allem den Römerbrief und den Anfang der Bergpredigt, im griechischen Text gelesen. Aus den Texten sprangen mir Wortbedeutungen entgegen, die der mir seit der Kindheit vertraute Luthertext, aber im Grunde die gesamte kirchliche Auslegungstradition, verdeckt hatte. Meine Aufmerksamkeit auf diese Bedeutungen war vor allem sensibilisiert durch die Übung eines Jahrzehnts der Lektüre griechischer Philosophie im Urtext, die mir das philosophische Lehramt geschenkt hatte. Eine Rolle spielte aber auch meine persönliche Begegnung mit der Wirklichkeit asiatischer Religion.

Ein Beispiel ist die gegenüber Luther sehr viel dynamischere Deutung des ἔλεγχος in Hebr. 11.1, die ich im Referat über Angst (S. 97) versuche. Das Lexikon von Bauer[1] bietet zur Stelle die Bedeutung *Beweis*. ἔλεγχος ist ein Wort der Gerichtspraxis, das als *Überführung* übersetzt werden kann; in der philosophischen Tradition bedeutet es seit Sokrates die *Erprobung*, d. h. meist den *Erweis der Ungegründetheit* einer vorgebrachten Meinung des Gesprächspartners. In unserer Lutherbibel wird die mögliche Bedeutung *Beweis* umgedeutet zu *Nichtzweifeln*, also dem präzisen Gegenteil des üblichen Wortsinnes. Es ist klar, welches Interesse Luthers und später welches kirchliche Interesse hinter dieser Wegnahme des konstitutiven Zweifelselements aus einem Wort steht, das ein Prädikat des Glaubens aussprechen soll; und es ist tröstlich, im Urtext eben die Bedeutung wiederzufinden, die der aufgeklärte Intellektuelle in der lutheranischen (von Luthers eigener Dynamik dann wieder weit entfernten) Deutung vermißt. Ich habe nicht alle späteren Übersetzungen durchgeprüft, ziehe aber immer diejenige meines Urgroßvaters Carl Weizsäcker[2] zu Rate. Der kluge und vorsichtige liberale Übersetzer fin-

---

1 W. Bauer, »Griechisch-deutsches Wörterbuch zu den Schriften des Neuen Testaments und der übrigen urchristlichen Literatur«, Berlin, Töpelmann 1937.
2 Das Neue Testament, übersetzt von Carl Weizsäcker, Tübingen, Mohr (Siebeck)[9] 1900; weiterhin als CW zitiert. Wo ich im Folgenden Stellen aus dem Neuen Testament auf deutsch anführe, stammt der Wortlaut fast stets aus dieser Übersetzung.

det, wenn der griechische Text ein Wort enthält, das mehrere Deutungen zuläßt, fast stets ein deutsches Wort, das uns vor dieselbe Mehrdeutigkeit stellt, ein Verfahren, für das ich sehr viel dankbarer bin als für unkommentierte einseitige Entscheidungen. Er übersetzt die Stelle: »Es ist aber der Glaube eine Zuversicht auf Gehofftes, eine *Überführung* über Dinge, die man nicht sieht«.

Es fiel mir – so jedenfalls das subjektive Erlebnis – wie Schuppen von den Augen, als ich mit dieser Sorgfalt den vertrauten griechischen Text der Seligpreisungen las. Ich sah, daß ich meine bisherige Auffassung des Textes in einem wesentlichen Punkt ändern mußte, einem Punkt, der mit der besseren Erkenntnis des Adressatenkreises der Rede, ihres »Sitzes im Leben« zusammenhängt.[3] Dies möge aus der nachstehenden Übersetzung und dem anschließenden Kommentar hervorgehen. Die Übersetzung verzichtet bewußt auf die Tugend des Ahnherrn; sie legt sich auf eine Deutungsentscheidung fest und ist deshalb an einigen Stellen eher interpretierend als wörtlich. Sie erhebt eben darum keinen Anspruch auf kirchlichen Gebrauch, wohl aber auf wissenschaftliche Diskussion. Eine Erörterung der geschichtlichen Wirkung des Textes macht den Schluß.

2. Übersetzung

Math. 3,2 : Ändert euer ganzes Bewußtsein, denn das Reich der Himmel ist da.

4,8 : Wiederum nimmt ihn der Teufel mit auf einen sehr hohen Berg.

4,10 : Hierauf sagt Jesus zu ihm: Entweiche Satan; denn es steht geschrieben: Du sollst dem Herrn deinem Gott huldigen und ihn allein anbeten.

4,11 : Hierauf verläßt ihn der Teufel, und siehe, Engel kamen und dienten ihm.

5,1 : Als er die Massen sah, stieg er auf den Berg, setzte sich und

5,2 : seine Jünger kamen zu ihm. Und er tat seinen Mund auf und lehrte sie, sagend:

5,3 : Selig sind die Bettelmönche, denn für sie ist das Reich der Himmel da.

5,4 : Selig die Trauernden, denn sie werden getröstet werden.

5,5 : Selig die Milden, denn sie werden das Land Israel erben.

5,6 : Selig, die hungern und dürsten, Gerechte zu sein, denn sie sollen satt werden.

5,7 : Selig die Erbarmenden, denn sie werden Erbarmen finden.

5,8 : Selig die im Herzen Reinen, denn sie werden Gott sehen.

5,9 : Selig die Bringer des Friedensreichs, denn sie werden Gottes Söhne heißen.

3 IV, 2. ist vor dieser Lektüre verfaßt, IV, 3. nachher.

IV, 5. Die Seligpreisungen

5,10 : Selig, die verfolgt werden, weil sie Gerechte sind, denn für sie ist das Reich der Himmel da.
5,11 : Selig seid ihr, wenn sie euch schmähen und verfolgen und über euch alles Böse lügnerisch sagen um meinetwillen. Freut euch und jubelt, denn euer Lohn wird groß sein im Reich der Himmel. So haben sie die Propheten vor euch verfolgt.

3. *Kommentar*

3,2: μετανοεῖτε; Luthers Übersetzung, von CW übernommen: *tut Buße*. Die Frage ist, ob wir das Wort *Buße* verstehen. νοεῖν bedeutet bei Homer *verstehend sehen, sehend wahrnehmen*.[4] Von Platon und Aristoteles auf geistiges Wahrnehmen angewandt, bezeichnet es diejenige Weise des Denkens, die durch die Analogie des Sehens erläutert werden kann. Dies ist in der attischen Philosophie die höchste Tätigkeit der Seele, und in diesem Sinn ist νοῦς der Geist. Wieviel davon im neutestamentlichen Griechisch noch anklingt, kann offen bleiben. Jedenfalls fordert das eine Änderung der ganzen Seelenhaltung; ich versuche dies durch *euer ganzes Bewußtsein* auszudrücken. Die nächste Verwandtschaft mit dieser Forderung findet sich in Platons Auslegung des Höhlengleichnisses, Pol. 518 B, wo dem Gefangenen, der sich auf den Weg zum Licht machen soll, nottut ξὺν ὅλῃ τῇ ψυχῇ ... περιακτέον εἶναι, *sich mit der ganzen Seele umzuwenden*. Wir sollten voraussetzen, daß analogen Ausdrücken analoge Erfahrungen entsprechen.

ἡ βασιλεία τῶν οὐρανῶν. Luthers *Himmelreich* gebe ich mit CW als *Reich der Himmel* wieder. Ich versuche hier nicht, den formelhaften Ausdruck weiter auszulegen, als sich aus unserem Text selbst ergibt. Daß *Himmel* im Plural steht, verweist auf die Gegenwart der Engelmächte in diesem Reich.

ἤγγικεν. Luther übersetzt *ist nahe herbeigekommen*, CW korrekter *ist herbeigekommen*. Ich versuche den präsentischen Sinn des griechischen Perfekts hervorzuheben durch den Ausdruck *ist da*. Die Kirche hatte hier nach Jesu Kreuzestod das Auslegungsproblem, daß sie das Kommen des Himmelreichs erst mit seiner Wiederkunft erhoffte, also eine Art Zweideutigkeit des Ausdrucks annehmen mußte, wenn Jesus (Matth. 4,17) und gar schon Johannes (Math. 3,2) völlig gleichlautend sagen konnten, das Reich sei schon gekommen. Das Zurückweichen vor dem Wörtlichnehmen des Textes drückt sich in Luthers Übersetzung aus. Historisch werden wir davon ausgehen müssen, daß Johannes und Jesus wörtlich dieselbe Formel gebraucht haben und also wohl dasselbe gemeint haben: ein Reich, das mit ihrem eigenen Auftreten wenigstens begonnen hat, da zu sein. Die Verkündigung verkündigt, wörtlich gelesen, etwas, was vor der Verkündigung schon angekommen ist;

4 Vgl. B. Snell, Die Entdeckung des Geistes.

die Verkündigung ist nicht das Reich, sondern sie ist die Verkündigung des von nun an gegenwärtigen Reichs. Unsere Auslegung sollte versuchen, das Reich so zu verstehen, daß diese Verkündigung nicht einen phantastischen, sondern einen für die Beteiligten realen Sinn erhält.

4,8: εἰς ὄρος ὑψηλὸν λίαν.

5,1: ἀνέβη εἰς τὸ ὄρος.

8,1: Καταβάντος δὲ αὐτοῦ ἀπὸ τοῦ ὄρους.

Den Text aus der Versuchungsgeschichte habe ich nur aufgenommen zum Vergleich mit 5,1. In 4,8 steht ὄρος ohne Artikel, in 5,1 und 8,1 mit dem Artikel. Der Teufel führt ihn auf *einen* sehr hohen Berg, in 5,1 steigt er auf *den* Berg. Die ungezwungene Deutung scheint mir, daß er in 5,1 auf denselben dem Leser schon bekannten Berg steigt. Dies ist für meine Deutung des Nachfolgenden nicht entscheidend, würde sie aber stützen.

5,1: Ἰδὼν δὲ τοὺς ὄχλους ἀνέβη εἰς τὸ ὄρος. *Er sieht die Massen*, die ihm folgen. Wie an mehreren anderen Stellen des NT entweicht er vor den Massen auf einen Berg.

5,1: καὶ καθίσαντος αὐτοῦ προσῆλθον αὐτῷ οἱ μαθηταὶ αὐτοῦ. *Als er sich gesetzt hatte, kamen zu ihm seine Jünger. Er tut seinen Mund auf und lehrte sie, sagend.* An dieser Stelle ist es eindeutig, daß die Bergpredigt nicht zu den Massen, sondern nur zu den Jüngern gesagt ist. Auch Lukas 6,20 spricht er die Seligpreisungen zu seinen Jüngern. Auch dort ist eine große Menge in der Nähe. Matth. 7,28 entsetzen sich die Massen über seine Lehre. So konnte das Bild entstehen, daß Jesus die Bergpredigt zu den Massen gesprochen habe. Es scheint mir aber, daß wir uns an die klaren Einleitungsworte zu halten haben: Die Bergpredigt ist an den auserwählten Kreis der Jünger gerichtet. Mk. 3,13: Und er steigt auf den Berg und er ruft zu sich, welche ihm gefielen, und sie kamen zu ihm, und er bestellte zwölf, die er auch Apostel nannte, daß sie um ihn seien, und daß er sie aussende zur Verkündigung und mit der Vollmacht, die Dämonen auszutreiben. Matth. 7,14: Eng ist die Pforte und schmal der Weg, der zum Leben führt, und wenige sind, die ihn finden. 7,21: Nicht jeder, der zu mir sagt: Herr, Herr wird in das Reich der Himmel eingehen. Matth. 13,10–11: Und die Jünger kamen herzu und sagten zu ihm: warum redest du zu ihnen mit Gleichnissen? Er aber antwortete: weil es euch gegeben ist, zu erkennen die Geheimnisse des Reichs der Himmel, jenen aber nicht gegeben ist.

5,3: μακάριοι. Was heißt *selig*? Gleichsam liturgisch wird das Wort wiederholt. Es wird unerklärt eingeführt, aber die jeder Seligpreisung nachfolgende Begründung, ebenso stereotyp mit ὅτι, *denn* eingeleitet, scheint den Inhalt der Seligkeit zu beschreiben.

5,3: ὅτι αὐτῶν ἐστιν βασιλεία τῶν οὐρανῶν. *Denn ihrer ist die Herrschaft der Himmel.* Der Text legt nahe, daß sie selig sind, *weil sie die Herren im Reich der Himmel sind.* In der Übersetzung habe ich nicht gewagt, so weit zu gehen und habe nur gesagt, *denn für sie ist das Reich der Himmel da.*

IV, 5. Die Seligpreisungen   367

Jedenfalls steht hier kein Futurum. *Jetzt schon ist ihrer das Reich der Himmel.* Die Seligpreisung ist weder ein bloßes Rühmen noch ein bloßes Versprechen für die Zukunft, sondern sie ist eine Beschreibung der Gegenwart. Wer aber ist *selig?*

5,3: οἱ πτωχοὶ τῷ πνεύματι. Die Übersetzung *die Bettelmönche* ist nicht ganz genau, aber ich habe kein präzises deutsches Wort gefunden, das die übliche spiritualisierende Deutung so, wie es mir jetzt notwendig scheint, ausschließt. πτωχός heißt seit Homer Bettler oder allenfalls bettelarm. (So bis heute. Hoch auf der Insel Paros sagte mir ein Weinbauer: Ja, es ist hier paradiesisch. Wir haben die Sonne, das Wasser und die Trauben. Ἀλλὰ πτωχοὶ εἴμαστε. Aber wir sind Bettler.) Das Lexikon von Bauer weiß als Beleg für eine übertragene Bedeutung außer unserer Stelle nur die ungezwungen metaphorische Apk. 3,17, wo der Gemeindeengel von Laodicea, gerade weil er sich für reich hält, bettelarm ist. Es ist philologisch bedenklich, eine nur einmal vorkommende Wortbedeutung zu statuieren, wenn an der betr. Stelle die übliche Bedeutung einen guten Sinn gibt. Ich glaube also, daß die erste, gewiß exemplarische, wenn nicht schon allumfassende Seligpreisung Menschen seligpreist, die im alltäglichen Sinne bettelarm sind. So spricht Jesus von sich selbst, Luk. 9,58: Die Füchse haben Gruben und die Vögel des Himmels Nester, der Sohn des Menschen aber hat nicht, da er sein Haupt hinlege. Matth. 10,10 schreibt er den Jüngern vor: Schaffet euch kein Gold noch Silber noch Münze an in eure Gürtel, keine Tasche auf den Weg, keine zwei Röcke, noch Schuhe, noch Stock; denn der Arbeiter verdient seine Nahrung. Luk. 18,25: Denn es ist leichter, daß ein Kamel durch ein Nadelöhr eingehe, als daß ein Reicher in das Reich Gottes eingehe. τῷ πνεύματι würde ich dann instrumental lesen: *Bettler durch den Geist,* oder *um des Geistes willen.* Jedenfalls nicht, wie ich es früher verstanden habe, Bettler um den Geist. Der Geist ist da, er macht sie zu Bettlern. – Diese Lehre wird weniger befremdlich vor dem Hintergrund der Religionsgeschichte. In Indien sind zur Zeit Buddhas (6. Jahrhundert vor Christus) der Waldeinsiedler und der wandernde Bettelmönch schon feste, längst bekannte Lebensformen. Diese Lebensformen gestatten, ungehindert durch die drei großen Begehren des Besitzes, der Macht, der geschlechtlichen Liebe nur der meditativen Einsicht zu leben, dem *Geiste.* Gleichwohl ist die Übersetzung *Bettelmönche* für die πτωχοὶ τῷ πνεύματι ungenau. Der Bettelmönch im strengen Sinn einer sozialen Gruppe scheint im damaligen Palästina keine Institution gewesen zu sein, zum Leben Jesu und seiner Jünger hat nach den Berichten nicht der Bettelgang gehört wie zum Leben Buddhas und seiner Jünger, der Kreis der Jünger Jesu empfing Spenden (Luk. 8,3), Judas »hatte den Beutel und trug, was gegeben wurde« (Joh. 12,6). Paulus verdiente sein Brot durch handwerkliche Arbeit. (Ap. 18, 3) Ob Matth. 10,10 die Rede vom *Arbeiter,* der seines Lohnes wert ist, andeutet, daß auch die dort ausgesandten Jünger sich durch Handarbeit ernährten, ist fraglich. ἐργάτης meint im Sprachgebrauch in der Tat zunächst den Handarbeiter, aber eben dieser, zumal der Arbeiter im Weinberg (Matth. 20,1) ist zugleich Gleichnis für den ausgesandten Jünger, bis in die »Sprache Kanaans« unserer Jahrhunderte. Es klingt wahrscheinlicher, daß der Wanderprediger Gastfreundschaft in Anspruch nehmen darf, aber – eben wie der Bettelmönch – auch auf ihre Gaben angewiesen bleiben soll. Jedenfalls sind, so scheint es, die *Bettler durch den Geist* eine durch ein bestimmtes, dem Menschen mögliches Verhalten beschriebene Gruppe, und sie sind *selig, denn ihrer ist das Reich der Himmel.*

5,4: μακάριοι οἱ πενθοῦντες, ὅτι αὐτοὶ παρακληθήσονται. *Selig die Trauernden, denn sie werden getröstet werden.* Ein ganz einfacher, leicht verständlicher Satz. Er ist verständlich, weil er die Kraft des Trostes selbst hat, von der er spricht. Trösten kann, wer den Trauernden direkt anreden kann, im Wissen von der Seligkeit, die der Trauer verheißen ist. Solches direkte Wissen spricht aus allen überlieferten Worten Jesu. Für den intellektuellen Ausleger aber stellen sich zwei Fragen. Eine Frage der Substanz: was ist denn diese Seligkeit, die der Trauer verheißen ist? In der modernen Sprechweise von Ebenen und Krisen, mit Freuds erleuchtendem Begriff der Trauerarbeit können wir uns verdeutlichen, wie gerade die unverhohlene Trauer das Versprechen der Überwindung der Krise enthält. Aber Jesus, dem diese seelischen Strukturen so gewiß vertraut waren wie jedem religiös erfahrenen Menschen, hat mehr als dieses Allgemeine gemeint. Er sagt etwas Spezifisches, und deshalb steht dieser Satz in der Reihe der Seligpreisungen. Was aber hat er gemeint? Das führt zur zweiten Frage, der Frage der Konsistenz. Ich glaube zwar, daß das direkte, unbefangen gewordene Lesen der vorangegangenen Texte ihre Deutung auf die Gegenwart und auf die kleine Gruppe der Jünger erfordert. Jetzt aber kommen Texte, die man leichter auf die vielen Trauernden und Hoffenden im Lande, ja in der Welt bezieht, und deren Verheißung eindeutig auf die Zukunft geht. παρακληθήσονται ist Futurum. Und ist es zufällig, daß hier dasselbe Wort auftritt wie in der Verheißung des künftigen Trösters, des παράκλητος[5] (Joh. 14,16)? Die Kirche hat gewiß recht gehabt, den Trost, den Jesus verspricht, als den Eingang der Trauernden in das Reich der Himmel zu verstehen. Die Sprache der Exiltrauer und der Messiashoffnung aus Psalmen und Propheten haben Jesus und seine Zeitgenossen im Ohr: Wenn der Herr die Gefangenen Zions erlösen wird, so werden wir sein wie die Träumenden. (Ps. 126,1). Die präsentische und die futurische Deutung der Seligpreisungen sind jedoch dann vereinbar, wenn das Reich der Himmel schon begonnen hat, aber wächst: Das Reich der Himmel ist gleich einem Senfkorn, das ein Mensch nahm und säte es auf seinen Acker. Das ist der kleinste unter allen Samen, wenn es aber wächst, so ist es größer als die Kräuter und wird ein Baum, so daß die Vögel des Himmels kommen und nisten in seinen Zweigen. (Matth. 13,31–32).

5 Vgl. IV 6.

IV, 5. Die Seligpreisungen   369

5,5: μακάριοι οἱ πραεῖς, ὅτι αὐτοὶ κληρονομήσουσιν τὴν γῆν. *Selig die*
Milde, denn sie werden das Land erben. πραΰς übersetzt Luther (ihm folgt
CW) mit der ihm eigenen Kraft, auch leise Töne zu modulieren, als *sanftmü-*
tig. Ich wähle *mild* eigentlich nur, um ein so kurzes Wort wie das griechische
zu benützen, und weil Luthers große Sprachschöpfungen eben durch ihre eine ganze Tradition prägende Stärke z. T. zum nicht mehr befragten Klischee
der Sprache »Sprache Kanaans« geworden sind. Alle Korrekturen an Luthers
Text leiden ja die Not, sprachlich schwächer sein zu müssen als er. Übrigens
ist πρᾶος in der attischen Sprechweise eine aristokratische Tugend.

– τὴν γῆν *heißt wörtlich das Land.* Luther übersetzt *sie werden das Erd-*
reich besitzen. Er läßt damit das Wort auf die Ausdehnung des Reichs der
Himmel über die ganze Erde vordeuten. Das mag per implicationem zulässig
sein, drückt aber sicher nicht aus, was ein Hörer Jesu oder ein früher Leser
des judenchristlichen Evangeliums unter der Formel verstand. κληρονομέω
heißt *seinen Anteil empfangen, erben. Das Land* ist in der jüdischen Tradition bis heute das *Land Israel.* Die *Milden,* also nicht die Zeloten, nicht die
blutigen Revolutionäre, werden das *verheißene Land Israel als ihr Erbteil*
empfangen. So gelesen enthält der Satz einen politischen Anklang, der jedem
Zeitgenossen Jesu auffallen mußte, und der genau mit der vielfach bezeugten
Einstellung Jesu zum Zelotentum übereinstimmt. Diese Deutung würde das
Wort *mild* oder *sanftmütig* aus seiner traditionellen Blässe erlösen und auch
in ihm den Bezug auf konkrete, harte Entscheidungen ahnen lassen.

5,6: μακάριοι οἱ πεινῶντες καὶ διψῶντες τὴν δικαιοσύνην. *Selig, die*
hungern und dürsten, Gerechte zu sein. Sozialkritische Leser des Neuen Testaments könnten hier in Versuchung sein, die *Gerechtigkeit,* nach der die
Menschen *hungern und dürsten,* als die soziale Gerechtigkeit, die gerechte
Gesellschaftsordnung, oder bescheidener als gerechte Behandlung durch die
Herrschenden zu verstehen. In der biblischen Tradition aber ist *Gerechtigkeit*
eine Tugend, die Eigenschaft eines jeweiligen Menschen, und höchstens sekundär einer Gesellschaftsordnung. Dem steht nicht entgegen, daß vor allem
in den vorexilischen Teilen des Alten Testaments stets das ganze Volk angesprochen wird und der Einzelne als Glied des Volkes. Auch hier wird nämlich
nicht die Gesellschaftsordnung als gerecht verstanden, sondern das Volk soll
gerecht sein als ein Volk von Gerechten. Die zehn Gebote sprechen den Einzelnen an: du sollst, du sollst nicht. Gerechte werden auch gerecht handeln –
diese, vor aller griechischen Ontologie vorhandene Auffassung vom Menschen hält sich in der Scholastik durch in dem Satz: operari sequitur esse. In
der Zeit Jesu, welthistorisch gesagt im römischen Reich, ist dann der direkte
politische Sinn aller personalen Ethik, der im Israel der frühen Propheten so
selbstverständlich ist wie in der griechischen Polis-Philosophie bis und mit
Platon und Aristoteles, dadurch verschüttet, daß fast niemand mehr an der
politischen Verantwortung teilhat. Allenfalls in den stoischen Kaisern und ihren Beamten berühren sich noch Politik und grundsätzliche Ethik. Der Hörer

Jesu in Palästina kann sich als einen *Hungernden und Dürstenden nach Gerechtigkeit* nur so verstehen, daß er sein eigenes Zurückbleiben hinter der Forderung, gerecht zu sein, erkennt. *Satt werden* können die Sünder, die Jesus überall anspricht, nicht die, die sich schon als gerecht wissen, die Pharisäer. Auch hier scheint ein konkreter Bezug auf die politisch-religiöse Umwelt auf, und damit auf die politischen Bedingungen, die Jesus ans Kreuz gebracht haben.

5,7: μακάριοι οἱ ἐλεήμονες, ὅτι αὐτὶ ἐλεηθήσονται. *Selig die Erbarmenden, denn sie werden Erbarmen finden.* Wieder einer dieser wunderbar einfachen Sätze, die Trost geben, weil sie Trost sind. Auch dieser Satz spricht das schlagende spontane Wissen aller Menschen von einer Grundbeschaffenheit menschlichen Verhaltens an: Gleiches ruft Gleiches wach, Liebe erzeugt Liebe, Erbarmen erzeugt Erbarmen. Auch hier müssen und können wir in zweifacher Weise spezifischer werden. In der Substanz: was ist *Erbarmen* oder *Barmherzigkeit*, wie Luther, wieder in interpretierender Anreicherung des Wortes, sagt? ἐλεέω heißt *ich empfinde Mitleid*, dann auch *ich gebe Almosen, ich tue Barmherzigkeit*. ἐλεήμων ist derjenige, bei dem dieses Verhalten nicht zufällig, sondern habituell ist. Was ist dieses *Mitleid?* Die Mitleidsethik ist vielfach, am schärfsten vielleicht einerseits durch Nietzsche, andererseits durch den militanten Sozialismus, in Verruf gebracht worden. Diese Kritik trifft die spezifische Schwäche aller von ihrem elementaren Verhaltenssinn, von ihrer »Vernunft« getrennten Affekte. »Affekte sind unterlassene Handlungen«, was ich nicht getan habe, ersetze ich durch ein Gefühl. Aber das, wovon Jesus spricht, ist der vernünftige Affekt, die Wahrnehmung fremden Leidens; aus ihr folgt das angemessene Handeln und, fast wichtiger, die spontane Nähe des Herzens, die eben darum auch der den souveränen Partner achtenden Zurückhaltung fähig ist. Diese Gegenwart des Herzens ruft Gegenwart des Herzens wach. Deshalb *barm-herzig*. Und wieder die Konsistenz: Wessen Erbarmen werden die Erbarmenden finden? Nicht nur, nicht in erster Linie das Erbarmen anderer Menschen. Sie werden sogar immer wieder erleben, daß ihnen dieses Erbarmen versagt wird, denn der schweigende Aufruf zum Erbarmen ruft auch allen Widerstand wach, Gleiches erzeugt in der essentiellen menschlichen Ambivalenz notwendigerweise zugleich Gleiches und Entgegengesetztes, und die Grausamkeit kann in den psychischen Motiven dem Erbarmen näher sein als die Gleichgültigkeit. Das Erbarmen Gottes aber werden die Erbarmenden gewiß finden. Und dies ist nicht das Erbarmen in einem erträumten Jenseits, sondern hier und jetzt, in eben jenen realen geistigen (»geistlichen«) Vorgängen, die das Reich der Himmel ausmachen. Geistig und darum physisch, geistig und darum sozial.[6]

6 Anmerkung bei der Korrektur: F. v. Bodelschwingh schreibt mir zu dieser Stelle: »Hoch bedeutsam ist die Zusammenstellung von Gerechtigkeit und Barmherzigkeit. Jesus folgt damit einer zentralen, aber weitgehend übersehenen Aussage des Alten Testamentes, das Gerechtigkeit und Barmherzigkeit auf das allerengste miteinander verbindet: Gerechtigkeit ohne Barmherzigkeit ist lieblos, Barmherzigkeit ohne Gerechtigkeit ist entehrend.«

IV, 5. Die Seligpreisungen   371

5,8: μακάριοι οἱ καθαροὶ τῇ καρδίᾳ. *Selig die im Herzen Reinen.*
καθαροί *Reine* zu sein ist das große Verlangen der Menschen, die in einer
rituellen Religion stehen. Hier ist ein tiefwurzelndes magisches Verlangen
am Werk, dessen seelische Herkunft der Erforschung wert wäre. Jesus weist
seine Zeitgenossen an vielen Stellen auf den eigentlichen Sinn des Reinheits-
strebens. So zur rituellen oder auch medizinischen Reinheit der Speisen:
Merket ihr nicht, daß alles, was von außen in den Menschen eingeht, ihn
nicht verunreinigen kann, weil es nicht in sein *Herz* kommt, sondern in den
Bauch ... Das, was aus dem Menschen ausgeht, das verunreinigt den Menschen. Denn von inwendig aus dem Herzen der Menschen gehen hervor die
bösen Gedanken, Unzucht, Diebstahl, Mord, Ehebruch, Habsucht, Bosheiten,
Trug, Schwelgerei, böser Blick, Lästerung, Hochmut, Leichtsinn. Alles dieses
Böse geht von innen aus und verunreinigt den Menschen. (Mk. 7,18–23) –
Im Herzen sollen wir *rein* sein. Das Herz – das sind die Affekte. Wir finden
uns aber unreinen Herzens vor. Wie können wir im Herzen rein werden? Das
Entscheidende wird das Verlangen nach Reinheit sein, eben das Hungern und
Dürsten nach der Gerechtigkeit, denn offenbar ist die Gerechtigkeit eben die
Reinheit des Herzens von den bösen Affekten. Aber es gibt auch eine eigene
Arbeit an der Reinigung. Die Gesetzeserfüllung des frommen Juden ist eine
solche Askese. Nicht weil sie das Gesetz erfüllen, tadelt Jesus die Pharisäer
(Matth. 5, 17–21), sondern weil sie nicht wissen, was sie damit tun, weil sie
Mücken seihen und Kamele verschlucken (Matth. 23,24), weil sie für die Vermeidung vieler kleiner Unreinheiten die übergroße Unreinheit der Selbstgerechtigkeit in ihr Herz einlassen. Man darf hier aber auch die asketischen
Prinzipien der Mönchsorden zitieren, die in den späteren drei Gelübden der
christlichen Mönche aufs genaueste ins Zentrum unserer affektiven Struktur
zielen: Armut, Gehorsam, Keuschheit, zielend auf die drei größten Affekt-
wurzeln: Besitz, Macht, Sexualität. Die moderne Welt sieht in diesen Gelübden das Mißverständnis einer weltverachtenden Mentalität, einer dualistischen Metaphysik. Daß weltverachtender Dualismus ein Weltbild war, das
einer vorwissenschaftlichen Anthropologie diese Verzichtleistungen plausibel
machte, ist historisch nicht zu leugnen. Aber die moderne Kritik sieht den
Kern der Sache nicht, die Disziplinierung der Affekte, ihre Indienstnahme für
ein höheres Ich.[7] Mönchsorden im engeren Sinne gab es wohl in Jesu Umwelt
nicht, freilich die asketische Lebensgemeinschaft der Essener. Allen nomisti-
schen Regelungen steht Jesus freilich mit überlegener Souveränität gegenüber. Aber die Substanz der drei Gelübde ist bei ihm stets gegenwärtig. Zum
Besitz s. die oben (zu 5, 3) zitierten Stellen. Zur Macht Luk. 20,25: gebt dem
Kaiser, was des Kaisers ist, und Gott, was Gottes ist, und Matth. 26,52: stecke
dein Schwert in die Scheide; denn wer zum Schwert greift, soll durch das
Schwert umkommen. Zur Sexualität Matth. 19,12: und es gibt Verschnitte-

7 Vgl. I 9, S. 118 und »Biologische Basis religiöser Erfahrung«, S. 18–23.

ne, die sich selbst verschnitten haben um des Reichs der Himmel willen; wer es zu fassen vermag, fasse es.

5,8: ὅτι αὐτοὶ τὸν θεὸν ὄψονται. *Denn sie werden Gott sehen.* Gott zu sehen ist die höchste Verheißung, die einem Menschen gegeben werden kann. Es ist die Seligkeit. Der Kommentator darf hier nur Mißdeutungen fernhalten. So wenig wie bei den anderen Seligpreisungen darf man annehmen, daß diese Verheißung auf ein Sehen jenseits des Grabes gehe. Sie gilt hier und jetzt, in der Zukunft, die schon begonnen hat. Wenn die Affekte Organe unserer Wahrnehmung sind, so ist es vernünftig, für möglich zu halten, daß die gereinigten Affekte den Raum frei machen für eine Wahrnehmung des Höchsten. Wahrnehmung ist immer Mitwahrnehmung des höheren Prinzips.[8] Reinheit des Herzens heißt, daß der Affekt nicht mehr an seinen unmittelbaren Gegenstand gebunden bleibt. In der Reflexion, die unsere Wissenschaft und Philosophie hervorbringt, führt die Freiheit von der Bindung der Wahrnehmung ans Objekt zum Begriff, zur Erkenntnis des Gesetzes. In der ethischen und religiösen Reifung der Person führt die Lösung von der Bindung des Affekts zur Identifikation des Ich mit dem vernünftigen Gebot und zu derjenigen Verwandlung und Intensivierung des Liebesaffektes, die als »Liebe zum Mitmenschen in Gott« bezeichnet werden kann. In der meditativen Schulung führt die Ablösung von der affektiven Objektbindung in ein Reich neuer Wahrnehmung. – Die protestantische Theologie unseres Jahrhunderts hat sich hier durch eine richtige Beobachtung in eine Sackgasse führen lassen. In der griechischen Philosophie ist die sinnliche Metapher der höchsten Erkenntnis das Sehen, der νοῦς. In der Bibel ist die sinnliche Metapher des Verhältnisses zu Gott das Hören. Hinter beiden Metaphern stehen direkte psychische und spirituelle Erfahrungen. Um die biblische Erfahrung rein zum Ausdruck zu bringen, hat die neuere Theologie nicht nur die griechische Ontologie, sondern auch die Metaphorik des Sehens verbannen wollen. Sie erschwert sich damit das Verständnis des meditativen Erfahrungsweges. Und sie scheint übersehen zu haben, daß die zentrale Rede Jesu als ihre höchste Verheißung das Sehen Gottes verspricht. Wer Gott sieht, muß sterben, ist freilich eine biblische Einsicht. Auch das Sehen Gottes, das Jesus verheißt, geschieht nicht anders als um den Preis eines Todes. Das Gleichnis vom Weizenkorn (Joh. 12,24) gehört zur Deutung der Seligpreisungen.[9] Die Ablösung der Affekte geht durch eine Todeserfahrung.

5,9: μακάριοι οἱ εἰρηνοποιοί, ὅτι υἱοὶ θεοῦ κληθήσονται. *Selig die Friedensmacher, denn sie werden Gottes Söhne heißen.* Luthers Wiedergabe von εἰρηνοποιοί als *Friedfertige* wirkt auf uns blaß; sie sind *Friedensmacher.* Ebenso Luthers *Gottes Kinder*, das Unmündigkeit ausdrückt, statt *Gottes Söhne.* Jesus nannte zwei seiner Jünger auch υἱοί, Donnerssöhne (Mk.

8 Vgl. II 6.
9 Vgl. I 7., I 9.

IV, 5. Die Seligpreisungen   373

3,17). Die Frage ist wiederum, wie die Friedensmacher den Frieden machen. Ich sehe keine andere Deutung, als daß der Friede, den die Welt nicht kennt, kommt, indem das Reich der Himmel kommt. Deshalb habe ich die paraphrasierende Übersetzung *die Bringer des Friedensreichs* gewagt.

5,10: μακάριοι οἱ δεδιωγμένοι ἕνεκεν δικαιοσύνης. *Selig die wegen der Gerechtigkeit Verfolgten.* Wenn oben die Gerechtigkeit richtig gedeutet wurde, so sind es die um *ihrer Gerechtigkeit willen Verfolgten*, also die, *die verfolgt werden, weil sie Gerechte sind*. Es bleibt nur die inhaltliche Frage: wie kommt es dazu, daß Menschen verfolgt werden, *weil* sie Gerechte sind? Wir wissen, daß auch die Verfolgten so gut wie immer nicht schlechthin gerecht sind; so kann der Verfolger sich fast stets auch vor der Welt und insbesondere vor sich selbst mit ihren Untugenden entschuldigen. Aber das zentrale Faktum drückt unser Text genau aus. Der wahre Grund der Verfolgung sind nicht ihre Untugenden, sondern der wandelnde Vorwurf ihrer Gerechtigkeit. Gleiches ruft Gleiches und Entgegengesetztes wach. Das Eindeutige, wenn es auftritt, mobilisiert die Ambivalenz. Das Reich der Himmel kommt nicht ohne Krise. Die Verfolgung ist ein Teil der Krise. Die Seligpreisungen sind in einer Situation der Verfolgung gelesen und verstanden worden, damals und später.

5,10: ὅτι αὐτῶν ἐστιν ἡ βασιλεία τῶν οὐρανῶν. *Denn ihrer ist das Reich der Himmel.* Die Komposition endet mit der Verheißung, mit der die erste Seligpreisung begonnen hat. 5,11, ein Nachtrag, ordnet die Verfolgung in die Geschichte ein.

4. Deutungen

Der Text, dessen Anfang wir gelesen haben, hat zwei Jahrtausende nicht zur Ruhe kommen lassen. Wer ihn, von neuem von ihm betroffen, von neuem zu deuten versucht, der wird sich wahrscheinlich bald in dem Schema einer der Deutungen vorfinden, die die Vergangenheit schon gegeben hat. Deshalb mag es zur Selbstkritik beitragen, sich diese Deutungen im Überblick zu vergegenwärtigen. Ich möchte sechs Reaktionsweisen auf die Bergpredigt besprechen, vier christliche und zwei außerchristliche. Christliche: diejenigen der katholischen Kirche, der Protestanten, der Sekten, der Modernisten; außerchristliche: die der Sozialisten und der Hindus. Keine dieser Gruppen hat natürlich eine in sich einheitliche Reaktion. Gemeint ist, daß jede, ihrem Prinzip nach, dazu disponiert ist, eine bestimmte Seite der Bergpredigt zu sehen.

Menschen, für welche die Bergpredigt nicht eine überlieferte Autorität ist, haben es leichter, sie unbefangen und direkt zu lesen. Sie müssen keine Angst haben, zu lesen, was dasteht, denn wenn es sie nicht überzeugt, dürfen sie es ja verwerfen oder auf sich beruhen lassen. Deshalb mögen die außerchristlichen positiven Urteile über Jesus und das frühe Christentum zum Einstieg die

374 Theologie und Meditation

lehrreichsten sein. Dabei sind die Zustimmungsgründe der Sozialisten und der Hindus fast entgegengesetzt.

Beginnen wir mit *Hindus* der letzten hundert Jahre. Berühmt wurde das Auftreten Swami Vivekanandas[10] auf dem Weltkongreß der Religionen in Chicago 1893. Ich versuche hier wie bei den folgenden Gruppen nicht bestimmte Autoren auszulegen, sondern eine Sichtweite allgemein zu charakterisieren. Für die Hindus macht es keine Schwierigkeit, wenn die Christen Jesus göttliche Natur zuschreiben, ihn als Sohn Gottes verstehen. Nach hinduistischer Überzeugung treten dann und wann in der Geschichte Menschen auf, die im eigentlichen Sinne Inkarnationen Gottes – oder einer göttlichen Person – sind. Alles in der obigen Darstellung, was für kirchliche Christen befremdend ist, ist für den Hindu unmittelbarer Beleg, daß Jesus eine der größten göttlichen Inkarnationen war. Der Inkarnierte, der Verwirklichte lebt frei von den Banden von Besitz, Macht, geschlechtlicher Liebe, er lehrt, tröstet, heilt Kranke, er sieht Gott, ja als voll verwirklichter Mensch ist er Gott und wir sehen Gott in ihm. Er lebt zurückgezogen auf dem Berg mit wenigen Jüngern oder als Wanderprediger, er lehrt kein System, spontan kommen seine Worte zu jedem Gesprächspartner und treffen ihn ins Herz, und so wirken sie, wenn sie überliefert werden, durch die Geschichte weiter. Er verändert nicht die Gesellschaftsordnung, sondern das Einzige, wo eine Änderung ansetzen kann, die menschliche Seele. Wer ihm radikal folgen will, der nehme seine Lebensweise auf sich. Für jede spirituelle Stufe gibt es eine angemessene Lebensweise, denn das Geistige und das Materielle sind letztlich nur Aspekte derselben Wirklichkeit. So gibt es, wie schon oben gesagt, in Indien seit Jahrtausenden die Lebensweisen des Einsiedlers und des Wandermönchs, und jedes Wort und jede Handlung Jesu zeigt, daß ihm die Erfahrungen dieser Lebensweisen vertraut waren. Nur einen Fehler haben die Christen gemacht. Sie haben Jesus als Einzigen, als *den* Christus erklärt und ihn damit in ein unnachahmbares und insofern unverbindliches Jenseits abgeschoben, obwohl nach Paulus Christus der Erstgeborene von vielen Brüdern (Röm. 8,29) ist. Nichts spricht dagegen, daß der Christ sich an Christus als den für ihn rettenden und verbindlichen Herrn und Meister bindet. Aber die Intoleranz, die nur Christus als göttlich kennt, ist in Wahrheit der Schutz der tiefen Angst der Christen vor der vollen Wirklichkeit; zumal vor der Forderung, die Christus an sie selbst stellt; eines Wirklichkeitsverlustes, der sie militant, unaufrichtig, neurotisch, zu Pharisäern macht.

Ganz anders sehen einige radikale *Sozialisten* Jesus an. Er ist ihnen ein Sozialrevolutionär in einer Zeit, die noch kein wissenschaftliches Verständnis gesellschaftlicher Verhältnisse hatte. Sie können einige Zeugnisse für ihre Auffassung beibringen. Gewiß scheint, daß Jesus sich immer zu den Armen und sozial Unterdrückten gehalten hat. Einige seiner Aussprüche nehmen

10 Vgl. Swami Nikhilananda, »Vivekananda. Leben und Werk« (dt. v. H. Spengler-Zomek), München, Drei Eichen 1972.

IV, 5. Die Seligpreisungen 375

marxistische Einsichten vorweg. Sätze wie *Wo euer Schatz ist, da ist euer Herz* (Matth. 6,21) sprechen die psychisch bestimmende Rolle des Ökonomischen aus, welche von christlichen Kapitalisten geleugnet wurde. Dies wissen auch die Hindus. Aber anders als die großen Hindu-Lehrer hat Jesus sich einen politischen Prozeß zugezogen. Was immer in den Motivationen der Anklage und der Verurteilung ein Mißverständnis seiner Lehre gewesen sein mag, alle Zeugnisse sprechen dafür, daß er sich unter dem Reich der Himmel nicht eine sektiererische Gemeinschaft, sondern eine Verwandlung der ganzen Welt vorstellte. Er dachte so geschichtlich wie das prophetische und messianische Judentum. Und die Urgemeinde lebte in weitgehender Gütergemeinschaft. Man spricht vom frühchristlichen Kommunismus. Er hat gelegentlich als einer der historischen Belege gegolten, daß eine kommunistische Gesellschaft möglich ist. Die Korrumpierung des Christentums durch die Beteiligung am Herrschaftssystem des römischen Reichs erscheint unter diesem sozialistischen Blickwinkel als einer der vielen, unter frühen ökonomischen Verhältnissen nach Marx unvermeidlichen Rückschläge, als das Absterben eines verfrühten Versuchs zum Kommunismus.

Die Angehörigen der Urgemeinde lebten zwar nicht als Bettelmönche, aber in einer Minderheitsrolle, in der sie im ganzen die Forderungen der Bergpredigt aufrichtig auf sich anwenden konnten. Das Problem der *katholischen Kirche* war ihr historischer Sieg, die Verwandlung in eine große, schließlich herrschende Religionsgemeinschaft. Die sittliche Pflicht eigener politischer Verantwortung, ein der Urgemeinde fernes Erlebnis, wurde für sie zur Realität. Die nah erwartete Wiederkunft Christi war nicht eingetreten. Die Christen mußten eine Welt verwalten, auf deren Ende sie hofften. Rückblickend darf man pointierend sagen: Niemand hat die geschichtliche Welt so radikal verändert wie die Christen, die auf nichts als das Ende der Geschichte hofften. Das gilt zumal, wenn man in den säkularisierten Nachfolgern der überzeugten Christen Träger der christlichen Dynamik erkennt.[11] Diese Dynamik hat sich immer wieder an den radikalen Forderungen der Bergpredigt entzündet; schon daß die Kirche solche Texte überlieferte, auch wenn sie nicht nach ihnen lebte, ließ die Ruhe nicht dauernd eintreten. Aber zugleich mußte die Kirche eine Ethik, eine Moraltheologie entwickeln, die ihr gestattete, allen ihren Gliedern einhaltbare Handlungsvorschriften zu geben – eine Vorbedingung eines stabilen sozialen Gefüges. Hier boten ihr einige differenzierende Äußerungen in den kanonisierten Texten, so zur Ehe Matth. 19: *Fasse es wer kann* und bei Paulus (1. Kor. 7) die Basis, der Erkenntnis Rechnung zu tragen, daß einige Menschen strenge Forderungen auf sich anwenden können, die für die Mehrzahl unerfüllbar bleiben. In der Hindu-Gesellschaft ist diese Erkenntnis konstitutiv: jede Kaste hat andere Forderungen zu erfüllen, und die hauslosen Wandermönche wieder andere. Die Kirche stabilisierte das

11 Vgl. »Die Tragweite der Wissenschaft«, 10. Vorlesung.

Priestertum und das Mönchtum. Die oben ausführlicher besprochenen Prinzipien des Mönchtums wurden als evangelische Ratschläge von den allgemeingültigen Forderungen unterschieden. Daß eine Kultur mit dieser sittlichen und spirituellen Arbeitsteilung blühen kann, beweist zumal das Mittelalter, in dem die Priester und Mönche zugleich die wichtigsten Träger des kulturellen Bewußtseins waren. Man darf hier noch einmal pointieren: Der Beitrag, den der Kontemplative für die Gesellschaft leistet, besteht gerade in seiner Kontemplation. Ein ethisch so fragwürdiges, intellektuell so unerleuchtetes, durch und durch ambivalentes Gebilde wie die menschliche Gesellschaft der Hochkulturen bis auf den heutigen Tag kann nur dann das Abgleiten in die Selbstzerstörung aufhalten, wenn immer einige in ihr leben, die um der Wahrheit willen die Teilnahme an ihren Tätigkeiten radikal verweigern. Und fast nur dort, wo Christen das wagten, blühte das spontane Verständnis der Bergpredigt auf, so bei Franziskus von Assisi.

Die *Protestanten* haben es mit der Bergpredigt schwerer als die Katholiken. Mit der Abschaffung des Mönchtums, der Aufhebung der Lehre von den evangelischen Ratschlägen, der These vom allgemeinen Priestertum, dem neuen Ernstnehmen aller Gebote, und, wenigstens bei den Reformierten, der presbyterialen Verfassung, ist der Protestantismus auf dem Wege der neuzeitlichen Demokratisierung. Um unter diesen Voraussetzungen die Bergpredigt erträglich zu machen, muß man sie stärker in eine bloße Forderung an die Gesinnung, die Innerlichkeit umdeuten. Ein kluger psychologischer Beobachter[12] hat die kompensatorische Rollenverteilung zwischen Theologie und Praxis so beschrieben: die Protestanten verkünden die Rechtfertigung durch den Glauben und sind rastlos werkgerecht; die Katholiken vertrauen der Rechtfertigung durch die Werke und leben so ihres Glaubens. Solche Kompensationen übers Kreuz bei streitenden Gruppen gibt es auch sonst. Hinter der protestantischen Spannung steht als letzter Grund, vielfach unbewußt, wieder die Bergpredigt. Die Selbstkritik, an der Luther im Kloster scheiterte, entstammt einer Erkenntnisstufe, die in der Bergpredigt gelehrt wird. Den Trost, die Rettung freilich fand er nicht bei den Worten Jesu, sondern bei einem Nachfolger, der schon ein ähnliches Problem hatte wie Luther selbst, bei Paulus, in der Rechtfertigung durch den Glauben. Die christliche Tradition sieht die sittlichen Probleme als ein personales Verhältnis zwischen Gott und Mensch und daher unter dem Titel der Rechtfertigung.[13] Wie alle großen Symbole drückt diese personale Auffassung Phänomene von zentraler Bedeutung aus. Aber gerade das rationale Weiterdenken an den Symbolen, das einen so großen Teil der historischen Theologie ausmacht, verliert sich dann in lauter unlösbaren Problemen, weil Symbol und rational faßbare Wirklichkeit unentwirrbar durcheinander geraten, und die wahrsten, tragfähigsten theolo-

12 W. Kütemeyer, mündlich zum Verfasser.
13 Vgl. IV 4.

IV, 5. Die Seligpreisungen

gischen Lehren müssen dann die Form des Paradoxons annehmen. So wurde es für Luther offenkundig, daß mönchische Askese nicht als eine Leistung gerechtfertigt werden kann, die der Mensch darbringt, um Gottes Willen genugzutun. Ihr realer Sinn, die Erreichung eines in der Tat in aller bisherigen Geschichte nur wenigen Menschen zugänglichen inneren Zustands zu erleichtern, wurde nun mitsamt der Werkgerechtigkeit verworfen. Mit der Rechtfertigung durch den Glauben ist aber das Gesetz nicht aufgehoben, und so wurde jetzt de facto die Ethik der Bergpredigt, als Jesu Auslegung des Gesetzes, zu einer Forderung an alle Gläubigen. Damit kam es einerseits zu der hochgespannten Werktätigkeit – und damit Werkgerechtigkeit – der Protestanten bis hin zu ihrer von Max Weber beschriebenen Wirkung auf die Entstehung des Kapitalismus, andererseits zum Gewissenstrost der Religion als bloße Innerlichkeit.

Die *Sekten* sind vielgestaltig, aber eines ihrer häufigen Motive ist, daß sie, naiv getroffen vom Wort der Bergpredigt, diese zu praktizieren begannen. Dadurch traten sie, fast automatisch, wieder in die Minderheitenrolle ein, welcher der Text entstammt. Sie schufen sich die Situation der Verfolgtheit, auf die seine Verhaltensvorschriften passen. Sie konnten nun erproben, daß dieses Verhalten, wo wir in intelligenter Weise der Führung des Geistes trauen, wirklich zum Frieden führt, wie es etwa die Geschichte der Quäker zeigt. Die seelische Wandlung der Verfolger, das eigentliche Wunder der Mission, liegt freilich nur als Möglichkeit im inneren psychischen Drama der Verfolger und damit, vom Verfolgten her gesehen, nicht in seiner, sondern in Gottes Hand.

Der *Modernismus* in den christlichen Kirchen ist die innerkirchliche Reaktion auf die unaufhaltsame Überwältigung des überlieferten Christentums durch die Aufklärung. Meist ist er nicht minder eine Defensivposition auf dem Rückzug als die Orthodoxie. Seine eigentliche Aufgabe ließe sich wohl so andeuten: Die Rationalität der modernen Willens- und Verstandeswelt ist den selbsterzeugten Problemen nicht gewachsen. Die Rationalität unserer religiösen Überlieferung bleibt ihr gleichwohl unterlegen, weil sie Symbol und Wirklichkeit nicht auf der heute zugänglichen Bewußtseinsstufe hat unterscheiden können. Der Modernismus müßte unbeirrbar dem heutigen Rationalität faßbaren Realitätsgehalt der überlieferten Symbole nachgehen; er würde dadurch die heutige Rationalität selbst verwandeln, sie aus allen ihren Vorurteilen hinausdrängen. Einen Schritt auf diesem Weg versucht auch das gegenwärtige Buch. Tatsächlich ist der Modernismus so vielgestaltig wie die Moderne. Der liberale Modernismus steht meist der Bergpredigt fern, der sozialistische Modernismus, den uns das letzte Jahrzehnt zumal in den Kirchen der Dritten Welt kennengelehrt hat, steht vor der Frage, ob der Sozialismus das Evangelium richtig versteht.

Damit sind wir wieder am Ausgangspunkt. Die tiefen Ambivalenzen des *Sozialismus* waren eines der Themen im ersten Kapitel. Der Sozialismus, der vielleicht unser Schicksal ist, wird notwendigerweise zur Barbarei, wenn er fortfährt, zu meinen, die gerechte Ordnung sei durch Willen und Verstand allein herstellbar. Die Frage der heutigen Jugend nach den *asiatischen Religionen* hat den richtigen Instinkt; sie sucht genau die Substanz, die der Aufklärung fehlt. Aber die schlichte Einordnung Jesu unter die Inkarnationen ist wiederum Symbolik, wo Wirklichkeit nötig wäre. In Wahrheit sind die asiatischen Religionen schon durch ihre Begegnung mit Christentum und Aufklärung verändert. Kein Hindu alter Zeiten hätte geredet wie Vivekananda oder gehandelt wie Gandhi. Der Weg führt auch in der Religion in eine Zukunft, der die Vergangenheit nicht zum Beispiel dienen kann. Was Jesus das Reich der Himmel genannt hat, ist heute noch immer möglich und noch nicht vollzogen. Zweitausend Jahre sind keine lange Zeit.

IV, 6. Zwei Predigten

Zweimal in den letzten zehn Jahren hat mich der Gemeindepfarrer der evangelisch-lutherischen Kirchengemeinde, in der ich jeweils gerade lebte, 1969 in Hamburg-Wellingsbüttel, 1974 in Starnberg, gebeten, einmal im sonntäglichen Gottesdienst eine Laienpredigt zu halten. Auf die Frage nach dem Text, über den ich predigen wolle, antwortete ich beidemale: »Über den von der Kirche bestimmten Text des betreffenden Sonntags.« So haben zufällig sich ergebende Daten zur Wahl der beiden Texte geführt, deren erster den Anfang, deren zweiter das Ziel der biblischen Verkündigung behandelt: die Berufung Mose's und die Zusage des Heiligen Geistes durch den scheidenden Jesus. Verglichen mit den voranstehenden theologischen Beiträgen enthalten diese Predigten nichts Neues. Einiges in ihnen bezieht sich auf in der damaligen Situation der betreffenden Gemeinden aktuelle Diskussionen. Ich habe sie hier aufgenommen, um anzudeuten, daß die in diesem Buch versuchte Theologie in die Kirche herein-, nicht aus ihr hinausführen will.

Predigt
am 26. Januar 1969 in der Lutherkirche
in Hamburg-Wellingsbüttel

Der Predigttext für den heutigen Sonntag steht im 2. Buch Mose, im 3. Kapitel, Vers 1–10 und 13–14:

»Mose aber hütete die Schafe Jethros, seines Schwiegervaters, des Priesters in Midian, und trieb die Schafe hinter die Wüste und kam an den Berg Gottes, Horeb. Und der Engel des Herrn erschien ihm in einer feurigen Flamme aus dem Busch. Und er sah, daß der Busch mit Feuer brannte und ward doch nicht verzehrt,

Und sprach: Ich will dahin und beschauen dies große Gesicht, warum der Busch nicht verbrennt. Da aber der Herr sah, daß er hinging zu sehen, rief ihm Gott aus dem Busch und sprach: Mose, Mose! Er antwortete: Hier bin ich. Er sprach: Tritt nicht herzu, ziehe deine Schuhe aus von deinen Füßen; denn der Ort darauf du stehst, ist ein heilig Land.

Und sprach weiter: Ich bin der Gott deines Vaters, der Gott Abrahams, der Gott Isaaks und der Gott Jakobs. Und Mose verhüllte sein Angesicht; denn er fürchtete sich, Gott anzuschauen. Und der Herr sprach: Ich habe gesehen das Elend meines Volkes in Ägypten und habe ihr Geschrei gehört über die, so sie drängen; ich habe ihr Leid erkannt und bin niedergefahren, daß ich sie errette von der Ägypter Hand und sie ausführe aus diesem Lande in ein gutes und weites Land, in ein Land, darin Milch und Honig fließt, an den Ort der Kanaaniter, Hethiter, Amoriter, Pheresiter, Heviter und Jebusiter. Weil denn nun das Geschrei der Kinder Israel vor mich gekommen ist und ich auch dazu ihre Angst gesehen habe wie die Ägypter sie ängsten, so gehe nun hin, ich will dich zu Pharao senden, daß du mein Volk, die Kinder Israel aus Ägypten führest.

Mose sprach zu Gott: Siehe, wenn ich zu den Kindern Israel komme und spreche zu ihnen: der Gott eurer Väter hat mich zu euch gesandt, und sie mir sagen werden: wie heißt sein Name? Was soll ich sagen? Gott sprach zu Mose: Ich werde sein der ich sein werde. Und sprach: Also sollst du zu den Kindern Israel sagen: Ich werde sein hat mich zu euch gesandt.«

Was ist das für eine Geschichte? Was geht sie uns an?

Dieser Text ist in seinem Kern wohl dreitausend Jahre alt. Wir heutigen Menschen haben geschichtlich denken gelernt. Wir haben diesen Text nicht bloß aus frommer Tradition in der Kirche lesen wollen, sondern weil er uns betrifft, dann müssen wir uns zuerst das geschichtlich Einmalige, das Vergangene an ihm klarmachen. Dann wird uns vielleicht, wie ein Blitz, aufleuchten, was er uns heute angeht.

Dies ist ein Text aus dem Gesetz der Juden, das wir Christen als das Alte Testament, das alte Zeugnis Gottes, in unsere Bibel übernommen haben. Jesus selbst hat seine Zeitgenossen auf Mose und die Propheten verwiesen. Und das jüdische Volk hat, den Bund wahrend, den es unter Moses Führung mit Gott geschlossen hatte, durch drei Jahrtausende seine religiöse und nationale Existenz bewahrt. Unser Text war für die Juden stets ein heiliger Text, denn er schildert die Berufung Moses durch Gott. Was an diesem Text historisch genau ist und was legendärer Rahmen, darüber sind die Gelehrten nicht einig. Vielleicht ist das auch nicht das Wichtigste. Sein Kern ist die Stiftung eines Bundes, der wirklich ist und bis heute dauert. Manche Einzelheiten kommen mir so vor, als könnte sie nicht leicht ein späterer Erzähler erfunden haben. Wie dem auch sei, versuchen wir zunächst die Geschichte so zu verstehen, wie sie einst erzählt und verstanden worden ist. Versuchen wir dabei, uns das Ferne an ihr durch gelegentliche Vergleiche mit unserer Gegenwart zu verdeutlichen.

Eine nomadische Sippe, die Kinder des Stammvaters Israel, ist in einer Hungersnot ins mächtige, wohlernährte, damals schon uralte Reich Ägypten gezogen. Dort sind sie zum Volk herangewachsen, und der ägyptische König, wohl einer jener späten Herrscher, die den Namen Ramses führten, ver-

IV, 6. Zwei Predigten 381

knechtet sie als Fronarbeiter beim Städtebau. Das Urphänomen von 6000 Jahren politischer Geschichte der Menschheit: Herrschaft von Menschen über Menschen. Aber hier ist noch ein besonderes Völkerschicksal: Das Volk Israel findet sich in dem ersten Augenblick, in dem es überhaupt ein Volk ist, in der Fremde, unter fremden Herren, im Exil vor; im Exil, das die Form seines Lebens im größten Teil seiner späteren Geschichte sein wird. Exil und Verheißung der Rückkehr: das ist jüdisches Schicksal.

Mose, ein Mann israelitischer Abstammung, wächst in den Hofkreisen Ägyptens auf. Ihm ist die Anpassung an das Gastvolk gelungen, er trägt einen ägyptischen Namen – Mose ist ägyptisch –, er ist, was man später einen assimilierten Juden nennt, er ist ein sozial aufgestiegener Mann. Da entdeckt er in der Sklaverei seiner Volksgenossen, daß er im Herzen zu ihnen, den Unterdrückten, gehört. Er erschlägt einen Aufseher, der Israeliten mißhandelt: er tötet im Jähzorn des aufwallenden Rechtsempfindens. Er flieht aus Ägypten in die Wüste; dort heiratet er die Tochter des Priesters der nomadischen Midianiter. Sein Leben scheint nun beruhigt. Hier findet ihn unser Text.

Er ist Schafhirt – später wird der Menschenhirt sein – und er treibt die Schafe durch die übliche Steppenweide, hier Wüste genannt, bis zu den fernen Bergen. Da hat er eine Vision. Wie es von Visionen manchmal berichtet wird, sieht er etwas, was natürlicherweise nicht vorkommt: er sieht einen Dornbusch, der brennt und doch nicht verbrennt. Wir wissen, daß der Geist Gottes oft unter dem Bild des Feuers gesehen worden ist, eines Feuers, das reinigt, aber nicht vernichtet. Mose weiß noch nicht, was es ist, das er sieht; in vernünftiger Neugier tritt er näher. Da hat er auch eine Audition, er hört eine Stimme. Wer spricht zu ihm? Vorher hieß es: der Engel des Herrn erschien ihm in der Flamme. Engel, angelos, heißt Bote. Jetzt spricht der Herr selbst. Man soll das wohl nicht so verstehen, daß ein Anderer spricht als der sich im Feuer gezeigt hat. Der Übergang, daß in derselben Geschichte bald der Bote Gottes, bald Gott selbst sprechend eingeführt wird, kommt auch sonst im Alten Testament vor. Der Bote Gottes kann auch in gewöhnlicher Menschengestalt erscheinen. Gott selbst kann man nicht eigentlich sprechen hören; er spricht in einer Stimme, die wir, wenn wir genau sind, die Stimme seines Boten nennen müssen.

Was sagt Gott zu Mose? Er ruft ihn beim Namen: »Mose!« – »Hier bin ich.« – »Ziehe deine Schuhe aus, du stehst auf heiligem Land.« Eine alte Geste religiöser Ehrfurcht wird ihm befohlen. Und nun: »Ich bin der Gott deines Vaters und der Gott deiner Stammväter.« Mose verhüllt sein Gesicht; wer Gott sieht, stirbt. Der alte Gott, der sie bis hierher geführt hat, spricht nun zu ihm. »Ich habe euer Elend gesehen, euer Geschrei gehört, euer Leid erkannt. Nun will ich euch retten und in die Freiheit führen. Und dich, Mose, will ich senden, daß du dein Volk führst.«

Welch überwältigende Zusage des Glücks! Unser Elend ist gesehen – wirklich gesehen – und wir sollen frei werden, in einem Land, das uns gehören wird, in dem Milch und Honig fließt. Und Mose soll der Führer in die Freiheit sein. Was tut Mose auf diese Zusage und diesen Befehl? Er sträubt sich. Herr, sende, welchen du willst; d. h. nur mich nicht. In dem Text, der als Predigttext zurechtgeschnitten ist, sind die Stellen seiner Gegenwehr, bis auf eine Gegenfrage, weggelassen. Aber sie sind wichtig. So reagieren die Propheten fast immer, wenn sie berufen werden. Warum?

Mose ist kein Feigling. Vielleicht liebt er jetzt das beruhigte freie Leben des Schafhirten. Wer verstünde das nicht. Aber vor allem ist er klug, und er reagiert wie ein kluger Mensch bei solcher Forderung reagieren muß. Zwar weiß er noch nicht im Einzelnen, was ihm bevorsteht. Wir, die wir die Geschichte kennen, wissen es. Er wird Gottes Befehl folgen. Wehrlos, machtlos wird er vor Pharao stehen und die Freiheit seines Volkes fordern. Der König wird ihn verlachen und sein Volk wird ihn verfluchen, weil er die Lage schlimmer gemacht hat als sie war. Die schrecklichsten Schrecken, zuletzt der Tod aller erstgeborenen Söhne, nötigen den Ägyptern die Freigabe des Volkes ab. Unter Lebensgefahr waten sie durchs Schilfmeer, in dem der nachsetzende Pharao ertrinkt. In der Wüste drohen Hunger und Durst und das Volk verlangt zurück zu den Fleischtöpfen Ägyptens, in die Sklaverei des Wohlstandsstaates. Mose bringt ihnen Gottes Gesetz, das sie erst richtig zum Volk macht, und sie benützen seine kurze Abwesenheit zum Abfall. Und wem gehört das Land, in das er sie führen soll? Den Kanaanitern, Amoritern, Pheresitern, Jebusitern. Wir sagen heute: es gehört den Arabern. Mit welchem Rechtsanspruch, mit welcher militärischen Macht wird es besetzt werden? Was ist die Zukunft dort? Und Mose selbst wird das Land nicht betreten; von einem Berg wird er es in der Ferne liegen sehen und sterben. So sind göttliche Aufträge in der Geschichte.

Moses Gegenwehr zeigt sich in unserem Text nur in der Gegenfrage: »Und wenn mich das Volk nach deinem Namen fragt, welchen Namen soll ich nennen?« Das klingt sonderbar; sollte ein Volk den Namen seines Gottes nicht kennen?

Man hat dazu die religionsgeschichtliche Erklärung gegeben, daß vielfach bei den Völkern und gerade auch im alten Ägypten, der wahre, wirkungsmächtige Name eines Gottes geheimgehalten worden ist. Vergegenwärtigen wir unserem modernen Denken, was die Frage bedeuten mag. Mose lebt in der Welt des Polytheismus. Verschiedene Völker haben verschiedene Götter. Götter – wir sprechen heute von Mächten. Das ist abstrakt und macht uns im Grunde auch nicht klarer, was uns da eigentlich begegnet: die Mächte der Natur, die Mächte der Geschichte, die Mächte der Überlieferung und der Ideologie, die Mächte in der Tiefe der menschlichen Seele, die Mächte der Politik. Der alten Zeit erscheinen diese Mächte unter dem Bilde großer göttlicher Gestalten: Amun – Re, Isis und Osiris, der Baal und die Astarte, näher bei uns: Zeus, Apollon und Aphrodite, oder der große Pan, oder Wotan. Der Himmelsherr ist eine ganz andere Macht als die Göttin der Liebe; das frucht-

IV, 6. Zwei Predigten   383

bare Ägypten hat andere Götter als die brennende Wüste. »Was ist dein Name?« heißt: welche Macht bietest du uns an, wenn wir uns dir anvertrauen? Der Sprung ins Moderne sei auch hier gewagt. Unsereiner würde fragen: Versprichst du uns die Macht der Technik oder der Solidarität, die Herrschaft der Ordnung, die Freiheit des Einzelnen oder den Sturm des Enthusiasmus?

Was antwortet Gott? »Ich bin, der ich bin.« So hat die alte Kirche dieses Wort verstanden. Mit unserer Lutherbibel kann man auch sagen: »Ich werde sein, der ich sein werde.« Martin Buber übersetzt: »Ich werde da sein als der ich dasein werde.« Die hebräische Sprache unterscheidet nicht wie die unsere Gegenwart, Vergangenheit und Zukunft. Das Unbestimmte dieses Satzes könnte man fast am besten wiedergeben so wie Ausländer sprechen, die nicht gut deutsch können und die Formen des Verbs nicht finden. Ein solcher würde vielleicht sagen: »Ich sein der ich sein.«

Was bedeutet diese Antwort? Zunächst einen Schock: Gott verweigert die Nennung eines Namens. »Ich bin«, oder »Ich werde sein«: das ist kein Name, mit dem Mose das Volk beruhigen könnte. Allerdings wird im nächsten Vers, den ich nicht mehr gelesen habe, der heilige Gottesname Jahwe genannt, der in der christlichen Tradition zu Jehova geworden ist und den Luther stets mit »der Herr« wiedergibt. Der Name Jahwe klingt an an das hebräische Wort für »ich bin« (ehje); vielleicht sollte dieser Gottesname so erklärt werden. Aber das ist dann erst das Zweite. Das Erste ist: Mose soll sagen: der Gott eurer Väter hat mich gesandt, und er heißt wie kein bekannter Gott heißt; »ich bin« hat mich gesandt.

An diesem Satz: »Ich bin der ich bin« haben Jahrtausende gerätselt. Wenn uns dieser Text aufgegeben ist, müssen wir diesen Rätseln ein wenig folgen. Zunächst kann man sagen: Im letzten Grund gibt es doch nicht viele Mächte, sondern eine wahre Macht, nicht viele Götter, sondern einen wahren Gott. Den kann man nicht mit dem Namen eines der vielen Götter nennen. Wenn er Schöpfer und Herr der Welt ist, der Grund der Welt ist, dann bezeichnet ihn kein Name und kein Begriff aus der Welt, dann muß man über Namen und Formen hinausgehen. Alles was ist, ist durch ihn – schon wenn wir Ihn, wenn wir Er sagen, sagen wir zuviel – und er ist, der er ist. Ich möchte zu dieser Auslegung hier meine persönliche Meinung sagen. Mir scheint, man darf sagen: Gott hat verschiedenen Völkern verschiedene Gnaden der Erkenntnis gegeben, und eine ist in dieser Auslegung. Gott als das Sein selbst verstehen, das allem, was ist, sein Sein gibt, das ist eine Weisheit, die man nicht mehr übersteigen kann. So haben orientalische Völker gesehen, so hat in unserer westlichen Welt die griechische Philosophie in aller Schärfe den Gedanken Gottes durchdacht. Als dann die Juden und die Christen in die Welt der griechischen Bildung eintraten, konnten sie nicht anders als diese Gedanken übernehmen und mit ihrer Hilfe sich ihren Gott auslegen. Sie haben damit ein großes Stück Wahrheit wirklich geschenkt bekommen und erhalten.

Aber die Antwort, die Mose hier aus dem brennenden Busch bekommt, hat ein anderes Ziel. Mose soll sich auf einen Weg machen, hier und jetzt, auf einen langen und gefährlichen Weg. Was er braucht, ist die Gegenwart eines helfenden Gottes, und zwar braucht er sie jetzt und auf jedem Schritt des Wegs. Er braucht also die Zukunft dieser Gegenwart. »Ich werde sein«, »ich werde dasein«, da bei dir, dann wenn dein Schritt zu versagen droht. Diese Zukunft ist nicht die Fortdauer der jetzigen Gegenwart oder etwas ewig Gleichbleibendes. »Ich werde dasein als der ich dasein werde« – und als welcher ich dasein werde, das wirst du dann sehen wenn es nötig ist . . . Keine Macht, keine Erforschung des Künftigen, kein besonderer Name Gottes erhellt den Abgrund der Zukunft; nur die Zusage: »Ich werde sein.«

Im Lichte dieser Zusage müssen wir Moses schweren Weg noch einmal verfolgen. Er stand machtlos vor Pharao, aber dieser wandelte zuletzt seinen Sinn. Das Volk ging durchs Meer, aber das Meer verschlang sie nicht. In der Wüste gab es keine Fleischtöpfe, aber Quellen und den verdickten Pflanzensaft des Manna. Dort in der Wüste gab Gott ihnen das Gesetz ihres Lebens als Volk. Daran hatte keiner von ihnen vorher gedacht. Sie kamen ins verheißene Land. Mose freilich nicht, aber für Mose war vielleicht der Blick vom Berg hinüber in das Land der einzige Augenblick ewiger Seligkeit, der für ein Menschenleben genügt. So ist dieser Blick durch die Erinnerung der Völker gegangen. Jetzt vor einem Jahr ist Martin Luther King gestorben, noch auf seinen Lippen die Worte seiner letzten Rede: »Ich sehe vor mir das Land . . .«

Soviel von Mose. Was bedeutet die Erzählung für uns?

Blicken wir in die Geschichte zurück, so müssen wir wohl sagen: Gott ist immer wieder den Menschen in einer Weise gegenwärtig gewesen, die niemand vorhersehen konnte.

Er war in Christus da. So hatten die Juden den Verheißenen nicht erwartet. Die Weise, auf die Christus das Gesetz Moses, das Gesetz Gottes erfüllt hat, mußte den Juden, die die Tradition wahrten, als Bruch des Gesetzes erscheinen, als die große Blasphemie. Aber er hat, wie er selbst sagte, ein Feuer entzündet, ein Feuer, das reinigt ohne zu verzehren, in der ganzen Welt.

Die Christen erwarten die Wiederkunft Christi. Sie zögerte sich hinaus um Jahrzehnte, Jahrhunderte, Jahrtausende. Und inzwischen geschah, was sie nicht erwarteten, das Evangelium durchdrang die Welt, zwar sehr unvollkommen, aber doch verwandelnd.

In unseren Jahrhunderten wird die Welt durch die Aufklärung verändert. Aufklärung ist erklärt worden als das Heraustreten des Menschen aus seiner selbstverschuldeten Unmündigkeit. Wir werden erwachsen, wir prüfen selbst, wir prüfen, was man uns erzählt hat. Überlieferte Mißstände ändern wir durch Verstand und Willen. Wir verlassen die »ägyptische Knechtschaft« weltlicher und geistlicher Autoritäten und ziehen in die Wüste freier, solidarischer Entscheidung. Seit Jahrhunderten schon, immer wieder, auch in der heutigen Jugend hoffen wir auf das verheißene Land einer freien Gesellschaft

IV, 6. Zwei Predigten   385

gleicher Menschen. Ist da Gott in neuer Gestalt bei uns? Oder ist das Gottes-
lästerung, Blasphemie? Oder die dritte Möglichkeit: ist dies freilich unsere
Wirklichkeit und Aufgabe, ist aber die Zeit Gottes vorbei, so wie die Zeiten
des Amun-Re der Ägypter und des großen Pan der Griechen vorbeigegangen
sind. Das spätantike Wort: der große Pan ist tot, haben große Denker des 19.
Jahrhunderts wieder aufgenommen. Muß man heute nicht ehrlicherweise sagen: Gott ist tot, und das ist eine vergangene Geschichte?

Hier muß ich, so fürchte ich, ein Wort sagen, das scharf klingen kann. Wer
nicht in seinem eigenen Bewußtsein, in seinem eigenen Leben erfahren hat,
was es heißt: »Gott ist tot«, wie soll der einem heutigen Menschen helfen
können? Dieses Wort spricht eine Erfahrung aus, eine Grunderfahrung unserer Zeit. Diese hat viele Formen. Sie hat zuzeiten einen Jubel ausgesprochen:
die Väter und ihr Gott, die Lasten der Vergangenheit haben uns nichts mehr
zu sagen: Gott ist tot. Sie kann nüchterne Gleichgültigkeit ausdrücken: Hier
sind die Gesetze der Natur und der Gesellschaft; wozu ist ein Gott nötig? Sie
kann Verzweiflung aussprechen: Alles ist da, die Lebenssicherung, das Wissen, der Genuß, der Fortschritt, aber wohin ist der Sinn des Ganzen entflo-
hen? Gott, der Sinn, ist tot.

Weiß man das in der Kirche, daß dies die Wirklichkeit von heute ist? Ich
stamme aus einer christlichen Familie, ich habe seit meiner Jugend und zeitle-
bens den Wunsch gehabt, in der Kirche in kleinen und großen Fragen Rat zu
finden. Wie oft habe ich einen Theologen, einen Pfarrer, einen frommen
Menschen entweder gefragt oder prüfend angeschaut, ob ich ihn fragen könnte und habe erfahren: er konnte mir nicht helfen. Er war noch auf seiner gesicherten Insel und wußte nicht, wie es auf dem hohen Meer der Ungewißheit
aussieht, oder er klammerte sich an den Felsblock seines Glaubens, und da
konnte er nicht in den Abgrund sehen, um nicht schwindlig zu werden. Er tat
sein Bestes, mir zu helfen. – An ehrlicher Selbstkritik und an gutem Willen
hat es in der Kirche, soweit ich sie erlebt habe, nicht gefehlt, oder, soweit sie
fehlten, war das nicht mein Kummer; denn solches Versagen ist allgemein
menschlich. Aber auch die zu großem Einsatz Bereiten fanden oft nicht die
Tür zur Wirklichkeit des Menschen ihnen gegenüber. Sie wußten nicht, vorsichtig gesagt, daß der Gott, an den sie ihn wiesen, ihm das Gesicht nicht
mehr zeigte, das sie noch sahen oder zu sehen meinten. Sie waren beim Gott
der Väter um den Preis, nicht bei der Wirklichkeit zu sein.

Hierüber müßte man lange reden, nicht in einer Predigt, sondern im ruhigen Gespräch, mit Frage und Rückfrage. Denn aus dieser Lage darf man nicht
fliehen, man muß in ihr aushalten. Aber hier auf diese Kanzel gestellt muß
ich zum Ende meiner Rede kommen. Ich muß schneller als es richtig ist zu
dem kommen, was ich selbst meine sagen zu wollen. Hier läßt sich nichts
beweisen, hier muß man sich zu seiner Erfahrung und zu seiner Hoffnung
bekennen.

Ich glaube, daß Gott da ist und da sein wird so, wie er immer da war, nämlich neu, so wie wir ihn noch nicht gekannt haben. Kann man das erfahren?

Man erfährt es zuerst im Dienst am Mitmenschen. Es ist schon eine simple psychologische Erfahrung, daß Glücksträume und depressive Schrecken der Einsamkeit vor der Wirklichkeit des Mitmenschen verfliegen. Der Nächste ist der Bote Gottes.

Man kann es erfahren in der inneren Sammlung, im Gebet. Davon wissen sehr viel die großen Religionen des Ostens, denen zu begegnen heute unser Schicksal ist und die als Irrlehren abzutun ein Anklammern an den Fels der Vergangenheit wäre. Aber wir brauchen ihnen nicht nachzulaufen. Die innere Antwort, die Stimme des Gewissens gibt es auch hier; Gott spricht, wo er will und wie er will. Der moderne Psychologe mag diese Stimme als die meines Unbewußten oder meines Über-Ich beziehen. Warum soll mein Unbewußtes, mein Über-Ich nicht Bote Gottes sein?

Die Wissenschaften, die uns gesund skeptisch machen, Physik, Kybernetik, Psychologie, Soziologie, beweisen nicht, daß Gott tot ist. Für ihre Sichtweise ist Gott entweder nie gewesen, oder er ist immer. Sie objektivieren das Geschehen. Sie teilen es ein, sie stellen es dar, wie es sich dem Verstand und dem Willen zeigen muß. Wie diese Art der Erkenntnis überhaupt möglich ist, und daß sie gar allumfassend sei, das zeigen sie nicht. Ich glaube, sie setzen in der Gestalt des Vertrauens auf die Beständigkeit der Welt die Gegenwart Gottes tatsächlich voraus. Sie könnten sich in Boten Gottes verwandeln.

Aber vor allem ist der Mitmensch der Bote Gottes. Im aktiven Leben mit dem andern entsteht für ihn und für mich ein Raum des Friedens. Ich ende mit einer konkreten, wenngleich übergroßen Aufgabe. Was Mose aufgetragen wurde, war doch eine politische Aufgabe: ein Volk befreien und so ein Volk erst schaffen, ihm äußere Freiheit und inneren Frieden geben. Dies mußte konkret und diesseitig durchgeführt werden: aus Ägypten mußten sie herausgeführt werden, in Palästina ankommen, und diesseitig ernährt, bekleidet und organisiert bleiben. Politik ist das Feld des Streits, und Mose ist von Kampf zu Kampf gegangen. Der Streit ist nötig, in ihm arbeitet sich das Bewußtsein von der Form des Friedens, die konkrete Wahrheit heraus. Über die Form des Friedens ist heute Streit. Über eines dürfte kein Streit mehr sein: daß der Friede der Welt politisch gesichert werden muß. Das ist eine neue, konkrete, diesseitige Aufgabe, die die Menschheit bisher nicht gehabt, kaum gesehen hat und heute hat. Sie ist nicht leichter als der Auszug der israelischen Fremdarbeiter aus Ägypten war. Auf diesem Weg warten auf uns Gefahren, so schrecklich wie der Tod alles Erstgeborenen, so unkalkulierbar wie der Gang durch das Schilfmeer. Die nächsten dreißig Jahre, ich weiß nicht, wie sie sein werden. Aber diesen Weg müssen wir gehen, wir sind schon ausgezogen. Auf diesem Weg wird auf eine Weise, die wir nicht wissen, Gott bei uns sein. Amen.

IV, 6. Zwei Predigten

Zum Gottesdienst am 26. Mai 1974
im evang. Gemeindehaus in Starnberg

Das Evangelium des heutigen Sonntags Exaudi, des Sonntags vor Pfingsten, steht bei Johannes, Kapitel 15, Vers 26 bis Kapitel 16, Vers 4:

»Wenn aber der Tröster kommen wird, welchen ich euch senden werde vom Vater, der Geist der Wahrheit, der vom Vater ausgeht, der wird zeugen von mir. Und ihr werdet auch zeugen; denn ihr seid von Anfang bei mir gewesen. Solches habe ich zu euch geredet, daß ihr euch nicht ärgert. Sie werden euch in den Bann tun. Es kommt aber die Zeit, daß wer euch tötet, wird meinen, er tue Gott einen Dienst daran. Und solches werden sie euch darum tun, daß sie weder meinen Vater noch mich erkennen. Aber solches habe ich zu euch geredet, auf daß, wenn die Zeit kommen wird, ihr daran gedenket, daß ich's euch gesagt habe.«

Dieser Text enthält zwei Ankündigungen, die des Heiligen Geistes und die der Verfolgung. Beide Ankündigungen hängen miteinander zusammen. Der Geist wird der Tröster, der Fürsprecher in den Verfolgungen sein. Und die Verfolgung wird kommen, weil die Christen von Gott zeugen, also weil in ihnen der Geist wirkt.

Aber gehen diese Ankündigungen das heutige Bewußtsein etwas an? Hat jemand unter uns Erfahrung mit dem heiligen Geist? Verfolgung ja, das ist eine Wirklichkeit auch unserer Tage. Aber sind es eigentlich gerade die Christen, die verfolgt werden? Ich weiß nicht, ob viele Menschen in diesem Gemeindesaal sind, die selbst verfolgt worden sind, weil sie Christen sind. Wer verfolgt wird in der ganzen Welt, das sind doch die jeweiligen politischen Gegner.

Wenn wir jedoch diese alten Texte lesen und verstehen, so entdecken wir, daß sie mitten in die heutige Situation hineinsprechen. Das wird unserem kritischen Bewußtsein sogar leichter erkennbar werden, wenn wir für einen Augenblick die wissenschaftlichen Mittel benutzen, die dieses Bewußtsein in der historischen Theologie bereitgestellt und uns jene ferne Zeit, in der sie geschrieben wurden, als eine ferne, lang vergangene Zeit vor Augen stellen. Dann verstehen wir ihre Sprache genauer und können sie in unsere Sprache übersetzen.

Unser Text stammt aus dem vierten Evangelium, das die kirchliche Tradition dem Apostel Johannes zugeschrieben hat. Dieses Evangelium ist, in der Form der Geschichtserzählung, ein theologischer Traktat. Es stellt Jesus dar als das fleischgewordene Wort Gottes; es ist der Traktat von der Inkarnation. »Im Anfang war das Wort, und das Wort war bei Gott, und Gott war das Wort. Dasselbe war im Anfang bei Gott. Alle Dinge sind durch dasselbe gemacht, und ohne dasselbe ist nichts gemacht, was gemacht ist ... Und das Wort ward Fleisch und wohnte unter uns, und wir sahen seine Herrlichkeit.«

Im Anfang – da ist die Rede von der Schöpfung. Im Anfang war das Wort.

Das Wort, der Logos, die göttliche Vernunft, der Geist – das ist ein Name aus der griechischen Philosophie und der gnostischen Theologie. Das Wort war bei Gott und Gott war das Wort und alles ist durch das Wort gemacht. Dieses Wort aber wurde Fleisch, d. h. Gott ist mitten im menschlichen Leben gegenwärtig geworden, in einem Menschen, der uns gelehrt und geliebt hat und den die politische Justiz verurteilt und hingerichtet hat. Diese Lehre von der Inkarnation ist nicht der Gegenstand des heutigen Textes, aber sie ist sein Hintergrund.

Jesus, der weiß, daß er das sichtbare Leben mit seinen Jüngern jetzt verlassen wird, kündet ihnen in seinen Abschiedsreden den Tröster, den Geist der Wahrheit an. Noch einmal also: was ist das für ein Geist? Tröster heißt griechisch Parakletos, d. h. Advokat, Herbeigerufener, Fürsprecher. Er ist aber im Verständnis der Bibel nicht ein Mensch, etwa ein Nachfolger Jesu, sondern eben der Geist, der in den Menschen wirkt und spricht. Das Wort, das wir hier mit Geist übersetzen, ist nicht Logos, sondern Pneuma, der Hauch, der Atem, der Wind. Der Wind weht, wo er will, und du hörst sein Sausen wohl, aber du weißt nicht, woher er kommt und wohin er fährt. So ist jeder, der aus dem Geist geboren ist. Was ist das?

Der alten Kirche, aus der unser Text stammt, war dieser Geist etwas Wohlbekanntes. Er war ihre eigentliche Grunderfahrung, das, wodurch sie überhaupt eine Gemeinschaft, eine Kirche war. Pfingsten war das Erlebnis der Ausgießung des Geistes. Auf einmal war er da und verwandelte die Verzweiflung der Gemeinde in Freude, in Überschwang, in Gewißheit. Es wird erzählt, daß sie in Sprachen redeten, die sie zuvor nicht gelernt hatten. Nicht nur ein unverständliches Stammeln, obwohl es das auch gegeben haben wird, sondern umgekehrt, die Verständlichkeit, wo vorher Fremdheit war. War die alte Kirche ein Haufe von Ekstatikern, so wie wir sie in pietistischen Massenräuschen bis zum heutigen Tage immer wieder sehen? Öffnen sich vielleicht heute so viele Menschen der meditativen und der ekstatischen Erfahrung außerchristlicher Religionen, weil die Kirche ihnen diese Quellen, die auch in ihr einst geflossen sind, nicht mehr erschließt?

Gewiß, all das ist wirklich und wichtig. Aber die Ekstase ist nicht der Zweck, sie ist nur ein Signal einer neuen Erfahrung. Auf die Träne der Seligkeit folgt die Seligkeit ohne Tränen. Sie bewährt sich in der Stille, in der Arbeit, in der Gemeinschaft, im Kampf, im Leiden, in der Stille. Wenn sie euch vor die Gerichte führt, so fürchtet euch nicht, denn der Geist wird euch eingeben, was ihr reden sollt. Die Kirche ist, wo immer sie lebendig war, überzeugt gewesen, vom Geist geführt zu sein. Geistesgegenwart war Erkenntnis der Mitmenschen, Erkenntnis der gesellschaftlichen Situation, direktes Sehen und genaues Handeln. Die Christen, die zweitausend Jahre auf das Ende der Geschichte gewartet haben, haben in diesen zweitausend Jahren die Geschichte gestaltet, die Menschheit langsam, langsam umgestaltet.

Aber warum die Ankündigung der Verfolgung? Warum werden sie vor

IV, 6. Zwei Predigten   389

Gericht gestellt? Sie werden euch in den Bann tun, heißt es in unserem Text.
Wörtlich steht da, sie werden euch aus der Synagoge, also aus der religiösen
Gemeinschaft ausstoßen. Wen der Geist führt, der läuft Gefahr, daß ihn die
Menschen um der Gemeinschaft willen verfolgen, daß sie guten Willens
glauben, Gott einen Dienst zu tun, wenn sie ihn aus dem Dienst entlassen
oder vielleicht sogar töten. Warum das?

Der Geist ist der Geist der Wahrheit. Die Wahrheit zu hören, ist sehr un-
angenehm. Menschliche Gemeinschaften, Gruppen, Gesellschaften, Staaten,
Kirchen stabilisieren sich durch Abwehr des Bedrohlichen. Sie stabilisieren
sich durch eingeschliffene Angstreaktionen. Das ist für den Menschen als
vernünftiges Wesen an sich nicht nötig. Menschliche Gemeinschaften könnten sich durch Vernunft und Nächstenliebe stabilisieren, also durch Wahrheit, durch Erkenntnis, Wahrhaftigkeit, Rücksicht und aktive Hilfe. Wo das
geschieht, empfinden wir, daß Friede herrscht. Der Friede ist der Leib der
Wahrheit. Wo oder soweit kein Friede herrscht, stabilisiert sich die Gesellschaft durch Angst. Dieser Angst muß dann nichts so bedrohlich erscheinen,
wie die Wahrheit. Wahrheit im Mund von uns Menschen ist nie vollkommen, sie ist, so wie wir sie herausbringen, fast stets Halbwahrheit. Die herrschende Angst hört aus den ihr begegnenden Halbwahrheiten mit sicherem
Instinkt das Falsche heraus, um sich selbst darüber zu beruhigen, daß sie den
Sprecher dieser halben Wahrheit mit Recht als Sprecher der Unwahrheit de-
nunzieren, dienstentlassen, verfolgen darf. Lesen Sie einmal unter diesem
Gesichtspunkt die Geschichte religiöser und politischer Verfolgungen bis auf
unseren Tag. Wie haben Katholiken, wo sie herrschten, Protestanten verfolgt
und Protestanten, wo sie herrschten, Katholiken, bis die große christliche Erkenntnis der Nächstenliebe in säkularisiert aufgeklärter Form als Toleranz zu
ihnen kam! Wie verfolgen heute Kommunisten Kapitalisten und Kapitalisten
Kommunisten! Wo ist der Geist? Er weht wo er will und wir hören sein Sausen wohl. Er ist der Schreck der stabilisierenden Angst, er ist der Trost der
Verfolgten, er ist der Wegweiser zum konstruktiven Frieden.

Darf die Kirche sich in die Politik mischen? Sie ist verfolgt worden, nicht
weil sie sich in Politik mischte, sondern weil sie, so wie sie war, der Politik
unerträglich wurde. Die Kirche darf nur den Frieden wollen. Das heißt, sie
muß die Wahrheit wollen. Jesus sagt: Selig sind die Friedfertigen, das heißt
wörtlich: die Friedensmacher, die den Frieden herstellen. Denn was besteht,
ist noch nicht der Friede. Deshalb kann Jesus ohne Widerspruch zur Seligpreisung auch sagen: Ich bin nicht gekommen, Frieden zu bringen, sondern
das Schwert. Der Geist – das Pneuma – in der Geschichte, und der Geist – der
Logos – der Schöpfung, sind letztlich eins, denn in der Geschichte wird die
Schöpfung ausgestaltet.

Die Kirche muß, wo Konflikt ist, den Frieden, die wahre Versöhnung suchen; wenn sie kann, zu bringen suchen. Eben darum kann sie sich nicht auf
die Verkündigung nur eines jenseitigen oder nur eines privaten Wortes Got-

tes beschränken. Das ist noch nicht das Wort, durch das alles gemacht ist, was gemacht ist. Darf die Kirche einseitig politisch Partei nehmen? Meine Erfahrung ist, daß wir die Einseitigkeit fast immer nur bei unseren politischen Gegnern wahrnehmen, nicht bei uns selbst. Das gilt fast immer für beide Seiten in einem Konflikt. Wer Konflikte versöhnen will, kann sich nicht aus den Konflikten heraushalten; das hieße: wasch mich aber mach mich nicht naß.

Wir bekämpfen uns, weil wir Angst voreinander haben. Wir sollen keine Angst haben. Wenn der Tröster, der Geist der Wahrheit kommen wird, der wird euch in alle Wahrheit führen. Das geschieht jeden Tag unter uns; es kann geschehen, wenn wir uns öffnen; und es geschieht. In der Welt habt ihr Angst, aber seid getrost, ich habe die Welt überwunden. Das ist wahr.

IV, 7. Zwei Vorworte

1. Geleitwort zu Martin Steinkes Buch »Das Lebensgesetz« [1]

Vor etwas mehr als zwölf Jahren, als ich mich gerade rüstete, zum erstenmal in meinem Leben den Atlantik zu überqueren und in meinem Arbeitszimmer Hemden und Manuskripte in die Schiffskoffer verpackte, klingelte es an der Wohnungstür, und zwei Besucher erschienen. Der Ältere von ihnen war ein kleiner, schmächtiger, beweglicher weißhaariger Mann, dessen Blick mir zuerst wie der eines Vogels schien, prüfend und in raschem Flug zupackend, und dann doch gütig wie nur ein Mensch blicken kann. Mit diesem Mann entspann sich über die halboffenen Koffer hinweg ein zweistündiges Gespräch, in dem er keine Antwort schuldig blieb und oft genug das ganz Überraschende sagte, so schnell wie man mit dem Finger schnalzt, Sätze, die auf der scharfen Schneide standen zwischen dem ganz Rätselhaften und dem an aller Logik vorbei ganz und gar Verständlichen, ohne Pose, im angenehm nüchternen Tonfall des alten Berlin oder Potsdam. Da ich seitdem einer der Empfänger seiner Aufzeichnungen war, gebe ich heute ihrer Veröffentlichung in Buchform anläßlich des 80. Geburtstags ihres Verfassers sehr gerne ein Geleitwort mit.

Was bedeutet es für uns, wenn ein Deutscher sich in der Jugend in die buddhistischen Schriften vertieft, als Fünfzigjähriger alles hinter sich läßt, um einer Einladung ins Kloster in China zu folgen, dort die Mönchsweihen erwirbt, und dann in seine Heimat zurückkehrt, um das dort Erfahrene denen, die es hören können, hier zu vermitteln?

Das ist mehr als ein Bildungserlebnis. In unserer Zeit erobert das westliche Denken in der Gestalt der Naturwissenschaft und Technik, des Nationalismus und sozialer Heilslehren eine breite Schicht der asiatischen Seele; dieser Sieg des Westens ist gründlicher und wird dauerhafter sein als sein Vorläufer, die Kolonialherrschaft. Aber wie tief dringt dieser Sieg? Nach einer internationalen Tagung über Probleme des technischen Zeitalters, auf der Amerikaner und Asiaten gemeinsam den technischen Fortschritt priesen, während die Europäer kulturpessimistisch auf die Tendenz der Selbstzerstörung in der Technik wiesen, sagte mir ein Chinese im Privatgespräch: »Ihr Europäer haltet die

---

1 Martin Steinke-Tao Chün, »Das Lebensgesetz. Eine Antwort auf Lebensfragen aus buddhistischer Sicht«. München, Delp, o.J. (1962).

Technik für gefährlich, weil ihre Entfaltung mit dem Zusammenbruch eurer Kultur zeitlich zusammentrifft. Wir Asiaten sind in einer anderen Lage. Unsere Kultur bricht nicht zusammen. Aber wir müssen zahllose Menschen ernähren. Wir werden die Technik übernehmen und euch vormachen, wie man mit ihr lebt!« Ich glaube nicht, daß er das letzte Wort gesagt hat, aber in solchen Dimensionen bewegt sich das heutige Weltgeschehen.

Es ist kein Zufall, wenn seit Generationen eine sehr kleine, aber langsam wachsende Minderheit von Europäern irgendwann im Leben, in der empfänglichen Jugend, in den Zweifeln des Bewußtwerdens, die der Erwachsene durchkämpfen muß, oder im Alter, von der asiatischen Weisheit im Herzen getroffen, geweckt, getröstet wird. Wenn ich noch einmal persönlich sprechen darf: Ich erinnere mich genau meines Seelenzustands als Student, als die Dogmatisierung der Mythologie und das Auseinanderklaffen von Worten und Leben und vielleicht einfach die zu große Nähe mir den Zugang zu unserer christlichen Tradition für lange Zeit verschloß und als – ein spezielles Anliegen – die Fachsprache unserer abendländischen Philosophie an der Aufgabe, die heutige Naturwissenschaft zu verstehen, scheiterte. Damals las ich dankbar und ohne jede Mühe in Richard Wilhelms Übersetzung die Sprüche des Laotse und Konfuzius und die tausendfach spiegelnden Kristalle der Anekdoten Tschuangtses, und mich berührte tief, in Karl Eugen Neumanns Übersetzung, die vollendete durchsichtige nüchterne Gelassenheit, die innere Meeresstille der Darlegungen Buddhas, der Lehre, deren Anfang begütigt, deren Mitte begütigt, deren Ende begütigt. Später erklärte mir ein chinesischer Hörer meiner ersten Vorlesungen, das neue Wirklichkeitsverständnis der Quantenmechanik müsse die Europäer gewiß überraschen, aber in die Denktradition des Buddhismus füge es sich bruchlos ein. Ich glaubte damals und glaube heute, daß all dies uns angeht, nicht weil es asiatisch, sondern weil es wahr ist; und daß die säkular langsame Auseinandersetzung mit solchen Wahrheiten das nährende Grundwasser der jahreszeitlich aufblühenden und vergehenden Kulturen und politischen Vorherrschaften auf dem Erdball ist.

Hier entsteht aber alsbald ein Dilemma. Wo stehe ich selbst, wenn ich nach jenen außerhalb Europas gewachsenen Wahrheiten frage? Es ist leicht, von östlicher Weisheit zu schwärmen, wenn man, materiell und geistig, das Brot der westlichen Zivilisation ißt. Wir alle kennen den Typ der Weichlinge, die sich mit dem anempfundenen exotischen Tiefsinn um die Forderung des Tages an der Stelle, an die sie gestellt sind, drücken; ihnen erschließen sich in Wahrheit weder die Quellen der eigenen noch die der fremden Tradition. Viel fundierter sind die westlichen Gelehrten, die fest auf dem in unserer Tradition erwachsenen Wissenschaftsbegriff fußend die östlichen Texte erforschen, edieren, übertragen. Immerhin bleiben sie oft innerhalb der Grenze aller bloß gelehrten Literaturwissenschaft, die dasjenige nur studiert, was sie niemals selbst machen könnte, während doch auch bei uns im Westen eigentlich das Gedicht das Gedicht, der Gedanke den eigenen Gedanken wachrufen

IV, 7. Zwei Vorworte

will, und während es doch im Buddhismus um gar nichts anderes geht, als daß dem Schüler die Einsicht selbst aufleuchtet, die dann sein Leben verwandeln wird.

Es gibt kein allgemeingültiges Rezept zur Lösung dieses Dilemmas. Wirklich mit dem Osten reden kann der Westen nur, wo er sich selbst versteht. Deshalb wird für die meisten Menschen im Westen eine entschiedene, aber kritische Zuwendung zu den eigenen Voraussetzungen der beste Weg sein, ihren Beitrag zu diesem langen Prozeß zu leisten. Zudem vermögen nur sehr wenige ohne das Geländer der eigenen, vertrauten kulturellen Umwelt selbständige Schritte zu tun; wer sich unvorbereitet ernstlich an die buddhistische Meditation wagt, läuft Gefahr, als seelischer Krüppel zu enden. Wir müssen aber den Wenigen dankbar sein, die um unser aller willen eben diesen Schritt ins Fremde wagen.

Martin Steinke hat als reifer Mann diesen eminent harten Weg, den steilen Gipfelpfad (Tao Chün) betreten. Er ist trotz seiner umfassenden Studien kein Gelehrter im westlich schulmäßigen Sinne; ich müßte selbst kein Professor sein, wenn ich das seinen Formulierungen nicht vielfach anmerkte. Aber in zwei oder sieben spontanen Antworten auf meine Fragen, in Zen-Art wie aus der Pistole geschossen, hat er mir etwas von der Wirklichkeit des buddhistischen Lebens vermittelt, was mich alle gelehrten Studien nur wie durch einen Schleier hatten ahnen lassen. Und er hat von mir und einigen anderen Menschen etwas gesehen, was man wohl nur im ersten Blick oder niemals sieht.

Es scheint mir charakteristisch für diesen Mann, daß er alsbald nach Empfang der Weihen in seine europäische Heimat zurückgekehrt ist. Hic Rhodus, hic salta. Wer von den in diesem Band gesammelten Aufsätzen ein Gemälde der »buddhistischen Weltanschauung« erhoffte, würde enttäuscht werden. Eher wird er, wenn ich selbst etwas zu behaupten wagen darf, lernen, daß es für den, der die Lehre des Buddha im Kern erfaßt, eine buddhistische Weltanschauung gar nicht gibt und nicht geben kann, sondern nur eine neue Weise, das zu sehen, was alle sehen, eine veränderte Art, Mensch zu sein. Deshalb sind, so sehr die traditionellen Inhalte buddhistischer Lehre hier zu ihrem Recht kommen, die eigentlichen Themen dieser Aufsätze die brennenden Fragen unseres eigenen Alltags. Wie kannst du das Leben eines Managers führen – denn du kannst der Signatur unserer Zeit nicht entgehen, und wenn du ins Kloster flöhest – wie also kannst du dieses Leben führen, ohne zugrunde zu gehen? Wie findest du dich im elektronischen Schaltwerk deiner Gedanken noch zurecht? Gibt es eine Antwort auf die Angst, die du tags verdrängst und die dich nachts peinigt, und die dich heimlich lenkt in allen deinen Handlungen, die darum eigentlich gar nicht die deinen sind? Gibt es aufrichtige Erkenntnis, die nicht Verzweiflung ist, vor der du dich also nicht zu fürchten brauchst? Gibt es Geistesgegenwart in diesem Wirbel, klares Bewußtsein, Reife, Ruhe und ruhige Kraft, erreichbar für dich, so wie du wirklich bist? Oft genug sind die Aufsätze aus Briefen an einzelne Menschen entstanden, stets haben sie die konkrete Situation des Menschen im Auge.

Ich versuche nicht, das, was der Verfasser zu diesen Fragen zu sagen hat, in meiner Sprache zu umschreiben, so verlockend das wäre. Der Leser darf wohl ermuntert werden, wenn ihm die Sprechweise da oder dort unvertraut ist, einfach weiterzulesen; wenn ihn ein Satz innerlich trifft, so daß er ihn versteht, so erklärt dieser Satz dann den Sinn der in ihm enthaltenen Worte auch für andere Sätze. Man soll, so scheint mir, diese kurzen Aufsätze einzeln vornehmen, den einzelnen rasch, aber mehrmals lesen und lang meditieren.

2. Geleitwort zu Martin Steinkes Buch
»Der Lebensschlüssel« [2]

Martin Steinke-Tao Chün ist, wie man in der buddhistischen Tradition sagt, in die Verwandlung eingegangen, ehe dieser zweite Band seiner Studien erschien. Vor Jahren sagte er mir einmal: »Bewußtwerden wird mich bis zum Augenblick des Todes nicht verlassen.« Ich erschrak fast über solche Zuversicht. Es ist aber geschehen, wie er gesagt hat.

Über seine Person möchte ich hier, über das im Geleitwort zum ›Lebensgesetz‹ Gesagte hinaus, nichts hinzufügen. Er selbst hat stets von der Person weg auf die Sache gewiesen. Diese Sache, die in jeder der hier vorgelegten Studien wiederkehrt, wird Lesern, die aus der bei uns heimischen Denktradition kommen, manche Schwierigkeiten machen, die nicht nur darin liegen, daß die Sache an sich – auch für Asiaten – schwer ist, sondern darin, daß uns die Ausdrucksweise ungewohnt ist. Ein Freund des Verfassers hat gefragt, ob ich nicht als Vermittler beider Traditionen eine erläuternde Einführung schreiben könne. In der gebührenden Form ist das heute nicht möglich, nicht nur, weil mir die Kenntnis der Sprachen der buddhistischen Quellen und die eigene Erfahrung schulmäßiger buddhistischer Meditationspraxis fehlt. Nur auf ein paar wichtige Punkte möchte ich hinweisen.

Vordergründig gesehen handelt es sich hier um die Begegnung zwischen Asien und Europa, und zwar um das wohl zentrale Stück dieser Begegnung. Indem die Welt eine Einheit wird, wird diese Begegnung möglich und fällig. Keiner der beiden Partner ist aber schon reif, sie wirklich zu vollziehen. Zum geistigen Bereich ›Europa‹ sind hier natürlich auch Amerika und Rußland zu rechnen. Asien nun erlebt soeben einen Akt dieser Begegnung im Zwang zur technischen und sozialen ›Modernisierung‹; das Moderne in diesem Sinn ist europäisches Produkt. Erst wo dieser Prozeß vollzogen ist, kann sich zeigen, inwiefern Asien in seiner Eigenart überdauert hat; erst dann wird Asien der

2 Martin Steinke-Tao Chün, »Der Lebensschlüssel. Bewußtwerden und seine umfassende Kraft«. München, Delp, 1968.

IV, 7. Zwei Vorworte

souveräne Partner in diesem Gespräch sein, der zu sein ihm gebührt. Europa aber ist weder materiell noch geistig mit den Konsequenzen seines eigenen Ansatzes ins reine gekommen. Ich möchte glauben, daß sich hier ein gefährlicher, aber sinnvoller Prozeß vollzieht, den wir selbst begreifen lernen müssen, wenn wir fähig werden wollen zu verstehen, was uns Asien zu sagen hat. Deshalb ist auch jeder Versuch, Europäern heute den Buddhismus verständlich zu machen, zugleich ein Stück Arbeit an unserer unvollendeten Selbsterkenntnis. Insofern handelt es sich dann nicht mehr bloß um die Begegnung zweier Kulturen, sondern um das Sehen von Wirklichkeit, d. h. um Wahrheit.

Das Problem, das Europa über sich und die Welt gebracht hat, kann man vielleicht andeuten durch den paradox scheinenden Ausdruck der irrationalen Dynamik der Rationalität. Dieser Titel kann ebenso über den Kapiteln der Atombombe und der Bevölkerungsexplosion stehen wie über den Kapiteln der Managerkrankheit und der verdrängten Weltangst. Wir trauen unserem Denken und handeln danach. Der Erfolg ist groß und enttäuschend zugleich, wie wenn eine ironische Gottheit gesagt hätte: »Ihr werdet bekommen, was ihr gewollt habt; darum seht zu, ob es das ist, was ihr eigentlich gewollt habt.« Ist unsere Vernunft vernünftig? Haben wir verstanden, was Verstand ist?

Diese Erfahrungen mögen es uns erleichtern, die alte buddhistische (aber nicht nur buddhistische) Unterscheidung zu verstehen, die das große Thema dieses Buches ist, die Martin Steinke mit den deutschen Worten Denken und Bewußtwerden umschreibt. »Der Denkakt ist ziellos«, sagt er oft genug. Die Beruhigung der Gedanken, das ›Anbinden der Affen‹, ist eine der Voraussetzungen der Meditation. Das Denken haftet an Name und Form. Bewußtwerden aber führt zu einem anderen, wieder nur paradox ausdrückbaren Phänomen, dem Sehen des Unergründlichen. Um einen ersten Hinweis zu erhalten, brauchen wir hier noch nicht beim Höchsten zu beginnen. Schon die simple Sinnesempfindung, die noch kein Bewußtwerden im eigentlichen Sinne ist, hat gegenüber der Beweglichkeit des alles ausprobierenden Denkens die Unwidersprechlichkeit des unergründeten So-und-nicht-anders: So und nicht anders ist das Grün des jetzt wieder aufblühenden Frühlings, so und nicht anders war und wird sein das Rot des Herbstes. So und nicht anders ist denn auch das Bewußtwerden als Ich-Erleben.

Eines der größten Hemmnisse des Bewußtwerdens ist darum der Widerstand des Denkens, das vorweg wissen und nennen will, was es hier erfahren wird. Daher das oft paradoxe Verfahren der Lehrer des Bewußtwerdens, etwa der Zen-Meister, daher auch die vielen scheinbaren Inkohärenzen und Gedankensprünge der Studien Martin Steinkes. Das Ausprobieren begrifflicher Möglichkeiten in seiner scheinbaren Konsequenz führt nie zum Sehen; die Zen-Paradoxien sind Versuche, diesen in sich kreisenden Strom des Denkens wenigstens für den Blitz eines Augenblicks zum Stehen zu bringen, damit der Schüler einmal wenigstens nicht meint, sondern sieht.

In der ebenfalls paradox scheinenden doppelten Bezeichnung des begrifflichen Denkens als Statik und als zielloser Prozeß spiegelt sich, was ich oben die irrationale Dynamik der Rationalität genannt habe. Das ständig Werdende wird im Begriff scheinbar zum Stehen gebracht. Indem es aber so steht, ist es nicht mehr, was es war. Die Wirklichkeit schreitet unablässig über die Positionen des Denkens hinaus. Das Denken selbst, solange es lebt – denn es ist ja selbst das größte Werkzeug des Lebens – wird dessen inne, daß ihm die Wirklichkeit entglitten ist. Es verläßt die vorige statische Position, um eine neue einzunehmen, der doch dasselbe Schicksal gewiß ist. Gerade insofern das Denken statisch ist, muß es ziellos bsein.

Hiermit hängt die uns Europäern oft so besonders schwer verständliche ›Ichlosigkeit‹ des Buddhismus zusammen. Martin Steinke unterscheidet hier treffend das Ich-Erlebnis als ›natürliche Kraftkonzentration des gesamten Lebensprozesses‹, von der statischen ›Ich-bin‹-Vorstellung, die durch Alter, Krankheit und Tod widerlegt wird. Weil wir uns immer schon interpretiert haben, kennen wir uns nicht. Deshalb führt nur die Erschütterung zur Freiheit, und nur die Freiheit des Klarbewußtwerdens zur Ruhe.

Diese Wirklichkeiten sind in Asien nicht anders als in Europa. In einem Sinne kann man sagen: sie zu erfahren und ihnen gemäß zu leben, genügt. Im Leben haben wir nun freilich täglich Entscheidungen zu treffen, Formen zu bewahren und aufzulösen, also auch Begriffe zu benützen oder umzuwandeln. Hier tritt die Aufgabe, die Traditionen dieser zwei großen Kulturen ins Gespräch zu bringen, in vielen konkreten Einzelheiten vor uns hin; diese Aufgabe hat sich für den Verfasser dieser Studien gleichsam darin symbolisiert, daß er zwei Namen trug, den deutschen Taufnamen und den chinesischen Namen, verliehen als Auszeichnung des Wissenden. Auch wenn die beiden Kulturen im großen und im Durchschnitt für diese Aufgabe heute nicht reif sind, so ist doch vielleicht dem professionellen Philosophiedozenten eine Bemerkung dazu erlaubt.

Das abendländische Bewußtsein verdankt zwei antiken Völkern zwei Inhalte, die es in genau dieser Ausprägung in Asien nicht gibt, den Griechen die Gestalt und den Juden die Geschichte – wenn man so grob schematisierend reden darf. Dem verdankt das abendländische Denken seine Festigkeit im Einzelnen, die seinen neuzeitlichen Erfolg ermöglicht hat. Es wäre falsch zu meinen, das Abendland habe sich naiv auf die ›Statik‹ dieses Denkens beschränkt. In der platonischen Philosophie ist die Gestalt das Sein des Vielen; das Eine aber ist Grund des Vielen, selbst nicht widerspruchsfrei aussagbar und ›jenseits der Seiendheit‹. Der jüdische Psalm redet Gott, den Schöpfer dieser geschichtlichen Welt, als den an, vor dem tausend Jahre sind wie ein Tag und wie die Nachtwache, die gestern vergangen ist. In unseren Jahrhunderten bezeichnet Hegels Dialektik die Bewegung des Begriffs, Bohrs Komplementarität die Unauflöslichkeit selbst des physischen Geschehens in ein eindeutiges Modell. Die große neuplatonische Linie unserer Philosophie, die unserer

IV, 7. Zwei Vorworte

ebenso großen mystischen Tradition die begrifflichen Mittel der Selbstauslegung gab, erinnert mich bei allen Unterschieden doch im grundsätzlichen je länger je mehr an die asiatischen Systeme. Wer Europa mit Asien ins Gespräch bringen will, sollte diesen Schatz unseres Bewußtseins mitbringen. Er ist freilich nur dort ein Schatz, wo er nicht eine Last bleibt. Eine Last ist er, wo er begrifflich manipuliert werden muß, statt eine der Gestalten des Bewußtwerdens zu bilden.

Soviel zur Philosophie, da ja der gebildete Leser es schwer wird vermeiden können, die philosophischen Fragen zu stellen. Aber dieses Geleitwort soll nicht selbst eine Last, sondern eine Ermutigung zur Lektüre sein. Bewußtwerden ist ein steiler Weg, aber er steht jedem Menschen offen; Philosophie ist nicht die Eintrittskarte, sondern eher eine Schilderung dessen, was uns auf ihm zu Gesicht kommt. Martin Steinke hat seinen Umgang mit Menschen stets als Hinleitung zum Selbergehen betrachtet; so sind auch seine Studien gemeint.

IV, 8. Gespräch über Meditation[1]

Reiter: Herr Professor von Weizsäcker, ich würde unser Gespräch gerne mit einer persönlichen Frage einleiten: Wenn Sie von Meditation reden, sind das ja nicht ausschließlich theoretische Reflexionen, sondern Sie sprechen dann von einer Sache, die Sie auf Grund persönlicher Erfahrung kennen. Darf ich Sie fragen, welchen Stellenwert die Meditation, das Meditieren in ihrem Leben hat?

Weizsäcker: Ja, da stellen Sie eine wichtige Frage, auf die ich nicht ganz schulmäßig antworten kann. Es ist zunächst richtig: Mich interessiert Meditation in erster Linie als etwas, das man tut – nicht aus irgendwelchen theoretischen Gründen. Ich habe selber nie regulären Meditationsunterricht genossen, wie man das ja haben kann und wie man es, wenn man sich darum kümmern will, eigentlich auch haben sollte. Im Grunde habe ich als junger Mensch einfach angefangen, etwas zu tun, von dem mir später Leute, die die Meditation schulmäßig kennen, gesagt haben, das sei schon Meditation. Es war zunächst also ganz spontan und eigentlich schon von meiner Kindheit her. Später habe ich erlebt, wie im christlichen Zusammenhang ein liturgisch gestalteter Tageslauf aussehen müßte. Ich habe zwar so etwas nie in einer Gruppe, der ich angehört hätte, permanent mitgemacht, aber ich bin gelegentlich bei Leuten, die so lebten, zu Gast gewesen. Ich kann ja ruhig sagen, wer das war. Es war die evangelische Michaels-Bruderschaft, und ich habe da wirklich ein großes Geschenk mitbekommen, eben die Hilfe, durch eine geregelte Form des Lebens tiefe Schichten im eigenen Wesen anzusprechen oder besser gesagt, diesen tiefen Schichten das Wort zu lassen. Ich habe mir dann angewöhnt, jeden Morgen einfach eine Zeitlang Stille walten zu lassen, still zu sein, dabei kam dann sehr viel – hat sich sehr viel gemeldet. Später bin ich dann auch mit asiatischer Meditation zusammengekommen, und was ich vorher gerade zitiert habe, daß man mir gesagt hätte, was ich da tue, das sei schon Meditation, habe ich aus dem Mund von indischen Meditationslehrern.

---

1 Gespräch mit Udo Reiter, in: Udo Reiter (Hrsg.), »Meditationen – Wege zum Selbst«, München, Mosaik Verlag, 1976. Für eine Rundfunksendung ohne Vorbereitung gesprochen, nach dem Tonband stilistisch leicht redigiert.

IV, 8. Gespräch über Meditation   399

Reiter: Damit unsere Leser möglichst schon zu Anfang einen Eindruck von der Sache bekommen, über die Sie jetzt gesprochen haben, will ich die Dramaturgie eines solchen Gespräches einmal außer acht lassen, und gleich zu Beginn die zentrale Frage stellen, die Frage nach dem Wesen der meditativen Erfahrung. Was ist es, das man in der Meditation erlebt? Läßt sich das inhaltlich definieren, läßt es sich mit Metaphern umschreiben?

Weizsäcker: Die erste Antwort, die ich geben müßte, ist, daß eigentlich alles, was man dazu sagt, falsch ist; denn es geht hinaus aus dem Bereich der Begriffe, aus dem Bereich dessen, was man normalerweise mit der Sprache sagt. Wenn man nun trotzdem mit der Sprache darüber redet, dann kommt es ganz darauf an, zu wem man redet; entweder man redet zu einem, der dieselben Erfahrungen hat, dann versteht man sich fast ohne Worte, oder man redet zu einem, der diese Erfahrungen nicht hat, dann wird er alles, was man sagt, wahrscheinlich irgendwie sonderbar finden, oder man wird selber finden, er habe es nicht ganz richtig gedeutet. Das ist eine Schwierigkeit, aber eigentlich eine Schwierigkeit, die sich bei jeder Art von Erfahrung ergibt, nicht nur bei der meditativen, hier aber vielleicht ganz besonders.

Wenn Sie trotzdem eine Antwort wollen, in der Art beispielsweise, wie Psychologen vielleicht sprechen, dann würde ich eben sagen: Es ist ein Stillwerden des bewußten Getriebes und es meldet sich, es zeigt sich etwas, was auch vorher immer da war. Überhaupt, man wird durch die Meditation kein anderer, sondern man wird der, der man immer gewesen ist. Aber dies zeigt sich so, daß das, was wir normalerweise das Bewußtsein nennen, anfängt, etwas davon zu spüren und dadurch dann auch verändert wird.

Nun ist die Meditation ja historisch vorwiegend in der Gestalt der Religion aufgetreten. Man kann daher auch versuchen, die Sache mit Begriffen religiöser Metaphysik zu fassen. Und was hier erfahren wird, hängt wohl tatsächlich sehr eng mit dem zusammen, was man bei uns in der religiösen Sprache des Westens »Gebet« nennt; aber wenn man sagt, es sei eine Gotteserfahrung, dann ist das so irreführend wie alles andere, was man sagen kann – außer wenn man es erfährt. Wenn man es erfährt, ist es gar nicht mehr irreführend, sondern ist so selbstverständlich, daß man es auch nicht mitzuteilen braucht.

Reiter: Ich will trotz dieser Schwierigkeiten nochmals versuchen, auf das Substantielle in diesem Erlebnis zu sprechen zu kommen. Es ist doch so, daß die meditative Erfahrung in einem Erlebnis kumuliert, das man in unserer Sprache meist als Erleuchtungs-Erlebnis bezeichnet. Sie haben einmal ein solches Erlebnis beschrieben, und ich fand da den folgenden Satz. »Das Wissen war da und in einer halben Stunde war alles geschehen.« Ich will jetzt zur Verdeutlichung einmal ganz grob fragen: Welches Wissen war da? Ist es vielleicht doch so – Sie haben die Parallele eben selbst schon gezogen –, daß man

– weil es sich ja um ein Ganzheits-Erlebnis handelt – in der Sprache des Christentums sagen würde, daß sich der einzelne plötzlich »in Gott« aufgehoben oder geborgen fühlt? Geht das etwa in diese Richtung?

Weizsäcker: ... Sie merken zunächst, daß ich nicht sofort antworte, und das ist wieder fast der wichtigste Teil der Antwort. Ich könnte sagen: Wenn Christen berichten, daß sie erlebt haben, in Gott geborgen zu sein oder irgend etwas von Gott zu schauen, dann will ich wohl glauben, daß sie eine solche Erfahrung gemacht haben. Aber der Satz, den Sie da zitiert haben, den habe ich aufge*schrieben,* da habe ich mir also gut überlegt, was ich sage, und ich habe genau gewußt, warum ich gesagt habe »das Wissen« und nicht gesagt: welches Wissen. Es handelt sich bei der Stelle, die Sie zitiert haben, um etwas, was ich in Indien erlebt habe, am Grab eines der großen indischen Weisen, des Maharshi, in Tiruvanamallai. Und ich glaube, ich bin viel deutlicher, wenn ich scheinbar undeutlich bleibe und sage: In dem Moment, in dem ich an diesem Ort stand, in einer halben Sekunde wußte ich »Ach so«, und dieses »Ach so«, das muß man erleben. Spricht man darüber, und ich fange nun ja an, mit vielen Vokabeln darüber zu sprechen – ich bin bereit, alle Vokabeln zu sagen, zu erklären, wie das zusammenhängt mit unserer Philosophie und unserer Physik und unserer Psychologie – dann wird sich doch herausstellen, daß alle diese Vokabeln irreführend sind, wahrscheinlich irreführender, als wenn man darüber schlicht schweigt.

Reiter: Kann man aus all dem ableiten, daß es bei der meditativen Erfahrung eigentlich nicht in erster Linie um irgendwelche Inhalte oder gar neue Inhalte über das Wesen der Welt oder des Seins geht, sondern daß diese Inhalte nur eine untergeordnete Rolle spielen; daß vielleicht auch die kulturelle Prädisposition oder das Wissen, das man in die Meditation einbringt, gar nicht so sehr das Entscheidende ist; daß der indische Guru, der japanische Zen-Meister, der christliche Mönch und vielleicht auch der deutsche Physiker sich hier im letzten irgendwo treffen, wo diese Inhalte aufhören, eine Rolle zu spielen?

Weizsäcker: Wenn Sie mich zwingen, auf diese Frage mit »ja« oder »nein« zu antworten, treffen sie sich oder treffen sie sich nicht, und ich darf kein Wort mehr dazufügen, dann sage ich: Ja, sie treffen sich. Wenn ich aber ein Wort hinzufügen darf, dann sage ich: Auch dieses »ja« ist nur dann verständlich, wenn man sich getroffen hat, und ist keinerlei Rechtfertigung für ein relativistisches oder synkretistisches Vergessen der Unterschiede, die dort bestehen, wo es noch Unterschiede gibt.

Es ist zum Beispiel eine kulturhistorische oder religionshistorische Erfahrung, daß es Visionen gibt, daß aber normalerweise der Angehörige einer bestimmten Kultur oder einer bestimmten Religion in seinen Visionen genau denjenigen Gestalten begegnet, die in seinem Kulturkreis die üblichen sind.

IV, 8. Gespräch über Meditation   401

Jeder skeptische Psychologe wird dann sagen: Nun, das ist ja ganz klar, was
ihm da begegnet, das sind die in ihm gespeicherten Kulturinhalte. Und eben
daraus würde der skeptische Psychologe folgern, daß das, was ihm begegnet,
nicht das ist, wofür er es hält. Es begegnet ihm nicht die Jungfrau Maria, und
es begegnet ihm nicht, was immer es für eine indische Figur geben mag, die
dem entspricht, sondern es begegnet ihm seine Kultur. Wenn ich nun sage,
und das glaube ich, ihm begegnet darin sehr wohl die Wirklichkeit oder er ist
dabei sehr wohl »in der Wirklichkeit«, dann muß ich mir das als Wissenschaftler so erklären, daß sich für sein Bewußtsein dieses In-der-Wirklich-
keit-Sein eben mit den Mitteln ereignet, die seinem Bewußtsein durch seine
individuelle Prägung zugänglich sind. So verstanden, soll man die Unterschiede durchaus ernst nehmen.

Reiter: Wenn wir hier im Westen von »Wirklichkeit« oder von »Wahrheit«
sprechen, Herr Professor von Weizsäcker, dann meinen wir in der Regel die
wissenschaftlich-empirisch nachprüfbare Wahrheit. Läßt sich charakterisieren, worin sich diese westlich-wissenschaftliche Wahrheit von der Wahrheit
der Meditation unterscheidet?

Weizsäcker: Also ich habe immer Lust, auf Ihre Fragen zu antworten, daß
man so gar nicht fragen kann. Aber das ist nur eine Lust, und ich gebe ihr
nicht ganz nach.
   Ich würde zunächst sagen: Eine Grunderfahrung der Mystik, eine Grunderfahrung, auf die die Meditation hinsteuert und die schon in niedrigen und
einfachen Stufen der Meditation anklingt, ist die Erfahrung der Einheit. Was
»eins« ist, kann man letzten Endes nicht mehr fragen; denn dann würde man
ein Zweites hinzubringen, nämlich die Erklärung, was es ist. Die Erfahrung
der Einheit verbietet letztlich auch zu sagen, wodurch sich das, was die Wissenschaft studiert, von dem, was die Meditation erfährt, unterscheidet; denn
dann wäre nicht mehr Einheit-Erfahrung, sondern Vielheit. Wenn ich aber in
die Ebene der Vielheit gehe, also in eine Ebene, die unsere Wissenschaft studiert, dann kann ich in wissenschaftlicher Sprache sagen, inwiefern die Wissenschaft diese Einheit – als Wissenschaft – nicht aussprechen kann, obwohl
es dieselbe Wirklichkeit ist. Ich würde persönlich sagen, die Wirklichkeit, die
der Physiker studiert, die Wirklichkeit, die der Historiker studiert, der Psychologe studiert, vielleicht sogar die Wirklichkeit, die der Mathematiker studiert, ist eben genau die Wirklichkeit und keine andere als die, die in der Meditation letztlich – vielleicht – erfahren werden kann; denn sonst wäre sie
nicht die Wirklichkeit.
   Aber, um auf den Kern Ihrer Frage zu kommen, man kann sagen, was unsere Wissenschaft leistet und was sie nicht leistet. Die Wissenschaft arbeitet
begrifflich, und der Begriff beruht auf der Unterscheidung und der überwöl-
benden Zusammenfassung. Wenn ich sage: »Dieses Tier ist eine Katze«,

dann habe ich es unterschieden von Hunden, von Vögeln und allem; aber ich habe es zusammengefaßt mit allen Katzen. Diese Methode, mit dem Begriff die Wirklichkeit zu zerschneiden und das Zerschnittene wieder zusammenzufassen, scheint mir hinter dem ganzen wissenschaftlichen Verfahren zu stehen, während die Schulung, die wir heute mit dem lateinischen und deutsch gewordenen Wort »Meditation« bezeichnen, im Grunde eine Schulung zu einem anderen Verhalten ist, einem Verhalten, das nicht mit dem Zerschneiden beginnt, um dann wieder zusammenzusetzen, sondern ich würde am liebsten sagen, das mit dem Geltenlassen des Unzerschnittenen beginnt, also nicht mit einer Leistung der Integration; denn Leistung, das ist schon wieder genau das, was hier nicht vorliegt.

Reiter: Auch wenn Sie meine Art zu fragen eben kritisiert haben, habe ich den Eindruck, daß der Erfolg mir recht gibt, und wenn Sie gestatten, werde ich noch einmal so weiter fragen. Sie sagten: Der Mensch wird in der Meditation eigentlich *der, der er immer war.* Wenn man diese Feststellung positiv meint, dann liegt dem, so scheint es mir wenigstens, die Vorstellung zugrunde, daß es im tiefsten Innersten der menschlichen Psyche so etwas gibt wie ein reines, unverfälschtes Ich, das mit sich selbst in ewiger Identität existiert und das es nur von allem Gewordenen, Zufälligen, Uneigentlichen zu reinigen gilt, damit es dann als Kern der Persönlichkeit ans Licht tritt.

Nun sieht man aber doch seit Sigmund Freud die Sache etwas anders. Man glaubt nicht mehr so recht an diesen unverbrüchlichen Kern der Persönlichkeit, sondern sieht im tiefsten Inneren der menschlichen Psyche eher ein schwer definierbares Chaos von Antrieben und Motivationen, die sich überlagern, verstärken, aufheben – und als Ergebnis dieser Motivationen entsteht dann als sehr zerbrechliches und wandelbares Produkt, was man die Persönlichkeit oder das Ich des Menschen nennt.

Vor diesem Hintergrund zwei Fragen: Wollen Sie trotzdem diese Fiktion eines Ur-Ichs aufrechterhalten »der, der man immer war«. Und die zweite Frage (wenn Sie meine Bedenken in etwa teilen): Ist es denn so gut und so erstrebenswert, alles *das, was man immer war,* ich formuliere es jetzt bewußt so, auch wirklich ans Licht zu heben?

Weizsäcker: Ja, hier will ich gar nicht sagen, daß es falsch gefragt sei. Ich hatte auch vorher nicht gesagt, daß falsch gefragt sei, sondern nur, daß man so nicht fragen kann. Aber man fragt ja doch, und dieses Paradox muß man aushalten, damit kommt man auch durch.

Nun zu Ihrer Frage: Sie ist sehr komplex. Zunächst zu Freud. Da Sie ihn zitiert haben, gebe ich jetzt erst mein persönliches Empfinden über Freud wieder. Ich habe Freud nicht mehr persönlich gekannt; aber ich habe ihn nicht ganz unfleißig gelesen, und ich habe viel Umgang gehabt mit Leuten, die in seiner Tradition stehen, und habe diesen Umgang auch heute noch.

IV, 8. Gespräch über Meditation 403

Mein Eindruck ist, daß Freud ein genialer Seher von Phänomenen war, daß er Phänomene gesehen hat, die viele andere Leute nicht gesehen haben.

Gleichzeitig war er ein manchmal ein wenig bornierter Anhänger bestimmter wissenschaftlicher Ansichten des 19. Jahrhunderts. Was heute von Freud publik ist, ist leider überwiegend das, was an ihm nicht gut war. Das, was an ihm gut ist, das wäre, daß man so sehen lernt. Das ist aber so schwer zu lernen, daß die Leute, die Freudsche Begriffe gebrauchen, meistens nicht einmal merken, daß sie es nicht können. Deshalb tiefster Respekt vor Freud und doch große Zurückhaltung gegenüber Freud als argumentatives Hilfsmittel.

Jetzt angewandt auf Ihre Fragen: Was diese ganzen Theorien von Ich und Es und Über-Ich betrifft, da folge ich gerne, wenn gesagt wird, daß das, was Freud das Ich nennt, ein Produkt ist, und nicht das Ganze. Ich würde geneigt sein, zu sagen: es ist ein Organ. Und wenn ich für das, dessen Organ das Ich ist, einmal das sehr allgemeine Wort »Psyche« nehme, was ja bei den Psychologen nicht völlig unerlaubt ist, dann würde ich also sagen: Das Ich ist ein psychisches Organ, und dieses Organ ist, wie Organe oft, entweder gut oder nicht so gut, aber jedenfalls nicht das Letzte, sondern ableitbar von etwas anderem. Wenn ich nun gesagt habe: Man wird der, der man immer war, dann heißt dies in der Sprache einer Psychologie, die mit dem Ich-Begriff von Freud arbeitet, daß sich in dem Erlebnis, das hinter diesen Worten steht, eigentlich die Total-Relativierung des Ich darstellt. Das Ich erkennt plötzlich, daß es nicht absolut ist, und genau dadurch wird ihm deutlich – und zwar anschaulich deutlich, nicht begrifflich – inwiefern es Organ eines viel Größeren ist, und es erkennt, daß es immer nur dieses Organ war und nichts anderes, und daß es seine Identität, die es mit Zähnen und Klauen gegenüber dem Ansturm des Chaos verteidigt hat, also gegenüber dem, was Freud das Es nennt, überhaupt nicht zu verteidigen braucht, wenn es sich damit bescheidet, Organ zu sein und nicht die Sache selbst. Und dann auf einmal hat es erkannt, daß es das geworden ist, was immer war, aber nunmehr *wissend*; und dann auf einmal ist das Ich ja in gewisser Weise nicht mehr nur das Organ, und diesen sehr komplexen Sachverhalt drücke ich so aus, daß ich sage: Es wird das, was es immer war. Und das ist ja eine bewußt paradoxe Formulierung, die übrigens anschließt an eine Formulierung, die in der abendländischen Tradition vorkommt. Ich glaube, sie steht bei Nietzsche, aber Nietzsche ist ja auch viel traditioneller als er sich gibt, und sie heißt: Werde, der Du bist.

Reiter: Ich möchte auf einer etwas anderen Ebene nochmals eine Frage an diese Formulierung anschließen. Das, was Sie jetzt eben erläutert haben, bedeutet doch gleichzeitig, wenn man es jetzt etwas psychologisch-mechanisch sieht, daß in der Meditation auch allerlei hochkommen kann, das man nicht unbedingt als hochkommenswert bezeichnen würde?

404   Theologie und Meditation

Weizsäcker: Ja, das hatte ich versäumt zu beantworten, aber ich sagte ja, Ihre Frage ist komplex. Ich würde zunächst sagen: Die bekannte Lehre, daß man meditieren soll unter einem Meister, oder wie das indisch heißt einem »Guru«, die übrigens meines Erachtens eine westliche Analogie hat in der strikten Forderung Freuds, nur derjenige dürfe analysieren, der analysiert ist, diese Lehre, diese praktische Forderung hat ihren Sinn darin, daß in der Meditation, wenn man es sehr ernst nimmt, Dinge passieren können, die die Persönlichkeit zerstören, Dinge passieren können, die einen auf einen Weg lenken, von dem man nachher nur sagen kann: Wäre ich nie auf diesen Weg gegangen.

Das kann man nun auch so ausdrücken, daß man sagt, es tauchen aus dem Unbewußten oder wie man das nennen will, aus dem Es-Bereich oder von den Dämonen her, wenn man diese Sprache vorzieht, Inhalte auf und Verhaltensweisen auf, die normalerweise mit Recht unterdrückt sind, die vielleicht von einem wirklich Weisen einmal angesehen sein müssen, so daß der wirklich Weise das alles hat hochkommen lassen müssen; aber einer, der nicht entweder die eigene Weisheit hat oder den Lehrer, der ihn da vielleicht rettet, ist in Gefahr, daß er die Geister, die er rief, nicht mehr los wird; daß ihn das Aufgetauchte das Ich nicht als das gerettete Organ des größeren Selbst, sondern als das nicht mehr zur Gegenwehr fähige kleine Schifflein auf einer hohen See erfahren läßt. Ich kenne das zum Beispiel von den Indern, von Gopi Krishna etwa, einem Inder, den ich persönlich sehr gut kennengelernt habe, der in seinem ersten Buch unter dem Titel »Kundalini« seine diesbezüglichen Erfahrungen geschildert hat, und wenn man das einem westlichen Psychiater zeigt, dann sagt der: Na ja, das ist Geisteskrankheit. Es ist aber gleichzeitig doch die Kundalini-Erfahrung; denn, wie Gopi Krishna selbst in seinem heutigen Zustand sagt, ist ein guter Teil dessen, was wir »geisteskrank« nennen, natürlich eine mißratene Erfahrung dieser Art.

Reiter: Sie haben hier Gefahren geschildert, die möglicherweise mit der Meditation verbunden sind. Die simple Gleichung »Meditation = das Gute« wird man demnach mit Vorsicht sehen müssen. Ich möchte gerne in diesem Zusammenhang auf ein Phänomen zu sprechen kommen, das ich bei vielen Meditationsanhängern sehr oft gefunden habe, nämlich einen fast grenzenlosen Optimismus; er reicht von den Möglichkeiten der eigenen inneren Entwicklung über eine Senkung der Verbrechensquote in der Gesellschaft bis zu einem Fortschreiten der Evolution, das sich letztlich sogar biologisch manifestieren soll (wenn man etwa an Aurobindo denkt). Sind solche Erwartungen nur die üblichen sektiererischen Heilshoffnungen, wie man sie durch alle Jahrhunderte fand und immer finden wird, oder sehen Sie einen harten Kern darin?

IV, 8. Gespräch über Meditation 405

Weizsäcker: Ich würde schon einen harten Kern darin sehen. Aber um von dem zu sprechen, muß ich Ihnen natürlich zunächst zugeben, daß ich sehr vieles, was da in der Gestalt dieses Optimismus auftritt, doch als mehr oder weniger naiv empfinde, vor allem, wenn man einmal von der Weiterentwicklung der Spezies Mensch absieht, und einfach das Individuum ansieht. Ich verstehe sehr gut, daß Menschen, die an die Meditation gelangt sind, die das Heilsame, was es da gibt, erfahren haben, dann davon gewissermaßen überschwemmt sind, und nun auf einmal dieses als etwas Alleinseligmachendes ansehen. Das ist oft von der persönlichen Biographie her verständlich und in einer gewissen Phase vielleicht auch berechtigt. Es kann auch sein, daß ein Mensch mit solchen Erfahrungen dann ständig weiterschreitet, und in dieser von Ihnen jetzt »optimistisch« genannten Art wirklich zu einem Weisen, zu einem Wissenden wird. Ich habe allerdings das Gefühl, daß das doch dann auch voraussetzt, daß er sich in einer kulturellen Umwelt befindet, in der das als das einzige höhere Kulturgut gilt, das er überhaupt kennt; und selbst dann muß man davon ausgehen, daß die wirklichen Erfahrungen, die Menschen machen, die auf diesem Weg sehr weit fortschreiten, ungeheuer komplex und schwierig sind.

Es ist also kein leichter Weg, und ich würde daher meinen, daß das, was ich gerade »Überschwemmung« genannt habe, die Überschwemmung mit diesem Erleben, sich meistens als eine naive Vorstufe erweisen wird. Das gilt für uns in unserer westlichen Kultur ganz gewiß, vermutlich aber im Grunde auch für eine hinreichend breit verstandene indische oder japanische Kultur. In Wirklichkeit muß jemand eben für die Wissenschaft und für die schlichte Vernunft, für den Alltagsverstand sich offen erweisen, wenn er nachweisen will, daß das, was er da erlebt, nicht letztlich eine Regression ist, wenn man es psychologisch ausdrücken will. Ein Reif-Werden zeigt sich eben nicht nur daran, daß man bestimmte Erlebnisse immer häufiger hat, sondern auch darin, daß man umgehen kann mit den Problemen der Mitmenschen und der Welt.

Aber ich würde nach dieser Vorbemerkung, daß da sicher sehr viele Neubekehrten-Träume im Spiel sind, doch sagen: Ich glaube in der Tat, daß auf diesem Weg Erfahrungen zugänglich werden, die in der Vergangenheit im allgemeinen nur wenigen Menschen zugänglich waren. Ein großer Teil der Religion ist wahrscheinlich doch nur die Anerkennung dieser Erfahrungen durch diejenigen, die sie nicht selbst gehabt haben, die aber von ihnen hinreichend beeindruckt waren, um zu sehen, daß das etwas Wirkliches ist. Ich kann mir also denken, daß in unserer Zeit diese Erfahrungen mehr Menschen zugänglich werden als vielleicht in früheren Zeiten und daß damit auch eine Veränderung in der Gesellschaft und vielleicht noch darüber hinaus im ganzen Habitus des Menschen verbunden sein könnte. Ich möchte das aber nicht gern mit dem Verkünden von großen Zukunftsvisionen verbinden. Ich empfinde immer sehr stark: Wir leben jetzt, wir denken jetzt, wir philosophieren jetzt, und die Zukunft ist nicht in unserem Griff, auch wenn sie sich gelegentlich in einem Gleichnis enthüllen kann, das wir aber erst recht verstehen, wenn es sich vollzogen hat.

Lieber würde ich dagegen umgekehrt argumentieren: Wie Sie wissen, habe ich mich sehr viel beschäftigt mit Problemen wie Kriegsverhütung oder ökonomische Entwicklung auch unter dem Gesichtspunkt der Überwindung von Ungleichheiten und Armut oder der Vermeidung der Umweltzerstörung oder was immer das für Probleme sind, die im Alltag nur den Hintergrund für die kurzfristigeren Entscheidungen bilden, obwohl sie auch selbst völlig real und materiell sind. Und ich kann in diesem Zusammenhang nur die Ansicht von den Leuten teilen, die man heute Kritiker unseres Systems nennt, daß nämlich das bestehende System der modernen Welt diese Probleme nicht löst. Das sage ich nicht speziell vom kapitalistischen System; die Systeme, die sich sozialistisch nennen, sind meines Erachtens eine Neuauflage desselben Fehlers.

Und wenn ich nun frage: Warum lösen sie die Probleme nicht? – dann ganz sicher nicht, weil die Probleme unlösbar wären. Man kann sogar mit schlichter Vernunft, eigentlich mit dem Alltagsverstand sagen, was geschehen müßte, damit sie gelöst würden. Es ist also nicht so, daß ein besonders gescheiter Mensch kommen muß, um Manager- und Steuerungsaufgaben zu lösen, die komplex sind; aber daran liegt es nicht, sondern es liegt letzten Endes daran, daß unsere seelische Verfassung so ist, daß jeder von uns an irgendeiner Stelle und viele von uns an vielen Stellen das einzig Heilsame abweisen, weil jeder Angst hat, daß ihm etwas passieren würde, wenn er hier die Konzession machte, die letztlich die einzige ist, die ihn retten würde.

Und diese Struktur der angstvollen Selbstbeschützung des Ich, denn diese Angst ist nichts anderes als eine Selbstbehütung des Ich, kann überwunden werden, wenn das Ich sich erfährt als nicht die letzte und unbedingt zu behütende Wirklichkeit, sondern wie ich es vorhin ausgedrückt habe, als ein Organ. Und ich glaube deshalb, daß da, wo diese Erfahrung wirklich gemacht wird, von der wir vorhin sprachen, eine Aussicht besteht, daß die Menschen sich nicht mehr so angstvoll selbstzerstörerisch verhalten, wie es heute fast überall geschieht. In dem Sinn könnte ich den Leuten mit den großen Hoffnungen zustimmen; aber es muß natürlich erst einmal soweit kommen.

Reiter: Das ist im Grunde die alte Frage nach der Veränderbarkeit des Menschen. Nach 2000 Jahren Christentum wird man diese Aussicht doch mit einer gewissen Skepsis beurteilen müssen, und Sie haben das ja indirekt auch getan?

Weizsäcker: Ja, aber da würde ich auch wieder lieber umgekehrt argumentieren. Ich meine: Es gehe mal jemand her und lese die Bergpredigt. Mir ist das als Kind passiert; ich habe als Elfjähriger die Bergpredigt gelesen und habe

IV, 8. Gespräch über Meditation 407

sofort empfunden: Wenn das wahr ist, was hier steht, dann ist unser ganzes Leben falsch, und auch das Leben von Menschen, die mir nahestehen und die ich verehre. Ich habe dann bald erfahren, daß es für den Menschen fast unmöglich ist, dieses Leben zu verändern. Und trotzdem habe ich nie einen Augenblick glauben können, die Bergpredigt habe Unrecht. Das heißt: Als Jesus diese Worte sagte, konnte er sich nicht darüber täuschen, daß die Menschen das nicht tun werden. Wenn Sie das Neue Testament mal unter diesem Aspekt durchlesen oder auch die Propheten im Alten Testament, dann finden Sie viele Stellen, aus denen das völlig klar hervorgeht.

Aber das Christentum ist nicht dadurch widerlegt, daß es sich erweist, daß die Menschen wirklich nicht so gehandelt haben. Denn auf der anderen Seite hätte der Text der Bergpredigt nicht geschrieben werden können, wenn da nicht jemand gewesen wäre, der das wirklich gelebt hat, der das aus seinem wirklichen Leben geschrieben hat, nicht aus einer abstrakten Forderung.

Das heißt: Es ist nicht wahr, daß der Mensch sich überhaupt nicht verwandeln kann; er kann es. Aber er kann es, wenn ich die christliche Sprache gebrauche, nicht durch eigene gute Werke, sondern durch die ihm entgegenkommende Gnade. Diese Gnade aber wird, wiederum christlich gesprochen, vermutlich nur dem entgegenkommen, der durch seine eigene Anstrengung bewiesen hat, daß es ihm überhaupt darum geht. Es gibt zwar auch die Gnade gegen alle Vernunft, aber in der Regel hat sie doch einen gewissen Antwortcharakter.

Das ist die zweite Seite. Die dritte Seite ist, daß ich schlicht bestreiten würde, daß das Christentum die Welt nicht verändert hat. Ich würde vielmehr sagen, das Christentum hat die Welt sogar sehr schnell verändert. Die Tierarten ändern sich in Hunderttausenden von Jahren; 6000 Jahre Geschichte sind, wenn man einen Blick auf die vorangegangene Weltgeschichte wirft, ein Bruchteil einer Sekunde. Daß die Menschheit sich so verändern kann, daß ungefähr alle 1000 Jahre eine wirkliche Neuerung passiert, das ist ungeheuer schnell, gemessen an dem, wie die Tiere leben. Das kommt daher, daß die Menschheit Erfahrungen akkumulieren kann, daß sie Sprache hat, daß sie Tradition bilden kann, daß sie sich auseinandersetzen kann mit der Vergangenheit und der Gegenwart, daß sie Reflexion hat. Und in dem Tempo, das man von den geschichtlichen Veränderungen überhaupt erwarten kann, behaupte ich nun, hat das Christentum die Welt sehr verändert.

Ich persönlich habe seit langem das Empfinden, daß die neuzeitliche Kultur eigentlich zu einem erheblichen Teil eine Säkularisierung christlicher Inhalte ist, und dabei verstehe ich das Wort »Säkularisierung« so wie etwa der protestantische Theologe Gogarten es verstanden hat, nämlich als Wirklichmachen dessen, was vorher nur gefordert wurde. Natürlich enthält aber die Säkularisierung immer die Gefahr, daß man etwas anderes, das mit der Forderung verbunden war, vergißt. Zum Beispiel soziale Gerechtigkeit: Das war eine Forderung des Christentums, eine Forderung, die in der alten Welt nicht erfüllt war, und in der frühen christlichen Welt nicht erfüllt war, der wir aber doch, das dürfen wir so optimistisch sagen, näher und näher gekommen sind. Die Forderung sozialer Gerechtigkeit entbindet uns aber nicht von der anderen Forderung, der Nächstenliebe, die etwas ganz anderes ist –

Reiter: – der wir nicht nähergekommen sind?

Weizsäcker: Doch, der wir auch näherkommen; der wir aber fernerrücken würden, wenn wir meinen, derjenige, den wir nun gerade als das Hindernis für die Forderung der sozialen Gerechtigkeit ansehen, dürfe eliminiert werden. Nicht wahr, der Kern der Nächstenliebe ist unter anderem ausgedrückt in dem Satz »Wir sind allzumal Sünder«, während die Leute, die den sozialen Fortschritt betreiben, zwar eine gute Sache betreiben, aber häufig meinen, nur die anderen, die politischen Gegner, seien Sünder. Und wer nicht weiß, daß er selber Sünder ist, wird Verbrechen begehen. Er ist nicht zu hindern. Die Selbstgerechtigkeit ist die Wurzel aller wirklichen tiefen Verbrechen, und ich sehe in der Säkularisierung der christlichen Inhalte die Gefahr, daß man diesen Punkt vergißt, und wer ihn vergißt, wird alles zerstören. »Wir sind allzumal Sünder und ermangeln der Gerechtigkeit, die wir haben sollten« – das ist nun in der christlichen Sprache gesagt. Sie können das alles auch in einer, wenn Sie so wollen, atheistischen Sprache, wie es vielleicht im Buddhismus der Fall ist, strukturell wiederholen. Mir liegt hier nicht an der Verwendung der christlichen Tradition. Ich spreche aber in dieser Tradition, weil es die ist, in der ich aufgewachsen bin, in der ich mich leicht ausdrücken kann.

Reiter: Ich möchte jetzt noch einmal eine konkrete Frage zum Thema »Meditation« stellen, Herr Professor.

Im Westen war meditative Erfahrung lange Zeit kaum gefragt. Das hat sich vor einigen Jahren dann allerdings schlagartig geändert. Plötzlich war vor allem unter jungen Menschen eine Nachfrage nach Meditationsunterricht zu verzeichnen, die zeitweilig boomartige Ausmaße annahm und zum Teil auch heute noch solche Ausmaße hat. Wo, glauben Sie, liegen die Wurzeln dieser plötzlichen Sehnsucht?

Weizsäcker: Nun, es wird ab und zu einmal eine neue Wirklichkeit entdeckt, wahrscheinlich dann, wenn man sie dringend braucht. Ich halte im Grunde diesen Boom, obwohl er zum Teil etwas absurde Formen angenommen hat, und auch manchen Leuten Chancen gibt, die diese Chance nicht verdienen – ich halte im Grunde diesen Boom für ein Wachwerden, für ein dringendes Bedürfnis.

Ich begrüße ihn, weil ich finde (und darum bin ich von der Meditation vorher noch auf diese anderen Sachen abgekommen), weil ich finde, daß die richtige Erkenntnis, daß wir in bezug auf die Sozialstruktur, auf die Gesell-

IV, 8. Gespräch über Meditation 409

schaftsordnung Fortschritte machen müssen, selbstzerstörerisch ist, wenn sie nicht mit denjenigen Erfahrungen verbunden wird, zu denen eine gut gelingende Meditation den Weg bahnt. Und ich habe das Gefühl, daß gerade die enttäuschten Gesellschaftskritiker diejenigen wären, denen am meisten geholfen würde, wenn sie die meditative Erfahrung hätten.

Reiter: Das hängt vielleicht auch damit zusammen – Sie haben vorhin den Unterschied zwischen der wissenschaftlichen Art, die Welt in den Griff zu bekommen, und der meditativen Erfahrung geschildert –, daß wir mit dieser wissenschaftlichen Art, an die Dinge heranzugehen, eigentlich doch in eine Krise geraten sind, die heute fast die Existenz der Menschheit bedroht. Hier scheint die Meditation als eine Art fundamentale Alternative empfunden zu werden. Würden Sie diesen Eindruck teilen?

Weizsäcker: Das ist wieder eine sehr interessante Frage. Also, ich neige eigentlich selber zu der Meinung, daß die Wissenschaft, die die Welt zerstört, schlechte Wissenschaft ist. Das heißt: Das Zerschneiden und wieder Zusammenfassen, von dem ich vorhin geredet habe, in der Form des Begriffs, hat natürlich sein Korrelat in einem Zerschneiden der wirklichen Welt, einem physischen Zerschneiden, einem Kaputtmachen von etwas, das unter Umständen gar nicht wiederhergestellt werden kann, wo die Einheit nicht wieder zu gewinnen ist. Insofern ist die Wissenschaft sicher voller Gefahren, und dafür sieht man ja viele Beispiele.

Heute gibt es viele Leute, die deshalb rigoros antiwissenschaftlich eingestellt sind. Ich glaube nur, daß man hier – wissenschaftlich – jedesmal zeigen kann, daß dann in einer Weise zerschnitten worden ist, die ein ebenfalls noch wissenschaftlich auffaßbares Stück Wirklichkeit nicht gesehen hat. Ich glaube also eigentlich, daß es sich primär nicht darum handelt, die Wissenschaft durch etwas anderes zu ersetzen, sondern nur, die Wissenschaft auf das Niveau zu bringen, das ihr eigentliches Niveau wäre.

Historisch glaube ich aber allerdings, daß die Schulung im begrifflichen Denken der Wissenschaft, die vor allem im Westen ausgebildet worden ist – obwohl auch im Osten – und die Schulung in meditativem Sich-Öffnen, die vor allem im Osten ausgebildet ist – obwohl auch im Westen – alternative Wege sind. Ihnen gemeinsam ist, daß sie Schulung sind; alternativ ist das, wofür geschult wird. Und ich glaube: In einer letzten Wirklichkeit, in der Einheit, die in der Meditation ja sichtbar wird, führen sie genau zum selben Ziel.

Reiter: Die Situation hier und heute, Herr Professor v. Weizsäcker: Wenn ein junger Mensch das Bedürfnis nach Meditation hat, findet er diese Szene hier vor, die Sie zum Teil schon angesprochen haben; einige wunderliche asiatische Exotik ist im Spiel, Kommerzielles sicher auch. Welchen Rat überhaupt würden Sie ihm geben?

Weizsäcker: Also, obwohl ich fürchten muß, daß ich dann viele Briefe bekomme, die zu beantworten ich keine Zeit habe, oder die ich nicht hinreichend beantworten kann, wäre meine Antwort: Ich würde jeden, der mich danach fragt, individuell ansehen, und würde vielleicht jedem einen anderen Rat geben. Ich kann nicht allgemein raten: Er soll meditieren. Ich kann auch nicht allgemein raten: Ihr sollt es bleiben lassen. Und kein Guru tut das, sondern er kann nur den einzelnen ansehen, und wenn er merkt, was mit dem einzelnen los ist, ihm sagen: Du solltest eigentlich diesen Weg gehen.

Die westliche Meinung, die nun allerdings mit schlechter Wissenschaft zusammenhängt, man könne einen allgemeinen Rat geben: Alle müssen das und das tun, alle müssen mit dieser Zahnpasta sich die Zähne putzen sozusagen, kann nur falsch sein.

Eines würde ich allerdings generell sagen: Man soll sich nicht aufs Geratewohl und auch nicht, wenn man plötzlich begeistert ist, von irgendeiner Führerpersönlichkeit, die man getroffen hat, in dieser Begeisterung oder in diesem Überschwemmtwerden von diesen Gefühlen kritiklos darauf einlassen. Man soll immer sein waches Bewußtsein, auch sein rationales Bewußtsein, seinen Verstand dabei behalten. Ich habe genug Unglücksfälle gesehen, die eingetreten sind, wenn Leute diese Forderung nicht erfüllt haben.

Reiter: Noch etwas zu einem Komplex, den Sie vorher schon kurz angesprochen haben. Es wird von Gegnern der Meditation häufig argumentiert, daß die Meditation eigentlich eine Flucht aus der Wirklichkeit sei, eine Abkehr von den Erfordernissen dieser Welt, von den Bedürfnissen des Mitmenschen, ein Rückzug in die eigene Innerlichkeit. Was würden Sie auf solche Vorwürfe antworten?

Weizsäcker: Dazu möchte ich am liebsten zitieren, was der von mir vorher genannte Gopi Krishna einmal darauf geantwortet hat. Es war in meinem Institut, und ein junger Mann stellte fast genau diese Frage. Darauf blickte Gopi Krishna ihn sehr freundlich an und sagte: »Je mehr ich die Europäer über Meditation reden höre, desto mehr empfinde ich, daß ich ihnen eigentlich davon abraten muß. Die verstehen ja gar nicht, worum es geht. Lesen Sie in Ihren Heiligen Schriften, Sie finden dasselbe wie in unseren: Du sollst Deinen Mitmenschen lieben; Du sollst Gott lieben; Du sollst Deinen Mitmenschen in Gott lieben. Und alles andere ist überflüssig. Nirgends steht: Du sollst meditieren. Wenn Du aber Gott lieben willst und Deinen Mitmenschen und Du entdeckst die große Wahrheit, daß meditieren Dir dazu helfen kann und eine ganz entscheidende Hilfe dazu sein kann, dann sollst Du meditieren, und wenn Du das nicht entdeckst, sollst Du es bleiben lassen.«

Also es ist nicht eine Flucht in die eigene Innerlichkeit, sondern es ist ein Sichstellen gegenüber denjenigen inneren Hemmnissen, die einen hindern, sich seinen Mitmenschen und der Wirklichkeit zuzuwenden. Und noch et-

IV, 8. Gespräch über Meditation   411

was: Ein großer Teil der sogenannten aktiven Zuwendungen zur Wirklichkeit
ist ja nur eine Flucht davor, einmal sich selber anzusehen.

Reiter: Ich habe unser Gespräch mit einer persönlichen Frage begonnen und
möchte es auch mit einer solchen beenden. Herr Professor von Weizsäcker, es
ist ja eigentlich nicht selbstverständlich, daß ein Physiker, also ein exakter
Naturwissenschaftler hier, in unserer Zeit, in unserer Gesellschaft, neben der
wissenschaftlichen Wahrheit auch die meditative Wahrheit so hoch schätzt.
Soviel mir bekannt ist, sind Sie auch deswegen angegriffen und als Guru oder
Mystiker etwas abschätzig beurteilt worden. Wie reagieren Sie darauf, und
auf Grund welcher Erfahrung wurde der Physiker Weizsäcker ein Anhänger
der Meditation?

Weizsäcker: Also ich würde sagen: Kritiken bekommt man immer, leider höre ich sie oft nicht; aber das ist ja weiter nicht schlimm.
     Ich habe schon als Kind die Naturwissenschaft sehr geliebt und habe gleich-
zeitig in einer Weise gelebt, von der ich hinterher sagen würde, sie hatte eine
meditative Basis. Es war mir schon, als ich 12 Jahre alt war, eine Frage, die
mich sehr beschäftigt hat, daß diese beiden Wirklichkeiten doch offensichtlich
dieselbe Wirklichkeit sein müssen, daß ich nur nirgends die intellektuellen
Hilfsmittel bekam, um das zu verstehen. Also für mich ist das seit langem
gleich ursprünglich, und ich würde sagen, daß im Grunde die Einheit der Natur, die uns die Naturwissenschaft in ihrem geschichtlichen Prozeß schließlich zu sehen lehrt, eben eine Spiegelung der Einheit ist, um die es in der
Meditation geht. Also kann ich die Frage eigentlich jetzt nur so beantworten:
Ich sehe keinen Unterschied. Ich sehe einen Unterschied im Verfahren, ich
sehe einen Unterschied in den kulturellen Traditionen, in den verwendeten
Begriffen, aber an einen Unterschied in der Sache kann ich nicht glauben.

STATT EINER ZUSAMMENFASSUNG

Selbstdarstellung[1]

Die Aufforderung zu dieser Selbstdarstellung bedeutet wohl, daß der Verfasser die philosophischen Meinungen, zu denen er gelangt ist, nicht in abstracto darstellt – das wird er, wenn er es kann, anderwärts getan haben oder tun – sondern im Spiegelbild der Weise, wie er selbst zu ihnen gekommen ist. Haben wir unsere Philosophie gelernt, gefunden oder als das entdeckt, was wir in gewisser Weise immer gewußt haben?

1. Vorbereitung

Zu meinem 12. Geburtstag, im Juni 1924, wünschte ich mir eine drehbare, also auf Tag und Stunde einstellbare Sternkarte. Bald danach gingen wir von Basel, wo mein Vater deutscher Konsul war, für die Sommerferien in die einsame Pension Mont Crosin im Berner Jura. Am Abend des 1. August wurde dort der Schweizer Nationalfeiertag wie üblich mit Höhenfeuern und Raketen begangen. Ein Tanzvergnügen der Pensionsgäste begann mit einer langen Polonäse im Freien. Bei einer der Trennungen der Schlange gelang es mir, meine etwa gleichaltrige Dame zu verlieren. Mit meiner Karte entwich ich von den Menschen in die warme, wunderbare Sternennacht, ganz allein. Das Erlebnis einer solchen Nacht kann man in Worten nicht wiedergeben, wohl aber den Gedanken, der mir aufstieg, als das Erlebnis abklang. In der unaussprechbaren Herrlichkeit des Sternhimmels war irgendwie Gott gegenwärtig. Zugleich aber wußte ich, daß die Sterne Gaskugeln sind, aus Atomen bestehend, die den Gesetzen der Physik genügen. Die Spannung zwischen diesen beiden Wahrheiten kann nicht unauflöslich sein. Wie aber kann man sie lösen? Wäre es möglich, auch in den Gesetzen der Physik einen Abglanz Gottes zu finden?

Vielleicht ein Jahr vorher hatte ich begonnen, im Neuen Testament zu lesen. Die Wahrheit der Bergpredigt traf mich und beunruhigte mich tief.

[1] Erschienen in L. J. Pongratz (Hrsg.), »Philosophie in Selbstdarstellungen II«, Hamburg, Meiner 1975.

Selbstdarstellung 413

Wenn dies wahr war, war mein Leben falsch und vielleicht unser aller Leben. In einem langen Gespräch mit meiner Mutter verteidigte ich bis zu Tränen die Pflicht, den Kriegsdienst zu verweigern, denn es ist geboten: Du sollst nicht töten. In einer nächtlichen Stunde tiefer religiöser Bewegung hatte ich versprochen, dem Dienst Gottes mein Leben zu weihen – vorsichtig fügte ich hinzu: wenn er mich rufen würde. Unter diesem Dienst konnte ich mir nur vorstellen, Pfarrer zu werden, aber ich wünschte mir doch, Astronom zu sein. Mein Zustand hätte vielleicht durch die Formel beschrieben werden können: das moralische Gesetz über mir, der bestirnte Himmel in mir. Ich mußte noch lernen, daß, wenn wir zu hören begonnen haben, Gott immer ruft, und, später, daß Gott nicht über mir ist, auch nicht in mir, sondern ich in Gott.

Meine Eltern stammen aus Württemberg. Mein Vater hatte 1900 den Beruf des Seeoffiziers gewählt und war 1920 in den Auswärtigen Dienst übergegangen; zwei Berufe, die dem Staat im Blick über die Grenzen dienten. Meine Mutter hätte sich als junges Mädchen eher im Sozialdienst denn als Diplomatenfrau gesehen; sie erfüllte diesen Beruf dann sans peur et sans reproche, mit einer Menschlichkeit, die dort nicht immer selbstverständlich ist, und danach, in dreiundzwanzig Jahren der Witwenschaft, bis zum heutigen Tag, hat sie Alte und Kranke in der Familie gepflegt und sich durch Selbstüberforderung jung gehalten. Unter den Vorfahren sind Pfarrer, Gelehrte, Beamte, Offiziere. Die Weizsäcker waren Müller im Hohenlohischen, dann Theologen. Mein Großvater *Carl Weizsäcker*, Jurist, war der letzte königlich württembergische Ministerpräsident. Am 1. August 1914 sagte er im Familienkreis: »Dieser Krieg endet mit einer Revolution.« Er soll auch gesagt haben: »Mein Vermögen ist verloren.« Das Vermögen war in Jahrzehnten aus bescheidenen Beamtengehältern zur Sicherung der Kinder und Enkel gespart. Beide Prognosen wurden wahr. Der alte korpulente, eher klein gewachsene, temperamentvolle Mann ging mit mir kleinem Buben nach dem Ersten Weltkrieg in den Wäldern bei Stuttgart spazieren, um Pilze für die Familienküche zu sammeln, blieb ab und zu stehen und tat eine weltweise Äußerung, die den Schalk im Nacken hatte, etwa über Parlamente anläßlich eines »ganzen Parlaments von Steinpilzen«. Auch mein Vater ging mit mir gern spazieren und unterhielt sich mit mir über Geschichte und Politik. In der Schule saugte ich den historischen Stoff auf und indoktrinierte dann damit meine jüngeren Geschwister. Ich dachte über die beste Staatsform nach und sah sie in der konstitutionellen Monarchie. In einem Phantasieland, an dem Freunde und Familie beteiligt wurden, gab es Außenpolitik und Kriege, und der führende Staatsmann trug, nicht im Geschmack meines Vaters, gewisse Züge von *Mussolini* (von dem ich faktisch kaum viel mehr als die Existenz wußte).

In etwas späteren Jahren spielten zwei Onkel für mich eine sehr wichtige Rolle. Meines Vaters Bruder Viktor, der philosophische Arzt, dessen anthropologische Medizin bis heute nicht verstanden ist, öffnete mir unerläßlich wichtige Horizonte. Jahrzehntelang konnte ich über Äußerungen von ihm meditieren wie etwa: »Also ich glaube, das Kausalgesetz, das ist eine Neurose.« Meiner Mutter Bruder *Fritz von Graevenitz* war zuerst, dem Familiengebot folgend, Offizier gewesen, hatte jedoch nach dem Krieg seinem Wesen gehorcht und war Bildhauer geworden, ein Mann, der vom Zauber und vom tiefen Gesetz des Schönen jeden Tag von neuem naiv und gläubig hingerissen war.

Mein Vater wurde nach Kopenhagen versetzt. Vierzehnjährig meinte ich auf Radfahrten im sommerlichen dänischen Buchenwald das geheime Leben in der Natur rings um mich gleichsam bis in die kreisenden Atome hinein wahrzunehmen. Ich begann, über das Verhältnis von Wahrheit und Schönheit nachzudenken. Eine Zeitlang schien mir die Formel hilfreich, Schönheit sei subjektive Wahrheit, und Wahrheit objektive Schönheit. Als ich dann im dunklen, feuchtkalten Spätherbst lange, mir lästige Fußwege durch die Stadt machen mußte, überlegte ich mir, da überall Wahrheit sei, müsse ich durch richtige subjektive Einstellung überall Schönheit finden und mir so die Wege erfreulich machen können. Nun entdeckte ich in einem Sonnenfleck auf einem grünen Kupferdach und im Fischgeruch aus einem halbversenkten Lebensmittelgeschäft die Schönheit des Seins. Bei einem Ausflug nach Lund im gleißend klaren Licht eines Dezember-Sonnentages legte ich mir zurecht, für die Atome müßten Naturgesetze gelten, die nicht die für sichtbare Körper gültigen sind, diese aber zur Folge haben.

Wenige Tage nachher brachte meine Mutter den 25jährigen *Werner Heisenberg* in unser Haus, den sie an einem Musikabend kennengelernt hatte, wo er Klavier gespielt und sich mit ihr freundschaftlich über die Jugendbewegung gestritten hatte. Dieser Besuch entschied über meinen Weg. Nicht nur, daß mich der ans Wahnsinnige grenzende Glanz der soeben geschehenden fundamentalen Entdeckungen faszinierte, den der so unaufdringliche, eher schüchterne blonde junge Mann ausstrahlte, und daß seine Überlegenheit in jedem Können, bis zum Schilaufen und Schachspiel, meinem maßlosen Ehrgeiz und Hochmut gesund war. Er gab mir auch nützliche Ratschläge. Er testete mein mathematisches Können und fand es wohl gerade ausreichend. Im Handumdrehen überzeugte er mich, daß die theoretische Physik die Wissenschaft sei, die meine Fragen in der Astronomie beantworten könne. Als ich dann in den Prima-Jahren entdeckte, daß das, wonach ich eigentlich strebte, bei den Menschen Philosophie heißt, war ich in Versuchung, dieses Fach zu studieren. Da meinte er, um fürs zwanzigste Jahrhundert relevante Philosophie zu machen, müsse man Physik können; Physik könnte man nur lernen, indem man sie ausübe; auch bringe man Physik am besten vor dem dreißigsten, Philosophie am besten nach dem fünfzigsten Lebensjahr zuwege. Ich folgte dem Rat, studierte theoretische Physik und habe das nie bereut.

Ein Vierteljahr nach *Heisenbergs* erstem Besuch bei uns wurde mein Vater nach Berlin versetzt. Als ich dort noch auf den Schulbeginn wartete, im April 1927, schrieb *Heisenberg* mir eine Postkarte, an einem der nächsten Tage reise er nach München, ich könne ihn am Stettiner Bahnhof in Berlin abholen und mit ihm im Taxi zum Anhalter Bahnhof fahren. In diesem Taxi hat er mir die noch nicht publizierte Unbestimmtheitsrelation erzählt. Dann stieg er in den Zug und war fort. In den folgenden Tagen lief ich in den Straßen von Berlin herum und dachte darüber nach. Ich hatte einen ständigen Disput mit meiner Mutter, die gegen meinen physikalisch bestimmten Determinismus die Willensfreiheit als moralisches Postulat aufrechterhielt. Den Ausweg, Natur und Person zu trennen, konnte ich nie ernstlich in Betracht ziehen. Nun sah ich, daß vielleicht beide auf eine mir noch geheimnisvolle Weise vereint werden könnten. Aber dazu mußte ich erst die Physik verstehen. Ich dachte: wenn mir jetzt *Einstein* auf der Straße begegnete, würde ich ihn erkennen, meine Schüchternheit überwinden, ihn ansprechen und nach seiner Meinung über *Heisenbergs* Gedanken fragen. Aber er ging wohl auf anderen Straßen spazieren; ich bin ihm nie in meinem Leben begegnet.

Einige Zeit danach nahm ich auf einmal in kurzer und tiefer Erschütterung wahr, daß ich an meinen religiösen Kindheitsglauben nicht mehr gebunden war. Der bisherige Konflikt von Kirche und Naturwissenschaft schien mir dabei weniger einschneidend. Um es an der Debatte über Wunder zu erläutern: Einerseits konnte man auf Wunderberichte die Psychologie der Zeugenaussage anwenden. Andererseits sind empirisch gefundene Naturgesetze unter bestimmten Versuchsbedingungen gefunden; in Gegenwart eines vom göttlichen Geist erfüllten Menschen konnten andere Gesetze ins Spiel kommen. Schließlich schien mir die Tendenz, die religiöse Wahrheit durch Brüche in der göttlichen Ordnung der Natur zu bestätigen, eher unfromm. Viel tiefer griff die Kritik des Historismus. Daß ich als Lutheraner erzogen bin, kann kein Argument für die Richtigkeit des Luthertums sein; daß ich als Christ getauft bin, beweist nicht die Falschheit der asiatischen Religionen; daß ich aus einer religiösen Tradition komme, beweist nicht die Wahrheit der Religion. Es hat mich seitdem, bis heute, gewundert, daß es gebildete religiöse Menschen gibt, die diese einfachen Denkschritte nicht vollzogen haben und damit den bequemsten Argumenten der antireligiösen Aufklärung hilflos gegenüberstehen. Ich war nun auf der hohen See, religiöse Erfahrung selbst wiedergewinnen und selbst buchstabieren zu müssen.

Die Skizze der Entfaltung dessen, was ich aus Geburt und Erziehung mitbrachte, kommt hier zum Ende. Von nun an muß ich Problemkreise verfolgen und vieles Persönliche beiseite lassen.

2. Philosophische Physik

Daß ich Physik studiere, um die Quantentheorie philosophisch zu verstehen, war offensichtlich. Aber vorerst scheiterte ich an der Aufgabe. Die Grenzen meines mathematischen Talents machten mir das Technische schwerer als den meisten theoretischen Physikern. Die philosophischen Probleme dieser Physik aber bewegten zwar das Gemüt der Physiker, doch lernte ich schrittweise, daß weder sie noch die zeitgenössischen Philosophen sie in den Griff bekamen. Ich wich für 25 Jahre, nur leise über die Quantentheorie weitermeditierend und von depressiven Selbstvorwürfen geplagt, in unphilosophische, konkrete Physik aus. Diese war freilich nahrhaft und erquickend wie gesundes Brot, und ich möchte ihr hier, obwohl sie nicht das Thema ist, einen kleinen Rückblick widmen.

Mit der Entdeckung des Neutrons 1932 wurde die theoretische Kernphysik möglich. Ich war dabei, als *Heisenberg* den Gedanken faßte, die Atomkerne beständen nicht aus Protonen und Elektronen, sondern aus Protonen und Neutronen, die durch Austauschkräfte wechselwirken. Ich wählte die Kernphysik zu meinem engeren Fach, brachte ein paar befriedigende kleinere Arbeiten zustande (über eine halbempirische Theorie der Kernmassen, über Kernisomerie und über dualen β-Zerfall) und schrieb ein Lehrbuch über Atomkerne, das ich wegen anderer Präokkupationen leider später nicht wieder aufgelegt habe. Aus alter Liebe hatte ich im Doktorexamen als drittes Fach neben Physik und Mathematik die Astronomie gewählt. Beim Schreiben des Buches merkte ich, daß jetzt die Kenntnis der Kernreaktionen zuließ, *Eddingtons* Problem der Energiequellen der Sterne anzugreifen. Ich dachte mir den Kohlenstoffzyklus aus, den *Bethe* gleichzeitig fand und gründlicher ausarbeitete. Dies führte zur Frage der Entwicklungsgeschichte der Sterne und dort zum Einfall einer mich beglückenden Theorieskizze zur Entstehung des Planetensystems, die ich später als Wiederaufnahme der Theorie *Kants* mit modernen Mitteln erkannte. Um diese Fragen genauer behandeln zu können, mußte ich Hydrodynamik lernen und eine Theorie des Spektrums der Turbulenz entwerfen; dies geschah im Krieg und kurz nachher, und hinterher zeigte sich, daß *Kolmogoroff* und *Onsager* dieselbe Theorie schon ein paar Jahre vorher gemacht hatten. Ich verfolgte ein paar Jahre, zeitweise als Gast amerikanischer Sternwarten, die allgemeine Theorie der Entwicklung von Sternen und Galaxien. In Göttingen habe ich mich mit einem kleinen Arbeitskreis, der in einer Dachkammer tagte, und dem einige heutige Millionen-Verwalter wie *Lüst* und *Häfele* entstammen, diesen Fragen gewidmet. Der nächste physikalisch notwendige Schritt war die Einführung der Plasmaphysik. Diesen habe ich nicht mehr mitgemacht, da mich nun (seit 1954) die philosophische Physik und (seit 1957) ein philosophischer Lehrstuhl meinen zentralen Fragen wieder zuführte.

Alle meine Arbeiten zur konkreten Physik leiden an unvollständiger handwerklicher Ausführung. Dies war nicht meine Absicht, auch nicht meine Leichtfertigkeit, sondern meine mir stets bewußte Schwäche, niemandem zur Nachahmung empfohlen. Aber ich war doch Physiker unter Physikern, und heute noch, wenn ich wieder in ihrem Kreis bin, ist es mir, wie wenn man nach Hause gekommen ist.

Selbstdarstellung

Nun zur philosophischen Physik. Im Januar 1932, als ich 19 Jahre alt war, brachte mich *Heisenberg* zu seinem Lehrer *Niels Bohr*. Ich wurde Zeuge eines dreistündigen Gesprächs der beiden über die philosophischen Probleme der Quantentheorie. Danach notierte ich mir: »Ich habe zum erstenmal einen Physiker gesehen.« Das war tief ungerecht gegen *Heisenberg* und gegen viele. Aber es hieß: einen Mann, der Physik so betreibt, wie man es tun müßte. Ein Indiz: er war der einzige Physiker, dem man in jedem Wort anspürte, wie er am Denken litt. Vielleicht litt er besonders am Sprechen. In seinen späteren Jahren sagte er: wir hängen in der Sprache. Man muß sprechen, man kann nichts anderes tun als sprechen, aber das sagen, was man sagen müßte, das kann man nicht. Monatelang versuckte ich auf langen Spaziergängen das zu begreifen, was er in mir aufgeweckt hatte. Dann schrieb ich einen Zettel nieder, der mit dem Satz begann: »Bewußtsein ist ein unbewußter Akt.« Mit dem Partikularismus der Jugend meinte ich, hier sei die Einsicht, um die ich nun »meine« Philosophie bauen müßte. Viel später erfuhr ich, daß der Satz von *William James* stammt, den *Bohr* gerade damals las. Ein kluges Aperçu eines großen Psychologen war durch mein Unbewußtes gegangen und als Kristallisationskeim wieder aufgetaucht. Ich konnte aber nichts Konsistentes daraus machen.

Langsam eignete ich mir Bruchstücke der eigentlichen Philosophie an. Der Positivismus des Wiener Kreises bot sich dem Physiker zunächst an. Ich hatte seitdem immer das Empfinden, niemand, der nicht wenigstens die dort geübte Technik der Rückfrage nach dem Sinn von Sätzen begriffen habe, könne mitreden. Aber es zeigte sich sehr schnell, daß diese Schule an die eigentlichen Probleme der Physik, wie *Bohr* sie vor Augen hatte, überhaupt nicht herankam. Sie benützte einen unkritischen Erfahrungsbegriff, in dem all das vorausgesetzt wurde, was hätte erklärt werden sollen. Eine Chance zu dieser Kritik konnte ich nur bei *Kant* erkennen. Mein Freund *Georg Picht* führte mich schrittweise in *Kant*, *Aristoteles*, *Platon* ein. Ich lernte *Heidegger* persönlich kennen und erfuhr an mir selbst seine unglaubliche Kraft des Fragens nach dem Kern des jeweiligen Problems. Aber wirklich stellen konnte ich mich den Philosophen erst, als mir einige eigene, direkte Schritte in der philosophischen Physik gelungen waren.

Wie eine bloße Nebenarbeit schien mir zunächst der Versuch, die Erklärung der thermodynamischen Irreversibilität durch Statistik zu verstehen. Ich erlegte mir jahrelang die intellektuelle Gymnastik auf, mir zu jedem Vorgang sein zeitliches Spiegelbild auszumalen und dann präzis zu sagen, warum es unmöglich ist (z. B. warum gibt es Eisenbahnunglücke, bei denen ein Zug extrem schnell zum Stehen kommt, aber keine »Eisenbahnglücke«, bei denen er ebensoschnell aus der Ruhe in Höchstgeschwindigkeit gerät?). In einer 1939 publizierten Arbeit kam ich zu dem Schluß, daß der Wahrscheinlichkeitsbegriff primär nur auf zukünftige Ereignisse anwendbar ist, weil die Zukunft möglich, die Vergangenheit faktisch ist. Ich meinte damit meinen fast

418   Statt einer Zusammenfassung

trivialen Punkt aufgeklärt zu haben, zumal für jemanden, der positivistische
Begriffskritik gelernt hat. Mit Staunen entdeckte ich, daß sogar *Heisenberg*
mir hier nur mit Mühe folgte, und die Physiker und Wissenschaftstheoretiker im breiten bis heute nicht wissen, daß hier ein von ihnen nicht voll wahrgenommenes Problem gesehen und gelöst ist. Erst sehr langsam begriff ich,
daß das Verständnis der Struktur der Zeit der Kern des Verständnisses der
Physik ist, und eben darum, wie Grundprobleme stets, unter einem überwältigenden Verdrängungsdruck steht. Für *Heidegger* und *Picht* freilich behauptete ich hier nicht zu viel, sondern noch zu wenig.

In der zweiten Hälfte der Dreißigerjahre dachte *Heisenberg* darüber nach,
ob die Elementarteilchenphysik die Einführung einer elementaren Länge, also
eine Modifikation der Geometrie im Kleinen erfordere. Ich hatte mich ein
wenig mit den Paradoxien der Mengenlehre und dem Intuitionismus abgegeben und faßte den Gedanken, hier müsse nicht die Physik, sondern die Mathematik des Kontinuums selbst abgeändert werden. Die potentiale Auffassung des Unendlichen enthält den Möglichkeitsbegriff, auf den ich in der
Zeitanalyse aufmerksam geworden war. Möglichkeit aber wird in der Physik
zur Wahrscheinlichkeit quantifiziert. Könnte es vorkommen, daß der Versuch, zwei Punkte entweder zu identifizieren oder zu unterscheiden, wie jede
Messung einer Observablen in der Quantentheorie mit einer gewissen Wahrscheinlichkeit p das eine, mit der Wahrscheinlichkeit 1-p das entgegengesetzte Resultat ergibt? Ich wollte also die Quantentheorie in die Grundlagen der
Analysis einführen, so wie *Einstein* die Gravitation in die Grundlagen der
Geometrie eingeführt hat.

Ich hatte den, wie ich auch heute meine, sicheren Instinkt, mit dieser Umkehrung der Hierarchie der Wissenschaft gerade philosophisch keinen Fehler
zu begehen. Aber wieder versagte meine Kraft der Ausführung. Ich konnte
freilich sehen, welcher Block im Wege lag. Eine Modifikation der Mathematik mit dem Begriff der Möglichkeit würde vermutlich auch eine Modifikation
der Logik, vielleicht die Einführung modallogischer Begriffe in die Grundlagen der Mathematik erfordern. Erst zehn Jahre später, anläßlich eines Kuraufenthalts in Wildungen im Herbst 1954, wagte ich mich hieran, angeregt
durch eine Arbeit von *Picht* über die Grundsätze der Logik. Ich versuchte nun
die in der Quantentheorie immanente nichtklassische Logik auszuarbeiten.
Die alte diesbezügliche Arbeit von *Birkhoff* und *Neumann* las ich zum Glück
erst später; sie hätte mich vom Hauptpunkt, der Einführung »komplexer
Wahrheitswerte«, wie ich es damals nannte, abgelenkt. Das philosophische
Problem, ob es sich hier um Logik oder nur um einen mit klassischer Logik
konstruierbaren Formalismus handle, stand mir klar vor Augen. Das Rhodus
dieses Sprungs war die Anwendung dieser Logik auf sich selbst. Ich entwarf
zunächst die Logik der einfachen Alternative. Deren Quantenzustände bilden
einen zweidimensionalen komplexen Vektorraum. Die Frage: »welcher
Quantenzustand liegt vor?« ist dann selbst eine unendlichfache Alternative.

Selbstdarstellung   419

Eines Morgens um 6 Uhr wachte ich mit der Antwort auf: die Quantentheorie dieser Alternative ist die *Schrödingertheorie* eines freien Teilchens im dreidimensionalen Ortsraum. Die Selbstanwendung der Quantenlogik ist das, was man formal mehrfache Quantelung nennt, und der dreidimensionale Raum selbst ist eine Struktur aller der Quantenobjekte, die aus einfachen Alternativen durch mehrfache Quantelung definiert werden können. Seitdem, seit nun 20 Jahren, bin ich beschäftigt, diesen Gedanken aufzuklären und auszuarbeiten. Ich bin nicht fertig, eine abgerundete Publikation des vielen, was ich dazu überlegt habe, liegt noch nicht vor, und ich hätte nicht gedacht, daß es so lange dauern würde.

Ich erhielt die mathematische Hilfe von *Scheibe* und *Süssmann*, und wir publizierten die Darstellung einer ersten Fassung der Theorie 1958. Der Übergang auf den Hamburger philosophischen Lehrstuhl gab mir Gelegenheit, die Grundlagen der mathematischen Logik ein paar Jahre lang zu studieren, speziell die Gedanken von *Lorenzen*. Ich erkannte, daß die Quantenlogik eine spezielle Fassung einer Logik zeitlicher Aussagen ist, in der eben der Unterschied des Möglichen und des Faktischen formalisiert wird. Dann studierte ich die Grundlagen der Wahrscheinlichkeitsrechnung und verstand, daß die Definition der Wahrscheinlichkeit als Erwartungswert einer relativen Häufigkeit einen Stufenaufbau übereinander getürmter statistischer Gesamtheiten (Kollektive) zur Folge hat, und daß die mehrfache Quantelung nichts anderes ist als die quantentheoretische Gestalt dieser Stufenfolge. Dies legte den Versuch nahe, die Quantentheorie überhaupt als eine nichtklassische Wahrscheinlichkeitstheorie axiomatisch aufzubauen, mit womöglich nur einem einzigen nichtklassischen Axiom, das den Indeterminismus (die offene Zukunft) zum Ausdruck brächte. Das hat *Drieschner* 1968 in seiner Hamburger Dissertation unternommen.

Neben die begriffliche Aufklärung des Sinns der mehrfachen Quantelung mußte ihre konkrete Durchführung treten, also die faktische Konstruktion des physikalischen Raums aus der Quantentheorie der einfachen Alternative. Dies ist gleichbedeutend mit der Konstruktion aller physikalischen Objekte im Raum aus vielen gleichartigen einfachen Alternativen, die ich Ur-Alternativen oder mit dem Kalauer der Abstraktion Ure genannt habe. Diese Theorie muß aus dem Wesen der Sache heraus zugleich eine Theorie der einfachsten beobachtbaren Objekte, also der Elementarteilchen, und des Weltraums, also Kosmologie sein. Es ist vielleicht verzeihlich, daß ich in diesen unvollendeten Kapiteln der Physik nicht schneller vorangekommen bin als andere auch.

1972 war ich bereit, zu resignieren und einfach alles bis dahin Überlegte in einem Buch zusammenzuschreiben. Das dazu noch einmal durchgenommene Studium der Grundlagen der Logik hat meine Zuversicht stabilisiert, daß die Logik zeitlicher Aussagen in einem bestimmten Sinne auch die Grundlage der mathematischen Logik ist, nämlich als Theorie des Operierens, das ja selbst in der Zeit geschieht. Dies hat mir zugleich einen neuen Impuls in den Grundlagen der Physik gegeben, mit dem Effekt, daß das Buch nicht geschrieben und die physikalische Untersuchung mit Eifer wieder eröffnet Wurde. Der Erfolg bleibt abzuwarten.

Die philosophische Rückfrage, was dieses Unternehmen bedeuten mag, soll auf den letzten Teil dieses Aufsatzes verschoben werden, dem auch die politischen Überlegungen vorangehen müssen.

3. Politik

Für politische Theorie habe ich mich im Grunde nie um der Theorie willen, sondern stets um der Politik willen interessiert. Mein theoretisches Interesse wandte sich spontan der Physik und Metaphysik zu und weniger den Strukturen von Staat und Gesellschaft, politisches Nachdenken wurde wachgehalten durch den politischen Willen. Das mag die entschuldbare Beschaffenheit eines Menschen sein, der von Natur der Natur zugewandt und durch die Kraft der Tradition, in der Jugend auch durch Ehrgeiz, homo politicus ist. Aber in dieser individuellen Reaktion mag sich auch eine Wahrheit spiegeln. Daß Theorie überhaupt möglich ist, ist fast ein Wunder; daß sie von einem so komplex in die Geschichte verflochtenen Phänomen wie der Politik möglich sei, ist keineswegs klar. Der Naturwissenschaftler sucht den verlorenen Schlüssel im Lichtschein der Straßenlaterne, nicht weil er ihn dort verloren hätte, sondern weil er dort etwas sieht; erst die Erinnerung, daß der Schlüssel anderswo verloren wurde, nötigt uns, ins Dunkel zu gehen. Anders gewendet: Auch in der Physik muß man die Erfahrungen kennen, wenn man über sie theoretisieren will; und Theorie der Wissenschaft treiben zu wollen, ohne in der Praxis der Forschung gestanden zu haben, ist hoffnungslos. Noch viel mehr gilt dies in der Politik, deren praktische Entscheidungen stets auch ethische Entscheidungen sind. Wer kann ein Gebot theoretisch aufstellen, der sich ihm selbst nicht unterworfen hat? Ich habe in späteren Jahren wohl das Bild politischer Äußerungsfreudigkeit geboten, aber sehr oft hat mir ethische Selbstkritik den Mund verschlossen. Kann man Politikern raten, wenn man nicht selbst die große politische Verantwortung getragen hat? Kann man Überwindung von Gewalt und sozialer Ungerechtigkeit theoretisch postulieren, wenn man in einer durch Gewalt gesicherten Klassengesellschaft sein bürgerliches Auskommen hat? Kann man andererseits eben dieses Argument öffentlich äußern, ohne daß es schon dadurch zur reaktionären Ideologie wird?

Zum politischen Bewußtsein hat mich mein Vater erweckt. Seinem Bemühen, durch vernünftige Außenpolitik erneute Kriege zu verhüten – einen Baum wachsen zu sehen, wie *Moltke* sagte –, konnte ich nur zustimmen; er hat einen Aspekt meines politischen Denkens für immer geprägt. Aber ich gehörte einer anderen Generation, vielleicht auch einer anderen geistigen

Welt an. In einer langweiligen Geschichtsstunde in der Prima in Berlin, während draußen der Schnee in schweren Flocken fiel, hatte ich zwei Tagträume. Zuerst sah ich die unendlichen Heerzüge von Völkern und Fürsten, von deren Hoffnungen und Leiden wir nichts mehr wissen. Und dann sah ich den Schnee draußen auf Trümmer fallen. Als ich 1943 nach einem der großen Luftangriffe morgens in Berlin einfuhr, wußte ich: jetzt ist es so, wie ich es damals gesehen habe.

Was lag dahinter? Als ich als Kind zum ersten Bewußtsein erwachte, war Krieg. Gesehen habe ich ihn nicht, aber aus den Sorgen der Erwachsenen mit allen Fasern eingesogen. Die Welt ist voller Morden. Später, in der Kindlichkeit des Zwölfjährigen, hatte die Bergpredigt meinen Glauben an die Berechtigung der bürgerlichen Gesellschaft erschüttert, und ich konnte ihn nie ganz wieder herstellen, obwohl ich, als instinktiver Konformist, in ihr fortlebte und mir nichts anmerken ließ.

Dann kam die Herrschaft des Nationalsozialismus. Ich muß auch davon etwas persönlicher reden, nicht weil das interessant wäre, sondern weil, es nicht zu tun, ein Beispiel jener Feigheit wäre, die seitdem das deutsche politische Bewußtsein mit lebensgefährlichen Verdrängungsbarrieren durchzieht. Ich gehöre zu denjenigen Deutschen, die das Faktum des Nationalsozialismus nicht bewältigt, sondern überlebt haben. Spezieller gehöre ich meiner Herkunft nach zu der gesellschaftlichen Schicht, der die Nazis in allen ihren Instinkten ein Greuel sein mußten, und die gleichwohl mit ihnen zusammenarbeitete, als sie einmal an der Macht waren, zusammenarbeiteten um der Bewahrung des Bestandes und der Hoffnung auf eine Änderung willen. Einige aus dieser Schicht haben sich dann zum aktiven Widerstand entschlossen, bis zum Opfer der eigenen Person; diese, zu denen ich persönliche Beziehungen hatte, habe ich hoch geachtet, aber ich habe mich ihnen nicht angeschlossen.

Die Haltung dieser Schicht im ganzen ist wegen ihres Beitrags zur Katastrophe nachher schärfer verurteilt worden als sie nach der üblichen politischen Moral verdient. Es gehört m. E. zur moralischen Klärung, dies auch öffentlich auszusprechen. Die Fähigkeit zum widerstrebenden Konformismus gehört in allen Gesellschaften zu den Mitteln des Überlebens. Viele, die, ohne sich zu belügen, so handelten, trifft kein Vorwurf außer den Vorwürfen, die sie sich, weil sie moralisch sensibel waren, selbst gemacht haben. Freilich gehört es dann zweitens zur moralischen Klärung, einzugestehen, daß es Fälle gibt, in denen sich das Ungenügen der üblichen politischen Moral nicht nur für den Sehenden erweist, sondern in den Folgen zuletzt für jeden fürchterlich offenbart; und daß dies ein solcher Fall war. In der Ära *Adenauer* bestand, nicht durch Schuld eines Mannes, die genau umgekehrte Haltung moralischer Verunklärung dieser Vergangenheit, einer Verunklärung, die man allenfalls als Heilschlaf unter dem Schutz einer Verdrängung entschuldigen konnte. Dieselbe Schicht lenkte jetzt Staat und Wirtschaft, die zuvor in widerstrebendem oder auch nicht widerstrebendem Konformismus mitgewirkt

hatte. Sich zu dieser Tatsache frei zu bekennen, war leider, aber begreiflicherweise, tabu, und eben darum schützte sich ein stilles Einverständnis, man habe ja eigentlich damals wie jetzt richtig gehandelt, gegen die Selbstkritik, die
das Heilsame gewesen wäre, und verbannte die Kritik nach außen, zu den
Gegnern des Systems, wo sie schrill und wirkungslos blieb.

Faktisch habe ich in widerstrebendem Konformismus überlebt. In meinem
Bewußtsein spielte sich freilich sehr viel mehr ab. Mein Vater hatte eine moralisch einfachere Position. Er hat *Hitler* und seine Gefolgsleute immer ver-
abscheut, und er blieb im Amt, um den Krieg, den er kommen sah, womöglich zu verhindern, am Ende, um vielleicht eine Chance wahrzunehmen, ihn
glimpflicher zu beenden. Dies war die Aufgabe, die ihm zufiel und an der er
gescheitert ist. Ich habe ihn nie so verzweifelt gesehen wie im Sommer 1939,
als er nicht mehr wußte, wie das Unheil aufzuhalten sei. Ihn nachher als
»Kriegsverbrecher« zu verurteilen, war ein entsetzlicher Irrtum, nur erklärlich aus der mit dem amerikanischen Idealismus oft verbundenen Unfähigkeit, politische Wirkungsbedingungen in anderen Systemen als dem eigenen
zu begreifen. Mein Vater machte aber, zumal im Anfang, wie viele seiner Gesinnungsgenossen, den Fehler, *Hitler* zu unterschätzen. Dieser irrationale
und gewissenlose Scharlatan konnte doch gar nichts Dauerndes auf die Beine
stellen. Daß sich dieses Urteil erst nach 12 und nicht nach 2 oder 4 Jahren als
richtig erwies, machte alle anfänglichen Reaktionen auf ihn zu politischen
Fehlern.

Mein Fehler war der entgegengesetzte. Bis 1933 hatte ich *Hitler* genau so
unterschätzt, ich hatte ihn verachtet. Mein Unglaube an die Legitimität des
bürgerlichen Systems – in meiner Generation damals weit verbreitet – und
eine unklare chiliastische Erwartung machten mich Zwanzigjährigen emp-
fänglich für den seelischen Vorgang, den ein tiefblickender Kritiker die Pseu-
do-Ausgießung des Heiligen Geistes von 1933 genannt hat. Nicht der gedan-
kenlose Inhalt der Parolen imponierte mir, aber das Faktum, daß zahllose
Menschen, die verzagt und verzweifelt gewesen waren, einen gemeinsamen
Lebensinhalt empfanden; das also, was die Anhänger der Bewegung ihren
Idealismus nannten. Hinter der Liturgie der Vorbeimärsche, der Faszination
der Macht, den Ekstasen des Führers meinte ich eine noch unenthüllte Möglichkeit eines höheren Inhalts zu spüren. Die Warnungen meines Vaters und
meine Freundschaft mit Juden bewahrten mich vor der Versuchung, mich der
Bewegung anzuschließen. 1945 kam ich mit einem unverdient sauberen Fra-
gebogen aus ihrer Herrschaft heraus; mein Vater hatte sogar einen hohen
SS-Rang annehmen müssen und ich hatte nicht einmal eine simple Partei-
oder SA-Mitgliedschaft. Aber ich hatte meinen widerstandsgesonnenen
Freunden gegenüber, die jahrelang erwogen, wie man *Hitler* einschränken
könne, wohl recht, wenn ich meinte, sie machten die Rechnung ohne den
Wirt. Der Widerstand, moralisch so verehrungswürdig, beruhte inhaltlich
weitgehend auf dem Glauben an die ungebrochene Gültigkeit politischer,

Selbstdarstellung 423

auch religiöser und kultureller Denksysteme, deren Brüchigkeit durch *Hitlers* Erfolg wie durch einen Blitz erleuchtet worden war.

Den Bewegungen jener Zeit verdanke ich meine Ehe. *Gundalena Wille*, in deren Familie politische Verantwortung so selbstverständlich war wie in der meinen, war 1933–34 Schweizer Journalistin in Berlin. Mein Vater war deutscher Gesandter in der Schweiz geworden und riet ihr, sich von mir über den Arbeitsdienst berichten zu lassen. Unsere erste Verabredung, auf den 30. 6. 1934, fiel durch die Ermordung *Röhms* und *Schleichers* ins Wasser. Ich weiß nicht, wie ich die Spannungen eines Lebens im Schatten der Politik von damals bis heute ohne sie ausgehalten hätte.

In den Weihnachtstagen 1938, ich arbeitete und wohnte damals in Dahlem, rief mich *Otto Hahn* an, in dessen Institut ich vorher ein halbes Jahr gewesen war und fragte mich, ob ich mir ein Radium vorstellen könne, das sich in jeder chemischen Reaktion wie Barium verhalte. Er hatte die Uranspaltung entdeckt. Zwei Monate später ging ich, beunruhigt und entsetzt, eines Abends zu *Picht*, um mit ihm die Veränderung der Welt durch die Möglichkeit einer Atombombe durchzusprechen. Den ganzen Krieg über arbeitete ich am »Uran-Projekt« mit. Uns blieb die Entscheidung erspart, ob wir überhaupt, und das hieß für *Hitler*, Atombomben bauen wollten. Wir erkannten nach etwas mehr als einem Jahr, daß dies unsere Möglichkeiten weit überstieg, und konzentrierten uns auf die Arbeit an einem Reaktormodell. Das moralische Problem lag im Anfang. Das damalige Risiko würde ich nach dem, was ich heute weiß, nicht noch einmal übernehmen. Hätte der durchschnittliche widerstrebende Konformismus der Physiker genügt, den Bau der Bombe zu verhindern, wenn sie uns möglich gewesen wäre? *Heisenberg*, *Wirtz* und ich arbeiteten zusammen und wollten die technischen Möglichkeiten erkennen, um dann selbst zu entscheiden, was wir wem mitteilen würden. *Heisenberg* ging es um die Erhaltung der deutschen Wissenschaft für die Zeit nach dem Verlust des Krieges, der ihm gewiß war. Ich träumte eine Zeitlang von einem Einfluß auf das Geschehen, ein Traum, der sich zu meinem Glück nicht erfüllte. *Heisenberg* suchte vergebens das Gespräch mit *Bohr* über diese Probleme; die internationale Familie der Atomphysiker verstand sich nicht mehr. Wir haben keinen Anlaß, moralisches Lob in Anspruch zu nehmen. Aber ich darf wohl sagen, daß wir damals im engsten Kreis mehr Gedanken darauf verwendet haben, wie der Bau von Atombomben in der ganzen Welt zu vermeiden wäre als darauf, wie wir es anfangen müßten, um eine zu bauen.

Das Ende des Krieges brachte uns eine fast einjährige Internierung, vorwiegend in England, die mir eine Zeit der Gewissenserforschung und der Arbeit wurde. Im Herbst 1945 schrieb ich, einer damaligen literarischen Mode folgend, einige rückblickende Sonette. Man kann diese Dinge wohl klarer in Prosa sagen, aber als Dokument der Erschütterung will ich eines von ihnen hier abdrucken:

O bricht denn niemals der Dämonen Kraft?
Sieht niemand denn: die Schuld ist in uns allen?
Wo Unrecht fiel, seh' ich sich Unrecht ballen,
und Schuldige von Schuldigen bestraft.

Wer Schuld geduldet, ist in ihrer Haft.
Wer Schuld mit Schuld vergilt, ist ihr verfallen.
O wollen wir, der Finsternis Vasallen,
den Himmel nicht, den nur die Liebe schafft?

Ich ließ mit sehendem Aug' in dunklen Jahren
schweigend gescheh'n Verbrechen um Verbrechen.
Furchtbare Klugheit, die mir riet Geduld!

Der Zukunft durft' ich meine Kraft bewahren,
allein um welchen Preis! Das Herz will brechen.
O Zwang, Verstrickung, Säumnis! Schuld, o Schuld!

Noch vor dem Ende des Krieges schrieb ich, nur für mich selbst, einen Aufsatz »Versuch einer Geschichtskonstruktion«. *Reinhold Schneider* hatte unsere Generation tief beeindruckt. Von *Hermann Heimpel* hatte ich in Straßburg viel über das Mittelalter gelernt. Der Selbstwiderspruch der neuzeitlichen Dynamik schien sich vor unser aller Augen zu vollziehen. Im außenpolitischen Kalkül erwartete ich noch mehrere Weltkriege zwischen Amerika, Rußland, China. Ich versuchte die Geschichte Europas durch die Spannung der drei Kräfte zu beschreiben, die ich Natur, Christentum, Realität nannte. Natur ist der Mensch, wie er sich vorfindet. Im Mittelalter also in der Adels- und Bauernwelt. Das Christentum ist im ständigen Angriff auf die Natur; so wirkt die Bergpredigt, wo immer man ihr glaubt. Die neuzeitlichen Revolutionen sind die Erben der permanenten Revolution, die das Christentum ist. Alle Revolutionen scheitern. Und durch ihr Scheitern schreitet die Verwandlung der Welt in ein rationales, funktionalisiertes, wertneutrales Gebilde vor, in die auf den Trümmern der Natur errichtete »Realität«.

Der Schluß war: »Den Christen ist die Geschichte nicht als der Ort ihrer Siege bestimmt. An dem Tag, der wie der Blitz leuchtet vom Aufgang bis zum Niedergang, wird ihre Arbeit nicht vergebens gewesen sein.« In einer zweiten Fassung, die ich in der englischen Internierung aus dem Gedächtnis der ersten fast wörtlich nachschrieb, ließ ich das eschatologische Zitat aus den Reden *Jesu* weg. Es war mir ein ins Unbekannte vorausgeschossener Pfeil und in der Sicherheit der Aussage ein sacrificium intellectus gewesen. Seine Weglassung bedeutete jedoch das Schweigen über den Kern der Sache, um des Gesprächs mit aufgeklärten Intellektuellen willen. So hat *Ibsen* für die Aufführung Noras letztes Wort aus dem Fortgehen in die Rückkehr verändert.

Wie unser ganzes Volk hatte ich einen Nachholbedarf an Vollzug des common sense der Aufklärung.

Selbstdarstellung

Das politische Erlebnis der Nachkriegsjahre war die Kraft der liberalen Gesellschaftsordnung, die ich bis dahin nicht verstanden hatte, obwohl ich ihr entstammte. Dies fasse ich hier nicht erzählend, sondern sofort prinzipiell. Ich versuche ein Stück Theorie des Liberalismus zu geben.

Ich beginne mit dem ökonomischen Liberalismus, der die Signatur des deutschen »Wirtschaftswunders« war, und der weltweit m. E. auch heute nicht in tieferen Krisen steckt als fast stets in seiner zweihundertjährigen Geschichte, also auch heute die Prognose kraftvollen Überlebens für sich hat. Sein geistiger Vater *Adam Smith* hat eine paradoxe These ausgesprochen. Die gesamte abendländische politische Theorie ging bis dahin davon aus, daß eine Gemeinschaft von Menschen nur existieren kann, wenn das Gemeinwohl vor den Eigennutz gestellt wird. Zu erkennen, was das Gemeinwohl verlangt, ist schwer; heute übrigens, in der mobil funktionalisierten Welt, schwerer denn je. Also lehrt die alte Theorie, diejenigen müßten regieren, die dies zu erkennen vermöchten. Daher die Ideologie, mit der jede Herrschaft für sich Wahrheit in Anspruch nimmt. Hier wie überall ist die Entlarvung einer Ideologie weit entfernt von der Lösung des Problems. *Smith* nun gab der egalitären Grundwelle der späteren Aufklärung eine gewaltige Hoffnung. Wenigstens in Elementarbedürfnissen, also im Ökonomischen, ist jeder Mensch fähig genug, sein eigenes Interesse zu beurteilen; und der Mechanismus eines transparenten Markts mit freien Tauschbeziehungen sorgt dafür, daß, genau wenn jeder sein Eigeninteresse am besten verfolgt, dem Gesamtinteresse am besten gedient ist. Dies ist die »unsichtbare Hand«, die, dem einzelnen Marktteilnehmer verborgen, aber dem Theoretiker voll erkennbar, das Geschehen lenkt. Der Staat muß nur dreierlei leisten: den Schutz nach außen, die Garantie der Rechtsordnung, den Betrieb nichtprofitbringender Dienste.

Das moralische Pathos dieser These ist das Vertrauen zur Freiheit jedes Einzelnen. Die marxistische Kritik, daß die fundamentale Ungleichheit der Güterverteilung durch die liberale Wirtschaft nicht aufgehoben wird, ist empirisch wahr. Falsch war, zum mindesten für die vollindustrialisierten Gesellschaften, die marxistische Prognose fortschreitender Verelendung der Massen, und damit wird wenigstens fragwürdig, in welchem Grad und Sinn die fortdauernde Ungleichheit den Namen einer Klassengesellschaft verdient. Ich vermute, eine selektionstheoretische Analyse würde zu dem Ergebnis führen, daß sich in freier Konkurrenz mit überwiegender Wahrscheinlichkeit eine »begrenzte Ungleichheit« herstellt, also weder Gleichheit noch extreme Ungleichheiten, wie letztere in Übergangsphasen und in machtstabilisierten Systemen vorkommen. Gleichheit, wo sie glückt, ist stets nur das Produkt einer fortdauernden expliziten Anstrengung. Gewiß ist, daß das Konkurrenzsystem voller Grausamkeiten gegen Gewachsenes, gegen Menschen ist, und daß es zu deren Duldung erzieht; gewiß ist ferner, daß der Staat heute Aufgaben lösen muß, die nicht nur die frühen Liberalen, sondern auch ihre absolutistischen Gegner sich nicht hätten träumen lassen. Wer bestimmt das Handeln des Staates, und wie?

Erst hier beginnt der eigentliche Kern der liberalen Theorie, ihr politischer Teil. Ich möchte ihn auf die Spannung zwischen zwei gleich unaufgebbaren Thesen reduzieren:

1. Sachgemäße Politik ist nur möglich in Erkenntnis der wahren Verhältnisse.

2. Niemand darf dogmatisch beanspruchen, im Besitz der Wahrheit zu sein.

Man kann es auch pointierter und mit Begründung so sagen: Wahrheit muß intolerant sein, denn sie ist lebenswichtig, aber Wahrheit muß tolerant vertreten werden, denn sie wird nur in einer Haltung freier Diskussion gefunden. Darf ich um der Toleranz willen jemals zugeben, 2 mal 2 könnte ja auch 5 sein? Kann ich aber einen Menschen noch überzeugen, daß 2 mal 2 vier ist, wenn ich ihn politisch dazu zwinge, diesen Satz zu bekennen? Bedingung des Daseins der Wahrheit in der Zeit ist die Freiheit; Schranken meiner Freiheit sind die Freiheit der andern und die Wahrheit. Diesen letzten Doppelsatz kann man von *Kant* lernen.

Die Bundesrepublik entschied sich für den politischen und den ökonomischen Liberalismus; sie verband beides mit einer klaren außenpolitischen Entscheidung für den Westen. Ich bejahte alle drei Entscheidungen. Sie überzeugten mich. Sicher kamen sie den durch die Katastrophe des Nationalsozialismus und das abschreckende Bild des Stalinschen Kommunismus stabilisierten konservativ-bürgerlichen Instinkten meines Standes entgegen. Ich spielte nun zwei Jahrzehnte lang aufrichtig mit der Selbstinterpretation als Konservativer, der Reformen will, um den stets gefährdeten Kern der Menschlichkeit zu bewahren. Es befriedigte zugleich meinen Verstand, die fortschrittlich-liberale Theorie zu durchdenken, die ich soeben skizziert habe, und deren Realisierung ich nun nicht bloß in behüteten europäischen Kleinstaaten wie der Schweiz und Dänemark, die ich zuvor schon gut gekannt hatte, sondern selbst unter der Last der Großmachtpolitik in England und Amerika beobachten konnte. Daß der Kern meines Denkens naturwissenschaftlich-religiös und nicht politisch ist, kann ich vielleicht daraus ablesen, daß es mich in Physik und Religion nie Mühe gekostet hat, anders zu denken als meine gesamte Umwelt, während ich in der Politik, wenngleich lernbegierig und kritisch, den Zeitbewegungen gefolgt bin. Dies ist freilich auch ein instinktiv politisches Verhalten.

Härte kam in mein politisches Verhalten, wo beide Seiten zusammenstießen, wo nämlich meine religiös-ethische Motivation und mein naturwissenschaftlicher Sachverstand mich zwangen, die herrschende Politik zu kritisieren: im Problem der Atomwaffen. In Amerika traf ich mit Quäkern zusammen und begann *Gandhi* zu lesen. Hier lernte ich zum erstenmal eine reale Lebensweise kennen, die die Bergpredigt ernstnahm. Ich sah das unvergleichliche Glück, das sie ausstrahlte. Mein Quäker-Freund *Douglas Steere* zitierte, mit leiser Stimme, den Satz: »A Christian is three things: he is absolutely fearless, always in trouble, and immensely happy.« Ich war nicht furchtlos genug, um so in Schwierigkeiten und so glücklich zu sein. Auch sah ich etwas, was den Quäkern vielleicht nicht so klar vor Augen stand. Über uns hing ständig die Drohung des Atomkriegs. Ich wußte, daß bei uns die Völker und ihre Regierungen zu der Furchtlosigkeit einer gewaltfreien Politik außerstande waren, ja keinen Gedanken auf diese Möglichkeit verwendeten. War es nicht eine sinnvolle Aufgabe, eine Politik zu formulieren, die liberale Regierungen wirklich wollen und durchhalten könnten, die diese Gefahr abwenden oder doch hinausschieben konnte? Mir blieb nicht verborgen, daß gerade die Größe der Waffen die Gefahr des Kriegsausbruchs verminderte, ohne sie freilich jemals zum Verschwinden zu bringen. Konnte es die Aufgabe unserer Zeit sein, die uralte Hoffnung einer Überwindung des Krieges in einer rationalen Konstruktion zu lösen? Ich studierte die Gedanken einer Weltatombehörde und einer föderativen Weltregierung, sah ihre funktionale Vernünftigkeit und sah die Aussichtslosigkeit ihrer Verwirklichung durch die souveränen Supermächte.

Im Spätherbst 1956 wurde für die deutschen Atomphysiker die Ernennung von *F. J. Strauß* zum Verteidigungsminister das Signal einer geplanten Atombewaffnung der Bundeswehr. Der Arbeitskreis Kernphysik, ein Beratergremium des Atomministeriums, kannte *Strauß* aus seiner Zeit als effizienter und dynamischer Atomminister. Wir besprachen die Lage und entdeckten, daß wir trotz verschiedener politischer Positionen einhellig gegen eine nationale Atomrüstung waren, wie sie die Franzosen damals schon vorbereiteten. Wir wollten dies öffentlich erklären, aber loyalerweise vorher der Regierung bekanntgeben. Wir schrieben einen Brief an *Strauß*, dem ein denkwürdiges Gespräch bei ihm folgte. In der ersten Viertelstunde zerschlug er alles Porzellan, das wir etwa für ihn bereitgehalten hatten. Dann legte er uns in 2½ Stunden mit überlegenem Detailwissen dar, unser Einwand ziele falsch; Amerika werde sich aus Europa zurückziehen und dann bedürfe Westeuropa (und nicht die Bundesrepublik für sich) einer der russischen gleichwertigen Atomstreitkraft. Wir standen nachher wie verregnete Hühner beisammen, ohne Konzept für eine öffentliche Äußerung. Zu dieser verhalf uns etwas später eine leichtfertige Formulierung von *Adenauer* über taktische Atomwaffen als Fortbildung der Artillerie. Unser Text enthält die zentralen Sätze: »Wir fühlen keine Kompetenz, konkrete Vorschläge für die Politik der Großmächte zu machen. Für ein kleines Land wie die Bundesrepublik glauben wir, daß es sich heute noch am besten schützt und den Weltfrieden noch am ehesten fördert, wenn es ausdrücklich und freiwillig auf den Besitz von Atomwaffen jeder Art verzichtet. Jedenfalls wäre keiner der Unterzeichneten bereit, sich an der Herstellung, der Erprobung oder dem Einsatz von Atomwaffen in irgendeiner Weise zu beteiligen.« Dies schuf großen öffentlichen

Wirbel. *Adenauer* lud eine Delegation von uns nach Bonn zu einem eintägigen Gespräch, das er in der Form souverän führte, natürlich ohne echte Einigung. Wenigstens zwischen *Adenauer* und mir lief die Front fast umgekehrt als das Publikum sie sah. *Adenauer* sagte, um der Vermeidung des Weltkriegs willen müsse und werde es zur Abrüstung kommen (ich habe ihm die Aufrichtigkeit dieses Wunschdenkens geglaubt; eben darum war er in seinen letzten Jahren so sorgenvoll) und wir dürften in diese Verhandlungen nicht mit Vorleistungen hineingehen. Ich glaubte nicht, daß es zur Abrüstung kommen werde und glaubte, wir würden eben darum auf unseren Atomwaffen sitzen bleiben, die dann im Ernstfall den tödlichen Schlag des Gegners auf uns herabzwingen würden. Wenige Tage darauf legte ich mich mit Ohrenpfeifen und Brechdurchfall für achtundvierzig Stunden ins Bett; die Symptome verflogen bald wieder, aber seitdem höre ich auf dem rechten Ohr nicht mehr gut.

Ich hatte es übernommen, der Nation in einer Lebensfrage zu raten. Nun mußte ich nicht nur über die mir vertraute Außenpolitik, sondern über Waffenwirkung und Strategie Kenntnisse erwerben, die mich zur Diskussion mit Fachleuten befähigten. Die physikalischen Kollegen in Amerika waren seit mehr als zehn Jahren in derselben Lage. Ich habe die Lehren der amerikanischen arms control-Schule wohl als erster in Deutschland bekanntgemacht; *H. Afheldt*, der seit 1962 mit mir arbeitete, hat wesentliches zu ihrer immanenten Kritik beigetragen. Die Gespräche in Amerika belebten die alte Freundschaft mit *Edward Teller*, die neue mit *Leo Szilard*. Die Ergebnisse habe ich zu oft öffentlich geschildert, um sie hier zu wiederholen. Sie sind in bezug auf Friedenserhaltung auf die lange Sicht nicht beruhigend. Sie führten mich eben darum in immer komplexere politische und gesellschaftliche Fragen und schließlich zur Gründung meines heutigen Instituts. Dieses dient nicht der Propagierung von Bekanntem, sondern der Suche nach Wahrheit in so schwierigen Fragen.

Die Spannung zwischen Religion und Politik, die ich so am eigenen Leibe erfuhr, veranlaßte mich, die Geschichtsphilosophie vom Kriegsende wieder aufzunehmen. Ich sah die Geschichte der christlichen Ära vorangetrieben durch die Menschen, die subjektiv auf nichts als das Ende der Geschichte hofften. In den Göttinger Jahren lehrte mich *Gogarten* das, was ich vorher »Realität« genannt hatte, als ambivalente Säkularisierung christlicher Inhalte verstehen. Die Säkularisierung ist ambivalent: sie verwirklicht das im christlichen Glauben Gemeinte und isoliert es zugleich von seiner Quelle. Ich versuchte, den Prozeß in den Glasgower Gifford Lectures über die Tragweite der Wissenschaft darzustellen. Gelöst wurde die Spannung so nicht, eher gesteigert, aber doch hoffnungsvoll gesteigert, indem sie denkbar gemacht wurde.

Es gibt eine alte Tradition, daß das Alter von 56 Jahren ein Todeserlebnis bringt. Wir hatten als einzigen möglichen Weg zu der so unglaubwürdig propagierten Wiedervereinigung Deutschlands, aber noch mehr als einen Weg

Selbstdarstellung 429

zu einer langsamen Überwindung weltpolitischer Gegensätze eine »Wiedervereinigung Europas« erwogen, im Gespräch zumal mit tschechischen Freunden. Als am Morgen des 21. August 1968 die Nachricht von der längst befürchteten russischen Besetzung der Tschechoslowakei durchs Radio kam, war in mir der Gedanke der ersten Sekunde: Nun ist der dritte Weltkrieg gewiß. Nicht jetzt, aber irgendwann in den nächsten dreißig Jahren. So hatte ich im Oktober 1933 auf die Nachricht von *Hitlers* Austritt aus dem Völkerbund reagiert. Die Mächte sind zu schwach, eine freie Entwicklung zu erlauben. Also greifen sie zu den Mitteln der Stärke, die zu den von jeher bekannten Folgen führen. Im Grunde hatte ich dies immer gewußt; das besondere Ereignis hatte nicht kausale, sondern enthüllende Funktion. Seitdem hat die Politik *Kissingers* wohl das Äußerste erreicht, was dieser Welt an vernünftigem Gleichgewicht abzuringen ist, und es ist nicht erlaubt, die schwache Chance der Dauer dieses Gleichgewichts durch Unheilsprognosen zu gefährden. Es ist ja möglich, daß es gut geht.

Die Jahre 1967/68 eröffneten mir einen neuen politischen Lernprozeß, dessen Beginn, obwohl ich ihn begrüßte, auch fast einem Todeserlebnis gleichkam: die Revolte der studentischen Linken. Ich hatte mich, nicht aus eigenem Antrieb, sondern aufgefordert, vor 1952 mit Hochschulreform beschäftigt; ich gab es auf, als ich sah, daß Professoren und Ministerien die Reform verhinderten, Studenten und Parlamentarier damals an ihr uninteressiert waren. Als ich seit 1957 in einer Fakultät saß, bekräftigten die ersten Fakultätssitzungen den Entschluß, neben der Überanstrengung durch Forschung, Unterricht und Atompolitik nicht auch noch Universitätsreform zu betreiben. Ich überließ, so empfand ich es, das alte Hochschulsystem, dem ich entstammte und das ich liebte, dem vorhersehbaren Untergang; daß er schon nach 10 Jahren und nicht durch den Staat, sondern durch die Studenten geschehen würde, sah ich nicht voraus. Ich muß mir nachträglich in diesem wie in anderen Fällen vorwerfen, meine Warnungen zu leise ausgesprochen zu haben; ich hätte so scharf reden müssen, wie ich zu sehen überzeugt war.

Die Studentenrevolte aber betraf nicht primär die Universität, sondern die ganze Gesellschaft. Ich habe mich nie als Linker empfunden, aber politische Unterstützung habe ich meist links von der Mitte erhalten, an die ich mich mit meinen Reden wandte. Nun traf mich die linke Bewegung in dem Augenblick, in dem ich die Hoffnung auf eine Friedensstabilisierung durch Außenpolitik, die mir rational stets problematisch geblieben war, im elementaren Empfinden verloren hatte. Sie eröffnete die Hoffnung, auf dem Wege über Gesellschaftsänderung zu erreichen, was außenpolitisch unmöglich war. Aber sie war mit zwei aufeinandergehäuften Erstickungsgefühlen verbunden. Das erste ist für meine Generation typisch: obwohl ich das, was die Jungen Basisdemokratie nennen, persönlich als eine neue Chance begrüße und willig in experimentellem Geist mitmachte, konnte ich, so wie ich nun einmal geprägt bin, darin nur mit äußerster Selbstbeherrschung den ruhigen Atem behalten.

Das zweite ist die Qual für die Jungen: im Grunde war schon nach kurzem klar, daß die Bewegung politisch zum Scheitern verurteilt war. Hier begann freilich für mich die theoretische Frucht dieser Mühen. Ich verdanke dem Diskussionszwang, dem die Linke mich unterworfen hat, daß mir die Augen geöffnet wurden für das, was gesellschaftlich in der Welt vorgeht. Endlich lernte ich, *Marx* zu assimilieren. *Jürgen Habermas*, den ich als Mitdirektor fürs Institut gewinnen konnte, erläuterte mir diese Denkweise in derjenigen Liberalität, in der ich sie aufnehmen konnte. Aber in all dieser Lernbereitschaft bin ich den Linken ein Kritiker geblieben; und ich glaube, ein trostreicher Gesprächspartner könnte ich erst einem in der Tiefe enttäuschten Linken sein. Nicht Optimismus, aber Hoffnung habe ich zu bieten. Ich habe soeben einen Aufsatz abgeschlossen mit dem Titel »Die heutige Menschheit, von außen betrachtet«, dessen Argumente ich hier nicht wiederholen will. Sie enden mit Mißtrauen gegen die Chancen des Kapitalismus wie des Sozialismus zur Lösung der von der modernen Kultur erzeugten Probleme und in der Aufforderung, die Menschheit von innen zu betrachten. Das führt zur Philosophie zurück.

4. Philosophie

Ich beginne noch einmal von vorne. Gemäß dem übernommenen Auftrag soll ich die Bewegung der Philosophie hier nicht im wirklichen Gespräch mit einem Partner, auch nicht im literarischen Gespräch mit den herrschenden Meinungen unserer Zeit darstellen, sondern im Gespräch mit dem Menschen, als der ich mir eines ins Kindheitsvergessen zurückgesunkenen Tages begegnete, mit dem ich bis heute Hand in Hand gehe, der ich, wie wir zu sagen pflegen, bin. Wer sagt hier ich?

In etwa vier Bereichen habe ich mich nachdenkend bewegt. In der vorangegangenen Darstellung kamen sie unter den Titeln Physik, Politik, Religion, klassische Philosophie vor. Die drei ersten kann man auch Struktur, Geschichte, Selbstwahrnehmung nennen. Der vierte ist das platonische Unternehmen, die Einheit dieser drei zu denken. Man kann ihn auch als skeptische Theologie bezeichnen, wenn man die griechischen Worte Skepsis, Theos, Logos umschreiben darf als Hinschauen, das Eine, vernünftige Rede. In den drei ersten Bereichen habe ich elementar existiert. Den vierten habe ich gelernt wie man eine Sprache in einer guten Schule lernt. Ich spreche die Sprache mit einem Akzent, aber ich weiß, daß ich von den ersten drei Bereichen nicht selbstkritisch Rechenschaft geben könnte, wenn ich diese Sprache nicht gelernt hätte. Und vielleicht weiß ich einiges von ihr, was die nicht wissen, die sie als Muttersprache sprechen.

In die Physik bin ich, wie oben geschildert, durch die Astronomie und die Quantentheorie gekommen. Astronomie war mir das Wissen vom Weltall, also vom Ganzen; sie war ein kindlicher Begriff von Philosophie. Mein hoch-respektierter Lehrer *Hilmer*, der mich Gymnasiasten in der deutschen St.-Petri-Realschule in Kopenhagen privat in Latein und Griechisch unterrichte-te, sagte mir in einer dieser Stunden, als ich in einen Begeisterungsausbruch über die Größe des Weltalls geraten war: »Gewiß, das Weltall ist groß und wunderbar. Aber vergiß es nie, größer als das Weltall ist dein Geist, Carl Friedrich v. Weizsäcker, der das Weltall zu denken vermag.« Diese Lehre nö-tigte mir nur eine widerstrebende Zustimmung ab. Unwidersprechlich war die Subjektbezogenheit des Wissens, sowie ich auf sie aufmerksam gemacht war. Aber es erschien mir unerträglich anmaßend, einen Geist, der das Welt-all denken konnte, durch das Possessivpronomen »dein« mit dem Träger mei-nes standesamtlichen Namens zu verknüpfen. Zur selben Zeit wäre ich, wenn ich nicht zugleich fromm und feige gewesen wäre, vielleicht aus dem Konfir-mandenunterricht ausgebrochen, als der Pfarrer uns zumutete, Christen dürften nicht an die tierische Abstammung des Menschen glauben, denn im Gegensatz zum Menschen hätten die Tiere keine Seele. Er meinte vielleicht die unsterbliche Seele, aber diese Nuance blieb im Hintergrund und hätte mich verwirrt ohne mir zu helfen. Mit tiefer Empörung fragte ich mich, wie diesem Pfarrer beim Jüngsten Gericht zumute sein werde, wenn er zusammen mit dem Pferd vor Gottes Gesicht werde erscheinen müssen. Trotz dieser Parteinahmen spürte ich die Subjektblindheit der Naturwissen-schaft. In dieses Dunkel versprach die Quantentheorie etwas Licht zu brin-gen, die uns, wie *Bohr* gesagt hat, so nachdrücklich an die alte Einsicht erin-nert, daß wir zugleich Mitspieler und Zuschauer im Schauspiel des Daseins sind.

Die ersten 25 Jahre meiner Beschäftigung mit Physik gaben mir ein deut-licheres naturwissenschaftliches Modell der Art, wie wir Mitspieler sind, un-ter dem Titel der Geschichte der Natur. Meine Arbeit über die Entstehung des Planetensystems konfrontierte mich mit der veralteten theologischen De-batte, in der manche (selbst der große *Newton*) den Schöpfungsglauben aus den Lücken der Naturwissenschaft hatten rechtfertigen wollen. In den Dahle-mer Jahren, 1936–42, hatte ich zugleich das Glück, von den besten deutschen Biologen und Biochemikern in die Probleme der Abstammungslehre und der werdenden Molekularbiologie eingeführt zu werden. Ich sah die genaue Ana-logie der Motive, die hinter der alten Ablehnung mechanischer Theorien der Planetenentstehung und hinter der neueren Ablehnung der Abstammungs-lehre und vor allem der Darwinschen kausalen Deutung der Abstammung durch die Selektionslehre stehen. Ich überzeugte mich rasch, daß solche Rückzugsgefechte stets verlorengehen, und fühlte mich mit dem jungen *Kant* der Vorrede zu der »Allgemeinen Naturgeschichte und Theorie des Him-mels« einig, daß sie einer ungläubigen Theologie entspringen. Alles, was in der Geschichte geschieht, geht irgendwie zu, und die kausalen Theorien sind nichts als Modellentwürfe dafür, wie es wirklich zugegangen sein könnte. Ich meinte, wer Gott, der Seele, dem Leben nicht in den positiven Erkenntnissen der exakten Wissenschaften begegnen könne, der werde sich vergebens mühen, ihnen in den Lücken dieser Wissenschaften einen Raum auszusparen.

Die gedankliche Aufgabe lag aber nicht in diesen popular-philosophischen Debatten, sondern darin, zu begreifen, wie der »Zufall« Ordnung und Gestaltenfülle erzeugen kann. Hier half mir meine Analyse des zweiten Hauptsatzes der Thermodynamik. Zufall nennen wir Vorgänge, die den Gesetzen der Wahrscheinlichkeitsrechnung genügen. Diese Gesetze definieren Möglichkeiten, und gerade weil es Möglichkeiten sind, bleibt undeterminiert, welche von ihnen eintritt. Ich konnte plausibel machen, daß dieselbe Struktur der Zeit das Entropiewachstum und die wachsende Differenzierung der Gestalten zur Folge hat. Anschließend an eine spätere Formulierung von *Picht* kann ich sagen: Das Vergangene vergeht nicht, somit wächst die Menge der Fakten; die Gegenwart der Zukunft ist ihre in Fakten fundierte Möglichkeit; somit wächst die Menge der Möglichkeiten.

Der Darwinismus, gedanklich den frühkapitalistischen Theorien von *Smith* und *Malthus* verpflichtet, ist vielfach wegen der grausamen Art seines Fortschrittsoptimismus abgelehnt worden. Wir, die wir überleben, sind freilich die Erben von Siegern im Kampf ums Dasein. Das Erlebnis des Kriegs half mir, die Kehrseite zu sehen. Wesen, die dem Kampf ums Dasein entstammen, sind zum Tod und, wenn sie subjektive Empfindung der uns bekannten Art haben, zum Leiden verurteilt. Diese große Realität hat vielleicht nie jemand deutlicher gesehen als der *Buddha.* Erst wenn dies erfahren ist, kann man zu begreifen beginnen, wovon die großen Religionen sprechen. Nicht naiver Harmonieglaube, sondern die äußerste Erfahrung von Leiden, Schuld, Sinnlosigkeit ist ihr Ausgangspunkt.

Der Weg der Naturwissenschaft ist mit diesem Stück Geschichte der Natur nicht zu Ende gegangen und der Übertritt zur religiösen Erfahrung ist auch hier noch ein Sprung. Nach dem Krieg kam die kybernetische Denkweise auf. In Göttingen behandelten wir im Seminar kybernetische Modelle des Lebens und des Denkens. Sie berührten sich mit den empirischen Ergebnissen der Verhaltensforschung. *Konrad Lorenz* und *Erich v. Holst* gaben uns einen reichen Schatz an Belehrung. Die Fragestellung war offensichtlich legitim, aber sie stieß an zwei Grenzen. Die kybernetischen Modelle beschrieben das Leben mit der objektivistischen Denkweise der klassischen Physik; die schon geschehene Einführung des Subjekts in der Quantentheorie stand beziehungslos neben ihnen. Und, was noch schwerer wog, eigentlich hatte niemand eine klare Vorstellung von den zu erklärenden Denkfunktionen, wenn diese über das Niveau relativ einfacher Gestaltwahrnehmung und Handlungsfähigkeit hinausgingen. Was ist denn die operative Struktur von Sprache, Begriff, Reflexion? *Chomsky* und *Piaget,* ein Jahrzehnt später berühmt geworden, glauben der klassischen Logik wahrscheinlich mehr als sie verdient. Wir können

Selbstdarstellung 433

unsere Rolle als Mitspieler nicht weiter analysieren, lange wir die Rolle als Zuschauer nicht zum Thema gemacht haben.

Das führt zurück in den Kern der philosophischen Physik. Dieser wird meiner Überzeugung nach nur verständlich, wenn man zwei Probleme, die dem herrschenden Methodenbewußtsein streng getrennt erscheinen, als zusammengehörig, ja als letztlich identisch begreift: die inhaltliche Interpretation der Physik, also vor allem der Quantentheorie, und die Frage nach dem Wesen der empirischen exakten Wissenschaft. Jede der beiden Fragen führt, für sich allein genommen, in Aporien, die m. E. eben die Folge der Trennung sind. In dieser Getrenntheit seien sie hier zuerst skizziert.

Konfrontieren wir die Kybernetik mit der Quantentheorie! Darwinismus, Verhaltensforschung und Kybernetik behandeln das Subjekt als ein in Raum und Zeit erscheinendes Ding. Sie geben ein physikalisches Modell des empirischen Subjekts. Wem dieses Ding erscheint, ja daß Sein in Raum und Zeit eine Weise des Erscheinens ist, wird überhaupt nicht zum Thema. Die Quantentheorie nun zerstört die hier vorausgesetzte Ontologie. Am deutlichsten wird dies in der Komposition von Objekten, die sich in dem »Paradoxon« von *Einstein*, *Rosen* und *Podolsky* manifestiert: wenn ein Gesamtobjekt in Teilobjekte zerlegbar ist, so bedeutet das keineswegs, daß die Teilobjekte existieren, auch solange das Gesamtobjekt nicht faktisch in sie zerlegt ist. Nun muß jedes Objekt strenggenommen als Teil größerer Objekte verstanden werden. Objekte bezeichnen Faktizität, Fakten aber sind Fakten nur kraft der in ihnen angelegten Möglichkeiten. Das einzige irreduktible Gesamtobjekt könnte allenfalls das Weltall sein, aber eben dieses ist kein Objekt, denn für wen wäre es Objekt? Indem ich so spreche, bediene ich mich in stenographischer Abkürzung meiner eigenen, bisher nur unvollständig veröffentlichten Begriffsanalysen; sonst müßte ich hier ein Buch über die Sache statt eines Aufsatzes über ihre Spiegelung in meinem Bewußtsein schreiben. Die Quantentheorie also führt Objekte als Objekte für Subjekte ein. Aber sie beschreibt die Subjekte nicht. Um dieser Pflicht überhoben zu sein, ersetzt sie sie nach Möglichkeit durch Meßapparate. Jedoch eben daß diese Apparate nicht bloß Objekte, sondern zum Messen geeignete Objekte sind, hält ihren Subjektbezug fest (deshalb müssen sie nach *Bohr* »klassisch« beschrieben werden). Die Kybernetik kennt, kantisch gesagt, nur das empirische Subjekt, und zwar nicht als Ich, sondern als existierendes Ding, die Quantentheorie aber kennt nur das transzendentale Subjekt, und zwar ohne Reflexion auf die Einheit der Apperzeption.

Philosophen der auf *Kant* und den Idealismus zurückgehenden Tradition, die in Deutschland herrschend gewesen ist, haben diese Einschränkungen der Weise, in der die Naturwissenschaft bisher das Subjekt aufzufassen vermochte, meist zur Zurückweisung der Kompetenz der Naturwissenschaft für diese Fragen verwendet. Ich habe diese Reaktion der Schulphilosophie schon als Student, lange ehe ich den Begriffsapparat handhaben gelernt hatte, als einen

434 Statt einer Zusammenfassung

epigonalen Holzweg und als ein Mißverstehen der Kantschen Fragestellung empfunden. Um dies aussagen zu können, mußte ich Philosophie lernen – und nicht nur dazu, sondern weil Philosophie das war, worum es mir ging.

Wie weiter oben geschildert, begann ich mit dem Positivismus. *Machs* Gedanken, die Subjekt-Objekt-Spaltung von vornherein nicht einzuführen, sondern von Elementen zu reden, terminologisch als »Empfindungen« bezeichnet, deren gesetzmäßige Zusammenhänge nur denkökonomisch als Dinge und Iche bezeichnet werden, empfand ich als genial; aber die Durchführung war weder ihm noch einem anderen gelungen. Was sind Gesetze? Sie regulieren Möglichkeiten. Was heißt Möglichkeit? Woher kennt man die Gesetze? Aus Erfahrung? Wie kann Erfahrung Gesetze begründen? Und zwar Gesetze, die einmal gefunden, in kristallener Einfachheit auf einer halben Druckseite formuliert werden können und sich milliardenfach in der Zukunft bewähren. Wie *Kant* könnte ich sagen, es sei die Erinnerung des *David Hume* gewesen, die mich aus dem dogmatischen Schlummer erweckt hat: wie kann man aus Fakten der Vergangenheit jemals logisch auf Notwendigkeiten der Zukunft schließen? Irgendwann entdeckte ich, daß *Humes* erkenntnistheoretisches Problem von genau derjenigen Struktur der Zeit Gebrauch machte, die ich als inhaltliche Basis der Thermodynamik und auch der Quantentheorie erkannte. Hier wurde mir klar, daß Erkenntnistheorie und inhaltliche Physik nur gemeinsam verstanden werden können.

Man wird mir vielleicht verzeihen, daß ich angesichts dieser Fragen die empirische Wissenschaftstheorie, die sich zu meinen Lebzeiten entwickelte, nur peripher zur Kenntnis genommen habe. Sie war mir so lange nicht interessant, als sie nicht erkannt hatte, daß *Humes* Problem in ihrem Kontext unlösbar bleibt. Auch *Popper* ist nur an den Rand der Probleme gelangt, die *Einstein* und *Bohr* klar vor Augen standen, z. B. daß die Begriffe, in denen wir simple empirische Sätze formulieren, nur im Zusammenhang einer Theorie überhaupt einen klaren Sinn haben. Den wichtigsten Durchbruch hat m. E. *Th. S. Kuhn* geleistet, mit dem ich mich bei dem einzigen Gespräch, das ich mit ihm hatte, sowohl über *Galilei* wie über *Einstein* und *Bohr* spontan verstand. Ich möchte seine Wendung zur Wissenschaftsgeschichte so interpretieren: Wenn empiristische Wissenschaftstheorie selbst Wissenschaft ist, muß sie ihren Begriff von empirischer Wissenschaft empirisch, d. h. historisch-deskriptiv gewinnen. In der historischen Deskription aber hat nicht *Kuhn* mit seinem an sich höchst lehrreichen Begriff der Paradigmen den harten Kern der »wissenschaftlichen Revolutionen« bezeichnet, sondern, schon ein Jahrzehnt vor *Kuhn*, *Heisenberg* mit dem Begriff der abgeschlossenen Theorien. Gemeinsam ist beiden die Erkenntnis, daß es in der geschichtlichen Entwicklung eine Folge von Plateaus gibt, auf denen sich dann »normale Wissenschaft« entwickeln kann, bis zur nächsten Krise. Mit vollem Recht vergleicht *Kuhn* diese Plateaus den Spezies in der Darwinschen Evolutionstheorie. Hier zeigt sich wieder die Strukturidentität einer wissenschaftstheoreti-

Selbstdarstellung

schen mit einer inhaltlich-wissenschaftlichen Erkenntnis. Spezies sind Plateaus, weil sie einer ökologischen Nische angepaßt sind. Die ökologische Nische einer abgeschlossenen Theorie ist das, was man in direkter Sprechweise ihre Wahrheit nennt. Und so heißt denn die Kernfrage nach wie vor: Was ist Wahrheit?

Hier muß ich nun den klassischen Philosophen meinen Dank abstatten. Es war ein unvergleichliches Glück, daß ich zwölf Jahre lang in Hamburg die bürgerliche Verpflichtung hatte, über sie zu unterrichten; ich danke auch allen meinen Studenten und Hörern aus der Stadt dafür, daß sie hören wollten, was ich zu sagen hatte. Obwohl ich fleißig auch *Aristoteles, Descartes, Hegel, Heidegger* und die modernen Logiker studiert habe, hat ein Jahrzehnt nur ausgereicht, um zwei Philosophien einigermaßen gründlich durchzuarbeiten: zuerst *Kant*, dann *Platon*. Beide hatte ich schon als Schüler gelesen. Aber das ist ja die Erfahrung, wenn wir Philosophen lesen: jedesmal, wenn wir denselben Text nach fünf Jahren, oder, bei intensivem Studium, nach einem Jahr wiederlesen, enthüllt sich eine neue Zwiebelschale mit der Einsicht: »Ach, davon war hier eigentlich die Rede!« Das muß so sein, wenn das Wahre das Ganze ist. Den ersten Satz der Kritik der reinen Vernunft oder ein ironisches Adjektiv in einer Frage des Sokrates kann nur der verstehen, der die ganze Philosophie *Kants* bis zur Religionsschrift durchmeditiert hat, der bis zur Schau des Einen aufgestiegen ist. Kann ein vernünftiger Mensch, wenn er sich besinnt, etwas anderes erwarten? Ich weiß, wie weit ich noch hinter gründlicher Kenntnis und adäquatem Verständnis *Kants* und *Platons* zurückbleibe, aber ich denke mir, wenn ich ihnen auf den Wiesen des Hades begegnete, würden sie mich eines Gespräches würdigen.

Das viersemestrige Seminar über die Kritik der reinen Vernunft, 1960–62, war wohl der Gipfel gemeinsamen Philosophierens, gerade weil ich selbst alles erst zu lernen hatte. Mein unvergeßlicher Schüler *Peter Plaass* belehrte mich danach über die Härte des systematischen Anspruchs der Kantschen Theorie der Naturwissenschaft. Ich kann hier nicht *Kant* auslegen, sondern will alsbald die Härte des Anspruchs anknüpfen, den ich für die Möglichkeit von Naturwissenschaft im heutigen Kontext zu erheben gedrängt wurde. Es gibt (in der Zwiebelschale, in der es exakte Wissenschaft überhaupt gibt) nur *eine* Lösung des Humeschen Problems, nämlich die Kantsche. Geltung der Naturgesetze heißt Notwendigkeit, sonst gelten sie nicht für die Zukunft. Eine unkonditionale Notwendigkeit der Naturgesetze kann man überhaupt nicht beweisen, weder durch spezielle Erfahrung noch durch Metaphysik. Aber ihre konditionale Notwendigkeit läßt sich einsehen, nämlich daß sie gelten müssen, wenn überhaupt Erfahrung möglich sein soll. Erfahrung nun definierte ich im Hinblick auf die Zeitstruktur: aus Fakten Möglichkeiten, aus der Vergangenheit für die Zukunft lernen.

Kant ist am Problem der besonderen Naturgesetze gescheitert. In einer einheitlichen Physik aber, wie sie sich heute anbahnt, gibt es keine besonderen Gesetze. Die Quantentheorie als allgemeine Theorie indeterministischer Wahrscheinlichkeitsprognosen für entscheidbare Alternativen ist eine vermutlich noch vorläufige Fassung der einzigen Gesetze, die überhaupt gelten. Alle besonderen Gesetze müssen Anwendungen dieser Gesetze auf Spezialfälle sein, deren Möglichkeit selbst aus der allgemeinen Theorie folgt. In diesem Sinn ist der Raum selbst die durch die Quantentheorie der Alternative festgelegte Form der Gleichzeitigkeit.

Dieser Entwurf muß in solcher Schärfe formuliert werden, weil er nur so deutlich macht, daß das Grundproblem des Empirismus, die Rechtfertigung besonderer Gesetze durch besondere Erfahrung, überhaupt nicht besteht. Hier muß man die Fragen quid facti und quid juris unterscheiden. Faktisch findet man besondere Gesetze selbstverständlich durch besondere Erfahrung. *Humes* Problem war nur die strenge Rechtfertigung so gefundener Gesetze. Diese Rechtfertigung nun kann nur konditional, aber allgemein, in einer inhaltlichen Physik geschehen, die sich nur durch die Erwartung der Möglichkeit von Erfahrung überhaupt rechtfertigt. In diesem Sinne sind Wissenschaftstheorie und fundamentale Physik identisch.

Die so entworfene einheitliche Physik, das letzte Ziel, auf das ich bewußten Ehrgeiz konzentriere, wäre geschichtlich wieder ein Plateau. Was jenseits dieses Plateaus folgen mag, läßt sich heute nur ahnen. (Ein zentraler Satz einer geschichtlichen Philosophie muß heißen: Wir philosophieren *jetzt*.) Der Begriff der Erfahrung ist, wie *Kant* gesehen hat, durch Gesetze und die nur in ihnen sinnvollen Begriffe erst definiert. In dieser Theorie wird er auf prüfbare Prognosen für entwerfbare Alternativen, also formulierbare Möglichkeiten zusammengezogen. Solche Möglichkeiten bestehen für Subjekte. Wie sind nun die Subjekte selbst zu denken? Hier können wir zunächst die Wissenschaften befragen.

Die Theorie umfaßt der Intention nach zugleich mit der Physik die operative Logik und Mathematik. Seit *Gödel* weiß man, daß – etwas allgemein ausgedrückt – erkennbare Möglichkeiten niemals vollständig formalisiert werden können. Also ist, in bestimmtem Sinne, eine vollständige Theorie der Möglichkeiten zu keiner Zeit möglich; die Menge der Möglichkeiten wächst. Was aber ist der operative Sinn von »Erkennen« und »erkennbar«? Hier müßte eine Kybernetik der Reflexion entworfen werden. Sie wäre eine objektivierende Theorie des empirischen Subjekts, unter mitdenkender Einbeziehung der immanenten Grenzen der Objektivierung, eine reflektierende Theorie der Reflexion. Ich meine diese möglichen Theorien präzise vor mir zu sehen, aber die Verwirklichung übersteigt meine Kraft, und die Weitergabe der Aufgabe übersteigt bisher mein Vermögen, andere zu überzeugen.

Was aber ist das empirische Subjekt? Wer sagt hier ich?

Das von *Descartes* erzeugte Problem der Zweiheit der Substanzen verflüchtigt sich in diesem Entwurf. Wenn sich aus Molekülen Menschen entwickeln, sind Moleküle virtualiter cogitantia, der Möglichkeit nach bewußt.

Aber die Vermittlung vom abstrakt Möglichen, das erst im Rückblick erkannt wird, zum aktual Möglichen, braucht im realen Vollzug Milliarden Jahre. Wer weiß, daß wir schon unsere Eltern und Lehrer nicht verstehen, den sollte die Uneinfühlbarkeit in so ferne Vorfahren nicht verwundern; *Freuds* Begriffe des Unbewußten, des Es, mögen dem heutigen Intellektuellen die Einfühlung in solche Zusammenhänge erleichtern. »Materie« heißt, was den Gesetzen der Physik genügt. Wenn diese Gesetze lediglich formulieren, was eindeutig erfahrbar ist, so steht nichts im Wege, das was zugleich Erfahrung machen und erfahren werden kann, als bewußt Erfahrendes Ich, als Erfahrenes Materie zu nennen. Einer wissenschaftlichen Theorie stellt sich dann das Zentralproblem einer strukturellen Abhebung des Ichbewußtseins von anderen Arten der Quasi-Subjektivität. Hierzu gehören Fakten und Möglichkeiten in einem Zusammenhang und die Reflexion, die sie als Fakten, als Möglichkeiten, als Zusammenhang auffaßt (das »ich denke« muß alle meine Vorstellungen begleiten können). Dies ist der transzendentale Entwurf des endlichen Subjekts. Wer ihn denkt, denkt eine Einheit, die mehr ist als die Einheit des endlichen Subjekts. Sie ist auch mehr als die Gesellschaft und die menschliche Geschichte. Sie erscheint hier als die Einheit der Zeit. Wie sich in ihr endliche Subjektivität formt, wird zum diskutierbaren Problem, und so wenig es letzte Objekte gibt, wird man hier erwarten dürfen, daß die Beschreibung eines endlichen Subjekts ein letztes Wort ist. Auf diesem Wege habe ich, nicht immer auf derselben Seite des Bachs, aber unterwegs zur selben Quelle, nur *Georg Picht* zum Begleiter gehabt.

Warum dieser Monismus? Ich meine hier mit den Denkmitteln eines älteren Mannes das zu sagen, was ich als Kind geglaubt habe. Ich sehe aber auch keine andere spekulative Möglichkeit. Pluralismus ist niemals wahr, er ist höchstens aufrichtig, als Resignation gegenüber der Aufgabe, die stillschweigend vorausgesetzten Zusammenhänge zu denken. Zwei oder mehr letzte Prinzipien aber sind nicht letzte Prinzipien, denn ihr gemeinsames Prinzip ist, »letzte Prinzipien« zu sein. Ein einziges Prinzip hingegen scheint die Grunderfahrung unseres Daseins zu verleugnen, unser Geworfensein in die Endlichkeit; Leiden, Schuld, Sinnlosigkeit. Philosophie darf auch bei solchen Paradoxen nicht stehenbleiben. Sie muß fragen, wie es zu Fragen kommen kann, die zu solchen Antworten führen. Eines ist schon auf dieser Stufe zu sehen: Zeit ist ein unendliches Prinzip der Endlichkeit. Sie ist jeweils andere Gegenwart, bestehend in diesen Fakten und keinen anderen, diesen Möglichkeiten und keinen anderen, und Möglichkeit heißt, daß dies oder jenes zur Wahl steht und nicht beides zugleich.

Mit der Frage nach der Einheit haben wir platonischen Boden betreten. *Platon* ist – wenn es nicht zu anmaßend ist, so etwas zu sagen – der einzige Philosoph, bei dem ich mich in der Heimat gefühlt habe. Dieselbe Heimat habe ich seit der Schulzeit bei *Goethe* empfunden, zumal in seiner späteren Lyrik. Aber *Platon* denkt, was *Goethe* sagt und verschweigt, und er überblickt mehr als *Goethe*. Politik und Ethik, Kunst und Leidenschaft, mathematische Naturwissenschaft, Logik, Ontologie und Mystik dürfen sich auf ihn berufen. Ich habe mir seine Philosophie, dem Höhlengleichnis folgend, in einem Schema von Aufstieg und Abstieg zu vergegenwärtigen gesucht. Der Aufstieg ist die Hinleitung. Er ist das, was man allgemein von *Platon* weiß, die Unterschiedung der Idee vom Sinnending. Als ich über *Platon* zu dozieren begann, suchte ich zunächst den Aufstieg dem modernen Bewußtsein von neuem zu ermöglichen, so in dem Gedanken, daß die Graugans des Zoologen, präzisiert durch ihre Angepaßtheit an ihre ökologische Nische, eben die Idee der Graugans ist. Es folgt, daß Ideen das einzige sind, was man erkennen kann. Ich wandelte die Adäquationstheoreie der Wahrheit pragmatisch ab, indem ich adäquatio als Angepaßtheit übersetzte, nämlich des Handelns an die Umstände. So konnte ich Verhaltensforschung und Kuhnsche Wissenschaftstheorie zusammendenken, und die Struktur der Wirklichkeit, die die ökologische Nische des Begriffs ist, erwies sich als die Idee. Der Aufstieg zu den höheren Ideen läßt das sehen, was die Pragmatik ermöglicht und führt zu den Merkmalen der Idee als Idee: Sein und Wahrheit, die dem Einen entspringen, das das Gute ist. Die eigentliche Philosophie ist der Abstieg, der zurückführt bis zu den Schatten an der Wand, *Machs* Empfindungen, die nun verstanden werden durch das, dessen Schatten sie sind. Auch die Sinnendinge sind Ideen. Dies ist ein modernistisches Spiegelbild *Platons*, und ich könnte wohl, wenn ich noch einmal sechs Jahre darauf zu wenden hätte, ein zeitgetreues und viel großartigeres Bild seiner Philosophie ausführen. Das zu tun ist aber vermutlich nicht das Los, das ich mit dieser Inkarnation gezogen habe.

Das Eine ist, wie der *Parmenides-Dialog* lehrt, nicht widerspruchsfrei sagbar. Das Eine duldet kein Sein und kein Sagen als Zweites neben sich, und das seiende Eine ist als solches Zweiheit und damit alsbald unendlichfältig; das ist eben der Abstieg. Es ist das Wunderbare an dieser Philosophie, daß sie die Grenze der Rationalität nicht um einen Schritt zu früh zieht, sondern sie aus einer rationalen Analyse der Bedingungen der Möglichkeiten von Rationalität entwickelt. Das Eine ist zugleich das Gute. Das Gute ist das Prinzip der Bewegung. Jede Idee ist gut; sie ist das Maß, an dem alle Dinge, die an ihr teilhaben, gemessen werden. So ist die Idee das Prinzip des Sollens, des Verlangens der erleuchteten Liebe, und eben damit der Bewegung. Sollen und Sein sind in dieser Philosophie nicht Gegensätze. Das Schlechte ist Mangel an Sein. Sind auch diese Gedanken für uns vollziehbar, oder sind sie ein Schmuckstück an der Wand?

Im Bericht über die Politik habe ich die Frage ausgespart, wie ich mich zur christlichen Kirche verhielt. Als Sechzehnjähriger war ich innerlich nicht mehr an sie gebunden, aber ich kam früh zu der Meinung, es diene zu nichts, den Ort zu verlassen, an den gestellt man sich vorgefunden hat; ich bin stets, und nicht unwillig, Mitglied der lutherischen Kirche geblieben. Aber soviel mich das Neue Testament anging, so wenig ging mich, so schien mir zu mei-

Selbstdarstellung 439

ner Enttäuschung immer wieder, die Kirche an. An den Stellen, an denen ich suchte, in der Ehtik und in der Mystik, forderte sie mich nicht; sie mutete mir weder die Bergpredigt, noch das Johannes-Evangelium zu. An der Universität hörte ich bei *Joachim Wach* eine Vorlesung über asiatische Religionen. Ich las die chinesischen Klassiker in *Wilhelms* Übersetzung, zumal die juwelengleichen kurzen Texte *Dschuang Dsis*, und die Reden *Buddhas* in *K. E. Neumanns* Übersetzung, die man so langsam lesen muß, daß der Atem dieser Lehre folgt, »deren Anfang begütigt, deren Mitte begütigt, deren Ende begütigt«. Ich habe mich seitdem, bei wacher Bewußtheit der tiefen kulturellen Differenzen, im spirituellen Asien selbstverständlicher zu Hause gefühlt als in Europa. Ich wußte: dort gibt es Menschen, die sehen und sind.

Der entscheidende religiöse Einfluß eines lebenden Menschen kam lange Zeit von *Alastair*, einem hochbegabten Künstler, einem Liebenden und Mystiker, erbarmungslosen Seelenprüfer, und einem Menschen, der stets hilfsbedürftig war. Heute, sechzig Jahre nach seinem kurzen Glanz, erscheinen seine Zeichnungen wieder auf dem Kunstmarkt; wie er Klavier spielt, gesungen, getanzt hat, ist der Nachwelt verloren; die zahllosen Übersetzungen, mit denen er sich jahrzehntelang unter Blumen und Seide in Pensionszimmern über Wasser zu halten suchte, sind verstreut wie seine Verse. Ich habe die Aufgabe, die diese Beziehung zu dem um zwei Jahrzehnte Älteren mir stellte, nicht gemeistert, und habe in ihr schmerzlich gelernt, was ich kaum anders hätte lernen können. Wie viele, die ihm nahekamen, konnte ich das zu Lernende in seiner Gegenwart weder in Gedanken noch in Taten umsetzen, und so zitiere ich hier Einflüsse, die von geringerer Bedeutung, aber umsetzbarer waren als der seine.

1938 war ich einmal Gast einer Freizeit der evangelischen Michaelsbruderschaft in Marburg. Ich sah, daß ich dieser Gemeinschaft nicht angehören konnte, aber ich verdanke der Woche das Mitleben in einem liturgisch geordneten Tageslauf. Liturgie und Regelmäßigkeit teilen den tiefen, vom willentlichen Verstand nicht erreichten Schichten etwas mit, was jedenfalls für mich ist wie lebensnotwendige Nahrung. Auf permanente liturgische Gemeinschaft habe ich bisher verzichtet, da ich sie nie mit der mir notwendigen Modernität des Bewußtseins verbunden gefunden habe, aber ich übernahm die Gewohnheit einer allmorgendlichen Meditation. Eine Meditationsschule habe ich nicht durchgemacht, weil mir nie ein Lehrer begegnet ist, der meinem Intellekt – und vielleicht meinem Unabhängigkeitsdrang – genug getan hätte. Das ist regelwidrig, gefährlich und niemandem zur Nachahmung vorgeschlagen. Ich habe nicht versucht, meditativ ins Extrem zu gehen, sondern habe kommen lassen, was sich meldete. Ohne diese stete Rückkehr zur Stille aber könnte ich nicht leben. Die Meinung mancher Menschen, Meditation sei Selbstbespiegelung und stehe im Gegensatz zum Einsatz für den Mitmenschen, ist ein kaum begreiflicher Irrtum. Freilich gibt es, sehr selten, auch eine kontemplative Lebensweise, die dem Mitmenschen ohne Handeln, selbst ohne sichtbaren Kontakt, mehr Gutes tut als durch Aktivitäten; die Entstellungen dieser seltenen Gabe und die vielen Gefahren der Öffnung unbewußter Quellen mögen jenen Irrtum hervorgebracht haben.

Erst nach dem Krieg normalisierte sich mein Verhältnis zur Kirche, als ich den Alltag würdigen lernte. Den entscheidenden Schritt verdanke ich amerikanischen Christen, die alsbald zur Hilfe in unserem Land waren. Die wissenschaftlichen Kollegen, die alten Freunde (mit Ausnahme *Tellers*) forschten zunächst, ob unser Verhalten unter den Nazis uns neuer Partnerschaft würdig machte; und wer durfte ihnen das verübeln? Die Christen aber wußten: »wir sind allzumal Sünder« und waren da, ohne zu forschen. Liebe erzeugt Liebe, gerade weil sie unverdient ist. Die Beziehung zur Theologie aber verdanke ich fast ausschließlich einem Manne, der kein akademisch ausgebildeter Theologe war: dem Mathematiker *Günther Howe*, den ich 1938 in Marburg kennengelernt hatte. Er sprach mich auf Beziehungen zwischen *Bohrs* und *Barths* Denken an und organisierte nach dem Krieg ein Jahrzehnt lang Physiker-Theologen-Gespräche. Hier lernte ich die Sprache des Fachs verstehen. *Howe* erwartete mehr von der Kirche als ich und litt darum mehr an ihr; an seinem Leiden habe ich gelernt, worum es ging. Nun eröffnete mir die Wissenschaft vom Alten Testament – die glaubwürdigste Form gelehrter theologischer Arbeit, die ich kennengelernt habe – ein Jahrtausend konkretester Geschichte, die uns, zumal in der Bußpredigt der Propheten, noch immer direkt angeht. Sie half mir damit den geschichtlichen Ort des Christentums begreifen. Dies brauchte ich, als ich mit *Howe* in zwei kirchlichen Kommissionen über Ethik und Politik der Atomwaffen saß, erst einer ökumenischen, dann einer deutschen. Ich lernte die kirchlichen Urteile und Verhaltensweisen von der Situation ihrer Träger her verstehen. Ich lernte, vernünftigen politischen Gebrauch von dem gegenüber den Verfilzungen und Konflikten der Interessen distanzierten guten Willen der Kirche zu machen. Und es fiel mir nun leichter, die in mir stets lebendigen Zitate aus den Reden *Jesu* so in ein Gespräch einfließen zu lassen, daß sie zur konkreten Situation paßten.

Nun konnte ich auch die Bergpredigt ein Stück weiter auslegen, d. h. mit meinem modernen Bewußtsein verbinden. Es gibt wenigstens drei Wirklichkeitsschichten in ihr. Die äußerste ist die universalistische Ethik der goldenen Regel. Diese ist wohl nie präziser durchdacht worden als in der praktischen Philosophie *Kants*. Sie gebietet nicht dieses oder jenes Gebot, sondern die Form der Allgemeinheit der Gebote. Verhalte dich zu deinem Mitmenschen so, wie vernünftige Wesen sich zu ihresgleichen verhalten können. Die Bergpredigt wird überall verstanden, denn sie appelliert an das, was den Menschen zum Menschen macht. Die zweite Schicht ist die Enthüllung der Gesinnung als Ort der ethischen Entscheidung. Nicht daß ich meinen Bruder nicht faktisch ermorde, ist Erfüllung des Gebots, sondern daß ich ihn liebe. Dieses »Ich aber sage euch« enthüllt unsere Wirklichkeit und ihren Gegensatz selbst zu den von uns bewußt akzeptierten Geboten. Aus dieser unerträglichen Spannung sind wir Menschen immer wieder ausgewichen. Die typische Gefahr der Kirche ist der Eifer der guten Werke, auch des guten Werks, daß man den rechten Glauben habe; den Fluchtcharakter dieses Eifers hat *Luther* erkannt. Die Werke decken auch das Ausweichen aus der Wörtlichkeit, aus der Strenge der universalistischen Gebote. Die naturwissenschaftliche Betrachtung des Menschen schließlich neigt dazu, seiner kausal begreiflichen psychischen Wirklichkeit gegen das Gebot recht zu geben. Aber das Gebot ist Bedingung der Existenz menschlicher Gesellschaft; es ist die Wahrheit, deren Leib der Friede ist. Die Geschichte ist eine Kette verschuldeten Leidens, weil das Gebot nicht befolgt wird. Und die Erfahrung, die in der Kirchensprache Buße heißt, könnte uns ebenso wie die Erfahrung der Psychoanalyse belehren, daß Heilung gerade dann nicht möglich ist, wenn wir unsere psychischen Zwänge als unser Wesen gelten lassen, sondern wenn wir uns von ihnen als Zwängen unterscheiden und die Schuld als unsere eigene anerkennen. Daß Heilung möglich ist – damit kommen wir in die dritte und eigentliche Schicht, die darum mit Grund in der Reaktion als Prolog vorangestellt ist: den Indikativ der Seligpreisungen. Ohne den Imperativ des Verhaltens ist keine Gesellschaft möglich, ohne den Imperativ der Gesinnung keine Reifung der Person. Aber die Welt der Imperative ist gnadenlos, sie treibt den Sensiblen zur Verzweiflung. Der Imperativ ist nur erlaubt, weil es die Wirklichkeit gibt: Selig sind die Friedensmacher, denn sie werden Gottes Söhne heißen, selig sind die nach dem Geist Verlangenden, denn ihrer ist das Reich der Himmel.

Dies lernte ich sagen und ein Stück weit denken. Aber bis zu meinem vierzigsten Jahr war »das moralische Gesetz über mir«. Ich wußte, was von mir verlangt war, und tat es nicht. Ich wußte, daß die Menschheit in die Katastrophe treibt, und daß ihr nur helfen kann, wer diesen Weg geht. Mit Depressionen quittierte ich, daß ich zur »Stütze der Gesellschaft« wurde. Eine persönliche Krise, in der ich an Menschen schuldig wurde, befreite mich. Mit einem Schlag sah ich den persönlichen Ehrgeiz im Selbstanspruch der Vollkommenheit, im Postulat, der Welt zu helfen. Ich erfuhr, daß es eine innere Stimme gibt, die eindeutig und unmittelbar verständlich lehrt, wenn wir sie unter völligem Verzicht auf Eigenwillen fragen; sie fordert, wo es am meisten wehtut, und sie tröstet, wo wir es nicht erhofft hätten. Ich schränkte mich auf den engsten Kreis der Pflichten ein, opferte den Ehrgeiz der Erkenntnis und der Politik. Und dann kam der erste Durchbruch zur philosophischen Physik und zur politischen Wirkung.

Diesen Bericht über Kirche und Christentum habe ich so nahe an das Ende des Aufsatzes gerückt, weil er Erfahrungen zur Antwort auf die vorher entwickelten Fragen enthält. Die letzte Frage war gewesen, ob *Platons* Philosophie des Guten uns noch etwas bedeuten kann. Den Indikativ der Seligpreisungen kann man auch so interpretieren, daß Sein und Sollen zusammenfallen und das Schlechte ein Mangel an Sein ist. So hat die kirchliche Tradition den Platonismus aufgenommen und hat damit vermutlich tiefer gesehen als die moderne protestantische Theologie. Aber der Blick auf *Platon* entstammte seinerseits der Frage nach einer Lehre vom Subjekt in der geschichtlichen Natur, die zugleich versteht, daß die Natur, die wir kennen, Natur für Subjekte ist. Die empirische Seite dieser Wissenschaft würde man Anthropologie nennen. Eine Anthropologie nun, die die Erfahrungen nicht kennt, von denen ich soeben zu berichten versucht habe, ist wohl eigentlich gar nicht Wissenschaft. Sie kann nur eine Registratur der oberflächlicheren Bewußtseinsinhalte unseres Zeitalters sein, durch zwangsläufig falsche kausale Theorien verbunden. Darum ist in der Neuzeit die anthropologische Relevanz der Kunst, zumal wenn sie nicht »engagiert«, d. h. von gut gemeinten Bewußtseinsinhalten überschwemmt ist, so viel größer als die der Wissenschaft.

Der Bericht über Erfahrungen muß darum noch einen Schritt weitergeführt werden. Vor nun zwanzig Jahren sagte mir ein Besucher in Göttingen, um der hochnotwendigen Verbindung zwischen östlicher Weisheit und westlicher Wissenschaft willen solle ich den Kontakt mit bestimmten indischen Weisen suchen. Ich antwortete spontan, dies sei in mir nicht reif, und kein Willensakt sei hier von Nutzen. Ich sei überzeugt, daß die Inder Wahrheit lehren, und wenn ihre Lehre wahr sei, so sei auch wahr, daß das tiefere Selbst die Bewegung macht, wenn sie an der Zeit ist. Sie würden mir zur rechten Zeit begegnen. In dieser Haltung blieb ich lange. Der in China zum buddhistischen Mönche geweihte Deutsche *Martin Steinke-Tao Chün* brachte mir leibhaft die sprühende Weisheit des *Zen* und wurde mir ein älterer Freund. Der *Königin Friederike* von Griechenland verdanke ich die Begegnung mit Prof. *Mahadevan* aus Madras, der mir die Advaita-Lehre des Vedanta erklärte. Ich sah sofort ihre Nähe, wenn nicht Identität mit *Platons* Lehre vom Einen. Diese Welt der Dinge, der Vielheit, ist nur für die endlichen Subjekte, und diese selbst als Teile der Welt der Vielheit sind nur für einander und für sich selbst; in einer Wahrheit, die allein die meditative Erleuchtung erfährt, ist nur ein Selbst. Das bist du, o Svetaketu – oder wie Herr *Hilmer* in Kopenhagen mich anredete. Am Beginn des Todesjahres 1968 besuchte mich in Hamburg Pandit *Gopi Krishna* aus Kaschmir. Im Blitz einer Sekunde sah ich: hier kann ich hören. Ich will jetzt nicht wiederholen, was ich ein paar Jahre danach in der Einleitung zu seinem Buch »Biologische Basis religiöser Erfahrung« aufgeschrieben habe. Er ist im Yoga und erst recht im westlichen Denken ein Autodidakt, aber eben ein Augenzeuge. Seine Kundalini-Erfahrung betrifft gerade auch den physischen Bereich, und es ist sein Schmerz, daß die westliche Medizin davon noch nicht wirklich Notiz nimmt. Ich vermute, damit unsere Wissenschaft das hier Erfahrene denken kann, ist der Weg über die Physik nötig.

Im Jahre 1969 übernahm ich ein Amt im Deutschen Entwicklungsdienst und benützte die Gelegenheit zu einer mehrwöchigen Inspektionsreise durch Indien. Von Elend und Entwicklungsarbeit wäre viel zu berichten, auch davon, wieviel mehr Fähigkeit zum Glück diese Armen haben als wir Reiche.

Eigentlich war ich um der einen Erfahrung willen da. Ich sah *Gopi Krishna* wieder, war vierundzwanzig Stunden im Ashram der vielverehrten Heiligen *Anandamayi Ma* in Vrindaban und einen Tag zwischen zwei Nächten im *Aurobindo* Ashram in Pondicherry. *Mahadevan* brachte mich, mit freundlicher Unterstützung des deutschen Generalkonsuls Dr. *Pfauter*, nach Kanchipuram zum Oberhaupt der zweitgrößten Hindu-Gemeinschaft, der Shaivas (Shiva-Verehrer). Wie wird ein indischer Kirchenfürst aussehen? In einer Vorstadtstraße saß in einer lockeren Bambushütte ein weißhaariges Männlein auf dem Boden und sah uns mit unvergeßlichem Blick ein paar Minuten schweigend an; das war die Audienz. Die völlige kulturelle Fremdheit und die fraglose menschliche Nähe waren mir selten so deutlich wie in diesem Augenblick.

Mahadevans Meister war *Sri Ramana Maharshi* gewesen. Dieser hatte als 16jähriger, Brahmanensohn und Schüler einer amerikanischen Missionsschule, ein Todeserlebnis gehabt. Ihm wurde klar: »Was da stirbt, bin nicht ich.« Wenige Monate danach entwich er in die alte Tempelstadt Tiruvannamalai, entledigte sich allen Besitzes und verharrte, nur von erst mitleidigen, dann verehrenden Passanten genährt, Jahre lang in völligem Schweigen, allein mit dem einen Selbst, dessen Gegenwart er war. Später kehrte er zur äußeren Ordnung, zum Essen, zum Reden zurück und um ihn entstand am Fuß deines heiligen Berges ein Ashram. Die in ihm gegenwärtige Seligkeit vermittelte er schweigend, lächelnd, fragend. Diejenigen, die ihm fragten, weil sie in ihm die Gegenwart Gottes sahen, lehrte er fragen: »Wer ist es denn der fragt: wer bin ich?«, um sie dahin zu führen, daß sie sich als dieselbe Gegenwart erkennten. 1950, zwanzig Jahre vor meinem Besuch, war er gestorben. All dies wußte ich, als ich mit *Mahadevan* nach Tiruvannamalai fuhr.

Der Leser möge entschuldigen, daß ich das, was nicht zu schildern ist, nicht eigentlich schildere, und doch davon spreche; denn andernfalls hätte ich diesen Lebensbericht nicht beginnen dürfen. Als ich die Schuhe ausgezogen hatte und im Ashram vor das Grab des *Maharshi* trat, wußte ich im Blitz: »Ja, das ist es.« Eigentlich waren schon alle Fragen beantwortet. Wir erhielten im freundlichen Kreis auf grünen großen Blättern ein wohlschmeckendes Mittagessen. Danach saß ich neben dem Grab auf dem Steinboden. Das Wissen war da, und in einer halben Stunde war alles geschehen. Ich nahm die Umwelt noch wahr, den harten Sitz, die surrenden Moskitos, das Licht auf den Steinen. Aber im Flug waren die Schichten, die Zwiebelschalen durchstoßen, die durch Worte nur anzudeuten sind: »Du« – »Ich« – »Ja«. Tränen der Seligkeit. Seligkeit ohne Tränen.

Ganz behutsam ließ die Erfahrung mich zur Erde zurück. Ich wußte nun, welche Liebe der Sinn der irdischen Liebe ist. Ich wußte alle Gefahren, alle Schrecken, aber in dieser Erfahrung waren sie keine Schrecken. Sollte ich nun immer hier bleiben? Ich sah mich wie eine Metallkugel, die auf eine blanke Metallfläche fällt und, nach der Berührung eines Augenblicks, zurückspringt, woher sie kam. Ich war jetzt ein völlig anderer geworden: der, der ich immer gewesen war. Ein junger deutscher Angehöriger des Ashram führte mich in einen Raum, in dem drei ältere Inder waren. Wir begrüßten uns mit einem Blick und saßen schweigend eine Stunde beisammen. Mein deutscher Freund kochte mir in seiner Stube eine Tasse Kaffee. *Mahadevan* kam, wir gingen durch den großen Tempelbezirk in der Stadt. Ich schlief im sehr einfachen Gästehaus des Ashram und mein Freund begleitete mich am Morgen bei einem Gang zu einer Höhle im Berg unter großen Bäumen, wo der *Maharshi* Jahre gewohnt und manchmal die Kriege der Affenkönige oben im Laub geschlichtet hatte. Dann reisten wir weiter. Mit unendlicher Sanftheit verließ mich langsam die Erfahrung in den kommenden Tagen und Wochen. Ihre Substanz ist immer bei mir. Ohne sie hätte ich die Erstickungserlebnisse jener Jahre vielleicht nicht bestanden.

Der Bericht kommt hier an ein Ende. Offensichtlich nicht, weil die Fragen der Theorie beantwortet wären, wenn auch der Leser wahrnehmen wird, daß ihre Formulierung schon auf die zuletzt geschilderten Erfahrungen zielte. Der Bericht kommt ans Ende, weil er ein Zwischenbericht von einer Wegstation ist. Wohin schnellt die wieder aufsteigende Kugel? Vielleicht darf ich sagen, was ich in der Theorie gerne noch arbeiten würde.

Eine Darstellung meiner Überlegungen zur Physik habe ich versprochen, und ich hoffe sie mit Mitarbeitern noch zu geben. Dabei hoffe ich noch bis zur konkreten Elementarteilchenphysik durchzubrechen. Wenn ich mich nicht im ganzen Ansatz täusche, ist dies die Linie, auf welcher Logik, Erkenntnistheorie und Ontologie konvergieren und eben darum die Basis einer Begegnung mit der überlieferten religiösen Metaphysik. Die Meinung, ein Philosoph entwerfe ein philosophisches System, ein anderer ein anderes, stellt ein vergangenes Plateau der Philosophiehistorie dar, vielleicht eher eine schiefe Ebene. Es gibt nur eine Philosophie, diese ist von der konkreten Wissenschaft nicht ablösbar, und viele Leute arbeiten an ihr in der Geschichte. Wie weit der eigene Beitrag reicht, ist schwer vorherzusehen.

Zunächst von ganz anderer Seite kommt die pragmatische Forderung, womöglich zu sagen, welchen Weg die Politik der kommenden Jahre in unserem Land und der Welt einschlagen sollte. Hier ist die Schwierigkeit, daß eine tiefdringende Einsicht gegenüber allen bestehenden Praktiken und Programmen kritisch sein muß. Es ist eine mögliche Rolle, nur diese Kritik zu sagen und vorzuleben, eine schwere Rolle, wenn man sie ernst meint. Ich habe statt dessen versucht, in Kenntnis der Kritik praktikable Politiken vorzuschlagen, und sollte aus dem, was mich das Institut gelehrt hat und noch lehren wird, künftig noch Konkreteres und Umfassenderes sagen als bisher. Ich habe aber starkes Verlangen danach, auch eine eigentlich kritische und darum eigentlich aufbauende Theorie noch wenigstens zu umreißen.

Diese kritische Theorie braucht als Fundament den Entwurf einer geschichtlichen Anthropologie. Damit nähert sie sich von der pragmatischen Seite her demselben Feld, zu dem die theoretische Arbeit strebt. Ich werde nicht mehr leisten können, als dieses Feld zu bezeichnen, und denen, die es, ohne Scheuklappen gegen naturwissenschaftliche Biologie, linke Gesellschaftstheorie und religiöse Erfahrung beackern wollen, dazu Mut zu machen. Einige *Kant*-Interpretationen können hier einfließen, und es wäre schön, noch eine *Platon*-Vorlesung zu halten.

All dies ist in der Konsequenz der Theorie, und es sollte getan werden. Wir verstecken uns, wenn wir das Denkbare nicht denken. Aber wir werden alle noch durch andere Tore gehen. Vermutlich ist auch die Theorie nur eines der großen geschichtlichen Plateaus. Man kann nicht denken, was man nicht tut. Das äußere Tun steht unter der Ungewißheit der politischen Zukunft. Das innere ist Empfänglichwerden für neue Wahrnehmung. Tun ist hier Geschehenlassen.

Sachregister

A priori 143 f, 221, 273 f, 291, 318, 321
Abhängigkeit, politische 35 f
Abrüstung 428
Abschreckungsstrategie 25
das Absolute 267 ff, 296–300
Absolutismus 47 ff, 50, 54 f, 58, 184, 187
Abstammungslehre 112, 431
Abstieg 127, 234, 249 ff, 438
Adjektiv 231
Ämterwechsel 42
Affekt 27, 100 f, 119, 227, 233, 360 f,
  370 ff
  (s. a. Vernunft der Affekte)
Aggression 27, 39, 60 174, 207, 336
Akkumulation 29, 38, 42, 68, 320
Allgemeinheit 148, 152, 163, 233 f, 289 ff
Alter 114, 307
Altersstil 117 f, 312, 318, 350
Alternative 230 f
Altes Testament 330–336, 342
Ambivalenz 45–62, 47, 58, 173 f, 179
  des Fortschritts 36, 45–65, 68, 85, 125,
    184, 201, 266, 270, 279
  der Moral 65
  politischer Ideale 47 ff
  von Herrschaft 41
Amerika (USA) 34, 55 f, 105, 188
Analytisches Urteil 221
Anfang 222, 298 f
Angeborene Verhaltensweisen 143 f, 195
Angst 27, 29, 60, 90–98
Anpassung 146 f, 149–152, 299, 329, 326
Anthropologie 13 f, 28, 189 f, 199, 442
  biologische 192–200
  geschichtliche 11–15, 444
Anthropomorphismus 114
Apparat 150

Arbeitslosigkeit 84
Arbeitsmarkt 36
Artenkonstanz s. Erhaltung der Arten
Atomwaffen s. Kernwaffen
Attrappe 233
Aufklärung 12, 87, 182 ff, 295, 351,
  357 ff, 360, 362, 384
Aufstieg 137, 141, 234, 248, 438
Ausdehnung 130
  (s. a. Res extensa)
Außenpolitik 24–27, 31 f
Auswahlprinzip in der Geschichte 275
Autarkie 54
Autorität 177
  Christi 359
  der griechischen Philosophie 359
  der Heiligen Schrift 356, 358
  des Papstes 356, 358

Basisdemokratie 429
Begriff 71, 115, 150, 163 f, 197 f, 220 f,
  280 ff, 286 f
  wahrer 135 f
Behinderte 17, 78–84
Bekehrung 336
Bekennende Kirche 346
Beobachtung 127, 131 ff, 239, 286 ff, 301,
  303, 329
Bergpredigt 97, 330–336, 342, 347, 373,
  406 f, 440
Besitz 169 f, 370
  der Wahrheit 50, 57, 394, 426
  des Schönen 106
Bestätigung 230
Bettelmönche 169, 342, 367
Bevölkerungswachstum 37
Bewegung 127, 153–166, 252, 280–285

Sachregister

Bewußtsein 34, 44, 81, 268 f, 286 f
  autonomes 34
  falsches 57
  (s. a. Modernes B.)
Bewußtseinswandel 31 f, 34
Bibel 331 ff
Bildung 34
das Böse 60
Buddhismus 306, 352, 391 ff
Bürgerinitiativen 92
Bürokratie 48 f, 54
Buße 365 f

Chaos 277
Charisma 54
China 35, 37
Christentum 121 f, 128, 189, 210, 242,
  345, 406 f, 424

Darwinismus 51, 111, 247, 432
Definition 349 f
Demokratie 27, 31, 34, 56, 85
Determinismus 230
Dialektik 47, 89, 178, 265–300
  der Aufklärung 360
Dialog 50, 305
Differentialgleichung 319
Distanz s. Wahrheit durch D.
Distanzierung von der Politik 31
Dogmatik 276, 353, 359, 392
  (s. a. Sozialismus, dogmatischer)
Dritte Welt 25, 35, 40
  (s. a. Entwicklungsländer)
Drogen 44, 181
Drohstrategie 32
Dualismus 123, 132, 145 f
  (s. a. Theologischer Dualismus)
Dummheit 352

Ebenen und Krisen 12 f, 62–74, 356–362
  (s. a. Plateaus)
Egalisierung 33 f, 37, 40 ff, 48 ff, 53, 177,
  181 f, 184, 186, 196
Egoismus 27, 40, 60, 103 f
Ehe 174
Eidos 112, 220, 224, 334 f
das Eine 128, 234, 249 f, 323–327, 438
Einfachheit 239
Einheit 53, 61 f, 125 ff, 137, 248, 272

285, 299, 401, 403, 437
  der Fundamentaltheorien 72
  der Menschheit 31, 126, 394
  der Natur 255, 299, 320, 411
  der Physik 284, 313, 435 f
  der Zeit 136, 236 f, 326, 437
  des Subjekts 18, 20, 133 f, 437
  des Prinzips 49 ff
  in Freiheit 53
  politische 48 f, 126
  von Wahrnehmung und Bewe-
    gung 153–166
Einsicht 174–179, 187 ff, 199
Einzelfall 163 f, 233
Ekstase 388
Elementarteilchen 231, 255, 444
Elite 33, 57, 186
  (s. a. Ethik der Herrschenden)
Emanzipation 184, 354, 357, 360
Emotionen 85
Empfindung 101
Empirie 70, 72, 128, 142 f, 163, 220, 233,
  239 f, 254 f, 256 f, 273, 288, 320, 434
Ende der Wissenschaft 318
Ende des Fortschritts 220
Endliches Subjekt s. unter Subjekt
Energie 190, 197
Entbergen 311 f
Entfremdung 60, 182, 270, 277, 293–296
Entmythologisierung 349
Entspannungspolitik 31 f
Entropie 192, 432
Entwicklungsländer 32, 54
  (s. a. Dritte Welt)
Epigone 106
Erdölproduzenten 35, 37
Erfahrung 71 f, 143, 319, 435
  religiöse 29 f, 352 f
Erhaltung der Arten 112 ff
Erkenntnis 12, 100, 130, 133 f, 146, 228,
  360, 434
Erkenntnisförmigkeit 146–150, 223, 228
Erlösung 103, 105 f, 120, 360
Ernüchterung 120
Erscheinung 234, 236
Erstmaligkeit 230
Erziehung 52
Es 201
Eschatologie 295, 424

Eskalation 25
Ethik 76, 335 f, 348, 360
    der Herrschenden 40, 59, 87 f
    der Verzichtenden 87
    und Ästhetik 107
    universalistische 41, 44, 334 f
    (s. a. Moral; Radikale Ethik)
Evangelien 23
Evolution 59, 62, 64, 71, 94, 109 f, 118 f,
    123, 146–149, 192 f, 320
Evolutionstheorie 110, 123, 357
Ewigkeit 110, 297
Exegese 347
Experiment 72, 129

Fakten 137, 236
Faktizität 175
Falschheit 61, 151, 224
Falsifikation 148
Feudalismus 26, 32, 48, 54, 57
Finalismus 114
Forschung 309
    angewandte 76
    (s. a. Grundlagenforschung)
Fortpflanzung 114
Fortschritt 64, 89, 184, 187, 201, 342,
360
(s. a. Ambiavalenz des F.; Technischer F.)
    Fortschrittsglaube 34, 51, 325 f, 359
    Freiheit 34, 38 ff, 49, 53, 135, 176,
        181, 186, 189, 295, 301 ff, 426
    der Haifische 52
    Freiheiten, bürgerliche 36, 38
    Freizeit 33
    Friede 24–32, 96 ff, 199, 335, 389
    als Leib einer Wahrheit 12, 31, 95,
        116, 176, 389, 441
    (s. a. Weltfriede)
Friedenserziehung 27, 29
Friedensfähigkeit 29, 116
Friedensforschung 32
Friedensmacher 372
Friedenspolitik 29 ff, 38
Friedensunfähigkeit 95
Frömmigkeit 101
Fulguration 141
Funktionalisierung von Herrschaft 42
Furcht 27 f, 92 f, 116
Futurologie 45

Garten des Menschlichen 11, 14 f, 65
Gebet 386, 399
Gefahr 29, 94, 311 f, 322
Gefahren dieses Zeitalters 36 f
Gegenstand 231
Gegenwart 237 f
Geisteskrankheit 404
Geisteswissenschaft 342
Gemeinschaft 295, 346
Geodäsie 67, 70, 72
Gerechtigkeit 87 f, 97 ff, 103, 369, 371 f
    (s. a. Soziale G.)
Gesamtinteresse 52, 56
Geschichte 128, 274 ff, 284
    als Kampf der Wahrheiten 28, 95 f
Geschichtliche Anthropologie
    s. unter Anthropologie
Geschichtlicher Wandel 66 f
Geschichtlichkeit 66 f
Geschichtsphilosophie 273 f, 428
Gesellschaft 37, 40, 59 f, 80, 207 f
Gesellschaftliches Handeln 30
Gesellschaftspolitik 30
Gesellschaftsstruktur 24, 26, 33, 37, 59 f,
    94
    (s. a. Systemveränderung)
Gestaltkreis 153
Ge-stell 306, 309 f, 318, 321
Gewalt 30
    strukturelle 294
Gewaltverzicht 30, 427 f
Glaube 97 f, 121, 294, 325, 331, 343, 353,
    362, 441
Gleichgewicht 110
Gleichzeitigkeit 436
Glück 180, 185 f, 334
Gnade 87 f, 353, 407
Götter Griechenlands 349
das Göttliche 351
Gott 50, 60, 88, 111, 135, 237, 239 f,
    256 f, 264, 272, 306, 327, 348, 353,
    357, 365 f
»Gott ist tot« 368 f
Gottesbeweis 128, 316
Gottesgnadentum 49
Grammatik 219
Griechische Philosophie s. Philosophie,
    griechische
Großes Jahr s. Zyklische Zeit

Sachregister 449

Grundgesetze s. Naturgesetze
Grundlagenforschung 73, 76 f
das Gute 102, 109 f, 235, 242 f, 437
Guter Wille 340

Handlung 223, 229, 332
Handlungsschema 152
Harmonie 104
Haß 89, 353
Hegelkritik 272–280
Hegemonie 24 f
  (s. a. Weltmachtpolitik)
das Heilige 120 f
Heiliger Geist 388
Herrschaft 13, 25 f, 34, 40 f, 67, 120,
  169 ff, 211, 351
  (s. a. Funktionalisierung von Herr-
  schaft)
Herrschaftsüberwindung 28, 87 f
Herstellung 315, 318
das Hier 288 ff
Himmelreich 364, 369 ff
Hinduismus 352, 369 ff
Historischer Materialismus 341
Höhlengleichnis 126 f, 142, 436 f
Hoffnungen dieses Zeitalters 27, 33 f, 37,
  39 ff, 57 f, 60
Holzweg 301
Hypothesen 250 f

Ich 44, 60, 103 ff, 107, 114, 119 f, 120,
  124 f, 130, 201, 205 ff, 326, 360 f, 398 ff
Ichlosigkeit 393 f
Idealismus 120, 141 f, 235
Idee 111, 127, 244 f, 436 f
Ideenlehre 138, 246 ff
Identität 107, 360
Ideologie 83, 225, 274 f, 276 f, 322
Ideologiekritik 14, 178
Inder als Adressaten 18
Indeterminismus 302, 419, 431
Indien 431
Industrielle Revolution 126
Inflation 36 f, 40
Information 119, 144–152, 190, 193, 286
Inkarnation 97, 336, 373, 375
Instruktion 145
Integralismus 48
Interesse 27, 166 ff, 279, 324

Interessenrationalität 28, 166
Investitionen 37
Irrationalität s. unter Rationalität
Irreversibilität 137, 228
Irrtum 178, 303 f
Isolierung von Behinderten 78

Japan 34 f, 38, 43, 100
Japaner als Adressaten 16
Jenseits 121, 123 f
Jetzt 286 ff, 299, 436
Judentum 121, 326

Kampf 28 f, 61
  der Gesellschaftssysteme 26 f, 29 f
  ums Dasein 113
  (s. a. Sieger im Kampf ums Dasein)
Kapitalismus 32, 35, 37–40, 42, 46, 91,
  198, 365 ff, 431
Karma 122
Kategorischer Imperativ 30, 41, 87, 135,
  334
Kausalismus 114, 135, 431
Kernenergie 75, 90
Kernphysik 74, 285 f, 416
Kernwaffen 38, 75, 210, 339, 422,
  438
Kirche 48, 95, 343 ff, 366 f, 435 ff
  und Welt 337, 347, 393
Klassengesellschaft 33, 36 f
Klassenlose Gesellschaft 37
Klub von Rom 38
Koexistenz 76
Kolonialismus 34, 65
Kommunikation 96, 428
Kommunismus 392
Komplexitätsverminderung 278
Kompromiß 48, 57
Konformismus 420 f, 423
Konfuzianismus 351
Konkurrenz 24 f, 27, 42, 51
Konservatismus 27, 51 f, 56, 358, 425
Konsum 37
Konsumverzicht, erzwungener 54
Kontemplation 324, 381
Kopula 285 f
Krankheit 170
Kreativität 173
Kreisgang 143, 220

450   Sachregister

Krieg 24, 27, 121
    (s. a. Weltkrieg)
Kriegsdienstverweigerung 331
Kriegsgefahr 31
Kriegsverhütung 24, 95
Krisen 117, 179
    der Wissenschaft 73
Krisenwahrnehmung 64 f, 75
Kritik am Anderen s. Projektion
Kritische Theorie 13, 14, 381
Kultur 34, 38, 41, 56
    fremde 58, 75, 187, 191, 320
    westliche 34, 187
Kulturprotestantismus 346
Kunst 43, 405
Kybernetik 431 f, 433 f

Leib-Seele-Problem 136 ff
Leiden 82, 109, 179, 183, 196
Leistung 83
Liberalismus 26 f, 36, 49–54, 56 f, 184,
    268, 320
    politischer 40
Libido 190
Licht 271
Liebe 89, 260
    Agape 41, 43, 138
    Eros 104, 138, 173, 179, 202
    Sexus 104, 112 ff, 174, 200, 357, 367
    zum Feind 29, 39
    (s. a. Nächstenliebe)
die »Linke« 17, 55, 83 ff, 304, 427
Liturgie 438
Logik 171, 196–216, 280, 283, 295, 298,
    311 ff, 319, 355
    Antilogik 161 f
    zeitlicher Aussagen 129, 220 ff, 300,
        306, 418
    (s. a. Quantenlogik)
Logos 94, 387
Lüge 38, 47, 59 f, 107
Lust 179, 180, 182 ff
Lyrik 20, 24 f, 28 f, 42, 49, 68, 72,
    257–261

Macht 93, 115, 118, 166 ff, 179, 191,
    321, 368 f, 376
    (s. a. Lüge d. Machtkampfes,
    Tragik d. M. ; Weltmacht)

Machtbegrenzung 29, 32
Machtförmigkeit der Wissenschaft 13,
    17, 46, 49, 148, 311, 320
Machtkämpfe 38
Machtsysteme 25 f, 97
Marder im Hühnerhaus 161, 233
Marktwirtschaft 51 f, 93
Marxismus 54, 296
Masse 195, 201
Materialismus 134
Materie 127 f, 143, 145, 229, 436
    und Form 229 ff
Mathematik 66 f, 106, 129, 226, 240, 318
    deduktive 70, 250, 309
    (s. a. Naturwissenschaft, math.)
Mathematische Naturgesetze
Maya 137
Mechanisches Weltbild 253 f
Meditation 13, 15, 21, 23, 43 f, 122, 325,
    388, 394–407, 439
    Gefahren 398
Mensch
    als Objekt 13
    als Subjekt 13
Messung 82, 130, 432
Metaphysik 308, 444
Michaelsbruderschaft 396, 440
Milieutheorie 194
Militär 27 f, 32
Militärdiktatur 32, 54
Minoritäten 23, 58
Mitleid 368
Mittelalter 48
Mitwahrnehmung 100 ff, 115, 137,
    233 ff, 375
Modernes Bewußtsein 39, 43, 372,
    330–336, 338, 342 f, 355, 398
Möglichkeit 99, 109, 129, 135, 172, 230,
    236, 260, 292, 301, 319, 416, 429,
    435 ff
Monismus 134, 142, 437
Moral 57, 68–73, 103, 120
    universalistische 71 f, 77
    (s. a. Ethik ; Politik und M. ; Ambiva-
    lenz der M.)
Mündigkeit 186
Multinationale Firmen 40
Mutationen 114
Mystik 275, 324, 401

Sachregister 451

Nächstenliebe 59, 60 f, 73, 136, 353 f, 386
Nationalsozialismus 311, 350 ff, 398, 438
Naturgesetze 61, 64, 278, 285, 312, 356, 435
Naturphilosophie 273, 280
Naturwissenschaft 13, 16, 21, 60–76, 90, 98, 112–118, 246–261, 278, 296, 306, 324, 380, 435
  mathematische 13, 61
  (s. a. Physik)
Negation 27, 216, 219, 289
Neuplatonismus 233
das Nichts 266
Nominalismus 198, 211 f
Notwendigkeit 64 f, 270, 435
Nützlichkeit 98, 100, 117

Objekt 156, 309, 317, 431
  (s. a. Mensch als Objekt)
Objektivität 356
  des Subjektiven 99
Ökologisches Gleichgewicht 103
Ökumene 362
Ölkrise 35
Offenbarung 46, 280
Offene Gesellschaft 56 f
Offene Zeit 256, 263, 285, 296, 301, 314
Ontologie 96–104, 279, 336–342, 344
Optimismus 379, 402

Papsttum 357, 359, 363
Pathosophie 149
Patrizitat 48
Paulinisches Christentum 173
Pazifismus 334
Persönliche Bindung 157
Personenkult 55
Philosophie 12 ff, 43 f, 61 f, 105, 206, 213, 235, 307, 346
  deutsche 62
  griechische 13, 61 f, 67, 91, 278, 314, 320, 325, 345, 396
  indische 97
Philosophischer Prozeß 249
Physik 27, 114–126, 131, 175, 181, 197, 211, 245, 273, 281, 305, 314, 356, 373, 381, 390, 397 ff, 401, 412 f, 419, 425, 438
Physikalismus 278

Planung 291
Planwirtschaft 51
Plateau 87 f, 317, 434 f
  (s. a. Ebenen und Krisen)
Platonisches Jahr s. Zyklische Zeit
Platonismus 211–226, 317
  (s. a. Neuplatonismus)
»Platonismus« 207
Pluralismus 96, 432
Politik 29, 31, 33 f, 37 f, 40, 98, 256, 412, 438
  und Moral 101, 363, 405
  (s. a. Weltpolitik; Distanzierung
    v. d. P.; Wissenschaft u. P.)
Politische Theorie 59, 247
Politischer Realismus 146–150, 157
Polizeistaat 36, 39
Positivismus 258, 263, 271, 275
Prädikation 126, 201, 227
Privatinteressen 51 ff, 56
Privation 211
Problemlösung 327
Produktion 37
Profitstreben 72
Projektion (Psychologie) 14, 27, 39, 59, 86, 95, 112, 138, 205, 280, 395
Protestantismus 411
Psychisch Kranke in der Politik 358
Psychoanalyse 173, 185, 326
Psychologie 13

Quäker 334, 371, 426 f
Quantenlogik 211, 278, 324
Quantentheorie 18, 67, 72, 114, 117, 136, 145, 211, 217, 223, 231, 237, 276, 319, 329, 433 f, 436
Quaternität 218

Radikale Ethik 376 f, 381
Radikalisierung durch Technik 46
Radikalität 47, 350, 363, 371
Rangordnung 41 f, 147, 205
Rationalismus 308
Rationalität 28, 34, 157, 398
  Irrationalität des Rationalen / Ratio-
  nalität des Irrationalen 36, 42, 75,
  83, 96, 112, 360, 395
  (s. a. Interessenrationalität)

452   Sachregister

Raum 111, 128
  (s. a. Zeit und Raum)
Reafferenz 137, 156–159
Realismus 97, 101
  (s. a. Politischer Realismus)
Realitätsprinzip 135, 181 f
Rechtfertigung durch den Glauben 298 f,
  306
Reduktionismus 127, 158
Reflexion 296, 318, 327, 476
Reifung, menschliche 29 f, 73, 109, 112,
  125, 280, 286, 406
Reinheit 376
Relativitätstheorie 247
Religion 13 ff, 43 f, 50, 60 f, 187, 196,
  258, 275, 289–296, 305, 363 f
Religionskriege 50
Religionskritik 376
Religionslosigkeit 374
Religionsphilosophie 373
Reproduktion, biologische 89
Res cogitans 126, 207, 319
Res extensa 126 f, 206, 319
  (s. a. Ausdehnung)
Restauration 288
Revolution 87, 100, 256, 401, 414, 429
  (s. a. Wissenschaftliche Revolutionen)
Richtigkeit 179
Romantik 156
Rückseite des Spiegels 14, 139–152
Rußland 35, 37, 55 ff

Sachverhalt 193 ff
Säkularisierung 188, 356, 378, 391
Satz 196, 256–263
Scheinen und Sein 111
Schlüssel und Schloß 151, 321
Schluß 236 f, 313
Schmerz 173, 185, 290
das Schöne 43, 83, 95–112, 130, 141
Schöpfung 227, 231, 252, 434
Scholastik 93, 105, 311
Schuld 178, 183, 270, 306
Sehen 357
Sehstrahl 121
Sein 77, 93, 114, 136, 151, 216, 347
Sekten 309, 426
Selbst 44, 97, 218
Selbstbestimmung 54

Selbstbewegung 156
Selbstbewußtsein 247 ff, 254, 287, 360
Selbsterhaltung 96, 99
Selbsterkenntnis 88, 330
Selbsterniedrigung 326
Selbsttäuschung 117
Selbstverwirklichung 185 ff
Selbstzweck 52 f
Selektion 63, 97, 108, 113, 122, 143, 209,
  243
Seligkeit 86 ff, 111, 137, 259
Semantik 284
Sieger im Kampf ums Dasein 197, 493
Sinn 93
Sinnliche Gewißheit 286–291
Sinnlosigkeit 36, 39
Solidarität 53 f, 57 f
Sowjetunion s. Rußland
Sozialdemokratie 53, 57
Soziale Gerechtigkeit 44, 53
Sozialismus 26 f, 32, 35, 38, 52 ff, 184,
  193, 207, 394
  dogmatischer 44
Sprachanalytische Philosophie 286
Sprache 151, 173, 176
Sprechakt 202 f
Staat 48 f, 50, 277
Stabilität, politische 25 f, 277
Stolz 324
Strömung 63
Studentenrebellion 39, 386
Subjekt 97, 113, 128, 157, 201, 346, 405
  empirisches 113 f, 369, 437
  endliches 112, 258, 437
  in der Physik 112–121
  logisches 112, 433
  (s. a. Mensch als Subjekt)
Subjektivität 76, 92, 101, 427
  (s. a. Objektivität des Subjektiven)
Sünde 171, 185, 317, 339
Syllogismus, politischer 46
Syllogistik 263
Symbol 28, 32, 81, 150, 409
Symbolische Bewegung 153 ff
Symmetrie 142, 190 f, 250
Synthetisches Urteil 190
System 11, 14
  abgeschlossenes 82
  bei Hegel 270, 276, 288, 295

Sachregister 453

Systemtheorie 64, 340
Systemveränderung 26, 54, 85, 88 f, 409, 436

Technik 39, 87, 290, 294
Technischer Fortschritt 16, 45, 65, 78, 410
Technokratie 26 f, 42, 300
Telegraph 150
Telepathie 123
Terror 54
Theologie 114, 305, 312, 326, 330–342, 450
Theologischer Dualismus 88
Theorie 44, 46, 250, 284, 320, 356
    abgeschlossene 46, 110, 421
    und Praxis 17, 340 ff
Thermodynamik s. Zweiter Hauptsatz der Thermodynamik
Titanismus bei Hegel 250
Tod 67, 90, 98, 103–124
    Wissen vom eigenen 110
Todesangst 101
Todessehnsucht 101
Todestrieb 180, 186
Toleranz 50 f, 57 f
Tradition 340
Tragik der Macht 30, 42
Transzendenz 210
Transzendentales Subjekt s. Subjekt, logisches
Transzendentalien 230, 251
Traum 85
Trauma 342
Trieb 173, 191, 196, 202, 212 ff, 224
Trinität 115

Über-Ich 200, 212 f
Überprüfbarkeit 65
Umwelt des Tieres 166
Umweltproblematik 36, 38, 40, 45, 62, 71
Unbewußtes 180
Ungleichheit 183 f
Unmündigkeit 135
Unregierbarkeit 36 f
Unsterblichkeit 75, 83
Unterernährung 35 ff
Unverborgenheit 220, 251, 320, 324

Ur-Alternativen 224, 430
Urgestalten 210 f
Urteil 85, 120, 205, 250, 283, 310, 334
    kategorisches 191
    (s. a. Synthetisches U.; Analytisches U.)

Vedanta 125
Verb 208
Verdrängung 31, 86 ff, 96, 102, 124, 137, 169, 301
Verfolgung 405
Vergänglichkeit 83, 85, 258, 290
Vergangenheit 210
Verhaltensforschung 105, 157, 320
Verhaltensmodelle 27, 110, 205
Vernunft 26, 29, 40, 42 ff, 64, 82, 104, 120, 186, 208, 230, 246 f, 288, 310
    der Affekte 74, 120–134, 160
Verstand 173 f, 196, 223, 360
    (s. a. Willens- und Verstandeskultur)
Verteilung 52
Verzweiflung 81
Vielheit 120, 122, 136, 245
Vision 424
Vollkommenheit 323
Vorstellung 96, 148, 176, 195, 207, 313

Wachstum s. Wirtschaftswachstum
Wachstumsgesetz 25 f, 296
Wahrhaftigkeit 52, 84, 360
Wahrheit 28 ff, 40, 50 f, 61, 80 f, 95, 101, 122, 128, 156, 212, 232, 246, 258, 263, 265, 271, 274, 283, 291, 306, 314, 320 f, 336, 340, 344
    der Naturwissenschaft 56–61, 301, 312 f
    des Herrschenden 50
    durch Distanz 8, 14
    (s. a. Besitz der W.; Friede als Leib einer W.; Geschichte als Kampf der Wahrheiten)
Wahrheitsneutralität 51
Wahrheitssuche 27
Wahrnehmen und Handeln 86
Wahrnehmung 28, 74, 102, 145, 153, 161, 164, 185, 191, 285, 300
    affektive 98
    (s. a. Mitwahrnehmung)

454 Sachregister

Wahrscheinlichkeit 77 f, 97, 111, 118,
    256, 264 f
Wege in der Gefahr 274
Weltbild 261
Weltfriede 28, 31, 86, 150
Welthandel 34
Weltinnenpolitik 19
Weltkrieg
    Erster 172
    Zweiter 172
    Dritter 25, 31, 36, 38, 120
Weltlichkeit 350
Weltmacht 55 f
Weltstaat 26, 38
Weltveränderung 323, 325, 405
(s. a. Systemveränderung)
Weltzerstörung 332, 415
Werte 39, 87, 146–149, 180
    Umwertung 101
Wertneutralität 46
Wettrüsten 26, 36, 38
Widerspruch 258–263, 265 f
Wiederverkörperung 103
Wiener Kreis 420
Wille 215
Willens- u. Verstandeskultur 24, 42 f, 78
Wirklichkeit 28, 90, 98, 103, 112, 341,
    372, 401
Wirtschaft 35, 51
Wirtschaftswachstum 37 ff, 52 f, 82
    Begrenzung 40
Wissen 267 ff
Wissender 110, 122, 124, 338, 406
Wissenschaft 12, 43, 61, 240 f, 265, 380,
    405

und Politik 77–81
(s. a. Anfang der W. ; Ende der W. ;
    Machtförmigkeit der W. ; Naturwis-
    senschaft)
Wissenschaftliche Revolutionen 12, 31,
    96 f, 120, 349, 420
Wissenschaftlichkeit 296
Wissenschaftsförderung 78
Wohlstand 80
Wunder 310, 415

Zahl 220
Zecke 130
Zeit 91, 102, 136, 141, 153, 160, 175,
    186, 211, 230, 242, 258, 285, 310, 326
    und Raum 260
    und Zahl 124
    (s. a. Einheit der Z. ; Offene Z. ; Zykli-
    sche Z.)
Zeitliche Logik s. Logik zeitlicher Aus-
    sagen
Zentrifugalkraft 246, 248
Zivilisation 34, 76
Zufall 98, 235, 418
Zukunft 186, 195, 205, 414
Zweck 108
Zweckrationalität 29
Zweifel 130, 137
Zweiter Hauptsatz der Thermodyna-
    mik 148, 310, 480
Zweiwertigkeit 176 f
Zyklische Zeit 80, 98, 239, 291, 324
Zynismus 38

Personenregister

Adenauer, K. 421, 427 f
Afheldt, H. 428
Alastair 439
Aristoteles 18, 101, 112, 128 f, 151, 224, 229, 234, 249 ff, 273, 314, 323, 417
Auersperg, A. Prinz v. 151
Aurobindo 404

Barth, K. 339 ff., 343, 346, 349 f. 353, 355, 440
Baudelaire, Ch. 99, 105
Bethe, H.-A. 416
Bethge, E. 338, 344, 346, 349
Birkhoff, G. D. 418
Bochenski, J. 224
Bodelschwingh, F. v. (1) 80
Bodelschwingh, F. v. (2) 347
Bodelschwingh, F. v. (3) 370
Bohr, N. 18, 132, 313, 417, 423, 431, 433, 440
Bonhoeffer, D. 22, 337–355
Brouwer, L. E. J. 136
Buber, M. 332
Buddha 107, 113, 122, 432, 439
Bultmann, R. 340, 349
Burckhardt, J. 172, 274
Busch, W. 229

Chomsky, N. 229, 432

Darwin, Ch. 113, 247, 328
Descartes, R. 18, 123, 127, 129 ff, 134, 160, 314, 317 f., 342, 436 f.
Detel, W. 229
Drieschner, M. 419
Dilthey 317

Dschuang Dsi 171, 439

Eck, J. 356, 358
Eddington, A. S. 416
Eichendorff, J. v. 118
Einstein, A. 130 ff, 255, 286, 310, 359, 415, 418, 433 f
Erikson, E. 62

Feil, E. 344, 353
Feuerbach, L. 275
Franz von Assisi 376
Frege, G. 232, 316
Freud, S. 19, 81, 194 f., 200–210, 328, 361, 402 ff., 437
Friederike von Griechenland 442

Gaiser, K. 250
Galilei, G. 125, 128 f., 241 f., 254, 329, 343, 434
Gandhi, M. 30, 378, 426
Gödel, K. 436
Goethe, J. W. v. 20, 110, 118, 234, 257–265, 437 f
Gogarten, F. 343, 354, 407, 428
Gopi Krishna 404, 410, 443
Graevenitz, F. v. 414

Habermas, J. 167, 279, 430
Häfele, W. 416
Hahn, O. 74, 423
Harnack, A. v. 339, 341, 343, 346
Hartmann, N. 140
Hegel, G. F. 20, 123, 222, 266–300
Heidegger, M. 20, 73, 105 f, 199, 227, 248, 301–322, 326, 418
Heimpel, H. 424

Heisenberg, W. 20, 71, 148, 162, 237 ff, 242, 250, 255, 287, 301, 313, 356 f, 414 ff, 434
Hilmer, H. 431, 442
Hitler, A. 188, 337, 422 f, 429
Hobbes, Th. 160
Hölderlin, F. 306, 311
Holst, E. v. 154, 432
Howe, G. 440
Hume, D. 434

Ibsen, H. 424

James, W. 417
Jesus Christus 108, 119, 348, 374 f
Jung, C. G. 195, 202, 243

Kant, I. 18, 71 f, 87, 106, 130, 134 ff, 142 ff, 182 ff, 194, 221, 236, 256, 281, 294, 302, 310, 314 f, 319, 326, 335, 360, 416 f, 426, 431, 433 ff
Kapp, E. 283
Kepler, J. 68, 240 ff, 252, 254, 328
Kierkegaard, S. 275
Kilian, H. 188, 212–219
Kindermann, G. 188 ff
Kissinger, H. 38, 429
Kolmogoroff, A. N. 416
Konfuzius 117
Kopernikus 328
Krämer, H. 250
Krohn, W. 280 ff, 291
Kütemeyer, W. 376
Kuhn, Th. S. 12, 43, 62, 70, 73, 326, 356 f, 359, 434, 438

Lorenz, K. 139 ff, 163, 174, 194, 207, 246, 432
Lorenzen, P. 419
Lübbe, W. 276
Lüst, R. 416
Luhmann, N. 140, 228
Luther, M. 356–362, 363, 365, 376 f, 441

Mach, E. 438
Mahadevan, T. M. P. 125, 492 ff
Maharshi, R. 443 f
Malthus, Th. R. 113, 432
Mann, Th. 383

Marcuse, H. 199, 209
Marx, K. 42, 266, 277, 430
Mittelstädt, O. 154
Mörike, E. 99, 106
Moltke, H. v. 420
Morgenthau, H. J. 188 ff
Moses 379 ff

Neumann, K. E. 418
Newton, I. 110, 282, 359, 431
Niebuhr, R. 188 ff
Nietzsche, F. 178, 370, 403

Onsager, L. 416
Otto, W. F. 349

Patzig, G. 224
Paul, J. 116
Pauli, W. 202
Paulus 360 f
Pfauter, K. 432
Picht, G. 21, 236, 326, 417 f, 423, 432, 437
Plaass, P. 435
Platon 18, 100, 103, 111, 123, 127 f, 137, 141, 224, 229, 234, 237 ff, 242–256, 267, 278, 359, 365, 417, 435 f, 437 f, 441 f
Plotin 128
Podolsky, B. 433
Popitz, H. 19, 146 ff, 434
Popper, K. R. 19, 146 ff, 434
Pythagoras 240

Rad, G. v. 332 f
Ralfs, G. 234
Reiter, U. 398–411
Ritter, J. 277
Rosen, N. 433
Russell, B. 190, 232, 273

Saraswati, Ch. 138
Scheibe, E. 419
Schelling, F. W. J. 300
Schiller, F. v. 295
Schleiermacher, F. D. E. 340
Schneider, R. 210, 424
Schrödinger, E. 419
Schulz, R.-E. 267, 298

Personenregister

Shannon, C. E. 149, 192, 198
Smith, A. 39f, 51, 432
Snell, B. 229, 231
Snow, C. P. 324
Sokrates 108, 244
Sophokles 171
Spengler, O. 64
Staiger, E. 105
Steere, D. 333, 427
Steinke, M. 23, 391–397, 442
Strauß, F. J. 427
Strawson, P. F. 223
Süssmann, G. 419
Szilard, L. 428

Teller, E. 428, 440
Thom, R. 63f
Toynbee, A. 64
Tugendhat, E. 299f, 223, 225

Uexküll, J. v. 163, 225

Vivekananda 373

Wach, J. 439

Waerden, van der 253
Weber, M. 377
Weizsäcker, Carl (Urgroßvater von
   C.F.v.W.) 263
Weizsäcker, Carl v. (Großvater von
   C.F.v.W.) 413
Weizsäcker, Ernst v. (Vater von
   C.F.v.W.) 412f, 420ff
Weizsäcker, Ernst U. v. (Sohn von
   C.F.v.W.) 149, 158, 192, 230
Weizsäcker, Gundalena v., geb. Wille
   (verh. m. C.F.v.W.) 423
Weizsäcker, Marianne v., geb. v. Graeve-
   nitz (Mutter von C.F.v.W.) 413
Weizsäcker, Viktor v. (Onkel von
   C.F.v.W.) 153–166, 301, 413
Wellhausen, J. 242
Wigner, E. 132
Wilhelm, R. 439
Wirtz, K. 423
Wulffen, B. v. 140

Zimmerli, W. 332
Zucker, F. J. 149
Zwingli, U. 357

C.F. von Weizsäcker im Carl Hanser Verlag

Diagnosen zur Aktualität
Beiträge. 1979. 100 Seiten. Paperback.
»Ich erwarte für die achtziger Jahre schwere Krisen unserer Welt und daher unserer Nation«, erklärt der Philosoph und Naturwissenschaftler Carl Friedrich von Weizsäcker, der die letzten zehn Jahre der Erforschung der Lebensbedingungen unserer zunehmend konfliktträchtigen Welt gewidmet hat. In seinen ›Diagnosen zur Aktualität‹ nimmt von Weizsäcker Stellung zu Kernfragen unserer gesellschaftlichen und politischen Lage am Ende der siebziger Jahre.

Deutlichkeit
Beiträge zu politischen und religiösen Gegenwartsfragen. 1978. 184 Seiten. Leinen.

Die Einheit der Natur
Studien. Sonderausgabe 1979. 496 Seiten. Leinen.

Der Garten des Menschlichen
Beiträge zur geschichtlichen Anthropologie.
6. Auflage 1978. 612 Seiten. Leinen.

Wege in der Gefahr
Eine Studie über Wirtschaft, Gesellschaft und Kriegsverhütung. 6. Auflage 1978. 268 Seiten. Leinen.

Philosophie

Elias Canetti
Masse und Macht
Band 6544

Max Horkheimer
Traditionelle und
kritische Theorie
Vier Aufsätze.
Band BdW 6015

Max Horkheimer/
Theodor W. Adorno
Dialektik der Aufklärung
Philosophische Fragmente.
Band BdW 6144

Karl Marx
Auswahl und Einleitung:
Franz Borkenau
Band 6130

Karl Marx/
Friedrich Engels
Studienausgabe in 4 Bänden
Herausgeber: Iring Fetscher

Band 1
Philosophie
Band BdW 6059

Band 2
Politische Ökonomie
Band BdW 6060

Band 3
Geschichte und Politik
Band BdW 6061

Band 4
Geschichte und Politik 2
Band BdW 6062

Hans Joachim Störig
Kleine Weltgeschichte
der Philosophie
2 Bände.
Band FH 6135 / FH 6136

Fischer
Taschenbücher

Werke von Elias Canetti
im Fischer Taschenbuch Verlag

Die Blendung
Roman
Band 696

Die gerettete Zunge
Geschichte einer Jugend
Band 2083

Die Provinz des Menschen
Aufzeichnungen 1942–1972
Band 1677

Dramen
Hochzeit/Komödie der
Eitelkeit/Die Befristeten
Band 7027

**Die Stimmen
von Marrakesch**
Aufzeichnungen einer Reise
Band 2103
[erscheint im Juli '80]

Masse und Macht
Band 6544
[erscheint im Juli '80]

**Fischer
Taschenbücher**

Psychologie

Eine Auswahl

Hans Bender
Parapsychologie – ihre
Ergebnisse und Probleme
(6316)

Morey Bernstein
Protokoll einer Wieder-
geburt (1917)

Charles Brenner
Grundzüge der Psycho-
analyse (6309)

Charlotte Bühler
Das Seelenleben des
Jugendlichen (6303)

Johannes Cremerius (Hrsg.)
Psychoanalyse und
Erziehungspraxis (6076)

Werner Correll
Lernen und Verhalten (6146)

Andrew Crowcroft
Der Psychotiker (6701)

Klaus Dörner
Bürger und Irre (6282)

Fischer Lexikon Psychologie
(FL 6)

Anna Freud/Thesi Bergmann
Kranke Kinder (6363)

Funk-Kolleg
Pädagogische Psychologie
Band 1 und 2 (6115/6116)

Reader zum Funk-Kolleg
Pädagogische Psychologie
Band 1 und 2 (6113/6114)

Hermann Glaser
Sigmund Freuds Zwanzigstes
Jahrhundert (6395)

Georg Groddeck
Psychoanalytische Schriften
zur Literatur und Kunst
(6362)
Das Buch vom Es (6367)

**Peter Groskurth/
Walter Volpert**
Lohnarbeitspsychologie
(6288)

Klaus Holzkamp
Kritische Psychologie (6505)

Jolande Jacobi
Die Psychologie von
C. G. Jung (6365)

Arthur Janov
Der Urschrei (6286)
Anatomie der Neurose (6322)
Das befreite Kind (6345)

C. G. Jung
Bewußtes und Unbewußtes
(6058)
Über die Psychologie
des Unbewußten (6299)
Über Grundlagen der Analytischen Psychologie (6302)

Psychologie

Thomas Kiernan
Psychotherapie (6374)

Egmont R. Koch
Chirurgie der Seele (6704)

Theodore Lidz
Der gefährdete Mensch (6318)

Gordon R. Lowe
Erkenne dich und die anderen (6341)

Maikowski/Mattes/Rott
Psychologie und ihre Praxis (6532)

Tilmann Moser
Jugendkriminalität und Gesellschaftsstruktur (6158)

Christine Mylius
Traumjournal (1737)

Humberto Nagera (Hrsg.)
Psychoanalytische Grundbegriffe (6331)

Erich Neumann
Kulturentwicklung und Religion (6388)

Robert Ornstein
Die Psychologie des Bewußtseins (6317)

Nossrat Peseschkian
Psychotherapie des Alltagslebens (1855)
Der Kaufmann und der Papagei (3300)

Jean Piaget
Theorien und Methoden der modernen Erziehung (6263)

Hans-Werner Prahl
Prüfungsangst (6706)

Wilhelm Reich
Die sexuelle Revolution (6093)
Die Entdeckung des Orgons: Die Funktion des Orgasmus (6140)
Charakteranalyse (6191)
Die Massenpsychologie des Faschismus (6250)
Der Einbruch der sexuellen Zwangsmoral (6268)
Die Entstehung des Orgons: Der Krebs (6336)

Harry S. Sullivan
Das psychotherapeutische Gespräch (6313)

Thomas S. Szasz
Die Fabrikation des Wahnsinns (6321)
Psychiatrie (6389)

Rainer Winkel
Pädagogische Psychiatrie für Eltern, Lehrer und Erzieher (6709)

Renate Witte-Ziegler
Ich und die anderen (6323)

Lew S. Wygotski
Denken und Sprechen (6350)

Fischer Taschenbücher

"Nie ist der Mensch seit den Sklavenzeiten so erniedrigt worden, wie in diesem Jahrhundert."
Stefan Zweig

Joel König David
Aufzeichnungen
eines Überlebenden
Band 2196

**Inge Scholl
Die weiße Rose**
Band 88

**Anne Frank
Das Tagebuch der
Anne Frank**
Band 77

**Luise Rinser
Gefängnistagebuch**
Band 1327

**Albrecht Goes
Das Brandopfer**
Erzählung. Band 1524

**Jerzy Andrzejewski
Warschauer Karwoche**
Ein dokumentarischer
Roman.
Band 1944

**Ilse Aichinger
Die größere Hoffnung**
Roman.
Band 1432

Fischer
Taschenbücher